Undaunted Courage

Meriwether Lewis, Thomas Jefferson,
and the Opening of the American West

美国边疆的开拓

刘易斯和克拉克探险

[美国]斯蒂芬·安布罗斯/著 郑　强/译

译林出版社

图书在版编目 (CIP) 数据

美国边疆的开拓：刘易斯和克拉克探险／（美）斯蒂芬·安布罗斯（Stephen E. Ambrose）著；郑强译.— 南京：译林出版社，2017.9
（传记译林）
书名原文：Undaunted Courage: Meriwether Lewis, Thomas Jefferson, and the Opening of the American West
ISBN 978-7-5447-6470-4

Ⅰ. ①美… Ⅱ. ①斯… ②郑… Ⅲ. ①刘易斯，M.(1774—1809)—传记 ②杰斐逊，T.(1743—1826)—传记 Ⅳ. ① K837.125.2 ② K837.127=41

中国版本图书馆 CIP 数据核字（2016）第 147875 号

著作权合同登记号　图字：10-2017-064 号

美国边疆的开拓：刘易斯和克拉克探险　［美国］斯蒂芬·安布罗斯／著　郑　强／译

责任编辑　何本国
特约编辑　王延庆
装帧设计　胡　苨
校　　对　孙玉兰
责任印制　董　虎

原文出版　Simon & Schuster Paperbacks, 2005
出版发行　译林出版社
地　　址　南京市湖南路1号A楼
邮　　箱　yilin@yilin.com
网　　址　www.yilin.com
市场热线　025-86633278
排　　版　南京展望文化发展有限公司
印　　刷　江苏凤凰新华印务有限公司
开　　本　718毫米×1000毫米　1/16
印　　张　38.25
插　　页　4页
版　　次　2017年9月第1版　2017年9月第1次印刷
书　　号　ISBN 978-7-5447-6470-4
定　　价　98.00元

献给鲍伯·塔布斯

心怀无畏的勇气；对目标坚定而执著，不尝试过所有的可能绝不放弃；对队员们细心如慈父，又坚决维护秩序与纪律；熟知印第安人的习性、风俗和行事原则，坦然接受狩猎生活；基于对家乡植物和动物的准确观察，没有徒耗精力去描述东部已有之物；诚实、公正、开明，对事实善于领悟又毫无遮掩，所作的严谨描述一如我们亲眼所见般可靠：所有这些品质，恰似由天意遴选并惠赐于一人，我毫不犹豫地将这项专门使命交托于他。

——托马斯·杰斐逊，《论梅里韦瑟·刘易斯》

目　录

地　图

引　言

在1803年7月4日美国独立27周年纪念日这天，总统托马斯·杰斐逊在哥伦比亚特区华盛顿市的《国民通讯员报》上正式宣布，美国刚刚从拿破仑手里购得了路易斯安那地区。这次购买涉及的可不仅仅是新奥尔良，它还使得美国的领土向西扩张到密西西比河，尤其是包括了整个密苏里河流域。这是82.5万平方英里的土地，相当于才花了1500万美元就把美国的国土面积翻倍了，简直是历史上最划算的土地交易。

在同一天，杰斐逊总统给了梅里韦瑟·刘易斯一封授权信，允许他调用世界各处的美国政府机构及其资源，进行一次朝向太平洋的探险活动。同时，杰斐逊总统还授权刘易斯，允许他拜访“任何国家的公民，以为你提供为满足需求可能用到的那些必需品”，并“亲笔为你”签署了“这张信用证”，以此表明政府对刘易斯的信心。此信用证肯定是历任美国总统所签署的信用证里信用额度最高的。

第二天，也就是1803年7月5日，刘易斯启程。他的目的是找到一条穿越西部三分之二大陆面积的水路，同时，探索并描绘杰斐逊从拿破仑手里购得的那片土地。

“路易斯安那购买”（The Louisiana Purchase），连同刘易斯和克拉克的探险，使得美国的领土得以东抵大西洋，西达太平洋，横跨整个北美大陆。可以这么说，现今美国的历史是从1803年7月4日这一天开始的。1976年的美国独立庆典，被称为200周年国庆，这是从最初的北美13个殖民地的独立运动算起的。但是，是路易斯安那购买，以及刘易斯和克拉克的探险，将密西西比河以西的土地变成了美国领土的一部分。从这个意义上说，2003年7月4日可以被看作真正的200周年国庆。

1803 年的路易斯安那购买，将密西西比河以西、北美大陆分水岭以东的一切都纳入了美国领土，包括今天的路易斯安那州、阿肯色州、得克萨斯州西北的一部分、俄克拉荷马州、科罗拉多州东部和明尼苏达州。在探索过程中，刘易斯和他的搭档威廉・克拉克描绘了今天的密苏里州、堪萨斯州、艾奥瓦州、内布拉斯加州、南北达科他州和蒙大拿州，这些都是路易斯安那购买所购土地的一部分。同时，刘易斯和克拉克的探险还使得美国对大“西北帝国”——今天的爱达荷州、华盛顿州、俄勒冈州——的兼并成为可能。1803 年 10 月，克拉克在印第安纳准州的克拉克斯维尔加入这次探险。他从家乡肯塔基州的路易
13 斯维尔出发，渡过俄亥俄河，抵达克拉克斯维尔；这样，克拉克就成为第一个穿越现今美国版图上北美大陆部分的人。也是克拉克于 1805 年 11 月 7 日写下了那句不朽的名言：“**既见大海**，何等欢欣。”

1804 年 3 月 9 日，当密西西比河以西的第一面美国国旗在圣路易斯升起的时候，梅里韦瑟・刘易斯作为美国官方的见证人在场。此后，他和威廉・克拉克在征途中的各个营地里，都升起了星条旗。他们一路沿着密苏里河、落基山脉、哥伦比亚河前进，最终在最西边建立了营地，这个营地位于太平洋边，接近俄勒冈的阿斯托里亚。

托马斯・杰斐逊做了很多重要的事情，比如起草《独立宣言》、宗教自由法令、1787 年《西北土地法令》等许多文件，断言其中某一件事最伟大，无疑是不明智的。在《西北土地法令》中，他明确了当俄亥俄、印第安纳、伊利诺伊和威斯康星这些准州的人口足够多的时候，它们将加入联邦，成为和原有各州完全平等的州。它们将和原有的 13 个州一样，拥有同等数目的参议员和众议员，并能够选举自己的州长，等等。杰斐逊是第一个有此想法的人。所有此前的帝国都由“母国”管理，国王任命总督，并由母国首都的立法者制定法律。杰斐逊说，不，准州不会是殖民地，它们将成为州，和联邦原有的 13 个州完全平等。如果华府当初试图以殖民地方式统治阿巴拉契亚山脉以西的土地，没有人知道事情最终会变成什么样子。

可以肯定的是，杰斐逊作为总统做的最妙的一件事，就是路易斯安那购买。联邦党人反对这次购买，认为宪法并没有赋予总统购买额外土地的权力，在任何情况下美国都不应该花钱购买土地，因为美国缺的就是钱，多的就是地。杰斐逊则回应说，宪法也没有明确规定总统不可以购买额外土地。联邦党人又声称西部的廉价土地是美国最不应该花钱购买的东西——他们就这样给自己掘好了坟墓。

杰斐逊还将《西北土地法令》的原则应用到从路易斯安那购买中获得的土地上，并在不久以后，将这些原则进一步应用至整个“西北帝国”。对于创立一个横跨两大洋的自由帝国，杰斐逊比其他任何人所作的贡献都要大。

杰斐逊作为总统所做的第二妙的事情，就是组织了穿越全国的探险活动，并为其制订了目标，签署了指令。然后，他选择了梅里韦瑟·刘易斯作为这次探险的指挥，并在刘易斯的坚持下，选择威廉·克拉克作为刘易斯的副手。

自 1803 至 1806 年的探险以来，每一个美国人都从杰斐逊购买的路易斯安那地区以及他所发起的刘易斯和克拉克探险中受益。同时，多亏了杰斐逊，我们才能生活在民主制度下，享受着完全的信仰自由。 14

常常有人问我：“成为成功作家的秘诀是什么？”我的回答总是“和英语专业的人结婚”。每次晚饭前喝鸡尾酒的时候，莫伊拉都会听我念我在一天里所写的东西，然后告诉我写得有多好（她和作家结婚很久了，已经很清楚该先说什么），接下来她会说，“但是，”然后告诉我哪里可以多写一些，哪里可以少写一些，该修改某些措辞或者构思，诸如此类。我为写作进行调研的时候，她也会陪同。从堪萨斯州阿比林市的艾森豪威尔图书馆，到加州约巴林达市的尼克森图书馆，再到加州伯克利市的班克罗夫特图书馆，她一直坐在我身边，看那些文件。我们乘坐联合太平洋公司的列车去进行田野调查，从奥马哈到萨克拉门托。我们还因为进行田野调查去过诺曼底、伦敦、巴黎、比利时、德国；我们还去过几次意大利；最近则去了南太平洋、中太平洋和北太平洋。

我们一起走过了刘易斯和克拉克探险路程上的每一寸土地。有一次，那是 1976 年，我们背包徒步走在比特鲁特山脉的洛洛山径上。她在我身后（或者别的什么地方？）说道：“行走在刘易斯的足迹上，我连双脚也激动起来了。”大概只有从英语专业的人那儿才能听到这种妙语。

第二个秘诀是：“找一个好编辑。”在过去的 20 年里，我的编辑一直是艾丽斯·梅休，未来也将一直是。她已成名编，且声誉良好。当我最初告诉她，我的下一本书想写梅里韦瑟·刘易斯的时候，她坚持要我尽可能多地加入关于托马斯·杰斐逊的内容。她说，人们永远也读不厌有关杰斐逊的事。和往常一样，这一次她也是对的。

是艾丽斯为这本书取了名字。我本想为书起名为《拥有无畏的勇气》（*Of Courage Undaunted*），出自杰斐逊对刘易斯的一句精妙的评价，总统内阁所有成员都未受过杰斐逊本人如此高的赞誉。艾丽斯将书名改为《无畏的勇气》

（*Undaunted Courage*），这不仅仅是对刘易斯的精准描述，也适用于艾丽斯。她是世界上唯一有勇气编辑托马斯·杰斐逊的话的编辑。

转眼间快十年过去了。那之后发生了很多事。莫伊拉和我离“致谢”最后一段里描述的梦想成真的时刻越来越近，因为我们的孙辈已经上高中了。

已经发生的最棒的事情是，那些在密苏里河和哥伦比亚河上划船的人，那些在比特鲁特山上背包徒步的人，那些追随刘易斯和克拉克的足迹观摩遗迹的人，数量都在增加。建国 200 周年前后，从 2003 到 2006 年，将会出现探访高峰。我们希望每一个美国人至少探访刘易斯和克拉克探险路线上的一个部分。这是作为美国人的责任和荣幸。我们强烈建议，当你在效仿刘易斯和克拉克的探险队泛舟时，或是追随他们的足迹而徒步时，请拍下自己的照片，留下属于你自己的足迹。

随身带一本刘易斯与克拉克的日志集，比德尔版或者莫尔顿版都行，或者是德·沃托的一卷编缩略版，又或者是其他的缩略版也行。不论你是在流经密苏里州、堪萨斯州、内布拉斯加州、艾奥瓦州、南达科他州和北达科他州以及蒙大拿州的密苏里河上，还是在莱姆哈伊山口，或是身处爱达荷州的比特鲁
15 特山脉，又或是在流经华盛顿州和俄勒冈州的哥伦比亚河上，请大声朗读这本日志集。你的营火时常就在刘易斯和克拉克书写日志时的位置上，在某些路段则几乎总是在这样的位置；他们曾在那个位置上记录探险队当天所遇到的事情，描绘你刚刚去过的地域，讲述探险队员们的冒险经历。我担保，如果多加练习，你就能把两位上尉尽情书写时那些连贯的词句朗读得更好。当你做到了这一点，那些坐在营火边的人——无论是你的孩子、朋友、父母还是别的什么人——都会为了不错过你朗读的每一个字，而向你靠得更近一点，专心地聆
16 听。如同你我，如同每一个美国人，他们想知道：接下来发生了什么？

斯蒂芬·安布罗斯

2002 年 8 月

致　谢

过去 20 年间，我一直都想写刘易斯和克拉克的探险。作为一名传记作家，我被两位上尉吸引。我一直想写一写刘易斯，不过总受到其他一些计划的影响。此外，理查德・狄龙于 1965 年出版的传记已经写得相当好了。我对克拉克的喜爱一如对刘易斯，而且市面上也没有克拉克的传记，所以在 1992 年，我致电我的朋友、蒙大拿大学历史系的哈里・弗里茨，问他是否知道有人在写克拉克。哈里说，詹姆斯・龙达当时正在写一本传记。鉴于龙达是国内研究刘易斯和克拉克的顶尖学者，也是一位优秀的历史学家和作家，这本传记应该是为克拉克写的。

但是后来哈里指出，狄龙版的传记出版后的 30 年里，出现了海量的关于刘易斯以及此次探险的研究和文章。1965 年至今，发现了很多关于刘易斯的或刘易斯本人留下的新资料，包括那些出现在唐纳德・杰克逊的杰作《刘易斯与克拉克探险信件集》（*Letters of the Lewis and Clark Expedition*）修订版中的内容。此外，在刘易斯和克拉克行迹遗产基金会的季刊《我们继续前行》（*We Proceed On*）中，也刊载了许多出色的文章。最棒的是，由加里・莫尔顿编辑、内布拉斯加大学出版社出版的新版日志集中，在此前收录的精彩日志内容之外，还收录了 1803 年刘易斯在顺俄亥俄河而下时记录的日志。利用以上内容和其他的新材料，研究刘易斯和克拉克的历史学家已经通过各个大学出版社出版了超过 20 本专著，涉及探险的各个方面。

哈里敦促我结合这些新材料，写一本更翔实的刘易斯传记。因此才有了这本书。

我对在我之前所有研究刘易斯和克拉克的学者深怀感激。特别要感谢阿伦・拉奇和加里・莫尔顿，是他们对手稿的解读使我避免了许多错误，并为我提供了无数的精辟见解。

我也要特别感谢约翰·霍华德、汉斯·冯·卢克和迪克·温特斯，他们告
17 诉我一个好连长该具备什么品质。

我找不到什么别的方法来说明艾丽斯·梅休是一位多么优秀的编辑，但我必须说，我对刘易斯上尉有一种孩子气式的热情，我要感谢她用那支蓝色铅笔帮我控制住了这种情绪。她的联合助理、办公室主任、执行经理伊丽莎白·斯坦是一个典型的高效、耐心、好脾气的人，没有她，和艾丽斯合作简直是不可能的。因为她的存在，与艾丽斯以及整个西蒙和舒斯特公司的出版团队的合作变成了一件愉快的事情。

显而易见的是，WordPerfect 软件的拼写检查功能对于刘易斯和克拉克那些臆造的拼写也束手无策。我让我拥有蒙大拿大学（在那儿哈里·弗里茨是他的导师之一）文学硕士学位的儿子休，对照莫尔顿版的日志集，检查了每一条引文；这是项要求苛刻的任务，但是他出色地完成了。此外，从对值得存疑的单词的选择到对于事物的诠释，我采用了他几乎全部的建议。

我感谢所有和我们一起探访了刘易斯和克拉克探险旧址的人们，感谢他们分享试炼、磨难和胜利的喜悦。

不过，最重要的是，我的孩子们和孙辈一直热情支持着我们的远足，这一点我和莫伊拉简直无以回报。他们让我们深感自豪，并赋予我们的生命以意义。我们一起追随了“疯马”和卡斯特将军*的足迹，一起追随了刘易斯和克拉克的足迹——这是我们生命中最闪亮的日子。没有孩子们的支持，这本书也将不复存在。

我们的梦想是，有一天，我们的孩子们可以带着他们的孙辈，骑马翻越洛洛山径，或者乘独木舟顺密苏里河而下，或者于独立日这一天在莱姆哈伊山口宿营。我们希望，这一切对于他们的意义，就如同对于我们的意义一样，是最
18 美好的经历，是将家人团结在一起的经历。

* 在发生于 1876 年的美军和苏族印第安人之间的小比格霍恩战役中，“疯马”和“坐牛”两位酋长击败了卡斯特将军。——译注

第一章

少年时代

1774—1792 年

梅里韦瑟·刘易斯出生于 1774 年 8 月 18 日，从他出生的房间朝西的那扇窗户望出去，可以看见位于蓝岭山脉中的罗克菲什山口，这是连接着亟待探索的西部大陆的通道。1774 年的弗吉尼亚皮德蒙特已经不是边疆了，彼时它的区域已经延伸并越过了阿勒格尼山脉，这一地区的人们过上讲究的种植园式生活已经有一代人之久了，不过边疆的痕迹还没有完全消除。从罗克菲什河到山口，野牛迁徙路径的痕迹依然存在。鹿的数量还极其庞大，黑熊也很常见。灭狼的战争还在进行着。每一处溪流里都有海狸的踪迹。树林里有成群的火鸡。在春秋两季，鸭子和鹅多到可以遮蔽河面。[1]

刘易斯就出生在这样一个地区，它的西面亟待探索，而它的东面则可以提供教育和知识；在这里，狩猎是件很棒的事情，而种植园式的社会则培育出优雅的行为、语言并提供启蒙；在这里，他在学习荒野生存技巧的同时，也能学习测绘学、政治学、博物志和地理学的知识。

在 1774 年，最重要的新闻是如下一系列事件：波士顿倾茶事件；弗吉尼亚殖民地下议院通过支持马萨诸塞殖民地的决议；弗吉尼亚殖民地总督约翰·邓莫尔勋爵下令解散下议院，随后被解散的下议院在罗利酒馆召开会议，其通信委员会发函号召全美殖民地召开大会。尽管有这些事件，弗吉尼亚人仍然心系西部。在当年 9 月，第一届大陆会议在费城召开，独立战争就此开始。

在革命者眼中，邓莫尔勋爵是个恶棍。他最终被迫逃离弗吉尼亚，藏身于一艘英国战舰。但是在 1774 年 1 月，他组织弗吉尼亚民兵进攻了俄亥俄地区，帮了弗吉尼亚人一个大忙。弗吉尼亚人煽动肖尼族、渥太华族和其他的印第安部落，加入了后来的所谓“邓莫尔勋爵的战争”，但是最终印第安人落败了。他们将肯塔基地区的狩猎权让给弗吉尼亚人，还允许弗吉尼亚人不受阻碍地接近俄亥俄河，并在河上航行。在六个月之内，特兰西瓦尼亚公司*派出丹尼尔·布恩去开拓一条穿越坎伯兰山口、直抵肯塔基的草地早熟禾地区的通路。

19 与此同时，在 1774 年的《魁北克法案》中，英国政府将加拿大的边界向南扩张至俄亥俄河，以此严格限制弗吉尼亚人向蓝岭山脉以西迁徙。此举切断了弗吉尼亚向西的扩张，有可能挫败包括乔治·华盛顿在内的众多土地投机者们的希望和计划，同时还建立了一个向天主教会提供特权、受皇室控制的中央集权政府，引发了这样一种恐惧：俄亥俄河流域将由法裔加拿大人，而非信奉新教的弗吉尼亚人统治。这就是五条所谓《不可容忍法令》中的一条，这些法令最终引发了独

梅里韦瑟·刘易斯，由查尔斯·威尔森·皮尔于 1807 年创作的油画（Courtesy Independence National Historical Park）

* 在法官理查德·汉德森带领下，由一群富有的投资者成立的公司，其目的是将肯塔基河边的富饶土地占为己有，并将肯塔基建为第 14 个殖民地。丹尼尔·布恩是其传奇的拓边者。——译注

立战争。

为了争夺阿巴拉契亚山脉以西的控制权，北美人和英国政府爆发了冲突，就在这革命冲突的前夜，梅里韦瑟·刘易斯出生了。他出生在一个向西开拓的雄心永无止境的殖民地，一个领导着大批的北美人翻山越岭的殖民地，一个称得上是开拓者的温床的地区。

刘易斯的家族从一开始就是西进运动的一分子。托马斯·杰斐逊将刘易斯的祖先描述为弗吉尼亚“最杰出的家族之一”，并且也是最早的家族之一。来到北美的第一位刘易斯家族成员是罗伯特，他是威尔士人，也是一名英军军官。他的家族纹章上写着拉丁文“Omne Solum Forti Patria Est”，即“对于勇者而言世间处处都是他的国家”（也可以 20
翻译为“勇者所做的一切都是为了他的国家”）。罗伯特于 1635 年抵达北美的时候，英王承诺赐予他 33333.33 英亩的弗吉尼亚土地。他有许多子孙，其中包括罗伯特·刘易斯上校，在 18 世纪弗吉尼亚边境的阿尔伯马尔郡，他取得了非凡的成功。刘易斯上校去世后，留下的遗产让全部九名子女都获得了大量的种植园。他的第五子威廉继承了 1896 英亩的土地，以及许多奴隶和一栋房产。这栋名为洛克斯特山庄的房屋为木质，乡村气息浓厚，非常舒适，里面有包括银餐具在内的很多价值不菲的物品。这座房屋位于夏洛茨维尔以西仅仅七英里处，从蒙蒂塞洛就能望见。[2]

刘易斯家族的一个成员，梅里韦瑟父亲的一位叔父，曾是御前会议的成员；家族的另一位成员，菲尔丁·刘易斯，娶了乔治·华盛顿的一个妹妹。[3] 他的另一个亲戚，托马斯·刘易斯，则追随杰斐逊的父亲彼得参加了 1746 年对于北内克——介于波托马克河和拉帕汉诺克河之间——地区的一次探险。托马斯是第一位留存有探险日志的刘易斯家族成员。他描写马“在岩石和悬崖间翻越”，此外对于寒冷、落雨和濒临饿死的状态也都有着生动的描述，这是他的一种天赋。他描写杀死“一头老熊和三只幼崽”时的得意。他描写过一个山区，“外围经常处于危险之中，这恐怖的地方被称为炼狱”。一条河流是暗藏凶险，他们将之命名为冥河，因为“这地方阴郁的外貌足够将恐惧钉入任何人的内心”。[4]

1769 年，当时 31 岁的威廉·刘易斯迎娶了他的表妹，22 岁的露西·梅里韦瑟。梅里韦瑟家族也来自威尔士，也是大地主——到 1730

年为止，梅里韦瑟家族在夏洛茨维尔附近拥有 17952 英亩的大片土地。他们的家族纹章写着拉丁文“Vi et Consilio”，即“力量和智慧”。后来的佐治亚州州长乔治·R. 吉尔默如此描写这个家族：“那些曾与梅里韦瑟家族的人见过面或交谈过的人，没有谁不想与他们再次见面或交谈。”杰斐逊如此描述露西之父尼古拉斯·梅里韦瑟上校：“他是我所识之人里最为明智的。”[5]在 1755 年布拉多克统帅的那场灾难性战役里，他曾担任弗吉尼亚某个团的指挥官。

刘易斯家族和梅里韦瑟家族长期保持着亲密来往，相互关照。甚至，在 1725 至 1774 年，这两个家族之间的联姻就有 11 次之多。尼古拉斯·梅里韦瑟二世（1667—1744）是露西·梅里韦瑟的曾祖父，同时也是威廉·刘易斯的祖父。露西和威廉的婚姻融合了这两支家族血统中异于寻常的长处和一些弱点。据杰斐逊说，这个家族“易患疑病症，这是家族所有近支共有的一种体质上的特征”。[6]

虽然威廉·刘易斯有着疑病症倾向——这一病症杰斐逊曾称之为忧郁症，后世称之为抑郁症——杰斐逊仍将这位邻居兼朋友描述为一个有着“优秀判断力、正直、勇敢、有进取心、有着卓越身体素质”[7]的人。

21 威廉和露西的第一个孩子在婚后第一年出生了，他们为这个女儿取名为简。梅里韦瑟·刘易斯出生于 1774 年。三年后，次子鲁本出生了。

1775 年，战争爆发了。杰斐逊曾提到，当战争降临的时候，威廉·刘易斯正“愉快地和妻儿待在家里，财富足以让他无忧无虑地生活”。尽管如此，“他仍将这一切置之身后，加入了将祖国从外国掠夺者手中解放出来的行动”。[8]如同华盛顿将军一样，他服役不拿军饷；更胜于华盛顿将军的地方是，他甚至承担自己的开销，将之视为一种爱国主义的奉献。

梅里韦瑟·刘易斯几乎不认识父亲，因为在他五岁之前，父亲刘易斯中尉基本上都在外参加战争。威廉·刘易斯于 1775 年 7 月入伍，任弗吉尼亚成立的首批步兵团的一名指挥官。同年 9 月，他成为阿尔伯马尔郡民兵组织的首位民兵中尉。民兵组织与大陆军整编后，他成为一名正规军中尉。

1779 年 11 月，刘易斯中尉和家人在科洛弗菲尔兹度过了一个短暂的假期，这里是梅里韦瑟家族的一处种植园，他的妻子露西就是在这里长大的。而后，他和家人道别，纵身上马，奔赴里瓦纳河的塞克勒特里浅滩，此时浅滩正好洪水泛滥。在尝试渡河的时候，刘易斯的马被洪水冲走并溺毙。他费力游回了河岸，湿漉漉地徒步回到了科洛弗菲尔兹，并因此患上肺炎，不到两天就去世了。[9]

对于健康问题，18 世纪晚期的人们常常束手无策。他们一直生活在由突然死亡带来的恐惧中，死亡的原因可能是疾病、瘟疫、流行病、肺炎或者意外。当时人们之间的往来信件，常常在开头说明写信者的良好健康状况，并在结尾询问收信人的健康。诸如可敬可爱的父亲之死给儿子带来的巨大痛苦，在当时是很普遍的情形。这种痛苦经验给梅里韦瑟造成的影响，我们无从得知。总之，他很快被打发去了家族里的亲戚那儿。

威廉·刘易斯的兄长尼古拉斯·刘易斯成为梅里韦瑟的监护人。他本人就是一个英雄人物。1779 年，他曾指挥一支民兵团，在远征中与受英国人挑唆和支持的切罗基印第安人战斗。杰斐逊盛赞其勇敢，并称“对于那些了解他那坚定的正直、谦逊的性格、仁慈的内心、迷人的举止的人来说”，尼古拉斯·刘易斯“深受他们的爱戴。他所在的郡，凡有私人纠纷，当事双方总是选择他作为仲裁人”。[10]

在梅里韦瑟丧父后不到六个月的时候，另一个男人进入了他的生活。1780 年 5 月 13 日，他的母亲嫁给了约翰·马克斯上尉。在那个年代，弗吉尼亚的寡妇通常都会尽早改嫁，而且按家族的传统，她是听从威廉临死前的建议，嫁给了约翰·马克斯上尉。[11]

露西·梅里韦瑟·刘易斯·马克斯是个了不起的女人。她共生了
五个孩子，其中两个是马克斯的骨肉（生于 1785 年的约翰·黑斯廷
斯，以及生于 1788 年的玛丽·加兰）。她体质强健；她埋葬了两任丈
夫，并活到了接近 86 岁。杰斐逊称她为一位“纤弱的”母亲。外表 22
上，她看起来苗条而柔弱，有着浅褐色的头发和淡蓝色的双眸，以及
“精致的面庞和洞悉全局的眼力”。一部家族史中如此描述她：“处在一
个大家族关系的领导者地位，在动荡时期有着严格自律的朴素想法，
这在她身上发展出了许多独裁者的个性。但她的个性中……也有许多
可爱的部分；她是一名虔诚的基督徒，对于身遭疾病或困苦的人们充
满同情心。”

她种植一种特别的草药，送给她的孩子们、奴隶和邻居，并因其

疗效而声名远播。她还熟知不少野生植物的医用特性。她细心地教给梅里韦瑟所有她所了解的关于草药疗法的知识。

虽然她可能非常苛刻并严格，梅里韦瑟还是非常爱她。梅里韦瑟自14岁起就很少和母亲在一起，但一直忠实而体贴地与母亲保持通信。

1805年3月31日，他从“位于密苏里河和密西西比河交汇处以北1609英里的曼丹堡”写信给她，向她描述逆流而上至今，途中的种种历险，并告诉她将要启程前往未知的所在。“我很有信心，我们将在这个夏天抵达太平洋。”他写道：这不会太难，因为队里的每个人身体状况都很好，并且“士气高涨，大家都渴望并积极地继续前进”。

然而，母亲总是会担心的，所以他又补充道：“明年的9月底，您可以在阿尔伯马尔［弗吉尼亚的一个郡］等着我。关于我的命运，我请求您不要感到任何不安，因为我可以向您担保，我将会和在阿尔伯马尔郡时一样安全；三四千英里和130英里距离之间的唯一区别就是，我不能像［住在］华盛顿时那样，时常享受到与您见面的乐趣。”[12]

这位激起此种关怀和敬爱之情的女性，也有能力作为领队亲身往荒野探险，也有能力经营一座种植园，也有能力在宰猪季节管理各种事务。某个夜晚，当几个醉酒的英国军官闯入洛克斯特山庄的时候，她取下挂在墙上的步枪，把他们赶走了。还有一次，来自洛克斯特山庄和周边种植园的狩猎队伍和猎犬们失散了。猎犬们逐回一头雄鹿，将其逼到洛克斯特山庄的草坪上。露西拿起步枪，冲出去击毙了那头鹿。当垂头丧气的猎手们空手而归的时候，雄鹿的后腿已经在火上烤着了。

她的烹饪技巧闻名全郡。杰斐逊非常喜欢她的弗吉尼亚式腌火腿。他的管家记录道：“每年我都会为他特别准备一些。”露西有一间她非常珍爱的小图书馆。她极为看重这间小图书馆，特意在遗嘱中注明将其中的藏书平分给还在世的子女们。

“她这个人很完美，”一位熟悉她的男性说，“同时她的活力在女人中很少见。”甚至在年老以后，还有人见到“马克斯奶奶”骑着马去阿
23 尔伯马尔照看病人。根据同时代人的描述，在75岁左右的时候，她还葆有“精致的容貌、纤弱的体型和洞悉全局的眼力”。[13]

佐治亚州州长乔治·吉尔默如此描述她：“她诚恳、真实、勤劳，无比和蔼。”他补充说道：“梅里韦瑟·刘易斯从他可敬的母亲那里继

承了活力、勇气、行动力和良好的理解力。”[14]

幼年时期的梅里韦瑟受到反英情绪的深刻影响。对于在战争时期成长起来的爱国者的儿子而言，这实在是太正常了；1781 年，目睹巴纳斯特·塔尔顿上校率领的突击部队横扫阿尔伯马尔，他的反英情绪变得更强烈了。杰斐逊记载道：“他摧毁了我所有正在生长中的玉米和烟草作物，在掠得所需之后，他还焚毁了我所有存放着去年收成的谷仓。不出意料地，他掠走了我所有的牛、羊和猪，充当部队补给；他还掠走了所有可供驱使的马匹，并将所有不能驱使的幼马杀掉；他还焚毁了种植园所有的篱笆，好让它们变成彻底的废墟。他还掠走了大概 30 名奴隶。”[15]

塔尔顿还下令烧毁了郡法庭所有的资料。埃德加·伍兹牧师在他所写的 1932 年阿尔伯马尔郡郡史中正确并严厉地谴责了这一荒唐行为：“很难想象在其他军队中会出现如此残暴、如此违反人类文明精神的行为，而且从军事角度来看，也很难想象有什么比摧毁公共档案更无益处的行为了。”[16]

在梅里韦瑟八九岁的时候，他的继父马克斯上尉连同其他的一批弗吉尼亚人移民去了位于佐治亚州东北部、布罗德河边，由约翰·马修斯上尉开发的一处殖民地。关于这次前往荒野的长途跋涉，几乎没有什么细节记录保留下来，但是我们很容易想象出这样的场景：一个睁大双眼的孩子，与马、牛、猪、狗、马车、奴隶，还有其他孩子和成年人一起迁徙；他每晚都要露营，猎取鹿、火鸡和负鼠；在迁徙途中，在沿途的河川里打鱼；看别人做饭，有可能还帮点小忙；每天清晨都再次打包好行囊出发；他沿着山脉东部穿越卡罗来纳地区；他因此对国家的广袤有了认识，并渐渐习惯了荒野中的生活。

梅里韦瑟在佐治亚州生活了大概三四年。这里曾是边疆地区，他在这里学会了边疆居民的技巧。他为这些经历感到自豪。杰斐逊后来曾写道，他“在少年时期就因为进取心、勇敢和谨慎而显得不凡。在仅仅八岁的时候，他就常常在深夜起床，独自带着狗进入森林猎取浣熊和负鼠……其间没有什么季节或者环境可以阻挡他，为了实现目标他可以穿过寒冬里的积雪和冰冻的河流”。[17]

根据家族记录，大概八九岁时，有一次梅里韦瑟和朋友们打猎归来，在穿越一片田野的时候，一头凶猛的公牛突袭了他。他平静地举起枪，击毙了这头公牛，看着这一切发生的伙伴们则紧张得无
24 法呼吸。[18]

另一个有关小梅里韦瑟的家族故事，讲述了印第安人引起的一次恐慌。当某座木屋受到袭击的时候，弗吉尼亚移民们集中在另一座木屋里准备防御。当他们认定，以自己的人数不足以抵御一次坚决的进攻时，便逃入森林躲避。黄昏来临时，一个饿昏了头的逃难者开始生火造饭。灶火吸引了印第安人。枪声响起。女人们惊叫示警，男人们冲向步枪，一种近乎恐慌的气氛开始形成。在一片混乱和骚动中，年仅十岁的梅里韦瑟冷静地用一桶水浇灭了灶火，让印第安人无法看到灶火引起的白烟。[19] 刘易斯家族的一位朋友评价道："他在少年时期就养成了勇敢的习性和强健的体魄。在危险中，他还拥有无与伦比的沉着。"[20]

冷静且勇敢的同时，他也好奇、求知。他向母亲了解她种植的草药和用作药物的野生植物，这使母亲感到愉快。他想要了解树木、大灌木、小灌木和草类的名字及特性；想要了解动物、鱼类、鸟类和昆虫的名字及特性。知其然之外，他还想知其所以然。他从佐治亚社区的一位成年人那里学会了阅读和书写，还知道了一些自然界的事情。有这么一条流传下来的逸闻：当梅里韦瑟得知，无论他所见如何，太阳都不是绕着地球转的时候，他一下就蹦了起来，然后问老师："如果地球在动，那么为什么我会落在原地？"[21]

他想要获得更多的知识，却无法在佐治亚州实现这一愿望。同时，根据弗吉尼亚州的长子继承法律，他继承了父亲的财产，在当时成为一个拥有相当多财产，同时也承担着相当大责任的年轻人。这一切包括将近 2000 英亩的种植园、520 镑现金、24 名奴隶和 147 加仑的威士忌。当时这一切还是由尼古拉斯·梅里韦瑟在管理，但不久之后，就应该轮到小梅里韦瑟来管理了。在他 13 岁的时候，母亲同意他应该回到弗吉尼亚去接受正式的教育，为承担管理责任作准备。

18 世纪的弗吉尼亚州是没有公立学校的。大种植园主的儿子们常常寄宿在传教士和教区牧师那儿，跟他们学习拉丁文、数学、自然科

学和英语语法。杰斐逊的传记作者杜马·马隆记载道：“大地主的儿子们在享受所有私人教育的优势的同时，也受到其一切缺点的影响。这种教学的水准通常很高，但是，由于教授者的不同，也自然地产生出一些区别。”[22] 这些教授者常常超负荷工作，他们的“学校”常常人满为患。找到这样一个可以学习的地方是很困难的。尽管小梅里韦瑟的监护人尼古拉斯·刘易斯与其生父的好友托马斯·杰斐逊都尽力施以援手，好几个月——可能长达一年之后，小梅里韦瑟才正式成为一名学生。

现存的刘易斯写的第一封信件，日期是 1787 年 5 月 12 日，是写给他“最爱的母亲”的。很显然，那时他还没有找到学习的地方。信的开始，他对没有收到母亲的来信略有抱怨，紧接着他就承认：“坐下 25
来写这封信的时候，没有合适的语言可以描述我要回到你身边的渴望；但是此时，要让我停止这个话题，一个关于它的字儿都不说，也是不可能的。”他非常高兴地在信中汇报，在阿尔伯马尔，所有刘易斯家族和梅里韦瑟家族的人身体状况都很好。他还说起一个传言，“表哥托马斯·梅里韦瑟结婚了”，并询问她是否知晓。他在最后写道：“我非常期待您的回信，通过来信我才能获知您身体健康且生活幸福。我对我现在的健康状况非常满意，希望您的健康状况也是这么好。我是永远爱您的儿子。”[23]

现存的梅里韦瑟写给母亲的第二封信是在科洛弗菲尔兹写的，没有日期，讲述一些家族消息和他试图入学时遇到的一些纠纷。他的姐夫埃德蒙·安德森和姐姐简于 1785 年成婚，彼时简只有 15 岁。梅里韦瑟尝试入学的这一时期，埃德蒙·安德森正准备在里士满做生意，“天花的爆发给城市带来巨大伤害，在这一切混乱消除之前，他们还会待在原地”。也就是说，待在汉诺威。“姐姐［简］和孩子们都挺好的。孩子们长得挺快，不过看不出他们还想再要一个。”

托马斯·杰斐逊的老师的儿子、教区牧师马修·莫里是梅里韦瑟想要师从的对象，但是当时他还没法正式开始学习。“尽管我还没开始自己的学业，但我希望鲁本［其弟弟，还在佐治亚州］也能在学校里。”他写道，“我一回来［回到阿尔伯马尔］就和罗伯特·刘易斯一起申请成为莫里先生的学生，不过莫里先生告诉我们，在明年春季之前，他无论如何都没法教授我们，而且因为我们想学习的课程会极大地影响他目前的拉丁文研究，他还是决定不教授我们。”

梅里韦瑟转而申请成为詹姆斯·沃德尔牧师的学生，但是没有把握。“如果不能去沃德尔先生那里学习，我们肯定会去威廉森先生那里学习，他是莫里先生和沃德尔先生都热情推荐的一位年轻学者，在距离此处十英里的地方教学。目前，我已经在这里等待了三周。”[24]

1787 年秋天，鲁本来到科洛弗菲尔兹探望他。在离别之际，鲁本邀请梅里韦瑟次年秋天去佐治亚州。1788 年 3 月 7 日，梅里韦瑟致信鲁本，表示他不能前往了：“主要是学业的原因。去年你离开后不久，我开始师从莫里牧师，一直到圣诞节；接下来如果不能继续学习一年的话，我希望至少还能学六个月以上的时间；不过威廉·D. 梅里韦瑟表兄认为，既然我的英语语法已经比较熟练了，再待这么久不值得，我或许可以在家学习地理。因此，我决定待在皮奇·吉尔默*叔叔那里，就近找一所学校的老师学习数学。”

对于不能前往佐治亚州，梅里韦瑟感到很惆怅。“我很乐于跟你一起做做运动，捕捕鱼，打打猎。”他对鲁本说。但是他决心要提高自己，他说自己必须“做一些以后会成为优势的事情”——那就是，接
26 受教育。[25]

1788 年 6 月，梅里韦瑟的监护人为他的食宿和学费支付了 7 镑。1789 年 1 月和 7 月，他又分别支付了 13 镑和 2 镑。1789 年夏天，梅里韦瑟终于得以去佐治亚州探望鲁本。

1789 年秋天，梅里韦瑟师从查尔斯·埃弗里特博士。表弟皮奇·吉尔默是他的同窗，比梅里韦瑟小五岁，非常讨厌埃弗里特博士。据吉尔默说，埃弗里特博士“受困于躁郁、抑郁的性格所导致的不健康，暴躁、反复无常、令人讨厌……他发明了残酷的惩罚手段来对待学生……他的教学方式糟糕透顶。在被打扰的时候，他毫无耐心。所以当我们功课不佳，学习遇到障碍，变得懒散甚至染上坏习惯时，也极少向他寻求帮助”。

年幼的吉尔默这样描述梅里韦瑟：“总是坚持不懈，这种坚持不懈在他小时候不过表现为固执地将时间用于琐事；有尚武的气质；对于目标坚定不移，很有自制力而且勇敢无畏。他是罗圈腿，笨拙，一本

* 原文如此。可能是托马斯·吉尔默之误。——译注

正经，几乎毫不灵活，形体上僵硬而不优雅。他面容清秀，在很多人看来挺英俊的。”[26]

如杰斐逊所说，梅里韦瑟喜欢“闲逛”。去山林里闲逛，或者去探望简和其他亲戚，起码有一次，他独自跑去佐治亚州。在此后的人生里，当母亲半开玩笑地抱怨他这不安分的个性时，他笑着回答，这都是遗传自母亲啊。[27]

阿尔伯马尔郡的记录表明，梅里韦瑟的监护人非常细心。他的账户里包含“一双长靴”“十粒马甲纽扣”“两卷丝绸”“一把刀”之类的购买记录。还有很多“零用钱”的记录。一条引人注意的记录写着“给黑妞的一夸脱威士忌”。另一条记录则写着“一夸脱朗姆酒和一磅蔗糖”。[28]

1790 年，梅里韦瑟转而师从詹姆斯·沃德尔牧师，相比坏脾气的埃弗里特，这位老师实在是好太多了。梅里韦瑟称沃德尔是“一位非常彬彬有礼的学者”。在 8 月给母亲的信中，他写道：“我希望能［在这里］学习 18 个月，或两年。在这里受到的礼遇，让我完全不因为离开亲戚家而感到哪怕一丝遗憾。一旦完成学业，您就将看到我。”[29]

1791 年 10 月，他写信给母亲，提到他收到托马斯·吉尔默叔叔（皮奇的父亲）的来信，“信里提到您的幸福生活和弟弟们在学校的勤勉和专注”。他提到刚刚探访姐姐简归来，简给他看了一封母亲在夏天写的信。从这封信中他得知马克斯上尉去世了，这让母亲再一次成为了寡妇，同时还要照料鲁本和两个年幼的孩子。马克斯夫人希望梅里韦瑟回到佐治亚州，为她和受她抚养的人安排回迁弗吉尼亚事宜。

“我非常乐意做这件事，”梅里韦瑟在给他母亲的信中写道，“不过，在 18 个月内或两年内，我无能为力。”他向母亲保证，她将永远
在洛克斯特山庄有一个家，并且“您完全可以信赖我，在我的能力范 27
围内，我将让您的生活尽可能舒适”。[30]

1792 年 4 月，梅里韦瑟再次致信母亲，表示从她写给简的信中了解到，她非常急切地想在春天回到弗吉尼亚。“同时，姐姐也非常期待见到您，这两件事促使我退学。我将立即着手安排相关事宜。”当时他已经在蒙蒂塞洛雇了一名技师，为即将进行的行程制造一辆马车。马车将在 5 月 1 日之前完工。梅里韦瑟需要买几匹马并筹集一笔钱。“为了尽可能地减少时间上的延误，如果不能通过土地的到期租税筹集到足够的钱，我就要把烟草处理掉来筹措现金。我将在 5 月 15

日启程。”[31]

梅里韦瑟言出必行，秋天的时候他已经抵达佐治亚州，并将母亲、同母异父的弟弟妹妹、奴隶、牲畜和器械，一同带回了弗吉尼亚。在洛克斯特山庄，他以种植园主和家长的身份开始了新生活。

至此，梅里韦瑟·刘易斯的求学阶段结束了。他学到了些什么呢？他既没有学到足够的拉丁文以应付此后的大量书写要求，也没有学到其他的什么外语。他的英文学习也不足以让他流利地拼写，不过，在他生活的时代，对于拼写的要求非常宽松，即使像杰斐逊这样博览群书的人，也不能保持拼写的连贯性和准确性。不过，梅里韦瑟的确练就了一种有笔力、有活力且文辞平顺的书写方式。

关于他的阅读量，我们只能从他所写的内容中相关的部分推断，这些内容显示出他读过一些古代史、弥尔顿和莎士比亚的部分作品，以及少量英国近代史。他是探险游记的狂热读者，尤其热爱库克船长的历险记。

他的数学相当不错，同时植物学和博物学也很有基础。他还尽了很大的努力去了解地理学。当时他已经达到一名受过多种教育的弗吉尼亚人的标准了——多少了解一些经典著作，并能跟得上当下的哲学发展。只有在种植园这个领域，人们还在期待他成为专家，刘易斯当时正开始向这一目标努力。

对于中断学业回到洛克斯特山庄成为种植园主这件事情，梅里韦瑟可能一直感到有点遗憾，因为他非常重视教育。在照顾鲁本及同母异父的弟弟约翰·马克斯和妹妹玛丽·马克斯的日子里，他一直尽最大可能帮助他们在学业上有所进步。1805 年 3 月 31 日，他在密苏里河上游的曼丹堡给母亲写了一封信，信的结尾写道：“在结束这封信之前，我要请求您，当约翰·马克斯的水平可以适应威廉斯堡的那所学院的时候，请送他去那儿继续学习。为了他能够获得完整的教育，您可以牺牲其他任何东西，这样他的未来和前途才会真正得到保障。”[32]

或许，作为一个 18 岁的青年，梅里韦瑟希望能够在威廉和玛丽学
28 院继续学业，但这个愿望已经不可能实现了。他肩负的责任很多，要对母亲、弟弟、约翰·马克斯和玛丽·马克斯、洛克斯特山庄的奴隶以及他得到的遗产负责。由于不能去威廉和玛丽学院进行书本学习，

他决意在种植园这所学校里好好学习一些东西。在18岁的时候，他已经是拥有一片将近2000英亩土地和20多名奴隶的小型社区的领导者了。从这时起，他将要学习管理，学习土地、农作物、酿酒、木工、铸造、制鞋、纺织、制桶、伐木，学习牛羊的屠宰—加工—剥皮，保存蔬菜和肉类，修理犁、耙、锯和枪，照顾马匹和狗，治疗病人，以及其他运营种植园所需要学习的大量知识。

在18岁的时候，他凡事都得依靠自己。他已经广泛地穿越了美国南部的很多地区。他已经证明了，他是一个自立、自主、自信的青年，是一个如皮奇·吉尔默所说的那样，对自己的“毅力及对目标的坚定不移”非常自豪的年轻人。他的健康状况非常好，体力出众；他非常敏锐，而且非常在意母亲和家人。他即将踏上征程。 29

第二章

种植园主

1792—1794 年

人们常说，弗吉尼亚的种植园主们是在马上，而不是在摇篮里长大的。他们会为了一英里的骑行，跑五英里的路去抓一匹马。

正如一位学者所说，“在一个没有大型聚居地，且种植园之间相距甚远的地区，骑马不是偶尔的消遣活动，而是日常必要事项，拥有良好的马术对于绅士们来说是理所当然的”。[1] 他们必须精通挑选、喂养、训练和照料马匹这些事务。

从学会骑马的那一天起，梅里韦瑟就是一个优秀且无畏的骑手。同时他对马匹还有着出色的鉴赏力，并熟悉如何照料它们。杰斐逊一直认为，依赖驯服的马匹会导致人的身体退化，因而他敦促年轻的梅里韦瑟步行以锻炼身体。梅里韦瑟听从了他的建议，成为了一名优秀的徒步者，他的双脚和臀肌一样结实有力。在少年和青年时期，依照弗吉尼亚的习俗，梅里韦瑟赤足而行。杰斐逊的孙子声称，他在十岁之前没穿过鞋子。杰斐逊称，年轻的梅里韦瑟曾赤足在雪地里打猎。[2]

与骑行和健行一样，优秀的舞蹈水平也是理所当然的。确实，会跳舞对社交来说几乎是必不可少的。“弗吉尼亚人真是充满活力，”一位旅行者说，“他们不跳舞就无法生活。”如同杰斐逊一样，刘易斯在莫里牧师的学校里学会了小步舞、里尔舞和乡村舞。一位日记作者在刘易斯出生那年写道：“任何一名游历于殖民地区的年轻绅士……都应该熟悉舞蹈、拳击，会拉小提琴，会用佩剑，会玩牌。”[3] 没有证据表明梅里韦瑟学过小提琴，但日记里提到的其他东西他都会。

当然，绝非所有的弗吉尼亚种植园主或他们的儿子们都是道德楷模。桌边那些高尚的、富于学识的政治谈话是真实的，理想主义和献身于公共利益的剖白也是存在的，但同时也有一些诱惑是富有且健康的年轻男人们所难以抗拒的。

杰斐逊的父亲在杰斐逊还是个孩子的时候就去世了。数十年后，在杰斐逊写给他孙子的一封信中，有如下一段著名的内容：

> 我回忆起14岁那年，当时我只能自己关心自己、独立决定自己的方向，没有一个亲戚或朋友有足够的资历给我建议或指导。回忆起在人生不同阶段与之厮混的坏朋友们时，我深感惊诧，我 30
> 竟然没有变成他们那样，没有变成对社会毫无用途的人……
>
> 在所处的环境里，我常常会和赛马的人、玩牌的人、猎狐的人、有科学背景的职业人士和有派头的人相处。在目睹猎获一头狐狸时，在目睹自己喜爱的马赢得胜利时，在酒吧里或在大议会里为某一个话题争辩时，我常常不止一次地扪心自问，我究竟想成为哪一类人，获得哪一种声誉呢？是成为一名骑手？还是一名猎狐者？还是一名演说家？还是祖国权利的维护者？[4]

非常有可能的是，如同在给孙子的信中那样，杰斐逊也曾用这种波洛尼厄斯式的方式与刘易斯交谈过。刘易斯当然有着和杰斐逊类似的想法。在31岁生日的时候，刘易斯写过如下一段著名的话：“今天我已经年满31岁了……回想往昔的时候，我发现，在增进人类福祉和向下一代人传播知识这些方面，我所做的实在微不足道。回顾自己懒惰无为的时光，我心怀遗憾。这些被浪费掉的时间，本可以更好地利用，以获得一些知识，而我现在只能感受到对这些知识的渴望。”他决定：“将来，我要像之前**为自己**而活那样，为了**人类**而活。”[5]

如此豪壮而富有理想主义色彩的言辞——以及它所反映出来的情感，连同这种要做得更好的决心——正是弗吉尼亚绅士的特点。这几乎是一种传统，如同好习惯那样，是社会标准的组成部分。

弗吉尼亚绅士应该是热情友好且慷慨大度的，应该对朋友们礼貌，对女士有骑士风度，对属下和后辈们仁慈友善。弗吉尼亚人对于礼仪有着很高的标准；杰斐逊曾经如此评论礼貌：这是一种有意为之的好脾气，是保护和平和安宁的有价值的方式。通奸及其他道德败坏的行为，以及酗酒之类的个人恶习是很常见的，但只要不影响绅士们之间的关系，这些恶习就会被容忍。不能宽恕的罪恶是谎言和精神上的卑劣。[6]

刘易斯终其一生都为自己的诚实和坚持不懈而感到自豪。这些品质对他的个人尊严意义重大。无论是手写还是口说，他的承诺就像契约一样可靠。

弗吉尼亚绅士身上一条不那么值得称许的特点就是饮酒，因为他们很容易饮酒过量。在独立战争过后，一位英国旅人如此形容对典型的阿尔伯马尔种植园主的印象："他 8 点起床，喝一种他叫作朱莉普的饮料，这是一大杯兑糖的朗姆酒。然后他会绕着种植园走一圈，或者更常见的，他会骑马绕种植园一圈，查看牲口，检查作物，然后在 10 点的时候回来吃早餐，通常是冷肉或者火腿、煎玉米片、烤面包和果酒……大概 12 点或 1 点的时候，他会喝一杯棕榈酒作为餐前开胃，正
31 餐 2 点开始。直到睡觉前，［他］都会一直喝棕榈酒；在这期间，他既不醉也不清醒，处在一种麻木的状态……他前往法庭、参加赛马或者斗鸡的时候会喝得烂醉，以至于他的妻子需要派几名黑奴把他安全地带回家。"[7]

我们可能会怀疑这位种植园主是否像英国人说的那样是个典型，但这种人确实和梅里韦瑟生活在同一时期，因此，我们依然要为这位十几岁的洛克斯特山庄的主人感到遗憾。

种植园的管理需要人重视细节，并有着敏锐的观察力。而刘易斯在这些方面出类拔萃。杰斐逊将他描述为"一名勤劳并专注的农场主，会仔细观察所有他遇到的植物和昆虫"。[8]

在播种和收获的时候，刘易斯并非亲力亲为。没有哪一个弗吉尼亚绅士会自己做这些事情。当杰斐逊、刘易斯或任何一位奴隶主说起他种了这个或那个，或者筑起了篱笆或盖起了某栋建筑的时候，并不是在说他亲手做了这些事情。这些事儿都是他的奴隶们做的。"仅是这些可怜的黑奴们辛苦地做着这些工作，"一位旅行者评论道，"我必须遗憾地说，非常辛苦。让我觉得不可思议的是这些可怜人所经受的疲劳，幸而天性支撑着他们的身体。"[9]

刘易斯成功地在他的名下添置了土地，这对于一位弗吉尼亚种植园主来说，也是非常重要的。他在经营洛克斯特山庄的同时，还获得了位于蒙哥马利郡的雷德河边 800 英亩的大片土地，承袭了原属于马克斯上尉的 180 英亩土地，并获得了克拉克郡的一块土地。

这种持续的扩张是很重要的，因为当时弗吉尼亚种植园的土地浪费非常惊人。低地或者劣质的洼地都种着玉米，用以养活奴隶和牲畜。能够生长硬木的富饶土地，被用来种植烟草。种植园主们通常会让奴隶把大树的皮去掉一圈，好让这些树自然死亡，同时在这些树的周围浅浅地犁一遍地。奴隶们不用移除大树就可以用锄头垒起用于种植烟草的土坡。在三年的烟草种植之后，这些地里会种上一年的小麦，然后就会弃耕，或者变成松木林。种植园主们会让牲口乱跑，从不利用牲畜的粪便，而且只进行最基本的轮作。同时，种植园主们将奴隶派往未经开垦的土地，重复这一步骤。这一体系允许种植园主们最大化地利用他们手中最丰富的两项资源：土地和奴隶。他们唯一的经济作物，烟草，就依赖于这两项无尽的资源。

弗吉尼亚人对土地的渴望以及因此而产生的对投机的渴望让我们
叹为观止。在独立战争之前，乔治·华盛顿在泰德沃特和皮德蒙特拥
有不计其数的土地，在泛阿巴拉契亚地区拥有超过 6.3 万英亩的土地。
而他还想要更多的土地。[10] 杰斐逊从他父亲那儿继承了位于皮德蒙特的
超过 5000 英亩的土地。他也想要更多的土地。此外，杰斐逊还从他妻 32
子那儿获得了 1.1 万英亩土地。他拥有的土地已经很多了，但是就弗吉
尼亚标准来说，杰斐逊还算不上大地主。[11]

烟草种植对于土地的消耗太严重了，以至于土地永远都显得不够，但是烟草种植所带来的财富还不足以让种植园主们扩张土地。种植园主们的土地投机一直是通过借贷、承诺和担保，而非通过现金来完成的，所以他们总是有很多地，而没什么现金。所以，杰斐逊总是执迷于为美国获得帝国般广袤的领土这件事，就没什么值得奇怪的了。

烟草种植代表着对环境毫无保留的破坏，这是一种对人类健康和土地都有害无益的作物，更不用提烟草种植依赖奴隶作为劳动力所带来的政治和道德影响。但是对于弗吉尼亚种植园主们来说，哪怕是像杰斐逊这么有创造性的人，似乎也别无选择。但实际上，选择就在他们鼻子底下。

在谢南多厄河流域经营农场的德国移民，他们与土地之间的关系和英裔种植园主们完全不同。德裔移民没能从英王或者皇家总督那里获得大量赏赐的土地；他们的土地都是自己一点点买来的。德国的传统是，土地会在家族内流传数代人，甚至几个世纪之久，所以他们对土地的使用着眼于长远收益而非短期牟利。他们会清除土地上所有的树木及其残根，深耕土地以促进残茬和杂草的腐烂；他们会在棚内圈养牲畜，利用动物粪便来肥沃土壤，并对土地细致地轮作。他们总是亲力亲为，他们的子女和亲属会提供帮助。他们的农场附近不允许有监工、契约劳工或者奴隶，因为这类人对家族式的精耕细作毫不上心。[12]

杰斐逊没有评论过弗吉尼亚的德国农夫，但他确实比较过本地种植园主和欧洲农夫的耕作方式，并解释过欧洲人在农耕技术上更为先进的原因："这是因为我们有着如此广袤的、可以随意浪费的土地。在欧洲，他们最大化土地产出，因为相比之下人多地少；而在这里，我们最大化人力利用，因为相比之下地多人少。"[13]

在独立战争后的日子里，弗吉尼亚种植园里的生活有很多值得推崇之处。那里有了真正的政治独立。那里有舞会、晚宴和娱乐活动。那里有了信仰自由。自那时起，在弗吉尼亚出现的关于人性和政府角色的政治讨论就是不可超越的高峰，其中最优秀的讨论可以比肩古代雅典时期的水准。

独立战争之后，蒙蒂塞洛人的生活在视、听、味觉和精神上都令人愉悦。设想一下，在骑着骏马越过篱笆、田野和河流，追猎狐狸、鹿和熊的一天之后，在夜幕降临时分去杰斐逊家做客。娱乐开始，大家向成功的猎手们致敬。本地产甜土豆、甜豌豆、甜玉米、各种面包、
33 坚果、鹌鹑、火腿、鹿肉、熊肉、鸭肉、牛奶和啤酒堆满了桌子，在这些食物的重压下，桌子嘎吱作响。经过杰斐逊的亲手挑选，席上来自法国的红酒绝对是全美国最好的。如果是大型聚会，席间会有法语、意大利语、德语和英语的谈话。杰斐逊不说话的时候，会为弗吉尼亚同伴们演奏小提琴，为舞蹈助兴。

大多数客人都认为杰斐逊是他们所见过的最令人愉悦的伙伴。在令朋友们陶醉和愉快的同时，杰斐逊也令政敌们陶醉并愉快。"今天与

杰斐逊共度了一个夜晚，”1785 年于巴黎，约翰·昆西·亚当斯*在他的日记中写道，“我真的很喜欢和他在一起。”他随后又补充道：“和这个人相处一小时，就一定会有令人惊喜的事情发生。”在 1800 年的选举之前，阿比盖尔·亚当斯是如此描述杰斐逊的：“他是地球上最杰出人士中的一员。”[14]

杰斐逊的客人们也都是杰出人士。无论来自欧洲还是美洲，他们经历了启蒙运动，都受过良好的教育，充满好奇心，热爱读书，对于各类新知识，尤其是博物学和地理学方面的知识满怀求知的欲望。他们在政治上都很活跃，对于政府事务有着缜密的想法，对于人类的境况有着真知灼见；他们都很健谈，谈话睿智而有趣，被开玩笑时也能开怀大笑。

独立战争后，阿尔伯马尔种植园里的生活有点伊甸园的意味，但是如同伊甸园里有那条蛇一样，隐忧也同时存在。弗吉尼亚那美好的社会、知识、政治、经济生活是由奴隶们的肩背所负担起来的。这些奴隶的肩背上疤痕交错，因为奴隶制需要用鞭子来维持。并不是每一名奴隶主都会鞭挞奴隶——几乎可以断定杰斐逊从来没有做过这样的事情，也没有证据表明刘易斯曾这么做过——但每一名奴隶主都必须允许他的监工们在觉得必要的时候使用鞭子。奴隶制是由恐惧和暴力来维持的——没有别的方式可以强迫人们不计酬劳地工作。

弗吉尼亚的绅士们宣称他们懂得如何领导人们，这种控制力对他们而言是很自然的事情。这是他们尤为自豪的事情，奴隶制则是这枚硬币的另一面。埃德蒙·柏克就曾谈过这个问题。尽管不赞成奴隶制，但是他发现正因为奴隶主们拥有奴隶，他们在维护人权上才一直走在前沿。“在那些如同弗吉尼亚一样有着大量奴隶的地方，”他说，“那些自由的人会更为他们的自由而感到自豪，并更努力地维护自由……对于奴隶主而言，因为处于主导地位而产生的傲慢和自由的精神混合在一起，捍卫着自由，并使得自由不可侵犯。”[15]因此，塞缪尔·约翰逊博士那令人为难的问题曾刺痛过一些人：“为什么我们听到的对于自由

* 原文如此。约翰·昆西·亚当斯是约翰·亚当斯的长子，1785 年时年仅 18 岁，很难称得上杰斐逊的政敌。似应指约翰·亚当斯。——编注

最响亮的呼喊来自奴隶主们？”[16]

在他带给人类的财富之中，在人类自由这一点上，没有人比托马斯·杰斐逊做得更多了。他是《独立宣言》和《弗吉尼亚宗教自由法令》
34 的起草者。而相比杰斐逊，没有几个人从奴隶制中得到过更多的好处。

没有人比杰斐逊更了解弗吉尼亚为奴隶制所付出的代价，最糟糕的就是生活在这一体制里的年轻人所遭受的影响。在《弗吉尼亚纪事》（*Notes on the State of Virginia*）中，杰斐逊写道：“主人和奴隶之间是一种残酷而暴力的上下关系，主人位于绝对的独裁者地位，而奴隶位于卑贱的服从者地位。我们的孩子们目睹这一切，并效仿它……如果家长能够出于博爱之心或者自爱的动机，来控制对奴隶的情绪，这种博爱或者自爱都可以让孩子们效仿。但是事实上，这种可供效仿的行为常常不存在。家长的暴怒被孩子们看到，愤怒的表情被孩子们捕捉到，孩子会在小奴隶那儿重复这一行为，释放他最坏的情绪；他们就这样长大，这样受到教育，每天重复这种暴君的行为，让这些令人厌恶的特征成为自己的标签。只有天才才能保有自己的礼貌和道德，不在这样的坏环境里堕落。”[17]

杰斐逊了解他写的这些事情，他也知道，在这个问题上没有这种天才。

奴隶制对于烟草种植园的主人们来说是至关重要的，因为他们的耕作方式是劳动密集型的，且对于土地的消耗极大。独立战争后的几十年间，奴隶制在美国南部的繁荣是由技术进步导致的。当杰斐逊成为总统的时候，詹姆斯·瓦特的蒸汽机已经在英格兰广泛应用于纺纱、织布和棉布印染，这使得棉花的需求量激增。伊莱·惠特尼的轧棉机可以有效地将短绒的陆地棉和棉籽分离开来。种植棉花需要奴隶和土地，而在阿拉巴马、佐治亚和密西西比有大量的土地，弗吉尼亚的种植园里有富余的奴隶。这些都是弗吉尼亚绅士们生活中主要的经济因素，很快，他们的重要输出品就变成了奴隶。

对于杰斐逊来说这有利可图，但他痛恨奴隶制。他将之视为加诸弗吉尼亚的诅咒，希望看到奴隶制能在美国全境内被废止，尽管这一愿望在他有生之年难以实现。他提到，他们这一代人还没有做好迈出这一步的准备。他会把这一改革留给下一代弗吉尼亚人去实现，并且确信，弗吉尼亚将会是第一个废止奴隶制的南方州。他认为战后成长起来的弗吉尼亚人完全有能力将独立战争这场革命推向这一胜利的结局，因为正如他所说，这些年轻人“如同被母乳抚育一样，也被自由的思想所抚育”。[18]

在杰斐逊充满矛盾的一生中，这是最矛盾的一件事情了。他希望并预期自刘易斯和克拉克这一代人开始，弗吉尼亚人可以废除奴隶制——尽管他承认一个以奴隶主身份长大的人，必须是一名天才才可以免受环境的影响而不堕落。需要说明的是，至今没有什么证据表明，他曾经对梅里韦瑟·刘易斯和威廉·克拉克这两名他最熟知的弗吉尼亚年轻人说过他的梦想，那就是，年轻一代的弗吉尼亚人将会领导解放运动。 35

杰斐逊直到快 29 岁的时候才结婚，刘易斯则终身未娶。在婚姻问题上，他们与众不同。正如杰斐逊所指出的，很少有绅士在 20 岁之后还坚持学习，因为他们通常很早就结婚了，并在婚后不久就开始被家庭所拖累。他们需要时刻关注着种植园的经营和管理。

对女士的态度以及和女士的关系充分反映着男人的个性和性格，但是他们之间极少讨论这些事情，尤其对于 18 世纪的弗吉尼亚绅士而言。像杰斐逊这样几乎什么事都会记载下来的人，也很少记载女性的事情，几乎没有记载过他母亲和妻子的事情。刘易斯则从来没有记载过他的母亲。

杰斐逊曾经破例写过关于女性的事情，即评论美国和巴黎女性之间的差异。令杰斐逊高兴的是，在美国，女人们知道自己的位置应该在家里，更准确一点说，她们的角色应该是生儿育女。相较于法国女人那种在城镇里随意乱逛、追逐时尚或者干预政治的做派，美国女性满足于“温和而安宁的家庭娱乐”，她们漂亮的小脑袋从不会为政治而烦恼。[19]

来自外国的旅者们倾向于赞同杰斐逊的这一论断，至少，在弗吉尼亚女人都愚蠢而无趣这一点上，他们是赞同的。拒绝参与政治事务或者种植园的管理事务，整日被家里的奴隶所环绕，弗吉尼亚种植园里的女人们变得懒散、自我放纵、沮丧和愁苦。伟大的鸟类学家亚历山大·威尔逊在 1809 年一封描述他去南部旅行的信里如此评价道：“没有什么比显赫家庭里那些冰冷、抑郁而寡言的女性更让我吃惊的了……不管年老还是年轻、独身还是已婚，她们都显现出一种属于独居老处女的迟钝以及无趣的冷漠和寡言。即使是在自己的家中，对于外人，她们也常常只会用‘是’或者‘不是’来应答。”

当然，也有一些很明显的例外，比如杰斐逊的女儿们和刘易斯的母亲。但是，总的来说，在独立战争后的那些年里，弗吉尼亚的种植园主们似乎缺失了一种人性中必要的部分，拒绝和女性之间拥有完整的、开放的、互相尊重的两性关系，或者说弗吉尼亚的女性们拒绝这样一种关系。

通过和种植园里的白人女性进行对比，威尔逊发现，“那些黑人少女总是很愉悦快活”。温思罗普·乔丹在其著名的研究作品《白人压迫黑人：美国人对于黑鬼的态度》（*White over Black: American Attitudes Towards the Negro*）一书中推测，种植园中白人女性的迟钝冷漠“由于需要避免和其他种族的女性有相似之处而进一步加强了”。[20]

乔丹进一步指出，在种植园中，“传统欧洲对于性别的双重标准，要迁就颇具讽刺性的两性对立。白人男性有更多的性自由，这意味着白人女性只有更少的性自由”。[21] 没有任何证据表明，梅里韦瑟是否与其女奴有着放纵的性关系。大量的黑白混血儿证明，很多奴隶主都与女奴随意发生性关系，这在当时很普遍。至于杰斐逊是否与女奴有性
36 关系，则是一个充满了猜测和争议的话题，都拿不出证据。两个世纪之后的学者们最有把握的事情就是，杰斐逊和刘易斯与女性之间的关系是不为人知，且无法为人所知的。

杰斐逊写道，如果刘易斯一直从事种植，“获得关于所在地区植物和动物准确知识的观察天赋，他将成为一名出色的农夫”。[22] 但是，虽然刘易斯很擅长种植园的事务，管理洛克斯特山庄也只是他的责任，而不是愿望。他希望去漫游，去探索。

1792 年 5 月 11 日，美国海军上尉罗伯特·格雷驶入一个河口，确定了其经纬度，并以他的船名“哥伦比亚号”为之命名。自从赢得独立战争以来，杰斐逊曾经两次尝试发起穿越美国大陆的探险。他向位于费城的美国哲学学会提议，募集一笔赞助费用来吸引一名勇敢的旅行者，进行前往太平洋的探险。乔治·华盛顿、罗伯特·莫里斯和亚历山大·汉密尔顿都对此进行了捐助。

听闻这个计划之后，刘易斯去找了杰斐逊。对于此事，杰斐逊是

这么说的：“他热情地恳求我为他争取到实现这一计划的机会。我告诉他，为了避免惊动印第安人，执行这一计划的人只能有一名同伴。这一要求并没有吓住他。”[23]

显然，虽然杰斐逊对刘易斯评价很高，却没有高到足以让刘易斯在这一计划上获得杰斐逊的支持。无论如何，杰斐逊忽略了十几岁的刘易斯，转而选择了一位法国植物学家，安德烈·米肖。1793年6月，这位植物学家出发了。不过，米肖还没到达肯塔基，杰斐逊就发现他是法兰西共和国的秘密特工，他的首要目的并非探索或搜集博物学样本，而是招募一支美国民兵部队来攻击西班牙人在密西西比的领地。在杰斐逊的强烈要求下，法国政府召回了米肖。

此时，刘易斯还在洛克斯特山庄辛勤劳作着。但是，他对种植园主平淡生活的不满与日俱增。现在他的母亲已经在家里重新安定下来，并且完全有能力管理好种植园。他渴望去见识未知之地，去探索、体验、畅游，这种渴望也越来越强烈。于是，如杰斐逊所记述，“在20岁的时候，因为青春的热情和对更耀眼追求的激情，他志愿加入了由华盛顿将军所召集的民兵”，去镇压“威士忌起义”。[24] 37

第三章

士兵

1794—1800 年

1794 年的威士忌起义是自独立战争胜利到南北战争爆发之前的这段时间里，对国家统一最大的一次威胁。这次起义和南北方关于奴隶制的分歧毫无关系；这场对抗令西部和东部对立。

事件产生的原因非常简单：一项新税。财政部长亚历山大·汉密尔顿想让联邦政府更强大，并扩大联邦政府的管辖范围。与此同时，政府也确实需要钱。于是，汉密尔顿对威士忌开征消费税，而威士忌是泛阿巴拉契亚地区的一种主要产品。

那些身处边疆的人觉得自己被联邦政府忽视、误解并伤害了。边疆的现金非常少，汉密尔顿却增加了一项新税，并要求用货币支付。这项威士忌酒税是针对边疆的威士忌生产和销售征收的，而非针对购买——这恰恰是独立战争之前，国父们所反对的那种英国人强加的有歧视性的“内”税。更广泛地说，边疆的人们抱怨的是，政府试图收税却忽略了为西部移民提供针对印第安人的安全保障；他们抱怨政府没能在西部修建道路和运河，却更多地支持那些身在外地的富有的土地投机者——其中最大也最重要的土地投机者就是华盛顿总统本人——而不是希望获得土地并建设家园的辛勤的边疆居民。

边疆的农民们起义了。他们拒绝缴税；他们向税官开枪；他们给税官身上涂上油污，在其头上插上羽毛；他们将税官的住宅烧为平地。华盛顿总统惊讶于这些“骚乱和暴力的征象”，发布了动员令，于 1794 年 8 月从弗吉尼亚、新泽西、宾夕法尼亚和马里兰召集了 1.3 万名民兵来平叛。

此时的华盛顿需要志愿军，因为有正规军编制的5424名军官和士兵当时正在俄亥俄地区，由安东尼·韦恩少将领导着和印第安人作战。这部分正规军之所以会在俄亥俄作战，是因为由乔塞亚·哈马将军和阿瑟·圣克莱尔将军统率的俄亥俄军队分别于1790年和1791年接连遭遇耻辱性的重大失败。这些印第安人的胜利，激起了印第安人对于边疆人聚居点的大范围攻击，进而成为了威士忌起义的原因之一。在东 38
海岸，人们可能会因为常备军队的存在而心怀畏惧；但是在西部，人们正在为没有可以保护他们的常备军队而嚷嚷呢。

1794年8月20日，在俄亥俄西北部的莫米河河滩，韦恩赢得了决定性的鹿寨战役（Battle of Fallen Timbers）的胜利，实际上满足了西部起义者们的主要诉求：军队应该为他们提供保护。但是华盛顿召集民兵的时候，胜利的消息还没能到达宾夕法尼亚。同时，西部人民也不知道首席大法官约翰·杰伊正在和英国人商谈关于英国从西北部据点撤兵的事——英国人在西北部的据点也是民众不满情绪的原因之一，因为边疆的人民相信，是英国人在鼓动印第安人屠杀美国拓荒的先驱。《杰伊条约》将于1794年11月在伦敦签署，但是这一消息直到1795年3月都还没有传到美国本土。

威士忌起义这一事件有着相当的讽刺意味。华盛顿、汉密尔顿和其他北美独立战争中的英雄决意平定起义的时候，实际上是在支持一项他们曾经愿意冒生命危险去反对的政策——没有代表权但还要缴税。边疆人民所抗议的内容，真实性无可置疑，即对威士忌征收的消费税是专门针对西部人的，同时他们在征税的联邦政府中并没有自己正式的代表。

这次起义隐隐暗示着西部要脱离联邦，这是第二次独立战争。威士忌起义的参与者们的说辞就是当年塞缪尔·亚当斯、约翰·亚当斯、托马斯·杰斐逊和帕特里克·亨利的说辞。这次起义背后的逻辑，就是独立战争背后的逻辑——正如同被大海隔开的英格兰和美国应该是两个国家一样，被大山隔开的东部和西部也应该是两个国家。

西部人眼中简单的政治逻辑，在东部人眼中却是骚动和叛乱。华盛顿总统在福吉谷所经历的寒冬以及从退隐中复出担任第一任总统，并不是为了统领一个分裂的国家，更不是为了失去他在西部的无数土地的所有权。关于叛乱者和英国、西班牙的代表谈判的传闻，激起了华盛顿和东部国家主义者们组建民兵的决心。华盛顿总统决意要平叛，甚至亲自上阵，检阅响应他号召的军队。[1]

梅里韦瑟·刘易斯就是这军队中的一员。他是第一批应征入伍的，是弗吉尼亚志愿兵团中的一名士兵。理所当然，他应征的部分动机源于对冒险的渴望和对漫游的兴趣，但是他对自己和母亲说，他应征参加平叛是为了“支持光荣的自由事业，支持我的祖国”。他认为起义者们都是叛徒，并且很乐于见到“我们的领袖决意消灭叛乱者身上所有骚乱和顽固的精神”。[2]

他不是一个个例。数千名来自中部诸州的年轻人志愿入伍。他们
39 在独立战争时期都还是孩子。父亲们和叔叔们所讲述的战争故事贯穿了他们的青春期。他们羡慕前辈们的冒险经历，迫不及待地抓住这个可以体验战友之情和可能成为英雄的机会。他们都知道，政府为参加独立战争的老兵们颁发了在西部的土地许可证作为奖励。

这 1.3 万名志愿军分成两列向宾夕法尼亚进军了。新泽西和宾夕法尼亚的部队在卡莱尔会师；弗吉尼亚和马里兰的部队在坎伯兰扎营。华盛顿身着盛装，骑马检阅了每一座营地的部队，并和他们一起行军至贝德福德。

“咚咚”作响的鼓声，有节奏的行军，崭新漂亮的军装，热情洋溢的年轻爱国者，以及队列前方华盛顿将军兼总统令人振奋的目光，这是随军画家眼中的一切。但事实并不是这样。在华盛顿祝部队一切顺利并告别之后，对宾夕法尼亚西部的进攻开始了。事实证明，在雨水和泥泞中穿越阿巴拉契亚山脉比任何人预想的都要困难。疾病、纪律涣散、缺乏补给以及关于军衔和指挥权的争吵，都可能导致部队的瓦解。对于军衔、指挥权和军服——颜色、设计、配饰——的争论占据了年轻军官们大量的时间和精力。当自负和服装品位不能得到满足的时候，愤怒情绪开始涌现。用历史学家托马斯·斯劳特的话说，“对于那些骑着马前往西部的华丽骑兵和那些待在后方怒气冲冲的家伙而言，荣誉和野心常常会取代爱国主义，成为他们最优先考虑的东西”。[3]

军纪和逃兵是主要的问题，这些问题是由军官和士兵之间的巨大鸿沟所导致的。这鸿沟中最重要的是，军官可以随时请辞并离开军队，

士兵们在平叛期间却不可以这么做。军官们总能得到更多更好的配给，而且常常能住在木屋里；士兵们则只能在帐篷里或者露天空地里过夜。在饮用威士忌酒的地区，酗酒和嗜赌是很普遍的，但只有士兵们会因此受到惩罚，军官却不被追究。每天清晨，高级军官都会派巡逻队外出搜捕逃兵，被捕获的逃兵会被处以 100 鞭的酷刑。

这些士兵都缺衣少食。参战一个月，很多人都还赤着脚。10 月 7 日，汉密尔顿哀叹道："每一支部队都缺乏补给。没有一只鞋、一张毯子、一盎司的弹药送到前方部队手里。"食物短缺导致了劫掠的出现，伤害了沿途平民和军队的关系，劫掠者因而受到严厉的惩罚。刘易斯的一名弗吉尼亚志愿兵同僚拿了一只蜂巢，被发现后挨了 100 鞭。尽管如此，绝望的士兵们还是铤而走险：他们拆毁篱笆用作柴火，偷走能够找到的鸡、牛和羊。斯劳特记载道："军官们的日志读起来常常像是沿途风景和酒馆的旅游指南，而士兵们的日志详细描述着接连数周的饥饿和寒冷。"[4]

梅里韦瑟·刘易斯是一个例外。尽管只是一名士兵，但他也是一名 40
种植园主、一名绅士。他被弗吉尼亚民兵军团的下层军官们接纳，因为他们知道，刘易斯的军衔反映的只是年龄，而非他的社会地位。他写给母亲的信，读起来就像是斯劳特所描述的那种旅游指南。

1794 年 10 月 4 日，刘易斯在位于弗吉尼亚的温切斯特初始营地给母亲写信。他当时刚刚抵达，而两个步兵团已经在"这所学校——如果允许我如此称呼这儿的话"待了十天了，"在这里他们很好地武装起来并接受训练，已经很有军人的样子了"。他汇报说，他所在的连"应该在今天接受装备，开始第一堂训练课"。

他在营地里的初次体验超过了期待。"我们有如山的牛肉和如海的威士忌，"他告诉母亲，"我觉得我可以和营地里热情的同僚们一同分享这些东西。昨晚我和伦道夫上尉连里的熟人们一起愉快地享用了晚餐，除了上尉其他人都很好。"

他热情高涨。他在信的结尾写道："代我向姑娘们问好，告诉她们，今天她们必须祝福我，因为我明天就要和军火库里最重的滑膛枪结婚啦。"[5]

一周之后，在向坎伯兰行军的途中，他写道："我和同伴恩赛因·沃克摆脱了营地的匆忙和混乱，此时我也不知道该写些什么……

很幸运，我现在还有强健的身体和足够的行动力，去支持光荣的自由事业和我的祖国……周围的年轻人都很吵闹……提醒鲁本我托付给他的职责……请相信我，您孝顺的儿子。”[6]

当行军队列穿越阿巴拉契亚山脉，开始在匹兹堡会合的时候，起义军的领袖们开始顺着俄亥俄河向下游逃跑，奔向西班牙属路易斯安那。两名起义者被抓获并送往东部接受审判。他们被判叛国罪，但是最终被华盛顿总统赦免了。武力展示收到了成效；后来一直没有征收威士忌税，但是政府征收了土地税、人头税以及进口关税。多亏了平叛、鹿寨战役的胜利和《杰伊条约》，西部的分裂主义消退了；但是，这种分裂主义并没有消失。

在 10 月末或 11 月初的时候，梅里韦瑟接到了弗吉尼亚民兵团少尉一职的任命。在民兵团返乡的时候，他自愿和一小部分占领军留下来，受命于丹尼尔·摩根将军麾下，在宾夕法尼亚西部巡逻和警戒。这次的服役期是六个月。“我驻扎在孟农格希拉，”他告诉母亲，“位于匹兹堡北部大约 15 英里的地方，今冬我们将在这里的堡垒中驻守……我现在非常健康。我很喜欢军人的生活。”同时，他也体会到作为兄长和家长的责任：“我希望鲁本能读一些有用的书籍作为消遣。如果用
41 心，明年他将可以胜任［洛克斯特山庄管理者的］任务。”

除了因为喜欢军人的生活，还有别的原因促使他留在军队里。他跟母亲说，来年春天服役期满，他将“一路南下去肯塔基”，做一点土地投机。马克斯上尉那些有“许可证”的土地，是他参加独立战争获得的部分奖励，刘易斯的母亲继承了其中的一部分。他还计划为这些土地缴纳税款，以防止被政府当作无主或废弃的土地收回。[7]

两周以后，他写信给母亲，请她寄来证明土地所有权的文件和用来为土地缴税的钱。他在信的结尾写道：“我现在非常健康，此时正在忙于修筑临时营房，以保护我们安然度过接下来的季节。请代我向邻居姑娘们问好……您亲爱的儿子。”

1794 年的平安夜，他第一次以军官的身份发出了抱怨。“相比于在洛克斯特山庄的时候，我像一个受着更多限制的监工。”他写道，“自写上一封信的时候起，我就一直被要求从事捕猎工作，直到下月中旬都不可能停下。”他正在学习作为军官的一项主要职责，那就是关心部

下："士兵们的情况真的很糟糕，完全暴露在凛冽的寒冬中，没有什么好的居所，只有能挤八个人的小帐篷。很多人都生病了，所幸至今还没什么人去世。"

至于他自己，他能在圣诞节里拿出的最好的东西就是"一点炖牛肉"，不过"让我感到莫大安慰的是，今天花一美元弄到了一夸脱朗姆酒，总算能在圣诞节喝上一小杯了"。[8]

那年冬天，鲁本时不时会写信给梅里韦瑟，告诉他母亲因为他长期的离开而心神不安。1795 年 4 月 6 日，梅里韦瑟致信母亲，"希望以母子之情来恳求您，不要因为我而让自己不安；我向您保证，不会做出任何比在洛克斯特山庄做的事还要危险的举动"。他也承认"我的身体曾有些严重的不适"，很可能是疟疾，"不过这在军队里很常见，而且我现在已经幸运地恢复了健康"。

他应该在 5 月中旬退伍，继而前往肯塔基"去看看您名下的土地"，并好好利用一下这个"获取土地的好机会"。此外，他对鲁本也有建议和要求："鼓励鲁本要勤劳，多留意业务上的事情……请代我向汤姆森婶婶和叔叔以及姑娘们问好，告诉他们，明年秋天我会带一个叛乱地的姑娘回去见他们，这个姑娘届时就是刘易斯夫人了。"最后这段神秘的话没有下文，不过可能引起了马克斯夫人相当的重视，也可能让她燃起希望，觉得儿子即将安定下来。[9]

如果是这么期望的，她将会失望。刘易斯并没有如约退伍，也没有前往肯塔基，没有回家。1795 年 5 月 1 日，他以少尉的军衔加入了正规军。同月，他接种了天花疫苗。他接到了鲁本的来信，鲁本告诉他，母亲希望他回到家里去。他于 5 月 22 日回信，信中用非常复杂的 42
句式说道："对漫游的热情主导着我，它是如此激烈，以致我会违反所有朋友的意愿；等这一切被证明是错误的时候，我期待会得到你们的谅解。我不知道该用何种方式来解释这种堂吉诃德式的行为，我想只可能是来自梅里韦瑟家族的遗传；由于这种家族特质，你们应该能包容并宽恕那些可能将我引入歧途的错误，现在我所要求的仅仅是，在下一个秋天来临之前，你们不要谴责我，届时我会亲自就我的行为向你们请求谅解。"

换句话说，这都是他的错。他在信结尾的署名是，"您一贯真诚但此时正在游荡的儿子"。[10]

在此后的人生中，他很少在同一个地方度过两个冬天。

威士忌起义的平定、《杰伊条约》的正式签订所带来的与英国关系的改善，以及鹿寨战役的胜利，这一系列因素使得 1794 年的这 5424 名官兵被裁减至 3359 人。因此，能在正规军进行大裁军的时候获得军官任命，这强有力地证明了高级军官对刘易斯的印象非常之好。当然，他们可能认识他的继父，也有可能认识他的父亲或者家族里面的人，这都没什么坏处。他加入的这支军队里，很多军官之间都由血缘或与显赫家族的联姻联系在一起。有超过三分之一的军官，其父辈都是独立战争时期大陆军或民兵团的军官。

这支军队主要是作为边境警备队存在的，这导致它会被拆分成许多由总数不超过 100 人的军官和士兵组成的小股卫戍部队。历史学家威廉·斯凯尔顿在权威著作《美国军人的职业：1784—1861 年的陆军军官团体》（*An American Profession of Arms: Army Officer Corps 1784–1861*）中，称这些阿巴拉契亚山脉以西的小股卫戍部队“是将数千英里遥远边疆串联起来的一个岛链”。[11]

对这些军人的纪律要求是异常严酷的。鞭刑很常见；烙印之刑相对少一点，但也是一种惩罚手段。在俄亥俄西北部，位于迪法恩斯堡的一座军事法庭曾判两名士兵有罪，原因是他们在站岗的时候把枪放在一边，并坐下来了。偷窃一条毯子会被罚 50 鞭；冲撞军士会被罚 100 鞭。

逃兵现象很严重，主要有两个原因：第一，逃兵可以隐匿在广袤的边境，并逆权侵占*土地，由此逃脱对 18 世纪士兵来说很普遍的酷刑；这一诱惑是很多士兵难以抗拒的。第二，只要有两三个逃兵，就会严重削弱边境卫戍队在面对印第安人袭击时的战斗效率。所以逃兵行为会受到非常严厉的惩罚。1795 年秋天，当一名士兵从迪法恩斯堡逃跑的时候，军官们向两个肖尼族**印第安人开出了活人 10 美元、头
43 皮 20 美元的赏金。一名部落武士于次日带回了这名逃兵的头皮，领取了赏金，还获得了“军官们的赞赏”。[12]

---

* 指土地的非业主不经原业主同意，持续占用对方土地超过一定的法定时限后，原业主的诉讼时限即终止，该占用者可以成为该土地的合法新业主，不必付出任何代价。——译注

** 与后面多次出现的“肖松尼族”并非同一部族。——编注

在纸面上，军官团体也受到军纪的严格限制。军官团体受到冯·施托伊本男爵的《美国军队命令与纪律规定》制约，也就是我们俗称的“男爵和战争规则与章程”。这些规定包括但不仅限于：军官不能说脏话，不能对上级军官、联邦或州政府官员表示不敬，不能在执行任务的时候醉酒，不能无故缺勤，也不能采用任何方式决斗。如果军官被判“行为不端或者伤风败俗，不再像是一名军官或者绅士”，将被解职。他们不得包养情妇，因为这一行为“令社会感到厌恶，对于服役是一种累赘，甚至会导致不和；对于有德之人来说，这一行为总是不名誉的，且具有摧毁性”。[13]

大多数军官都过着浮夸的生活，其表现就是酗酒和嫖妓。军官们可以从战斗部队里选取至少一名士兵作为勤务人员，或者可以用军队的开支养一名奴隶。少尉的年薪是 402 美元，执行特殊任务时还会有额外的补贴，但是需要自行购买军装，而这些军装在边境地区是非常昂贵的。斯凯尔顿评价道：“低级军官的收入很难让他们维持中等阶层的体面。”[14] 很多军官利用身处西部这一优势，通过土地投机来补贴收入；他们的主要投机对象是那些奖励给独立战争老兵的土地许可证。

斯凯尔顿发现：“军官团体的主要特点之一就是内部纠纷。诚然，很少有一支部队是由这么一群固执且爱争论的人领导的。这类军官很少见，他们的军官生涯不是因为纪律行为以及同僚间激烈的争议（往往导致军事审判或决斗）而中断的。”[15] 导致这一现象的一个原因是，边境据点与世隔绝而且非常无趣。这一点加剧了这一现象，因为在早期的美国，军官团体是为数不多的混合了不同地区、信仰、种族、教育和社会背景人群的封闭环境。更重要的原因可能是军官们过于膨胀的荣誉感，尤其是那些来自南部的军官。

任何军官，如果提出或接受了决斗要求，或者帮助了决斗行为，甚至只是因为同僚拒绝决斗而对其加以斥责，都将被立即解职。而在现实中，不论是陆军部还是高级军官，都从来没有真正执行过这些规定。事实上，安东尼·韦恩将军还极力主张他的军官们决斗，让军官们去找“其他方式解决私人争端”，而不要麻烦军事法庭。背后的逻辑是，决斗避免了频繁的军事审判所带来的不便和开销，而且相对于决斗，军事审判总是使得私人争端继续延续而不是得到解决。[16]

在1795年的部队中，如果哪位军官宣称自己被当众侮辱——在其
他军官面前被指不是个绅士——却不通过决斗来解决，他就会“蒙受
44 愚弄和奚落，更糟糕的是将会被同僚们蔑视”。[17]

作为正规军军官，梅里韦瑟·刘易斯少尉的第一个岗位从属于由韦恩将军指挥的第二步兵团。因此，1795年8月3日那天，在战败的俄亥俄地区的部落首领们签署《格林威尔条约》时，刘易斯正身处韦恩的司令部。11月，一场热病席卷了整个营地；在格林威尔的375人中，一度有300人患病。刘易斯是幸免者中的一员；他让母亲放心：“我健康状况良好。”[18]

当时的美国国内还没有正式的政治党派，但是第二步兵团的大部分军官，与作为整体的军官团一样，都是联邦党人。当时人们最爱争论的政治话题，就是对于法国大革命的看法。由亚历山大·汉密尔顿领导的联邦党人都鄙视法国大革命；杰斐逊派——也就是不久后的民主共和党——的支持者则支持法国大革命。现实中，他们是如此地赞同法国大革命，以至于其中的很多人都学习法国人，用“公民”这一简单称谓来称呼彼此。刘易斯也是民主共和党的一员；1795年5月22日，他写给母亲的信的收信人地址是：“公民露西·马克斯，阿尔伯马尔，弗吉尼亚。”

刘易斯的政治立场和饮酒问题很快给他带来了麻烦。1795年11月6日，他被带往位于韦恩的司令部的高级军事法庭。对他的指控是由一位名叫埃利奥特的中尉提起的。第一条指控是：“直接、公开并轻蔑地违反了战争规则与章程第七部分的第一、二条款。”（第一条款规定：“任何军官和士兵都不可以对同僚发出谴责性的或者挑衅性的言论或行为。”第二条禁止提出决斗。）

在起诉书中，刘易斯被控“在醉酒的情况下，于9月24日，以野蛮且非常不绅士的方式闯进他（埃利奥特中尉）的屋子，无缘无故地侮辱了他，并扰乱了应中尉邀请而来的军官们的和谐”。他们就政治问题争辩；很显然，刘易斯被赶了出去；于是他“于同日向埃利奥特中尉提出了决斗的要求”。

听闻这些指控后，刘易斯辩称自己“无罪”。在将近一周的时间里，法庭听取了各方面的证词。随后，法庭的裁判者宣布了审判结果：

威廉·克拉克，查尔斯·威尔逊·皮尔绘于1810年（Courtesy Independence National Historical Park）

“对于对刘易斯少尉的指控，我们认为他无罪，判无罪释放。”军事法庭的报告总结称，

> 韦恩将军批准了前面的审判结果，并且他非常希望这是第一次，也是最后一次就此类问题发起军事审判——梅里韦瑟·刘易斯少尉可以释放了。[19]

显而易见的是，刘易斯少尉和埃利奥特中尉两人之中，至少有一
个人无法继续待下去了。韦恩将军将21岁的刘易斯调往由精锐射手组 45
成的精锐步枪连。这个步枪连的上尉和阿尔伯马尔有些关系——他生
于加罗林县，但是他的家族来自夏洛茨维尔，他们都是弗吉尼亚人，
他比刘易斯大四岁。他的名字叫威廉·克拉克。他的兄长是乔治·罗
杰斯·克拉克将军，在独立战争时期征服了旧西北部（Old Northwest），
并且是杰斐逊的密友。到1795年秋天，克拉克已经在军队里服役四
年了，还参加了鹿寨战役。因为身体状况不佳和迫于家族生意的压力，
他即将于六个月之后退役，但是他和刘易斯在这半年里成为了非常好

的朋友，并且彼此仰慕。

因此，刘易斯和克拉克的合作关系——注定要成为美国历史上最著名的合作关系——其源头在于韦恩将军做出了对提出决斗者有利的判决，因为他宁愿手下的军官们用决斗的方式，而不是在军事法庭上解决分歧。

被释放两周后，刘易斯写信给母亲。他说，他此前承诺会回家探亲，目前看来“行不通了”。他向同母异父的弟弟发出了一些指示：“我希望杰克在有了一定的阅读基础之后，可以尽快被送去莫里先生那
46 里；我坚定地认为，他应该在我的资助下接受博雅教育。”这确实是非常慷慨的举措，同时也是他重视教育的另一个证明。

至于他难以接受的军官行为准则，他安之若素。“总的思路就是，军队是一个充斥腐化行为的学校，”他写道，“但是请您相信我，经验和勤俭的教育对您亲爱的儿子有着深刻的影响。”他在收信人那里写着“露西·马克斯夫人”，而不是“露西·马克斯公民”，很显然，他已经学会在政治立场的表达上更温和一些。[20]

未来四年军旅生涯中的游历，极大地满足了他游荡的天性。从1796年春天穿越俄亥俄的侦察行动开始，他游历了西部的很多地区，以及俄亥俄河的南北两岸。10月，他和一个小护卫队一起从底特律前往匹兹堡，去递送包裹。他掉了两次队，并耗尽了补给；他从一处旧的印第安人营地找到一些被丢弃的腐烂熊肉，称其“非常特别”。

1796年11月，他被调往美国第一步兵团。当月，他又带着韦恩将军的包裹，从底特律去了一趟匹兹堡。这一次他没有迷路，可能因为和一个怀恩多特族印第安人同行，而这个人很可能充当了他的向导；这个印第安人名叫伊诺斯·库恩，刘易斯在匹兹堡的旅馆里把佣金付给了他。[21]

那次行程之后，他休了一次假，骑马回到了洛克斯特山庄；1794年8月他离家时曾向母亲许诺，在六个月内就会回家，而事实上这才是自离家之后第一次回家。关于这次探亲的记录没能流传下来，但是很显然，在满足了母亲对于他历险经历的兴趣并处理好种植园事务之后，他去看望了朋友们。1797年1月28日，他应邀加入了阿尔伯马尔的共济会44号美德会所。他在共济会内级别的提升快得令人目眩。到4月3日，他已经是前会长（Past Master Mason）这一级别的会员了。

[因为军职在身，接下来的几年里他长期在阿尔伯马尔之外，故而很少参加会所的会议，不过他在 1798 年 6 月和 7 月的休假期间，还是参与了会议。他是会所成员中的一名军官，那年夏天他提出一项动议，将会所基金的一部分用于慈善。到 1799 年 10 月，他已经是一名皇家拱顶分会成员（Royal Arch Mason）。很显然，他非常严肃认真地看待共济会的规矩和理念；此后他以共济会仪式的名称为西部的河流命名，包括哲理河、智慧河和博爱河。威廉·克拉克于 1809 年在圣路易斯加入了共济会。][22]

刘易斯在 1797 年的休假一直延续到夏季末，在此期间，他处理完了“家中的事务”。他进行了一系列的安排，将母亲留在佐治亚的奴隶带回弗吉尼亚，并去了一趟肯塔基，又做了一些土地投机——他以 20 美分一英亩的价格又买了 2600 英亩土地，并告诉母亲，“这块土地比我所想的还要令人满意”——他将一部分在弗吉尼亚的土地卖给了弟
弟鲁本，从母亲那里买了一些马克斯上尉的土地，像当时弗吉尼亚的 47
其他种植园主那样，他变得“地多钱少”。[23]

在那个流行扑粉假发、蕾丝和褶裥花边的年代，他有几分纨绔子弟的样子。在一封于 1798 年 1 月 15 日写给朋友费迪南德·克莱本中尉的信中，他抱怨了裁缝。“所有该死的工序做完后，”他写道，“我的外套还是嫌大。这外套的缺点，或者应该说畸形之处，可以用速记法写上三大张纸……蕾丝太少了……要不是缺不了，我早把它退回去了。”

在附言里，他抱怨了一个军事问题，一个差不多所有时期的军人都抱怨过的问题：“你应该已经收到我们慷慨的国会最近下发的向卫戍部队派送和分配食物和稻草的规定了……津贴实在远低于应有的标准，关于下一步该何去何从，我实在是很迷惘。请务必告诉我你会采取的计划，我很确定士兵们不可能靠着这点食物维持下去。”[24]

1798 年，约翰·亚当斯时任总统。因为《杰伊条约》的缘故，当时美国和英国的关系很好，但这意味着美国和法国的关系很糟糕。在外海，美国和法国的船只不宣而战。法国外交部长塔列朗向美国的使节索取贿赂，公众非常愤怒。围绕这些事件，各种党派建立起来，开启了美国历史上一段最痛苦的党争时期。这些争议的核心就是军队的规模问题。

由亚历山大·汉密尔顿领导的联邦党希望能够利用这次与法国的战争危机，建立一支欧洲式常备军，这支军队的目的更多地是压制内部分歧，而非抵御外敌入侵。汉密尔顿，以及非联邦党人华盛顿和亚当斯，认为由杰斐逊领导的民主共和党对政府政策的反对是非法的，甚至是有叛国性质的——这一态度催生了后来的《外侨法》和《煽动叛乱法案》。

1798 年 7 月，联邦党人控制的国会对庞大的扩军计划投票，最终批准新建一支一万人的常备陆军和三万人的民兵队伍。[25] 对于亚当斯总统和其他的联邦党人领袖来说，如果希望这支军队能可靠地稳定国内的局势，那么对这支新部队的军官任命就决定了这一政治决策是否“明智”。作为积极的政治家，亚当斯和他的朋友们都意识到扩军会带来许多任免权力。但是联邦党内部分裂成了汉密尔顿的联邦党和亚当斯的支持者，权力的争斗即将开始。

亚当斯委任华盛顿为新部队的司令，头衔是中将。华盛顿不愿意结束退休生活，所以只行使一部分职责，并坚持要求在战争真正开始前待在弗农山庄。这一决定意味着新部队的第二指挥官将获得部队的
48 实际控制权。此后的一系列密谋很快将亚当斯和华盛顿卷入了有关汉密尔顿的争议中。最终华盛顿以辞职相威胁，迫使亚当斯做出了丢脸的让步——任命汉密尔顿为新部队的第二指挥官。

这一耻辱使得亚当斯对扩军改变了想法。结果，新军队的编制根本没能达到计划中的规模。现实中，军官团体的规模得到了快速增长，而士官的规模几乎没有增加。

这意味着亚当斯当时拥有很多的军官任命书，很多人都热切谋求任命。很自然地，联邦党人获得了其中最大最好的部分。华盛顿设立了委任标准。他提议最优先考虑在独立战争中表现积极的老兵，其次考虑“那些有着良好家世、受过博雅教育并有强烈荣誉感的年轻绅士”。华盛顿告诉亚当斯，绝不该委任“那些明显对自己的政府有敌意的人，他们肯定会蓄意在军队里制造混乱”。

于是亚当斯开始排除那些被怀疑支持民主共和党的申请人，做法激烈，就连汉密尔顿也认为他走得太远。汉密尔顿认为，至少应该允许一些低级军官是来自反对派的。“杜绝一切反对党申请人的希望，只任命某一个党的申请人，这显得很不明智。军队，尤其在年轻人的印象里，是一个激发报国热情的地方，有责任心的人应该被招募。”[26] 换言之，如果获得

军官任命，年轻、有前途而且有才能的民主共和党人也可以脱颖而出。

亚当斯基本上忽略了汉密尔顿的看法；大量的任命被授予联邦党人。这些被任命的军官都是虚职，但是他们的政治立场在民主共和党人心中引起了恐惧，民主共和党人开始在一定范围内谈论即将到来的联邦党恐怖政治。

把军队裹进政治，并用军官任命作为权力筹码，这都注定会对梅里韦瑟·刘易斯产生决定性的影响。这种影响是从一次升迁开始的。1799 年 3 月 3 日，他升为中尉，并负责在夏洛茨维尔的征兵工作，这一任命肯定令他的母亲很高兴。

在亚当斯下定决心忽略国会增加数千名士官的决议后，刘易斯的征兵工作结束了。他于 1800 年被派驻底特律，在那儿加入了由朋友克莱本上尉指挥的连。这一年正好是总统大选年，由杰斐逊和亚当斯竞争。刘易斯热情地参与政治辩论，至少有一次，他和联邦党官员进行了激辩，用他民主共和党的论点压倒了——至少他自己觉得是——“联邦党人”。[27]

很快，他成为了团军需官。这是由国会于 1799 年 3 月批准的新职位，是扩军计划的一部分。杰斐逊在此后曾提到，他得到这一任命是因为“在需要规矩和忠诚的地方，他总是首先被人们想起”。[28]

对于刘易斯而言，这是一个非常理想的职位，主要有两个原因。第一个原因是私人原因：他的职责允许他真正随心所欲地漫游。第二 49
个原因是政治原因：这种漫游让他有机会结识广泛散布在西部的军官，了解他们的政治观点，这些知识在将来都会成为他的财富。

他在西部和俄亥俄河两岸流域——辛辛那提、韦恩堡、莱姆斯通、梅斯维尔、奇利科西、惠灵——漫游，交通工具是一条 21 英尺长的平底木船或内河平底货船，还有一条独木舟。他在西部的河流上学习了水手的技巧。他骑着马，带着大量的纸钞——而非笨重的硬币——穿过荒野，前往俄亥俄南部的堡垒。他一直做着包括调动、擅离职守、逃兵、征兵在内的内容广泛的记录。他开始因为缜密、准确和诚实而享有声誉。

1800 年 12 月 5 日，刘易斯晋升为上尉。同月，各州选出了他们在选举人团里的代表。1801 年 2 月，这些代表制造了一场政治危机：选票统计的结果是杰斐逊和他的竞选搭档、来自纽约的阿龙·伯尔各获得 73 票，亚当斯获得 65 票。这一票数相同的结果，将决定权交到了众议院手里，而联邦党人控制的众议院决定支持伯尔。选举再次陷入僵局。换言之，联邦党人不愿意接受美国人民选择了杰斐逊这一清晰的事实。

当时的党争非常严重，联邦党人非常讨厌并害怕杰斐逊，以至于准备将国家交给阿龙·伯尔。如果他们成功地使伯尔成为总统，几乎可以肯定的是，就不会有今天的共和。幸运的是，汉密尔顿足够聪明和诚实，意识到杰斐逊是一个两害相权取其轻的选择。他利用自己的影响力，打破了僵局。在 1801 年 2 月 17 日的第 36 轮投票中，杰斐逊当选为总统，而伯尔被选为副总统。

那是一个有着相当多激进言论的时代。据联邦党中那些危言耸听的人说，他们害怕的是“毫无价值、不诚实、贪婪、卑鄙、冷酷和不虔诚会成为主流”。[29] 这些情绪化的观点促使亚当斯采取了激进的手段。3 月 3 日，在杰斐逊就职典礼的数小时前，亚当斯发出了他著名的“午夜法官任命”，将联邦党背景的法官大量安插进联邦法院系统。还有一件不太有名，但是至少对民主共和党人来说同样令人愤怒的事情是，亚当斯任命了 87 名军官，填补了六个永久编制的团里的空缺。被任命的军官几乎都是联邦党人，这确保了军队——如同法院一样——在未来的数年里依然由联邦党人主导。[30]

或者说，至少亚当斯希望是这样。但杰斐逊总统有其他的想法。为了实施这些想法，杰斐逊向他的邻居、第一步兵团的梅里韦瑟·刘
50 易斯上尉求助了。

第四章

托马斯·杰斐逊的美国

1801 年

1801 年 3 月 4 日，当托马斯·杰斐逊宣誓就任美国第三任总统的时候，美国的人口是 5308483 人。其中将近五分之一是黑奴。尽管东西国界从大西洋一直延伸到密西西比河，南北国界从五大湖几乎延伸到墨西

托马斯·杰斐逊，油画摹本，原作由查尔斯·威尔逊·皮尔绘于 1791 年（Courtesy Independence National Historical Park）

哥湾（大概是 1000 英里乘以 1000 英里的面积），其中却只有一小部分是有人居住的。三分之二的人口居住在距潮水区域 55 英里以内的地方。穿越阿巴拉契亚山脉的道路只有四条：第一条路从费城到匹兹堡，第二条路从波托马克河到孟农格希拉河，第三条路穿越弗吉尼亚并向西南方通往田纳西的诺克斯维尔，第四条路穿过坎伯兰山口进入肯塔基。

美国的潜力，即便不是无限的，也非常大——如果能把泛密西西比地区纳入国家领土，潜力会更大。但是在 1801 年，美国能否保有阿巴拉契亚山脉和密西西比河之间的领土都很难说，向西扩张领土这件
51 事就更不用提了。

如同 19 世纪著名的编年史学家亨利·亚当斯指出的："山脉以西的全部人口，包括自由人和奴隶，还不到 50 万；但是这批人已经部分倾向于认为——旧的 13 个州也不反对这么认为——他们是一个独立帝国的源头，这个帝国要考虑的，是如何向南将国界从密西西比河拓展到墨西哥湾，而不是穿过阿勒格尼向西海岸去。"[1] 这种分离国土的威胁在当时是非常真实地存在的。美国当时才成立 18 年，它是经由叛乱和分裂行为而独立的，12 年前联邦政府才刚刚成立，因此当时正处在不稳定的政治局势中。

此外，由一个国家来占有一整片大陆也显得不太现实。距离问题实在是太严重了。在 1801 年的世界，一个重要的事实就是，没有什么能比马跑得更快。没有任何人，没有任何人造的物件，没有任何一蒲式耳的小麦，没有哪一侧边的牛肉（或者就这件事来说，蹄子上的任何一处牛肉），没有任何信件、信息、想法、命令或指示，可以跑得更快。此前没有任何东西可以比马跑得更快，而且仅从杰斐逊所处的时代来看，未来也不会有什么能比马跑得更快。

同时，除了在赛马场的跑道上，马的奔跑速度也不是很快。美国的道路不仅少，而且状况普遍很糟糕。国内最好的公路是从波士顿到纽约的；一辆搭载着乘客以及行李和邮件的轻型马车，需要在每一个驿站换马，总共要花三整天的时间才能走完这 175 英里的路程。从纽约到费城的 100 英里则要花两天的时间。在新首都华盛顿以南则没有适合马车行驶的道路；一切的运输都得单纯依靠马匹。"这里［蒙蒂塞洛］到华盛顿之间有八条河流，"杰斐逊在 1801 年写道，"其中有五条河没有桥也没有渡船。"杰斐逊花了十天时间，才走完了从蒙蒂塞洛到

费城之间的 225 英里路程。[2]

阿巴拉契亚山脉以西根本没有道路，只有一些山野小径。将人或者邮件从密西西比河运往大西洋海岸需要花费六周甚至更久；任何重量超过一封信件的物品的运输都要花费至少两个月。大体积的物品，比如大量的谷物、大包的皮毛、成桶的威士忌或者火药，都需要依靠马、牛或者驴拉的四轮货车来运输，即使在有道路的地方，这些货车的运输能力也极其有限。

人们理所当然地认为，事情一直就该是这样的。基于科技进步或者机械制造学的进步观念，以及肌肉、流水和风以外的动力来源，对现实中的美国人来说很难想象。19 世纪末，有关杰斐逊就职那一年的
情况，亨利 · 亚当斯评论道：“在美国，道路上的实物障碍很多，但是 52
更严重的障碍存在于人们的观念中。直到 18 世纪末，这个世界都没有什么变化，务实者们很难想象，伟大的变革即将到来。”[3]

杰斐逊是一个例外。他有着非凡的想象力；蒙蒂塞洛的家中堆满了他发明的小玩意。他还做了一些对人类一般福祉有益的改良。直到 18 世纪末，欧洲和美洲的农民还在使用直木犁，和古罗马人用的没什么区别。杰斐逊改良了犁，发明了弯木犁。[4]

1793 年，他目睹了一只热气球升起的过程。尽管这在那时只是一项娱乐性的演出，他马上就想到了热气球在实际中的潜在应用。“这个东西的安全性看起来很不错，”他在给女儿玛莎的信中写道，“我希望能乘坐热气球旅行，坐它回家的话，我想用不了十天，五个小时就够了。”[5]

就空中旅行一事来说，杰斐逊领先世界整整一个世纪；就陆地旅行一事来说，他设想过一种不依靠马力的运动方式。他被使用蒸汽来拉动马车这一想法所吸引。他在 1802 年预测：“将蒸汽这一如此强劲的动力搭载到［四轮马车上］，这将极大地改变人类的状况。”杰斐逊身在汽车时代的一百年前。他从没有见过火车。[6]

就借由水路旅行一事来说，对于水路这一贸易运输中的重要渠道，1801 年的杰斐逊想不到什么能够克服或者降低运输难度的办法。19 世纪初期，所有通过水路运输的沉重物资，包括任意数量的物资，其交通工具要么是人力的独木舟，要么是顺流而下的木筏，或者是运河上由驴子牵引的驳船，再就是由风推动的帆船。

因为贸易的运转是靠水路，1801 年的美国人一直在思考关于水路的问题。他们的脑袋里满是修建运河的计划，想利用水坝在上游蓄水或者绕过急流。杰斐逊记述道：“人们忙于拓宽河道，开凿可供航行的运河，建造道路。”[7]

直到 19 世纪初期，商业和运输的方式自文明诞生以来几乎没有什么变化。当时的美国人生活在自由和民主的社会里，这是自古希腊以来第一个自由和民主的社会，是个阅读莎士比亚的社会，诞生了乔治·华盛顿和托马斯·杰斐逊，但是这个社会的科技并不比古希腊时期进步多少。相比于古希腊和古罗马的人们，1801 年的美国人有更多的小玩意、更好的武器、更丰富的地理知识以及其他一些优势，但是他们在通过陆路和水路运输物品、人和信息这一点上，并没什么进步。

用亨利·亚当斯的话来说：“瑞普·凡·温克尔，大约 1800 年从长眠中醒来，发现除了原来挂着乔治国王头像的地方被换上了华盛顿
53 的头像以外，没什么新奇的事情。”描述当时人们的思维的时候，亚当斯写道：“经验使得人们坚信，世界是一成不变的。”[8]

但是仅仅 60 年后，当亚伯拉罕·林肯宣誓就任第 16 任美国总统的时候，不管是通过陆路（通过铁路，25 英里每小时）还是水路（乘坐蒸汽船逆流而上，10 英里每小时），美国人在一小时内所能运输货物的距离，都比 1801 年的美国人花上一天所运输的距离还要远。除了另一项科技革命——信息传输以外，这一短时间内实现的在运输效率上超过 20 倍的极大进步，可以认为是最伟大、最意想不到的一项技术革命。在杰斐逊的时代，将信息从密西西比河传递到华盛顿需要六周的时间；而在林肯的时代，通过电报在同样的距离上传递信息，则几乎是即时的。

时间和距离、山脉和河流，它们之于托马斯·杰斐逊相比于它们之于亚伯拉罕·林肯，有着全然不同的意义。

河流主导了杰斐逊对于北美的考量。为了不久的将来计，杰斐逊决定为美国获得对新奥尔良的控制权，借此来防止西部从美国分裂出去。此外，他还在寻找一条位于未经探索的西部，横贯三分之二大陆的全水路通道。

当罗伯特·格雷驾驶“哥伦比亚号”驶入一条河流的入海口，以

船名将之命名为哥伦比亚河并确定其经纬度之后，人类第一次了解到这个大陆有多宽。对哥伦比亚河入海口的准确定位，代表着18世纪科学和探索的巨大胜利。第二次大发现时代和英格兰的库克船长紧密联系在一起，这一时期人们使用了六分仪等航海仪器来精确地描绘大陆和海岸线、重要的港口和河流入海口，并在地图上相应的位置标注了地形以及当地人的描述。

在地球上还有一些区域有待人们去探索，它们是非洲内陆、澳大利亚、南北极，以及占北美三分之二面积的西部。西部地区对欧洲人和美洲人来说是最重要的。

大家都知道这片土地是广阔的，从密西西比河到哥伦比亚河口有大概2000英里。大家都知道这片土地上有丰富的毛皮资源。人们认为这片土地上蕴藏着数量巨大的煤炭、盐、铁、黄金和白银，并且认为这片土地的土壤和降雨情况与肯塔基、俄亥俄及田纳西很相似——也就是说，非常适合农业生产。

但是，对于这片土地，人们所不知道的以及对它错得离谱的假设，比所知的看起来更为重要。研究刘易斯和克拉克的著名学者唐纳德·杰克逊指出，尽管杰斐逊在地理学、绘图学、博物学以及密西西比河以西那未知土地的人种学方面拥有最为广泛的资料，但在1801年
宣誓就职的时候，他相信以下这些事情："弗吉尼亚的蓝岭山脉可能是 54
北美大陆上最高的山脉；猛犸象、大树懒和其他一些史前动物将会在密西西比河上游被发现；在北美大平原的某处有一座一英里长的盐山；密西西比河上游巴德兰兹地区的火山还有可能喷发；西部的所有重要河流——密苏里河、哥伦比亚河、科罗拉多河和格兰德河——都发源自同一块'高地'，各自向不同的方向流入北半球的两个大洋。最重要的，他相信通过横贯山脉的运输通道，可能连贯出一条通往太平洋的水路。"[9]

1801年的路易斯安那——北美大陆上位于密西西比河和落基山脉之间的土地——等待着人们去占领。当时有意夺取这一地区的，是从加拿大来的英国人、从得克萨斯和加利福尼亚北上的西班牙人、从新奥尔良北上来到泛密西西比—密苏里河地区的法国人、从西北部南下的俄国人和从东部而来的美国人。当然，同时还有长期占有这片十地

并决意捍卫它的土著。

居住在路易斯安那地区的数十个印第安部落也曾赢得过胜利，但是由于缺乏有效的政治组织、无法组成有效的军事联盟、极度依赖白人来提供枪支，以及对阿巴拉契亚山脉以东的17和18世纪美国人的认识和1790年代在肯塔基和俄亥俄的作战经验，这些都决定了对印第安部落的征服虽然充满血腥、代价高昂且耗时长久，却也是必然的。

杰斐逊对于印第安人的态度，与对待黑人的态度完全相反。他认为印第安人是高贵的野蛮人，可以被文明教化并能够以公民的身份加入美国。1785年，他写道："我相信印第安人在身体和思想上将可以和白人平等相待。"他认为印第安人和白人的唯一区别就是信仰和印第安人的野蛮行为，而这都是由印第安人的生存环境决定的。但他从来没有说过，人们所感觉到的黑人的缺点——比如懒散或偷窃——是由他们身为奴隶的客观状况引起的。杰斐逊对于印第安的人种学非常感兴趣，并且积极地搜集印第安词汇，但是他对非洲的人种学和词汇毫无兴趣。[10]

当杰斐逊或者诸如刘易斯和克拉克这样的年轻弗吉尼亚人看到印第安人的时候，他们看到的是准备好成为文明公民的高贵的野蛮人。看到黑人的时候，他们看到的是高于动物但是低于人类的存在。终其一生，他们都没有想象过黑人转变为完全公民的可能性。威廉·克拉克曾尝试收养一个有印第安血统的男孩。他可从没想过收养黑人男孩。

西班牙声称其拥有路易斯安那，这一地区大致包括密西西比河及
55 其西南部支流所灌溉的内陆地区。但是，除了沿密西西比河散落的，以及驻扎在南边的南新奥尔良和北边的圣路易斯之间的少数卫戍部队，西班牙在帝国之内没有什么军事力量。

英国人对上路易斯安那的毛皮贸易有兴趣，同时也对落基山脉以西的俄勒冈地区有着类似的领土要求。俄国人对哥伦比亚河口周围及其北部的地区有兴趣。西班牙对整个太平洋沿岸有着模糊的领土要求。而法国人曾经占有过路易斯安那，而且他们的人（法裔加拿大人）是唯一详细了解路易斯安那的白人，他们正考虑再次占有这一地区。

但是欧洲人对于这一内陆地区的野心更多是理论上而不是现实上的，部分原因在于，这些竞争者之间在欧洲的战争才是他们主要考虑的事情；更主要的是，距离和时间、山脉和河流让这些野心难以实现。在 1801 年，欧洲国家再也没有能力像在此前的三个世纪那样，在占北美大陆三分之二的西部探索、占领、定居和剥削了。

短期内美国也没有这个能力；不过，相比于其欧洲的对手，杰斐逊先生的美国有两大优势。首先，美国的公民当时正在穿越阿巴拉契亚山脉，并在密西西比河东岸的北部，即俄亥俄地区定居。诚然，已经有一批美国人穿越密西西比河，他们中大部分人已经非法地在上路易斯安那定居。简而言之，美国人正在从事实上占有欧洲人宣称或希望占有的土地。第二大优势是，美国的领袖是托马斯·杰斐逊。

但是在杰斐逊宣誓就职的时候，西部的开拓者们只能通过水路将大量的农作物运往市场，这就意味着得通过俄亥俄—密西西比河路线。这一经济现实决定了政治——西部的美国人将会加入新奥尔良的实际控制者，不论是西班牙、法国或英国，或者他们会组建自己的国家并夺取新奥尔良。副总统阿龙·伯尔费尽心机想让西部从美国分裂出去，组建一个新国家。

杰斐逊对此不以为然。他深信他所说的“自由帝国”。“我们的联邦应当被视为由全美国，包括南方、北方共同组建的，是属于人民的。”他甚至在宪法确立前就这样写道，并以总统的身份说，他迫不及待地想看到有一天，这个大陆上的居民“说着同样的语言，有着相似的政体和法律”。[11]

在帝国主义时代，他是最伟大的帝国缔造者。他的思想涵盖了整个大陆。从独立战争开始，他就设想一个横跨两大洋的美国。杰斐逊的过人之处是，他让这一设想成为了现实。

他有过很多动机。他为国家和他个人追求伟大的成就。他不效仿
欧洲，拒绝了将北美分成许多民族国家这一想法。他想让北美独立战 56
争的理念遍及整个大陆，被人们平等分享。他是 1787 年《西北土地法
令》的主要起草者之一，这一法令如同他的《独立宣言》一样是革命
性文件。这一法令规定，当人口达到一定数量时，密西西比河西部和
俄亥俄河北部的地区，将可以建立三至五个联邦州。这些新建的州将
和最初的 13 个州享有完全同等的地位。多亏了托马斯·杰斐逊，美国

才在日后成为了一个没有殖民地的帝国，一个平等的帝国。这一法令加强了泛阿巴拉契亚地区和美国的关联；杰斐逊通过一个政治行为，克服了山脉和河流所造成的天然的分裂风险。

但是，杰斐逊成为一个帝国主义者，并不仅仅是因为思想的广博。他的基本动机之一，是对土地的渴望。杰斐逊和他的弗吉尼亚种植园主同胞们，是依靠烟草种植和奴隶制生存的，而烟草种植和奴隶制都需要对新土地的无尽获取。

杰斐逊身为战争时期弗吉尼亚州州长这一事实，比任何事都更清晰地表明西部的领土在他政治理念里的核心地位。他是于 1779 年被选为州长的。次年，英国人入侵了南、北卡罗来纳州。当时弗吉尼亚没有能力帮助遭受围困的南部邻州，因为杰斐逊已经将弗吉尼亚的军事力量投入到乔治·罗杰斯·克拉克在俄亥俄河北部、旨在占领英国人哨所的战役中去了。杰斐逊对于西部土地的占有欲差一点就导致美国独立的失败。

作为一名政治家，杰斐逊对于选民的需要和梦想有着非常敏锐的把握。在弗吉尼亚，他的支持者们都是小农场主，他们在独立后对于由奴隶耕种的种植园规模持续扩大的趋势忧心忡忡。他们指望着向西部寻求新的、更便宜的土地，尤其是山脉另一边肥沃的处女地。在那里，他们可以利用俄亥俄—密西西比河良好的河运系统来将丰收的作物快速运往国际市场。

正当人们陆续在西北部地区定居的时候，杰斐逊认为泛密西西比西部帝国可以作为被从密西西比河东岸驱走的印第安人的广大居留地。在那里，印第安人可以学习耕种，变得文明起来，由此成为国家的一部分。最终，路易斯安那将可以接纳从东部移居或从欧洲移民而来的农民。获得这一土地，将使得美国成为横跨两大洋的国家，而这里的土地足够接纳所有美国人，并足以供养他们数个世纪，直到美国梦实现。亨利·亚当斯写道：“杰斐逊的追求超越了国家和民族，并如他所料地把握住了人类的未来……他希望带来一个新的时代……［1801 年］他以开启黄金时代为目标开始了执政生涯。”[12]

西班牙人或许有路易斯安那的所有权，法国人或许对路易斯安那有兴趣，英国人或许对路易斯安那有企图；西班牙人、法国人、俄国
57 人和英国人或许都曾仔细考虑过行使对俄勒冈模糊的所有权，或插手

俄勒冈的事务；但是在杰斐逊看来，这些土地都将在适当的时候，成为美国的一部分。

绝大部分国人都同意他的看法。如同杰斐逊一样，这些国人都雄心勃勃。亨利·亚当斯是如此描述 1801 年的美国人的：“为了辛勤工作而精赤上身，每一块肌肉都紧致而有弹性，大脑随时可以开始思考，紧张而灵活的身体上没有一处赘肉——美国人代表了这世界上一种新的人类秩序。”[13]

亚当斯是在作一种归纳，但他也可以是在描述梅里韦瑟·刘易斯。 58

第五章

总统的秘书

1801—1802 年

在杰斐逊就职宣誓前的 11 天*，即 1801 年 2 月 23 日，作为候任总统的杰斐逊写了一封信给刘易斯上尉。他说他需要一名秘书，“不仅是帮助处理家里的私人事务，还要对政府感兴趣的大量信息有所贡献。你对于西部地区、对于军队，以及其利害关系和相互关系的了解，是我们非常需要的……你应该到政府来工作”。

杰斐逊向刘易斯保证，他可以保留军衔，并仍有晋升的权利，不过他在政府的年薪将只有区区 500 美元，仅比在军队的薪水和配给多一点点。此外，总统的秘书这一职位“将让你结交那些对于我们国家的事务有影响力的人物，并能让你从他们的智慧中受益”。刘易斯将会住在总统官邸，“就好像你是我家庭的一员一样”。

杰斐逊还写了一份工作说明：“这份工作的性质不仅仅是一名秘书，你更像是随身参谋。写作并不重要，我会自己写信，自己打印。照顾同伴，偶尔在镇上执行一些任务，向国会传递消息，偶尔和一些指定的成员或指定的部门开会并向他们作解释说明，偶尔在文书效果不好的地区进行宣传解释：这些是这一职位的主要职责。”[1] 总统秘书的薪水将由总统用私人经费拨发，他将配有一匹马和一个仆人，这部分开销也是由总统私人负担的。这个职位“已经有好几个人申请了，但在得到你的答复之前，他们将不会得到我的答复”。杰斐逊要求刘易

* 原文如此。杰斐逊于 3 月 4 日就职，与 2 月 23 日相距少于 11 天。——编注

斯立即答复。[2]

当杰斐逊的这封信抵达位于匹兹堡的刘易斯手上时，时间已经过去差不多两周了。3 月 7 日，刘易斯在写给他的连长、室友兼弗吉尼亚老乡费迪南德·克莱本上尉的信中表达了喜悦之情：“我没法向你，我的朋友隐瞒这一愉快的消息：抵达此处［匹兹堡］时，我收到一封来自新当选的美国总统托马斯·杰斐逊的礼貌、亲和的信件，希望我成 59
为他的私人秘书；这位一直深受我爱戴，并且在我看来德行和才能都独一无二的人物给予我如此巨大的、令我意想不到的信心，必须承认这成功地提升了我对自己的评价，让我几乎相信我的能力完全可以胜任这一职位。尽管我还有所不足，但我决意接受这一邀请，于近日前往华盛顿。我认为，对于我这样地位和前途的人来说，前景太诱人了，实在让人难以忽视。”这封洋溢着愉快情绪的信件，以他对政治的直觉的暗示，并伴随着作为总统秘书的自负的感觉收尾：“我将跟你说些我们政府里发生的最重要的政治事件或类似的事情，如果我觉得有权这么做的话。”[3]

令人发狂的延误和不频繁的信件传递，迫使这个热切的年轻人等待了三天才能将给杰斐逊的回信寄出。在 3 月 10 日的信里，刘易斯解释道：“直到上周五很晚的时候才回复那几天的邮件，您在上月 23 日……要求我做你的私人秘书的信件，也是那时才收到的。”

他很快进入主题：“我非常热切地应许，我很乐意接受这一职位。”在对这一殊荣表达了诸多感谢之后，刘易斯承诺“将尽快前往华盛顿；请放心，我会尽一切努力，决不懈怠。长官，愿您接受来自您最忠实的、谦卑的仆人，对于他对您的友谊和依恋的最不经掩饰的保证。梅里韦瑟·刘易斯”。[4]

他立即就出发了，但是春雨、懒马和糟糕的道路合起伙来延误他的行程。从匹兹堡到华盛顿，他走了三周，抵达时已经是 4 月 1 日下午了。之后不久，他在给阿尔伯马尔的朋友桑顿·吉尔默的信中写道：“我觉得我在总统家里算是非常讨人喜欢的角色。我从没期望我能有杰斐逊先生那种自信，可以在一定程度内对他产生一些影响；作为他的私人秘书，我只是志愿地帮助他——但是在革命和改革的这些日子里，还是乏善可陈。”[5]

刘易斯在改革中非常积极。在向刘易斯提供这个职位的时候，杰斐逊有一项专门的任务需要他去完成。刘易斯后来成为杰斐逊一项极为重要的计划的关键参与者，这一计划也是杰斐逊竞选时的主要政纲：裁军。

在一封于 1801 年 2 月 23 日写给军队指挥官詹姆斯·威尔金森将军的信中，杰斐逊要求威尔金森允许刘易斯退出现役，但保留军衔和晋升的权利。杰斐逊解释说他选择刘易斯是因为“私下里和他很熟悉，他是我的邻居”。[6]

其实杰斐逊总统有着更为明确的想法。他所认识的刘易斯不仅仅是邻居，还是一个坚定的民主共和党人，是一个因为军需官的职责所
60 在而频繁穿越泛阿巴拉契亚地区去探访各个军事据点的军人，因此是一个熟悉军官团体的人。杰斐逊曾隐晦地提及刘易斯“对于西部地区的了解，以及对于军队和其间利害关系和相互关系的了解”，并不是用于即将展开的对密苏里河地区的探索，而是将用于满足政治上的需要。杰斐逊首先希望刘易斯做的，是帮助削减联邦党人在军官团体中的主导地位。

杰斐逊计划裁撤掉一半的军队。这是一项不错的民主共和党政策，也是一项合理的政策。与法国的不宣而战结束了，和英国人之间的关系也比较平稳。政府可以节约一些开支——这也是坚定的民主共和党政策——如果军官的数量被削减的话；这么做无论如何都是合情合理的，因为约翰·亚当斯和联邦党人曾经在 1798 年的战争恐慌中借机让联邦党人充斥军官团体，然后又在 1801 年 3 月通过亚当斯的午夜任命得以加强。杰斐逊认为，至少在某种程度上，军官数量应该削减，如果某些军官仅是因为党派立场而获得军职，那么他们也应该以此为依据被裁撤。

杰斐逊从未担任过军职。他甚至不认识什么高级军官，更不用说军队里的低级军官了。他不知道哪些军官是称职的，哪些军官是极端的联邦党人，哪些军官较差，哪些军官较好。但是他年轻的朋友梅里韦瑟·刘易斯知道，他可以依靠刘易斯对军官团体做出完全公正的评估。

因此，刘易斯作为杰斐逊秘书的第一个任务，就是浏览从陆军部那里获得的所有在职军官的名册。刘易斯使用一种简单的符号标记（+++，或者 00，或者 #，诸如此类），对军队里的每一名军官做出了评估。这个评估体系里面的符号标记总共有 11 种。第一种“表示这类军

官是第一等的，评估的依据是其出众的才能和熟练的军事业务水平”。第二种表明“第二等的军官，品行端正”。第三种列出了“能力在伯仲之间，但是是民主共和党人的军官”。第四种涵盖了政治立场不能被刘易斯“准确判断”的军官。第五种，无党派军官。第六种，那些“反对政府，但是受人尊敬”的军官。第七种，“更坚定地反对政府”的军官。第八种，“暴力反对政府，同时经常污蔑政府”的军官。第九种，没有政治信条的职业军人。第十种，“配不上军职”的军人。最后，第十一种，“我们一无所知”的军人。

杰斐逊并没有对刘易斯的名单上的联邦党人痛下杀手。如果将刘易斯的名单和解职军官的名单摆在一起比较，很明显，在甄选过程中，标准更多的是参照军事上的能力而非党派立场。被刘易斯评为优秀的联邦党人军官都得以保留军职；那些被评为尚可的，18 名中有 7 名被留任。这是一个在政治上和军事上都堪称出色的政策；杰斐逊想要把国家团结在一起，而不是加剧现有的分裂状况；同时，杰斐逊也希望赢得一批联邦党人的支持，所以他也需要在军队内保留一批联邦党人。但是，唯独那些被评估为“暴力反对政府”的被裁撤了。[7] 61

尽管对军官进行了整肃和清理，联邦党人军官对民主共和党人军官的人数比依然高达 140 比 38。[8] 唯一被认为同情民主共和党人的高级军官是威尔金森——但是他身负墙头草的坏名声。杰斐逊的所作所为并没有达到他那些更激进的支持者的期望。陆军部长亨利·迪尔伯恩抱怨道：“我们对于他们［联邦党人］的态度，比之他们对于我们的态度要更开明，我认为以后我们应该以牙还牙。”[9] 杰斐逊在评论这句话的时候，解释得非常清楚：“军队正在进行纯粹的改革。”[10] 这一改革能够以公平、公正，而不是以过度党争为基础来完成，刘易斯在其中发挥了不可估量的作用。

除了在裁军中发挥了重要作用，刘易斯还有其他种类繁杂的任务，不过这些任务都不那么令人激动。他在写字台前度过了大量的时间，做一些琐碎的工作，比如列出长达 20 页的全美所有邮政局长的名单，包括他们的位置和报酬。他还抄写了很多常规文件，包括在 1802 年 3 月 29 日这一天，华盛顿监狱中所有犯人的名单；一封 1802 年 3 月 6 日的信件内容摘录；1802 年 12 月 4 日，关于海军军工厂开支的四页报告；诸如此类。他还为杰斐逊向国会传递消息。[11] 这都是乏味但是很历练人的工作。

总统官邸的第一任主人，阿比盖尔·亚当斯* 称其为“大城堡”，并且很讨厌这个地方。这个官邸太大了——有 23 个房间——而且大部分未经装饰，也没有完工。亚当斯夫人曾抱怨，需要 30 名仆人来打理这个地方。房顶还漏水。墙面也没有粉刷。约翰·亚当斯对他的继任者说，在位于第十四街和 G 街的离官邸最近的马厩里，有七匹马和两辆马车，它们是美国的财产，可以供总统使用。

杰斐逊只使用了 11 名从家乡蒙蒂塞洛带来的仆人打理总统官邸。此时总统官邸里不再能看到扑粉假发，聚会也少了很多。民主共和党人曾批评说，华盛顿和亚当斯此前差不多是在维持一座皇宫。在各个方面，杰斐逊都以民主共和党人的朴素替代了此前的风格。他拥有一名法国厨师，并且亲自挑选来自法国的红酒。他的年薪是 25000 美元，这收入很高，但是开销也很大。在 1801 年，杰斐逊为了供养下属和购买食物花了 6500 美元，其中 2700 美元用于仆人的支出（其中一些仆人需要制服），500 美元用于支付刘易斯的薪水，3000 美元用于购买红酒。并且，他还要自己花钱买马；国会认为政府需要为总统买马这件事实在难以接受，于是下令将亚当斯交接给杰斐逊的马匹卖掉。这一举动让亚当斯倍感羞辱，以至于他在就职典礼之前就离开了。[12]

杰斐逊是一名鳏夫。他的两个女儿都嫁人了，有各自的丈夫和孩子，有自己的事务需要打理。1801 年 5 月，国务卿詹姆斯·麦迪逊及其夫人多利和杰斐逊一起在总统官邸里生活了几周的时间。多利·麦
62 迪逊常常在晚宴中扮演女主人的角色，但总的来说，刘易斯住在总统官邸的那些年里，总统官邸是单身汉之家。[13] 除了仆人，杰斐逊和刘易斯是仅有的住客。在麦迪逊夫妇回到他们自己的住所后不久，1801 年 5 月 28 日，杰斐逊写信给他的女儿玛莎：“刘易斯上尉和我，就像是教堂里的两只老鼠。”[14]

他们一起吃饭，一起度过夜晚——通常还有别的客人；他们在工作上紧密合作，尤其是那些有关军队的事务。杰斐逊像他了解其他人那样，

---

* 约翰·亚当斯总统的夫人。当时白宫还未被粉刷成白色，故还是称为总统官邸。——译注

开始了解刘易斯。此后，在刘易斯的诸多品质中，他特别表扬刘易斯“良好的理解力和实事求是”。但他同时也指出，“在他和我一起住在华盛顿的时候，我偶尔会发现他情绪上很沮丧消沉”。他也曾在刘易斯的父亲身上看到这种抑郁，觉得这是刘易斯家族的一种遗传病：“基于对他们体质上缘由的了解，我根据在他们家族中所见的，对情况做出了判断。”换言之，刘易斯的抑郁并没有引起总统太大的惊恐，就算杰斐逊有所警觉，时间也不长——但是杰斐逊还是注意到这些抑郁的情况。[15]

刘易斯当时的居所后来成为白宫的东厅。当时这里没有家具，并且潮湿、寒冷、透风，令人抑郁。阿比盖尔·亚当斯曾在这里晾晒衣服。但是对于刘易斯而言，在总统官邸里的日子非常令他激动，而且让他受益良多。此后两个世纪里，绝大多数有幸住在白宫或在白宫里工作的年轻人也是如此感受。

首先，刘易斯每天都会和杰斐逊接触。作为朋友、老师、向导、模范、领袖和同伴，没有一名美国人曾经超越过杰斐逊，甚至极少有人能和他相提并论。杜马·马隆，多卷本杰斐逊传记的权威专家，称杰斐逊是“一名极为多才多艺且显得精力无限的人”。[16]对于少年丧父、小杰斐逊31岁的刘易斯而言，总统就是他心中父亲的形象。

刘易斯和总统一同进餐，几乎每次总统设宴的时候他都在场，晚宴的频率大概是每周四五次。这些晚宴都是些小型私人宴会，客人通常只有两三名，有时会有六到八名，但从来不超过十二名。

其中一名客人，长刘易斯四岁的马伦·迪克森，是一名来自费城的律师和政治家。他日后成为了新泽西州的州长，此后还担任过内阁成员。他在一封信中指出，杰斐逊“被认为在着装上非常邋遢，而且可以肯定的是，他并不在意这方面的事情。虽然他可能会忽略个人事务，但他的政务处理得极好。在美国，没有人比他做得更好了”。“尽情畅饮，适意交谈。”另一位客人这么说。[17]

总统的办公桌是椭圆形的，旨在鼓励平等的对话。杰斐逊感兴趣的任何话题——几乎所有的话题杰斐逊都有兴趣——谈话都可以自由进行。但是谈话主要集中在自然科学、地理、哲学、印第安人事务，当然还有政治等方面。

杰斐逊向刘易斯保证过，如果他接受任命，他将“结交那些对于我们国家的事务有影响力的人物，并能让你从他们的智慧中受益”，这 63

一承诺都实现了。刘易斯被包括麦迪逊、迪尔伯恩、财政部长艾伯特·加勒廷、总检察长利瓦伊·林肯在内的民主共和党领袖所接纳。非政治人物的客人名单里，包括诗人和记者乔尔·巴洛、艺术家查尔斯·威尔逊·皮尔、作家托马斯·潘恩、诗人菲利普·弗雷诺以及其他一些作家、科学家和旅行家。

刘易斯和迪克森在杰斐逊的会议桌上相识，并成为了好朋友。刘易斯在费城探访了迪克森，当时迪克森是单身汉，时常出入于费城最高级的社交圈。迪克森也写日记，其中有这样的内容："周五，14日［1802年5月］，天气很好——刘易斯上尉和其他一些人与我共进晚餐——去看了兰尼的骗局——非常愉快。"兰尼是魔术师，也是口技表演者。"周三，19日［5月］，多云，有时有雨——晚上很冷——和刘易斯上尉一起在弗里耶斯小姐那里共度了夜晚。""周五，21日，早上晴朗无云，下午有大雨——和刘易斯上尉一起骑马去了洛根医生家——在洛根医生家吃了晚饭——晚上在那里留宿。"乔治·洛根是一名内科医生、参议员，也是美国哲学学会的创始人之一；迪克森在美国哲学学会里很活跃，杰斐逊也是学会会员。[18]

杰斐逊个性中有一个特质是，不论比他年长还是年幼的人，他都能和他们打成一片。有着不同生活经验的人可以当着杰斐逊的面，向他讲述那些对他而言很陌生的想法和信息。亨利·亚当斯写道："在白宫的晚宴桌边，从没出现过比杰斐逊、詹姆斯·麦迪逊和艾伯特·加勒廷更愉快的三人组；同时，这三人间年龄的差异足以给他们的友谊增加热情。"[19]在1801年的时候，杰斐逊58岁，麦迪逊50岁，加勒廷40岁，而刘易斯是27岁。

刘易斯和迪克森的活动范围进一步扩大，他们还访问了很多名人。"周一，24日，美妙的一天——和刘易斯上尉一同骑马去了威尔明顿——前去拜访约翰·迪金森——他不在家——我们住在克雷格家里。"约翰·迪金森是独立战争的檄文作者，1768年撰写了著名的《一名宾夕法尼亚农场主的来信》（*Letters from a Farmer in Pennsylvania*）。同一周里，刘易斯和迪克森与宾夕法尼亚州长托马斯·麦基恩共进晚餐，托马斯·麦基恩是前大陆会议的成员，也是《独立宣言》的签署者。在一年后对费城的一次访问中，刘易斯加入了迪克森和亨利·希夫的晚宴，当首都还在费城的时候，亨利·希夫是华盛顿总统的酒类和杂货供应商。[20]显而易见，刘易斯上尉正在融入精英圈子。

1802年8月，杰斐逊返回蒙蒂塞洛享受为期两个月的假期。刘易斯随行，住在蒙蒂塞洛东边三英里的一处隔板房里，房子坐落于富兰克林庄园，是本杰明·富兰克林的外孙威廉·贝奇的家。住在富兰克林庄园的刘易斯可以在探望身处洛克斯特山庄的母亲、弟弟们和妹妹之后，还能回到蒙蒂塞洛出席晚宴。一位阿尔伯马尔的种植园主、刘易斯求学时期的伙伴皮奇·吉尔默称杰斐逊桌前的客人们是“在我所知的弗吉尼亚范围内，不论任何时期、任何地点，都是最成功、最优雅的一群人。梅里韦瑟也是，他有时和我们一起，有时缺席”。[21] 64

在华盛顿，每天的大部分时间里刘易斯都不得停歇，他要传递消息和邀请，为上司搜集信息。他有幸向国会抄送了杰斐逊的第一份国情咨文。这打破了华盛顿和亚当斯设定的先例，两人的国情咨文都是由总统本人亲自演说的。杰斐逊认为这一举动太有君主制色彩了；而且，他也不喜欢做公共演讲。*

一则充斥着恶言和诽谤的桃色丑闻成为了1802年夏天的主题，封口费、勒索、针对杰斐逊的不道德性行为和与黑人性交的指控在上流社会中传播着。作为总统的助手和信使，梅里韦瑟·刘易斯也卷入其中。

这则丑闻的源头是在1798年，当时杰斐逊将一些外交事务的信息泄露给里士满的一个名为詹姆斯·汤姆逊·卡伦德的记者。这些消息既不新也不属于机密，但少为人知，而杰斐逊希望人们知道这些消息，尽管他不希望将消息透露给卡伦德的事情被别人知道。他要求卡伦德将消息提供方写为不愿透露姓名的消息人士，卡伦德也是这么做的。此后杰斐逊看了卡伦德正在为1800年总统竞选写的《我们的前景》（*The Prospect Before Us*）的样书，认可了他读到的内容。他写信给卡伦德：“这些内容不可能不产生最好的效果。它激励了我们国家中勤于思考的人。”

但是这本书作为一个整体，充斥着怒气和粗鄙用词，杰斐逊很不喜欢，并担心书里的极端言论会帮助联邦党人，同时损害民主共和党

* 杰斐逊的这一惯例被另一位弗吉尼亚人伍德罗·威尔逊打破。威尔逊是一名教授，喜爱在一群身不由己的听众面前演讲。——作者注

人。比方说，卡伦德称华盛顿“是联邦崇拜的大喇嘛，是弗农山庄里无瑕的神祇”，还将亚当斯描述为一个“有着可怕双重性别特质的人，既没有男性的力量和坚定，也没有女性的温柔和敏感”。[22]

卡伦德因为他的言论而遭到逮捕，以违反1798年《煽动叛乱法案》的罪名被起诉，并在最高法院大法官、联邦党重要人士塞缪尔·蔡斯面前接受审判；最终卡伦德被判有罪，处以200美元罚金及监禁。杰斐逊当选总统时，卡伦德已经支付了罚款，并已经服刑九个月。杰斐逊赦免了他。杰斐逊只能这么做，原因并不是因为卡伦德在总统竞选中支持了他，而是因为他和他的政党已经在《弗吉尼亚决议》和《肯塔基决议》中宣布《煽动叛乱法案》和《外侨法》违宪。

颁布赦免令的时候，杰斐逊还下令向卡伦德返还罚金，而此时卡伦德以贫困为借口，向杰斐逊索要里士满的邮政局长这一职位。但是一系列官僚主义的繁文缛节延迟了罚金的退回。

65 卡伦德于1801年5月前往华盛顿索要他的钱。他指责杰斐逊违背了诺言，此外还说如果杰斐逊的脑袋在他就职演说前五分钟被砍掉，那对杰斐逊的名誉是有好处的。弗吉尼亚州长詹姆斯·门罗曾经提议私下募集200美元，好让卡伦德闭嘴。在5月29日一封写给门罗的信中，杰斐逊提到了接下来发生的事情：“知道他［卡伦德］正处于痛苦中，我委派刘易斯上尉给他送去50美元，告知他我们正在询问有关他的罚金的问题，但需要一些时间，希望他在此期间不会因我而遭受痛苦。”

但是卡伦德想要的是邮政局长的职位，而非区区50美元。杰斐逊进而跟门罗提到：“他对刘易斯说的话很高调。他威胁称，他掌握了一些在某种特定情况下可以使用并将会使用的东西：他会收下这50美元，但这钱不是善意的给予，而是他应得的，应该算封口费；我知道他要什么：一个确定的职位，还有些别的。他对我的好意如此误解，让我们再没什么好说的了……对于我不想亲自向世界表露的事情，他其实一无所知。”

杰斐逊断然拒绝再与卡伦德见面，他不会再和这个人有什么瓜葛了。我们不清楚刘易斯到底是在卡伦德发出威胁之前还是之后把钱交给他的，不过门罗对于把钱交给卡伦德这件事有点后悔。卡伦德回到了里士满，之后他改换了政治立场，开始在里士满的《纪事报》上发表对杰斐逊的粗俗诽谤。这些内容被联邦党人的报刊发现并在国内发表，其中就包括汉密尔顿创建的《纽约晚间邮报》。1802 年夏天，由满心怨恨的卡伦德发起的报复活动达到了顶峰。杰斐逊被深深地伤害了，不过伤害他的并不是卡伦德的指控，而是包括汉密尔顿在内的那些他尊敬的人竟然如此迅速地听信了对他的诽谤。“凭借满口谎言的共和主义变节者的帮助，”杰斐逊写道，“联邦党人开启了肆意诽谤的闸门。”[23]

这些指控包括：杰斐逊有一名身为奴隶的情妇，她叫“黑萨利”，并为杰斐逊生了几个孩子；杰斐逊趁别人丈夫在外之际，勾搭了一名有夫之妇；杰斐逊曾欠债不还。第一条指控至今还在流传。第二条指控后来被杰斐逊承认属实。第三条指控是捏造的。

几个月后，卡伦德在烂醉后坠入一个三英尺深的水池，溺毙。在 1804 年的竞选中，联邦党人曾试图用这些指控重挫杰斐逊，但没能成功。彼时，刘易斯已经离开华盛顿了。

在华盛顿生活的最初两年里，除了恶毒的党争和丑陋的政治新闻，梅里韦瑟·刘易斯还学到了一些什么？很多的政治实践，包括美国军队的政治实践。他在华盛顿堪称局内人中的局内人，了解总统的希望、计划、抱负和秘密。他结识了华盛顿和费城的精英。他的传记作家理查 66
德·狄龙写道，总统官邸“对刘易斯来说，是最理想的毕业学校”。[24]

此外，刘易斯还继续学习科学知识。他接触了新的航海工具；他旁听了关于北美地理、世界地理以及美国印第安人的讨论；他听专家们讲述美国东部的鸟类和动植物生活，并听他们推测密西西比河之外还会有些什么。

除了实践和科学的训练，他还极大地扩展了对哲学、文学和历史的认识。他在杰斐逊的图书馆里读了很多书。同时，不知以何种方式，他从某人——除了杰斐逊还可能是谁呢？——那里学习了如何写作。

刘易斯的书写，1800 年之前和 1802 年之后的差异非常明显。他书写的节奏感、分寸感、措辞、韵律、比喻和类比都进步了。他提高了自己的描述能力。他学会了如何以自己的方式让读者对事件和地点感兴趣，并学会了自然而有力地表达感情。

尽管句式还是复杂冗长，缺乏标点断句，但他用穿插着个人评论和反应的流畅叙事进行着这样的写作；通过在正确的时刻准确地使用一些措辞，他将这些复杂句式组成完整的文章，而这些准确使用的措辞，在准确描述那些时刻的所见、所闻、事件和情感的同时，经得住人们大声的朗读和推敲。在某种意义上，这可以和詹姆斯·乔伊斯、威廉·福克纳的意识流，或者和格特鲁德·斯泰因的流畅风格相提并论——而刘易斯更有优势，因为他不是在虚构，他是在描述所见、所闻、所说和所为。

通过他的写作，刘易斯能够带领我们这些两个世纪之后的家伙，去到1804—1806年那未经探索的密苏里河、落基山脉和俄勒冈的蛮荒地区，去领略还未被欧洲影响和染指的印第安部落，去用语言描绘他们的经济生活、政治生活和社会状况，并用一种少有人能媲美的方式去描绘他们的生气勃勃、野蛮、信仰、习惯、规矩和风俗。这些游记是他伟大成就中的一部分，是给美国人的珍贵礼物。显然，这都得益于刘易斯在总统官邸与杰斐逊亲密接触的两年里，从杰斐逊那儿学到
67 的东西。

第六章

探险的由来

1750—1802 年

杰斐逊对于探索密西西比河和太平洋之间地区的兴趣可以追溯到半个世纪以前。他的父亲曾供职于忠诚土地公司（Loyal Land Company），女王曾赠予这家公司位于阿巴拉契亚山脉以西 80 万英亩的土地。1750 年，这家公司的成员之一、夏洛茨维尔镇的创建者托马斯·沃克曾带领一小队人越过山脉去确定这一片土地的位置。他在旅程中穿越了坎伯兰山口。

三年之后，托马斯·杰斐逊十岁，他的老师詹姆斯·莫里牧师计划为忠诚公司探索更西部的土地。1756 年 1 月，莫里写道："一些人将被派去探索密苏里河，以确定这条河是否有通向太平洋的入海口；他们将沿河探索，如果能发现这样的入海口，那么关于他们所经区域、所行距离，以及哪些河道和湖泊可以航行等信息的详细报告将被呈上。"托马斯·沃克再次被选为这一探险的领导者，不过法国人和印第安人之间的战争使这一计划流产了。战后，这一计划也没能实现。[1]

在独立战争后的十年里，美国人曾有过四次探索西部的计划。杰斐逊开启了其中的三次。在独立战争结束后的三周里，杰斐逊致信为美国政府赢得了旧西北部的乔治·罗杰斯·克拉克将军，告诉他有一些英国资本家捐助了"一大笔钱，用于探索从密西西比河到加利福尼亚之间的地区。他们假装这只是出于学术目的。我恐怕他们想要在这一地区殖民。我们中有些人已经在小范围讨论，打算探索这一地区……你有兴趣领导探索队吗？"[2]

克拉克将军回复说："我也认为我们该这么做。"但是，不是按照杰斐逊建议的那样进行。克拉克提醒杰斐逊，如果按照他所提议的那样派出一支大规模的探索队，那将是错误的。"大规模的探索队不会奏效。他们会惊动途经的印第安部族。三四个年轻人就可以胜任了，他们甚至可能以微不足道的开支就实现你的愿望。"他认为这一行动将花费四五年的时间，同时遗憾地表示，个人的商业事务使得他无法参与
68 这一行动。[3] 这一次计划，依然没能实现。

两年后的 1785 年，杰斐逊在巴黎，任驻法大使。他了解到路易十六正要派出一支由拉彼鲁兹伯爵让·弗朗索瓦·德·加洛率领的探险队，前往西北太平洋沿岸。法国政府宣称这次探险完全是出于科学考察的目的，但是杰斐逊当时就明白，拉彼鲁兹要去探寻的，不只是西北航道。他在 8 月 14 日的信中写道："他们［法国人］宣称，目的仅仅是增进我们的知识……他们装上船的物资和其他的一些情形让我觉得，他们还有别的计划；或许是要在美洲西海岸殖民，或许是在西海岸建造一个或多个用于毛皮贸易的工厂。"他补充提到，真正的问题在于法国人是否已经断绝了在北美建立殖民地的念头。海军将领约翰·保罗·琼斯向杰斐逊汇报说法国人还没有断绝这一念头，拉彼鲁兹的探险就是为了给法国在西北部海岸的毛皮贸易和殖民探路。[4]

次年，1786 年的夏天，杰斐逊和约翰·莱迪亚德会面了。莱迪亚德曾经和库克船长一同航海，因此是第一位踏上西北太平洋沿岸的美国人。莱迪亚德是一位天生的云游者，非常健谈、强大而有活力。他自称可以经由陆路从莫斯科前往西伯利亚最东部，通过一艘俄罗斯毛皮贸易船穿过白令海峡，然后步行穿越北美大陆，最终前往国会大厦宣布他对西部的报告——他说服了杰斐逊。莱迪亚德提议他可以带两条狗同行。杰斐逊表示支持。

莱迪亚德出发了。他成功抵达了西伯利亚，但是在西伯利亚，他被女皇叶卡捷琳娜二世逮捕，并被遣送回波兰，这一荒唐的计划就此终止。[5]

此时，拉彼鲁兹已经航行绕过了南美洲，并北上抵达西北太平洋沿岸，一路进行了细致的观察，考察了可以作为贸易据点的地区，准备启程返回法国了。1788 年 1 月，他在澳大利亚的植物学湾靠岸。而他离开植物学湾之后，就永久失去了联络。他的船只残骸于 40 年后，

在新赫布里底群岛*北部的一个小岛被发现。

1790年，美国陆军部部长亨利·诺克斯曾尝试对密苏里河展开一次秘密勘察。在诺克斯看来，“一名有魄力的军官搭配一名士官，两人都要非常熟悉丛林生活，并且有能力描绘河流和地域，再配以四五名勇敢的印第安人，我认为这就是获取所需信息的最好组合”。乔塞亚·哈马将军提名约翰·阿姆斯特朗中尉作为探险队的领队，但是他提醒诺克斯“这项行动看上去非常危险”。西北领地的总督阿瑟·圣克莱尔也一样直率。他告诉诺克斯：“阁下，我认为在现阶段这事儿完全不可行。”

阿姆斯特朗中尉作了尝试，但是在抵达密西西比河的时候，他准备承认：“这件事说起来比做起来要容易。”诺克斯此前说过，仅凭袖珍罗盘、铅笔和纸张就可以完成地图的制作和发现物的记载，这表明他对问题的理解太浅显了。抵达密西西比河以后，阿姆斯特朗开了一张清单，列举出任何一支探险队都必须配备的物品：首先就是可以在 69
恶劣天气下保护纸张的油布，另外还包括合适的书写工具以及用于测量的科学工具。帐篷也是很有用的。他呈报了支出：“他自己和仆人，总计是 $110\frac{39}{90}$美元”。[6] 他一直没能抵达密西西比河的西岸。

1792年，关于如何探索西部这件事，杰斐逊又有了新想法。当年的5月11日，美国海军上尉罗伯特·格雷驾驶“哥伦比亚号”驶入哥伦比亚河口。当月晚些时候，他遇见了乔治·温哥华上尉，与之交流了信息，温哥华上尉当时正在为英国政府探索太平洋沿岸。对于西部这一重要河流的探索，明确了其河口位于西经124度、北纬46度。根据詹姆斯·库克在1780年的第三次航行的成果，杰斐逊对北美大陆的宽度有了粗略的概念；配以格雷和温哥华的信息，杰斐逊对北美大陆宽度的认识就更准确了。这片大陆大概有3000英里宽。

这一信息没有让杰斐逊气馁，反而激励了他。杰斐逊向美国哲学学会提议，筹措一笔经费，用以鼓励探险者作一次前往太平洋的陆路探险。由乔治·华盛顿、罗伯特·莫里斯和亚历山大·汉密尔顿领头，大笔的捐赠被投入这一经费，以确保其成功。华盛顿的许诺中也带着相应的挑战：“我非常乐意对这一［计划］做出我微不足道的贡献，并

* 即今日的瓦努阿图。——译注

授权你将我作为可能募集到的可观经费的监管者之一。”[7]有了这些帮助，1793 年 1 月 23 日，美国哲学学会已经可以向能够前往太平洋并返回报告见闻的探险者提供 1000 镑的经费。

如我们前面所提到的，18 岁的梅里韦瑟 · 刘易斯志愿领导这次探险，但是很显然，因为太年轻同时又缺乏足够的训练，杰斐逊没有选择他。杰斐逊选择的是法国植物学家安德烈 · 米肖。

杰斐逊撰写了给米肖的指令，并和华盛顿一起复核了这些指令。汉密尔顿和其他官员也参与了这一计划，可以说这些指令反映了美国的独立在《巴黎条约》中被认可的十年后、华盛顿政府第二任任期开始之时，国父们对于北美西部的动机、期待和希望。

这些指令标注的日期是 1793 年 4 月 30 日。杰斐逊写道：第一目的是“在温带地区，找到从美国到太平洋之间最短、最便捷的交通路线”。鉴于这条路线基本可以确定就是密苏里河，“特此宣布这笔经费的根本目的之一，就是这条河应该纳入考量并被探索（不可放弃）”。

这一地区属于西班牙，而非美国，米肖应该从离西班牙在圣路易
70 斯的驻地北部足够远的地方穿越密西西比河，以“避开遭到阻挠的风险”。然后，他应该继续向西，直到抵达密苏里河，然后沿密苏里河抵达落基山脉，翻过落基山，顺哥伦比亚河向下抵达太平洋。

除了要寻找穿越大陆的全水路通道，杰斐逊还告诉米肖，在他前进的过程中，应该“留意你经过地区的、我们可能不知道或者对我们有用的信息，比如一般地貌、土壤、河流、山脉，以及这些地区所产出的动物、蔬菜和矿产；各个地方的经度……；居民的名字、人数和住处，以及你能从他们那里了解到的此类信息”。

杰斐逊之所以选择米肖，是因为米肖是一名受过训练的科学家；植物学、天文学、矿物学、人种学都是他研究过的科目。这些指令一直都在强调实用的、有用的知识，没有鼓励单纯地进行探险或者仅仅满足对未知之地的好奇心。这是一次真正的启蒙式的探险。

地理学是最让赞助者们感兴趣的。“对于你将要穿越的地区的无知，以及对你的判断、热情和谨慎的信心，”杰斐逊写道，“让哲学学会不再给你更具体的指令，甚至不会强求你遵守已经给出的严格规定；但是你需要寻找到密苏里高地和太平洋之间最短、最便捷的通路，这

一首要目标不容妥协。”[8]

除了毛皮贸易和其他商业目的以及对知识的获取，杰斐逊和其他捐助者希望用密苏里—哥伦比亚河水路将东西海岸连接起来，以此缔造一个横跨北美大陆的帝国。这是一个令人叹为观止的前景。

但是，这个计划却虎头蛇尾。米肖是 1793 年 6 月出发的，直到杰斐逊发现他是法兰西共和国的密探、其主要目的是在密西西比地区建立一支攻击西班牙属地的西部力量之时，他还没到达肯塔基呢。在杰斐逊的坚持之下，法国政府召回了米肖。

在接下来的十年里，杰斐逊不再提及西部。部分原因是，他忙于政务和其他的职责。不过此时有件事也已经很明确了，即对西部的探索是不能依赖私人捐赠的，而联邦政府又无力支持一次对西部的探险。此外，由于对有待探索地区的状况一无所知，也就无法针对探险队应该有多少人、配备什么装备及探险所需时间做出相应的安排。

不过也不必着急，只要路易斯安那在西班牙人手里，同时俄亥俄河流域的拓荒先驱们可以使用新奥尔良的码头，美国就等得起。当时的西班牙已然老迈，日益衰落。美国年轻而有活力，日益强大。那些去将密西西比河流域——从源头直至新奥尔良——变成农场和村庄的
人来自美国，而非西班牙。时间很快就会从不幸的西班牙人手里将路 71
易斯安那夺走。

但是，杰斐逊在 1801 年春天得知，法国（拿破仑）和西班牙（拿破仑的哥哥）之间的秘密协定已经将路易斯安那的所有权由西班牙转让给法国。这一转让行为被称为交还。

杰斐逊对此深为惊讶。正如他在自己著名的文章里说的：“地球上有这么一个地方，其所有者是我们天然而长久的敌人。这个地方就是新奥尔良，我们八分之三土地上的产出，都得经过这一地区通往市场。”

只要西班牙还在控制着这一地区，美国就愿意在宣示主权前继续按兵不动。不过，就这样眼睁睁看着一个革命的法国？拿破仑的法国？扩张主义的法国？绝不能坐等。杰斐逊常被嘲笑为无可救药的、浪漫主义的亲法者，但是在领土问题上他是冷静的、现实政治的实践者。“自法国获得新奥尔良所有权的那一天起，她将在海洋上被永远抑制。”杰斐逊警示道，“从这一时刻起，我们必须和英国舰队、英国政

府紧密联系在一起。”[9]

杰斐逊让法国人了解了他的决心。他建议拿破仑将路易斯安那割让给美国，以此消除美法这两个前盟友之间战争的可能性，杰斐逊警示说这一战争“将让法国彻底从海面上消失”。同时他断然宣布，杰斐逊政府将会把任何尝试在路易斯安那部署法军的行为视为宣战。[10]

这种直率的措施，正是美国的国家利益与别的国家发生冲突时，美国人希望他们的总统所采取的。同时，由于基于事实，这些言论非常有说服力。拿破仑的探险军在圣多明各被歼灭。很明显，法国已经不能夺回这片殖民地了，更不用提往新奥尔良派兵了。美国人和英国人联手，将会摧毁法国的海军和贸易舰队。拿破仑无法捍卫他所占有的东西；在路易斯安那，他只会吃败仗；那么，为什么不将路易斯安那让给美国，从而了结此事，并开始重建美法联盟呢？

但是，拿破仑能成为法国皇帝可不是靠送礼。尽管认可这一思路，他也只愿意出售土地，而不是无偿割让。

此时，实际掌握着新奥尔良、等着法国人前来接管的西班牙人，同时放弃了在新奥尔良的存货权*。直接效果并不明显。在港口里美国人还是需要通过木筏和小船从船上卸货，或者付钱直接在码头卸货。对此，西班牙人给出了一个很充分的理由：走私猖獗。关于路易斯安那的决定还是要由拿破仑做出。杰斐逊指示在巴黎的大使罗伯特·利文斯顿展开谈判，要么在密西西比河下游地区获得一块可以建码头的
72 土地，要么获得关于存货权的保证。

为了支持利文斯顿，杰斐逊开始制订一份计划，派詹姆斯·门罗作为全权特使前往巴黎，授权他以 200 万美元购买新奥尔良。在民主共和党领袖中谈起这一计划时，杰斐逊表示，他打算请求国会将用于购买新奥尔良的预算提高到 1000 万美元。为什么不采取这样的计划呢？这比打一场战争要更便宜、更快捷。这将使得美国无须与英国结盟——对于参加过独立战争的老兵们来说，与英国结盟这一念头令他们非常痛心。这一计划将完全符合宪法——对于联邦政府来说，没有什么别的事情比这一计划更符合它促进贸易的职责。

此时，还没有人设想，拿破仑或许愿意出售整个路易斯安那。

---

* 在新奥尔良的码头卸货、售货，并往帆船上重新装货的权利。——作者注

并不是法国人促使杰斐逊重启对于西部的探险——西班牙和法国的领土交换与杰斐逊的新计划毫无关系，这一计划是由英国人引起的。

亚历山大·麦肯齐是一名年轻的苏格兰人，供职于英国西北公司，在蒙特利尔以外从事毛皮贸易。1787 年，他被派往阿萨巴斯卡湖——位于今日艾伯塔北部，北纬 60 度——最西端的一个野外贸易点。他给奇珀怀恩堡带来了很多文明，以至于奇珀怀恩堡被称为“北方的雅典”；但是他内心还有一部分期盼的不是已经达成的，而是尚在前方的。1789 年，他带领一支小队伍前往大奴湖。在那条现在以他名字命名的河上，他出发前往大海。但是这条河的流向往北，麦肯齐最终抵达的是大西洋海岸，而不是太平洋。

很顺利地，麦肯齐又在次年尝试了一次。他在西北公司最西部的据点——位于皮斯河的福克堡——过冬。1793 年 5 月 9 日，他从福克堡出发。同行的是他的苏格兰同乡亚历山大·麦凯、六名法裔加拿大航海者、两名印第安人，还有一吨半的补给。同月，他于一处仅有 3000 英尺高、陆路运输比较方便的地方，穿越了大陆分水岭。麦肯齐向加拿大总督汇报说：“我们穿越了隔开水域的分水岭（只有 700 码宽），这些水域，一条通往北［大西］洋，另一条通往西部。”

麦肯齐走到了弗雷泽河，误以为这条河是哥伦比亚河的北部支流。当这条河变得不可通行时，他弃船，转而从陆路往海岸前行。13 天之后，他抵达了乔治亚海峡北段的海岸。他在悬崖上一处悬空岩下露营过夜。他用由朱砂和热油脂临时调配的颜料在岩石上写道：“亚历山大·麦肯齐，加拿大人，从陆路而来，1793 年 7 月 22 日。”英国人主张拥有西北部地区。 73

麦肯齐获得了这一位置准确的经纬度。在纬度的计算方面，他使用了六分仪这一测量太阳在水平线之上高度的仪器。知道太阳穿越当地子午线的时刻，他就可以计算出自己在赤道以北多远。

经度的计算理论上比较简单，实际上还是比较困难的。不考虑误差的话，地球每 24 小时转 360 度，这就意味着时间的流逝也可以计算从任意起点开始的距离。到 1793 年，在英国，位于泰晤士河下游的格林尼治正在被广泛地认可为标准零度经线的标记。地球每四分钟在经度上转一度。所以，如果探险家准确知道格林尼治的正午在他所在之地是几时，就能相对简单地计算出经度。如果不知道格林尼治的时间，或者所处荒野之地的时间，就几乎不可能算出经度。英国人约翰·哈里森当时已经发明了一种可靠又便携的时钟，使人们可以得知这两个时间。库克船长在1775年的太平洋使用了哈里森的经线仪，事实证明这种仪器非常出色。但是这些精密仪器不适应陆地行程的恶劣状况——一路经历磕碰，内部沾染灰尘——所以陆地探险者们依赖于望远镜和天文学知识。

麦肯齐利用望远镜辨明了木星的位置，并分别记下了木卫一和木卫三运行到木星背面的时间。根据在格林尼治记录这两个现象的时刻表，麦肯齐计算出所在地是西经128.2度，这一数据大概偏差了一度，也就是60英里。他意识到，他一直“极度幸运……只要出现几个多云的天气，我就不能确定此地的经度位置”。云层一直都是航海者的大敌。

回到奇珀怀恩堡，麦肯齐尝试将他的日志发表，但他陷入了沮丧。按他的传记作家所写的，这是他第二次尝试寻找通往太平洋的切实可行的商业路线，“至少部分失败了。他抵达了太平洋，但是他知道，这一路线不可能作为贸易路线”。同年他离开了加拿大，再也没有回来。[11]

麦肯齐的日志直到1801年才在伦敦发表。按他的学识写不出那样的作品，所以发表的内容很可能是影子写手写的。[12]作品的标题是《从蒙特利尔出发，通过圣劳伦斯河，穿越北美大陆，前往冰冻之地和太平洋的旅程》。杰斐逊得知这本书出版后，第一时间就定购了一本，不过直到1802年夏天才拿到书。当时他在蒙蒂塞洛，刘易斯也和他在一起；当这本书最终送到的时候，他们开始狼吞虎咽地阅读。

如果说，英国人正在陆地上探索前往太平洋的通道这一消息令人震惊且极度令人讨厌，那么麦肯齐的事迹则极大地安抚了这些负面的情绪，因为虽然只有一条一日行程的通道，可以通过低矮山路连接流向西部的河流，但这条河无法通航。不过，麦肯齐抵达海岸的位置正
74 好在哥伦比亚河北部五个纬度，如果400英里以外的南部山脉和他穿越的山脉情况类似，则通道的情况也应该是类似的。

在杰斐逊和刘易斯看来，落基山脉和阿巴拉契亚山脉在海拔和宽度上都非常类似。这一印象被麦肯齐极大地加强了。地理学家、历史学家约翰·洛根·艾伦在其影响深远的著作《穿越花园的通道：刘易斯与克拉克和美国西北部印象》（*Passage Through the Garden: Lewis and Clark and the Image of the American Northwest*）中指出，麦肯齐实际上

说过："通往太平洋的道路唾手可得。"根据艾伦教授所说，"就是这一想象中的地理概念，催生了刘易斯和克拉克的探险"。[13]

1802 年，蒙蒂塞洛那个炎热的 8 月里，杰斐逊和刘易斯几乎都在阅读和讨论麦肯齐。尽管麦肯齐强调他经历了一个"漫长、痛苦和危险的旅程"，尽管对于麦肯齐而言事情最后变得很糟糕，但是在刘易斯看来，这是一个挑战，也是实现个人梦想的机遇。任何英国人可以做到的事情，他都可以做得更好。

要指出麦肯齐探险中的错误或缺陷是很容易的。他一直秉持着严格的商业目标，即寻找一条可用于毛皮贸易的路线。他几乎没有搜集什么标本，也没有作什么描述，总的来说，他没有对这一地区植物、动物、矿产和印第安人生活方面的信息做出什么贡献。

尽管如此，他书里的每句话都深深地吸引了刘易斯，其中最让刘易斯震动的是这么一句："亚历山大·麦肯齐，加拿大人，从陆路而来。"这事关国家荣誉。那印在太平洋海岸岩石上的名字，是直接的、公然的、极富诱惑的挑战。这也是一个警示：如果美国再不开始行动，那么在比赛开始前，广大的西部地区就会输给英国人。

最震动杰斐逊的段落，在麦肯齐作品最后的"地理回顾"中，他在其中敦促大英帝国开发一条通往太平洋的陆路通道，用于和亚洲的毛皮贸易。他知道这条通道不可能是弗雷泽河，也不可能是哥伦比亚河北部的任何一条河流，因为哥伦比亚河是"适合殖民的最北部地区，也是适宜文明人居住的最北部地区。通过打通大西洋和太平洋的联系，建立穿越内陆、位于海岸两端以及沿河岸和岛屿的常规据点，英国将可能获得对于北纬 48 度到北极点之间，除俄国人控制的地区［阿拉斯加］外，整个北美大陆毛皮贸易的控制。此外，他们还可能在太平洋和大西洋捕鱼，获得遍布全球的市场"。[14]

难怪西北公司青睐麦肯齐。他不仅敢想，而且像商人那样思考。不过，他的这一设想的受益者，不是西北公司，也不是英国政府，而是杰斐逊。

英国人威胁要在西北地区建立工场的消息，激起杰斐逊采取激烈的应对措施，这在一夜之间改变了刘易斯的生活。 75

1802 年的夏末或者秋季——现在已经无法把时间精确到周，更不用说具体的时间了——杰斐逊总统通知刘易斯上尉，他将领导一次前往太平洋的探险。也可能是刘易斯上尉说服杰斐逊总统授予他探险队的领导权。现在我们不知道，杰斐逊是在何时用怎样的方式决定派刘易斯领导一支美国队伍去实现麦肯齐的设想。显然，杰斐逊没有咨询任何人，也没有向任何人寻求推荐，除了刘易斯，也没有考虑任何被提名者或志愿者。这是北美大陆开拓史中，最重要、最令人垂涎的任命。杰斐逊坚信，他有正确的人选。

之后，杰斐逊解释了他为什么选择刘易斯，而不是一名训练有素的科学家："要找到一名熟知植物学、自然科学、矿物学和天文学，同时兼具良好体质和坚韧性格、谨慎、适应丛林、熟悉印第安人的习惯和性格的人来执行这一计划，是不可能的。刘易斯上尉符合后半部分要求。"[15]

并不是说刘易斯对科学就一无所知。此外，刘易斯早就证明了他有着非常出色的学习能力，尤其是在师从杰斐逊的时候。杰斐逊位于蒙蒂塞洛的图书馆，有着当时世界上最多的北美大陆地理学的资料。刘易斯可以自由使用杰斐逊的图书馆。用艾伦教授的话来说，"我们完全可以认定，关于密西西比河西部地区的情况以及预计中通往太平洋通道的可能特征，杰斐逊和刘易斯进行了深入长久的交流"。[16]

从刘易斯以后的日志中，我们知道刘易斯读过有关库克船长第三次航海、前往西北太平洋沿岸的事迹的书，《一次前往太平洋的航行》（*A Voyage to Pacific Ocean*）。现在基本可以确定，刘易斯是在这一时期读的这本书。同时，他还读了安托万·希莫尔·勒帕热·迪普拉茨的《路易斯安那，即弗吉尼亚和卡罗来纳西部地区的历史》（*The History of Louisiana, or of the Western Parts of Virginia and Carolina*），并在探险中带上了这本书。他还读了其他的一些书，并参阅了更多的地图。

当杰斐逊和刘易斯穿过位于蒙蒂塞洛的花园时，或者是那个季节更晚一些他们沿着波托马克河岸漫步的时候，刘易斯从杰斐逊那儿学习了植物学知识。杰斐逊曾说过，乡绅不应该没有那些"让他迈入乡野中的每一步都充满趣味的东西"，而且杰斐逊认为植物学是最有价值的科学之一："不论我们将它的主旨当作是为人类和动物提供首要的生活必需品……我们桌上各种各样美味的东西……我们花坛边缘的装饰……还是提供我们身体所需的药剂。"[17] 杰斐逊向刘易斯介绍了采用拉丁文双名制方式给植物命名的林奈系统。* 他教会了刘易斯如何使用六分仪，还尝试教刘易斯使用赤道经纬仪。[18]

刘易斯相信，他完全受杰斐逊信任。他们之间有一套用于彼此间秘密交流的暗号，这是很有必要的，因为杰斐逊曾私下里告诉刘易斯，他将把探险队派往外国地区。西班牙人可能会就此发出抗议。他们谈论了密苏里河沿岸的印第安人，讨论这些印第安人对于密苏里河北部英国人贸易据点的依赖，还讨论将这些印第安部落纳入美国势力范围。76
他们讨论过在密苏里地区寻找威尔士印第安人。他们谈论植物和动物、山脉和河流。他们讨论过探险队的规模：规模过大是否会引起印第安人的不安，进而引发战争，抑或是规模过小导致印第安人前来抢夺步枪和补给。他们就足以保证带回准确的记录、描述和地图所需要的基本配备达成了共识。

简而言之，在麦肯齐的书抵达蒙蒂塞洛和 1802 年 12 月之间的时间里，杰斐逊对刘易斯进行了关于博雅艺术、北美地理学、植物学、矿物学、天文学和人种学相关的基本教育。

1802 年秋，回到总统官邸之后，杰斐逊和刘易斯继续为探险作准备。当刘易斯为了争取拨款，拟定出预算开销向国会汇报时，杰斐逊开始向更多的人介绍这一计划。

第一位被引入这一计划的局外人是西班牙驻美大使卡洛斯·马丁内斯·德伊鲁霍。马丁内斯娶了宾夕法尼亚州长托马斯·麦基恩的女儿，和杰斐逊的关系很好——事实上，他还为总统物色了一名厨师。12 月 2 日，马丁内斯向位于马德里的外交部长汇报，称杰斐逊“以非常直率和自信的语气”询问他：“国会决定组建一支小规模的探险队，前往探索密苏里河的路线，这次探索仅出于地理学目的，你们的皇室是否会视之为威胁？”

马丁内斯还报告称，杰斐逊已经解释过，作为一名严格的宪法解释者，他无法要求国会仅仅为了学术方面的开支拨款，所以他打算对国会撒谎，将以促进贸易的名义使国会批准对探险拨款——促进贸易

* 在此系统中，植物的常用名由两部分组成，前者为属名，要求用名词；后者为种名，要求用形容词。——译注

的权力，是宪法赋予国会的。

此时的杰斐逊已经相当不坦率了，近乎是在撒谎。马丁内斯打断他："我回复他说，以他面对我的同等坦率，我冒昧地告诉他……这种性质的探险，将会引起我们政府的不快。"

杰斐逊对此并不理解。地图上即将因此而增加的内容，对所有人都是有益的。

马丁内斯不相信杰斐逊，正如杰斐逊不相信 1783 年英国人对其计划中的探索之目的的解释，或者路易十六对拉彼鲁兹伯爵 1785 年的探险之目的的解释。马丁内斯告诉他的政府："杰斐逊一直都是一个有学问的人，非常有远见，而且热爱荣誉；很有可能，他将通过寻找到将美国的人口和影响力扩张到南海［太平洋］的方式，使他的政府永垂青史。"[19] 马丁内斯很了解杰斐逊。

杰斐逊并没有因为马丁内斯的负面反应（同时，马丁内斯拒绝给
77 刘易斯上尉发放护照）而退缩，依然勇往直前。在 1802—1803 年的晚冬，杰斐逊分别从英国大使和法国大使处为刘易斯争取到护照。同时，他推进了门罗提出的从拿破仑那儿购买新奥尔良的计划。

同时，刘易斯也完成了对探险开支的预算。这份预算的基础是一名军官和 10 到 12 名士兵组成的队伍的开支——自然反映了他和杰斐逊对探险队理想规模的共识——为了避免国会的批评，刘易斯尽可能压低了预算。预算中最大的一笔开销是给"印第安人的礼物"，为 696 美元，此外的预算还包括补给、测量工具、武器、医药和一艘船，最后总预算达到 2500 美元。[20]

1802 年 12 月，杰斐逊将这一预算的申请写入国情咨文的第一稿中。财政部长加勒廷看到这份稿子后，建议将申请另外写入一份稍晚时候的秘密咨文里，"因为这份预算将用于对我们控制地区以外的探索"。杰斐逊赞同加勒廷的看法，并于 1803 年 1 月 18 日向国会发出了一份特殊的秘密咨文。甚至在此时，他还是将这一申请隐藏在有关印第安问题的讨论中关于贸易的部分里。

他说："我们对于密苏里河及定居其流域的印第安人所知不多，对于他们与密西西比地区，以及由此与我们的关联，所知要更多一些。不过，据信密苏里河地区有着很多印第安部落；当漫长的冬季到来，另一个国家在高纬度地区通过无数的陆路通道和湖泊进行的毛皮贸易

被冰雪中断时，这些部落所提供的大量毛皮使得贸易可以在冬季继续进行。”横贯温带地区的密苏里河，可能会提供一种更好的运输渠道，“可能会有一条通往西海岸的单一通道”。那些认真聆听咨文的议员得到了一条明确的信息：我们可以侵占英国人的毛皮贸易。

这次探险的成本并不高。1 名军官和 12 名士兵，他们的酬劳微不足道，但可以探索“整条线路，甚至可以直抵西海岸”。他们可以和印第安人沟通，说服他们接受美国商人，并就贸易据点的选址达成一致。他们可以用两年的时间做到这一切，开销则微不足道。

杰斐逊总结道：“这次探险以商业利益作为主要目的，符合宪法的规定和国会的要求，而就丰富我们对大陆地理学的知识而言，这又是一项额外的乐事。”然后，他向国会要求一项 2500 美元的拨款，“以用于扩展美国的外部贸易”。[21] 联邦党人颇有微词，他们一贯憎恶并且反对在西部地区花钱，但是他们人数太少，不足以影响决定。国会最终通过了申请的全部内容。

相比于杰斐逊上周提请的用于购买新奥尔良的开放式拨款（高达
9 375 000 美元），这 2500 美元的申请被很爽快地批准了。联邦党人对 78
用于购买新奥尔良的拨款数额提出了异议，因为一些联邦党高层正在鼓吹对法国的战争。但是民主共和党人非常坚定，最终国会也批准了这一拨款。总统选择了门罗，派他前往巴黎，同利文斯顿一起和法国人谈判。假设杰斐逊看出了 1 月 12 日和 1 月 18 日的这两笔拨款提案之间的关联，那么除了跟刘易斯，他没有对任何人提起这一关联。

据杰斐逊回忆，用于西部探索的拨款一被批准，“刘易斯上尉立即继续恳请成为探险队的领导者”。或许当时探险队的领导者依然没有确定；不过更可能的情况是，直到国会批准了探险计划，杰斐逊都在假装他还没有选出探险队的领导者。

不管杰斐逊这么做的原因是什么，对于刘易斯的任命，他从没有犹豫过。至此，杰斐逊已经和刘易斯朝夕相处长达两年，并用了大概四个月的时间，密集地教了刘易斯很多东西。此后他曾写道，到 1803 年初，“我现在有机会深入了解他了”。

杰斐逊对费城的本杰明·拉什医生解释他选择刘易斯的原因：“刘易斯上尉勇敢、谨慎，了解丛林，熟悉印第安人的习惯和性格。他并没有接受常规的教育，但是对于那些自然界的东西，他有着敏锐而细致的观察力，因而能够轻易地找出新的路线上的那些新物种。他还有能力辨别出所经途中各个位置的经纬度。”[22]

刘易斯还有很多要学的。因此，杰斐逊计划送刘易斯前往费城，跟随美国最优秀的科学家进一步学习。杰斐逊毫不怀疑，刘易斯会因此受益匪浅。杰斐逊也相信，在学习的同时，刘易斯还会继续规划并完善探险方案。不过杰斐逊的一些幕僚对刘易斯仍然有所怀疑，认为刘易斯受的教育不够，而且可能冥顽不灵，太喜欢冒险。但是杰斐逊
79 坚信刘易斯是正确的人选。

第七章

为探险作准备

1803 年 1 月—6 月

国会对探险进行拨款后的一周，杰斐逊开始给他科学界的朋友们写信。在如下几个方面，信件传达的信息都是一样的：探险已经被批准了，但是目前还在保密中；我已经选择了刘易斯上尉领导探险队；刘易斯需要建议和指导。在信件里，杰斐逊明确表示，他希望收信人可以提供对刘易斯的建议和指导，但是不要让政府花钱。

刘易斯的学习，是在元旦到 3 月 15 日之间这段时间开始的。当时刘易斯还是住在总统官邸，并在杰斐逊的日程允许的情况下，尽可能向杰斐逊学习。除了在草坪上开研讨会，并学习使用六分仪之类的测量工具，刘易斯还研究学习杰斐逊收藏的地图。

艾伯特·加勒廷非常热衷于收藏地图，于是刘易斯也咨询了他。加勒廷有一份为刘易斯特制的地图，这份地图展示了从太平洋沿岸到密西西比河的整片北美大陆，地图上标注了密苏里河直到位于大本德（Great Bend）的曼丹村落（今天北达科他的俾斯麦）的部分，此外地图上还有一些关于落基山脉样貌和哥伦比亚河流向的大胆猜测。图上只有三处位置是确定的：哥伦比亚河口、圣路易斯和曼丹村落（多亏了英国的毛皮商人）的经纬度。

结束向杰斐逊和加勒廷的学习时，刘易斯已经对有关密苏里河的现有资料了如指掌，而且也已经对密苏里河西部的情况胸有成竹了。

但问题在于，曼丹以西，接近海岸的地方是一块处女地。在有人穿越这片土地，测量数据，提供关于植物、动物、山川和居住其上的人的描述，并指出贸易和农业的可能性之前，即使是当时世界上最好的科学家，也无法在地图上将这一地区明确清晰地标注在地图上。

为了完成这一旅程，需要将边民的专业知识、对科技的理解以及可以让旅途更轻松、更有收获的东西结合起来。这正是杰斐逊选择刘易斯的理由，事实上刘易斯也确实是完美的人选。而且，事实上刘易斯的过往生涯可能几乎都在为这次历险作准备。他像旧西北部的人那
80 样了解旧西北部，了解穿过印第安地区的荒凉路径，了解渔猎和独木舟，知道如何作记录；他有不错的数学水平，同时，在两年的时间里他了解了杰斐逊的希望、梦想、好奇心和知识。

杰斐逊告诉帕特森，刘易斯掌握了先进的技巧，“他将大量准确的*观察和自然三界**的现实联系起来……他已经可以准确测量经纬度了，可以将即将经过的路线上的地理位置标注出来”。不过他还需要帮助，而对刘易斯提供相应的帮助是帕特森和其他在费城的科学家们的荣幸和——杰斐逊没有明说，但他很清楚地暗示了——义务。当然，这些科学家也非常乐意这么做。[1]

杰斐逊总统在20世纪的一位继任者德怀特·艾森豪威尔有一句名言：在战争中，战斗开始之前，计划就是一切，而一旦战斗开始，计划就一文不值了。这句格言也可以用来描述探险。在战斗中，敌人的反应是无法预测的；在探险中，周围有什么、下一个河湾的位置或者山那边有什么也都是不可预测的。因此，计划的过程其实是一种猜测，差不多就是对探险的物理需求的明智预测。这种计划很容易让人灰心，因为计划制订者总觉得他正在犯一些简单的错误，它们很容易在计划制订阶段被更正，但是如果这些错误在旅途中才被发觉，则可能会导致致命的结果。

关于探险的计划在两个层面上进行着。当时总统在拟写给刘易斯的指令。这些指令逐渐成为一份长而复杂的文件，因为杰斐逊当时在制订的是一份清单，上面列举了他想要了解的、关于西部的事情。他想知道的事情非常多，远远超出了一次探险所能回答的，所以杰斐逊必须有所取舍。比方说，在杰斐逊发出的稿件里，没有提及寻找金银，

* 最初，杰斐逊在这里用了“科学的”这个词，后来他把这个词涂掉，换上了“准确的”。——作者注

** 自然三界，即动物、植物、矿物。——译注

但是土壤情况和气候被列入其中。贸易的可能性是重中之重。

指令中的这一切，代表了美国启蒙运动的高潮和成就。民选的国会所授权的这一次探险，将会把科学、贸易以及农业相关事务与地理发现和国家建设结合在一起。所有启蒙思想的支柱，在“有用的知识”这个短语的概括下，都出现在这些指令里。

杰斐逊拟定指令的时候，刘易斯在作他自己的规划。杰斐逊将制
订目标，不过带领探险队前往目的地，并率领探险队归来的人是刘易
斯上尉。决定探险队的规模、如何逆密苏里河而上、穿越落基山脉需 81
要什么、顺哥伦比亚河而下抵达太平洋以及返回的途中需要什么，这
都是刘易斯的责任。探险队在探险途中必须能够自给自足。一旦探险
队离开圣路易斯，刘易斯就必须依赖他在规划阶段做出的这些决定。

需要多少人？他们需要具备什么技能？船需要多大？需要设计成什么样？用什么样的步枪？需要多少火药和铅弹？需要多少锅？要什么工具？可以携带多少干粮或者腌制品？需要些什么药物，每种药物各需要带多少？需要什么样的科学仪器？要什么书？需要多少鱼钩？需要带多少盐？多少烟草？多少威士忌？

杰斐逊和刘易斯谈论这些问题直到深夜。杰斐逊认为，带一些铸铁的玉米磨机，将之作为礼物送给印第安人是个不错的主意，刘易斯表示同意。[2] 他们讨论了西部地区印第安部落使用的货币——贸易珠，认为探险队需要不少这些贸易珠。他们为所需的其他物品列了清单。他们一起设计了一种可拆解的铁框架的船，这种船可以在需要时被拆解运输，以渡过密苏里河上的瀑布。组装时覆以动物的皮即可，这样探险队可以继续使用它在河上航行。

他们也讨论了出发的时机。当时拨款已经下发，两人都希望尽快开始探险。伴随着春天的来临，道路逐渐干燥起来，刘易斯想要准备出发。他告诉杰斐逊，他希望在初夏翻越阿巴拉契亚山脉。他打算前往西南波斯特的据点，这一地点位于今日田纳西东部的金斯顿，刘易斯打算在此地的守备队里为探险队征募士兵。他计划和他们一起行军至纳什维尔，在这里，他会提取此前订购的平底河船，随后乘船顺坎伯兰河而下，抵达坎伯兰河与俄亥俄河的交汇处，就在俄亥俄河和密西西比河交汇处北部不远的地方。

（加拿大
（华盛顿州）
普吉特湾
失望角
克拉特索普堡
（冬季营地，
1805—1806）
喀斯喀特岭
哥伦比亚河
达尔斯
蒂拉穆克角
（俄勒冈州）
失望营
米尔克河
特拉弗勒斯雷斯特
独木舟营
大瀑布陆上
运输路线
密苏里河
刘易斯和
克拉克山口
洛洛山径
黄石河
密苏里河斯里福克斯
（蒙大拿州）
莱姆哈伊山口
幸运营
刘易斯河（斯内克河）
大陆分水岭
（怀俄明州）
（爱达荷州）
（内华达州）
落基山脉
匹兹堡至
伍德营(1803)
伍德营至太平洋
并返回(1804–1806)
返回路线变动(1806)
刘易斯与克拉克
刘易斯
克拉克
（加利福尼亚州）
（亚利桑那州）
太平洋
（新墨西哥州）
（墨西哥）
刘易斯和克拉克
探险
1803—1806
括号内为今日地名

北
苏必利尔湖
休伦湖
（明尼苏达州）
（威斯康星州）
密西西比河
（密歇根州）
密歇根湖
伊利湖
宾夕法尼亚州
匹兹堡
弗洛伊德
中士墓地
（伊利诺伊州）
（印第安纳州）
俄亥俄州
惠灵
玛丽埃塔
斯加州）
（艾奥瓦州）
密苏里河
伍德营
（冬季营地，
1803—1804）
辛辛那提
俄亥俄
河瀑布
莱姆斯通
（梅斯维尔）
（西弗吉尼亚州）
圣查尔斯
卡霍基亚
斯州）
堪萨斯河
拉沙雷特
圣路易斯
卡斯卡斯基亚堡
沃巴什河
路易斯维尔
俄亥俄河
肯塔基州
弗吉尼亚州
马萨克堡
（密苏里州）
坎伯兰河
北卡罗来纳州
田纳西河
田纳西州
（阿肯色州）
南卡罗来纳州
密西西比河
（俄克拉荷马州）
（密西西比州）
（亚拉巴马州）
佐治亚州
（路易斯安纳州）
（佛罗里达州）
萨斯州）
墨西哥湾
英里
0
300
© A. Karl/J. Kemp, 1995

他计划在 8 月 1 日之前抵达圣路易斯，同时他还认为，在探险队被迫因寒冬而到陆上宿营之前，他可能逆密苏里河而上航行很长一段路程。他希望能在 1804 年穿越落基山脉抵达太平洋，并在冬季来临前返回进行汇报。[3]

刘易斯和杰斐逊的讨论从 1 月开始，直到 3 月来临，他们尝试设想旅程的情况，以便确定将会需要的物品。

不过这还只是准备工作的两个层面之一。另一个层面包括训练刘易斯进行科学观察。这意味着学习，在短时间内，努力、密集地学习各种课程。

3 月 15 日，刘易斯离开华盛顿，前往美军军工厂所在地哈珀斯费里。刘易斯的目的是为他的探险队获取武器和弹药。他可以从军工厂的库存里挑选现成的装备，也可以为探险队特别定制装备。他带了陆军部长迪尔伯恩写给军工厂负责人的一封信：“相信你将乐于为持信人
84 刘易斯上尉制作这些武器和钢铁装备，并在最短的时间内完成这些工作。”[4] 当刘易斯获得所需之后，他会安排将这些东西运往匹兹堡，然后赶回费城进行进一步的学习和采购。

在哈珀斯费里，刘易斯得到了 15 支前装式燧发长管步枪，这种枪有时候被称为“肯塔基”，不过它更正式的名称是“宾夕法尼亚步枪”。这些步枪是探险中必不可少的装备。食物补给和自我防卫都要依赖这些步枪。

这些步枪绝对可靠——这款 M1803 步枪，是第一款特别为美国军队设计的步枪，拥有 .54 口径和 33 英寸长的枪管。刘易斯将这种武器称为短步枪，因为它们比民用宾夕法尼亚步枪短一些。M1803 步枪发射出的子弹时速足以使其在 100 码的距离内射杀一头鹿。一名熟练的射手，其射速可以达到每分钟两发。[5] 刘易斯还挑选了印第安战斧，并要求哈珀斯费里的技工们又制作了 36 把。此外，他还挑选了鱼叉、刀具等装备。

不过，他着重监制了船的钢铁骨架。这一工程对他而言太重要了，以至于他在哈珀斯费里待了一个月之久，而非原先计划的一周时间。此前杰斐逊希望刘易斯花在费城的时间不得不因此减少。

3 月 7 日之后，杰斐逊一直没有收到刘易斯的来信，直到 4 月 22

日，他才从别人的报告中得知刘易斯被延误在哈珀斯费里。因为刘易斯的离开，杰斐逊总统需要一名秘书。他选择了一名年轻人，来自弗吉尼亚的刘易斯·哈维，不过杰斐逊将这一任命的宣布延迟，并在信中对哈维进行了解释。一直以来，杰斐逊“每天都期待着刘易斯会在这一天的某一时刻回来，并在几天内出发，踏上前往密西西比河的征途”。

杰斐逊还说，他推迟任命“是因为，我对刘易斯上尉的崇高敬意使我不愿意在他离开前，就显得急于要填补他的位置；我也要消除一种恶意且不实的传闻，即我和刘易斯是因为不和而分开，不论从刘易斯的行为还是从我对刘易斯的态度来看，我们之间都不可能有什么不和”。[6]

华盛顿将会因此流传一些闲话。杰斐逊对此非常敏感。不过对他而言，更重要的事情是刘易斯的延误。延误让杰斐逊非常急切，但是他控制了自己的情绪，并且在一封措辞严谨的信里表达了对刘易斯的关心：“我毫不怀疑，你已经尽一切可能以早日启程。我们只好对那些无能为力的事情发出哀叹，现在耽误一个月，可能会导致此后延误一年。”[7]

刘易斯可能将之视为一种信心的表示，不过再三阅读之后，又不知这是不是一种抱怨。对于刘易斯而言，最有可能是前者。因为无论如何，他都知道杰斐逊会信任并且认可他对轻重缓急的判断。杰斐逊的抱怨信和刘易斯对延误进行解释的信件擦身而过——当时的邮件投递速度慢得出奇，这种事情常常发生。

刘易斯记述了他的活动。除了步枪、刀具和其他装备的安排事
宜，他还致信西南波斯特的指挥官，就挑选合适的志愿者事宜向他寻 85
求帮助。志愿兵们将得到这样的承诺：他们将领取正常的薪金并被授予土地。

刘易斯预计，他将在夏天抵达圣路易斯的时候，集合他的团队，并在探险开始的时候强化这一团队，将那些体弱、无知和难以管理的换成强壮、有技巧和有热情的志愿者。他告诉杰斐逊，在人员挑选上他将做到铁面无私。

他还致信一名田纳西议员，要求他在纳什维尔寻找一名可以给探险队建造一艘船和一只独木舟的工匠。这些事情和其他一些事宜所耗费的时间，比他预计的要长。

不过当时，导致延误的最大原因，是刘易斯在实验那艘他和杰斐逊设计出来的船。他每天都要去工作点，坚信如果没有他本人的监督，

那些工人就不能理解这一设计。有两种不同的设计，一种是有弧度的，这是针对船头和船尾的设计；一种是“半圆柱状的”，主要针对船体。他对两种设计都进行了细致的实验。他非常得意地向杰斐逊汇报：船体框架的重量将只有 44 磅，蒙上兽皮之后，船的运输量可以达到 1770 磅。刘易斯告诉杰斐逊：“根据实验的结果，我将指挥建造独木舟的钢铁框架。”[8]

他第一次做出了完全自主的重要决定：如何使用有限的时间，以及建造哪一种船。这是他和杰斐逊之间的新关系的开始。尽管刘易斯距离杰斐逊已经比较远了，但他还是收到不少杰斐逊的公函——在明知杰斐逊急切希望他回到费城学习的情况下，他还是决定在哈珀斯费里多待了三周，然后才启程。

4 月中旬，刘易斯出发前往东部。他首先于 4 月 15 日在弗雷德里克敦停留，在那里他致信位于费城总部、主管军需品的威廉·欧文将军。刘易斯表示，他希望欧文为他购买一些必需品。清单上的第一件物品是“压块汤粉”，一种各类豆子和蔬菜脱水以后的汤粉，在刘易斯作为军需官旅行各地的时候，他可能食用过。总之，他很喜欢这种东西。他告诉欧文，“在我看来，压块汤粉是在［为探险］作准备期间最重要的必需品之一，而且我担心这种数量的需求，不能很快生产出来，我……冒昧请求你为我生产 200 磅的汤粉”，或者市场上可搜集到的全部。“我估计这种汤粉每磅大概要花费一美元；如果成本比这个更高的话，那么总量必须控制在 250 美元以内，因为只有这么多预算。”[9] 最终，刘易斯花了 289.5 美元购买了 193 磅压块汤粉，当时是所有补给里总价最高的物品。他在脱水汤粉上的开销，和他起初估计花在器械、武器和弹药上的钱一样多。[10]

86 4 月 19 日，刘易斯抵达了兰开斯特。他第一时间去拜访了美国顶尖的天文学家、数学家安德鲁·埃利科特。杰斐逊此前曾致信埃利科特，请他教刘易斯进行天文观测，埃利科特回复道：“刘易斯先生首先应该掌握进行熟练观察的技巧；这只能通过练习来实现。”

刘易斯和埃利科特没有浪费时间。4 月 22 日，刘易斯向杰斐逊汇报：“在他的指导下，我已经开始训练观察技巧，并期望在器械的使用上能够达到炉火纯青的水平。”他发现埃利科特“非常友好及体贴，我相信，他愿意尽他所能向我提供任何帮助：他认为，我有必要在这里待上 10 到 12 天”。[11]

在兰开斯特期间，刘易斯又得到一些步枪。这些步枪数量不明，我们也不知道他为什么没能在哈珀斯费里得到想要的全部东西。不过，兰开斯特是长管步枪的制造中心，这些步枪可能是改良的型号。但是刘易斯的必需品清单里的物品项目和数目都在持续增加，这表明，刘易斯在哈珀斯费里已经决定，探险队的规模必须大于 12 人。

他有了新想法：探险队还需要另一名军官。没有证据表明，他在什么时候和杰斐逊商讨过这些关键事宜，我们甚至不能确定他是否曾和杰斐逊商讨过。不过，他怎么可能不和杰斐逊商议呢？

刘易斯在兰开斯特学习六分仪、计时器和其他器械的使用，花费的时间比埃利科特预计的要长。刘易斯直到 5 月 7 日才得以前往费城。从兰开斯特前往费城，刘易斯走了当时美国最先进的公路，这条路竣工于 1795 年，由碎石铺成，是全国第一条碎石路。即使布景车台*也可以以五到七英里的时速在其上行驶。[12] 在车台上如此快速行进，对于刘易斯来说是一种全新的体验。

在费城，他继续去帕特森那儿接受指导。在帕特森的帮助下，他选好了一个计时器。他花了 250 美元，从位于南三街的钟表匠人托马斯·帕克那儿买了这个计时器，这是当时刘易斯为探险准备的物品中最贵的一样。刘易斯将这个计时器送到埃利科特那儿，由埃利科特校准，并注明：“我终于买到了你将收到的这个计时器……你还会随件收到螺丝刀和小扳手，计时器的内盖是由螺丝固定住的。计时器的发条已经上紧，你可以通过检查发现活动部件，塞入一根豪猪的鬃毛就能让它们停止工作。沃伊特先生已经清理过这个计时器了，经观测，可以确定这个计时器每 24 小时会慢 14 秒。”[13]

杰斐逊将他所拟的指令的草稿发给刘易斯，征询刘易斯的意见，并要求刘易斯在费城的专家中传阅这份稿件，征询他们的意见和建议。稿件中有一段话指出，科学仪器已经准备好了，这让刘易斯比较担心。他想知道，这些仪器是谁提供的？都有哪些仪器呢？他向杰斐逊要求一份相关的清单，这样他好向帕特森和埃利科特咨询，以确信没有遗
漏。他进而通知杰斐逊，此前杰斐逊告诉他用于准确测量的最好的工 87

* 当时的一种大型移动马车，车上是舞台和布景。——译注

具是经纬仪，而他的两位老师“都对此有异议”。经纬仪是个“很精密的设备，运输困难，在国境外很容易损坏”，而且无论如何，它都“远没有六分仪准确”。

哪些设备将会是“绝对不可或缺的”？这些设备是“两个六分仪，一两台人工地平仪；一块好的亚诺表或者一个好的计时器，一台有一颗小球和一个底座以及两根链式测杆的圆周罗盘，还有一套测绘工具”。[14]

这封信里隐藏了这样一种暗示，即探险的决定权正在转移到刘易斯的手中。杰斐逊也在回信中认可了这种权力的转移，对“被误解的看法”表示遗憾。直到刘易斯离开，他手上那份指令的草稿都不会被标注日期；杰斐逊认为到那时候，刘易斯已经完成了他自己对于物品的选择和采购。至于经纬仪，杰斐逊告诉刘易斯，他完全可以按照帕特森和埃利科特的建议来处理。[15]

3 月的大部分时间和 6 月的第一周，刘易斯都在费城。他手上拿着和杰斐逊一同拟定的清单，在城里各处采购：钓鱼用具、霰弹筒、药物、干制食品、烟草和外套。他花了 2324 美元。

他购买的部分物品包括：四包墨粉；几套铅笔；一些蜡笔；200 磅“最好的步枪用火药”，以及 400 磅的子弹；“48 打各类鱼钩”；25 把斧头；羊毛工作裤和其他的衣物，包括“30 码长的法兰绒”；100 块打火石；“30 根用于击打或生火的钢材”；6 根长针和 72 个锥子；3 蒲式耳的盐。

他购买了油布口袋用于放置并保护器械和日志。他还购买了蚊帐和野外用的桌子，以及好几张大尺码的、用油处理过的多功能亚麻布，这些亚麻布每张的尺寸是 8 英寸 ×12 英寸，可用于做帐篷；他还买了蜡烛，用于夜间书写。白天，这些用油处理过的亚麻布可以对折起来当船帆用。

送给印第安人的礼物，包括 5 磅“以小珠子为主的白玻璃珠”，以及 20 磅各式各样的红珠子；144 把“便宜的小剪刀”；“288 只普通的铜质顶针”；10 磅各种各样的缝纫线；丝绸；涂料和朱砂；288 把刀；梳子；臂带；以及不怎么值钱的小耳钉、小耳环。刘易斯坚持要带大量的蓝珠子，因为它们“比相同做工的白珠子要有价值得多，完全可以当货币使用”。重点是艳丽花哨，而非实用性。尽管刘易斯称之为礼物，实际上这些东西是贸易品。他从没打算把这些东西白送出去，而是打算用这些东西从印第安人那儿交换货物和服务。

研究刘易斯和克拉克的学者保罗·罗素·卡特赖特写道：“对于刘易斯而言，在探险队规模尚未确定，也不知道在探险途中有多长时间不能正常获得补给的情况下，想要对武器、食物、服装、宿营装备、科学仪器及送给印第安人的礼物做出预估，是一件非常困难的事情。”[16] 88

他做得如何，只有看结果了。此时，我们可以对后面发生的事情作一点小剧透，因为这可以极大地显现出刘易斯所持有的观点。在探险途中，探险队耗尽了很多有用的，或者说给人带来愉悦的物品，包括烟草、威士忌、盐和蓝珠子。边民可以不需要这些东西。探险队一度缺乏，但从没有用尽那些关键物品。当探险队归来的时候，他们剩余的火药和子弹还可以再进行一次探险，同时他们还有相当多的步枪。（在哈珀斯费里，刘易斯对霰弹筒的安排非常得当，铅熔化之后形成的子弹数目正好和弹筒内的火药数量相当。）

刘易斯像一名边民那样信任他的步枪。一个人，只要有步枪、子弹和火药，就可以应付在荒野上遇到的一切。

刘易斯返回后，同样还有相当多墨粉，其数量也足以再应付一场探险。在探险途中，墨粉并不是关键物品，但是它可以用于记录发现物，从而使探险成功。刘易斯非常明白事情的轻重缓急。

汤粉的购买量严重超支。连同在兰开斯特额外购买的步枪，加起来的总数表明，他对于途中可能遇到的问题思考越多，所设想的探险队规模就越大。他所购买的药品数量，也表明当时他计划中的队员数目远多于 12 人。

刘易斯的医疗顾问是本杰明·拉什医生，拉什医生是美国哲学学会会员、《独立宣言》签署人、当时美国最杰出的医生。5 月 17 日，刘易斯前往拉什医生位于核桃街和第四街街口的家中拜访他，带了杰斐逊的指令草稿征询拉什的意见。

他们进行了讨论。拉什给出了建议：首先，“当你稍稍感到不适的时候，不要尝试通过劳动或者行军来克服它。要平卧休息。在一两天内禁食并少喝饮料，一般可以预防感冒。此外，喝一些热水以适当发汗，或者吃一两片或少量的泻药以通肠，这也可以预防疾病”。

这些药物是拉什医生的专利，被称为“拉什的药片”，但通常人们称之为“雷霆之响”。就拉什而言，这种药基本上对人类所有的疾病都有良效。这种药物由氯化亚汞构成，是由水银和氯以六比一的比例与药喇叭混合而成。这三种成分都是强效泻药，其混合物的效果极好。在刘易斯的药品里，水银有着更重要的作用：它可以用于治疗梅毒（直到二战时期盘尼西林出现前，水银都一直用于治疗梅毒）。

拉什医生给出的另一条建议是：“长途行军之后，或者其他原因导致高度疲劳时，**平躺**两小时非常有利于恢复，比其他任何休息姿势的效果都要好。”[17] 没有任何证据表明，刘易斯当时向拉什医生询问过，他的探险队可能会遇到什么。

刘易斯向杰斐逊汇报：“在印第安人的历史、药物、伦理和信仰方
89 面，拉什医生提供了非常有用的信息，我在这些人中展开调查的时候，这些信息毫无疑问会非常有用。”

拉什的调查表涉及很多问题：印第安人的疾病，他们的“治疗方法”，印第安女性的月经何时开始、何时结束，他们的结婚年龄，印第安婴儿的哺乳期有多长，在清晨、中午、晚上、饭前和饭后他们的脉搏状况是怎么样的。他们几时起床？怎么洗澡？有谋杀吗？自杀的情况又是怎样的？“他们有什么烈酒的替代品吗？”在他们的信仰里，需要献祭动物吗？“他们的宗教仪式和犹太人的宗教仪式之间，有什么关联吗？”（这里，拉什是在寻找传说中失落的以色列部落。）更现实的问题是，“他们怎么处理死者，通过什么仪式埋葬死者？”[18]

这份清单里有各种问题，有些很傻，有些则惊人地切中要害。这些问题反映出，对于西部印第安部落的特征和成员，当时的美国人实在是知之甚少。

除了调查表，拉什为刘易斯拟定了一份总计 90.69 美元的医药品清单，包括药物、外科手术刀、医用镊子、注射器和其他一些物品，其中有 600（！）颗拉什的药片以及其他 30 种药物。其中最常用的是金鸡纳树皮、药喇叭、鸦片、芒硝、硝化物（比如硝酸钾或硝石）、吐酒石、鸦片酒、氯化亚汞和汞软膏。刘易斯购买的这些药物中，有 1300 剂泻药、1100 剂催吐剂、3500 剂发汗剂（促使出汗），以及其他一些，包括治疗水泡、汞中毒以及肾负担加剧的药物，还有止血带和灌肠用注射器。

在哈珀斯费里的时候，刘易斯曾想过要随队带一名医生，不过到了 5 月的时候，他显然已经决定让自己兼任医生。他已经从他母亲那

儿学了很多关于草药、草药制剂和草药疗法的知识，并且对实验毫不畏惧。如同所有的边民一样，他知道如何接骨，也知道如何移除附着在体内的子弹和断箭，还知道如何应对义膜性喉炎和疟疾。

拉什对刘易斯很满意。他在给杰斐逊的信中说：“他的任务非常有趣。我将怀着极大的关切等待着这一任务的开始。看起来刘易斯先生完全能够胜任。希望这一任务所带来的好处，能给科学和你的政府带来同等的荣耀。”[19]

工作还不止这些。刘易斯和他的朋友马伦·迪克森在费城还做了大量的社交工作。他们加入最上层的社交圈：有一晚和杰斐逊的至交乔治·洛根医生共进晚餐；还有一晚，和托马斯·麦基恩州长在他位于第三街和松树街东北处街口的宅邸共进晚餐。[20]

当时，刘易斯还找了更多的老师。他去拜访了本杰明·史密斯·巴顿博士，巴顿博士供职于宾夕法尼亚大学，出版了美国第一本植物学教材。刘易斯去拜访的时候，这本教材刚刚出版。巴顿的居所 90
距离独立宫只有几步路，位于北第五街 44 号。他在英国和德国学习过，还在宾夕法尼亚州做过相当多的田野调查。他迷上了这次探险。一想到那些等待着被发现的东西，他就激动得不能自已，甚至和刘易斯讨论过一同前往的可能性。刘易斯对他的这一想法非常有兴趣；在采集样本和描绘上，巴顿一定能发挥巨大的作用。但是巴顿已经 37 岁了，他是学者而不是战士。“我担心无法实践这一构想。”刘易斯这么告诉杰斐逊——他是对的，事实也确实如此。[21]

不过巴顿依然做出了重要的贡献。他教会了刘易斯如何保存植物、鸟类和动物皮毛的标本。他让刘易斯知道了标本标注的重要性，这种标注包括制作的日期和地点。巴顿丰富了刘易斯的词汇和知识面。在一项对于刘易斯的科学记录的艰苦研究中，伊莱贾·克里斯韦尔总结出一份清单：刘易斯上尉在描述新的动植物的时候，使用了将近 200 种不同的科学术语，用克里斯韦尔的话来说，“对于一个业余人士而言，这一数目显示出其非凡的，尤其是对植物学方面的科学术语的了解”。[22]

在费城，卡斯珀·维斯塔博士是刘易斯最后拜访并向之求学的人。维斯塔是宾夕法尼亚大学解剖学专家，已经出版了全美第一本解剖学教材。他也是美国哲学学会会员，而且在美国，他还是化石方面的权威。他和刘易斯谈论了他与杰斐逊一同发现的奇怪野兽——巨爪地懒，还和刘易斯讨论了乳齿象——他和杰斐逊都相信这种动物仍然生活在大草原的某处。[23]

刘易斯在费城得到的最后一样东西，是他的移动书库。其中包括巴顿的《植物学基本原则》(*Elements of Botany*)，这本书不是刘易斯收到的礼物，而是他花了六美元买的。刘易斯从巴顿那里借了一本书，安托万・希莫尔・勒帕热・迪普拉茨的《路易斯安那史》(*History of Louisiana*)。他还有理查德・柯万的《矿物学基本原则》(*Elements of Mineralogy*)(伦敦，1784)、一本两卷编的林奈（拉丁文植物分类系统的奠基者）的书、一本四卷编的字典、《球面几何学和航海天文学的实用介绍》(*A Practiacal Introduction to Spherics and Nautical Astronomy*)、《航海历和天文历》(*The Nautical Almanac and Astronomical Ephemeris*)，以及用于计算经度和纬度的表格。[24]

5 月 29 日，刘易斯将一份拖了很久的报告发给杰斐逊。他宣布，在 6 月 6 日或 6 月 7 日，他将可以动身前往华盛顿，参与最后的商讨，此后他就可以出发了。在一两天内，所有的准备工作都将就绪，但是他想多待几天，好跟帕特森继续学习一些东西。他还随信附上了一些他描摹的、温哥华绘制的西北部海岸地图。他解释了为什么是描摹画而不是原版地图：“有关温哥华航海的地图，无法从其报告中单独剥离；对于我来说，温哥华的报告，不管是购买还是携带，都开销太大、负重太多。”[25]

地理学家约翰・洛根・艾伦指出，要复制温哥华的报告中的地图，需要高超的制图技术。艾伦写道，刘易斯“并非简单、被动地接受刘易斯和加勒廷搜集的地理学资料。看起来，为了好在旅途中携带，他
91 很积极地搜集数据”。基于内部资料，艾伦博士进而推断，刘易斯曾复制过一份属于位于华盛顿的英国代办处所有的、由戴维・汤普森于 18 世纪晚期绘制的密苏里河大本德地区的地图。[26]

6 月的第二周，刘易斯放弃了原本要经过西南波斯特的计划。他听说那里的守备队里几乎没有什么优秀的人手，并且纳什维尔那儿也没有船。所以他安排由军队负责，将 3500 磅的物品从费城运到匹兹堡，

并由军队承担相关的开支。因为“那些必须走过的道路，其状况糟透了”，刘易斯安排了五匹马来拉车。[27]似乎也就是在这时，他和匹兹堡的一名造船匠签订了合同。

然后他动身前往华盛顿。可能在刘易斯看来，最重要的事情就是探险队的规模，以及不可缺少的第二名军官。这个想法从未被提及，但是刘易斯很希望队里还有一名军官。如果杰斐逊批准这一想法，刘易斯已经有中意的人选了，此外他还有一个非同寻常的指挥权的安排。杰斐逊总统和刘易斯上尉还需要就探险队的指令方面的细节，作最后的商讨。杰斐逊需要向刘易斯介绍购买新奥尔良的议案的最新进展。在刘易斯前往西部之前，两人之间还有很多事情要谈。 92

第八章

从华盛顿到匹兹堡

1803 年 6 月—8 月

抵达华盛顿后，刘易斯和杰斐逊立即开始着手于指令方面的工作。此前，杰斐逊已经将指令的草稿在他的内阁中传阅过，并获悉了内阁成员对此的看法。

国务卿詹姆斯·麦迪逊一直想知道“对于美国以外的地区，我们目前是否有法律上的权力？”[1]这是一种隐晦的表达，实际指出的是：探险队所要前往的地区属于法国，并由西班牙管理，法国和西班牙政府有可能将这一探险行为视作军事侦察，甚至将之视为侵略。

总检察长利瓦伊·林肯告诫杰斐逊，“反对党一直怀有敌意，蓄意作对并心怀不轨，而且他们有能力影响公众的看法并煽动公众，任何由行政部门发起的议案都会被恶毒攻击”，包括这次探险。林肯宣布，对他来说，“我视这次探险为有全国性影响的计划”。

作为一名政治家，林肯知道还需要有更多的理由来阻止联邦党人对开支的反对。他想出了一个会让新英格兰的神职人员感兴趣的办法：将这一探险计划宣传为对印第安人异教徒的教化。“如果这一计划看起来是对他们的教化，那么对很多人而言，不论问题有多么严重，这一计划都会显得很正当。”杰斐逊采纳了这一建议；在最后确定的指令里，他要求刘易斯尽可能了解印第安人的信仰，因为这可能会帮助“那些试图教化他们的人”。

林肯还提出了另一个很重要的建议。杰斐逊曾写信给刘易斯，告诉他如果遇到一定程度的伤亡，应该选择撤退而非对抗。林肯建议道：

“以我对刘易斯上尉的认识，在困难的时候，他更有可能迎困难而上，而不是快速后退。是不是更换一下措辞，把‘**一定程度的**伤亡’换成**可能**产生伤亡，并加上这样的指示——以合理的代价，保持警惕和注意力以避免遇到这样的危险。”[2]

建议中的意思已经比较明显了，因为弗吉尼亚的绅士们对于挑战他们荣誉和勇气的行为总是反应过度，包括林肯在内的一些总统幕僚担心刘易斯也是这样一个鲁莽的冒险者。杰斐逊或许也同意这个看法；不管怎么说，他采纳了林肯建议的内容。 93

财政部长艾伯特·加勒廷认为杰斐逊的指令里没有什么需要修改的部分，不过他想要在其中补充一些内容。有关西班牙人在路易斯安那的据点和英国人沿密苏里河的活动，他想要了解得更细致。“密苏里地区的未来命运对于美国来说至关重要，”加勒廷写道，“这一地区是美国人民在联邦范围之外大面积定居的第一个地区，可能也是唯一的一个。”因此，他想要尽可能多地了解密苏里河流域的情况。

正如这些指令所显示的，杰斐逊有相当多的理由去派遣这支探险队，其中最重要的理由就是寻找通往太平洋的一条全水路通道。不过对加勒廷来说，这不是最重要的目的。他坦白地阐明，“最重要的目的就是要确认，从土地面积和肥沃度上来说，密苏里河和俄亥俄河地区，是否能够容纳大量的人口”。他希望刘易斯利用对土壤的描述，通过对土地上主要林木种类的辨别来判断土壤的肥沃程度，并估算年降水量、温差和其他对农民来说重要的因素。[3]

杰斐逊采纳了加勒廷的大部分建议，但是在总司令杰斐逊最后发给刘易斯上尉的指令中，探索和贸易的目的还是优先于农业。“你这次任务的目的，”杰斐逊写道，“是探索密苏里河的干流，探明其水路航道以及与太平洋的交汇处，从而从贸易的角度，辨明在哥伦比亚河、俄勒冈河、科罗拉多河和其他的河流中，哪些可以提供最便捷、最实用的横贯大陆的水路通道。”

以贸易作为主要目的，很自然地，杰斐逊就希望刘易斯尽可能了解，英国商人自加拿大南下，并与密苏里河流域印第安部落交易的路线，以及他们贸易的方法和习惯。他希望，对于如何利用密苏里河航路、由美国人代替英国人主导毛皮贸易一事，刘易斯能够提出建议。

优质的地图对于贸易来说至关重要。所以杰斐逊的指令里说：“从密苏里河河口开始，你要非常仔细地记录下河流上所有重要节点的经纬度，尤其是河口、急流、岛屿以及其他可辨别的、稳定持久的自然标记和特征。”杰斐逊提醒刘易斯，要“清楚明了地”记录数据和观察结果，并且要多作备份，有一份备份要用“桦树皮做的纸，因为相比于其他纸张，这更不容易受潮”。

进行毛皮贸易就需要了解印第安部落。杰斐逊教刘易斯学习印第安种族的名字、数目、各个部落所控制的土地范围、部落之间的关系，各个部落的语言、传统、古迹、职业——务农、捕鱼或打猎——以及他们使用的工具，他们的食物、服装和居住情况，他们当中流行的疾
94 病和治疗方式，他们的法律和习俗，以及——清单上最后一条但也是最重要的一条——“他们需要或者能给出的贸易条款，以及对应的条件”。这是让一位人种学学者梦想成真的出发令。

“在所有你和原住民的交流中，”杰斐逊继续说，“你都要以他们能够认可的方式，非常友善和温和地对待他们。”但是，同时也要告诉他们美国的规模和实力。他需要让印第安部落相信“我们只是想做邻居”，并让他们相信我们的目的是友好的，缓和他们受到威胁的感觉：美国人只想跟他们进行贸易往来。刘易斯可以邀请一些酋长来华盛顿访问，并安排一些印第安孩子来到美国，“由我们抚养，并教他们艺术之类可能对他们有用的东西”。

关于遭受印第安人攻击的可能性，杰斐逊的指示非常明确。如果遇到更强的力量想要阻止探险，“你必须停止前进，并且返回。如果损失了你，我们就会损失你在探险中获得的所有信息……我们必须让你自己来裁断，你可能冒多大的风险，在何种情况下应该撤回；这里只是说，我们希望你慎之又慎，宁愿你少获得一些信息，也要把探险队安全地带回来”。

杰斐逊告诉刘易斯：“现在授权你指定，如果你不幸遇难，由谁继任探险队的指挥者。”

刘易斯抵达太平洋海岸后，他应该找一艘欧洲的贸易船，尽可能乘坐它回到美国。或者，如果他愿意的话，可以派两个人先行送回一份日志的副本，然后原路返回。

总的来说，杰斐逊下达的军事方面的命令，和即将出发前往征途的刘易斯所想的一样。刘易斯获得了他所需要的授权，包括来自总司

令的明确许可，允许他在前线依个人判断行事。

杰斐逊意识到，当刘易斯抵达太平洋的时候，“你将会身无分文，缺衣少食”。为了应对这一情况，杰斐逊给了刘易斯一份信用证，允许他从世界上任意的美国政府机构获取任何他想要的东西。“我还要求驻在所有国家的领事们、政府官员、商人和公民向你提供可能需要的补给……为了让人们更乐于并且更有信心地帮助你，我，美国总统，托马斯·杰斐逊，亲手为你写了这张无条件信用证，并签上了我自己的名字。”

这张写于 1803 年 7 月 4 日的信用证，一定是史上由美国总统所发出的最不受限制的一张。

除了贸易以外，探险的目的还包括发现植物和动物。这些指令要求刘易斯留意土地上的东西，动物、植物——尤其是那些在美国没见过的——恐龙骨头和火山，并对它们做出注释。杰斐逊想要了解他所 95
列出的石灰石、石炭和盐以外的“所有种类的矿物产出”。

并没有人明确要求刘易斯每天都要写日志。不过杰斐逊曾指出，可能的话，派印第安人携带信件和“你的日志、笔记和观察的副本”沿密苏里河而下到圣路易斯——这是指令里唯一用到“日志”这个词的地方；同时他还告诉刘易斯，如果有可能，通过海路送“一份你的笔记”回来，但指令中没有提到关于日志记录的命令。[4]或许，关于日志的记录是一件理所当然的事情；也或许，在他们之间漫长的关于指令的讨论中，杰斐逊口头上做出了指示。

唐纳德·杰克逊对于杰斐逊做出的指令的描述是最棒的：“它们包含了多年的研究和疑惑，是他的政府同僚和费城朋友们的智慧结晶；对于未经探索地区的石山、河流走向、荒野里的印第安部落和动植物，这些指令毫不掩饰地显示出，当杰斐逊意识到他将获得关于这些事物的事实而非猜测的时候，他是多么激动。”[5]

刘易斯和杰斐逊讨论这些指令的时候，还讨论了一些别的事情，比如，刘易斯出发时可能还需要的其他一些器械和地图、探险队的规模和额外的补给、陆军部能为探险计划做出什么贡献，以及关于路易斯安那的谈判。这些话题都掺杂在一起。在谈论这些话题时，他们还谈到了对第二名军官的需求。

很显然，这一需求的出现是自然的，而且是和其他需求同时被认可的。这一需求是非常合理的。给探险队的指令，要求探险队搜集众多领域的相关信息，让一个人来做几乎是不可能的，而且完成的质量也不会高。在探险队中配置两名军官是一种常识，这样当一名军官发生不测时，另一名军官可以将地图、科学发现、对途中遇到的印第安人的描述和其他的所有东西带回来。在执行纪律，或者遭遇印第安人与之战斗时，第二名军官是很有助益的。没有什么好的理由去反对配置第二名军官，除了成本问题——不过，鉴于杰斐逊已经批准花费数百万美元购买新奥尔良，此时他已经全心全意地投入刘易斯的探险，不会让开销成为问题。

杰斐逊为刘易斯打开了陆军部的金库，以他总司令的身份支持国会批准的这次探险。在这一过程中，杰斐逊做了一些超出宪法规定的事情，但是对他来说，对探险队的吝啬比对自己严格的法令解释原则做出让步更不能容忍。他让陆军部预支了刘易斯 18 个月的薪水，这笔钱可能是用于土地投机或偿还债务；刘易斯还从杰斐逊那儿借了 108 美元。[6]陆军部部长亨利·迪尔伯恩还命令哈珀斯费里“在最短时间内”向刘易斯提供任何他需要的武器和钢铁制品。杰斐逊确保了刘易斯
96 斯拥有无限的购买力；陆军部的书记长（chief clerk）收到命令“[为刘易斯]采购那些他无法在公共商店买到的东西”，同时财政部被命令为刘易斯购买的物品拿出 1000 美元。[7]甚至有一些虚假的账目，使得当时超支达到 100%，并且超支的额度每日都在增加。

采购是需要时间的。杰斐逊希望刘易斯能于 6 月 28 日，甚至比这更早出发，但是 6 月 28 日都过了，刘易斯还有很多事情没做完。刘易斯预计他能在 9 月 1 日之前航行在密苏里河上，这意味着将有两个月的航行时间，他希望能在建立冬季营地之前，逆密苏里河而上航行 700 甚至 800 英里。[8]

6 月 29 日，迪尔伯恩命令军需官拨给刘易斯 554 美元，“作为一名中尉、一名中士、一名下士和十名列兵六个月的薪水”。[9]

这相当于刘易斯正式获得了许可，可以在探险队里增加一名军官。其实刘易斯早就依这一计划行事了，因为在刘易斯抵达华盛顿的一两天内，杰斐逊就已经同意了为探险队增加一名军官。6 月 19 日，他致

信威廉·克拉克。唐纳德·杰克逊将信中包含的内容描述为“国家的文献中所能找到的最伟大的邀请”。[10]

这封信是一份至关重要的文件。它开启了一段历史上最伟大的友谊之一，让这对朋友开始了一段史上最伟大的冒险之一、一段史上最伟大的探索之一。

这封信也有着启迪意义。今天，刘易斯和克拉克已经被历史紧密缠绕在一起，以至于对很多美国人来说，他们的名字就是“刘易斯克拉克”（Lewisandclark），但是在1803年的时候，他们还不是密友。克拉克先于刘易斯四年出生在弗吉尼亚，但是他很小的时候就搬去肯塔基了。只是当刘易斯在克拉克手下服役的六个月里，他们对彼此有了认识。此后的十年里，只有一次，刘易斯给克拉克写过一封商务信件，请他帮忙了解俄亥俄的土地；除此之外，他们之间没有任何通信往来，也没有任何他们之间的逸闻流传下来。

但是在那共同服役的六个月里，他们已经对彼此有了深入的了解。在刘易斯给克拉克的信以及克拉克的回信中，他们互相称赞，可以清楚地看出，他们都欣赏对方。克拉克是一个坚强的、习惯于服从命令的山林中人；他担任过连长，并曾率领一支部队远赴密西西比河南部的纳奇兹。他很善于亲近士兵，甚至不需要事先熟悉他们。他比刘易斯更善于地面测量，在行船方面也比刘易斯更有经验。而且很显然，刘易斯也很了解他的制图能力。总而言之，在能力方面，他们之间有着很好的互补。

最重要的是，刘易斯知道，克拉克足以胜任这一任务：他是个言出必行的人，而且非常坚忍。同样，克拉克也如此看待刘易斯。甚至在开始前往西部的征途之前，他们就完全信任彼此了。我们无法得知这样的亲密是怎样实现的，但是毋庸置疑的是，很显然在探险开始之前很久，他们就已经这么亲密了。 97

克拉克1796年就退伍了，一部分原因是因为健康状况；一部分原因是他要尝试一下自己的商业头脑，主要是帮他哥哥乔治·罗杰斯·克拉克将军处理那些繁杂混乱的财务。收到刘易斯的信件的时候，他正住在印第安纳准州的克拉克斯维尔。

刘易斯的邀请是这样开头的：“因为我们之间长久而持续的友谊和

信任，我毫不犹豫地要与你进行下面的交流。”他陈述了这次探险的缘由、国会的作为、他在哈珀斯费里和费城所做的准备工作，以及他打算在 6 月末出发前往匹兹堡的计划。他估计大概会在 8 月 10 日的时候在克拉克斯维尔与克拉克会面。途中，他打算“雇一些好的猎手，要求结实、健康、未婚，习惯丛林中的生活，并且能够忍受高强度的身体疲劳：凡是你周围符合这些条件的年轻人，我希望你能在我抵达俄亥俄河瀑布的时候给我他们的资料”。

刘易斯实事求是地向克拉克描述了这一可能让克拉克喘不过气来的探险计划：“我的计划是乘坐一艘平底货船顺俄亥俄河而下，然后逆密西西比河而上直抵密苏里河口。在航行条件允许的前提下，尽可能逆密苏里河而上，然后准备好以毛皮覆盖的独木舟，乘之抵达密苏里河源头。接下来，如果可能的话，通过哥伦比亚河或者俄勒冈河，顺流而下抵达西边的大洋。”

刘易斯写道：如果可能的话，他将会乘坐一艘贸易船回到美国。他向克拉克提供了一份从杰斐逊那儿拿到的指令的摘要，并描述了他搜集到的用于观测的工具。

刘易斯告诉克拉克，为了完成任务，他从杰斐逊那儿获得了授权，可以从西部的军事据点挑选不超过 12 名士官和士兵。他还提到，他也被授权“挑选任何非军人成员，只要我认为这些人有益于成功完成探险”。他考虑了猎人、向导和翻译。

刘易斯总结道：“因为，我的朋友，你对于这次探险的计划、方法和目的已经有个大致的概念。根据这些情况，在这个计划中如果有任何东西会吸引你和我一起迎接这些辛劳、危险和荣誉，请相信我，在这个世界上没有哪个人能比你更让我想要与之分享。”

刘易斯写道，他已经和杰斐逊讨论过一个提议，总统“热切希望你会同意和我一起参加这一计划”。接下来就是这一非同寻常的提议：“他［杰斐逊］已经允许我告诉你，如果接受这一提议，你将会被授予上尉军衔，并获得相应的薪水和酬劳，同时和我一样，你将会被授予
98 与独立战争中那些同等级军人所获得的同样面积的土地；如果你和我一起加入这一计划，在各个方面，你的职位都将和我的一样。”

刘易斯对于平等指挥权的提议是很了不起的。其实，他甚至不需要在探险队里添置一名中尉，更不需要分享指挥权。分散指挥权这一

行为几乎从来没有奏效过，而且几乎是每一名军人的噩梦；对于军人而言，指挥体系是一切的基础，而且在关键情况下，有两个意见不同的指挥官是非常糟糕的事情。但是，刘易斯一定觉得分享指挥权这件事是正确的。这一定是基于他对克拉克的认识和理解。

即使克拉克不是探险队的正式成员，刘易斯也希望克拉克能够同行。在信件的结尾，刘易斯说，如果私人的、商务的或者其他什么事务导致克拉克不能接受这一邀请，刘易斯希望他能够“以朋友的身份陪伴我走完逆密苏里河而上的这段路。有你同行，我会非常开心”。[11]

克拉克需要一个月的时间才能收到刘易斯的信，此外克拉克还需要十天时间来做出答复。这一期间，发生了一件令人难解之事。向克拉克提出共享指挥权这一提议后十天，刘易斯收到向迪尔伯恩部长预支的探险队成员的薪水。根据预支的薪水，批准的军衔只是中尉。没有记载显示刘易斯对此提出了异议。杰斐逊也应该很清楚，当刘易斯提出上尉军衔的时候，迪尔伯恩所考虑的只是中尉，而且他也应该纠正这一情况。他没有告诉迪尔伯恩，如果克拉克接受刘易斯的提议，那么克拉克的军衔应该是上尉。但是总司令杰斐逊什么也没做。对于刘易斯和杰斐逊而言，忽视任何细节都是不寻常的，何况是这样一件可能会导致尴尬、误解和不满的事情，但是他们确实忽略了这一细节。

6月的整个最后一周，刘易斯都在采购补给和器械，搜集更多的书籍和查阅地图。他还安排了一名军官候补，以防克拉克拒绝提议。他选择的候补军官是他在1799年结识并共事的摩西·胡克中尉；他向杰斐逊保证，胡克是军队中最好的军官，“天生具有一副好体魄，思维敏捷且见多识广，勤奋、谨慎、坚忍、勇敢而有魄力”。刘易斯从不轻易夸奖别人，同时，显然当时刘易斯也有准备要和胡克一起穿越大陆，他对胡克出众的能力的夸赞肯定都是诚心实意的。不过，没有任何迹象表明，刘易斯打算晋升胡克为上尉，也没有任何迹象表明，刘易斯打算与他分享指挥权。[12] 胡克是很优秀，但他不是威廉·克拉克。

时至7月2日，刘易斯已经基本完成准备工作，即将出发前往匹兹堡。这一天，他给他母亲写了一封信。

信的开头，他就没能在出发去西部前回家探亲表示了歉意，尽管

一年半以前他就有这个打算。按照即将开启探险旅程的人们的惯例，
99 他再度向母亲保证："这次探险一点也不危险，我的探险路线上都是对美国非常友好的印第安部落；没有什么危险，你可以认为这就和我在家中差不多安全。"

在让母亲不要担忧之后，他写到被杰斐逊先生选中对他的意义："指挥这次探险，对我个人而言是一种荣誉，对国家而言也很重要。"

然后，他又再次保证："我感觉自己已经完全准备好了，我也毫不怀疑，我强壮而健康的身体完全能够应付这次探险；我非常确信我将安全归来，希望你不要为了安全问题而担忧。"

此后的内容是刘易斯对他同母异父的弟弟约翰·马克斯的教育问题的一系列要求。刘易斯坚持，即使要靠出售地契来付学费，也要让约翰去位于威廉斯堡的威廉和玛丽学院学习。鉴于弗吉尼亚的农场主都非常痛恨出卖土地，刘易斯的选择显示了他对教育的重视程度。经历过在费城的那些速成课程，刘易斯肯定认为自己如果曾去学院学习就好了。

信的结尾，他希望母亲代他向家里人问好，尤其是玛丽和杰克两个少年："告诉他们，我希望他们在学业上的成就能够符合我的期待。"[13]

同是在 7 月 2 日这一天，迪尔伯恩将授权书交给刘易斯，允许他挑选最多 12 名士官和士兵。他可以在位于俄亥俄河下游的马萨克和位于密西西比河卡斯卡斯基亚的驻地挑选成员。迪尔伯恩已经分别给这些驻地的指挥官发出了命令，让他们在"挑选并说服合适的人员随同他前往对西部的探险"一事上给刘易斯提供一切帮助。对指挥官们来说，这个指令形同打劫；这将使他们失去最好的手下，因而必然会让指挥官们不悦，但是迪尔伯恩的命令不容商榷。"如果你的连队里有人想要加入刘易斯上尉的探险队，"同时刘易斯上尉又想要这些人，"你**必须**放行。"

同时，卡斯卡斯基亚的罗素·比斯尔还接到命令，要向刘易斯提供据点内最好的船，以及一名中士和"八名会划船的好手"。他们将为刘易斯把行李搬运至密苏里的冬季营地，然后在上冻之前顺流返回。比斯尔拒绝了帕特里克·加斯要求加入探险队的申请，可能是因为他不能损失手下最好的士官。但刘易斯使用了迪尔伯恩的授权，强行征

募了加斯。[14]

为了顺俄亥俄河而下，托马斯·库欣中校从位于宾夕法尼亚的卡莱尔的据点调派给刘易斯八名新兵。随命令一起，库欣还写了许多封信，让刘易斯交给西部据点的军官。他请刘易斯在抵达圣路易斯之后，派这八名新兵顺密西西比河而下前往亚当斯堡。库欣用一段很善意的附言收尾：“你的探险将令你愉悦，令国家受益；当辛苦的跋涉和所有
危险都过去的时候，你将会安享长久的幸福、富贵和荣誉。阁下，这 100
是来自你最忠顺的仆人的诚挚祝愿。”[15]

1803 年 7 月 4 日，是这个国家 27 岁的生日，对梅利韦瑟·刘易斯而言，这也是一个重要的日子。他完成了准备工作，并打算在早晨出发。他从杰斐逊总统那儿拿到了最终确定的信用证。同时，华盛顿的《国民通讯员报》也在当天发行的报纸中报道了拿破仑已经将路易斯安那卖给了美国。

这是一条非常重要的、令人震惊的新闻。亨利·亚当斯对它的描述最出色：“对于路易斯安那的吞并是非常重要的事件，它经得起考量；它让政治局势有了新面貌，而且，它在历史上的重要性可以比肩《独立宣言》和宪法的颁布——这些都是合乎逻辑的结果；从外交的角度看，这是无与伦比的事件，因为它的成本几乎为零。”[16]

拿破仑出售整个路易斯安那而不仅仅是新奥尔良的决定，以及接下来的各种谈判，和杰斐逊为了完成并购而不再严格遵循宪法的决定，是非常戏剧性且广为人知的故事。亨利·亚当斯在他的《托马斯·杰斐逊执政时期的美国史》（*History of United States in the Administration of Thomas Jefferson*）一书中，很好地记述了这一故事，这本书也是关于美国历史的经典著作。

拿破仑很高兴，这也是理所当然的。他拥有路易斯安那名义上的所有权，但是他并没有实力去行使这一权利。即使他有能力在路易斯安那部署军队，美国人也绝对会在他部署兵力之前夺走他的权利。“可能一天都不到的占有权换得了 600 万法郎！”他欢欣鼓舞。他知道他放弃了什么，也知道美国获得了什么——以及法国获得的金钱之外的益处：“这笔交易确保了美国的实力，我给了英格兰一个对手，它迟早将会击碎英格兰的骄傲。”[17]

对于刘易斯而言，重要的不是路易斯安那是如何获得的，毕竟在这一过程中他没起到任何作用。对他而言，重要的是那些现在属于美国的，从密西西比河到大陆分水岭之间，他将要穿越的领土。如同杰斐逊所描述的，路易斯安那购买“减轻了对于来自其他国家的干涉的担忧”。

这次购地对于探险队的意义，不仅是使探险队免于遭受来自西班牙人、法国人或英国人的威胁。如同杰斐逊所评价的，它“极大地增加了我们对于探险的兴趣”。[18]

当亚当斯写到购地“让政治局势有了新面貌”的时候，他的意思是，购地案意味着联邦党的终结；联邦党是如此短视、如此充满了党派的偏见，以至于联邦党的代表们都批评购地行为。亚历山大·汉密尔顿聪明地表示，杰斐逊只是运气好而已，以此来安慰自己。他说，这项购地案源于“对天意的善意的干涉”。但是一份波士顿的联邦党报纸完全不喜欢这个协议：它称路易斯安那“是一大块荒地，一块除了狼群和四处游荡的印第安人之外，什么也没有的野地。我们是在用本来就不富裕的资金来购买我们已经很富裕的土地”。杰斐逊是在冒着国
101 家破产的风险购买一块荒漠。[19]

当时充斥着愤怒的党派偏见。参议员约翰·昆西·亚当斯在他的日记中抱怨：“这个国家已经完全陷入党派情绪里面去了，不盲目跟从某一个党派的行为就是不可饶恕的罪行。”但是历史证明，新英格兰的联邦党人错误地选择了反对购地。他们谴责购地是“一个大祸端”，还害怕购地会“在不久的将来颠覆我们的联邦”。[20]

刘易斯曾经的导师、费城的卡斯珀·维斯塔的选择是正确的。他写信祝贺杰斐逊：“你为我们国家完成了一笔令人愉快的并购。尽管这儿好像没有人知道这次购地的面积和价格，但总的来说，这笔交易是自独立战争以来最重要和最有利可图的，而且非常有可能影响或决定我们国家的命运。”[21]

这次购地最直接的影响就是，它改变了刘易斯和他即将在大陆分水岭东部遇到的印第安部落的关系。这时，印第安人已经在美国的领土上了。刘易斯将有责任通知他们，他们的领袖现在是杰斐逊，而不是西班牙和法国的统治者。杰斐逊希望刘易斯能把印第安部落纳入美国的贸易网络，这意味着要在他们之间实现和平，同时通知曼丹村落

附近的英国人，他们此时是在外国领土上。

当时，购地对探险计划所造成的最重要的影响是负面的，其根源是这样一个事实：没有人知道路易斯安那的边界在哪儿。拿破仑出售的路易斯安那“领土范围和西班牙现在所掌握的，以及和法国拥有它时的面积相当”。通常的看法是，路易斯安那由密西西比河流域的西半部分所构成。这意味着，这一领土范围是从墨西哥湾向北直到密苏里河最北端的支流，以及从密西西比河向西直到大陆分水岭。但是，美国人、西班牙人、法国人和英国人都不知道，最北部边界到底在哪儿。将更多的土地纳入购地范围的前景令杰斐逊非常激动，他立即敦促刘易斯探索北部的支流，而在此前的正式指令里，他强调的是对南部支流的探索。

杰斐逊想要获得领土。他想要一个帝国。他向外夺取想要的土地，首先就是不断地扩大路易斯安那的范围。外交史学家托马斯·梅特兰·马歇尔很好地对此作了记述：“在最初的概念里，购地案的领土范围限制在密西西比河谷西部的流域，但杰斐逊对其领土范围的构想不断扩大，直到［1808 年］它包括了西佛罗里达、得克萨斯和俄勒冈地区，这一理念将是后来差不多半个世纪里美国外交的基础。”[22]

1803 年 7 月 5 日，购地消息抵达的第二天，刘易斯出发前往匹兹堡。尽管心情很好，他还是有很多需要操心的事情。威廉·克拉克会接受提议吗？还是说他的健康或商业事务会让他无法接受提议？补给从费城抵达匹兹堡了吗？在哈珀斯费里挑选的武器和其他物品已经被 102
送往匹兹堡了吗？他选择的物品合适吗？数量够吗？将与他在匹兹堡会合、一同顺俄亥俄河而下的士兵是什么样的？他在匹兹堡订购生产的平底货船完工了吗？

他很有紧迫感。已经消耗了一个多月适合旅行的时间，他知道随着秋天的临近，俄亥俄河的流量会减小，如果想在寒冬来临前逆密苏里河而上航行足够长的距离，那就要赶紧行动。但是，他在哈珀斯费里和匹兹堡还有很多事情要处理。

所以，在他看来，调转马头向西部出发并不是很容易的事情。但是他心中必定充满喜悦。他肯定有着这样的决心：既然迈出向西的第一步，那么在抵达太平洋之前，他绝不打算回顾东方。

7月5日晚，刘易斯抵达了位于马里兰的弗雷德里克敦。在那儿他得到一个好消息：十天前，从费城运送补给到匹兹堡的马车路过了弗雷德里克敦。同时也有坏消息：在抵达哈珀斯费里的时候，车夫认为，刘易斯订购的武器对他的运输队而言太沉重了，所以他决定不带这些武器去匹兹堡。刘易斯在弗里德里克敦雇了一名车夫，他向刘易斯承诺将在7月8日前抵达哈珀斯费里。刘易斯加速前往哈珀斯费里，在那儿“我试射了枪，并检验了在这里为我生产的其他几样物品；看起来，这些东西的做工都很好”。最令他开心的事是钢铁骨架的船已经完工了。

但是好心情很快就被担忧冲淡——车夫“令我失望了”。刘易斯又在当地雇了另一名车夫；这名车夫保证，他将把枪支、钢铁船骨和其他东西都装上车，并在第二天一早出发前往匹兹堡。于是刘易斯出发了，并于7月15日下午2点抵达匹兹堡。[23] 他立即写了一封报告给杰斐逊，以便随下午5点的邮车寄出。当时天气一直又热又干，道路“布满灰尘，但我自己觉得从路途中受益匪浅，并且我可以愉快地宣布，目前**一切都好**”。俄亥俄河水位很低，但如果他尽快出发的话，河上还是可以航船的。此时，他还没得空看一看他订购的船只。[24]

船只合同约定的完工时间是7月20日，但是，令刘易斯非常失望的是，这时的进度离完工还早着呢。船只承造人声称，很难弄到合适的木材，但是现在木材送到了，他保证将在7月30日之前完工。刘易斯向杰斐逊汇报称，他“无法乐观地认为”船工能在7月30日之前完工；8月5日则比较现实。“我每天都去巡查，”刘易斯写道，“尽可能地加快进度；我已经劝说他雇用更多的人手……船只一就绪，我就上船。”

103 有一些好消息：从哈珀斯费里来的货车于7月22日抵达了。即将一同乘船沿俄亥俄河而下的七名从卡莱尔来的新兵（第八名新兵拿了入伍金之后立即就当了逃兵）也到了。但是令人困扰的问题是水位不断下降的俄亥俄河。“俄亥俄河的水位已经非常低了，同时水位还在持续下降，”刘易斯告诉杰斐逊，“这可能会对进程有所影响，但是不会阻止我们前进，即使没法让一天的行程超过一英里，我也会坚定地前进的。”[25]

接下来的一周对刘易斯而言充满煎熬。船匠酗酒，几乎从不在早上工作，而且有时候下午也不工作。他完全没有刘易斯的紧迫感。但是在匹兹堡，没有第二个人有能力完成这一工作了。所以刘易斯尽管又烦恼又愤怒，还是没有解除和承造人的合同。

7 月 29 日，邮件带来了可能是最好的消息。这是一封来自克拉克的信件。他接受了提议！“这一计划正是我长久以来一直期盼的，我对此感到很高兴，”克拉克写道，“目前以我的情况，我有时间来完成这一探险。我非常高兴，如你信中提到的，将以‘官方人士’的身份加入你的探险队，* 并一同面对危险、困难和疲劳。我期待着这次探险所带来的荣誉和奖励……这是一项充满困难的事业，但是我的朋友，我向你保证，要完成这一旅程，你是我最愿意与之同行的伙伴。”

他请刘易斯告诉杰斐逊，将对他的任命寄往与克拉克斯维尔一河之隔的路易斯维尔。克拉克称，他将为探险队找一些出色的人手，这将是他在路易斯维尔的主要任务。[26]

在接下来的一封写于 7 月 24 日的信件中，克拉克说道：“一些年轻人（绅士的儿子）已经申请加入我们——因为他们不惯于做体力活，而探险队需要队员们从事相当程度的体力工作，所以在给予他们鼓励方面我非常谨慎。”他告诉刘易斯，一旦平底货船抵达路易斯维尔他就会尽快出发，因为他也想在合适的季节内尽可能地逆密苏里河而上。“我的朋友，”他在信的末尾写道，“我全心全意地加入你的队伍。”[27]

“我对你的决定感到非常开心，”刘易斯在 8 月 3 日的信件中告诉克拉克，“因为我无法希望、请求或期待在这个世界上，还有另一个人能对我的任务中的一些职责提供更好的支持或帮助，相信我能从与你的合作中获得这一切。”

刘易斯说，他很高兴地得知克拉克已经吸引了一些人，并提醒克
拉克这并不是他目前最重要的工作。这一计划“取决于我们对人手明
智的挑选；他们的资质需要完美地合乎任务的需求，否则他们将会阻 104
碍而非促进目标的实现；基于这个原则，对于你没有招募或鼓励那些
年轻人，我感到很高兴；我们必须坚决反对这类申请，并尽可能避开
他们。他们并不适合”。[28]

克拉克绝对赞同刘易斯的看法。8 月 21 日，他通知刘易斯“我已

* 此处，克拉克最先写的是“以平等的关系”，然后把这句话涂掉，换成了“如你信中提到的”。——作者注

经收到一些看起来很勇敢、坚定的家伙的申请，但是拒绝了其中的一些，并婉拒了另一些人，只是向他们保证‘在我见到你或收到你的来信后给他们一个答复’”。刘易斯一抵达匹兹堡，就被想要加入的年轻人缠上了。

显然，消息已经在西部地区传开了，年轻的未婚的边民们——不管是绅士们的儿子还是种植用于生产威士忌的谷物的农民子弟——如何能抵御如此良机的诱惑？这是最重要的历险。成功的奖励将是和那些参加独立战争的老兵所获得的差不多大的一块土地，对于边民来说这是一份极大的奖励。

刘易斯和克拉克可以精挑细选。克拉克对人的判断力极佳。他已经召集了七名“这个国家最好的、熟悉林木的年轻人和年轻猎手”——这些人在等待刘易斯的许可，以加入探险队。他们是：查尔斯·弗洛伊德、纳撒内尔·普赖尔、威廉·布拉顿、鲁宾·菲尔德、乔治·吉布森和约翰·希尔兹。刘易斯在对人的判断上和克拉克一样敏锐；在匹兹堡，他挑选了约翰·科尔特和乔治·香农（18 岁，探险队里最小的成员），也等待着克拉克的认可。

刘易斯指责船匠“不可饶恕的失职”。8 月 5 日来临的时候，只有船体一侧的一部分覆盖了木板。无可奈何的刘易斯想要购买两艘或三艘平底独木舟。他混用了“平底独木舟”（pirogue）和“圆底独木舟”（canoe）这两个词，所以没法判断到底要买哪种独木舟。顾名思义，平底独木舟是平底，适用于沼泽和浅水地带，今天这种船经常用于在路易斯安那猎鸭。但是刘易斯和克拉克所设想的那种独木舟，要大得多（有可能根本不是独木舟，而是一种大型的平底船，是有桅杆的，用厚木板制成的划艇）。圆底独木舟的底部是圆的或者弧线形的，要么就是掏空一棵大树的中部制成，要么就是覆以树皮或兽皮的框架，今日这种船经常用于在流速很快的大河中消遣。但是，刘易斯所说的“圆底独木舟”，是一种圆底的、比今天的体育用皮划艇大得多的独木舟。

由于刘易斯急着出发，同时也因为他对于船匠能否最终做好这艘内河平底货船心怀疑虑，他提议乘独木舟顺俄亥俄河而下，直到他在河流下游某处买到一艘平底货船。但是，当商人告诉他以后买不到船，同时船匠也保证在 8 月 13 日完工的时候，刘易斯放弃了他的想法，继续满怀怒气地等待。

四天后，船匠醉酒，并和他的工人发生了口角，以至于几名工
人不干了。刘易斯以取消合约作为威胁，但是没什么实际效果；船匠
在方圆几百英里内没有竞争对手。船匠确实保证会节制饮酒，但是这 105
一保证并没能持续一周。刘易斯指责他“要么老是生病，要么老是醉
酒”。大多数的时间里，刘易斯都待在船厂，“时而劝说，时而威胁”。
他买了一只狗，给它起名为“水手”，以此让自己缓和下来。

河流的水位每天都下降一点。情况变得很糟，刘易斯被告知，“河流的水位已经比这一地区最年长的居民所记得的最低水位还要低了”。[29]

工程的延迟几乎让他发疯，但是他们不得不忍耐，因为工序不能出错。毕竟，是刘易斯提议要乘这艘船顺俄亥俄河而下，再逆密西西比河而上直到密苏里河口，再逆密苏里河而上抵达曼丹村落。这艘船的设计花了很多心思，需要很好的木工技术；这一工程的复杂性肯定也在一定程度上导致了延迟。*

刘易斯设计了这艘船，并监督了船只的建造；他还可能在制造过程中对设计做出了修改。基本上是一艘单层甲板船，有点像经典的西方平底货船。看起来像是 19 世纪早期在内陆水域使用的标准船只，尤其像军用船只。刘易斯还是军需官的时候，大概在俄亥俄河上乘坐过类似的船只。

这艘船 55 英尺长，船的中部有八英尺宽，吃水很浅。有一根 32 英尺高的桅杆，与船底铰合连接——如此设计，桅杆就可以被放倒。桅杆上可以配置一张大型方帆和一张前桅帆。船首部有十英尺长的前甲板。船尾部十英尺长的升降甲板上安置了一个客舱。船舱有 31 英尺长，可以装载大概 12 吨的货物。甲板上共有 11 个横坐板，每块坐板三英尺长，可以坐两名划桨手。

这艘船有四种推进方式：划桨、风帆、从后面推动和从前面拉动。在推动的时候，船员们把长篙插入河底，并在从船头走到船尾的同时

---

* 1980 年代末，为了制造这艘船的复制品，超过 12 名来自艾奥瓦州奥纳瓦的志愿者，使用电动工具花了超过 60 天的时间才完成。——作者注

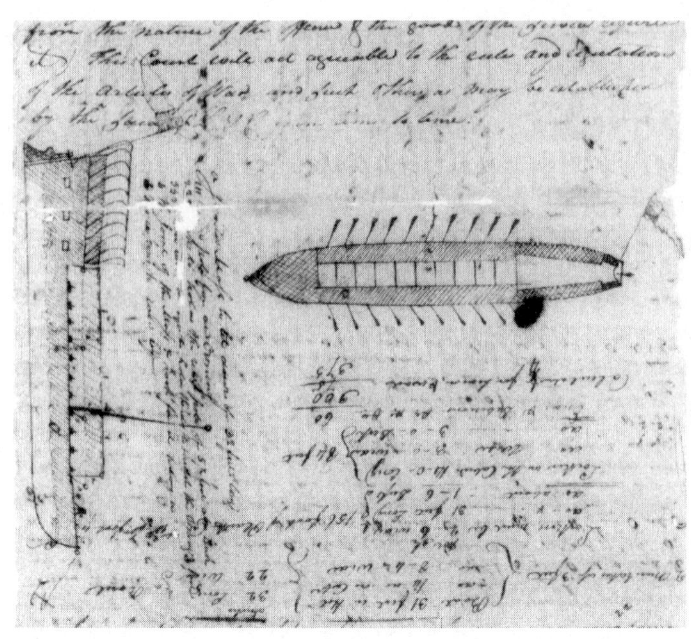

克拉克为平底货船画的素描，来自他的野外笔记，1804 年 1 月 21 日（Beinecke Library, Yale
106 University）

推动长篙以获得动力。拉动的时候，则要依靠人、马或牛用绳索拉动，有时候从水上拉动，有时候则是从岸上。[30]

为了让船匠加快进度，刘易斯尝试过恳求他，也尝试过吼叫和咒骂，“但是不论威胁还是说服，抑或其他我能想到的办法，都无法使得项目在 8 月 31 日之前完工”。

他曾想在 7 月 20 日之前出发，最迟不晚于 8 月 1 日。而等到船只真正完工的时候，水位已经降得非常低，以至于“那些自称对在这条河上航行很熟悉的人，都宣称无法顺流而下了”。但刘易斯还是出发了。[31]

在 8 月 31 日的早上，他显示出了他有多么焦急。最后一颗钉子是在早上 7 点钉入船板的。而 10 点之前，刘易斯就完成了装载。为了让船只尽量吃水浅一点，他将相当一部分货物通过货车运往了惠灵。此外，他还购买了一只独木舟，在上面装载了尽可能多的物品，以尽量减少主船负载。他打算在惠灵再买一艘船，用来装载通过陆路运送到
107 惠灵的东西。然后，他就出发了。

第九章

顺俄亥俄河而下

1803 年 9 月—11 月

到刘易斯停靠在一座小岛时，他才前进了三英里。应居住在岛上的拓荒先驱们的要求，他展示了从费城的制枪工匠以赛亚·卢肯斯那儿购买的气枪。这是一把气动步枪，枪托是一个储气筒，充满气以后可以提供 500 至 600 磅 / 平方英寸的压力；虽然子弹的射杀力并不比肯塔基步枪强多少，但是射击时没有烟雾也没有噪音，这令拓荒先驱们很震惊。[1]

在 55 码的距离上，刘易斯开了七枪，“都挺准”。他把这把枪传给大家试手。射击时发生了意外；子弹穿过了 40 码外一名妇女的帽子，“切过她的鬓角；她立即感觉到鲜血从鬓角迸出。我们一度都以为她死了，一时惊慌失措，但是她一会儿就恢复了精神，这让我们很宽慰；经过检查，我们发现这一伤口毫不致命，甚至都谈不上危险”。此后，他再也没有在气枪充满气并子弹上膛的时候把枪让给别人用过。

此后探险队重新回到船上，继续航行。大概一英里之后，“我们必须用上所有的人手，把船抬着走了超过 30 码”。此后又是两个浅滩，上尉也两次三番下船去抬船或者拉船。幸好，水温还算暖和，但是当刘易斯停船靠岸过夜的时候，他才顺流而下走了 10 英里。“在整日和我的手下一同出力之后，非常疲劳。给了大家一些威士忌之后，8 点就回去休息了。”[2]

这成为了刘易斯和克拉克的日志中的第一篇内容。* 这份日志是美国文学史上的财富之一。贯穿始终，他们都在通过迷人的细节讲述他们的故事。日志中引人入胜的叙事方式，非常有说服力；他们还在其
108 中穿插一些旁白和逸事，这使得日志很有可读性。日志的画面感很强，以至于它们几乎要让读者掩卷闭目，见上尉们所见，闻上尉们所闻。日志中从来没有回想，也没有展望。自始至终，日志的内容都是关于当下的事情。读得越细致，收获就越大。

熟悉历险的西奥多·罗斯福是这么评价日志的：“很少有曾见到这么多全新事物并做出开拓性事迹的探险家能用如此平和的、毫不炫耀的方式记述他们的事迹，他们忠实地作了描述。”[3]

我们不知道刘易斯都是在什么时候写了这些日志，甚至不知道第一篇日志的记录时间。刘易斯是在熄灭蜡烛之前，在夜里写就这篇日志的吗？还是第二天早上，在船上写就的呢？还是在大约一周之后，因天气原因止步时写就的？有大量的著作探讨了这一问题，其中最著名的是日志的现代版本第二卷引言中的一篇加里·莫尔顿的文章。莫尔顿总结道：“我现在所有的大部分材料都是两位上尉在探险过程中写就的。”不是全部的材料，只是大部分材料。莫尔顿还补充道，我们无法确定，这些日志究竟是在探险中的什么时刻写就的：是事情发生的当天，还是几天后，甚至是几个月后。这都没关系：如同莫尔顿所评论的，在阅读这些日志的时候“我们会觉得在和两位上尉一同旅行，并分享着他们每日的经历和不确定因素”。[4]

还有另一个重要的、诱人的谜。1803 年 8 月 31 日，刘易斯在开始探险历程的这一天开始记载他的日志。他一直忠实记录着动物、植物、天气、顺河而下的各种困难、不寻常的事件、途中遇到的人。这份日志既是游记也是记录，是对科学和地理学新事物的描述，更何况日志对刘易斯意义重大，他非常清楚日志对于探险成功与否有着非常重要的作用。他显然很享受写作的乐趣；回顾当天的事件，把它们整理清楚，然

* 日志有很多版本。目前最好的是加里·莫尔顿的版本，八卷编的《刘易斯与克拉克探险日志集》，1987 至 1993 年间由内布拉斯加大学出版社出版。我的引文就是出自莫尔顿的版本。我没有对日志中的引文作注解，因为既可以通过搜索日志的日期，也可以通过查找第三卷第 76 页的内容查阅原文。同时，在鲁本·戈尔德·思韦茨的八卷编版本中，或者在比德尔的改写或其他各类版本中，那些希望看到全部内容的人，都可以通过日期查找。——作者注

后用很长很复杂的、常常濒临失控的句式来记述它们的意义，这对于刘易斯来说也是一种乐趣。地理学家保罗·罗素·卡特赖特称赞“刘易斯那种经常出现的，将合适的辞藻连接起来的极具文采的写作手段”。他还指出，作为一名写作者，刘易斯的优点是有“大量有效的词汇、朴素而有说服力的表述、对于所有自然现象的积极兴趣、一贯忠于事实，尤其是他对于形容词、动词和名词的大量使用一直给句子增添着文采”。[5]

但是，有很长一段时间——每次数月，有一次几乎长达一年——
我们所知的刘易斯的日志没有留下或者只留下了零星的内容。这些空 109
白期是 1803 年 9 月 11 日至同年 11 月 11 日；1804 年 5 月 14 日至 1805 年 4 月 7 日；1805 年 8 月 26 日至 1806 年 1 月 1 日；以及 1806 年 8 月 12 日至同年 9 月底。

对于这些空白期的存在，我们不知道原因。可能是因为他情绪低落，也可能是严重的写作瓶颈。但是，这些解释都显得不太可信。如莫尔顿所提醒的，无论如何都没有人可以说，在这些空白期没有刘易斯的日志留存下来，因为学者们一直在发现关于这次探险的新的资料。

所以，可能只是这些时期的刘易斯日志丢失了。不过因为内在证据，这好像也不可信，同时也因为，不论是当时还是刘易斯去世后，都没有任何存世的信件中记载过对遗失这些日志的遗憾之情。[6] 同时，我们对我们所拥有的日志心存感激。

9 月 1 日的早上，直到 8 点，刘易斯和队员们都因为河上满布的雾气停靠在岸边。刘易斯注意将尽可能多的物品装载到独木舟上，以减低货船的负载，但是湍流和浅滩还是一次又一次地迫使刘易斯卸掉货物，抬着船越过障碍。在渡过当天最后一次湍流时，刘易斯不得不找到一名当地的拓荒先驱，并雇用了一群牛来拉船。探险队艰难地前进了十英里。

9 月 2 日差不多是 9 月 1 日的重复。俄亥俄河的水位达到历史最低，有时候只有六英尺深，河水又浅又清澈，以至于刘易斯可以看到鲶鱼、梭子鱼、鲈鱼和鲟鱼在其中畅游。再一次遇到阻滞，刘易斯又上岸去雇了一匹马和一头牛。“付了那个人一美元。”刘易斯在日志中这么记录。后来，大约在 1803 年，刘易斯记录下他对俄亥俄河流域的拓荒先驱们的评价：“在这些浅滩处生活的居民们，收入主要来自陷入糟糕境地的旅行者。[他们] 都很懒惰，当旅行者寻求帮助时，他们总是收取很高的费用；他们毫不自制，也没有什么博爱精神。”

9月3日的拂晓，气温是华氏63度，水温是华氏75度。* 刘易斯记录道：“因此而产生的雾气在此时非常厚。”（这是为数不多的一次，刘易斯准确地记录了写作的时间。）这一天，探险队行进了六英里；刘易斯开除了一个手下，原因不明。

次日，刘易斯花了11美元又买了一只独木舟。他被骗了；船漏得很厉害。货物都受潮了，枪械开始生锈。探险队因此而靠岸，用下午时间风干物品，给枪械上油，把易腐坏的物品放进油布包，另外修理了船只损坏的部分。刘易斯又雇了一名帮手，以顶替被开除的手下。

9月6日，在一段没有湍流的河面上，吹起了很强的南风。刘易斯升起了前桅帆，享受着从船尾吹来的劲风，第一次体会到风帆借助着这股风力顺流而下的难以言表的愉悦。“在几分钟内，我们就跑了两英
110 里。”刘易斯记载道，几乎认为不可思议。不幸的是，风越刮越大，以至于刘易斯不得不把帆收起来，以免损坏桅杆。

在下一个湍流处，愉悦之情被惊恐之心取代。刘易斯升起主帆，试图借此渡过湍流，但这只导致了横档的损坏。“我的手下们因为需要不断地抬船而累坏了，”刘易斯记载道，“必须再一次借助马或者牛。”他去了俄亥俄河边的“斯图本维尔”，发现这座村子“虽然小，但是富有朝气，住着几个让人尊敬的家庭，而五年前这里还是一片荒野”。他找到了牛，并且很快就继续航行了。他在日志的末尾记载了一个坏消息，这一天，虽然在几分钟里他们就走了两英里，但是当日的总行程只有十英里。

9月7日，他抵达了弗吉尼亚的惠灵，发现这里“是一个有着55座房屋的大村庄”。这天晚上他和威廉·帕特森医生共进晚餐，威廉是刘易斯在费城的老师罗伯特·帕特森的儿子。年轻的帕特森对刘易斯的探险显得非常热情。“他表达了想要与我同行的强烈愿望。”刘易斯记载。刘易斯也愿意接受他，至少部分的原因是帕特森有着山脉以西最大数量的药品收藏——这些药品值100镑。

刘易斯告诉帕特森，他并没有被准许在探险队内带一名医生，不

* 分别为大约摄氏17.2度和23.8度。——译者注

过他要先去圣路易斯，并打算在那儿过冬，有可能在那儿获得杰斐逊的许可，让帕特森加入探险队。

这是刘易斯第一次承认，他将没有时间在冬季来临前逆密苏里河而上。顺俄亥俄河而下的进展极度缓慢，他不得不做出调整。但是他渴望继续前进。刘易斯让帕特森在9月9日下午3点之前准备好，到时他们可以一同出发。医生回复称，他无论如何都不会错过。

在惠灵，刘易斯收到了他通过陆路从匹兹堡运来的武器和弹药，这些东西的状况都很不错。为了携带它们上路，刘易斯又购买了一只独木舟。这些事情占去了9月9日这一天的大部分时间。在下午3点之前，所有的东西都被整理好并准备好出发了——但是帕特森医生不见踪影。

刘易斯乘船出发了。当天晚上，他的日志的开头简明扼要："医生没能准备就绪，我等到下午3点，然后出发了。"因此，帕特森医生错过了刘易斯和克拉克的探险。不过毫无疑问，这也无妨；大家都知道他经常醉酒，这可能是导致他迟到的原因。

当天夜里，大雨倾盆而下。刘易斯徒然地用油布覆盖住独木舟。他在冷雨中一直站到凌晨，浑身透湿。最终，"我拧干了透湿的衣服，换上干外套，这让我如同获得了新生"。早上，他在弗吉尼亚一处河滩上的印第安人土丘处逗留，并详细描述了这个土丘。尽管途中有所停留，这还是截至当时探险队日行程最长的一次——他们前进了24英里，因为惠灵下游的河道没有什么湍流之类的障碍。次日，9月11日，他们前进了26英里。当日的亮点是刘易斯的纽芬兰犬"水手"的一个 111
举动，在刘易斯的描述里它"强壮而温顺"。

松鼠正在大量迁徙，它们从北向南越过俄亥俄河，其中的原因令刘易斯不解，因为松鼠们的主要食物山核桃在河两岸都很丰富。*"水手"开始对着松鼠们叫；刘易斯放开了它；"水手"游过去，抓了一只松鼠，杀死后带回给刘易斯。这一行为反复了很多次。刘易斯把松鼠用油煎了，并称"它们都很肥美，我认为是很不错的食物"。

9月13日早晨，刘易斯目睹了另一个自然史上的现象：候鸽从北向南飞越俄亥俄河，进行着它们的迁徙。鸟群数量极大，遮天蔽日。

---

* 现在松鼠总数大减，刘易斯当年目睹的迁徙今日已经完全绝迹了。——作者注

河道在顺流而下中变得越来越宽，水位也越来越高。在阳光下，河水依然耀眼，特别是当日照时间缩短、太阳的入射角变得更小的时候。在最近的暴雨过后，河水的颜色很深，几乎是黑色的。沿着河岸围绕着一排排深绿色的阔叶树。河面上的声响，除了船桨击水的声音外，都是来自大自然的和声——主要是鸟类和青蛙的叫声，还有穿过树林的风声。

尽管只有很少的空地和数量更少的村庄，但这里不是荒野。如同数千名其他的美国人一样，刘易斯和至少一部分船员曾经顺流而下过。这一段路程在地图上有过标注，刘易斯不需要用设备来确定经纬度。

下午两点在玛丽埃塔靠岸的时候，刘易斯的兴致很高。他写了一份报告给杰斐逊，其中大致讲述了自惠灵以来的进展，并描述了他克服障碍的几种办法。他还肆意地开了点玩笑：“马匹和牛是最后的手段；在湍流处，我发现它们是最有效率的水手，虽然有几分笨拙。”[7]

建于 1788 年的玛丽埃塔是俄亥俄地区最早的定居点。当时还只有为数不多的孩子出生于此；实际上，只有少数的成年居民是生于俄亥俄的。刘易斯在这里过了一夜。出于没有明说的原因，他解雇了两名手下，将队伍的规模减小到 12 人。他拜访了格里芬·格林上校，格林上校是玛丽埃塔的缔造者之一，“也是一名杰出的民主共和党人”。

两名手下在村里喝醉了，没能返回船上报到。早上，刘易斯前去寻找，发现他们“醉得不能自己行动了”，刘易斯让人把他们抬起来扔到船上，然后出发了。

随着探险队深入河流下游，刘易斯在 9 月 14 日写道，他们进入了一个地区，“在这个地区接近河口的时候，整个航程中都有的发热、寒
112 颤和胆汁热变得越发严重”。

刘易斯所指的是在俄亥俄河、密苏里河和密苏里河下游河谷地区地方性的疟疾。根据担任军需官时候的旅行经验，他很了解这一情况，并预料到了这些疟疾。疟疾是这一地区非常常见的疾病，尤其在边境。这种病不可避免，以至于很多人都不把它视为一种疾病：就像辛劳的工作一样，这只是生活的一部分。杰斐逊得过疟疾。这也可能是导致克拉克在 1796 年退役的疾病。[8]

没有人知道是什么导致了疟疾。根据拉什医生的看法，这是沼泽

中糟糕的瘴气引起的。他已经很接近问题的答案了——蚊子，不过他一直没能找到真正原因。当时，拉什医生正在帮助他的一名宾夕法尼亚大学的研究生作研究。斯塔宾斯·弗斯当时正在写关于疟疾原因的论文，主要的观点是疫病源于“接触性传染物”，这就意味着高烧是通过直接接触而在人们之间传播的。弗斯想要弄清该观点是否正确。

弗斯的研究方法残酷、英勇、不计后果。这些研究方法展示了当时最训练有素的专家们面对疾病是多么无知；至于运输方式，人类在过去的2000年间几乎没有什么进步。弗斯吸入疟疾患者或黄热病患者的黑色呕吐物的蒸汽。他将呕吐物注射进猫和狗的胃和血管里，也把呕吐物注射进自己的体内。不过，无论是猫和狗还是弗斯自己都没有患上疟疾。他于1804年6月完成了研究，并汇报了结论：这种“秋天病”（疟疾的另一种名称）不是传染病。[9]

我们不知道刘易斯是否见过弗斯。不过很显然，刘易斯和拉什医生谈论过疟疾，因为他花费了三分之一的药品购买预算来采购金鸡纳树皮作为“医疗配备”。刘易斯花了30美元购买了55磅的金鸡纳树皮。这种药物来自一种南美的树木，其中含有很多生物碱，是奎宁和奎宁丁的重要成分。刘易斯购买的是研磨成粉末的金鸡纳树皮。它被认为是治疗疟疾的良药，事实也确实如此；在19世纪晚些时候，奎宁成为了治疗这一疾病的药物之一。一位医疗学史学家称之为“改变了很多国家命运的药物”，因为“它使得入侵和探索赤道地区成为了可能”。[10]

奎宁可以对付疟疾引起的症状，但是并不能完全治愈疟疾。对于患者而言，复发是很普遍的。最好的预防手段是避免被受感染的蚊子叮咬——当然，这说起来容易做起来难；即使刘易斯知道是蚊子在传播疟疾，他也无能为力。

他已经准备好和蚊子战斗了。在费城，他购买了“蚊帐”和“八段用于蚊帐的羊肠线”，还有200磅牛脂与50磅豪猪油的混合物。油脂有两个作用：防蚊虫和制作干肉饼。[11]

刘易斯非常认真地看待蚊子的问题，但是他的准备工作完全是防御性的。在1803年，不论是他还是其他人都不知道如何主动地应对蚊
子。也没有人理解与蚊子的战斗是多么重要。刘易斯将蚊子视作一种 113
害虫，而非一种威胁。

他甚至没学过怎么拼写这一敌人的名字。他习惯的拼写至少出现

了 25 次，都是“musquetoe”。克拉克更有创造性：他的记载中蚊子有至少 20 种拼写，包括“mesquetors”“misquitr”“musquetors”。[12]

从很多方面来看，这次顺俄亥俄河而下的航程，对帆船和独木舟而言都算得上一次试航。比如说，合理的包装货物就是一个持续学习的过程。9 月 15 日这天，大雨一直下了六个小时。刘易斯一直让船员们划桨，他们前进了 18 英里。次日，他们前进了 19 英里，不过到日暮的时候“我的手下们都非常疲劳”。第二天早上，探险队来到一处很长的沙堤。这是个“美丽又干净的地方”，刘易斯决定摊开货物，花一天的时间晾干，因为“我发现货物都被 15 日的雨淋湿了”，尽管他已经用油布小心包好，并在那天的航程里不断地从独木舟里往外舀水。枪支、战斧和刀具都开始生锈了。刘易斯给它们都上了油，放在太阳下晒。“各个种类的”衣物“也摊开来晾晒”。包括上尉自己，队伍里所有的人都从早上 10 点忙碌到日落，当刘易斯重新往独木舟上装货的时候，很小心地避免将易坏的物品放在舱底。

从玛丽埃塔向西南大约 100 英里处，是俄亥俄、弗吉尼亚和肯塔基的交汇处，再往西南大概 100 英里就是辛辛那提。河水很深，天气也不错；刘易斯在两周里航行了 200 英里，中间没有遇到过一次意外。

他在辛辛那提停留了一周，让手下们休整一下，补充一些补给，为杰斐逊作一些调查，并写了两封信。第一封是写给在路易斯维尔的克拉克的，这是对刘易斯刚刚收到的克拉克写于 8 月 21 日的信的回复。

克拉克说，他“从看上去坚忍、勇敢的小伙们”那里收到了许多要求加入探险队的申请，但是在刘易斯抵达路易斯维尔之前，他都会让他们先等着，并在这一段时间里考察他们。克拉克指出了他和刘易斯都明白的事情，即“探险队员的成功挑选对于这一大型计划的成功是至关重要的”。

末尾，克拉克泛泛地总结道：“我非常愉快地得知路易斯安那已经被割让给美国，对于这些似乎已经感到其价值的西部人民来说，这是一笔不可估量的财富。”[13]

刘易斯在回信中告知了他的进度，并讨论了对逆密苏里河而上这段航程的人手选择。他说，他赞赏克拉克对于“明智选择”的必要性的看法，并称已经有两名年轻人与他同行了：“他们还在接受有条件的试炼，不过我认为他们的表现都还不错。”很显然，这里他指的是约翰·科尔特和乔治·香农。他明确表示克拉克将对他的选择有表决权，正如他对克拉克的选择有表决权一样。[14] 刘易斯和克拉克分开已经七年了，但是在会合之前，他们的合作关系已经开始走向成功了，他们对 114
于彼此的信任是彻底的。

第二封信是寄给杰斐逊的。刘易斯汇报了他对辛辛那提西南大概 20 英里处，肯塔基的比格本里克的查访。这一年的早些时候，威廉·戈福斯博士在这里发现了一头猛犸象的骨头。显然，杰斐逊曾要求刘易斯去查访这一地点。刘易斯去了，并呈报了一份关于猛犸象的报告，其中有 2064 个单词来描述“一根巨大的象牙”，随同报告还附有一些骨头的标本。

刘易斯请总统给他寄“一些牛痘苗，因为根据我对手上的牛痘苗做的一些实验，我相信它们已经失效了”。[15] 他打算接种牛痘来预防天花。这也是杰斐逊热衷的一个课题，他曾倡导对牛痘的使用，并为自己和自己的家庭进行了接种。这封信的措辞表明，是杰斐逊为刘易斯提供了带给边民和印第安人的牛痘，并指导了刘易斯如何使用它们。[16] 不过，正如刘易斯在信中的要求所反映出来的，如何保持疫苗的活性是一个大问题。当发现他给患者手臂上接种疫苗的位置没有出现疤痕的时候，刘易斯明白疫苗已经失去活性了。

在给杰斐逊的信的结尾，刘易斯陈述了他的意图。“因为国会的会议已经开始了”，还因为各种各样的原因，他的进度被延迟了；“我非常急于让他们［政客］对于我参加的这次探险保持一种乐观的态度，决定在今年冬天，骑着马去考察一下我的冬季营地附近数百里地区最有意思的部分”。

他说他将沿堪萨斯河往上游的圣菲去，还提议让克拉克另外去“探索这一地区的其他一些部分”。这样，到 2 月底的时候，他将可以向杰斐逊提供“一些有关这一地区的信息，即便这些信息不能证明这一计划的实效，也至少能让大家对探险队多一些包容”。[17]

此时，他是总统的助手，忠实地保护上司，使其免受国会里的联邦党小人们攻击。此时，他是一名忠诚的政治家，努力使其政党在接下来的（1804 年）总统大选中获得一个争取选民的议题。此时，他也是一名年轻的探险家，放弃在圣路易斯附近建立冬季营地，而宁愿多向密苏里河上游前进几百英里。在俄亥俄河上那些美妙的午后，他那充满活力和设想的头脑，拒绝在可以预见的无聊的军事营地里度过五个月的时间。但是，虽然思维很活跃，他还是一个没法把所有事情都考虑周全的年轻人。

这是杰斐逊第一次得知，刘易斯对入冬前逆密苏里河而上不再抱有希望。他接受了这一决定——事实上是痛快地认可了这一决定，因为他希望刘易斯用冬天的时间在圣路易斯搜集信息，而不希望刘易斯
115 跑去堪萨斯的大草原；而且，因为探险队可以从密西西比的美军据点获得补给，不会因为探索行动而耗尽补给。因此，以总司令的身份，杰斐逊直接对刘易斯说，“我允许你自行决定”在何处过冬。

总统并不是有很多选择。信件的传递非常之缓慢，杰斐逊不可能及时地向刘易斯传达命令，让他执行。直到 11 月中旬杰斐逊才收到刘易斯的信，而刘易斯收到他的回信时已经是次年 1 月了。

不过，杰斐逊仍然尝试指挥探险队，他对于刘易斯于隆冬向圣菲方向探索的提议感到很忧虑。很显然刘易斯会进入西班牙控制的地区，因为金矿和银矿的存在，西班牙人对于这一地区极度敏感。这一提议中包含的巨大危险让杰斐逊直接下达了命令，并希望这一命令能及时送达：“绝不能进行你在 10 月 3 日的信中提议的冬季探索。”

刘易斯的提议引起了杰斐逊的极大担忧，这不仅事关危险性，还事关刘易斯的判断力。因此，在杰斐逊的回信中，有着隐忍的告诫。他不可能解除刘易斯的指挥职务，但是可以让刘易斯优先考虑那些重要的事情。杰斐逊写道：“你的任务的目的只有一个：寻找由密苏里河的河床或许还包括俄勒冈河的河床所构成，连接两大洋的直接的水路通道。”

关于探险队的目标，这是杰斐逊所写的最简明扼要的陈述。

他解释道，前往圣菲的行动带来的危险将比刘易斯在密苏里遇到的那些还要大得多，因为如果往西南方向前进，西班牙的武装力量肯定会逮捕并拘留他；但是如果在密苏里，他们就不会管他，因为这里现在是美国的领土。至于克拉克所提出的探索，杰斐逊写道：“有克拉克先生和你在一起，我们认为这样探险队就是双人指挥，更不容易失败；出于这个原因，你们俩都不应该偏离既定的路线而把自己置于危险之下。”

对于探险队的目标，路易斯安那购买还产生了另一个影响。杰斐

逊将路易斯安那的边界描述为“**包含了所有直接或间接汇入密西西比河和密苏里河的河流的高地**”。这可能将边界扩张了一些——没有人真正知道——但是，如同杰斐逊解释的那样，“因此，通过天文学观测，确定这些河流源头的经纬度就变得很让人关注了”。

他的意思是，或者说他希望，密苏里河的北部支流可以延展到北纬 49 度线，深入毛皮资源丰富的加拿大西部地区。如果是这样，这块
土地就不是西加拿大了；它将是美国的财产。* 杰斐逊不想因为他的年 116
轻上尉放纵自己去兜风，而导致不能确定边界的风险。

在信的结尾，他再次强调了给刘易斯的命令，即刘易斯必须严格执行指定的任务，“不能被任何其他的事件所迟滞，也不能为任何其他的事情冒风险”。[18]

在 10 月 4 日或 5 日这一天，刘易斯将船和独木舟重新推入河中，继续向西前往下游处约 100 英里的俄亥俄河瀑布。10 月 14 日，刘易斯抵达了瀑布的上端，瀑布很大，由两英里长的一系列石灰石岩脊和 24 英尺的落差所构成。在瀑布底端的北岸，就是印第安纳准州的克拉克斯维尔。而在瀑布底端的南岸，就是肯塔基的路易斯维尔。10 月 15 日，刘易斯雇用了本地的领航员，领航员将船和独木舟带入北岸一段危险但可通航的通道。[19] 安全通过之后，刘易斯停泊在克拉克斯维尔，前去与他的搭档会合，此时克拉克正和他的兄长乔治·罗杰斯·克拉克将军住在一起。

当他们的手握在一起时，刘易斯和克拉克的探险开始了。

他们俩都是六英尺高，肩膀宽阔。他们都有着坚毅的面庞，在这一方面克拉克更明显一点，相比之下刘易斯的轮廓则略显清秀。他们的身体都瘦削而有肌肉，没什么脂肪。他们的手——即使在这个季节的晚期，也如他们的面庞一样被晒黑了——都宽大、粗糙、强壮、有力、自信。他们的腿都挺长。他们大步跨过门廊或者坐下的方式都显示了运动员般的协调性。他们可能都穿着缀流苏的鹿皮装。当他们向

---

* 美国和英国之间 1783 年的条约让一切事情都复杂化了。这个条约在密西西比河源头、伍兹湖偏西的部分画了一条线，也就是北纬 49 度线的位置。在边界的界定上，到底是遵从 1783 年的条约还是购地案的协议，是不明确的。——作者注

彼此伸出手的时候，谁也不会怀疑，两人脸上的笑容像俄亥俄河一样宽阔，像他们的雄心和梦想一样远大。

哦！为了能够听到那些午后门廊下的谈话，那些直至深夜的谈话，那些彻夜的谈话。当时一定有威士忌——主人克拉克将军非常爱喝酒。当时一定有摆满了猪肉、牛肉、鹿肉、鸭肉、鹅肉、鱼肉、新鲜面包、苹果、鲜牛奶和其他美味的桌子在吱吱作响。

当时有两位即将成为英雄的人和一位货真价实的老英雄，他们都是弗吉尼亚人，都是战士，都是民主共和党人，也都很健谈；对于还未见到的印第安人、熊和山脉，他们满脑子都是各种设想、想象、回忆、实践和玄妙的哲学。他们的问题和回答中满怀兴奋和愉悦之情，谈话在一片嘈杂中进行。

不幸的是，对于刘易斯和克拉克的会面，我们找不到只言片语的描述。

在接下来的两周里，两位上尉确定了第一名应征加入探险队的人选。他们并不缺乏可供挑选的志愿者。消息已经在俄亥俄河上下游和内陆传播开来，那些梦想着探险和志在获得一块属于自己的土地的年轻人纷纷来到克拉克斯维尔报名。刘易斯和克拉克对他们做出了判断，
117 评估了他们的勇气和耐心、射术和猎术、他们身体的强健度和性格、他们是否适合在荒野中长期跋涉。我们不知道应募的人数，不过最终有一名列兵亚历山大·威拉德被选中了。他在晚年的时候很自豪，“强健的体魄使得他通过了探险队的征募”，而超过 100 名其他的应募者都失败了。[20]

两位上尉此前挑选的七名队员都被有条件地允许加入探险队，其中五名是克拉克挑选的，两名是刘易斯挑选的。刘易斯挑选的是查尔斯·弗洛伊德中士和纳撒内尔·普赖尔中士。这个弗洛伊德中士是查尔斯·弗洛伊德上尉的儿子，弗洛伊德上尉曾经是乔治·罗杰斯·克拉克手下的士兵。[21] 在庄严的仪式中，在克拉克将军的见证下，这九个人宣誓加入军队，探险队诞生了。

除了应募加入的，探险队还包括两名上尉，以及克拉克的奴隶约克。约克块头很大，肤色很黑，强壮、敏捷，天生有着壮硕的体魄。他和克拉克差不多大，或许比克拉克还年轻一点；他是克拉克一生的

同伴，是克拉克的父亲把约克送给他的，而约克的父亲则是克拉克父亲的同伴。

显然，两位上尉讨论过探险队的规模。陆军部部长迪尔伯恩已经批准了 12 名士兵和一名翻译，但是杰斐逊口头许可刘易斯招募“另一名我认为可能有用的，不是军人的队员”。回溯到 1783 年，克拉克将军曾对杰斐逊提出建议，如果美国哲学学会决定派出一支探险队探索密苏里地区，那么探险队的规模要小——最多 12 人——因为更大规模的队伍会激起印第安人做出有敌意的行为。1803 年，他或许也对他的弟弟和刘易斯上尉提出同样的建议，但是就算他提出了，建议也没有被采纳。刘易斯和克拉克计划组建一个规模大得多的队伍。根据当地报纸上的一个故事，据说在路易斯维尔附近“有大约 60 人将要加入队伍”。不过，究竟其中有多少人是附属于探险队的士兵，有多少士兵只会随队前进到第一个冬季营地，又有多少平民是雇来操船的，这些还有待考证。[22]

不论怎样，此时探险队的核心成员已经决定了，两位上尉对他们挑选的勇敢、坚韧的年轻人都很满意。

10 月 26 日，平底货船和独木舟从克拉克斯维尔出发了。此后一路河水充沛，没有障碍。11 月 11 日，队伍抵达了马萨克堡。马萨克堡十年前建于伊利诺伊的俄亥俄河岸边，位于俄亥俄河和密西西比河交汇处上游 35 英里处。刘易斯计划在这里和八名来自位于田纳西西南波斯特的军营的志愿兵会合，但是他们没能如愿。于是刘易斯立即雇了一名在当地颇有盛名的森林居民乔治·德鲁亚尔，派他去田纳西找那些士兵，并将他们带到大概在圣路易斯附近、密西西比河东岸的冬季营地。

刘易斯从没学会德鲁亚尔（Drouillard）的名字的拼写，他通常将之写作“德鲁耶尔”（Drewyer），但是他从一开始就对德鲁亚尔印象深刻。德鲁亚尔的父亲是法裔加拿大人，母亲是肖尼族人，他本人是一 118
名有技巧的边民、猎人捕手和侦察员。他非常精通印第安人的技巧，能够熟练地使用好几种印第安语、法语和英语，并且精通手语。他身上散发出一种镇定的自信，这给人一种强烈的印象，即不管发生了什么，他都可以从容应对。刘易斯和他签订了一份合约，以 25 美元的月薪雇他做翻译，并让马萨克的军需官预支给他 30 美元的硬币。

刘易斯有权在马萨克堡的军营招募志愿者，但是他对于志愿者的整体素质很不满意。只有两个人符合他的标准。

11 月 13 日，探险队从马萨克堡出发。这天下起了大雨。“我一直在打寒战，”刘易斯在日志中写道，“这持续了大概四个小时，此后我不出意外地发烧了，所幸在日出前体温有所下降。”

他得了疟疾。当他醒来的时候，“我吃了一剂拉什的药片，疗效非常好”。烧退了。

这一天夜里，队伍在俄亥俄河和密西西比河的交汇处上岸。此后的一周里，刘易斯和克拉克进行了天文观测，并进行了测量。使用他的测量链和圆周罗盘或者是测量罗盘，克拉克借助三角测量法算出了在交汇处俄亥俄河的宽度是 1274 码，密西西比河的宽度是 1435 码，而交汇后河道宽度是 2002 码。

在俄亥俄河口扎营期间，刘易斯开始实践他在费城学到的关于天文观测的知识，同时他还向克拉克作了传授。

确定纬度是比较复杂的，但是在旷野中是可行的。借助八分仪（在夏季）或者六分仪（在冬天），刘易斯可以在中午“瞄准”太阳，记录它的高度。然后，他就可以参照一份表格来确定纬度。太阳在正午的角度，连同日期一起，可以明确地告诉刘易斯他在赤道北方到底多远的地方。

对经度的计算不可思议地复杂。假设刘易斯知道此时是格林尼治的正午时分，同时准确地知道所在地的时间，他是可以算出经度的。但是要知道格林尼治的时间，需要有一个准确的精密计时器。刘易斯已经在费城购买了最好的计时器，但是它并不可靠。

另一个办法，就是测量并记录下月亮相对于太阳和星宿的规则运动。这个方法，是要选择一颗明亮的星星作为参照点，测量月亮在其环地轨道东部的运动。可供使用的星宿有心宿二、牛郎星、轩辕十四、角宿一、北河三、毕宿五、北落师门、娄宿三和室宿一。

刘易斯能够辨别这些星宿，还能辨别其他的很多星宿——这是他
119 在生活中获得的一项技能。在无数个夜里，他曾经躺在空地里，花无数个小时凝望星空。曾经在天黑后，在总统官邸和蒙蒂塞洛的空地上，在和杰斐逊散步时，杰斐逊都教过他关于星空的知识。这项技能的获

得也和他的个性有关。他那强烈的好奇心驱使他了解周围的世界和头顶的星空。

他在费城的速成课程使他能够进行观测。观测行为是很复杂的。使用六分仪，每隔几分钟他就可以测量月亮和参照星的角距离。由此得出的数据和表格相比照，可以得出在同一时刻，在格林尼治这些距离是多少。但是，这些表格太重了，探险队不方便携带，而且计算工作也太费时了。鉴于刘易斯的工作只是做出观测，并把观测结果带回去，他没有尝试进行计算；他和克拉克只是搜集数据而已。

这项工作意味着到半夜才能睡觉，这期间在一个小时或者更长的时间里，每隔五分钟就要作一次观测。这意味着，在那些多云的夜晚——实际上很多个夜晚里云都很多——他们常常无法成功观测。[23] 天空在黑夜之上，潺潺的河水幽暗而清澈，毫无污染，远离任何有灯光的村庄。在两位上尉的身后，队员们睡在帐篷里，在经历了白天的体力劳动之后，健康的年轻人们安静地沉睡。站岗的列兵生了一个小火堆。在刘易斯为克拉克报出观测数据的时候，他的狗就坐在他身边。

现在这些工作只是练习——俄亥俄河口的经纬度都是已知的——不过刘易斯和克拉克把这当作实际的测量工作来做。

“水手”一直和刘易斯在一起。11 月 16 日的下午，两位上尉穿过河道，到西班牙所拥有的那半边河岸去进行观测。他们遇到了一个印第安人的营地。营地中“一名看上去很可敬的印第安人”提出要用三张海狸皮换“水手”。经过慎重考虑，刘易斯拒绝了。刘易斯指出，他花了 20 美元现金才买了这只狗。此外，刘易斯写道：“因为它温顺，且具备与我一同探险的资格，我非常欣赏［‘水手’］。”

11 月 18 日，刘易斯抱怨称，手下们在附近发现了一个以威士忌为主要交易品的非法贸易点，虽然他下令让大家离那儿远点，但还是有一些人跑去喝了个烂醉。威士忌和威士忌商人对于边民们的生活而言是个祸害；对于即将到来的冬季长夜，醉酒可能导致的问题让刘易斯不得不未雨绸缪。

11 月 20 日，探险队出发前往圣路易斯。此时，探险队是逆流而上——在抵达落基山脉附近的大陆分水岭之前，探险队都必须耗费人力逆流而上。 120

第十章

逆密西西比河而上至冬季营地

1803 年 11 月—1804 年 3 月

探险队驶入了密西西比河，然后开始逆流而上。刘易斯和克拉克研究学者阿伦·拉奇推断，就是这个时候，两位上尉决定增加人手。[1]伴随着波浪、漩涡和浮动的障碍物，河水的力量令他们感到敬畏。

在美国东部，当时罗伯特·富尔顿正在对蒸汽船作最初的试验，但是在密西西比河上，探险队前进的速度远逊于蒸汽船时代的航速，和公元 1 世纪的航行速度差不多。当时的刘易斯正在面对的，几乎是他抵达大陆分水岭之前最大的困难——在一条大河上逆流移动相对较大的船只。

几只独木舟上非常缺乏人手；不幸的是，龙骨帆船上也缺人。在每一处河湾，他们都要从东往西或者从西往东横穿河面，因为只有从某一处水流缓慢的地方，他们才能往北部前进。经过连续八小时的拖拽和划桨，探险队前进了 10.5 英里。这中间需要耗费非常多的人力。此外，还需要有个人一直站在船首，警惕被激流往下游冲去的大树。更多的人手意味着需要更多的补给。

这支小船队只能缓慢地向北方挪动；如果要有更多的人员加入，刘易斯就有许多的事情需要考虑，决定是否值得。他和克拉克都不是那种会做出草率决定的人，但在这种情况下，阿伦·拉奇的判断可能是正确的：他们在第一天就决定将队伍的规模扩大一倍。

在接下来的几天里，这些人让船只逆流前进的时速几乎从不超过一英里每小时。更令人恼火的是，密西西比河曲折蜿蜒，以至于当时探险队距离开普吉拉多的直线距离是 25 英里，而河道距离是 48 英里。花了四天的时间，探险队才抵达开普吉拉多。

大概 20 年前，路易斯·洛里米耶建立了这座村庄。作为一名法裔加拿大人，洛里米耶一直反对独立，并在独立战争时期和乔治·罗杰斯·克拉克战斗过，而克拉克将军曾烧毁过他的一处价值两万美元的产业。“这毁了他作为一名商人的基础。”刘易斯在 11 月 25 日的日志里记载道。但是洛里米耶是一名愿意冒险、花言巧语、善于讨价还价、精力充沛、雄心勃勃的边境企业家，这种人可以迅速地从灾难中复兴。

在克拉克将军烧毁他的基业之后，洛里米耶说服西班牙人在密西 121
西比河西岸给了他一块土地。他鼓励美国移民进入这一地区，此后，这一地区开始繁荣起来。

前去拜访洛里米耶的时候，刘易斯被告知洛里米耶去看赛马了。于是刘易斯去了赛马场。“面前的景象让我想起在肯塔基那些未开化的莽汉间进行的小比赛，而此后，赛场裁判的决定所引起的混乱丝毫没减弱它们之间的关联性……这些人应该就是这么无法无天的，这一点儿也不让人意外。他们几乎都是来自肯塔基和田纳西的边民，他们甚至是肯塔基和田纳西的边民里最放浪不羁的；他们都是赤贫的人，不论在名誉上，还是在财产上都没什么可输的。”

另一方面，洛里米耶吸引了刘易斯的注意。洛里米耶接近 60 岁，是个文盲。他有一头“很不寻常的头发；……站立的时候，他的头发长可及地……吃饭的时候，他用一根皮束带将头发绑在背上”。洛里米耶的妻子是一名肖尼族妇女。他们育有很多儿女，其中一个女儿吸引了刘易斯的目光：“她非常俊俏，穿着简约而时尚，这种风格现在在大西洋地区受人尊敬的中产阶级中很常见。她是个温和友善的姑娘，是我自离开路易斯维尔以来遇到的最端庄的女性。”

11 月 28 日，探险队抵达了卡斯卡斯基亚的军事据点，这个据点在伊利诺伊这半边，位于圣路易斯南部大约 60 英里的地方。这是罗素·比斯尔上尉的步兵连和阿莫斯·斯托达德上尉的炮兵连的驻地。刘易斯做的第一件事情，就是向两位上尉出示他从迪尔伯恩那儿获得的手令，这些手令允许他从他们的连队征集人员。然后，他召集了志愿者，并进行了挑选。最终获选的人数不明：阿伦·拉奇认为应该超过 12 人。[2]他们中并非所有人都会随探险队一起抵达太平洋；刘易斯打算在抵达曼丹村落后，从那儿派一支分遣队回圣路易斯，计划在曼丹村落度过 1804—1805 年的冬天。刘易斯还向斯托达德征调了 75 磅的火药，以及一只装火药的木桶。[3]

12 月 4 日，克拉克随船队一起出发前往伍德河河口，河口位于圣路易斯上游，在伊利诺伊这边，正对密苏里河河口。据说这里林木繁茂，有很多的野味，附近还有一个拓荒先驱的定居点。

刘易斯则骑马沿伊利诺伊这边的河岸往上游进发。12 月 7 日，他抵达了几乎是和圣路易斯隔河相望的卡霍基亚村。次日早上，他和翻译尼古拉斯·雅罗（一名卡霍基亚的毛皮商人）渡河来到圣路易斯，会见上路易斯安那的西班牙副总督卡洛斯·德奥尔特·德拉叙上校。会面进行得并不是很愉快。在圣路易斯的主权交接完成之前，德拉叙拒绝承认刘易斯获得的逆密苏里河而上的许可。刘易斯没有对此进行争辩。无论如何，现在的季节已经不能再继续前进了，而且刘易斯也
122 需要在圣路易斯附近为增加的人手购买补给。

刘易斯告诉德拉叙，他这次对于密苏里地区的探索纯粹是出于科学的目的。而德拉叙在给上级的报告中提到，他所听闻的情况不太一样："根据建议，我相信他的目的就是沿密苏里河探索太平洋，并进行情报勘测，因为人们都说他是一个受过良好教育且有着诸多才能的人。"[4]

刘易斯抵达圣路易斯的时候，这座建设于冲积平原的断壁上的城镇已经有 40 年历史了。它有 1000 出头的人口，其中主要是法裔加拿大人。圣路易斯虽然是一个年轻的小镇，但是在这片广袤的土地上有着关键的作用。它是密苏里河流域广大地区的毛皮贸易中心。绝大部分贸易品在越过大洋又横跨大陆之后，最终抵达圣路易斯。然后，从这个贸易中心，经由小贸易商被运往各处，甚至运到最遥远的边境。那些将贸易品运往印第安人那里的平底货船和独木舟又带回大量美丽的毛皮，这些毛皮给欧洲带来了大量的资金。

简而言之，这里充满了商机；而且，因为有那些溜到西班牙控制的河岸西部土地上，并在那里开荒种地的美国拓荒先驱，商机还在持续增加。当路易斯安那被正式由西班牙交接给法国，再由法国交接给美国之后，可以预见，在来年春天的某个时候，美国人将会拥入密苏

里地区。他们将会需要很多装备。

仿佛情况对于圣路易斯的商人们还不够好一般，刘易斯来了。他只有够 15 人用的补给，而实际上他需要 45 人的补给，同时他还有总统签发的信用证，允许购买任何他觉得可能有用的东西，并由军队支付费用。这时，圣路易斯的商人们突然就变成了军方的承包商。

除了补给，刘易斯还需要更多的人手——那些强壮的、可以操桨驾驶独木舟逆密苏里河而上抵达曼丹村落的航行者。他将在镇上花很多时间来和商人们讨价还价，并挑选志愿者。在刘易斯离开华盛顿之前，杰斐逊曾口头向他发出指令，要搜集尽可能多的关于上路易斯安那的统计情报，这也是刘易斯要在圣路易斯完成的工作。

在刘易斯抵达圣路易斯的时候，他还没有收到杰斐逊的命令——放弃在冬季骑马前往圣菲的冒险计划，但是他已经将这一愚蠢的念头抛诸脑后了。他现在面临的问题，不是如何打发时间，而是如何挤出足够的时间来完成所有需要做的事情。

首先就是冬季营地的事情。12 月 9 日，刘易斯渡河来到伊利诺伊这边，在卡霍基亚与克拉克和探险队会合。他说，西班牙人不允许逆密苏里河而上的行动，但是雅罗在伍德河口处有 400 英亩土地，他向刘易斯推荐了这块土地；在这里，探险队将可以建造过冬的营房，着手改造平底货船，以使其适合逆密苏里河而上的长途拖拽，还可以筛 123
选和训练固定的探险队员。克拉克前往这块土地进行了考察。

刘易斯则回到圣路易斯继续他的工作。他首先开始了对上路易斯安那的调研。这是第一份由美国人完成的对购地涉及领土的调研。刘易斯制作了一份问卷，其中包括人口总数、从美国进入路易斯安那的移民数目、有多少土地已经被授予个人、进出圣路易斯的进出口货物的价值等诸多问题。然后，他前去请教镇上那些对本地和地区情况有所了解的人士。

他首先求教于法国政府在上路易斯安那的测绘总监安托万·苏拉尔。苏拉尔是法国人，他告诉刘易斯，1800 年的人口普查数据显示，上路易斯安那有一万人口，其中有 2000 名奴隶。白人中有大概三分之二是美国人。但这是三年前的数据了。仅在 1803 年，估计就有 100 多个美国家庭渡河进入了上路易斯安那。北卡罗来纳和其他地区的侦察兵已经勘查过密苏里地区，“来寻找一旦美国控制这一地区，可以用来建造定居点的位置”。

在向杰斐逊进行这样那样的汇报时，刘易斯参照的是这样一个杰斐逊曾向他灌输的理念：可以劝说在上路易斯安那的美国拓荒先驱，让他们用上路易斯安那的土地换取伊利诺伊的土地。杰斐逊认为，密西西比河以西的土地可以变成一片广大的印第安居留地，在这里印第安人可以学习农耕，并成为好公民。这样的话，穿越俄亥俄、印第安纳到伊利诺伊，就会有一片有序连贯的边境，因为印第安人都将被迁往遥远的河岸，不会有来自他们的麻烦。

这一荒谬的看法，显示出杰斐逊对阿巴拉契亚山脉以西生活着的美国人知之甚少。不管有没有购地，这世界上都没有力量能阻止美国拓荒先驱向西部迁徙。肥沃而廉价的土地就是一块磁石，它的吸引力一直延展到欧洲。先驱们就是这股不可抗拒之力的刀锋。他们都很粗野，却是数百万欧洲人的先遣队，其中绝大部分都是农民或者小农场主的幼子，他们构成了历史上最大的移民潮。

当刘易斯和克拉克抵达密西西比河的时候，他们的行为还只是在追随第一批在密苏里的美国定居者，也只是比那些正在考虑前往密苏里和已经前往密苏里的人们稍快一步。拿破仑的看法是正确的：最好还是卖掉这片土地换点钱，因为美国人最终会占领这片土地。

刘易斯一定已经知道，政府没法让拓荒先驱放弃他们开垦并耕作的这片土地，于是他写信给杰斐逊：“我完全相信，在几年的时间里，你要迁出路易斯安那居民的想法可能会在各个方面都受到影响。”从更
124 现实的角度出发，他补充说蓄奴者可能会导致一些麻烦——他们将不愿意进入自由的伊利诺伊准州。[5]

刘易斯也对他的旅程进行了调研。苏尔拉给了他一份地图，地图上描绘了直到欧塞奇河河口的密苏里河部分。刘易斯还获得了另外两份地图，一份是上路易斯安那的普通地图，另一份地图是由苏格兰商人和探险家詹姆斯·麦凯绘制的，被称为麦凯地图，刘易斯将之寄给了杰斐逊。1795 年，麦凯一度深入密苏里河上游的奥马哈斯村，次年他派一名叫作约翰·埃文斯的年轻助手前往探索太平洋。埃文斯也只抵达了曼丹村落，但是至少，他向麦凯提供了必要的信息，使麦凯可以将密苏里河的地图所囊括的范围扩大到曼丹地区。

1803 年的时候，麦凯住在圣路易斯，刘易斯从与他的谈话中受益匪浅。正如历史学家罗伊·阿普尔曼所说，从麦凯和刘易斯所持有的其他地图上，刘易斯知道了“到曼丹村落为止，差不多所有白人知道的关于密苏里地区的信息，以及一些印第安人所知的关于他们西部土地的信息”。[6]

圣路易斯最有实力、最出众的市民是法国毛皮商人奥古斯特·舒托先生。他是圣路易斯的缔造者，与同母异父的兄弟皮埃尔·舒托先生以及他们的妹夫查尔斯·格拉蒂奥一起，于 1777 年在卡霍基亚建立了第一个贸易点。在独立战争时期，格拉蒂奥曾协助过乔治·罗杰斯·克拉克。在 1797 年 9 月前往圣路易斯处理商业事务的时候，威廉·克拉克曾住在格拉蒂奥家里，也曾在这里与奥古斯特·舒托和“所有漂亮姑娘及时髦的绅士们”开怀共饮。[7]

因为有独家经营贸易的许可证，舒托家族在圣路易斯的生意很兴旺，不过他们的大部分财产都在陆地上，主要来源于货款。他们的需求和边境上所有的人一样：流动资本、长期信贷和现金。货币在圣路易斯非常缺乏，以至于海狸皮就是这里的货币。

舒托家族有一个非常不错的组织——实际上就是一个垄断机构。在边境上，从钉子到玻璃球，从铁制品到女装，从火药和子弹到进口酒，这一机构垄断了所有人所需的和许多人渴望的进口产品。不过，这个模式太赚钱了，没法长久持续下去。1798 年，曼努埃尔·莉萨来到圣路易斯，开始努力挤进毛皮贸易行业。他和舒托兄弟一样成长于新奥尔良，也一样敏捷机智，在新奥尔良多产的海滨积极地工作赚钱。后来，他搬到上游的圣路易斯；作为一名西班牙人，他在这里享有一些优惠，因此被授予了不少土地。但是他从没打算过成为一名农场主；他发现，在圣路易斯，真正的机会是贸易。他开始积极地争取经济自由；他的传记作者理查德·奥格尔斯比曾提及，他对垄断的抨击“使得他好像是亚当·斯密的一名最忠实的信徒”。为了让他闭嘴，西班牙当局给了他贸易许可证。[8]

刘易斯开始从这些商人那儿进行采购。谷物、面粉、饼干、大量 125
的盐、成桶的猪肉、一盒盒的蜡烛、成桶的猪油、“600 磅油脂”、21 捆印第安货物以及形形色色的工具。[9] 他从舒托家族和莉萨那儿都采购了东西。他问了不少问题，并为杰斐逊获得了更多的信息。他研究了手上的地图。

12月16日，德鲁亚尔前来报到。他从田纳西带来了八名士兵。刘易斯很高兴，并很快对他们进行了考察。结果他很失望，在给克拉克的信里，他说发现他们“不具备更多的必备条件；他们中连一名猎人也没有”。不过，这些士兵中可能有一名铁匠和一名建房木工。刘易斯派他们去伍德河与克拉克会合。最终，有四名士兵通过了筛选。[10]

在整个冬季，刘易斯都持续积极地和杰斐逊通信。很多来自刘易斯的信件都被杰斐逊作了标注，而很多杰斐逊所写的和评注的信件都遗失了。不过，这些保存下来的内容很有用，也很有启发性。1804年1月13日，在给刘易斯的信中，杰斐逊提到，他可以一直通过报纸的报道来了解刘易斯的进展。他转告刘易斯，按计划，法国向美国交接路易斯安那的日期是12月20日，他毫不怀疑这个交接已经完成了。

“对于你即将穿越的这片地区的兼并，激发了公众对你这次探险的极大兴趣。”杰斐逊写道，“关于你的进展的询问从不间断。只有联邦党人还将之视为一种虚伪的哲学论调，并乐于见到它的失败。他们的怨恨随着联邦党人的减少和党派复兴的无望而与日俱增。我希望你能照顾好自己，成为他们的恶意和愚蠢的鲜活的目击者。”[11]

换句话说，那些误导了联邦党人、批评购地并嘲笑探险队的人是在进行政治自杀，总统副手无须花心思骑马前往圣菲去取悦他们。避免不必要的危险，是刘易斯让联邦党人惊慌失措的方法。

1月22日，杰斐逊致信刘易斯，确认交接已经在12月20日于新奥尔良完成了，并就如何与已经受美国管辖的路易斯安那印第安人打交道做出了指示。这些指示可以归结为：告诉他们，现在有了新领袖。杰斐逊还希望刘易斯向奥萨格族的酋长提出，让其免费前往华盛顿会见新领袖——让他感受一下美国人的力量和人数。

杰斐逊用一条喜讯作为信件的结尾，即美国哲学学会已经选举刘易斯成为会员。[12]

这是刘易斯自己赢得的。师从杰斐逊的两年，以及接下来在费城的速成课程，已经让刘易斯成为杰斐逊所期待的完美的探险家——一个能够很好地判断已知品种和未知品种的植物学家，一部能够描述动植物的活字典，能够合理使用天文仪器的制图者，有着敏锐观察力的科学家：所有这些品质成就了一个可以领导一支前往太平洋的探险队的丛林健将和指挥官。 126

现在，给美国哲学学会的学者们的回报开始了。3 月和 5 月，刘易斯分别给杰斐逊寄回几盒标本。它们是刘易斯从密西西比河以西寄给杰斐逊的第一批博物学标本，因此也是历史上的第一批。他在标本中加入了皮埃尔·舒托所持有的树木的切片和截枝，这些树木是皮埃尔从奥萨格族印第安人村庄以西 300 英里处获得的。刘易斯写了三大段详细的描述。作为启蒙运动的一员，刘易斯现在正式成为美国哲学学会的会员，他对这种树的实用用途很感兴趣，将之命名为“奥萨格苹果”(现在的“奥萨格橙”)。从没有人吃过这种树的果实，它的枝干非常适合制弓：“蛮族将这种树的木材视为制弓的重要材料，以至于远涉数百英里去寻找。”这是刘易斯第一次描述一种科学上未知的植物。可以预见，他还有很多这样的描述要记录。[13]

今天，在费城（第四街和斯普鲁斯街）和弗吉尼亚大学（一间在莫雷亚的客房），还有当年用刘易斯寄回的树枝培植出来的树木在生长着。[14] 正如历史学家迈克尔·布罗德黑德指出的，这是“一个可笑的，几乎是仅有的美国现象：军事博物学者”的开端。[15]

刘易斯所操心的众多事务中，有一件事是克拉克的委任状。自上一个夏天起，克拉克已经回到现役了，但是直到 1804 年 2 月，他还没有收到委任状。2 月 10 日，刘易斯就此致信迪尔伯恩和杰斐逊。直到 4 月底，他既没有收到回复，也没有收到克拉克的委任状。这个问题依然困扰着他。[16]

不见踪影的委任状并没有什么实际的影响。刘易斯称呼克拉克为“上尉”，他们的关系也是一种真正的指挥权共享。事实上，在 12 月的后半部分和整个 1 月里，克拉克指挥着探险队。他规划并监督了临时营房的建造。他还对平底货船做出了一些改进，包括一些设计精巧的、沿船身两侧安装的小箱子，它们的盖子可以打开，形成一道防护壁或者说护盾。当盖子被放下的时候，这些小箱子又组成了走道，或者说“行进通道”，可以供船员用篙子撑船时行走。与这些小箱子十字交叉的横向位置，克拉克安置了 11 块横坐板，每块三英尺长，可以坐两名

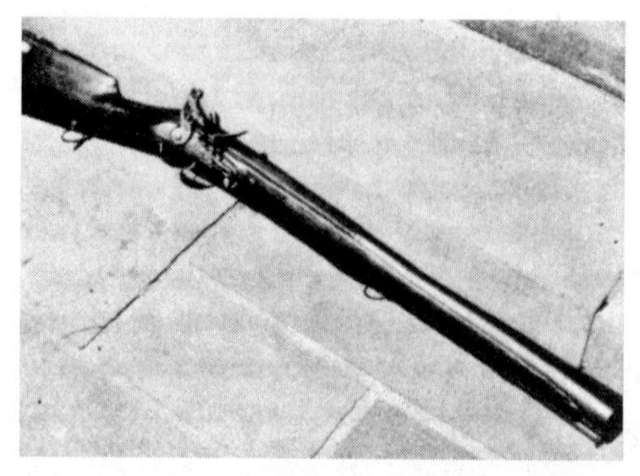

旧式大口径燧发枪，两位上尉安置在回旋底座上的类型：平底货船上安置了两支，每只独木舟上各安置了一支（National Park Service）

桨手。克拉克在横坐板中间增加了撑杆，以安置天棚。

克拉克比较担心印第安人。据生活在密苏里河口的美国人说，上游的苏族很有敌意，人数很多、有武装，并且一定会收买路钱。克拉克在船上增置了一门青铜加农炮，很有可能是刘易斯在圣路易斯购买的，其下配备了回旋式炮座，可以向任何方向发射炮弹。这是探险队所持有的最重型的武器，也将是到1804年为止，密苏里河上曾有过的最重型的武器。它可以发射大约一磅重的实心铅弹，或者16枚火枪
127 弹，对目标造成杀伤。这是一种近距离的高效杀伤性武器。

除了回旋式加农炮，克拉克还让刘易斯购买了四支旧式大口径燧发枪——使用大号铅弹的重型短枪。刘易斯在圣路易斯找到了这种武器。克拉克将它们安置在回旋底座上，两支配备在平底货船船尾，每只独木舟上也各安置了一支。这些枪可以用步枪弹丸、铁屑或大号铅弹来填弹。[17] 此后，克拉克离开营地，去圣路易斯待了几天，在那儿进行了一些采购，并参加了在舒托家举行的舞会。刘易斯本想和克拉克一起参加舞会，不过他不得不待在营地，会见一些来访的基卡普族印第安人。错过了舞会之后，他给克拉克写信：“我环顾四周，发现需要做的事情比此前预想的要多，所以我决定［在这儿，伍德里弗］忙一阵子，并推迟几天回圣路易斯。”他希望克拉克和皮埃尔·舒托谈谈，看他是否可以带领奥萨格族酋长们的队伍前往华盛顿。

克拉克在圣路易斯的任务包括挑选一些可以在独木舟上划桨的船员——此时，两位上尉已经决定让分遣队和探险队的主要成员一起待在平底货船上。鉴于克拉克曾经顺密西西比河而下到达孟菲斯，也在俄亥俄河边生活了很多年，相比刘易斯他很可能更适合挑选船员。

克拉克找曼努埃尔・莉萨谈了话，因为莉萨有一批合同即将结束的船员可以供他挑选和编组。刘易斯在给克拉克的信中提到，“根据他们的表现和性格，如果你觉得合适，那就立即雇用”。

当时莉萨和探险队做了很多买卖。他特意去伍德里弗查看，有什么是两位上尉缺乏且他可以提供的。刘易斯还在莉萨家里和他共进晚餐，尽管大部分时候刘易斯都住在奥古斯特・舒托那栋镇上最好的房子里。[18]

2 月 20 日，刘易斯准备起航前往圣路易斯。他发布了第一份分遣队命令，在他和克拉克不在的时候，约翰・奥德韦中士将成为指挥官， 128
指挥锯木工人、铁匠（他们将可以有额外的一吉耳 / 四盎司威士忌*，并可以免于执行警卫任务）、制糖工人等继续工作。为了节约火药和子弹，他下令，每人每天的射击训练只允许使用一发子弹。奥德韦中士将现场指导手下在 55 码的距离上射击。每天成绩最好的人可以获得一吉耳威士忌作为奖励。除了猎手，没有人可以在未经奥德韦中士允许的情况下离开营地。最后，威士忌的配发不允许超过规定配给。

于是，刘易斯前往圣路易斯去做买卖，并在一周后返回。奥德韦中士向刘易斯报告，列兵鲁宾・菲尔德和约翰・希尔兹拒绝执行警卫任务命令，理由是，如果接受两名上尉之外的人发布的命令，他们就将受到责罚。约翰・科尔特、约翰・博利、彼得・韦泽和约翰・鲁滨逊都曾跑去“打猎”——或者说，在奥德韦试图阻止的时候，他们是这么跟奥德韦说的。实际上，他们是去了附近美国人定居点边缘的威士忌酒商店，并在那儿喝醉了。

为了处理这些违反纪律的事情，刘易斯又发布了一份分遣队命令。他在 3 月 3 日的日志里写道：对于菲尔德和希尔兹，“他们的违规行为让指挥官感到失望和耻辱”；特别是，他曾经认为他们是优秀的军人，是有判断力的人。他继续写道：“经过反思，必须让队伍里的所有人都明白”，两位上尉不得不待在圣路易斯，因为他们需要采购探险队必需的补给和装备。当他们不在队里的时候，奥德韦就是临时指挥官。刘易斯关了科尔特、博利、韦泽和鲁滨逊十天禁闭。

---

* 四盎司的酒精含量大概和四杯啤酒差不多。对于大部分人而言，这可以将血液中的酒精含量提高到 0.1%，差不多就是警察认定酒后驾驶的标准。——作者注

3月7日，刘易斯回到圣路易斯去出席标志着上路易斯安那被正式交接给美国的典礼。美国的官方代表斯托达德上尉邀请刘易斯做首席官方见证人。典礼现场还有一支来自卡斯卡斯基亚堡的第一步兵团的分遣队。

3月9日，典礼在西班牙位于圣路易斯的总部——总督官邸之前举行。首先是西班牙把土地交接给法国。德拉叙上校代表西班牙，斯托达德则作为法国的代理人。西班牙的旗帜被降下后，德拉叙将它赠予斯托达德，然后斯托达德升起了法国的三色旗。围观的圣路易斯居民，其中大部分都是法国人，发出了欢呼。法国人饱含热泪，请求斯托达
129 德让法国的三色旗在圣路易斯上空悬挂一晚。斯托达德同意了。

次日，在士兵们鸣放的礼炮和欢呼声中，法国的三色旗被降下，美国的星条旗被升起。正式文件被签署，还有人发表了讲话。斯托达德就任上路易斯安那的军政总督，以待地区政府的建立。在典礼之后，刘易斯和克拉克陪同斯托达德巡视了西班牙的防御设施。[19]

几天后，克拉克返回了伍德里弗，继续进行准备工作。白天已经越来越长，树枝上的花骨朵开始萌发，鸭和鹅的大迁徙刚刚开始，河面上的冰已经消融，春天正在来临。当天气刚刚开始暖和起来的时候，一些带来厄运的不受欢迎的访客也来了。3月25日，克拉克在日志里写道："今天夜里的蚊子非常猖獗。"

3月28日，刘易斯向陆军部部长开出了三张额度分别为500美元的汇票，或者是支票。他已经开了1669美元的汇票了，并在几天后又开了159美元。他还为奥萨格族的酋长和皮埃尔·舒托前往华盛顿的旅途支取了费用，为购买补给品开了收条。总而言之，对刘易斯而言，在寄给政府的汇票上签上他的名字，成为了一件习以为常的事情。事实上，这确实正在成为一种习惯。

29日下午，刘易斯渡河来到伍德里弗。克拉克提到了一个令人震惊的消息。探险队员中间发生了争执。约翰·希尔兹违抗了奥德韦中士的命令，并扬言要危害中士的生命，而且他希望返回肯塔基。约翰·科尔特不仅抗命，还给子弹上了膛，扬言要对奥德韦中士开枪。

这些人已经在伍德里弗度过了四个月中的大部分时间。他们从来没去过圣路易斯。他们遇到的女性都是附近定居点的拓荒先驱，不仅数量不多，而且绝大部分是已婚妇女。这附近有一个卖威士忌的，不

过他的酒很贵，而且也不太容易找到他。一旦临时营房完工，平底货船的改造也结束的时候，这些人几乎就无事可做了。他们讨厌在训练场上的操练，倒是喜欢射击练习，不过大概也只限于一天一次的频率。

这些年轻的英雄个个体格健壮，像牛一样强壮，渴望继续前进。他们的精力和睾丸素都很旺盛——同时，他们也很无聊。所以他们争斗，然后喝酒——然后再喝酒，继续争斗。克拉克记载了很多起严重的斗殴，有时候他的评论很有趣：“鲁宾·菲尔德犯了个错误，正在忏悔。”“弗雷泽这次干得不怎么样啊。”

不过，他们之间的争斗是一回事，威胁中士就是另一回事了。3 月 29 日，两位上尉以兵变的罪名对科尔特和希尔兹进行了审讯。两名士兵“请求宽恕，并保证以后会表现得更好”。两位上尉很宽厚，没有做出什么惩罚。两天后，希尔兹和科尔特被纳入正式的探险队。

在两位上尉全面交换看法之后，3 月 31 日，他们举办了一个仪式， 130
以征纳 25 名选中的人员，他们将成为“横贯北美内陆的探险分遣队队员”。而另一支五名士兵组成的分队，将陪同探险队抵达冬季营地，然后带着官报和标本回到圣路易斯。理查德·沃菲因顿将领导这支队伍。主要的分遣队被分为三个小队，查尔斯·弗洛伊德、纳撒内尔·普赖尔和奥德韦分别作为中士领导三支小队。

并非只有沃菲因顿、弗洛伊德和普赖尔三人让两位上尉印象深刻。普赖尔病了。在记录了人员选择的分遣队命令中，克拉克写道：“在普赖尔中士生病期间，乔治·香农受命履行普赖尔的职责。”鉴于香农当时还未满 20 岁，是队伍里最年轻的成员，这一任命完全是一种褒奖。

探险队的固定成员都到位了。除了 22 名士兵和 3 名中士之外，探险队中还有刘易斯、克拉克和克拉克的奴隶约克；德鲁亚尔；以及刘易斯的狗“水手”。这支队伍憋足了劲准备前进。每天早上，队员们的视线越过密西西比河，看着密苏里河汹涌地汇入主河道。密苏里河是如此强劲，那混着泥沙的河水穿过了能量巨大的密西西比河四分之三的宽度，在两条河流中，密苏里河是更有力量的那一条。

克拉克还记载道：“我将密苏里河的水当作饮用水，它比密西西比河的水更清凉。”

夜里，队员们可以看着太阳在密苏里河上落下。在一天结束的时候，他们小口喝着自己的威士忌配给，毫无疑问，他们会凝视着河流，谈论它并想着它。他们并没有因河流而畏缩。相反，他们被河流吸引。有什么历险在前方等待着他们？他们将会看到什么样的景致？他们知道甚至无法猜测这些东西，但是，这种未知让他们更渴望继续前进——只有前进才能找到答案。

加斯中士*在他的日记里写道，本地的居民曾经告诫探险队，他们即将“穿越一个由数量众多、孔武有力、战士一般的野蛮民族所控制的地区，这些蛮族高大、威武、暴躁、危险并残忍；尤其对于白人，他们特别有敌意”。但是，他坚信探险队成员们“坚定果决的性格”和所有人都具备的自信“驱散了所有恐惧的情绪”。[20]

在征募仪式结束一周之后，奥德韦写信给他的父母，表达了决心和自信：

> 如果没有什么阻碍的话，我们将会乘船逆密苏里河而上。到船只不能航行时，我们将会由陆路前往西部的海洋。
>
> 这支队伍由军队和国民中挑选出来的 25 人组成，我非常高兴能成为被选中的一员……
>
> 我们将在十天内［4 月 18 日］向密苏里河上游进发……预计此行将花费 18 个月到两年时间。回来的时候，我们将因这一探险
> 131 收获丰厚的回报。

奥德韦说他会得到 15 美元的月薪，以及 400 英亩上好的土地作为奖励。此后他记载的内容，可能只是从别的士兵那儿听来的传言，也可能是被两位上尉所激起的期望；不管是哪一种情况，它代表了探险队成员和两位上尉的精神：“如果能如所期望的那样做出伟大的发现，
132 美国承诺将给予我们比许诺的更丰厚的奖励。”[21]

---

* 加斯初入探险队时为列兵，后晋升为中士。——编注

第十一章

准备出发

1804 年 4 月—5 月 21 日

随着 4 月的天气渐渐暖和起来，密西西比河岸的色彩也迅速丰富起来。金绿混杂，这是大自然最初给河岸染上的色彩，在 4 月的早期则是河岸上最主要的色彩。不过，别的色彩很快就出现了。两位上尉记载道，山胡椒在 4 月 1 日盛开，此时还有白色的赤莲和盾叶鬼臼。5 日，拓荒先驱种植的桃树、苹果树和樱桃树的花骨朵也出现了。到了 17 日，它们全部都盛开了。伴随着紫罗兰、柔毛老鹳草和黄花九轮草，奥萨格橙和奇克索李也开花了。

这是美妙的季节，这一时期，下午的温度慢慢提升到华氏 60 度。在 4 月的最后一周，温度提升到华氏 70 度出头。不过在 26 日，一场霜冻冻死了卡霍基亚的水果；圣路易斯幸免于难。当天下午，气温又升到华氏 66 度。

出发吧！我们几乎可以听见探险队的成员们向两位上尉呼喊。看在上帝的分上，出发吧。

刘易斯决定暂时先不出发。4 月 8 日——奥德韦中士在那天的信中提到探险队将在 4 月 18 日出发——至 4 月中旬之间的某个时候，刘易斯宣称，他需要更多的时间来准备必需品，还需要更多的时间把它们集合在一起。同时，刘易斯还需要更多的时间来安排奥萨格族酋长前往华盛顿的事宜。

他将出发日期延后了一个月。

4月7日是一个星期六，早上7点，刘易斯和克拉克乘坐一只由约克和一名士兵划桨操纵的独木舟前往圣路易斯。他们在10点半抵达圣路易斯。斯托达德上尉迎接了他们，并把他们请到家中做客；在他的住所，刘易斯和克拉克更换了礼服，前去参加晚宴和舞会。斯托达德是晚宴和舞会的主人。他邀请了大约55位城中的绅士，以感谢他们的支持和对他的礼遇。舞会一直进行到周日早上9点。“今天什么事儿也没做。”克拉克在周日晚上的日志中记载道。

周一，克拉克返回了伍德里弗，刘易斯则开始采购旗帜、蚊帐、外套、食物、酒、印第安贸易品。和他买的其他东西一起，刘易斯将它们运往伍德里弗，在那里将这些物品按照探险队的需求重新打包：4175份配给口粮，每份0.14美元；5555份面粉，每份0.04美元；100
133 加仑单价1.28美元的威士忌；20加仑单价1美元的威士忌；4000份盐巴，每份0.04美元；还有细玉米粉和其他很多东西。

克拉克把他的采购清单发给了刘易斯——给铰链配备的钉子（已发出200枚，刘易斯在清单上注明），用于粉刷小箱子的红色油彩（买不到，刘易斯注明），红色和蓝色的缎带（已发出），等等。5月2日，刘易斯致信克拉克，告诉他奥萨格族的队伍将在十天内出发，并要求克拉克把“盐的样本”寄到圣路易斯来给他，“这些样本可以在我的书桌里找到，要么在我们摆放书本的架子上，要么在仪表盒的抽屉里”。刘易斯允许克拉克翻找他的书桌，表现了两人之间绝对的信任，这个描述同时也让我们对他们在伍德里弗的营房的格局有了细微的了解。

5月6日，周日，这一天对于克拉克上尉而言是个好日子，但对于刘易斯上尉而言简直糟透了。在伍德里弗，一些定居者前来挑战战士们的枪法。克拉克对这场比赛的描述带有满意之情：“他们（定居者）都输了，也都输了钱。”

在圣路易斯，刘易斯感到很沮丧，因为买不到更多的小木桶了——他已经买光了所有的库存。刘易斯非常愤怒，因为从他那儿获得的买卖显然没有让曼努埃尔·莉萨满足，因此莉萨写了一封陈情书给当局，抗议刘易斯的专横以及其他一些缺点。5月6日，刘易斯写信告知克拉克有关莉萨的行为，以及他的应对。他把一切都透露给了克拉克。

“可恨的曼努埃尔，”刘易斯怒气冲冲地写道，“以及更可恨的贝努瓦先生［弗朗西斯·贝努瓦，莉萨的搭档］。他们给我带来的烦恼和麻烦，比他们给我带来的价值要多得多。我一直很坦率地在和他们打交道，总之，我已经快公开地和他们决裂了；我认为他们都是流氓，同时，他们向我充分展示了对我们的政府和法令有多么不友好。”

他气坏了。“这两位先生，”他写到这里，停下笔，又把这段涂掉，然后继续写，“这些自负的蠢货，并非不熟悉我的观点……确实奇怪，显然从某种意义上说，他们显示出疯狂的迹象，就像是**要用磨亮了的刀切开自己的喉咙一样**。”

不过，刘易斯倒是有理由考虑切开自己的喉咙。他被迫用一条糟糕的消息作为信的开头：“我把给你的委任状连同陆军部部长的信件一起寄给你；这个委任状和我所希望的，或者说我有理由希望的委任状不一样；不过，事已至此——见面的时候我会给你更进一步的解释。”[1]

这是一道中尉的委任状——而不是如刘易斯所承诺的，上尉的委任状。刘易斯很痛苦，而且很显然，他也很无助。

阅读迪尔伯恩就他写于2月10日征询克拉克的委任状的信件的回复时，他的心沉了下去。迪尔伯恩写于3月26日的信件是这么开头的：“工程兵部队的情况、环境和组织都很特殊，如果授予克拉克先生工程兵部队的上尉军衔，这会显得很不合适。”迪尔伯恩最多可以授予克拉克炮兵中尉军衔，这也就是信中附带的委任状。迪尔伯恩说，克
拉克的军衔将不会影响他因为探险而获得的奖励，这意味着克拉克还 134
是会拿到上尉的薪水。

3月24日，迪尔伯恩将一份任命的名单递交给杰斐逊，其中就包括对克拉克炮兵中尉的任命。当天下午，杰斐逊在名单上签名并送往参议院，3月26日被参议院批准。

以一种狡诈的官僚的小手段，迪尔伯恩让事情变得更糟。他将克拉克的任命日期等同于他的签字日期，也就是1804年3月26日。这损害了克拉克的资历，否认了他自服役起至任命日之间的贡献，甚至否认了他从1803年10月中旬到1804年3月26日之间的所有贡献。[2]

据我们所知，杰斐逊并没有就此提出异议；我们不知道，究竟是因为他没能注意到这件事情，还是因为他同意迪尔伯恩的决定。事实一直很清楚，如果克拉克回绝了刘易斯的邀请，而摩西·胡克取代了

克拉克的话，胡克将是中尉军衔，而且他将一定是副手。但是，如果克拉克加入探险队，他将是上尉，而且将和刘易斯一同指挥探险队。杰斐逊知道这个情况，从圣路易斯和伍德里弗寄回给杰斐逊的报告也很明确地指出，刘易斯和克拉克一直在共同指挥探险队。

有可能是，杰斐逊希望刘易斯是探险队唯一的主官。可能是他认为，在如此漫长的旅程中，两位主官会不可避免地发生争执，这种争执有可能让队伍的指挥陷入瘫痪，甚至有可能让探险队分裂为敌对的小团体。

不论杰斐逊是怎么考虑的，迪尔伯恩的举动让刘易斯有机会成为唯一的主官。但是刘易斯根本没有打算利用这一点。他立即致信克拉克："我认为，最好不要让队里的任何人或者其他的什么人知道军衔的事情，你会发现军衔将不会影响你的报酬，你的待遇将会和我的一样。"[3]

在此后的七年里，只有迪尔伯恩、杰斐逊、陆军部的一两名文员，以及梅里韦瑟·刘易斯和威廉·克拉克知道，根据军方的考虑，刘易斯上尉是探险队的指挥官，卡拉克中尉则是他的副手。对于探险队的队员们来说，克拉克上尉和刘易斯上尉是他们的联合指挥官。所有人都是这么认为的。

没人知道，克拉克究竟有没有和刘易斯谈起过这件事。1811 年，当尼古拉斯·比德尔编辑的日志集准备出版的时候，他请克拉克解释他们这两名军官之间"准确的关系"。"**从任何角度来说，这关系都是平等的**。"克拉克这样回复他。他说，当得知承诺的上尉任命不会实现的时候，他不觉得"多么意外"。但是刘易斯的策略让他很满意，同时，鉴于"我希望探险能够成功……我继续前进了"。他告诉比德尔，在出版的日志里，他希望"在不曝光任何事情甚至完全不提及任命的情况下，在任何方面"都能够被置于"和刘易斯上尉同等的关系下"。

135 克拉克向比德尔承认，"我并不认为自己受到了礼遇"，但是他从来没有向任何人提起这件事，甚至包括杰斐逊和迪尔伯恩。他叮嘱比德尔，不要向任何人透露这些事情。[4]

在另外一件关于任命的事情上，刘易斯成功了。杰斐逊刚刚在西点领导建立了美国军事学院。刘易斯建议，利用西点军校来争取那些生活在因购地获得的土地上的法国商人。正如历史学家西奥多·克拉克尔指出的，刘易斯的计划很简单：“可以让这一地区杰出市民的儿子们成为西点军校的学员。还有什么更好的办法能将这些家庭和新国家——和［杰斐逊］政府——更好地团结在一起？”迪尔伯恩和杰斐逊毫不犹豫地接受了这一计划。

4 月，刘易斯和斯托达德推荐了一些年轻人前往西点军校，其中包括查尔斯·格拉蒂奥和奥古斯特·舒托的两个儿子。其中的一人，洛里米耶，是一个印第安混血儿。斯托达德不赞同推荐洛里米耶，因为“他的肤色太显眼了，一看就是印第安人。在这种大环境下，他在军校学员中的境况会很不愉快”。刘易斯则坚持推荐洛里米耶，这三个人的推荐最终都被接受了。此后，他们又推荐了三个人。最终，这六个人中的五人都顺利毕业，并得到军职，其中包括年轻的洛里米耶，他后来服役三年，获得了两次晋升。[5]

1804 年 5 月的第一周，在圣路易斯，奥萨格族酋长们的行程遇到了一些困难，并被延迟了。在伍德里弗，克拉克艰难地约束着年轻的手下们。在白天，克拉克尝试了多种可能，让他们打包、拆包，然后再打包。在夜里，他们中很多人都醉酒，并引起了克拉克的不悦——不过克拉克并没有很不开心，因为他能认识到问题的原因。他认为，一旦他们出发，问题自然就会得到解决。

5 月 7 日，克拉克开始往平底货船上装载物资。次日，他和 20 名桨手一起在密西西比河上试航，以测试船只的平衡。回到岸上之后，克拉克把更多的装备挪到了船尾。5 月 11 日，德鲁亚尔带了七名船员回到营地，这七名船员都是由舒托家族帮忙在圣路易斯地区招募的。*

5 月 13 日，周日，克拉克给在圣路易斯的刘易斯发去了一条消息：一切都已经就绪。船和独木舟已经装载完毕。将会有 22 名士兵和 3 名中士在船上划桨。一只独木舟将由 6 名士兵和沃菲因顿下士操桨。另一只独木舟将由 8 名法国船员操桨，这些人将和沃菲因顿的队伍一起回来。这些船只都“扬帆就绪，每个人都装备了火药筒和 100 颗子弹；
每个人身体都很好，随时可以出发”。 136

* 这可能是导致刘易斯和莉萨不和的原因之一。早先，刘易斯曾打算和莉萨签订独木舟船员的雇用合同，显然，这次交易落空了，可能与不实和欺骗有关。——作者注

他们希望已经准备好所有需要的东西。克拉克加了一个不祥的注释，声称他们已经有的所需的足够储备是“我们认为有权获取的那些”。不是上尉们认为需要的，只是有权获取的。事实上，克拉克在日志中坦率地提到，探险队并没有“如我们所想的”足够的储备，这些储备“是给那些在穿越大陆的路上会遇到的众多印第安人的”。

不过第二天，5 月 14 日的早上，克拉克在日志里写道：“正在确定出发的时间。”这天下午 4 点，“在微风吹拂下”，他出发了，并向密苏里河上游前进了四英里；他在一座小岛上宿营。按他的描述，手下们都“士气高涨”，而且都“强健年轻，有着蛮荒地区人的性格；这些健康、勇敢的年轻人，让人赞赏”。

次日，他出发前往位于密苏里河北岸的圣查尔斯，在圣查尔斯他可以再次挪动船上的负载。在密苏里河上航行时，他发现船首很难避开那些插入河底或者完全浸没在水里顺流而下的木头，这样就必须让船首顶开这些木头而不能压着障碍物驶过去。这就意味着，要再把船尾的货物移一些到船首去。5 月 16 日，探险队在圣查尔斯靠岸，在那里他们重新装货，并等待刘易斯上尉的到来。

刘易斯正在忙着做两件事，首先是处理有关奥萨格族队伍的事宜。此外，他还要安排斯托达德上尉在他回来前，在圣路易斯代理他处理事务。5 月 16 日，他签署了一份授权，允许斯托达德代表他行事，斯托达德将可以向陆军部开出“任意数额，花费在你看来有需要的事务上”的汇票。更准确地说，刘易斯言明从上游来的印第安人即将抵达圣路易斯。他打算从中挑选代表，安排他们前往华盛顿会见他们的新领袖。

刘易斯告诉斯托达德，在安排泛密西西比的印第安人去华盛顿的事宜上不必顾虑开销，要注意让他们舒适并安全；当安排苏族的印第安人时，尤其要不计成本，因为在密苏里地区这支部落人数最多，而且好战，刘易斯特别想给他们留下深刻的印象。

此外，当法国的水手们回到圣路易斯的时候，斯托达德还应该支付他们酬劳。如果他们中有人带回了刘易斯的便条，斯托达德就要支付他现金，并通知陆军部部长。所有写给刘易斯的信件，“不论可能是从哪里来的”，都应该寄给杰斐逊，杰斐逊会代为保存。[6]

在此后的几天里，刘易斯为舒托和奥萨格族酋长们前往华盛顿的旅程作了最后的准备。他为舒托准备了一只包裹，让他带给杰斐逊，其中包括矿物标本、一只长角蜥蜴、一张从圣路易斯到新奥尔良的图表，还有一幅由克拉克和刘易斯绘制的上路易斯安那地图，这幅地图是基于埃文斯地图以及他们从圣路易斯附近的法国船员那儿打听来的信息绘制的。这幅地图已经被唐纳德·杰克逊确定为“探险队的第一份绘图产品”。[7]5 月 19 日，舒托的队伍出发，前往华盛顿。 137

5 月 20 日中午，刘易斯骑马出发，前往圣查尔斯，随行的还有斯托达德、斯托达德手下的两名中尉、奥古斯特·舒托、查尔斯·格拉蒂奥和 12 个甚至更多家境殷实的圣路易斯居民。刘易斯在日志里记录了这次行程，这差不多就是他在 1803 年 11 月到 1805 年 4 月之间唯一的日志。他记载道：“行程的头五英里，我们穿越了一片美丽而肥沃的高地大草原，这片大草原环绕着圣路易斯镇。”在下午 1 点 30 分的时候，一场突如其来的雷暴雨迫使队伍在一间小屋中避雨。这些人停留了一个半小时，“并吃了一些我们从圣路易斯带来的以备不时之需的冷干粮来恢复体力”。

野餐之后，雨还没停。等不及的刘易斯说，让暴雨见鬼去吧，然后继续向圣查尔斯进发。大多数人都随他一起出发了。他们在 6 点半的时候抵达，“并和克拉克上尉会合，大家发现队里的人都很健康，而且士气很高”。在和当地的官员吃完晚饭之后，刘易斯早早离席，回到了船上。

早上，克拉克说有一些队员，总计 20 人，希望参加一次最后的弥撒，同时他还要对打包作一些安排；所以，要到下午 3 点以后，队伍才能出发。于是，刘易斯去圣查尔斯附近转了转。圣查尔斯建于 1769 年，是一座有大概 100 个家庭居住的村庄，刘易斯将之描述为“小而完备”。这里有一座教堂和一位牧师，大概 450 名居民，几乎都是法裔加拿大人。刘易斯记载道：“其中不少人都可以因有一点美洲原住民的纯正血统而自豪。”

刘易斯招募了两名混血儿，皮埃尔（彼得）·克鲁萨特和弗朗西斯·拉比什。克鲁萨特的父亲是法国人，母亲是奥马哈族人，他精于手语，并可以说奥马哈语。拉比什可以说好几种本地语言。在宣誓成为美国士兵之后，刘易斯让他们成为了探险队的固定成员——这绝对标志着对两人高度的认可。[8]

克拉克将圣查尔斯的人们归纳为“贫穷、礼貌并和谐”。刘易斯对他们的评价则比较严厉：他觉得他们“非常贫穷，没文化，在家的时候还很懒”。尽管如此，他还是发现了这些人值得称赞的一些品质：“他们礼貌好客，一点也不缺乏天赋，彼此间非常和谐地生活着。”对于罗马天主教神父对他们产生的影响，刘易斯觉得很遗憾，这是弗吉尼亚农场主的一种典型的偏见。还有件让他很惋惜的事情：当地的人们将农耕视为“可耻的职业”。

为了养育家庭，当地人要么通过狩猎获得毛皮，要么作为水手去给那些逆密苏里河、欧塞奇河和其他河流而上的商人划船。他们每次离开，都在 6 到 18 个月之间。可能是在展望自己将面临的情况，刘易斯提到，这些水手们“总是要进行艰苦的、连续的体力劳动，总是能接触到那些无法无天的野蛮人的暴行，总是要经历天气和季节的变迁；他们依赖一些机缘巧合来获得食物和衣服，如果生病了，也要通过机
138 缘获得治疗”。

刘易斯给克拉克带来了一封来自克拉克姐夫威廉·克罗根的信，信中有个好消息：乔治·罗杰斯·克拉克从一场疾病中痊愈了，而家里人此前都担心这个病将会致命。就在出发之前，克拉克写了回信，让斯托达德将信带到圣路易斯寄出。他感谢克罗根写信告诉他这个让他如释重负的好消息，他在信中提到，希望能够在两年内回到克拉克斯维尔。他还说：“我认为，刘易斯上尉或者我本人中的一位将很有可能从海路回来，另一位将会原路返回。”在信的末尾，他描述了此前三天的大雨和雷电，并承认“这给我们的出发造成了不便”。

不管是不是不便，下午 3 点 30 分，在岸上人群的欢呼声中，探险队出发了。斯托达德上尉也在场。几周之后，他向迪尔伯恩汇报，刘易斯和他的队伍乘坐一艘平底货船和两只独木舟开始逆密苏里河而上，“三艘船都装满了物品，并都配备了足够的人手。**他的队员们都怀有伟大的决心，从身体到精神上都处于最佳的状态**”。[9]

船只再度驶入河中，刘易斯和他的队员们就和文明世界暂时告别

了。未来将不会有来信、命令、任命、新鲜的补给、增援，在他们回来之前，这些都不会再有。

两位上尉预计，此行将花费两年，甚至可能更长的时间。在这段时间里，不管前面有什么在等着他们，不管需要做出什么决定，他们都不会从上级那儿收到任何指示。这是完全独立的指挥权，在美军的历史上，这种情况从未发生，将来也不太可能出现。刘易斯和克拉克就像哥伦布、麦哲伦，或者库克那样，可以只根据自己的判断和能力，自由地成就他们的功绩。

这个下午，他们第一次集中在一起航行在密苏里河上，总计航程是三又四分之一英里。当天夜里，他们在船右舷的一座岛上的最高处宿营。春天的暴风雨还在继续，夜里一直在下着暴雨。5 月 22 日早上
6 点，他们继续踏上征途。 139

第十二章

逆密苏里河而上

1804 年 5 月—7 月

河水的流速一般是每小时五英里，不过在遇到侵入河床的断壁、岛屿、沙洲和狭窄河道的时候，流速会加快。在春季的高点，水位几乎达到了洪水的级别。障碍物多得惊人——在河岸坍塌时连根陷入河中的橡树、枫树、杨树和其他树木；成百根的大树枝和成千根的小树枝；漂流在水中的树木、树根陷在底部而枝干随着水流前后滑动的树木，通常都很难被发现；漂流木聚集在一起，快速地向下游涌去，很有可能将船只的侧面撞出洞来；无数一直在移动的沙洲；数不清的漩涡。对探险队来说，密苏里河的情况比密西西比河还要糟糕。

他们怎么才能让装满东西的笨重船只的船头，顶着密苏里河强大的水流前进？唐纳德·杰克逊为我们做出了生动的描述：“平底货船是一种有用但笨拙的船只。装上 10 或 20 吨货物，它就是一个尽职尽责、摇摆前进的苦力。给它装上回转枪炮，在船舷上安排带枪的守卫，它就是一艘小型战舰。在顺流而下时，只要你注意半浸没在水里的木头，那么航行会很简单，但是在逆流而上时要让它前进，实在没什么好办法。如果风力还不错的话，你可以借助船帆前进。风力不足时，就要伸出顶部装了铁头的篙子来推船前进。如果吃水够深，还可以划桨前进。如果水流速度太快，不适合划桨的话，可以在桅杆上卷上 40 英寻长的缆绳，让船员们从岸上来拖拽船只前进。如果这些方式都不奏效，可以把船系在岸上，等待起风，直到风力足够驱动船只前进。”[1]

尽管如此，他们的行进速度总体来说还不错。如果风是从船尾吹来，行进速度就会非常快，每天可以前进 20 至 40 英里。当风不是从船尾吹来的时候，每前进一英里都需要上尉们和中士们时刻保持绝对的警觉和注意，需要船员们毫不惜力地投入。不论是用力划桨时，还是当他们在箱子组成的走道上从船头走到船尾推动插在水底的篙子时，队员们投入的体力都是惊人的。

而对于在白色独木舟里的沃菲因顿的队伍和在红色独木舟里的水手们而言，他们的工作要轻松一些。他们的船要轻一些，吃水浅一些。
他们的船只更容易操控，所以更容易规避风险。在平底货船上，为了 140
规避障碍物，船员们必须反反复复地从船的一边冲到另一边。而在独木舟上，他们只需要侧过身子就行了。

平底货船上的士兵们都健壮、警觉、敏捷。6 月 16 日，克拉克记述了一个典型的事件："河沙聚集并形成沙堤，而沙堤又被冲蚀，船撞在上面并有所倾斜，甚至接近倾覆了。为了让探险成功继续下去，探险队的一些人作了极大的努力，用上了前所未有的劲头。"

6 月 1 日，探险队抵达欧塞奇河，并在河左岸扎营。两名上尉下令清理这一地区，砍伐所有的树木，以便于他们进行观测。接下来的两天，他们都待在这里。他们花了很多时间来观测太阳和黎明时分新月边缘的最近距离和出现的时间。在早上 6 点 22 分和 8 点 28 分之间，他们记录了两套数据，每套有三组数字，总共 36 个时间点，或者说每三分钟就有一个时间点被记录下来。

探险队行进时，更多时候克拉克待在平底货船上，刘易斯则更多地待在岸上，因为克拉克是个相对更合格的水手，刘易斯则是个相对更合格的科学家（根据杰斐逊的说法，"相比于植物学，更擅长动物学"，不过他两者都很擅长）。[2]

刘易斯一个人走了很长的路，以搜集标本、动物和植物，标注土地的物理特性，判断土壤的肥沃程度、好泉水的位置，以及可能作为住宅、贸易点和堡垒的地点。唉，可叹的是，并没有已知的、他在 1804 年春天和夏天的笔记留存下来。

这导致了记录上出现了一个可怕的空白期。他的笔记有可能表达了他对于密西西比河以西地区的生物量的第一反应。这一地区几乎就是不为人所知的；到 1804 年为止，密苏里河的下游河段都经常有船通

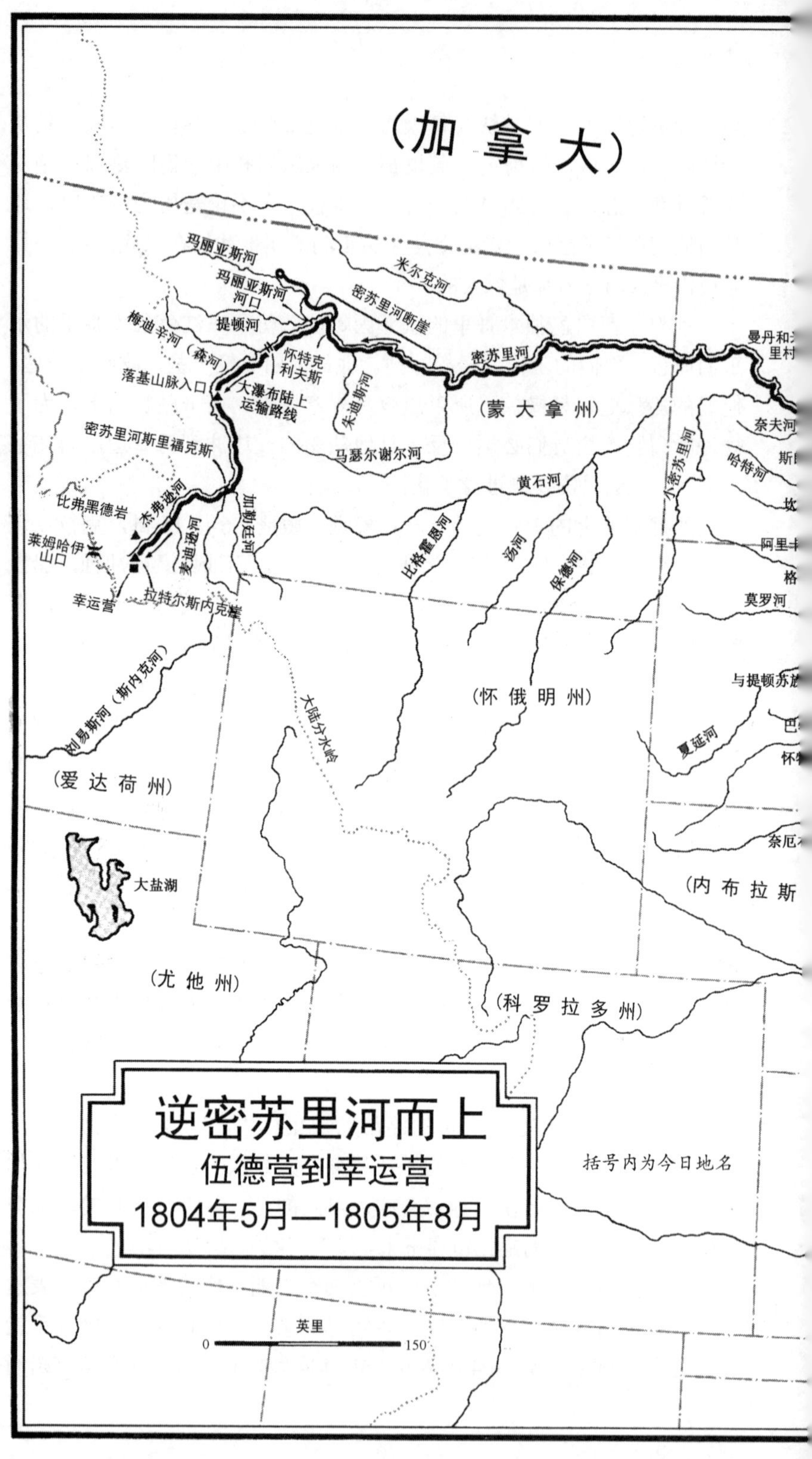

（加 拿 大）
玛丽亚斯河
米尔克河
玛丽亚斯河河口
密苏里河断崖
提顿河
梅迪辛河（森河）
怀特克利夫斯
密苏里河
落基山脉入口
大瀑布陆上运输路线
朱迪斯河
（蒙 大 拿 州）
密苏里河斯里福克斯
马瑟尔谢尔河
黄石河
比弗黑德岩
杰弗逊河
麦迪逊河
加勒廷河
比格霍恩河
汤河
保德河
小密苏里河
莱姆哈伊山口
幸运营
拉特尔斯内克崖
刘易斯河（斯内克河）
大陆分水岭
（怀 俄 明 州）
（爱 达 荷 州）
大盐湖
（尤 他 州）
（科 罗 拉 多 州）
（内 布 拉 斯
奈夫河
哈特河
莫罗河
夏延河
逆密苏里河而上
伍德营到幸运营
1804年5月—1805年8月
括号内为今日地名
英里
0
150

北
伍兹湖
苏必利尔湖
(明尼苏达州)
北方雷德河
(密歇根州)
他州)
他州)
明尼苏达河
(威斯康星州)
密歇根湖
大苏族河
密西西比河
詹姆斯河
特斯
弗洛伊德河
小苏族河
伊德中士墓地
(艾奥瓦州)
康瑟尔
布拉夫斯
密苏里河
伊利诺伊河
(伊利诺伊州)
伍德营
(冬季营地,
1803—1804)
格兰德河
沙里顿河
卡斯卡斯基亚河
堪萨斯河
圣查尔斯
拉沙雷特
圣路易斯
卡霍基亚
圣热讷维耶沃
卡斯卡斯基亚堡
俄亥俄河
欧塞奇河
(堪萨斯州)
加斯科内德河
(密苏里州)
马萨克堡
©A·Karl/J·Kemp,1995

航。那里的溪流、岛屿和主要的地形地貌都已经有了名字，但主要都是法文的名字。已经有了准确的地图描绘从堪萨斯河河口一直到上游的普拉特河河口的地区，还有一张相当不错的地图，描绘从普拉特河河口到曼丹村落的地区。但是对于刘易斯而言，这些地区都是全新的，因为他审视的角度不一样。

直到上游的堪萨斯河河口，该地区大多数的动植物在科学上都有记载。但是，对于刘易斯而言，这里仍然有足够多的新物种可供他开心地采集、描述和保存。在长时间使用仪器之后——眯着眼睛凝望天空、读出数据来供克拉克记录——他肯定很享受那些在河谷上游高地的草原上的旅行，以及做那些植物学家最爱做的事情——发现新物种。

但是，我们无法通过他自己的记录捕捉到他的喜悦，因为我们没有他的笔记。我们也没有这一时期的任何日志，尽管在 5 月 26 日他和克拉克都签字并宣布的分遣队命令中，刘易斯发布了命令，让中士们除了履行其他的职责，还要“每日都记录下当天所有的事件，以及所
141 经过地区里他们觉得值得注意的观察结果”。

看起来，既然曾经发布了这样的命令，他自己就不太可能不记录日志。但是，如果他曾记录过日志，我们现在却没有这些内容。因此，当平底货船穿越现今的密苏里州，然后在堪萨斯河河口转而向北前往普拉特河，进入达科他州的时候，我们只能通过别人，尤其是威廉·克拉克的眼睛来观察刘易斯。

克拉克是个很棒的写作者，擅长描述他参与的事件，也能够诗意地描述穿越的地区。但是，对于没有亲身参与的事件，他的描述则过于简洁了。在他写于旅程的第二天，即 5 月 26 日的日志里，他记录道：“刘易斯上尉攀上一座小山坡，这座山坡在水流湍急处有突入河流的部分。他差点从突出部那高达 300 英尺的山壁上直掉下去，在掉到还有 20 英尺高处，他用刀子稳住了下落的势头，拯救了自己。”

当然，对于这一威胁到生命的事件，刘易斯告诉克拉克的内容要多于克拉克记录下来的。作为军人，要么吸取经验要么死去，他们都有必要讨论那些危害到探险队的事件。他们必须避免不必要的风险。所以，刘易斯肯定告诉了克拉克一些导致他坠落的细节，以及他如何拯救了自己——这些内容都没有出现在克拉克的日志里。

还有一件很让人心痒的事情。次日，探险队经过了布恩的聚居地。

这座小村庄由丹尼尔·布恩所率领的一支肯塔基人的移民队形成，布恩凭借西班牙政府授予的土地所有权凭证，于1799年在这里定居。他开拓了一条通往肯塔基的道路，并在河岸上为他的家庭创设了一座农庄。队员们在这里购买了谷物和黄油，之后就再度出发了。

刘易斯与克拉克和丹尼尔·布恩会面了吗？他们握手了吗？布恩有没有祝他们好运，给他们提供建议，或是请他们喝酒？他向他们传递火炬了吗？“刘易斯与克拉克和丹尼尔·布恩的会面”，听起来就像是查利·罗素的油画，或者像是一部小说里非凡的一幕。不过，如果克拉克曾见过布恩，那么他一定会记述这次会面的。而刘易斯存世的日志里，没有这一天的记录。

次日，5月26日，探险队经过拉沙雷，这是航路上最后一个白人的定居点。法国和美国的移民者已经在这里生活有四五年了。丹尼尔·布恩之后在1805年搬到了这里。现今，这个地方已经消失了，它的痕迹被河流冲刷殆尽。克拉克记录道：“这个村子里的人们很穷，房子都很小，他们给我们送来了牛奶和鸡蛋。”

在这一时期，刘易斯留下来的主要文件就是他在5月26日发布的分遣队命令。这些命令确立了规范，并再次提醒大家，这绝不仅仅是一群人跑去进行探索和搜集的探险。这是一次进入敌对地区的军事探险。

从杰斐逊的立场来看，两位上尉是前去探索新获取的地区，是去寻
找通往太平洋的水路通道，是去扩展贸易，是去为科学研究搜集标本，
是去俄勒冈地区确立美国对这一地区的所有权。而从各个印第安部落的
立场来看，这艘平底货船搭载着进入他们当中、进入他们领土的不请自 144
来的陌生人。美国确实已经从拿破仑手上购买了路易斯安那，但是，美
国还没有能从生活在路易斯安那地区的人那儿买到忠诚、盟友或从属。

对于刘易斯和克拉克来说，在未经确认之前，所有他们在途中遇到的印第安部落都必须被视为交战方。他们希望，印第安人会愿意谈判并开展贸易，但是选择权在印第安人手上。他们也有可能选择战斗——他们肯定也会有这样的想法。在当时，探险队所拥有的军械是带入密苏里地区的规模最大的一批。不管路易斯安那购买的协议怎么说，实际上，任何获得了这批军械的印第安部落都能在很长一段时间里获得地区的控制权。

刘易斯非常想避免和印第安人的战斗。他已经受命做好了一切准备，以避免和印第安人的冲突。避免战斗的最好办法，就是确保战斗根本不会开始，这就意味着，一开始就不能让探险队遭到突袭。如果睡眠时粗心地让武器散落在四周，这样的营地很容易引诱在周围徘徊的印第安人发起攻击。而一个纪律森严、有守卫、有人示警的营地则不会遭到攻击。相比于面对战斗，这样的营地会面对谈判——这是刘易斯最希望的事情，因为他确信，相比于英国人从加拿大带来的东西，美国可以从圣路易斯为密苏里地区带来更多更好的贸易品。只要有机会，美国人就会在毛皮贸易中获胜。

为了避免遭到突袭，刘易斯在 5 月 26 日发布的分遣队命令中强调了警惕性。警备队长有责任安排哨兵，并确保营地的安全。这些命令清楚、直接、没有废话，但是提到了所有的可能性，它们表明了探险队已经进入战争地区，并可能随时遭到攻击。

为了增加夜间的安全，探险队在条件允许的情况下会尽可能住在岛上。每天都需要对步枪、船上的大口径短枪和加农炮进行检查，以确保它们随时可以投入使用。

刘易斯 5 月 26 日的命令展示了一系列在平底货船上的生活景象。他将探险队的主要成员分为三个小队，或者说“伙食队”，顾名思义，除了其他方面之外，他们还要一起做饭、一起吃饭。每个晚上，在登陆之后，奥德韦中士都要给每个伙食队分发一天的给养。这些给养会立即被烹调，其中的一部分将留待第二天食用。在白天，不允许做饭。标准的配给是头天猪油熬玉米仁，次日腌猪肉和面粉，第三天玉米面和猪肉。

吃前一天煮好的猪油熬玉米仁，一定使得鲜肉备受欢迎。为了获得鲜肉，德鲁亚尔每天都会带其他两三名同伴和两匹在圣查尔斯获得的马一起外出打猎。当他们带回一头鹿或者一头熊的时候，奥德韦就不会下发猪油或猪肉。从探险开始的第三天起，刘易斯就开始节约补给了。

刘易斯的分遣队命令明确了当船只往上游航行时，船上的中士们
145 所担负的责任。一名中士掌舵，一名中士在船只中部，第三名中士要待在船首。负责掌舵的中士，还要照料后甲板的辎重，并需要留意罗盘。船只中部的中士要指挥卫队，管理船帆，确定桨位上的水手们在履行他们的职责，并留意所有的河口、溪流、岛屿和其他值得注意的

地方。晚上，他还要按量分配威士忌，执行警备队长的职责。船首的中士则需要负责瞭望工作，汇报所有出现在河上的独木舟和其他的船只，并报告所有印第安人的狩猎营地或者狩猎队。

两名士兵被赋予专门的职责。这两个人是于圣查尔斯加入的混血儿拉比什和克鲁萨特。他们曾经前往过密苏里河上游，在士兵里面他们是最好的内河水手。刘易斯命令他们“轮流坚守船首和桨位，不在桨位的那个人要作为头桨手，而当两人都需要待在船首的时候，空闲的船员则要接替他们操桨”。头桨手的职责包括：用金属头的篙子挡开河上漂浮的残骸，警示前方的危险，寻找最适合渡河的位置，戒备沙堤、漩涡，等等。

6月8日，头桨手大声呼喊：“前方有独木舟！”然后，船只都停靠在岸边，两支队伍开始交换信息。从上游来的三名旅行者解释称，在过去的一年里，他们一直在密苏里河上游捕猎。克拉克对他们拥有的毛皮估了价，总计大概值900美元。在前工业革命时代，这是一笔巨款，对于年轻而有野心的创业者来说，这是除了找到金银之外相当有利可图的一笔买卖。当然，一如既往的现实是，那些冒着巨大风险做了主要事情的人所获得的报酬总是最少的。这些旅行者猎取的在圣路易斯值900美元的毛皮，在抵达纽约之后，价格会翻十倍。而在中国，这些毛皮的价格会翻百倍。

从印第安人的立场来看，这些毛皮是属于他们的资源，猎人们猎取这些毛皮，既没有得到他们的允许，也没有付钱给他们。人们不得不怀疑，印第安人会不会允许白人继续在他们的溪流和河流里捕猎。甚至，即使他们允许白人们继续捕猎，如果没有沿密苏里河散布的贸易点，小型的队伍也几乎没有可能进行捕猎活动。探险队在6月8日遇到的这三个人当时已经耗尽了给养和火药。他们从两位上尉那里获得了一些补给，但也只够他们回到圣路易斯。

6月12日，头桨手再次高喊：“前方有独木舟！”这一次，他们遇到了两只独木舟。其中一只装着毛皮，另一只则装着野牛的油脂。刘易斯从捕猎者那儿购买了300磅“旅行者的油脂”——我们不知道这些油脂是供食用还是用于防虫，或者两者兼用。他付给捕猎者们一张收条，在圣路易斯可以从斯托达德那儿兑现。

这支队伍的领导者是皮埃尔·多里翁先生，一名55岁的法国人，曾在独立战争时期于伊利诺伊结识过乔治·罗杰斯·克拉克。1785年，他和扬克顿苏族人一起在普拉特河北部的密苏里河畔定居。他有一个
146 扬克顿苏族的妻子，他的扬克顿苏族语说得和英语、法语一样流利。如此宝贵的技巧是不会被忽视的；刘易斯和克拉克说服多里翁（克拉克在日志里称他为“老多里翁”）和他们一起回到苏族的村庄。他们希望多里翁可以说服苏族酋长前往华盛顿，去会见他们的新领袖。

6月17日，克拉克抱怨道：“队伍饱受疖子的困扰，有一些人还得了痢疾，我认为痢疾的诱因是泥泞的水源。”次日，一些水手得了“痢疾，他们中三分之二人都有疖子，这样的肿块有些人有八到十个”。

刘易斯赞同克拉克的诊断，他也认为水源是罪魁祸首。两位上尉敦促手下们在舀水时，将杯子浸到水面以下。他们认为水的表面都是浮渣、泥土和碎屑，如果队员们把杯子浸深一些，就能喝到相对干净的水。

在水源导致病症这一看法上，两位上尉无疑是正确的，但是他们的食谱同样也导致了疖子和其他的皮肤问题。探险队员们很少能吃到诸如水田芥之类的新鲜蔬菜，也很少吃到成熟的水果。罗马人的军团在自己的饮水里加入醋来应对这一问题，但是刘易斯和克拉克没有采取这类预防措施。两位上尉和手下们一直在以肉类和玉米粉为生。肉类都被（他们所不能察觉的）细菌污染。被受感染的蚊子叮咬，也导致了他们的这些病症。

在营地里，蜱虫和其他叮人的小虫子都很讨厌，蚊子则是一种灾难。它们成群而来，飞到队员们的眼睛里、鼻子里、耳朵里甚至喉咙里，赶都赶不走。为了避开这些蚊虫，队员们站在烟雾里，用旅行者的油脂涂盖住四肢、脖子和面部。

6月26日，探险队完成了通过水路向西，穿越现今密苏里州大概400英里的艰苦航行，抵达了堪萨斯河河口。在堪萨斯河河口，他们停留了大概四天，进行了观测，并晾晒和重新打包物品。“河口附近的地区非常好。”克拉克在记述中提到的地点就是今天的堪萨斯市。他测量了河道的宽度；河口处的堪萨斯河宽230码，而密苏里河宽500码。刘易斯对两条河的河水都称了重，结果发现密苏里河的河水要重一些，这意味着密苏里河的含沙量更高。尽管如此，克拉克还是觉得“堪萨斯河河水的口味太糟糕了”。

6 月 28 日晚上，探险队准备就绪，即将在清晨再度乘船出发。不过当天晚上，大家痛饮威士忌，以致出发时间延迟。

对于军事领袖来说，任何形式的酒精都既是麻烦也是必需物。醉酒比任何其他事情都更容易导致违纪和个人问题，但是士兵们必须喝酒。腓特烈大帝对于酒精的描述最棒：“如果你在制订针对敌人的计划，那么军需供应商必须凑齐可以找到的所有啤酒和白兰地，以使得军队不缺乏这两样东西，至少在开始的那几天里不能缺少。”[3]

换言之，在走投无路之前，一定不要缺少了酒。 147

以不牺牲任何必需品——比如贸易品——为前提，刘易斯购买了所有他能带得走的威士忌。他携带的威士忌的总量目前还有争议，但是普遍认为大概有 120 加仑。每日的定量配给是一及耳。根据这个定量计算，他们携带的威士忌可以支撑 104 天。尽管可以在酒中兑水来延长供给的天数，但是很显然，无论如何这些酒都不足以支撑探险队抵达太平洋再返回。[4]

毫无疑问，队里所有的成员都清楚地知道有多少威士忌，也知道他们每天应该饮用多少。他们都知道，他们终将无酒可饮；此前，他们也遇到过这样的事情；只要所有人在同一时刻开始都无酒可喝，谁也不比谁多出半盎司酒来，他们就能接受无酒可喝的事实。

6 月 28 日至 29 日的午夜之后，列兵约翰·柯林斯负责站岗。他偷喝了酒。小饮一口无伤大雅。他这么喝了一口一口又一口，很快就醉了。这时候列兵休·霍尔出现了。柯林斯让他也喝一口，他接受了。很快，两人都喝醉了。清晨，警备队长将他们逮捕，其后，克拉克很快开始起草军事审判的文书。

当克拉克准备审讯事宜的时候，刘易斯正在利用晴空和清晨的月亮进行测量。在早上 7 点 06 分到 8 点 57 分之间，他总计对太阳与月亮边缘最近的距离测量了 48 次。他尽可能地忠实记录了每个时间的数据，留待回去后，让东部的专家们分析这些数据背后的含义。

早上 11 点，军事法庭集合了合适的人进行审判。普赖尔中士主审，列兵约翰·波茨担任军法官，另外四名列兵担任法庭成员。

奥德韦中士起诉柯林斯：“罪名是作为一名士兵今晨在执勤岗位上醉酒，并将承担让休·霍尔从为探险队准备的酒桶里喝威士忌的后果。”

柯林斯申辩：“无罪！”

法庭商议之后做出判决："有罪。"并判处柯林斯光背承受100鞭的刑罚。

霍尔被起诉的罪名是"今晨从酒桶里取威士忌，这违反了所有的命令、规定和条例"。

在目睹了柯林斯的处罚后，霍尔尝试认罪求情："**认罪！**"

他被处以55鞭的刑罚。

刘易斯和克拉克批准了审判结果，并下令于下午3点30分行刑。这次行刑下手很重。克拉克记载道："我们发现，队员们都大力支持惩罚此类罪行。"

鞭刑是很残酷的，但是并不常见。蓄奴者们见惯了这种刑罚。军官们常常会目睹手下接受鞭刑。在这类事件中，鞭刑能很好地达到目的。它允许人们用直接的、身体的方式发泄愤怒。鞭刑给柯林斯和霍尔带来了巨大的痛苦。但是两人在受刑后还在探险队内继续履行职责；两人都是桨手，那天下午，虽然他们都在呻吟，但还是在划桨。在几
148 个辗转反侧的难眠之夜过后，他们都会复原的。再说，船上也没有禁闭室可以关押他们。[5]

"往任何方向望去都能看到鹿，而且数量就和**农场**里的猪一样多。"克拉克在6月30日的日志里这样写道。当时他们正在向北前进，探险队正在进入一个仿佛天堂的地方。克拉克在记述中提到"树莓熟得发紫，而且数量很多"。

7月4日，队员们在礼炮声中迎来了新的一天。列兵约瑟夫·菲尔德被蛇给咬了。刘易斯上尉很可能是用金鸡纳树皮制成了药糊来拔毒，对他进行了治疗。中午的时候，探险队在一个大概15码宽的溪口靠岸，这条溪流从左（西）边"一片广袤的大草原中流出来"。吃饭的时候，两位上尉询问了旅行者。不过，他们也不知道这条溪流的名字。

于是，两位上尉给这条溪流命了名，这是他们第二次对发现物进行命名。* 他们称之为"独立溪"（Independece Creek）。

探险队在一个堪萨斯印第安人小镇的旧址处靠岸过夜。"我们在平

---

* 绝大多数的河流都有法文名字，第一条由克拉克命名的溪流是"橱柜溪"（Cupboard Creek），命名于1804年6月3日。——作者注

原上宿营，”克拉克记载道，“这是我所见过的最美丽的平原之一。它开阔而美丽，其上点缀着山和河谷；一条美丽的溪流从中蜿蜒流淌，其上覆盖着青草和零星树木。”

两位中尉下令额外分发一及耳的威士忌。大家小口饮着分发下来的威士忌，慢慢沉浸在周围的环境里。这个地区长满了清香而茂盛的草，其上点缀着树和灌木。“这些树木的枝条伸展到甜美的泉水或小溪上面；放眼望去，满是结满了甜美果实的一丛丛的灌木，大自然似乎在用从草地上长出的各种美丽而芳香的花朵来恣意美化着景致，这景致打动了人的感官，并愉悦了人的精神。”

在日落时，队员们再次鸣炮。这是密西西比河以西的历史上，第一次独立日的纪念仪式。

或许两位上尉在威士忌的影响下萌发出了一些哲学的情怀。认真的、肩负重任的年轻人发现自己身处伊甸园，而这一天又是他们祖国的生日，此时深夜来临，篝火逐渐熄灭，这种哲学的情怀很容易就产生了。克拉克在这一天的日志结尾记载道：“在这里，有着如此壮丽的景致［这里还有一些措辞，不过克拉克随后将它们涂去］，远离文明世界，只有生活其间的野牛、麋鹿、鹿和熊可以欣赏；这里还遍布着野蛮的印第安人。”很有可能，此时两名上尉在苦苦思考，为什么上帝创造了如此一片土地，却没有让弗吉尼亚人生活在其间，或者，上帝为什么不将这一片土地安置在弗吉尼亚。

7 月 8 日，有过一次印第安人袭击的警报——东岸起火。有惊无险，所有人都进入了戒备状态，不过什么也没发生。7 月 11 日至 12 日
的夜里，列兵亚历山大·威拉德在站岗时睡着了。奥德韦发现了这一 149
情况并告发了他。根据规定，这是最严重的违规行为之一，可以被判死刑。这次，由两位上尉亲自组成了军事法庭，而不是像柯林斯的案件那样，由士兵们组成军事法庭。

奥德韦起诉威拉德的罪名是“**在作为卫兵站岗时躺下，并睡着了**”。

威拉德辩解称：“**躺下这一罪名成立**，但是**睡着这一罪名不成立**。”

两位上尉进行了商议。在审议了证据之后，他们认为两项罪名都成立。他们判处威拉德在四天里，每天挨 100 鞭，当天日落时分开始执行。威拉德在执勤岗位上睡着时，如果一支在附近徘徊的苏族队伍

出现，接下来可能会发生什么，想想就不寒而栗。

7月21日，也即从伍德里弗出发68天后，探险队抵达了位于伍德里弗上游大概600英里的普拉特河河口。这是个里程碑事件。对于密苏里河的内河水手们而言，穿过普拉特河河口就等于穿过了赤道。这还意味着探险队就此进入一个新的生态环境——同时，他们也进入了苏族的领土。探险队在这里作了停留，以便两位上尉可以进行常规的测量。

刘易斯对普拉特河写了一份500字的描述。这条传说中的河流源自落基山脉，一路穿越现今的内布拉斯加州汇入密苏里河，大概一英里宽，水深一英寸*，充满了动植物。最令刘易斯难以忘怀的是普拉特河带入密苏里河的海量泥沙，以及它惊人的流速。他如往常一样进行了测量：在圣路易斯下游的密西西比河上，一艘船的航速可以达到4英里每小时；在密苏里河上，根据情况的不同，航速在5.5英里到7英里每小时之间；而在普拉特河上，船只的航速至少可以达到8英里每小时。当然，前提是船只在湾流或者沙堤处没有搁浅。

7月30日，克拉克记述道："刘易斯上尉和我在绝壁之上的大草原上漫步，欣赏着人们可以想象得到的最美的景色，大草原上的草足有10到12英寸高。"在一个附近的池塘里还有天鹅。那天晚上，他们捕获了大量的鲶鱼。

列兵约瑟夫·菲尔德猎到了一头獾，带回给刘易斯。刘易斯记载称"这是一种在美国其他地方很不常见的、非凡的动物"，他还继续描述了它的重量、牙齿、眼睛等。然后他把这头獾剥皮，填上东西，制成标本寄回给杰斐逊。这是他第一次在实践中使用杰斐逊教给他的制作标本的剥制术。獾在科学上有过记载：一个于1778年从加拿大寄回
150 欧洲的标本曾经得到详细描述。（探险队发现了两个科学上的新物种，
并由刘易斯加以描述，它们是弗罗里达林鼠和平原角蟾。）[6]

截至当时，在逆流而上的640英里航程中，探险队还没有遇到一
151 个印第安人。所有的河流边的部落都外出前往大草原去捕猎野牛了。

* 原文如此。存疑。——编注

第十三章

进入印第安人的领地

1804 年 8 月

8 月 1 日这天是克拉克 34 岁的生日。为了庆祝，“我下令，准备一块肥美的鹿脊肉、一头去了毛的麋鹿和海狸尾来烹制，并准备优质的樱桃、李子、树莓、加仑子和葡萄来制作甜点”。在记录探险队进入的这片神奇土地上的动植物时，克拉克如此写道：“对于植物学家和博物学者而言，这是怎样的一块土地啊。”

包括约翰·詹姆斯·奥杜邦和亚历山大·威尔逊这样的职业博物学者在内，没有一个美国人曾经见过如此奇妙的土地。[1] 刘易斯非常清楚这些发现物的重要程度，同时，能够对这些科学上未曾记载过的动植物进行描述，他感到非常兴奋。他花费了很多时间来检测并描述他的发现物。比如说，8 月 5 日，他杀死了一条牛蛇 *。他测量了这条蛇从鼻子到尾巴尖的长度（5 英尺 2 英寸）、身体的直径（4.5 英寸），数了它腹部（221 片）和尾部（53 片）的鳞片数目，记录它的色彩、斑点以及其他有特色的标记。

这天下午，他杀了两只此前观测过但是没能捕获的水鸟。它们是白额燕鸥。他用了 1000 个单词来描述这些标本，其中包括重量（1.5 盎司）、长度（7.5 英寸）、斑纹等信息。他记述道：“尾巴有 11 片羽毛，其中最外侧的羽毛比中间的长一英寸，整个尾部的羽毛从外向内逐步变短……最长的，或者说最外侧的羽毛是二又四分之三英寸长，

---

* 产于北美洲的一种无毒蛇。——译注

最短的羽毛是一又四分之三英寸长……这种鸟在飞行的时候非常吵闹，但是速度极快……它有两种叫声，一种像是小猪以很高的调子在哼叫，另一种发音很像是‘基特——提，基特——提’的读音。”

当队员们努力地向上游移动着船只的时候，刘易斯在船舱里称量、测试、检验和记录发现物。他非常严肃地看待这一责任，但是在履行职责时也非常享受。他有一份永不倦怠的求知欲，永远乐于发现新东西。

8 月 8 日，一名头桨手回身呼唤正在船舱中工作的刘易斯。刘易斯抬头看见一条白色的毯子顺流而下漂来。他跑去船首，凝望水中。平底货船和那不知是什么的白色东西碰到了一起。在近距离的观测下，
152 原来那是许多白色的羽毛，超过 3 英里长、70 码宽。

船绕过一个河湾。在前方，是位于一座小岛下部的一片沙洲。沙洲上面满是白色的鹈鹕，正在打理着它们夏季的羽毛。对于刘易斯而言，这些夏季的鸟儿“很不可思议；它们好像占满了好几英亩的地面”。但是蚊群太大了，不断袭扰的蚊子使得刘易斯不能瞄准，所以他随便往鸟群里开了几枪。取来了猎获的样本之后，他称重、测量并描述。令他吃惊的是，鹈鹕嘴下的皮囊可以容纳五加仑的水。

白色的鹈鹕并不是科学上的新物种。刘易斯此前从未见过这种生物，但是他对白鹈鹕足够了解，他称之为在“佛罗里达海岸和墨西哥湾沿岸”过冬的“候鸟”。这些知识来源于书本；他从没去过佛罗里达，也没去过墨西哥湾。

8 月 12 日下午 5 点，一只被克拉克称为“草原狼”的动物出现在河岸上，并冲着经过的船只叫嚷。两位上尉此前都没有见过这种动物，也没有读过有关它的知识，于是他们上岸去采集样本。但是，克拉克遗憾地记载，“我们没能逮到它”。

这是一只草原狼。刘易斯和克拉克是第一批目睹这种动物的美国人，两位上尉创造了一个先例，数百万此后来到这里的美国人也没能成功猎杀这种草原狼。

8 月 18 日，在等待印第安人的代表前来的时候，刘易斯带领 12 名士兵前往奥托族人经常使用的一处池塘去。他们捕获了 490 条鲶鱼，以及超过 300 条分属于其他 9 个种类的鱼。

除了动植物，刘易斯还研究了这一地区的土壤和矿物质，并对它们也进行了描述。他的矿物学水平不如植物学。一次对矿物进行的试

验差点要了他的命。8 月 22 日，他发现了一种和绿矾、明矾在一起的物质，看起来像是砷或者钴。克拉克记载称，“刘易斯上尉在检验这些矿物质的特性时，差点因为闻和尝”这些未知的物质“而让自己中毒”。刘易斯服用了一些拉什的药片以“去除砷引起的症状”。

8 月 23 日，探险队差不多位于第 98 条子午线的位置，这是北美大草原约定俗成的东部边界。这种身处伊甸园的感觉很强烈。这里，肥美的鹿、麋鹿、海狸以及其他的动物数量多得令人难以想象。这天下午，刘易斯派列兵约瑟夫·菲尔德前去打猎。几个小时之后，菲尔德顺着陡坡冲到岸边，叫嚷着呼唤船只靠岸。当船只靠岸时，他上气不接下气地宣布，他捕获了一头野牛。

野牛是北美大陆上的典型动物，是大草原的象征，除了海狸，它比其他动物更能吸引人们前往西部。它在科学上也不是新物种，但是在探险队里，只有法国船员曾经见过这种动物。刘易斯立即命令 12 名队员陪同他前往猎杀野牛的地点，一同将猎物带回船上。这天晚上，探险队员们第一次用野牛的脊肉、舌头和牛排作为晚餐。野牛脊肉和舌头当即成为受欢迎程度仅次于海狸尾的肉类食材。

在这片伊甸园里，人们只要伸出手去就能获取食物。就这一点来说，在大平原上也是如此，克拉克的生日菜单可以证明。但是在这片伊甸园里，也充斥着拥有数千武士的大量印第安部落，它也是一片潜在的战场。因此，这里除了是植物学家们和博物学家们的乐土，对于士兵、和平使者、民族学家和商人而言，还是一片充满挑战的土地。

除了一小部分英国和法国的毛皮商人，其他人对这些部落其实一无所知。关于这些部落有着很多故事和谣言，其中大部分都是关于苏族的，但是这些故事和谣言里很少有事实。

杰斐逊和刘易斯已经详细谈论过这些部落，不过这些讨论基本上都基于近乎无知的认识。他们曾预计，在大平原上可以找到失落的以色列部落，但是在他们的认识中，曼丹族人更可能是一支流浪的威尔士人部落。[2] 由于赞同如此老旧的观点，在绝大部分情况下，杰斐逊给刘易斯的关于如何与这些部落打交道的指令，都过于天真而且无法执行。比如，杰斐逊曾假定，尽管苏族是传闻中最凶猛、最伟大的部落，但他们是“最渴望和我们达成友好协议的人”。杰斐逊给刘易斯的指令就来源于这种有点一厢情愿的想法。在提到苏族人的时候，杰斐逊建议道：“对于这个族群的人，我们特别希望给他们留下好印象。”[3]

总的来说，杰斐逊希望刘易斯告诉那些部落，他们的新领袖打算把他们纳入一个会让所有人受益的贸易体系，而为了构建这一体系，新领袖希望他们之间能够缔结和平之约。刘易斯的目标，正如杰斐逊给他的命令，是确立美国的主权、缔造和平并建立一个贸易帝国，这样战士们就能放下武器、收起布下的陷阱。

杰斐逊意识到，这一计划有可能遇到抵抗，也就是说，苏族或者其他未知的部落可能打算阻止探险队。同时，杰斐逊也明白，刘易斯就如同那个时代其他的军官一样，对于可以被察觉到的威胁或轻视极度敏感；他有理由怀疑刘易斯更可能会鲁莽行事，而非谨慎小心。这就是为什么杰斐逊特别强调，要刘易斯尽一切可能避免战斗。

这使得总司令的命令有了一些现实意义。和印第安人的关系很重要，与他们建立贸易联系也很有必要，但是探险队的首要使命是抵达太平洋，然后带回来尽可能多的信息。更坦率地说，刘易斯的第一目标是穿越这一地区，为此他可以牺牲一切可以牺牲的东西。这就是为什么纪律要求非常严格，为什么平底货船的船首安置了回旋炮，为什么平底货船的船尾和独木舟上安置了旧式大口径燧发枪。杰斐逊、刘易斯、克拉克，每个参与到计划中的人都向上帝许愿，希望这些武器
154 不被用到，但是他们也都准备好了在必要的时候使用这些武器。

为了避免战斗并促进贸易，刘易斯花费了很多的心思来挑选给印第安人的礼物。1803 年春天在费城，1804—1805 年冬天在圣路易斯，刘易斯购买了玻璃珠、铜扣子、战斧、斧头、鹿皮鞋、剪刀、镜子和其他早期工业革命的产物，还买了烟草、朱红色脸部油彩和威士忌。根据杰斐逊的直接命令，他还带了两个磨盘，估计是打算教印第安部落的人如何磨粉。[4]

研究刘易斯和克拉克的学者詹姆斯·龙达如此看待探险队对印第安人的政策：“所有这些物品，从象牙梳到棉布衬衫，都代表了美国可以向潜在贸易伙伴提供的贸易品。正如杰斐逊反复向每一位西部印第安代表阐述的，美国人想要的是贸易，而非土地。刘易斯和克拉克正在前去展示美国贸易品的路上。探险队就是为了贸易帝国而存在的移动的商

品和五金展示台。鹿皮鞋和铜壶既是美国力量的象征，也是给酋长们和武士们的纪念章和旗帜……带了明亮的镜子和大量法兰绒的刘易斯和克拉克，他们所提供的不只是商品。他们还提议建立一个有着完善贸易点和可靠交换计划的体系，并让印第安人成为这一体系的一员。”[5]

最受欢迎的物品是步枪、子弹和火药。平原上绝大多数印第安人持有的枪械是廉价的英式猎枪。刘易斯希望展示美国军械工业全面的优越性，但是限于体积，他没法携带免费的样品。他可以让手下们展示肯塔基长管步枪的威力，但是只能向印第安人承诺提供类似的武器，而无法当时就交给印第安人。

在刘易斯进入冬季营地之前，这些礼物、贸易品、证书、纪念章和其他的东西被打包进 21 个包裹，每个包裹里都有各种各样的物品，而且每个包裹都做了标记，以表明是给计划中将会遇见的某个部落。首先是密苏里河下游的篷卡族和奥马哈族部落，然后是曼丹族。有五个装满了货物的包裹是准备给曼丹族上游的部落的。

就这样，携带着命令、枪支和货物，刘易斯出发去会见大平原上的印第安人了。

当探险队向西和向北进发的时候，密苏里河下游的所有部落都已经外出去捕猎野牛了。从圣查尔斯出发，一直到过了普拉特河，探险队没有遇到一个印第安人。此后，在 8 月 2 日的傍晚，一队奥托族人和一些密苏里族人来到了营地，同行的还有一个法国商人兼翻译。在互致了问候之后，两位上尉赠予印第安人一些烟草，这些烟草卷在一起，被装在因形似胡萝卜而得名的容器里；此外，他们还赠予印第安人一些猪肉、面粉和晚餐。克拉克记载道：“作为回礼，他们给了我们一些西瓜。”

印第安人说，他们这些由奥托族人和密苏里族人组成的群落有 250
人。他们既务农也打猎，生活在一些暂时居住的镇子里。两位上尉邀 155
请他们于次日来参加会议，会议的地点就在营地，他们称之为康瑟尔布拉夫（穿过并位于今日艾奥瓦州的康瑟尔布拉夫斯）。克拉克记载称，他和刘易斯也“将所有人都派发到守卫岗位上，并准备好应付一切情况”。这是一个令人焦虑的夜晚，紧张和期待取代了睡眠。

早上，探险队和印第安人举行了第一次会谈。提到这件事，正如詹姆斯·龙达所指出的，两位上尉的预期和行为深深地源于北美大陆上白种人和红种人*之间的历史，和长达数代的丛林外交有着直接的联系。他们所准备的那种仪式，完全就是克拉克曾在 1795 年安东尼·韦恩将军协商《格林威尔条约》的会议上看到的那样。[6]

1804 年 8 月 3 日是一个周五，早上，河上漫布雾气。刘易斯在等着雾气散尽同时等着印第安人来参加会议的时候，写就了稍后打算发表的发言稿。克拉克则监督了礼物的准备工作。船员们打开了 30 号包裹，拿出了红色的紧身裤、华丽的燕尾服、蓝色的毯子，以及旗帜和勋章。中士们将他们指挥的小队排成密集队列，并让一些船员撑起主帆，使其成为一个遮阳篷，以供外交人员遮阳；其他人则在合适的地方竖起一根旗杆，升起了星条旗。

到早上 9 点，阳光已经驱散了河面上的雾气。一小时之后，印第安的代表们也抵达了。奥托族的大酋长“小神偷”外出打猎了，但是六七名小酋长和两位上尉一起在遮阳篷下参加了会议。克拉克和刘易斯穿着盛装军礼服，戴着三角帽。几位中士让士兵们穿着军服，接受了会议参与者们的检阅。这肯定是奥托族人第一次看到这样的情况：士兵们以一致的步伐行军，左右转时如同一人，枪上肩的动作整齐划一，在命令下进行射击——这是一次非常完美的演习。但是，这次阅兵到底给印第安人留下了怎样的印象，探险队成员没有记载。

然后，刘易斯站起来发表了演说。这次演说大概有 2500 个单词，至少花了他半个小时的时间，并且至少要花同样多的时间来译成奥托族语。刘易斯当然没办法来评价翻译质量到底如何。他也没法知道，印第安人理解了多少，不知道他们能够接受多少所理解的内容。

演说一开始，刘易斯就建议，武士们应该足够智慧，应该关心族人的真正利益。“各位，”正如克拉克所记载的那样，他继续说道，“我们被美国 17 个州的大酋长派来通知你们……最近，一个重要的会议在大酋长和你们原来的领袖——法国人和西班牙人之间举行。”在这个会议上，他们决定，密苏里河流域现在归属于美国，所以在此地区生活的所有人，不管是白种人还是红种人，“都必须遵从他们的大酋长、他们的总统，也就是他们的新领袖的命令”。

---

* 虽然印第安人不是红种人，但是历史上有很长一段时期，因为在身上和脸上涂抹颜料等印第安人习惯，白人都称其为红种人。——译注

在长篇大论中，刘易斯告诉奥托族人，法国人和西班牙人都离开了“大湖区，向着太阳升起的地方去了，他们不打算再回到从前的红种人孩子这里”。156

“孩子们，”刘易斯继续说道，总统现在就是“你们唯一的领袖；他是你们现在唯一可以寻求庇护的朋友，你们也只能从他这里寻求帮助、得到好的建议，同时他将会好好地为你们服务，而不是欺骗你们”。

在告诉奥托族人他们新近拥有了一位很棒的领袖这一好消息之后，刘易斯尝试向他们解释探险队的目的。鉴于大平原上的印第安人只见过身为商人、主要目的显然是经商的白人，为他们解释探险队的目的不是件容易的事情。探险队拥有的货物比大平原上的印第安人此前所见过的任何商人携带的货物都要多——两位上尉却并没有贸易的打算。他们到底打算用这些货物做什么？印第安人不得不产生这样的疑问。

“孩子们，”刘易斯解释道，大酋长“派我们来清理道路、铲除障碍，使之成为他和他生活在这里的红种人孩子之间的和平之路，并了解生活在这里的人们的真正需求”。探险队返回以后，刘易斯将会告诉总统奥托族人需要些什么，而总统将会让这些需求得到满足。

刘易斯和克拉克是广告宣传员，是流动的销售员。简而言之，他们代表了美国的商业和美国人民，他们的人数和技能几乎是无限的。刘易斯宣称，在美国的 17 个州里，“城市的数目就和天上的星星一样多”。

刘易斯继续说，美国人正在做的事情没有被任何卑劣的或自私的动机污染。大酋长“命令我们作为他的战争酋长来进行这一漫长的旅程，目前我们已经为之付出了大量的劳力和金钱。我们来这里是为了和你们以及他其他的红种人孩子们一起就这片动乱的水域进行商讨，为了向你们传达他的好建议，为了向你们指出通往幸福的道路”。

作为一个好的领袖，总统告诉他的孩子们该如何行事。他们不应该以任何方式阻拦或者妨碍任何载着白人的船只的通路。他们应该和所有的邻居都和平相处。

这时，刘易斯发出了一些威胁。他告诉奥托族人，他们必须避免接受任何坏人的建议，“以免你们采取错误的措施，并引起你们伟大领袖的不悦；他可以像火焰焚灭平原上的野草那样毁灭你们”。这位伟大的领袖，“如果你们令他不悦”，他将会禁止任何商人逆河流而上。

换言之，照我们说的做，否则再也不会有白人来和你们进行贸易往来了。这是个非常严厉的威胁，对于现代人而言，它听起来非常奇怪。没有欧洲的贸易品，奥托族人就会在生活条件上遭遇极大的退步，同时，面对那些有条件获得枪支和火药的邻居，他们也会变得很脆弱。

不过，如果奥托族人按照刘易斯的建议行事，那么在普拉特河河口上将会建立起贸易点，在那儿他们将可以带着毛皮去换取“丰富的、满足他们需求的货物”。同时，他们此前的贸易对象，不论法国人还是西班牙人都可以继续待在他们中间，前提是他们承认美国的权威，并
157 能够给出一些好的建议。简而言之，在所有的对话之后，刘易斯告诉奥托族人，在未来的一两年内局面将维持原样。

接下来出现了一个很尴尬的情况。探险队还要继续踏上一条很漫长的旅途，必须携带大量的补给，所以他们带给奥托族人的礼物非常少。[7]

这是个很平淡的结束。尽管列兵加斯在日记里提到，这个有关新领袖的通报被“很好地接受了”，[8]我们仍然不好评断，刘易斯的第一次口头演讲到底有没有对听众产生良好的影响。克拉克声称，“这些人对于演讲的效果很满意，”但是他也记述，刘易斯的演讲里主要是“一些对他们的建议，以及对他们该如何表现的指示”，这些内容都是很好的演讲标题。

刘易斯完成最后的总结后，两位上尉分发了礼物。礼物的数量并不多。每个酋长收到了一块兜裆布、一些涂料、一块印着新领袖头像的纪念章或者一把梳子。

然后，奥托族的酋长们也发了言。根据奥德韦中士的记载，他们“非常感性”，但是克拉克并不为所动。在他看来，“他们都不是演说家”。不过，他们还是表达了自己的观点。奥托族的酋长们表示，他们听懂了刘易斯所说的内容，承诺将会听从他的建议；他们还表示，很高兴得知新领袖是个可以依赖的人。最后，他们索要了一些火药和威士忌。

刘易斯急于取悦他们，因为他希望“小神偷”及其他的一些酋长可以在春天前往华盛顿，去会见他们的新领袖。所以他满足了他们的要求，提供了一罐火药、55 颗子弹和一瓶威士忌。他还用气枪展示了射击，以让印第安人震惊。会议结束的时候，他给每一位酋长一份他的演讲稿，让他们带给“小神偷”，还让他们带去一份邀请，让“小神偷”来河边会谈。

杰斐逊和平纪念章，两位上尉赠给各个酋长的纪念章中的一种。图中的是铸造于1801年的纪念币样本，现存于美国钱币协会博物馆（National Park Service）

印第安人离开了，探险队继续前进。这天晚上，在位于左舷处一片沙地上的营地里，蚊群造成了很大的困扰。列兵摩西·里德告诉两
位上尉，他将自己的刀具落在了会议的地点。他们允许摩西前去寻找 158
刀具——这个简单的行为显示出，在边境上刀具是多么宝贵。

三天后，里德还没有回来。两位上尉讨论了这一情况，都认为里德做了逃兵。他们挑选了三个人，由德鲁亚尔率领，前去搜索、寻找，并带回“逃兵里德，但如果他抵抗的话，则可以处死”。

命令非常明确且合理，而且非常完美地应对了当时的情况。通过正式下达这些命令，两位上尉允许德鲁亚尔和其他人在必要的情况下杀死里德，并承担了这一责任。这些命令还强调了一个事实：探险队正位于一个潜在的战争区域，所有的东西都是有用的。

两位上尉还命令德鲁亚尔尝试寻找“小神偷”，并将他带回河边的营地来。

德鲁亚尔离开了十天时间。两位上尉则继续向上游进发。到8月17日这天，他们已经处于今日艾奥瓦州的苏城附近。傍晚时分，德鲁亚尔搜索队里的成员列兵弗朗西斯·拉比什回到了营地。他汇报搜索队成功完成了任务：德鲁亚尔带着里德和奥托族酋长的代表团正在返回的途中，“小神偷”也是代表团中的一员。他们将在早上到达营地。

8月18日早上，德鲁亚尔大概在10点出现，两名上尉为奥托族人提供了一些食物，然后立即开始处理手头的事务——审判列兵里德。

军事法庭被组建起来，起诉罪名被宣读。里德承认他当了逃兵，还偷了队里的一支步枪，以及枪带、火药和子弹。他恳请两位上尉在量刑范围内对他宽大处理。他这个勇于承认的举动好像让两位上尉态度有所松动；至少，他们没有枪决里德。克拉克记载道：“我们只判处他受四次队内的夹笞刑，每个行刑人鞭挞他九次应该就够了。”这样总计就是500鞭。此外，里德还被从探险队的主要成员中开除。他必须交出步枪，且不能再站岗了。他将会被视为普通船员，和他们一同工作，并将在春天的时候被派回圣路易斯。

“小神偷”听完关于这些决定的解释，和其他人“为这个男人求情”。克拉克和刘易斯向酋长们解释了惩罚的必要性。两位上尉肯定说服了这些酋长，因为克拉克记载，这些酋长“对判决内容都很满意，并观看了行刑过程”。

这天晚上，在吃过晚饭之后，探险队设法摆脱了白天的事件所带来的不悦。这天是刘易斯上尉30岁的生日。为了庆祝他的生日，每个人都额外获得了少量的威士忌，营地里奏起了小提琴，大家围着篝火跳舞，直到接近午夜时分。

早上，在吃早餐的时候，代表团中的一名酋长“大马”裸身出现以强调自己的贫穷，克拉克很吃惊。吃过早餐之后，队员们再度撑起
159 了遮阳篷，会议就在篷下进行。理所当然地，刘易斯读了他的讲稿，这就是“小神偷”所持有的那份讲稿副本。然后，酋长要求两位上尉作为公正诚实的中间人，参与奥托族和奥马哈族之间的和平协商。刘易斯解释，奥马哈族都外出打猎了，而探险队必须继续前进，所以目前他无法安排和平调解的事宜。

接下来，酋长们纷纷发言。“大马”指出，很显然他是裸身来到营地的，他担心自己也得裸身回到家里。他说，和平当然是很好的事情，但是如果不打仗了，年轻人要去哪儿获得货物呢？“大马”指出，如果两位上尉希望奥托族不再参与战争，他可以这么做，但前提是他要有东西可以给家里的年轻人。威士忌是促成和平的最有效的货物。

不过，两位上尉没有赠予“大马”或其他的印第安人整桶的威士忌。他们赠出了烟草、涂料和玻璃珠。这些礼物并没能极大地打动酋长们或者他们的武士们。然后，两位上尉拿出了印刷好的证书，这些证书可以表明其持有者是美国的“朋友和盟友”。这些微不足道的东西也没起到什么作用；一位不满的武士轻蔑地还回了他的证书。两位上尉被这种对公文的不尊重行为触怒，“狠狠地”指责了这个人。

四周弥漫着不好的气氛。为了驱散这种气氛，同时也为了用实力震慑印第安人，两位上尉给了酋长们和武士们每人一打兰*威士忌，并奉上了魔术表演，其中包括气枪、可以通过聚集光线点燃干草的放大镜、望远镜和其他的一些东西。

但是奥托族人并没有因此而产生敬畏；他们是冲着货物来的。他们此前所想象的，是从显然有着无限补给的平底货船上获得美妙的、有价值的货物，而现实是他们只获得了一些烟草和一张纸。他们离开时都很不高兴。不过，“小神偷”表示，他还是会在春天前往华盛顿，所以，刘易斯和克拉克首次的边境外交还是有所收获的。

奥托族是一个曾经强大，但是由于天花而人数锐减的部落。不论在士气上还是人数上，他们都不幸地逊于苏族。他们不是那种会尝试用武力让两位上尉交出货物的印第安人。不过对于在上游的苏族来说，情况可能会变得不太一样。

在过去的几天里，查尔斯·弗洛伊德中士一直病重。刘易斯将病症诊断为“吐胆性绞痛”，他也没什么有效的治疗办法——不过，即使是当时身在费城的拉什医生也无能为力。[9] 8月20日，弗洛伊德去世了，致死的原因很有可能是断裂或穿孔的受感染阑尾所导致的腹膜炎。

弗洛伊德中士是第一名死于密西西比以西的美国士兵。探险队员们将他的遗体运到一处可以俯瞰一条不知名河流的圆形小山丘上。两位上尉以军礼埋葬了他，并在坟墓上立了一块刻有他名字、军衔和日期的红杉木。刘易斯主持了他的葬礼。克拉克在日志里写了一段恰当的墓志铭：“一直以来，这个人都用他的坚定和决心证明着他对国家的 160
奉献和个人的荣誉。”

两天后，探险队又前进了41英里。两位上尉下令进行选举，以选出弗洛伊德的替代者。列兵帕特里克·加斯获得了19票，列兵威廉·布拉顿和乔治·吉布森则分获了剩余的选票。这是在密西西比以西进行的第一次选举。

8月26日，刘易斯下发命令，委任帕特里克·加斯为“**西北部探**

* 英制重量单位。——编注

索志愿者部队的中士”，这是他第一次使用这样的措辞。他称赞了加斯此前的忠实服务，并总结道：“因为加斯中士此前展现出来的能力、尽职和诚实，指挥官们对他持有很高的评价，并遵从他的多数同僚的意愿，特任命他为中士。”

同一天，队里最年轻的成员——列兵乔治·香农没能在一天的捕猎之后返回。此后的两天里，乔治也没能回到营地。两名上尉很是担忧，他们倒不是担心乔治做了逃兵——很显然在这个问题上乔治一点儿也不让他们担心，而是担心可能出现了一些印第安人导致的麻烦，或者是狩猎时发生了事故。他们派了列兵约翰·科尔特前去寻找乔治·香农，但是一无所获。然后他们又派出了德鲁亚尔，在经历了8月26至27日整晚的搜索之后，德鲁亚尔也没有什么收获。

里德不光彩地被开除出核心队员。弗洛伊德中士死了。香农失踪了。探险队在向苏族控制的核心区域前进的过程中，已经损失了差不多10%的战力。

但是，当他们进入苏族地区的时候，两位上尉心中感到的更多是希望，而非恐惧。在杰斐逊下达的命令中，苏族是特别提到的部落。这个部落控制了河流，此前拒绝了从圣路易斯来的商人，他们是当时最大的印第安部落。刘易斯要建立一个广阔的美洲贸易帝国，希望苏族能成为这个帝国的核心部分。他认为，对于苏族来说，这是一个不能拒绝的好交易。

8月27日，当船队抵达现今南达科他州的扬克顿的时候，老多里翁告诉两位上尉，他们现在已经在扬克顿苏族的势力范围里了，而他已经和扬克顿苏族一同生活了很多年。刘易斯下令在草原上生火，以此向扬克顿人发出信号，邀请他们前来会谈。数小时后，当船队经过詹姆斯河河口的时候，一个十几岁的扬克顿男孩游向船队中的一只独木舟。他做出手势，表明想要对话。

探险队靠岸了。又有两名十几岁的扬克顿男孩出现了。通过多里翁先生的翻译，他们说，有一大队扬克顿人正在附近宿营。两位上尉任命船员中的普赖尔中士作为代表，和多里翁先生一同前往扬克顿人的营地，去邀请酋长们来卡柳梅特布拉夫斯会谈，这个地方靠近现今
161 的加文斯角大坝，位于内布拉斯加州一侧。

8月29日，探险队在卡柳梅特布拉夫斯宿营。在等待扬克顿人前来会谈的时候，他们做了一些工作。沿河岸的踪迹让刘易斯得出了这样的结论：香农在他们前方，但是香农以为自己落后于整支队伍——所以他正在全力追赶实际上落后于他的探险队。刘易斯派一名士兵去寻找香农。出于担忧，刘易斯让这名士兵携带了额外的补给，因为香农可能已经饿坏了。香农并不是探险队内水平比较好的猎手，捕食不易。

克拉克上尉叫一些人用麋鹿皮做了一条纤绳，然后坐在自己的旅行用书桌前，用鹅毛笔蘸着墨水，开始记录对扬克顿人的评价。下午4点，多里翁先生带着一队由大概70名扬克顿武士组成的队伍出现在河对岸。当多里翁和普赖尔中士还在乘坐两位上尉派过去的独木舟渡河的时候，印第安人进入了营地。

普赖尔汇报称，扬克顿人非常友好，他们以为他是探险队的指挥官，甚至打算用一块染过色的、用野牛皮制成的毯子抬着他进入他们的营地。他说营地里的帐篷“很漂亮，是用野牛皮制成的，上面染了各种颜色的涂料，安置得紧凑而漂亮；营地里的帐篷都是圆锥形的，每顶帐篷可以容纳12或15人，总计有40顶帐篷”。

因此，普赖尔中士成为了第一个描述大草原印第安人使用的典型圆锥形帐篷的美国人。

扬克顿人煮了一只肥美的狗来宴请探险队；普赖尔“认为烹调得很不错，调料放得也很恰当”。他们给了他一间“温暖舒适的房间住”。普赖尔说，他所经过的平原上都“满是猎物”。

两位上尉将礼物装入一只独木舟，送去给扬克顿人。他们在独木舟里放了烟草、谷物、铁质水壶，并告诉普赖尔和多里翁，让他们请印第安人在早上渡河来参加会谈。

早上10点，两位上尉派出一只独木舟去接印第安人。他们穿上了军礼服，并在一棵大橡树附近竖起旗杆，升起旗帜，鸣放了船首安置的回旋炮，以此来展现这第一次与苏族部落的一支会见的重要性。

扬克顿人也很有仪式感。他们身着盛装。当他们在河岸边出现的时候，酋长们的前面由四名乐师领队，在他们走向旗杆的时候，这些人一直载歌载舞。士兵们将烟草作为仪式的酬劳付给部落乐师们；与会者们互相握手，然后坐下会谈。

借助多里翁的翻译，刘易斯对印第安人发表了用词浅显的演讲。

在他结束演讲的时候，酋长们称，他们将在早上做出回复——很显然，他们需要时间来讨论是否接受新领袖并成为新贸易体系一员等相关事宜。刘易斯知道，在和印第安人打交道的时候，耐心不只是一种美德，还是必需的。他将纪念章赠予五名酋长，宣布一名名为沃伊迟的酋长为首席酋长——这项安排的根据并无记载。刘易斯还给了这名酋长一
162 套缀着花边的军装、一顶三角军帽和一面美国国旗。

在做这些事情时，刘易斯非常认真。他从没想过，这些行为可能会被视为态度倨傲、专横、荒谬和极度危险。他从老多里翁那里得知，至少相比于他们的邻居和亲戚——位于上游更远处的苏族的提顿人，这些扬克顿人是和平的。不过，刘易斯能想到的让这些人成为盟友的办法是，给他们不值钱的纪念章和穿戴的行头，而非他们需要的枪支和火药。同时，让一名酋长成为大酋长，这一行为实际上是在干预他所不了解的部落政治。总的来说，我们无法评价到底是谁对另一方更无知。

不过，对友谊的渴望让他们忽略了无知。探险队的成员们是北部大平原上的外来者，但是正如詹姆斯·龙达所写："那天夜里，探索者们成为了大草原群落的一部分。"[10] 在会议之后，印第安男孩们展示了他们使用弓箭的技巧，而愉快的士兵们则拿出玻璃珠来作为奖励。日暮时分，营地中央燃起三堆篝火。涂抹了缤纷颜料的印第安人在火光中跳跃，歌颂着他们在战斗和围猎中的壮举。他们在鹿蹄敲击声和鼓声构成的音乐中舞蹈。

在奥德韦中士的记载中，印第安武士们"以呼呼声和应和声开始，也以此为结束"。他们中的个人会"歌颂他在一天中的作为，以及他所做出过的英勇行为。他们称之为功绩。他们会承认他们偷过多少匹马"。根据多里翁的建议，士兵们向舞蹈者扔出烟草、道具和铃铛作为礼物。

克拉克上尉对此印象深刻。他写道："苏族人是健壮勇敢的一群人（年轻人很英俊），也很优雅。武士们身上用很多豪猪刺和羽毛作为装饰，他们穿着大裹腿和鹿皮鞋，披着有着不同色彩的野牛皮制成的毯子。少女们穿着裙子和白色的野牛皮制成的长袍，她们的黑发向后梳在脖子和肩膀后面。"

这是美国人第一次描述大平原上印第安人的仪式着装。当时，两

位上尉正在进行的是开创性的人种学研究。克拉克写道："我将要谈论的这个社会，是我迄今为止从未听说过的印第安人族群。"这是一群宣誓"绝不后退，就让危险这么来吧"的战士。这种拒绝撤退的宣誓曾经让这些人付出巨大代价；过去的几年里，22人中有18人因此而死。克拉克对幸存者们印象深刻："他们悠然自得，心情愉悦，呈现出一定程度的优越感——看上去强壮勇敢的家伙。"

但是，相比于沿密苏里河建立美国的体系，人种学研究是次要的。研究印第安人看上去是什么样只是一种娱乐；酋长们对于刘易斯的提议的看法才是至关重要的。早上，酋长们给出了他们的答复。

沃伊迟首先发言。他是这么说的："我们很穷，没有火药和子弹，妇女们没有衣服。"不过，如果多里翁先生随行的话，他会在春天前往华盛顿——这是个好消息。

然后，其他酋长也纷纷发言。他们都有些怯场。"我很年轻，我说 163
不出话来。""被帕娜打动"坦言道。"我是个年轻人，没什么经验，说不出很多东西来。""白鹤男"解释道。不过，他们都设法明确表达出，他们想要火药和子弹，再来点威士忌就更好了。

克拉克和刘易斯没法满足这些需求。他们只能做一件所有酋长都期望的事情：留下多里翁先生和他们一起过冬。多里翁先生可以帮他们和其他部落达成和解，并组织酋长们在春天前往华盛顿。两位上尉给每名酋长一管胡萝卜大小的烟草，给了多里翁先生一瓶威士忌，然后用船将印第安人送往他们位于河对岸的营地。这样，第一次和一群苏族人的会面在希望中结束了，尽管扬克顿人对于他们收到的礼物很失望。

最后一名发言的酋长是阿卡韦查，他也表达了歉意："我话说得不好，我是个穷人。"但是，就算说得不好，他说话的语调也像是一名先知。他的声音好到让扬克顿人也专心听他说话。他说道："我认为，我们的老朋友多里翁先生能够让其他的苏族部落愿意沟通。不过，我担心上游的那些族群不愿意沟通，恐怕你们也没法让他们愿意。"

阿卡韦查的发言不仅是预言性的，同时也很直白。他说，两位上尉给了印第安人五枚纪念章。"我希望你们可以给他们五桶火药。"

可是，两位上尉没有也无法照办。正如阿卡韦查所告诫的那样，
在将要前往的地区，他们需要全部的火药。 164

第十四章

与苏族相遇

1804 年 9 月

在 9 月的头两周里，探险队逐步进入了主要由更干燥的高地平原的短草所构成的大草原地区。相比下游地区，这里的野生生物甚至更多。沿着河岸，每一丛灌木里都有成群的麋鹿。鹿就和鸟一样多。野牛随处可见。船员们指着一头没人能够辨别的“山羊”，不过也没人能够捕获它。克拉克上尉宣称这里的“李子”是他尝过的口味最好的，这里的葡萄“数量很多而且口味很好”。

9 月 3 日，两位上尉再次派出科尔特去追香农。两天后，沿着河岸的踪迹表明科尔特还在努力追赶着，而香农已经失去了他带出去的两匹马中的一匹。列兵约翰·希尔兹暂停捕猎活动，回来报告另一项发现：一头有着黑尾巴的鹿。刘易斯在一座小山上看到了更多的野山羊，但是在看清它们的颜色之前，它们就跑走了。猎人们带回来三头雄鹿和两头麋鹿。

为了让船队向上游移动，每个人都需要付出巨大的努力；其结果就是，每个人的食量都很惊人。即使在这个季节，相较于牛肉，鹿肉和麋鹿肉都还比较瘦。每名士兵每天都能吃掉多达九磅的肉，同时他们还会吃掉能找得到的各种水果和少量的谷物。尽管如此，他们还是觉得饥饿。

9 月 7 日，两位上尉在现今内布拉斯加州的博伊德县附近散步。他们惊奇地发现，自己身处一大群栖息在地洞里的哺乳动物的聚居地。这些小动物会在他们附近的任何地方出现，端坐在自己的后腿上窃窃私语。

两位上尉带了一些手下回到这个地方，尝试挖穿一条地洞。不过在挖掘了六英尺之后，他们用一根杆子插入地洞的剩余部分，发现自己距离动物的巢穴还远得很。他们打来五桶水，统统灌入地洞，最终逼迫一只动物跑了出来。他们杀了这个动物，将其带回船上，以便加以适当地描述。

船员们告诉两位上尉，这些动物是“小狗”，或者说，北美草原土拨鼠。科学上不曾对这种动物有过记载；两位上尉第一次对这种草原土拨鼠做出了正式的描述。 165

9 月 8 日，克拉克去岸上寻找山羊，不过一无所获。刘易斯也去打猎了，这一天他第一次猎获了一头野牛。那天晚上，猎手们总计带回了两头野牛、一头大麋鹿、一头小麋鹿、三头鹿、三只野生火鸡和一只松鼠。

次日，刘易斯又去打猎了，这次与他一同前往的是列兵鲁宾・菲尔德。他又猎获了一头野牛，菲尔德和克拉克也分别猎获了一头野牛。德鲁亚尔猎获了三头鹿。应主人克拉克的邀请，约克也猎获了一头野牛。两位上尉看到一个数量达 500 头的野牛群落在河边吃草，他们深受震撼。

9 月 11 日，当船队经过一个河湾的时候，头桨手发现香农正坐在岸边。平底货船靠过去，让香农上了船。他当时非常虚弱——事实上，他已经快饿死了。在同伴们给他肉干的时候，他讲述了自己的故事。

他一直很确信船队在前方，所以在 16 天的时间里，他一直在向前赶路。在过去的 12 天里，他都没有子弹。在这段时间里，他设法用一根坚硬笔直的长棍替代子弹，射杀了一只兔子。另外，在将近两周的时间里，他一直在靠葡萄和李子果腹。最终，他认定自己实在是太虚弱了，不可能再赶上船队了，所以就坐在河岸边，期望能遇到从曼丹村落往下游圣路易斯去的商船。他保留了马匹作为最后的依赖。“由于缺乏子弹或其他的东西来猎取肉食，一个人几乎饿死在这块富饶的土地上。”这让克拉克深感震惊。

9 月 14 日，克拉克猎杀了一头山羊。刘易斯对它称了重并加以测量和描述——这是对叉角羚羊的第一次科学描述，我们通常称之为羚羊，不过这个称呼是不准确的。这天下午，列兵希尔兹带回来“一只草原上的野兔”，这给了刘易斯一个机会，可以在同一天内第二次测量和描述一个新物种——这次是一只白尾的长耳大野兔。出于对这种长耳大野兔的兴趣，此后，刘易斯又去这只兔子的栖息地搜索了好几天。他也找到了一只，并追捕它。他记载道：“它跑向了开阔的草原地带，速度非常快，在被追逐的时候从来不躲藏，也不寻找庇护物。我测量了它在平原上的跳跃距离，令人吃惊地达到了 21 英尺。相比我见过的其他动物，这些跳跃显得更自如、更敏捷。”

以上是刘易斯在 1804 年 9 月 14 日至 17 日之间写就的三份文件中的一份。这基本上就是现在已知的、他在这一整年中所有的作品。这些资料让梅里韦瑟·刘易斯遗失的（或者从未写就的？）日志更显得迷雾重重。以上这些引用的内容来自刘易斯的野外笔记，显然，它们是以一种未完成的状态被保留至今。他进行的全部的天文学测量，其数以百计的测量数据都被保留了下来。但是这一时期只有两篇日志内容，一篇写于 1804 年 9 月 16 日，而另一篇写于 1804 年 9 月 17 日。这些日志的记录方式表明，刘易斯几乎一直都是在定期写日志的。这一期间也并没有什么说明，也没有任何诸如“对不起，此前我
166 一直不在，以下的内容是自我上一次记录之后发生的事情”这样的内容。很显然，他的日志都是从前一晚结束的地方开始继续写的，而且第二篇日志的结尾也表明，次日的早上还会有新的内容要记述。不过，在新的日志内容被发现之前，这些新内容的存在依然只是人们的推测。

作为一名传记作家而非档案管理员或历史学家那样写作——这就意味着，要基于刘易斯的 9 月日志里面的证据来写——我深信，曾经甚至现在世上可能还有刘易斯日志的重要内容。刘易斯在 9 月里写的那些日志的质量，让日志遗失所带来的痛苦倍增。他带你了解他在一天里经历的事情，并让你能够通过他的眼睛看到这些事情；他看到的这些，是当时美国人前所未见的，即使在那之后，也只有少部分人能见到。

“今天早上早早就出发了。”9 月 16 日，也就是周日的日志开头是这么写的，“早上 7 点上岸之后，到现在已经一个半小时了。因为要捕

猎一只在这附近的漂亮小鸟，我们现在位于一条被我们称为‘乌鸦’（*Corvus*）的小溪口上游一又四分之一英里的地方。”* 两位上尉决定在这里休息两天，以便晾晒一些包裹，并将一部分平底货船上的物品转移到独木舟上去，以减轻平底船的重量。“当一些水手忙于必要的体力工作时，”刘易斯写道，“其他的人则忙着加工皮革，清洗并修补他们的衣物。而克拉克上尉和我，在刚上岸的时候就各猎杀了一头雄鹿，这些鹿都很温顺，而且数量众多。”

在详细描述了河床上的树木之后，对于在白天和夜间“妨碍我进行观测”的云朵，他又表示了遗憾。侦察员们去乌鸦溪上游打探过之后，对他叙述了探察到的情况，他也将此记录了下来。“在观察者目所能及的范围内，有大群的野牛、鹿、麋鹿和羚羊在吃着东西。”

之后刘易斯亲自前去察看。“在过去的好几天里，我一直待在船上，”他在9月17日的日志开头这么写道，“今天，我决定去岸上散散心，带着我的枪去看看这个地区的情况。”他在日出前就出发了，随行的还有六名猎手。他们遇到了一片李子树林。刘易斯在描述了树木之后写道：“这片李子树林让这一片平原升高了大概20英尺。”这片大概长宽各为三英里的平原是这样的：

> 这片平原上遍布着草原犬鼠［北美草原土拨鼠］的地洞，在这里，这种动物简直不计其数。这种短草让整片平原看起来就像是井然有序的草地保龄球场。
>
> 仅就景致而言，这已经非常美丽，且很让人愉悦。不仅如此，平原上还有大量的野牛、鹿、麋鹿和羚羊群，在我们目力所及的
> 地方，到处都有这些动物在小山和平原上吃草，这让景色变得更 167
> 美。一眼望去，这里的野牛的数量能有3000头，我不认为这个数字有所夸大。

早上8点，刘易斯和他的同伴们“休息了大概半小时，每人吃了半块饼干和一些麋鹿肉干以补充体力”。然后，他们出发去捕猎叉角羚

---

* 这是刘易斯为数不多的几次使用拉丁文的情况。这只鸟是一只喜鹊。在此后的田野记录里，他对它进行了大概千字的描述。——作者注

羊。刘易斯发现，叉角羚羊都“非常害羞，非常警觉，所以我们都没机会朝它们开枪……今天我有幸目睹这种动物的敏捷和快速，这都让我大为震惊。我追踪了一个有七头叉角羚羊的小群落……它们实在是太难接近了，我频频躲在山脊背后观察它们，尽量让自己躲开它们的视线，慢慢靠近……在我距离它们大概200步的时候，它们嗅到了我的气味，然后就逃开了；我尽快跑到高处，以便能够看到更多的情况。这些叉角羚羊在一个陡峭的峡谷处消失了，然后又出现在大概三英里以外的地方”。

刘易斯被“它们逃跑的速度”震惊……“这看起来更像是鸟类被惊飞的速度，而不是四足动物的逃跑速度。我想我可以断言，这种动物的速度绝不逊于最好的纯种马”。*

日志在这里突然中断了。在这天的日志的最后，他没有描述当夜的篝火，也没有记述队员们在篝火边谈起他们所遇到的陌生但奇妙的事物。有两种可能，要么直到1805年4月之前，刘易斯都没有再提笔记录，要么这些日志内容遗失了。

在接下来的一周里，借着初秋的南风，探险队加速前进。他们每天的行进里程从23英里变成25英里，然后增加到33英里。两位上尉最终猎获了一头草原狼和一头北美黑尾鹿。9月23日这天是周日，他们前进了20英里，并在右舷方向的一片杨木林里宿营。当队员们搭建帐篷、拾取柴火，厨子们准备好壶的时候，三名十来岁的提顿苏族人游过河来到了营地。德鲁亚尔通过手语和他们交流了信息，他们说在下一个河口处有一个拥有80顶圆锥帐篷的队伍的营地，而在第一个营地的上游不远处，还有一个拥有60顶圆锥帐篷的队伍。两位上尉给了这些男孩两管装在胡萝卜形容器里的烟草，并让他们通知他们的酋长，探险队将会在次日前去和他们会谈。

第二天早上，在探险队前进的过程中，他们路过了一个两英里长的岛屿。科尔特带着探险队仅剩的最后一匹马在这个岛上过夜，还猎

* 刘易斯是对的，按乔·范沃尔默在《叉角羚羊的世界》（*The World of the Pronghorns*）第101页所述：“我们通常认为，叉角羚羊是北美大陆上速度最快的哺乳动物，在世界范围内它的速度也仅次于猎豹。”叉角羚羊短距离奔跑的时速可以达到60英里每小时；它们可以以55英里每小时的速度连续跑5英里；它们进行长距离奔跑的速度大概在30到40英里每小时之间。——作者注

获了四头麋鹿。他将这些麋鹿沿着河岸挂了起来。刘易斯派了一只独木舟去装运这些麋鹿肉。正当他们装肉的时候，科尔特匆匆跑到河岸 168
上，高喊着印第安人偷了他的马。很快，两位上尉看到五名印第安人出现在河岸上。他们命令船只下锚，并“和他们对话”。他们之间的谈话，要么是借助德鲁亚尔打的手语，要么就是让“老法国人”皮埃尔·克鲁萨特当了翻译，因为他会说一点苏族语言。

两位上尉都很严肃。他们说，他们是以朋友的身份来的，但是如果有必要的话，他们也准备好进行战斗。他们告诫称“他们不惧怕任何印第安人”。在提到被偷的马匹的时候，他们撒了一些小谎，称这匹马是红种人的新领袖送给提顿人酋长的礼物。他们说，在这匹马被还回来之前，他们不会和任何提顿人对话。

在下午晚些时候，探险队抵达了下一个河口，这个地方位于现今南达科他州*的皮埃尔。探险队做了一些防御性的预防措施，将船停靠在河口外。两位上尉让队伍全面警戒，他们安排了三分之一的队员在岸上警戒，让另外三分之二驻扎在船上和独木舟上。

早上，两位上尉竖起旗杆，撑起了遮阳篷，为会议做好了准备。他们还采取了一些预防措施，让大部分的队员守在船上，并把船停泊在离岸 70 码的地方，以使得船上的回旋炮可以控制会议的地点。早上 11 点的时候，三名酋长带着很多武士出现了，同时带了很多的野牛肉作为礼物。两位上尉送给他们一些猪肉作为回礼。然后他们就开始会谈了。

让两位上尉失望的是，他们很快发现，克鲁萨特只会说一些非常简单的单词。而德鲁亚尔也无法通过手语传递刘易斯在给印第安人的演讲中涉及的相对复杂的想法和建议。在意识到这些交流上的困难后，刘易斯缩短了演讲的内容，开始了演出秀。演出以着军装的部队排着密集队形在共和旗下行军作为开始。接下来还展示了气枪、放大镜等物件。最终，刘易斯将纪念章和礼物赠予酋长们。他指定“黑野牛”作为在场的大酋长，并赠予他一枚纪念章、一件红色军装和一顶三角帽。另外两位名为“信徒”和“野牛药”的酋长也得到了纪念章。此

* 尽管两位上尉为了向部落表示敬意，将这条河命名为提顿河，但是在今天的地图上它的名字是巴特河。——作者注

时，在两位上尉看来，他们已经做完了自己该做的事情。

就这样了？提顿人难以置信地询问。就是一些不值钱的纪念章和一顶可笑的帽子？

在察觉到印第安人的不满——尤其是来自“黑野牛”的竞争对手“信徒”和“野牛药”的不满——之后，两位上尉邀请酋长们登上平底货船，在船上他们赠予每位酋长一夸脱装在玻璃瓶里的威士忌。酋长们都“非常喜欢它，他们拿起一个空瓶子，闻了闻，做了一些简单的动作，然后很快就来了麻烦”。

克拉克指派一个七人的小队来帮助他将酋长们送上岸。酋长们都不愿意，克拉克他们强行将酋长们送上独木舟。当独木舟靠岸的时候，三名武士抓紧了帆角索，而另一名武士抱住了桅杆。“信徒”“假装喝
169 醉了，摇摇晃晃地站起来对着我们，宣称不该再往前了，声称他没有从我们这儿收到足够的礼物”。他的无礼成为了针对个人的行为。他向探险队索要可以装满一只独木舟的礼物，然后他才会允许探险队继续前进。

克拉克才不买账呢。他抽出了佩剑，命令所有人都举起武器。在平底货船上，刘易斯命令所有人准备好行动。回转炮中已经装好了 16 发弹药；大口径短枪里也装好了大号铅弹；船员们抬起箱板使之成为临时胸墙，他们装填好了步枪，随时准备开火。

在河岸上，距离克拉克和独木舟 20 码的地方，一些武士看到刘易斯正在准备回旋炮，于是开始慢慢后退，但是其他的武士要么拉紧弓弦，从箭袋里取出箭，要么准备把他们的手枪调到待击发状态。

这是一个非常惊险的时刻。如果刘易斯高喊“开火！”并点燃回旋炮上的引信，整个北美的历史可能就此被改变了。下面是可能发生的情况：

回旋炮在轰响中射出 16 发炮弹。大口径短枪在轰响中射出大号铅弹。滑膛枪在砰砰声中射出铅弹。苏族的武士被成片地扫倒。

但是，在河岸上还有数百名武士，甚至在子弹射出的同时，他们就会射出成片的箭支，并且会不断地射出箭支，因为他们射箭的速度比美国士兵们装填子弹的速度要快得多。作为他们的首要目标，刘易斯和克拉克会中箭倒地。如果上尉们负伤不能指挥，或者他们死去，

奥德韦中士会聚集起幸存的士兵们，指挥他们进入平底货船，然后起航向下游撤退。

简而言之，如果开炮了，那么世界上可能就不会有刘易斯和克拉克的探险了。对于密苏里河地区和俄勒冈地区的探索可能要在此后由别的人来完成。

同时，苏族人将会成为美国人的死敌，而他们也会获得大平原上数目最大的一批军火。在此后的一段时间里，他们将会拥有足够的人手和武器来阻挡美国可以派往密苏里河上游的任何探险队。他们会增加与来自加拿大的英国西北公司的贸易往来。在1812年战争中，他们会成为英国的盟友，他们的实力可能会强大到足以从美国手中夺取上路易斯安那，并使之成为加拿大的一部分。当然，这不太可能发生。这几乎是不可能的。但是……

除了这些可能的长期后果以外，在河岸上的对抗会使得刘易斯无法执行关于印第安人的命令：给他们留下好印象，并让他们成为美国的朋友。这样的时刻，正是杰斐逊在正式命令里敦促刘易斯小心谨慎时，他的脑海里设想过的。

即使刘易斯当时想起了杰斐逊的命令，他也会对命令置若罔闻。
他拒绝后退，并将点燃的烛芯置于回旋炮的引信之上。克拉克同样不 170
会拒绝战斗。他也从剑鞘中抽出了佩剑。他们都热血上涌。他们是受到挑衅的弗吉尼亚绅士。他们都准备好进行战斗。

于是，这些白人领袖将局势推向危机边缘。不过，幸运的是，一位红种人的领袖站出来避免了战争的爆发。“黑野牛”从三名武士那里取过了拖绳，并让抱着桅杆的武士回到岸上去。

当他们这么做的时候，“信徒”生气地回到他那些离岸边20码的同伴中间。印第安人还拉紧着弓弦。刘易斯仍保持着全面戒备的状态，随时准备开火。灾难已经避免，但是危机还没有消解。

克拉克触怒了印第安人。“我感到自己激动起来，提出了过分自信的条款。”他在日志里这么写道。他发出了骇人的威胁。他说“在船上的药物足以在一天内杀死20个这样的族群”。他告诉“黑野牛”，探险队“必须而且将会继续前进”。他说他的手下们“不是娘儿们，而是战士”。[1]

我们不知道，通过德鲁亚尔的手语和克鲁萨特的简单词汇，印第安人到底理解了多少威胁的内容——但是，很显然克拉克的身体语言已经表达得足够直白了。

当他在对印第安人滔滔不绝演说的时候，船员们将独木舟驶回到平底船边，然后12名士兵跳入独木舟。当这些援兵到达岸边的时候，一些印第安武士后退了。之后，三名酋长开始商议。克拉克等待着商议的结果，并为自己的行为寻找正当的理由：“他们非常粗暴地对待了我，”他写道，“我认为我的行为是合理的。”后来，他成功地平复了自己的情绪，走到酋长们面前主动与他们握手。

但是酋长们拒绝与他握手。

克拉克命令士兵们和他一起转身往独木舟走去。在独木舟启动之前，“黑野牛”和两名武士涉水追上了他。他们表示想要在船上过夜。克拉克同意了。

“我们前进了大概一英里，”克拉克记载道，“在一个长着柳树的岛边下锚，在岸上布置了一名守卫以保护厨子，在船上也布置了一名守卫。我们将独木舟和平底船系在一起，我把这个岛称为‘坏心情岛’，因为我们的心情都很糟。”

苏族和美国人的第一次会面变得很糟糕。显然，刘易斯和克拉克没能遵从杰斐逊的命令，他们没能给苏族人留下好印象。但是，如果不送出一整只独木舟上的、将近总量五分之一的库存，他们就没办法给苏族人留下好印象。至少，目前还没有大动干戈。

早上，他们早早出发，又前进了大概四英里。数百名好奇而紧张的印第安人在河岸上排成一列。在“黑野牛”的要求下，探险队来到
171 他的村落附近，并在这里下锚。两位上尉邀请了一些成年男女和孩子们来到船上。“黑野牛”则邀请刘易斯去参观了他的村庄。这位酋长“显得很容易和解，很友好”，所以刘易斯答应了他的邀请。

刘易斯参观的是一个典型的游牧人村庄，主要经济来源就是野牛和马，其中有大概100顶圆锥帐篷和大概900人。这些人是提顿人中的布鲁尔族，士气很高，因为就在两周以前，他们刚刚赢得了一场和奥马哈族人的战斗。苏族人杀了75名奥马哈族武士，并掠夺了48名妇女和儿童。陪同刘易斯的克鲁萨特可以说流利的奥马哈语；刘易斯

乔治·卡特林绘，《宿营在密苏里河上游的苏族人》（1832），描绘了制作野牛肉和野牛皮毯的情形（National Museum of American Art, Washington, D.C./Art Resource, N.Y.）

让他尽可能地从俘虏中打探消息。

“黑野牛”频频向刘易斯展露好意，包括反复提出让刘易斯挑走一名少女。印第安人“频频恳请”刘易斯多待一个晚上，这样他们可以“向我们展示他们的好意”。刘易斯接受了他们的邀请。

在下午的晚些时候，克拉克和整支探险队都进入了村庄。克拉克看到了奥马哈族的俘虏，他评价道：“他们看上去很惨，很沮丧。女孩子们看上去很矮，当然，这不是评价他们的好时候。”

日暮时分，克拉克和刘易斯坐在一张野牛皮制成的毯子上，在仪 172
式中被抬进了位于村庄中央的一座大型会议用帐篷。妇女们在为准备宴会而忙碌时，火光半透过帐篷闪耀着。大片的野牛肉被放在炭火上烤着。在会议用帐篷里，70名老者和杰出的武士们围成一个环形坐着。美国人就坐在“黑野牛”的旁边。在他们面前，一个半径六英尺的神圣圆圈被清理出来，以供放置神圣烟管，烟管竖起来之后，混合着草药的烟叶被填了进去。

在吸了烟之后，“黑野牛”“很严肃地”作了发言。两位上尉只明白他在说苏族人很穷，美国人应该同情他们，给他一些东西，此外的内容两人就听不明白了。克拉克在回应中称，苏族应该与奥马哈族和解，为了表示这一良好的愿望，“黑野牛”他们应该释放俘虏。如果“黑野牛”能通过翻译理解这个想法，他一定会以为克拉克疯了。他为什么要释放宝贵的俘虏以取悦白人？而且，他的族人将要跳头皮舞，展示他们新近在与奥马哈人的战斗中获得的头皮。

这是美国人第一次目睹苏族的头皮舞。克拉克是这么描述它的：“中间升着一个大火堆，大概十个乐手演奏着用箍环和展开的皮革制成的手鼓。装着鹿蹄和羊蹄的长棍子敲击着发出这样那样“咯咯”的声响，这些人吟唱起来，并敲击着手鼓，盛装打扮的女性们走上前来，手里拿着她们的父亲、丈夫、兄弟或近亲们获得的作为战利品的头皮，跳起一种战舞。女性们只是舞蹈——跳上跳下……不时地会有一名男性站出来，在一种歌声中重复割头皮的动作——此时会有年轻男女随之起舞。”

美国人将作为礼物的烟草和玻璃珠抛给舞者和歌者。一名武士觉得他没有拿到自己的应得之物，于是生气了，弄坏了一只鼓，还把另两只鼓扔进了火堆，怒气冲冲地离开了舞蹈的队伍。这些鼓很快又被安置好，然后舞蹈继续。奥德韦中士觉得这种音乐“很令人愉悦”，并认为这音乐“非常快乐地”被呈现出来。[2]

舞蹈进行到午夜时分。“黑野牛”提出要让年轻女性来为两位上尉侍寝。克拉克很明白这种提议的意义，此后他写道：“苏族有一个奇怪的习俗，就是向那些他们愿意认可的人提供漂亮的姑娘。”但是两位上尉拒绝了这个提议。“黑野牛”和“信徒”随后陪同两位上尉回到了船上，并在那里过夜。

在夜里，克鲁萨特来找两位上尉汇报。他说，奥马哈人告诉他，提顿人打算拦截并劫掠探险队。两位上尉一致同意，将装作不知道“他们的意图”，不过两人都没睡好。很显然，他们没有想过，奥马哈族的俘虏有明显的煽动美国人的动机，奥马哈人有可能是在撒谎。

早上，克拉克和刘易斯回到村庄。他们一路都很小心，疑心会被
173 出卖，因此“一直很戒备”。“他们又提出要送给我一个年轻姑娘，”克拉克写道，“希望我收下，不要嫌弃。我避开了这个话题。”

这天晚上，村庄里又举行了一次头皮舞。舞蹈一直持续到夜里11点，此时两位上尉已经困得撑不住了。“信徒”带着他的一名武士陪同两位上尉回到岸边。克拉克乘坐一只独木舟回到平底船上的时候，刘易斯留在岸上警戒。笨拙的掌舵技术让克拉克乘坐的独木舟的舷侧狠狠撞在平底船的锚索上。锚索被撞断了，平底船开始危险地摇晃起来。

克拉克高声喊了起来：“所有人都起来！所有人都起来，到桨位上去！”

高声喊出的命令与随之而来的慌乱和喧闹让“信徒”慌乱起来。他开始大喊，称奥马哈人来袭。在十分钟内就有大概200名武士在河岸上排成了一条线，由“黑野牛”率领准备好应对一切情况。他们都相信奥马哈人真的来袭了，因为奥马哈人确实有理由展开一次突袭；此时，有一半人怀疑美国人和奥马哈人结成了同盟。

误解切断了双方的沟通。在岸上警戒的刘易斯深信“信徒”的叫嚷是苏族出卖他们的信号。他让手下全面警戒，填装好步枪。

幸运的是，这个濒临爆发的局势很快就稳定了下来。武士们意识到这是虚惊一场后，就回去睡觉了。刘易斯回到船上，因为失去了船锚，不得不将平底船拴在一棵长在坍塌河岸边的树上。相比于两位上尉的预期，这种停泊的方式更让船只暴露在潜在的危险中。克拉克在当天的日志结尾写道：“所有船上的人都做好了准备，以应对一切可能发生的事情。我们在船上安排了重兵守卫，没人去睡觉。”

早上，在对船锚的漫长徒劳的搜索过后，探险队准备出发了。这时，全副武装的提顿人大量出现在河岸上。“黑野牛”来到船上，要求两位上尉多待一天。同时，几位武士抓住了帆索。“黑野牛”匆匆向前跟刘易斯解释，说武士们只想多得到一些烟草，之后探险队可能就可以前进了。克拉克就此对“黑野牛”发了牢骚。

“黑野牛”索要的东西并不多，他只要一两管烟草，这简直微不足道。但是，在两位上尉看来，作为一种象征，“黑野牛”的这种索求是昂贵的。因为这表示，他们认可了苏族人向过往的白人征收过路费。

刘易斯失去了耐心。他说，他不会因胁迫而行事。他下令，让所有人做好出发的准备。他们升起了船帆，刘易斯还派一名手下去解开锚索。当士兵开始解锚索的时候，几名武士再一次抓住了绳索。“信徒”索要一面旗帜和一些烟草，作为让他们放手的代价。

克拉克往岸上扔了一管烟草，他“对酋长说，你告诉我们你是一个伟大的人，有影响力——把这些烟草拿去，给我们看看你的影响力
174 吧。让你的手下们放开绳索，让我们和平地离开”。

同时，克拉克用行动表达了他的讽刺之情：他点燃了点火芯，并放到回旋炮的导火索上。

“黑野牛”走上前来。他宣布，只要两位上尉给他一点烟草，探险队就可以继续前进。两位上尉再次拒绝了他的要求。刘易斯说，他们“不想被轻视”。

这回，轮到“黑野牛”讽刺他们了。根据克拉克的记载，他提及，“看到我们为了一管烟草这么坚决，他也很恼火”。或许为这个评价所伤，但是刘易斯还是努力维护着他的尊严和控制力，轻蔑地向拽着缆绳的武士们扔去几管烟草。拿到烟草之后，“黑野牛”从武士们手中拽过绳索，解开了船索。和提顿人的对峙就此结束了。[3]

离开的时候，探险队内充斥着怒气。克拉克对着岸上的一名年轻印第安人喊叫着，让他去传话，“如果他们想要战争，或者决意阻止我们，那么我们也准备好了捍卫自己”。但是在这种虚张声势的背后，没什么值得欢欣鼓舞的。两位上尉没能给苏族人留下好印象，而且差点就没能避免交火，他们都非常疲惫又非常紧张。他们来到“一处位于河流中央的沙洲上，并在这里过夜”。

“我很不舒服，想要睡觉。”克拉克在这一天的日志结尾写道，“如果可能的话，我打算一直睡到夜里。”

9月29日早上，探险队很早就出发了。“信徒”和两名武士在河岸上冲着船队大喊，表示想搭船去他们位于上游不远处的村庄。刘易斯上尉坚定地拒绝了他们的要求，“对此，他说出了充分的理由，对他们很直率”。刘易斯说，探险队已经和苏族人浪费了两天时间了，他们必须继续前进。

虽然两边的脾气都很火爆，但这也无妨。不管刘易斯和克拉克与苏族人在一起待了多久，除了赠予苏族人超越他们能力范围的礼物这个办法，他们没法和苏族人交上朋友。刘易斯和克拉克没有轻启战端，但是他们对于立场的坚持也有可能导致战争。

在自己的日志中，克拉克对他的行为作了辩解；我们可以认为，

刘易斯也为他的行为作了辩护。但是，对于审阅报告的上级官员来说，他看到的一定是刚愎自用和鲁莽行事。杰斐逊下达的，尽一切努力和苏族建立良好关系的命令被完全反着执行了。刘易斯和克拉克成功穿过了苏族控制的地区，但是苏族还控制着这段河流，他们对美国人深感愤怒，并有能力阻止任何后来的探险队。而且，在探险队返回的时候，他们非常有可能需要再次经过这一地区。

不过，仅就目前而言，苏族已经在探险队身后了。风从南方吹来。水手们扬起帆，船队每天可以前行 20 英里。晚上，船队再度在一个沙洲岛屿上宿营——这是最安全的地方，两位上尉在队里分发了威士忌以消除大家的疲劳。这是个寒冷的夜晚。迁徙的大雁向下游飞去，它们整夜鸣叫着。秋天已经到来了。在冬天来临前，探险队需要尽可能再往北部和西部前进一些。 175

第十五章

前往曼丹族地区

1804 年秋天

如果说曾有一段时间，刘易斯和克拉克的探险队和一群长期在外露营的人有些相似之处的话，那么这一时期就是 1804 年 10 月的前半段。

在秋天，位于达科他地区的密苏里河段是很让人愉快的。一个晴朗无云的白天——在 10 月前三周的大部分时间里都是这种天气——北美大平原在无垠的蓝天下一望无际。秋分之后的太阳越来越低，投下的影子也越来越长。在大平原上，小山和断崖之上的草变成金黄色，在阳光下闪耀，而小山和断崖在河谷上下投下阴影，展现出光影构成的杰作。

黑夜来得越来越早，而夜晚也越来越漫长。和长夜一同而来的还有霜冻，这意味着蚊子也绝迹了。队员们生的火堆比 9 月的更旺，而在围着火堆谈论每天的见闻和作为、畅想明日又将会有什么奇遇的时候，他们也靠得更紧了。在 10 月的头两周里，早上天气比较凉，而从上午 10 点到日落前一小时之间的这段时间，气温一直非常宜人。

大平原上的大型哺乳类动物开始聚集成群。包括许多麋鹿、叉角羚羊和野牛这样的哺乳动物开始大量地向过冬地迁徙。在迁徙的过程中，这些动物群落迟早需要穿越河流，这将构成自然界中最壮观的一种景象。* 在天空中，有加拿大雁、雪雁、黑雁、天鹅、野鸭和其他各

---

* 在超过 100 年的时间里，没有人目睹过这些大型动物群落的迁徙，但是，查利·罗素在油画《当土地归于上帝之时》(*When the Land Belonged to God*) 中曾经设想过这一场景。——作者注

种鸭科动物在飞，它们落到河上的时候，会发出鸣叫声。飞禽和哺乳动物身上都有着一层厚厚的肥膘，这就意味着，当野牛排、鹿腿、海狸尾巴和野鸭胸肉被放在火堆上烧烤的时候，融化的油脂会滴落进火堆，由此引起的“吱吱”声和香气会让人食欲大增。

对于梅里韦瑟·刘易斯而言，这是个迷人的时期。他用绝大多数
时间来探索，在河岸上散步，进入内陆探险，然后在夜里再赶上船队。 176
有时候他会只带着他的狗“水手”独自外出；有时候他也会带一小队人和他同行。他是个很棒的健步者，腿很长，步伐大而坚定，在平原上一天可以行走 30 英里。徒步行走的时候，他会保持高度警戒，视线可以迅速扫过整条地平线，然后他会将注意力集中在脚边的一块石头、一棵植物或者一只动物上。他随身携带着野外日志，这样可以随时记下新的植物、新的动物、新的矿物、土地的总体情况、土壤表面的肥沃程度，以及周围可供狩猎的动物种类和数量等信息。

他脚穿双层野牛皮的软帮鞋，身着绒面呢制成的裤子和带流苏的鹿皮夹克，头戴一顶三角皮帽。他在背包里装着指南针、小刀、手枪、火药筒和子弹、肉干以及笔记本。他一手拿着步枪，一手拿着警棍。他是个神枪手，而配着这种警棍，他的枪法可以更精准。警棍大概六英寸长，有着木质杆子和金属刀刃。这是美国军队的步兵军官仍然在使用的一种中世纪武器，是权威的象征，刘易斯携带它的原因是，它是一种很有用的工具。除了可以当作拐杖和最后的武器来使用，这种武器在与肩等高的位置还有一个十字形的附件，可以当枪托用。鉴于他的步枪重量大于八磅，长度超过四英尺，他确实需要一个支架。

不过，他并不是每次在获取标本的时候都需要开枪。10 月 16 日，他发现，在他脚边有一只熟睡的鸟儿。他不知道这只鸟的种类，但是将之记载为夜莺的一种。他把这只鸟拿了起来；鸟儿还活着，不过好像正在进入一种类似冬眠的状态。刘易斯把它带回船上；两天后，当晨间的温度降到华氏 30 度* 的时候，这只鸟儿乎完全不动了。“我用小刀从它的翅膀下部刺入，彻底损坏了它的肺和心脏。”刘易斯记录道，“不过，这之后它还活了超过两小时。除了从血液循环不畅的角度来考

* 摄氏零下 1.1 度。——译注

虑，我没法对这个现象做出其他解释。”*

几天之后，10月20日这天，在现今的北达科他州、与俾斯麦一河之隔的林肯堡州立公园附近，列兵克鲁萨特首次遇到了一头灰熊，它被美国人称为白熊。他们此前听说过灰熊，也知道印第安人很惧怕这种动物，在传闻中，灰熊体型巨大（克拉克在那之前不久见过灰熊的
177 脚印，根据这个脚印，他宣布这是他所见过的最大的动物），而且非常凶猛。探险队的队员们当然很想亲眼目睹并猎获这种动物。克鲁萨特是个幸运儿，不过，正如刘易斯在野外笔记里那直白的记载，“他打伤了这头熊，但是被这头熊的可怕外表给吓坏了，以致抛下战斧和枪支跑了”。

大概一个多小时后，克鲁萨特回到事发地去找寻战斧和步枪。“很快，他射中了一头母野牛。”刘易斯记载道，“他把牛尾打断了，这头母牛来追他，而他躲进了一条小沟里。”这个小意外突出了猎手们面对的一个重要问题。在开枪之后到重新装填完毕之间的这段时间里，他们是非常无助的。

从10月开始，探险队穿越现今的南达科他州北部，途经了大量被废弃的村庄，这些村庄有着地窖式的住宅和经过开垦的土地。其中的一些耕地，虽然没人打理，但地里还长着南瓜和玉米。这些地方曾经是强大的阿里卡拉部落的家园。在美国赢得独立战争的时候，这个部落有大概3000名强壮的成员；经过1780年代的天花传播之后，他们只剩下不到原先五分之一的规模。1803到1804年之间的又一场大规模天花传染摧毁了这个部落。刘易斯抵达的前一年，他们还有18个村庄，而此时仅剩三个了。[2]

10月8日，船队经过一座三英里长的岛屿；它位于格兰德河河口，是当时仅存的三个阿里卡拉族村庄的所在地，总共大概有2000名印第安人。这座岛屿是一个大花园，生长着豆子、谷类和南瓜。阿里卡拉族人在河岸上排成一列，看着船队靠上岛的一头，又看着船员们在船的右舷处扎营。刘易斯挑选了两名会说阿里卡拉语的船员和两名士兵

---

* 这只鸟是一只弱夜鹰，是北美夜鹰的近亲。刘易斯对它进行了称重和描述。博物学家、研究刘易斯和克拉克的学者雷蒙德·伯勒斯指出，直到1940年代，动物学家才发现这种鸟有冬眠的习性。[1]——作者注

随他一起，乘一只独木舟去会见位于岛的另一边的印第安人。克拉克留在营地，在岸上布置了守卫，在船上和独木舟上也布置了哨兵，“对和平和战斗这两种情况都作了安排”。

很显然，刘易斯并不知道会遇到怎样的接待，不过他确实是怀有期望的。据他所知，或者说在他看来，阿里卡拉族人都是受苏族压迫的农夫。不过事实是，苏族人用货物和阿里卡拉族人交换农产品，他们之间是一种互惠互利的关系。刘易斯知道阿里卡拉族人正在和曼丹族人打仗。他相信，阿里卡拉族是美国在密苏里河上外交努力的关键，因为在他看来，假如阿里卡拉族可以和苏族翻脸并和曼丹族和解，那么这条河上的力量平衡就会倾斜。苏族人会就此被孤立，并被排除在将来的美洲贸易帝国之外。

詹姆斯·龙达评论称，刘易斯和克拉克都有“一种天真的乐观，这是一种典型的欧美边境外交手段。[他们] 相信，他们可以轻易地改变上密苏里的现状，使其符合他们的希望……[但是] 出乎探索家兼外交官们意料的是，事实上所有的印第安部落都证明了他们拒绝改变，而且他们都怀疑美国人的动机”。[3] 178

所以，刘易斯划船前往岛的另一边的时候，有理由怀有很高的期望，也有理由担忧；最终，在受到阿里卡拉族人热烈欢迎的时候，他也有理由松一口气。最棒的事情是他和约瑟夫·格拉沃利纳斯的会面。约瑟夫是一名商人，已经和阿里卡拉族人一起生活了 13 年。作为上密苏里地区信息的提供者，他的价值不可估量；同时，他对于英语、法语、苏族语和阿里卡拉族语的掌握，使得刘易斯可以自由、准确地和阿里卡拉族人进行交流。与苏族之间的问题，很大程度上就是因为不准确、不完整、不适当的翻译。有了格拉沃利纳斯的帮助，刘易斯能够期待更好地与阿里卡拉族人交涉。

刘易斯从格拉沃利纳斯那儿了解消息达两三个小时之久，然后他让格拉沃利纳斯在早上带一名代表来探险队的营地会谈，并雇用格拉沃利纳斯作为翻译。

早上，风在河里激起了克拉克前所未见的大浪。他吃惊地目睹，牛皮船——在柳树制成的碗形框架上蒙上整张野牛皮制成——纷纷被冲到岸上，每只船里大概进了五六个人，还有三名妇女来划桨。印第安女性将船推离河岸，她们轻蔑地声称，河上的风浪只是“很不平静”。她们操船送来了一些酋长、一些武士以及住在另一座岛上村落里的商人皮埃尔–安托万·塔包。

塔包出生于蒙特利尔附近，在魁北克接受的教育。1776 年，他自愿来到西部从事毛皮贸易。他先在伊利诺伊生活，然后是密苏里，最后来到了阿里卡拉族的村庄。他是一名杰出的翻译（会阿里卡拉族语、英语、法语和苏族语），也是很好的资讯来源。不过，大风卷起了河沙，发出呼呼的风声，这时即使是最好的翻译也无法克服风浪造成的干扰。会议被推迟到第二天进行。

10 月 10 日，塔包最先来到了营地。他提醒两位上尉，在三座村庄里有一些心怀猜忌的酋长。然后，酋长们带着他们的一些武士也来到了会议地点。在抽了一通烟管，并互换了礼物之后，刘易斯站起来开始发言，并由格拉沃利纳斯进行翻译。这是他给印第安人的基本的演讲，据克拉克称，这个演说给印第安人提供了“好建议”，即认可美国的主权、与曼丹族和解、避开苏族，并与美国商人进行贸易。如果照办，他们将会得到新领袖——美国 17 个大州的首领的保护。

刘易斯结束演讲的时候，船首的回旋炮奉命放了三炮。在烟雾散尽，印第安人从初次目睹加农炮鸣放的震惊中回过神来之后，两位上尉拿出了 15 号包裹里面的礼物，数月前在伍德里弗时，包裹上就标注了这是为阿里卡拉族准备的。礼物里有朱红色的颜料、青灰色玻璃杯、400 枚针、绒面呢、玻璃珠、数字、剃刀、九把剪刀、小刀、战斧等。（很奇怪，不知道他们为什么对苏族没有这么慷慨。）

礼物中没有威士忌。两位上尉拿出了威士忌，但是阿里卡拉族人
179 不仅没有道谢，还声称“新领袖竟赠予会让人变成傻瓜的酒作为礼物，他们很吃惊”。这让刘易斯和克拉克很不好意思。

赠给酋长们的礼物有军外套、三角帽、纪念章和美国国旗。尽管塔包提醒过他们，两位上尉仍然任命“休息的乌鸦”作为首席酋长，因为他们坚持认为，每个部落都必须有一个最高领袖。他们任命两个部落的领袖“苍鹰之羽”和“海”为次席酋长。在赠送完礼物之后，刘易斯发射了他的气枪，当时这已经成为震慑印第安人的习惯性展示。会议结束了，酋长们承诺，将与部落的武士们商议，然后在第二天早上答复刘易斯。

这天下午，大家访问了这几个村庄。约克造成了轰动。光是他的

个头就已经很惊人了，更何况阿里卡拉族人从未见过黑人，他们搞不清他究竟是一个人、一头野兽还是一位神灵。约克和孩子们一起玩耍，冲他们吼叫，在帐篷间与他们追逐，嘴里嚷嚷着他是一个被克拉克上尉捕获并驯服的野兽。最终，两位上尉让他停了下来，因为“他放肆地说着这个玩笑，让自己成为比两位上尉所希望的更可怕的形象”。

同时，士兵们很享受阿里卡拉族妇女们的求欢，这些妇女大多是被她们的丈夫怂恿的，因为他们认为，这些女人会从和白人的交欢中获得一些力量，并能把这些力量再传递给他们。一名武士邀请约克去他的帐篷，把自己的老婆留给他，在他们交欢的时候，他就守在门口。约克被说成是“一种猛药”。我们不知道，究竟印第安人有没有通过交欢从白人或黑人那儿获得力量，不过，他们肯定被此前经过的白人商人传染了性病，村子里猖獗的性病也被传染给了探险队的队员们。

不过，加斯中士仍然宣称，阿里卡拉族的女人是“我所见过的最干净的印第安人……很漂亮……是我见过的最漂亮的印第安人”。奥德韦中士同意他的看法，称“她们中的一些女人非常俊俏，也很干净”。[4] 克拉克称阿里卡拉族人“肮脏、和善、贫穷，过分追求民族荣誉。并不贫贱”。他们给探险队送来谷物、南瓜和其他受欢迎的蔬菜，以及大量从田鼠窝里挖来的豆子。克拉克称，这豆子“又大又香，还非常有营养”。据说，印第安人总是在被他们洗劫的田鼠窝里放上一些别的食物。

第二天是 10 月 11 日，“休息的乌鸦”来到营地，对此前刘易斯的提议做出回应。他说，对于拥有一名新领袖这件事，他内心感到愉快，这里的道路会永远向探险队开放。“你能想象，有人会敢于用手攥住你的船只的缆绳吗？绝不可能！没人敢这么做。”他请两位上尉帮忙，在他的部落和曼丹族之间达成和解。

另外两名酋长没有来参加会议，很显然，他们拖延的原因是因为没当上首席酋长。第二天，两位上尉前去拜访他们。他们首先找到了被其武士们环绕着的“海”酋长。在刘易斯提醒了“我们这个地区重要和强有力的”酋长之后，“海”作了他自己的发言。他表示，他的族 180
人们对于白人没有敌意，他希望两位上尉能帮助他们和曼丹族达成和解，他也在考虑春天的时候去华盛顿会见杰斐逊总统；此外，他还说了一些欢迎的话。不过在最后，他提出了一个两位上尉无法满足的请求："在你们出发之后，""海"说道，"很多大草原上的民族都可能会来和我们交战，我希望你们尽可能阻止战争的发生。"

然后他们步行去了"苍鹰之羽"担任酋长的第三个村庄。"苍鹰之羽"也准备好了给美国人的答复。他也在考虑前往华盛顿。他也承诺不发动战争，但是，他必须亲眼目睹曼丹族和阿里卡拉族的和解。他提出了两个很直率的告诫："可能我们［阿里卡拉族酋长们］说的都不是实话"，同时，"上游的印第安人［曼丹族人］是不会相信你们"说的关于与阿里卡拉族缔结和平的说辞的。

其中一名酋长——名字没被记录下来——愿意去一探究竟。他答应和探险队一同乘船去曼丹族的地区，在美国调解代表团所组织的会议上发言。

10 月 13 日，克拉克和刘易斯遇到了一个非常严重的纪律问题。此前身为列兵、曾当过逃兵的摩西·里德是一个一直在抱怨、心怀不满的士兵，他想要毒害至少一名探险队成员的思想。所有在军中服役过的人都应该知道里德这种类型的人。在过去的一段时间里，他一直在和列兵约翰·纽曼套近乎，向他灌输两位上尉是多么可恶、不公、专制，此外还说了一些更糟糕的坏话。

纽曼被他影响了。他猛烈地抨击两位上尉，于是，刘易斯和克拉克逮捕了他和里德。两人现在无权惩罚里德，但是当时，纽曼依然受战争条例的约束。两位上尉组建了以克拉克为议长（克拉克不会发表个人看法）、奥德韦中士作为庭长的军事法庭。

刘易斯当庭宣读了罪名，即纽曼"一直在发表违反法纪的、煽动性的言论；这些言论会损害军纪中的每一条规定，同时，它们还会让分遣队成员对军官产生疏远之情，让队员们对曾经庄严宣誓加入的事业产生厌恶之情"。

纽曼认为自己"无罪！"

证词证物被呈现出来；纽曼为自己作了辩护。

纽曼的同僚们拒绝接受他所作的一切辩解。庭上的十个人"一致认为，对罪人约翰·纽曼的每一项指控都是成立的"。

最终的判罚结果是，在裸背上鞭打 75 下，并将之"逐出进行西北部探索的探险队"。不是开除，不是除役，而是逐出。

两位上尉批准了审判结果，并定于在次日中午执行鞭刑。他们进而命令纽曼加入法国人的队伍，在独木舟上从事体力工作。 181

10月14日这天，平底船一早就出发了。中午的时候，船往右舷处靠岸，以便执行对纽曼的鞭刑。随船同行的阿里卡拉族酋长观看了准备工作。他“深受震动”。当真正开始执行鞭刑的时候，他“失声大叫”。

克拉克对他解释了处罚的原因。他记述道，这位酋长“也认为树立反面教材是有必要的；依他看，他会对这些人处以死刑，但是在他的部落，即使是孩子们也不会被鞭打”。

到了10月24日，探险队已经位于现今俾斯麦的北部，正在接近曼丹村落了。通过在圣路易斯所作的调查和格拉沃利纳斯的情报，两位上尉获悉，曼丹村落（以及他们的邻居兼盟友希多特萨族村落）是北部平原贸易的中心，吸引着从各个地方来的印第安人。在夏末的贸易期里，河边的村落里满是克劳族人、阿西尼布瓦族人、夏延族人、基奥瓦族人、阿拉巴霍族人和来自西北公司、哈得孙湾公司、圣路易斯的白人贸易者。

除了这里，没有人可以一眼就尽览平原印第安人的各个种族和各种色彩。这里有可供买卖的西班牙人的马和驴，有花哨的夏延族皮装，有用来贸易的英国枪支，有一篮一篮的农产品、肉制品，各种种类的毛皮，各种乐器、毯子，硝制过的野牛皮和染过色的野牛皮。在集市上，直到深夜都会有人在舞蹈，很多人会来回地逛，男孩们之间会有各种比赛。五座村庄正处在盛大的时刻。

这里有两座曼丹族的村庄。位于下游，在西岸上的那个村子由“大白”和他的副手“小乌鸦”领导。而上游稍远处东岸的村子由“黑猫”和他的副手“黑鸦男”领导。在从西边发源的奈夫河上，有三座希多特萨族的村庄。其中一个村庄有40顶帐篷，他们的领袖是“黑水蛇”。另一座村庄有超过130间棚屋和450名武士，他们的领袖是有着很高声望的军事领袖“独眼”。曼丹族人在马背上猎取野牛，战斗范围可以抵达落基山脉，但他们从不骑马去打仗，而希多特萨族则骑着马一直深入白雪皑皑的山峰，去突袭别人并俘获马匹和奴隶。[5]

探险队向北前进的时候，开始见到了曼丹族的村庄，但是由于天

乔治·卡特林绘，《从远处遥望曼丹村落》(1832) (National Museum of American Art, Washington,
182 D.C./Art Resource, N.Y.)

花肆虐，这些村子都被荒弃了。探险队经过曾经位于曼丹族领地中心的哈特河河口时，船员们看到一根孤独地矗立在大草原上的太阳舞柱子，它是沉默的历史见证者。在棚屋里，美国人找到了散落的人类和动物的骨头。

10 月 24 日这天，两位上尉见到了第一批活生生的曼丹族人——由酋长“大白”带领的一个 25 人的狩猎队。经格拉沃利纳斯帮助，刘易斯“诚挚且有礼貌地向‘大白’介绍了阿里卡拉族酋长”。他们一起抽了烟管。刘易斯、格拉沃利纳斯和阿里卡拉族酋长陪同“大白”回到了他的村庄。阿里卡拉族与曼丹族的和解看起来很有希望。两位上尉与即将在冬天和他们当邻居的印第安人之间开了个好头。

尽管所有的迹象都表明，与曼丹族的关系会处理得很不错，两位上尉还是很谨慎小心。10 月 26 日，探险队在第一个曼丹村庄下游扎营，曼丹族人对他们很感兴趣。克拉克记载道：“很多男女和孩子们都蜂拥到下游来看我们。”两位上尉讨论了情况，他们“决定，在印第安人明确态度之前，两个人中至少有一个人要在船上”。刘易斯和格拉沃利纳斯与“黑水蛇”一同步行去了村子里，克拉克则留在船上保证船队的安全。在五座村子里总共有 4000 名印第安人，其中大概有 1300

乔治·卡特林绘，《黑水蛇》(1832)。这位军事酋长在让卡特林描绘的时候，已经超过 100 岁了。这是极少数认识刘易斯和克拉克的印第安人的生活画 (National Museum of American Art, 183
Washington, D.C./Art Resource, N.Y.)

人是武士。如果愿意，他们可以轻易地击垮探险队。只要探险队可以让印第安人明白，如果发起攻击，他们将会付出惨重的代价——不管是人员的伤亡还是将来贸易关系的破裂，印第安人就不会选择攻击探险队。

幸运的是，印第安人心里很明白，而且他们表现得很友好。刘易斯在“大白”的村庄里受到了热烈的欢迎，他还可以邀请全部五座村庄的酋长们去探险队的营地举行会谈。同时，一名从第二座曼丹族村庄来的名为勒内·热索姆的商人前来探访了刘易斯。热索姆已经和曼丹族人一起生活了 15 年，他已经全面参与到他们的仪式和社会生活里面了。他娶了一个曼丹族女人，在村子里组建了一个家庭。他声称，他曾在独立战争时期为乔治·罗杰斯·克拉克将军当过间谍，不过，很显然威廉·克拉克并不相信他的话；无论如何，克拉克在记述里称，热索姆“在我看来，给我留下了虚伪、有技巧的骗子的印象”。但是热索姆还是可以担任翻译并作为信息来源，所以克拉克雇用了他。

和曼丹族关系的进展依然非常美妙。对于探险队将在未来的五个月里和他们当邻居这件事，印第安人表现得很开心。

10 月 28 日，“黑猫”、刘易斯、克拉克和热索姆一起沿着河往上游走了一段，以寻找一个适合建造用于过冬的堡垒的地方——美国人需要很多材质优良的树木以及大量可供狩猎的动物。他们调查的地区不符合要求。

第一次正式会议于10月29日召开。刘易斯发表了他对印第安人的主要演说。令克拉克失望的是，“在演讲才进行到一半的时候，老酋长就坐不住了”。另一名酋长则“在这个时候，指责了他的局促不安”。刘易斯结束演讲时，克拉克向大家介绍了正在和曼丹族人一起吸烟的阿里卡拉族酋长。会上，大家作了很多承诺，但是克拉克抱怨，这次会谈“对目的的达成帮助不大”，因为“这些部族对于这种定期的会议一无所知，也不知道在会议上该做些什么，他们都很焦躁不安”。刘易斯因为忙于和印第安人打交道，忘记使用他的精密计时器，不过他还是抽出一些时间来，用六分仪测量了太阳的子午线高度，以计算维度。

在10月最后一天的早上，“黑猫”邀请克拉克去他的棚屋“听听他要说的一些话”。两位上尉将“黑猫”视为所有曼丹族人的大酋长，
184 所以克拉克很乐意前往。“黑猫”告诉克拉克，他非常希望能在阿里卡拉族和曼丹族之间达成和解，这样曼丹族的男人们在外狩猎的时候就可以不用害怕，“而我们的女人们在地里劳作的时候，也不用时时刻刻警惕敌人的出现”。

但接下来，“黑猫”指责了克拉克：“印第安人听说你们要来，纷纷放下狩猎活动，跑回来看你们，希望获得丰厚的礼物。他们现在很失望，有些人感到很不满。”对于“黑猫”本人而言，他“并没有感到很失望，但是他的村民们很失望”。不过，他仍然会在春天去华盛顿会见新领袖。

与此同时，刘易斯正在招待西北公司的英国商人休·麦克拉肯。麦克拉肯从位于阿西尼布瓦河的公司据点由陆路而来，在路上花了9天时间，走了150英里。

与西北公司及其竞争对手哈得孙湾公司的其他商人一样，麦克拉肯是村子里的常客。曼丹族获取人造商品的主要来源就是在加拿大的英国人。这个局面正是刘易斯想要改变的。他的政策、杰斐逊的政策都是为了孤立苏族，打通从圣路易斯到曼丹族的河道，建立北美大平原上由美国人垄断的商业中心。但是刘易斯也明白，他需要耐心。尽管在法律上，他有权力将英国人赶出上路易斯安那地区，但是他不打算用武力达成这一目的。在印第安人武士和他的士兵人数比例为55比1的时候，

他尤其不想这么做。总之，他暂时不会将英国商人赶走，因为他们正在向印第安人提供非常重要的服务，而此时美国人还没准备好取代他们。

麦克拉肯将于11月1日返回，于是刘易斯抓住机会与加拿大的英国商人建立了联系，并向他们解释了新的情况。克拉克和“黑猫”谈话的时候，刘易斯写了一封信给麦克拉肯的上司。在信的开头，他撒了一点无伤大雅的小谎：“我们是由美国政府派来对密苏里河地区及大陆西部地区进行探索的，目的是增进科学的认知。”他继续写道，只要英国人承认美国的主权，他的探险队就不打算破坏现在的贸易关系。然后，作为一个在未来五个月里会待在被印第安人环绕的冬季营地，仅有克拉克上尉可以作为平等的谈话对象的人，刘易斯写了这么一句真诚的话：“个人角度而言，我们非常乐意与那些态度友好的人建立并培养友谊。”更准确地说，他表示，任何“你能想到的对人类有益的信息，比如这一地区的地理情况、产出等等信息的线索”都会让他心怀感激。简而言之，他邀请英国商人南下来与他会面。[6]

英国人将他的邀请带回了北部。有一部分英国人接受了他的邀请，其中包括弗朗索瓦·安托万·拉罗克和查尔斯·麦肯齐。两人各写了一篇日志，分别记载了他们各自的访问。拉罗克当时20岁，他生于魁
北克，在美国接受的教育。他记载道，他“受到了刘易斯上尉和克拉 185
克上尉热情礼貌的接待，与他们共度了一个愉快的夜晚。我刚刚抵达，他们就派了一个人来接我。他们听说我打算赠出旗帜和纪念章之后，禁止我以美国的名义这么做……不过，我既没有旗帜也没有纪念章，所以向他们保证不会违背他们的命令”。

刘易斯告诉拉罗克：“我们航行的目的纯粹是科考性和文学性的，完全和贸易无关。”

刘易斯很喜欢这个年轻的加拿大人，拉罗克在日志中说他“硬要我”为公司“多待几天”。拉罗克照做了。他的指南针坏了；玻璃镜面碎了，针头无法准确指向正北。他记述道：“刘易斯上尉修好了我的指南针，这差不多花了他一整天的时间。”

当时拉罗克是外出来探险的，他看到探险队的时候，当即意识到这是个机会。从第一次和两位上尉会面时，他就开始恳请两位上尉能带他一起去太平洋，然后再回来。但是两位上尉不会让一个西北公司的职员轻易地看到这一地区的贸易机会，所以拒绝了拉罗克。[7]

麦肯齐的日志清晰地描绘了两位上尉和英国商人在上尉营房的桌边休憩并谈论各种话题的景象。麦肯齐写道："拉罗克先生和我都没有什么明确的目的，我们很惬意地住在这儿，并和美国探险队里的绅士们逐渐亲密起来。在任何场合看到我们，这些绅士都会显得很高兴，并且总是礼貌和善地接待我们。"

不过他们谈论的有些话题引出了刘易斯的仇英心理。麦肯齐写道："确实，刘易斯上尉没法对我们表示赞同。在谈论任何话题时，他都表现得流利且有学识，但是对英国根深蒂固的仇恨使他的说服力带有瑕疵，至少在我们看来是这样的。"[8]

两位上尉的营房设在曼丹堡，它位于密苏里河的北岸，在奈夫河河口下游大概七英里处，正对着位于下游的曼丹族村庄。* 营房的建造工作是从 11 月 3 日开始的。列兵约瑟夫·怀特豪斯在日志中写道："整个营地的人都专注于修建营房，让营房住得舒适。"[9] 同一天，刘易斯向那些划独木舟的法国人支付了现金，随后他们中的一些人在河流上冻前造了一只独木舟返回圣路易斯，另一些人留下来与印第安人一起过冬，在春天来临时与沃菲因顿下士一起返回。热索姆和他的女人则搬进营房，随时充当翻译。

曼丹堡营房有两排，彼此之间形成一定的角度，在靠河岸的一边
186 扎有栅栏，还设有大门和哨所，并安置了回旋炮。外墙有 18 英尺高。
如果遇到印第安人来袭，它至少能抵挡一段时间。拉罗克称，"这个堡垒修建得非常坚固，几乎可以抵挡加农炮弹"。[10]

从开始建造的时候起，印第安人就渡河来观看，并和士兵们交易，打成一片。此外还有一些其他的来访者。11 月 4 日，克拉克记载道："一位名叫沙博纳的法国人……来营地探访，希望被我们雇用，还告诉我们他的两个女人是蛇族印第安人。"

这个人的全名是图桑·沙博诺。他是个法裔加拿大人，大约 45

---

* 这个地方大约位于今日北达科他州的沃什本。它的遗址已经被河流冲刷殆尽，至少有一部分现在位于水底。列兵约瑟夫·怀特豪斯在日志中记载道："所有的人都勤奋地忙于建造他们自己的营房，并努力将之建得更舒适一些。"[9] 同一天，刘易斯用现金向操桨划独木舟逆流而上的法国人支付了酬劳。这些法国人中的一些人建造了一只独木舟，并在河流上冻前返回了圣路易斯；他们中的其他人则留下来和印第安人一起过冬，并将于春天和沃菲因顿下士一同乘坐平底船回去。热索姆和他的妻子也住进了营地，以随时提供翻译服务。——作者注

岁，曾供职于西北公司，不过当时他是一名和希多特萨族生活在一起的独立商人。他的女人们，或者说“妻子们”，是肖松尼族人，或者说蛇族，来自生活在落基山脉中密苏里河源头附近的一个分支。她们都只有十几岁，四年前被希多特萨族的商队抓住。她们被抓的地方叫作斯里福克斯，* 三条河流在这里交汇形成密苏里河。在与捕获她们的武士们的赌局中，沙博诺赢得了她们。

两位上尉非常热情地接受了沙博诺自荐为翻译的提议，不过原因倒不在于沙博诺本人，而是因为他的两名妻子能够说一个山地部落的语言。这两个女人可以用希多特萨族语与沙博诺交流；然后，沙博诺可以用法语与德鲁亚尔交流，德鲁亚尔则可以把内容翻译成英语。经历过与苏族交流时遇到的种种困难，两位上尉明白，如果没有翻译的帮助，与印第安人的交流会有多么艰难。所以，他们当即雇用了沙博诺和他的一名妻子“与我们同行”。沙博诺选中了萨卡嘉维阿，她当时15岁，并有着六个月的身孕。

麦肯齐随后也结识了沙博诺，不过沙博诺没给他留下什么深刻印象。麦肯齐认为，在曼丹堡，翻译更像是一种艺术形式，而不是一种科学。他记载道：“萨卡嘉维阿可以说一些希多特萨族语，她用这种语言和丈夫交流，而丈夫是一个不懂英语的加拿大人。而两位上尉的翻译，是一个说着很糟的法语和更糟糕英语的白黑混血儿［热索姆］。所以探险队的成员们若要理解一个简单的单词，就需要本地人先说给那个女人，由女人说给她丈夫，再由她丈夫说给那个白黑混血儿，再由那个白黑混血儿翻译给两位上尉。”

沙博诺和热索姆一直在争论着他们说的每个法语单词的意义，如果不考虑这一点，那么这一切可能还不算太糟。[11]

另一个来访者是“大白”，就是那个身体肥胖、肤色较浅的曼丹族酋长。**11月12日这天，克拉克记载道：“‘大白’来了，打包了大概100磅肉，由他的女人背着送来给我们。”这意味着他的妻子背了大概100磅的东西。克拉克给了她一些不值钱的小珠宝和一把小斧作为酬谢。

11月20日，“黑猫”村子里的武士们前来通知两位上尉，美国人 187

---

* 原文 Three Forks，意即“三条支流”。——译注

** 加里·莫尔顿指出（第三卷，第201页）：曼丹族中常常出现的金发浅肤色人，让人推测他们可能是传说中的威尔士印第安人，或者是别的欧洲人种。不过这与我们说的这个故事无关。——作者注

的和解政策正处于危机中。两名带着和解请求前往苏族的阿里卡拉族代表被粗暴对待，他们的马被抢走，他们自己也被狠狠地教训了。苏族人的目的就是让他们明白，对于阿里卡拉族和曼丹族要通过克拉克和刘易斯而达成和解一事，苏族人有多么愤怒。

此外，还有包括曼丹族人在内的其他一些搅局者，他们对希多特萨族人说了很多谎话。很显然，曼丹族人乐于让希多特萨族人远离曼丹堡，以此垄断和探险队的贸易。所以，他们告诉希多特萨族人，美国人和苏族结成了一伙，并打算对希多特萨族开战。他们提供了很多证据，比如热索姆搬进了曼丹堡、曼丹堡的牢固程度、长期的岗哨，以及其他的军事准备等等。

刘易斯意识到，如果希多特萨族人相信了这一切，那么情况对美国人会有多么糟糕，所以他立即做出了应对。在热索姆和沙博诺的陪同下，他骑马前往希多特萨族的村落，沿途探访希多特萨族的主要人物，并向他们保证，曼丹族人说的故事都是假的。

但是他被断然回绝了。那天晚些时候，他看到了麦肯齐。“他看到了我，”麦肯齐写道，“但他显得并不开心。他说，‘我派人去前面通知“长角的黄鼠狼”［希多特萨族酋长］，打算去他的帐篷留宿，但是他回复“我不在家”。这个行为令我震惊，你们英国贵族只有在不愿意见陌生人的时候会说“我不在家”。不过我不愿意在房主说过他“不在家”之后再进入他的房子，所以我外出寻找其他的住所，这种住所太好找了。’”[12]

早上，刘易斯和他的手下返回了曼丹堡，随行的还有两名地位相对低一些的希多特萨族酋长。他们向刘易斯保证，不会向居住在落基山脉东部的肖松尼族和黑脚族发动战争。但这个承诺一文不值；一两天之后，一个希多特萨族年轻武士群体——狼族——的领袖带着55个人突袭了黑脚族的领地。

当时，在印第安人的世界里没有美国人所理解的“和平”与“战争”。这种情况一直以来都存在，很显然以后也会是如此。战争随时可以爆发，原因可能仅仅是，躁动不安的年轻武士们被荣誉感驱使，这种荣誉感只能通过突袭来获得，而这种突袭通常又会遭到报复，如此反复。在这个问题上，两位上尉实在是太天真了。刘易斯很确信，他已经确立了和平的局势，但是大量的事实表明，他的话早就被当成耳旁风了。他告诉拉罗克，他对自己的“伟大计划”充满信心，但是拉罗克对此有所怀疑，而他的怀疑是有道理的。[13]

事实就摆在刘易斯面前。此后他记载道，在与希多特萨族人会面的时候，“我向他们指出与邻居们和解的好处……那些已经收获了大量荣誉的酋长可以预见到，参与战争会带来很多不便……他们立即对我 188
表示赞同”。这很简单；老人们很少想要战争。但是“一个年轻人……问我，如果他们与所有邻居都维持和平状态，那么部落能为酋长做些什么？”这个十几岁的武士指出，老酋长们会很快死去，“而他们的部落不能没有酋长”。如果不能见证战争中武士们的实绩，希多特萨族人是无法选择自己的酋长的。[14]

刘易斯和希多特萨族人之间还有些别的麻烦。希多特萨族人或许相信了刘易斯的说辞——美国人此来绝无恶意，但是礼物的匮乏让他们很不高兴。他们甚至更讨厌那种被他们中的某个人称为“美国上尉对他们自己和自己民族的夸张之词；他们想要向印第安人表示，他们是伟大的战士，是强大的人，如果被激怒他们可以毁灭地球上所有的民族”。希多特萨族人不喜欢这种自吹自擂。[15]

11 月 30 日早上，一个曼丹族人带着令人吃惊的消息来到曼丹堡。一支由苏族和阿里卡拉族组成的队伍攻击了五名曼丹族猎手，杀了一个人，击伤了另外两人，还偷走了九匹马。对于战争调停者们而言，这是个令人沮丧的消息，因为这表明，阿里卡拉族已经违背了承诺，并重新和苏族结盟，而这些老盟友正在对曼丹族开战。但是，这也是个好消息，因为这给美国人提供了一个机会，让他们展示对曼丹族的支持，并展示那些可以用来对付令他们不悦的部落的火力。

两位上尉当即采取了行动。刘易斯接手了对曼丹堡的指挥，克拉克则率领由 21 人组成的分遣队，渡过冰冻的河面去援助曼丹族人。

曼丹族人对此却不感兴趣。他们告诉克拉克，现在积雪太厚，而且苏族人已经跑远了。他们指责美国人干预他们之间的事务。此前，曼丹族人相信了克拉克和刘易斯的说辞，并派小队出去打猎，他们以为自己是安全的，但看看现在发生了什么！一名酋长说，他一直都知道，阿里卡拉族人都是“骗子，他们都是骗子”。

克拉克不愿意看到一次小规模的袭击就破坏了和平政策。他再次提议追击，并再次遭到了拒绝。然后，他为阿里卡拉族提出了充分的辩解理由。他承认“可能有［阿里卡拉族的］一些坏人和苏族人混在一起，［但是］你知道每个部族里都有些坏人；在知道是否这些坏人受他们自己的族人支持之前，不要对鲁莽的［阿里卡拉族人］发火”。

克拉克可以畅所欲言。但是曼丹族人知道发生了什么，而且他们也做出了自己的决定。

克拉克和刘易斯介入了他们所不了解的事务，但是曼丹族人对他们很有耐心，也很保护他们，尽管两位上尉不愿意承认这些。探险队
189 每天的食物消耗都很大，而当冬天来临，气温逐渐下降，并时常降到零度之下的时候，他们会吃得更多。为了过冬，美国人将会需要大量印第安人的谷物、豆子和南瓜，也需要定期寻找肉类补给。

12 月 7 日，一名曼丹族酋长来到曼丹堡报告，说在距离河道几英里远的一个小山上有大量的野牛。这名酋长为士兵们提供了马匹，并询问美国人是否愿意和曼丹族人一起前去狩猎。

刘易斯召集了 15 人，骑着从曼丹族那儿借来的马匹加入了狩猎的队伍。印第安人的骑术令美国人相形见绌，即使是来自弗吉尼亚的美国人也难望其项背。骑在光溜溜的马背上，以极快的速度追捕逃跑的野牛时，印第安人可以用膝盖指挥马匹，以解放出双手来射箭。他们射箭的力道非常大，以至于箭支常常能穿透野牛。女人们跟在后面，她们会在狼群接近野牛的尸体前将它们宰割掉。

这一天，刘易斯和部下用步枪猎杀了 11 头野牛。刘易斯非常享受在外过夜的经历，很显然，在零度以下的环境里，他是睡在一张野牛皮毯里。次日，美国人又猎杀了九头野牛。他们只吃了牛舌；狼群则获得了剩下的部分。“我们以大地的富饶产出为食，”麦肯齐写道，“当天的命令都是关于捕猎和吃饭。”[16]

这一天的气温下降到零下 45 度 *，是整个冬天的最低气温。而冬
190 天还有 13 天才会到来。

---

* 原文如此。存疑。——编注

第十六章

在曼丹堡过冬

1804年12月21日—1805年3月21日

这一时期一直很冷，温度常常很低，有时候天气冷到如果一个人小便的速度不够快，他的阴茎会被冻上。

刘易斯一直在记天气日记，在这些日记中，他忠实地记录了每天日出时和下午4点时的温度，以及当时的天气情况——晴朗、多云、有雪、冰雹——风向和风力，以及水位的上涨和下降。这是第一次有人记载密西西比河以西的气象数据。

这些日记记录的冬天比1951至1980年的冬天要冷，这30年间，12月、1月、2月的平均温度是零上12.3度。而在1804—1805年，12月的平均温度是零上4度，而1月的平均温度是零下3.4度，2月的平均温度是11.3度，或者说，整个冬天的平均温度是零上4度。[1]

印第安人可以适应这种气温。在很多情况下，美国人都听闻或目睹了印第安人在大草原上过夜，他们不生火，只裹着一张野牛皮毯，穿着薄薄的鹿皮靴、羚羊皮护腿和外套，而且低温几乎无法对他们造成伤害。1805年1月10日这天，克拉克记载了两个此类事件，并评论道："这些人所继承的耐寒的习惯和风俗，远远地超过了我所以为人类能够忍受的极限。"

此时河水已经上冻，冻层很厚，以至于大群的野牛可以踩在上面行动。刘易斯想要把平底船拉到河边来修理，但是船被牢牢地冻在冰里。从2月3日开始，他尝试了各种办法，想把船从冰里挪出来——用斧头在冰面上开槽凿口，用沸水和热石头来融冰，或者用"一包铁矛"来把冰层弄松散。每次尝试的时候，他都准备好一个绞盘和一根粗壮的麋鹿皮绳，以便在船只从冰里解放出来后将之拉到岸边。但是，直到2月26日，探险队花了两周的时间才最终把船从河里弄了出来。刘易斯和克拉克都没有解释，为什么他们没有在河水上冻之前就把船从河里拉上来。

在如此极端的低温情况下，有人可能会推测，两位上尉和队员们是在一种半冬眠的状态下过冬的，他们可能很少离开火堆或者很少离开奥德韦所描述的“温暖和舒适的”营房。[2]但事实上，两位上尉一直
191 让队员们忙碌着，原因有二：首先，确实有很多事情要做；其次，刘易斯和克拉克都是优秀的军官，他们很清楚，一个无所事事的士兵就是一个会惹麻烦的、无聊的士兵。

拉罗克、麦肯齐和其他的英国商人应该已经告诉过两位上尉，在冬天，哈得孙湾公司和西北公司的据点会遇到很多麻烦；捕猎者被困在自己的营房里，营房又小又有烟，只能靠烛光照明，这种环境会导致脾气暴躁、斗殴、恶意和纪律涣散。

但是，探险队并非一群四处乱逛的捕猎者；它是一个美军的步兵连。而且，去年在伍德里弗过冬的时候，克拉克和刘易斯已经目睹了很多麻烦，同时，伊利诺伊的冬天再糟也比不上北达科他。

当时，在曼丹堡里还没出现斗殴和逃兵。最严重的违纪行为也是相对轻微的。2月9日，列兵托马斯·霍华德在天黑后回到曼丹堡。他没有喊守卫打开门，而是自己爬上了墙。对霍华德而言，不幸的是一名印第安人目睹了这一切，他很快也开始爬墙。守卫向刘易斯上尉汇报了这些举动。

刘易斯非常警觉。尽管与曼丹族的关系非常好，他们与希多特萨族的关系却不那么好，而且，为了获取珍贵的步枪、水壶、贸易品和其他的东西，曼丹族人随时有可能利用他们的人数优势来制服探险队。列兵霍华德的这种欠考虑的行为恰恰向印第安人表明，这些墙是多么容易攀爬。

刘易斯的第一个念头是先把霍华德放到一边，立即处理这个威胁。他准备让这个跟着霍华德爬墙的印第安人深信他所做的事情是不对的。他让人把这个印第安人带来。“我让他相信他的行为是不恰当的，”刘易斯记载道，“向他解释了他所带来的危险正在被严肃地处理，大家都非常警觉。我给了他一小片烟草，然后就让他走了。”

然后，刘易斯开始处理列兵霍华德。他将霍华德抓了起来，并下令军事法庭对他进行审判。刘易斯不打算宽大处理，因为“这个人是个老兵了，还是犯下如此的过错”。

早上，霍华德被指控“向野蛮人做出了有害的示范”。他被判有罪，并被处以50鞭的刑罚。对于仅仅是考虑不周这样的罪行而言，这是个非常严重的处罚。可能是由于这个原因，法庭建议宽大处理，于是刘易斯赦免了霍华德的鞭刑。这是唯一一次在曼丹堡进行军事审判，也是探险队最后一次进行军事审判。

在曼丹堡的军营里，探险队维持了常规的军事安全，在这里有训练、岗哨、挑战、每日的军械检查和其他的事务。当气温降到零度以下之后，每半小时就会换一次岗。除了曼丹族和希多特萨族有可能做出有敌意的行动，苏族肯定是有敌意的，他们的距离也不远，完全可
以发动突袭，而阿里卡拉族人也有可能和他们一同前来。所以探险队 192
一直维持着岗哨。

在2月中旬，苏族人并没有发动突袭。克拉克与一大群人一同外出狩猎。猎手们捕获的猎物超出了他们的运送能力。克拉克回到曼丹堡，派德鲁亚尔带着三个人和三驾马拉雪橇去拖运猎物。一队苏族战士暗中监视了这个小队。

基于德鲁亚尔的证词，克拉克对此后发生的事情的描述勾起了我们对于事情发展的好奇：“大概有105个印第安人冲向他们。他们匆忙将两匹马和雪橇分开，把第三匹马丢给了印第安人的队伍，因为担心我们的人由于不打算顺从地交出一切而会杀害印第安人。”

不论捕猎队有多么坚定，印第安人还是带走了两架雪橇和两把刀。不论印第安人有多么勇猛，他们还是不得不放弃一把战斧、一匹马和一架雪橇。所以说，美国人做得还不赖，毕竟他们只有四个人——德鲁亚尔、列兵罗伯特·弗雷泽、西拉斯·古德里奇和纽曼，纽曼还不被允许携带武器，而他们面对的印第安武士则有105人。

11月底的时候，克拉克曾率领一支队伍去惩罚袭击曼丹族的苏族和阿里卡拉族。这次轮到刘易斯来指挥战斗了。他于2月15日日出时分出发，率领着一支由24名志愿者组成的队伍，其中包括一些作为盟友加入的曼丹族武士，前去寻找并惩罚苏族。但是天气很糟糕，积雪

很厚，很快队员们的脚就被锋利的冰块划破了，并流出了血。曼丹族人告诉刘易斯，追踪的痕迹已经不明显了，既然追踪无望，他们决定放弃搜索。

一贯坚持的刘易斯则顽强前进，又走了 30 英里，并发现了两顶被废弃的帐篷。筋疲力尽的追踪队在两顶帐篷里过了夜。次日，刘易斯最终放弃了搜索任务，转而去打猎。队伍在外面待了整整一周，并带回了超过一吨的肉食（36 头鹿、14 头麋鹿）。[3]

与曼丹族人的相遇是完全不同的。邻居们之间相处得还不错。酋长们和两位上尉之间，武士们和队员们之间，互相邀对方一同去打猎；他们频繁地贸易，常常与同一名妇女交欢，并享受这种关系；他们一起开玩笑，互相谈论所知的事情——尽可能地逾越语言上的障碍。他们向彼此描述奇妙的事情，用手势来解释观点；他们在营帐前的土地上画图、画山脉或者画木房子，互相丰富彼此的认知。曼丹族人和希多特萨族人了解一些西部地区的事情，而且乐于与两位上尉分享；美国人熟悉密西西比河以东的情况，并热切地希望促使曼丹族和希多特萨族的酋长们前往华盛顿。

193 假日和特殊的场合让这些红种人和白种人彼此之间更为亲近。1805 年的元旦，分遣队的半数人员都应酋长的专门邀请前往位于下游的曼丹族村庄，在手鼓、牛角和列兵克鲁萨特的小提琴构成的乐曲里跳舞。印第安人非常喜欢这些音乐和舞蹈，特别是那个法国人的舞蹈，他倒立着跳舞。

临近中午的时候，克拉克和约克也来到了村庄，此时节日气氛浓厚。克拉克让约克也跳一支舞，“这让大伙儿非常开心，有些人则感到很震惊，一个如此高大的人竟然这么活跃！”

次日，刘易斯率领乐手和舞者们前往第二座曼丹族村庄，参加被奥德韦中士称为“嬉戏”的活动。[4]

1 月 3 日到 5 日，曼丹族人在晚上也继续跳舞。他们邀请队员们也加入。队员们抵达后，被带往公共棚屋的背面，之后舞蹈开始了。在喋喋不休声和鼓声中，村子里最年长的人们穿着他们最好的衣服进入了棚屋，围成一圈坐下来，然后等着。很快，年轻男人和他们的妻子也进来了，在圈子的外围坐了下来。他们为老者准备好烟管，随后吸

水彩画，《约克》(1908)，查尔斯·M. 罗素绘。一名对约克的肤色怀有疑心的酋长，正试图擦去约克身上的颜色 (National Historical Society)

乔治·卡特林绘，《鸟瞰曼丹河》(1837—1839) (National Museum of American Art, Washington, D.C./Art Resource, N Y)

烟的仪式开始了。

鼓点越来越快，吟唱声越来越高，这时一名年轻人会走近一名老者，请求他接受自己的妻子，随后这名妻子会赤裸着出现在老者的面前。她会用手引导这个老者，然后——还是让克拉克来描述吧，因为只有他可以：“这个女孩会牵着老者（这名老者已经走不动路了），并引导他正确行完房事，之后他们会回到棚屋。”

假如这名老者不能满足这个妻子，她的丈夫就会一再将她奉上，并在请求时奉上一张毯子，请求老者不要轻视他们夫妇。

“这一切，”克拉克记载道，“都是为了让野牛来到这附近，好让他们捕猎。”在冬季，牛群会迁徙到遥远的有风的空地，去寻找可以吃的草。这种野牛舞被认为可以吸引游荡的牛群。

这舞蹈还有第二层意义。曼丹族人相信力量——这里指的是老者的捕猎能力——可以通过与同一名妇女的交欢被转移到另一个人身上。对探险队的士兵们而言，极其幸运的是曼丹族人乐于寻求白人的力量。所以，在三天的野牛舞仪式中，据说美国人都“不知疲倦地热衷于吸引母牛”，并传递力量。一名不知名的士兵贡献了四次力量。[5]理所当然地，这之后几天的捕牛活动进行得很不错。

曼丹族人的很多事情都是很奇妙或难以解释的。他们对待马匹的方式尤其让刘易斯吃惊。在 2 月 12 日晚些时候，一些被借给美国人的曼丹族小马抵达曼丹堡，它们看上去“很疲惫”。于是刘易斯下令用沾
195 了一些水的谷物来喂养它们，“但是我吃惊地发现，这些马都不吃谷物，它们更愿意吃棉白杨的树皮，而这是印第安人在冬季喂养它们的主要食物”。

据刘易斯记载，曼丹族人“都是很好的骑手，在捕猎野牛活动进行的数天里，它们［这些马］常常很少可以吃到食物”。在捕猎活动之后，印第安人将马牵进棚屋过夜。这些动物获得的食物被刘易斯称为“吝啬的分量”，食物一般是从人的手指大小到胳膊大小不等的一块棉白杨树皮。刘易斯很难相信，马匹可以在这种情况下坚持很长时间，但是他亲眼目睹了这一事实，知道曼丹族的马匹“很少会因瘦弱不堪而不适合骑乘”。

在 2 月 3 日这天，刘易斯写下的十篇日志里，关于曼丹族人养马

的长篇论述是最后一篇。这一天，克拉克带着 16 个人外出进行一次历时九天的探险。没有证据表明，因为克拉克离开了曼丹堡，所以刘易斯有责任记录日志。但是，鉴于刘易斯的日志在克拉克返回后就停止了，似乎事实就是如此。如果情况确实如此，刘易斯就没有在 1804—1805 年的冬天定期地记录日志，尽管他写了很多报告给杰斐逊。

在这一时期，刘易斯还做了很多医生的活儿。在冬季来临的第一天，一个曼丹族妇女带着她的孩子来找刘易斯，让刘易斯看了孩子背上的脓疮，并给了刘易斯很多谷物以换取治疗的药物。刘易斯帮助了她。1 月 10 日这天，一个冻伤了脚的 13 岁曼丹族男孩来到曼丹堡。两位上尉使用了常规的治疗方式，将他的脚浸入冷水里。这个办法看起来奏效了（对于那些脚趾和手指经常冻伤又痊愈的人而言，这个方法是管用的）。但是这个孩子的冻伤太严重了。1 月 26 日，克拉克记载道："刘易斯上尉截去了这个前段时间受了冻伤的男孩一只脚的脚趾。"

在涉及医疗方面内容的时候，所有研究刘易斯和克拉克的学者都会引用的 E.G. 崔纳德医生这么评价："因为他的脚趾被冻伤，坏死组织或许在两周内有所变化，可能刘易斯进行的截肢手术包含摘除坏死组织，极有可能还打开了关节，并切除了肌腱。"[6]

五天后，两位上尉"截除了这个孩子"另一只脚上的"脚趾"。他们没有说明是怎么做的。崔纳德医生指出，外科手术锯并不在医疗器械清单里，于是他推测，他们使用了两把手锯中的一把。[7] 在这个手术完成大概三周之后，2 月 23 日这天，克拉克记载道："男孩父亲的脚也在这附近被冻伤了，我们差不多完全治好了他，并用雪橇将他送回了家。"

除了冻伤的皮肤和四肢，两位上尉面对的最常见的问题就是梅毒。
日记中对此的详细记载很少，但是，有可能几乎所有人都染上了梅毒。 196
至于两位上尉，他们从未提到对自己进行了常规治疗。

这种治疗的手段包括摄入一种被称为甘汞（氯化亚汞）的药片形式的水银。水银的副作用可能很危险；"如同制帽人一样疯狂"这种说法，就是指制帽人在生产过程中会使用水银，他们会因为吸入这些烟气而变得有些疯狂。但是水银对于梅毒的治疗效果很好，刘易斯很清楚这一点，所以他常常对病人使用甘汞。[8]

两位上尉的治疗原则就是越多越好。1 月 26 日这天，一名队员得了“严重的胸膜炎”。能够在两位上尉的治疗下存活下来堪称奇迹。他们为他放血，用拉什的药片清理伤口，并在他的胸口涂抹油脂（这个措施可能起了作用）。第二天，他的病症还没好，于是克拉克又为他放血，并把他放进一间汗蒸屋，在汗蒸屋里，水被泼洒在滚烫的石头上以制造桑拿的效果——这个措施一定对病症起了疗效，因为此后这个病人再没有被提及。

2 月 11 日，作为医生的刘易斯有了一次很不寻常的经历。这天，在沙博诺的妻子萨卡嘉维阿分娩的时候，刘易斯在场。刘易斯记载道：“这是这个女人第一次生孩子，分娩时间很长而且很痛苦。”刘易斯很担心她，他还在指望着到达落基山脉的时候，她可以作为翻译与肖松尼族印第安人（刘易斯知道他们的马匹数量很多）打交道。他咨询了热索姆，热索姆说，这种情况下，他应该使用一种用响尾蛇尾部的响环制作的药物。据热索姆说，这种药剂一贯是有效的。

“我弄来了蛇的尾部响环。”刘易斯在日志中写道。他将响环弄成很多小块，用水和在一起，然后让萨卡嘉维阿喝掉。“我不能保证，这种药是否真正起了效果，”刘易斯说道，“但是，在她喝下这个药之后不到十分钟，她就分娩了。”在一段满怀希望但又受到一名启蒙科学家的质疑精神影响的句子中，刘易斯写道：“未来，这种疗法可能值得我们试验，但是必须承认，我希望对它的疗效有信心。”

这个被起名为让·巴普蒂斯特·沙博诺的男孩很健康，也很活泼。沙博诺一家在曼丹堡里有自己的住所，所以，这个饥饿的婴儿穿越练兵场的哭叫声肯定至少在一些人中间引起了思乡的愁闷之情，因为他们会想起自己的家庭，自己的兄弟或姐妹。刘易斯很想他的兄弟姐妹。在一封关于此时的、写给他母亲的长信里，他特别提到了他的兄弟姐妹。

初为人父的沙博诺很受振奋，他将会对自己的重要性产生全新的看法。很有可能，在冬季里，他为两位上尉和印第安人做翻译的过程
197 中，他的这种对自我重要性的认识得到了加强。通过两位上尉针对西部有些什么的询问，以及印第安人对此的回答，沙博诺知道，在与肖松尼族打交道的过程中，萨卡嘉维阿至关重要。而且，没有沙博诺就没有萨卡嘉维阿。

于是，在3月11日这天，当两位上尉和沙博诺商谈合同的时候，沙博诺占据了有利地位，并想要主导条款的制订。两位上尉说，沙博诺也必须和大家合作，和军人们做一样的工作，并且他也需要常常站岗。沙博诺回复道："让我们的情况成为它应该成为的那样吧，我不会答应干活或站岗的。"他还说："如果与任何人发生小争执，他想要等他感到满意之后才回复，而且他还要拥有支配他可以携带的补给的权力。"

"这不可接受。"克拉克和刘易斯断然拒绝。他们让沙博诺带着他的家人一起搬出曼丹堡，并雇用了格拉沃利纳斯先生作为翻译。

在曼丹族的村庄里生活了四天之后，沙博诺通过一名法国水手给两位上尉送来了一个消息："请原谅他的无知，并重新让他做翻译。"是他自己恢复理智了吗？还是法国水手们告诉他，他的做法太愚蠢了，他这是在错失一个一生难求的机会？抑或是萨卡嘉维阿坚持她必须前去见她的族人，并要加入这次伟大的历险？无论如何，沙博诺准备好妥协。

两位上尉让人捎话给沙博诺，让他来堡里商谈。沙博诺于3月17日来到堡里。"我们让他进来，"克拉克记载道，"他同意了我们的条件，然后我们同意他或许可以和我们一同前进。"

探险队的人员名单是完整的。即将继续往西部去的探险分队由三个小队的军人组成，每个小队都有一名中士。队里还包括两位上尉和五名非军人，他们是德鲁亚尔、约克、沙博诺、萨卡嘉维阿和让·巴普蒂斯特（克拉克给他起了叫做"篷普"或者"篷佩"的外号）。

2月4日，刘易斯在日志中记载，探险队里的肉制品即将吃完了。这天早上，克拉克出发去捕猎。次日，刘易斯记载道，托了风箱而非步枪的福，尽管还是没有肉类，只有谷物，但迫在眉睫的食物短缺问题已经被克服了。

列兵约翰·希尔兹是一个熟练的铁匠。他使用堡里的熔炉和风箱做起了买卖。他在堡里为印第安人修理铁锄、磨斧头、修理火器，以换取谷物。但是到了1月末的时候，买卖开始变糟。市场上对于修理铁锄的需求已经被满足。希尔兹需要一些新产品来拓展业务。

武器交易是一个显而易见的新业务。当然交易的不是火器——两

位上尉拒绝了所有对于步枪和手枪的要求——交易品是战斧。希尔兹可
以轻易生产出一种特别样式的战斧，而印第安人对这种战斧的评价也很
198 高。刘易斯不喜欢这种战斧的设计，他写道：“在我看来，这种武器的
样式很不实用。”斧锋太薄太长，而把手太短，战斧的总重量太轻，这
一切组合在一起产生的武器，“击打准头不好，而且很容易被避开”。

但是武器商人总是给客户他们想要的东西。希尔兹开始工作了，他用他那几乎已经被烧坏的炉子制作出铁皮。一些队员被派出去砍伐木材，用于搭建炭窑，以扩大产能。尽管如此，美国人还是无法更快地生产出战斧来。

印第安人是善于讨价还价的熟练商人。2 月 6 日这天，刘易斯让希尔兹将炉子的剩余部分切成许多四平方英寸的小片，稍后，这些东西可以做成箭头，或者是覆盖着野牛皮的刮刀。在一番讨价还价之后，价格被定下来了：七到八加仑的谷物可以换得一片金属。交易的双方都觉得自己占了便宜。*

在写于 2 月 6 日的日志里，刘易斯向希尔兹及其助手们表达了敬
199 意：“铁匠们今天获得了大量的谷物作为劳动报酬。铁匠们证明了，在
现在的情况下，他们是非常好的一种资源，因为我相信，我们很难通
过其他方式从本地人那儿获得谷物。”

刘易斯认为希尔兹功劳很大，不过他认为，印第安人也是有些功劳的，至少他们首先准备了可供交易的谷物。要在如此极端寒冷的天气下这么努力地工作，队员们的食量是很大的，每天要摄入至少 6000 卡的热量。即使一名现代的运动员每天也很少摄入超过 5000 卡的热量，但是这些 1805 年的队员们所摄入的热量里面只含有极少的脂肪。结果就是，不管吃多少东西，他们总是会觉得饥饿。[9] 是曼丹族的谷物让探险队度过了冬天。假如没有曼丹族，或者曼丹族没有多余的谷物可以提供，又或者曼丹族人是有敌意的，那么刘易斯和克拉克的探险可能在第一个冬天就夭折了。

不过刘易斯从来没有这么记述过，事实上可能他从来没这么想过。在日志中因为获得谷物而表扬希尔兹之后的第三天，来自上游曼丹族村

* 在 14 个月之后，希尔兹在位于落基山脉另一边的内兹帕斯族人那里看到他锻造的战斧，这时他才知道，这些战斧在印第安人之间有多么受欢迎，才知道通过贸易这些战斧跑到了多远的地方。——作者注

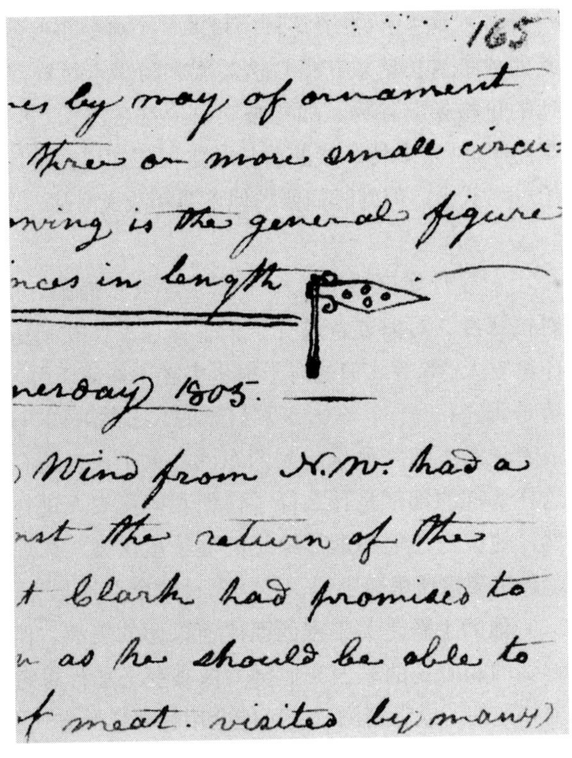
165
es by way of ornament
three or more small circu:
wing is the general figure
nces in length
nerday 1805.
Wind from N.W. had a
nst the return of the
t Clark had promised to
n as he should be able to
f meat. visited by many

刘易斯在日志中描绘的战斧（Courtesy American Philosophical Society）

庄的酋长“黑猫”来探访刘易斯。1月2日和其他的一些场合里，刘易斯曾经在“黑猫”的村庄和他接触过。这是“黑猫”第17次探访曼丹堡。他带来了一些礼物，其中包括一张很不错的弓。刘易斯回赠给他一些鱼钩和缎带。“黑猫”的女人赠予刘易斯两双漂亮的鹿皮鞋；刘易斯给了她一面镜子和一些针。“黑猫”留在两位上尉的营房里吃了晚饭。

这天晚上，刘易斯在日志里写道：“这个男人比我在这里见到的其他任何印第安人都更诚实、更坚定、更聪明、思路更清晰。我想，通过一些操控，他或许可以成为传播我们政府意图的有用的代理人。”

这句话很不寻常。它的前半部分显然是刘易斯的心里话。很明显，他很乐于和备受尊重的“黑猫”相处。但是，在这句话的后半部分里，刘易斯直白地讨论了为了美国的利益，他准备管理并操控他的朋友的计划。

由此而来的问题是：什么是美国人的意图？一方面是和平。刘易斯和克拉克一直在向印第安人传播和平，向他们提出在美国人看来极其有力的应该避免战争的理由。另一方面，美国人是武器商人。正如詹姆斯·龙达所说：“这种困境的一个典型事例就是，一名跑来购买战斧的战争酋长请求获得攻击苏族和阿里卡拉族武士的许可。为了以合适的价格换取谷物，战斧被交易给这名酋长，但是使用战斧的请求被拒绝了。”希多特萨族的酋长一定很想知道，是什么样的人会把武器卖给一名武士，但同时却要求他不要和敌人交战。[10]

在曼丹堡度过的这个冬天里，大家捕猎、交易、保持身体健康、
200 对抗寒冷、对旧装备进行了很多修理工作并制造了新的独木舟、访问印第安人，等等。但是对于梅里韦瑟·刘易斯而言，这个冬天主要的事情是研究和写作。在大多数日子的大多数时间里，他都忙于搜集信息，或者记录下那些他了解到的东西。关于在西边有些什么，或者远方的这样那样的部落是什么样子，他和印第安人进行了无尽的讨论。要不然，他就是在他那烟雾缭绕的屋子里伏案，在烛光的照耀下，将鹅毛笔伸进墨水瓶里蘸上墨，连续书写数个小时。

他的主题是关于密西西比河以西的美洲。他记载下他看见的、了解到的和听说的东西。他努力像杰斐逊那样思考，去预见总统可能想要知道的，或者猜测总统可能会用什么样的方式展示这个或那个主题。

此时的杰斐逊情况又怎么样呢？他知道探险队现在身在何处、进展如何吗？

他几乎一无所知。自从探险队离开圣查尔斯之后，他就没有直接从刘易斯那儿获得任何报告。曾探访过刘易斯的奥萨格族酋长们在1804年7月抵达了华盛顿。在迎接他们的时候，杰斐逊提起了他的“挚爱的人，刘易斯上尉”。[11] 在1805年1月4日这天，杰斐逊给刘易斯的弟弟鲁本写信，告诉鲁本，他刚刚得知（很显然，他是从一个在秋天回到圣路易斯的猎人口中得知的）在8月19日的时候，探险队位于普拉特河河口附近。根据这封信中的说法，“没发生任何意外，在途中他［刘易斯］被印第安人很好地接纳了。预计，他会和曼丹族人一起过冬，位置会在河流上游1300英里处”。

杰斐逊预计探险队将会在下一个夏天抵达太平洋，然后于1805至1806年的冬天返回曼丹村落。“如果是这样的话，”总统在信的结尾高
201 兴地写道，“我们可以期待在1806年的春天见到他。”[12]

第十七章

来自曼丹堡的报告

1805 年 3 月 22 日—4 月 6 日

新生活正在蠢蠢欲动。在春季的第一天里，降雨了——这是自秋季以来的第一场雨。河上的冰开始消融。天空中有时会遍布野鸭、天鹅和大雁。为了他们自己的马匹，也为了吸引野牛，印第安人在干枯的草地上升起火，以便让新的草更快生长出来。

到 3 月底的时候，大块的碎冰从上游顺流而下，一同从上游漂来的还有在冰上行走时遇到冰层破裂而溺毙的野牛。“我观察到，印第安人在冰块间跳跃的时候极其敏捷，”克拉克在 30 日这天的日志里写道，“他们的目的是捕捉那些顺流漂下的野牛。”

到处都遍布着春天的喜悦，而那些刚刚度过他们前所未见的寒冬的探险队员则愈发欢迎春天的到来。他们满怀激情地工作，热切盼望着再度出发。一些人在修理船只的时候，另一些人则在制造独木舟、打包、制作鹿皮鞋、制作肉干、拉风箱。他们在工作的时候还唱着歌。

在 1804 年 5 月到 10 月之间的五个月里，两位上尉和手下们所走过的路程，比同时代的人一生所走的还要长。在 1804 年 11 月到 1805 年 4 月之间的五个月里，他们则一直待在一个地方。此时，再次在河上扬帆的期望热切难耐。

3 月的最后一天，克拉克记载道：“整个队伍的精气神都很足，几乎每晚大家都在跳舞。队员们之间非常和谐，彼此都充满理解。除了一些很正常的抱怨，一切都很好。”

4 月 5 日，曾经顺俄亥俄河而下，然后逆密西西比河和密苏里河而上抵达曼丹堡的平底货船和两只独木舟，连同六只新建的独木舟一起重新回到河上。次日，队员们将会往船上装载物品，然后在4月7日出发；那时，平底货船将会顺流而下前往圣路易斯，两只独木舟和其他更容易操控的独木舟将会逆流而上，而河流也会逐渐变得更浅，流速也会慢慢加快。

队员们工作的时候，两位上尉则在做记录。记录的工作量实在是
202 太大了，以至于克拉克抱怨都没时间给家里人写信了。刘易斯写了一封信给他的母亲，不过信的大部分内容都是抄的——他只是从给杰斐逊的报告中照抄了一些内容。

两位上尉满怀着热情和奉献精神在工作。在长达好几周的时间里，刘易斯除了写作、吃饭和睡觉，什么别的事情也没做。要记载的东西太多了。他觉得，他需要证明探险计划是正当的。他希望能让杰斐逊感到高兴，能告诉他他们已经发现了杰斐逊希望发现的东西，能够回答杰斐逊的问题，能够推进他的发展路易斯安那的计划。

甚至，两位上尉想要让他们所有的观测数据都是准确的。他们是有启蒙思想的人，致力于搜集事实，然后让新知识能为人类服务。所以，除了描绘地形、土壤、矿物、气候，他们还有责任描述部落，并有责任对路易斯安那未来的经济提出建议。他们需要尽可能让他们所了解到的东西变成有用的东西。

刘易斯决意要完成这些工作，并把这些工作做好。在他看来，自杰斐逊让他指挥探险队以来发生的所有事情，都是对探险的准备工作；现在，探险才将要展开。4月7日，向西继续前进的探险分队将会进入白人从未涉足过的土地。如加里·莫尔顿所写，迄今为止，“所有人此前的努力即将抵达一个临界点，在这之前他们经历的是已经被绘制在地图上的路线，是他们之前的白人所探索过的”。[1]

不过，尽管探险队还没有进行任何真正的探索，两位上尉已经搜集了有关上路易斯安那的大量新信息——它的动植物、它的气候和丰饶、它的人口以及他们之间的战争和经济状况。将这些信息正确整合在一起，并对其作合理的整理和标注，将会构成对泛密西西比河西部地区的第一次系统调查，并将由此向世界做出不可估量的贡献——而这对于美国政府、美国商人、边境农夫、毛皮商人和探险者们的贡献

也是不可估量的。

两位上尉用两种基本的方法搜集信息。首先是通过观察，其次是通过向本地人打听。他们向遇到的每一个印第安人和白人商人询问周边地区的信息。这些搜集信息的工作常常会持续一整天，偶尔还会花费更长的时间。

杰斐逊对于印第安语言有着很大的热情，他相信，他能够通过发现他们语言的基础来追索印第安人的起源。所以，搜集印第安语词汇是交给两位上尉的一个重要任务。他们付出了很大的努力尝试将各种印第安语翻译成英语。

麦肯齐曾经目睹两位上尉从事词汇方面的工作。这些被记录的语言是希多特萨族语。一个本地人先说一个单词给萨卡嘉维阿，萨卡嘉维阿将这个单词用希多特萨族语讲给沙博诺，然后沙博诺用法语翻译给热索姆，最后热索姆再将其翻译成英语说给两位上尉听。麦肯齐认为，热索姆的英语介于不足和无稽之间，这加大了出现错
误的可能。 203

在另一个场合，麦肯齐记载道："在说出曼丹族语词汇的时候，我也在场；两个法国人［沙博诺和热索姆］就两位上尉记下的每个单词的意义进行了激烈的争论。印第安人无法理解美国人记录他们词汇的意图，于是他们认为，美国人对他们的地区有着邪恶的谋划。"[2] 尽管有着这些困难，刘易斯还是坚持在这么做。他投入了大量的时间来做这件事情。我们不知道，他是否觉得这项工作很有趣，或者说他是否觉得这项工作很重要。杰斐逊先生希望这项工作能够完成，这就够了。

相较而言，刘易斯对印第安人的神话和精神生活没什么兴趣，但是他很熟练地观察了一部分的印第安文化，特别是他们是如何做各种事情的。比如说，他的贡献之一就是记述并描绘了阿里卡拉族人是怎么制作玻璃珠的。探险队准备出发前往落基山脉的时候，两位上尉购买了一顶野牛皮制成的锥形帐篷，以作为他们、沙博诺、萨卡嘉维阿和篷普的临时居所。刘易斯在写于 1805 年 4 月 7 日的日志里描述了这顶帐篷，这个描述被詹姆斯・龙达称为"迄今为止关于这种独特的大草原住宅的最好的描述之一"。[3]

除了用笔做记录之外，两位上尉还搜集了诸如阿里卡拉族的谷物、

烟草种子、矿物标本和植物标本，以及印第安人生活中的手工制品，诸如弓、服装、染色的长袍，并将这些东西都寄给杰斐逊。总而言之，他们搜集并整理出来的信息，被以一种系统的方式展示给杰斐逊——同时，在杰斐逊之外，还被展示给整个科学界——即使探险队的贡献仅止于此，这些信息也足以证明探险的正当性。

刘易斯和克拉克报告的模板是杰斐逊的《弗吉尼亚纪事》（*Notes on the State of Virginia*）。如同这篇写于 25 年之前的作品一样，刘易斯对于上路易斯安那的描写既是旅行手册，又是游记，也是宣传文字，还有一部分配有文字说明的原图。加上克拉克贡献的部分，最终从曼丹堡寄出的报告总计大概有 45 000 个单词，几乎是一本书的篇幅（杰斐逊的《纪事》大概有 80 000 个单词）。

如同杰斐逊的作品那样，在报告开头，刘易斯对水路进行了细致的描述，或者，援引他所写的，“概述了那些汇入密苏里河的河流和小溪……从这条河与密西西比河的交汇处到曼丹堡”。[4] 正如杰斐逊对弗吉尼亚的记述，刘易斯不仅描述了这些河流，还描述了沿河居住的人们，包括在圣查尔斯的法国人、奥托族人和苏族人。他还记录了当地的经济、土壤、矿物蕴藏、气候和其他信息。

这份报告中包含了两位上尉对各条流入密苏里河的河流的实际观测，以及从商人和印第安人那里得来的，关于这些河流的北部延伸和主要支流的信息。比如说，刘易斯只目睹了普拉特河河口，但是他对这条河的描述一直追溯到了它在落基山脉的源头。根据了解到的信
204 息，他提到，普拉特河流经“大片的平地、平原和牧场，在这些地方，
只有在这些地区的边缘能够看到树木”。他提到了普拉特河的五条支流，讨论了这些流域内的矿物蕴藏、土壤和人口——奥托族和密苏里族——和其他一些信息。很自然地，在刘易斯的报告中，越靠西部的地区，其描述中的推测也就越多。刘易斯对普拉特河和圣菲以及布莱克山的关系推测完全是臆想式的，错得离谱。

刘易斯希望，杰斐逊可以将他的报告印刷出来，并提交给国会。他对这份报告的受众有一些了解，所以有些时候，他的报告听起来像是一个推销者在写评论：“这条河［位于密苏里东部的马迪河］灌溉了一片极其美丽的地区；这片土地静候着人们来耕种，而且它非常肥

沃……土地上满是高大的良木，灌溉这些树木的是大量的泉水和灰岩水。”更西部的格兰德河流域也是非常适合农耕的地区。“这些土地非常肥沃；其间生长着适当的草原和树木，展现出一派我所见过的最美丽如画的风景。”

在报告中，即使对密苏里南部地区怀有无比的热情——他将这一地区描绘为天堂——他还是在控制感情。在 1804 年 3 月 21 日写给母亲的信中，他可以充分地表现出对这一地区的热情；他所写的信不像儿子写给母亲的，而是一个弗吉尼亚农场主写给另一个弗吉尼亚农场主的。“我们还没有开始逆流而上的这条大河，”他写道，“灌溉了地球上最远的地区之一，我不相信在这个宇宙中还有哪片地区和这个地区一样肥沃、一样丰饶、一样由无数可通航的水路所交织。”他补充道：“我曾经以为开阔的大草原地区贫瘠、荒芜，都是沙地；但是事实正相反，我发现这片地区极其肥沃，土壤的厚度从 1 到 20 英尺不等，都是丰饶的黑土，其上生长了繁茂的野草和其他植物。”

但是，这片土地其实不算是伊甸园；土地上木材的缺乏是严重的缺陷。对于 1805 年的美国人来说，生活在一片没有木材和燃料的土地上是难以想象的事情。虽然，在美国东部的三分之一地区，树木太多也是一个问题。[5]

在写给杰斐逊的报告里，刘易斯记录了一名想要迁徙到上路易斯安那边境的农夫所能想到的所有事情。他指出“有几条激流很适合水利设施”；他对部分比较富饶但是缺乏木材的地区提出了警示。刘易斯是美国毛皮猎人、毛皮商人和农夫的代理人。他标注了出产毛皮的地点，并考察了可能作为贸易点的地方。

刘易斯有一项责任，即就如何将英国人赶出密苏里河流域，以使得美国公司可以接管毛皮贸易一事提出建议。他的结论和建议完全基于他对于这一流域政治经济情况的分析。

“我很确信，等到我们的政府采取这些措施的时候，苏族和英国毛 205
皮公司之间的来往和交通将会被有效地阻断，”他向杰斐逊汇报，“美国的公民永远只能部分利用目前展示出来的在密苏里河上航行的重要优势。”他建议，在可以阻止英国人从加拿大或者穿越今日的明尼苏达进入达科他的地点建立要塞。假如能阻断苏族和英国人之间的贸易几年，他写道，“苏族将会体会到，他们对于商品的供给完全依赖于我们政府的意愿；这样，在两三年的时间里，我们很可能就可以兵不血刃地让他们听从我们的命令”。不过，考虑到未来71年里苏族和美国人之间的关系，这完全是过分乐观的预测。

报告中的很大一部分内容是一份商业说明书，它强调，印第安人是顾客和供应者。在报告中，一个由克拉克写就的单独的章节，标题是“对东部印第安人的判断”[6]；这一部分的内容是克拉克和刘易斯两个人的心血，两位上尉在其中描述了不少于72个部落和族群，还至少记载了他们的居住位置、生活方式、战争对手、人口、居所等信息。当然，这其中只有一小部分部落的描述是基于两位上尉获得的第一手资料，但是他们特别标注出哪些信息是通过口述获得的。

他们毫不犹豫地描述了所知道的信息，这些描述常常表达的是他们的感受。他们写到了他们的曼丹族朋友：“这些是居住在密苏里河流域的非常友好、心怀善意的印第安人。他们勇敢、高尚、好客。”关于提顿苏族的描述则正相反：“他们是非常卑鄙、邪恶的野蛮种族，在这些措施被我们的政府所采用、让他们感到他们的商品供给依赖于我们的意愿之前，必须一直让他们待在密苏里的草原上。”

在沿探险路线居住的那些部落中，他们记录了生活在山里的弗拉特黑德族人：“他们是羞怯、没有攻击性且无自卫能力的一群人。据说他们拥有大量的马匹。”

两位上尉获得的信息表明，肖松尼族和西班牙人在进行贸易，但西班牙人拒绝向他们提供火器。随之而来的结果就是，尽管肖松尼族人数量庞大，而且非常友好，“但是，在密苏里河上，所有位于他们下游的部族都对他们开战，并偷走他们的马匹”。

关于内兹帕斯族：“关于这些人和他们所在的地区，我们获得的信息仍然相对较少。流经他们居住地的河流，应该是哥伦比亚河的分支。”

随报告一起寄给杰斐逊的，还有108种植物标本。这些东西丰富了美国哲学学会的收藏，它们于何时何地被采集的信息也被合理地标注，还附有描述性文字。其中第一件是“一种水芹，于1804年5月10日采集于圣路易斯。在密西西比河的河床底部生长着很多这种植物，也常见于许多花园和果园里未经开垦的部分；在大多数情况下，它的
206 种子会在5月10日之前成熟”。

如果一种植物被宣称有治疗作用，刘易斯就会提到它。如果这种被宣称的疗效和国内的某种医疗问题有关系，刘易斯就会强调它。一种仅仅被描述为“大草原上的白色木头”的根茎被认为可以治疗疯狼和疯狗的咬伤，也可以治疗响尾蛇的咬伤。在19世纪早期，狂犬病和蛇咬伤都是常见的危险病症，因此，刘易斯非常激动地专门写了一封信以描述这种白色木头的根茎；在信中，刘易斯详细地描述了如何将它制成一种膏药、如何使用它等等相关信息。他在信的末尾写道：“因此，我寄出了几磅这种根茎，这样在美国哲学学会的指导下，熟练人员就可以用它们做一些实验。”[7]

这种植物很可能就是紫松果菊，印第安人将之广泛用作蛇咬伤的解药。杰斐逊将这种根茎送给一名医生，让他用此做实验。[8]

刘易斯还寄给了杰斐逊68种矿物标本，它们于何时何地被采集的信息也被标注了。这些标本里有诸如“密苏里之沙”、“一品脱密苏里河河水”、“密苏里河里常见的鹅卵石”、铅砂、石英、芒硝、明矾、硫化铁矿、石灰、火山岩、浮石和化石这样的东西。

在送给杰斐逊的物品中，植物和矿物标本只是其中的一部分，货物中还包括雄性和雌性叉角羚的骨骼、两头北美黑角鹿的角、昆虫和老鼠、各种动物的皮——包括通过贸易路线从落基山脉来的一张貂皮和一张白鼬鼠皮——以及其他的一些东西。其中也有活的动物，它们在科学上是新物种：四只喜鹊、一只草原土拨鼠和一只草原母榛鸡（杰斐逊收到这些动物的时候，只有喜鹊和草原土拨鼠还活着）。

在送出的物品中还包括一份由克拉克绘制的密西西比河以西的美国地图。这是一件制图师的杰作，它在知识上的贡献也是不可估量的。从圣路易斯到曼丹堡，克拉克都很准确地沿密苏里河对它们进行了标注。而从曼丹堡往西，这份地图则开始有一些粗略，这很自然，因为克拉克对于各种支流的描绘大多是基于听闻，而这种听闻常常也是叙述者从去过那些地方的人那里听来的。刘易斯说明了克拉克的绘图方法：他会比照几个印第安人各自的说法，在不同时间分别向他们提尽可能多的问题。只有当关于位置、距离、隘口的信息比照无误时，克拉克才会将这些信息绘制在地图上，并放入刘易斯的报告里。

尽管在当时，两位上尉都在忙于将各种标本准备好运出，并在尽量完善报告和地图，在春天的头两周里，他们最挂虑的事情还是前路上会遇到些什么。他们努力从曼丹族人那里获取信息，但是曼丹族人也从未去过西部很远的地区，所以他们能提供的信息也很少；而希多特萨族人的战斗分队常常能去到落基山脉，因而能提供很多信息。

从希多特萨族人那里，刘易斯了解到汇入密苏里河的那些河流的名称，以及这些河流之间的相互关系。他这么评价消息来源："我认为
207 [希多特萨族人] 还是值得信赖的。"

刘易斯期待着在位于曼丹堡上游 117 英里的地方找到从北部流过来的怀特厄斯河。这个期待让他非常兴奋，因为，如果真如印第安人所说的那样，怀特厄斯河延伸到北部很远的地方，就意味着加拿大和美国之间的边境线或许可以向北挪一整个维度，这正是杰斐逊所期盼的。

印第安人告诉刘易斯，在怀特厄斯河河口北部三英里的地方，他将会找到密苏里河所有支流里最大的一支——黄石河。希多特萨族人称，黄石河"灌溉了路易斯安那最美的一个地区，这个地区还未曾有人来捕猎，盛产各种动物的毛皮"。他们认为这条河"在一年四季里都可以通航船只和独木舟，直抵落基山脉脚下，传言这个地方距离密苏里的斯里福克斯只有不到 20 英里"。

黄石河那显而易见的重要性使得刘易斯建议政府在它与密苏里河的交汇处修建一个贸易点。这个贸易点将"为我国的公民带来极为有利可图的毛皮贸易的好处，并将制约英国的西北公司"，而西北公司的意图就是"独占"密苏里河流域的毛皮贸易。"如果这个强大而有野心的公司一直难以进行贸易活动"，刘易斯告诫道，英国人就有可能发挥他们对本地人的影响力，阻止所有美国人在密苏里河上航行。

在黄石河河口上游大概 150 英里的地方，是从北部流入的"排斥其他河流的河流"。然后就是南部汇入的马瑟尔谢尔河。再往上游走 120 英里，探险队就会遇到密苏里河大瀑布："它被印第安人描述为一个惊人的大瀑布。他们说，这个瀑布制造的声响可以传播到很远的地方……他们还说，在这个瀑布的北面有一个很漂亮的开阔平原，独木舟和行李或许可以轻易地被运过这个平原。他们声称这个通道的长度不会超过半英里。"

在大瀑布上游大概 15 英里处，梅迪辛河从北面流来，汇入密苏

里河。再继续走 60 英里，探险队就会进入山脉。再继续前进 75 英里，密苏里河将会在被称为斯里福克斯的地方分为三条差不多等分的河，五年前萨卡嘉维阿就是在这个地方被捉住的。这三条河中深入北部最远的那条“可以直接通航到山脉的山脚下，这条山脉分开了太平洋水系和大西洋水系。印第安人宣称，他们可以用半天的时间从山脉的东部走到一条流过山脉西部的大河”。

杰斐逊读到这段话的时候该是多么开心啊！这次探险的唯一目的即将达成。

这条山脉是希多特萨族人抵达的最远的地方。刘易斯提到，“因此，我们无法获得比站在山顶目力所及范围更西地区的信息”。 208

但是，希多特萨族人所说的他们站在山顶所看到的就是刘易斯和杰斐逊所期待和盼望的：“印第安人告诉我们，河流以西地区由开阔平坦的平原构成，这和印第安人生活的地区很相似。”弗拉特黑德族和肖松尼族的部落生活在一条位于这个地区的河流边。他们的主要食物是鱼。“我们认为这条河是哥伦比亚河的南部分支，”刘易斯写道，“而且，我们被告知哥伦比亚河盛产他们吃的大马哈鱼。据说这条河的流速很快，不过如果印第安人的信息准确，这条河里也没有暗礁。”

在曼丹堡和几个月后的华盛顿，一种很高的期望开始升腾。当报告抵达华盛顿，杰斐逊开始阅读的时候，他一定非常满意；甚至还在读报告的时候，他就能感到一条通往太平洋的全水路通道已经被发现，而且已经被绘制在地图上了。

随这份报告一起，刘易斯还寄回圣路易斯一些信件、公文，以及被他称为“我的公共账目”的由他签署的汇票和便条。在写给杰斐逊的一封附信中——这封信的署名日期是 4 月 7 日，不过可以确定它是于 4 月 6 日写就的——刘易斯承认他对于这些账目感到很不好意思。[9] 他本打算将这些账目整理好并在 1804 年的秋天把它们送回圣路易斯，但是最终事实证明，“在我看来，如果以不危害到我所参加的这个计划为前提，那么装载补给的独木舟和舟上的船员是不可能被摒弃的；因此，我毫不犹豫地选择因滞留这些文件而可能要负的责任，而不是选择哪怕危害到探险成功的一丝可能”。

杰斐逊曾经指示刘易斯要勤于整理账目，并将汇票尽快送回陆军部。刘易斯说，他没能做到这一点，这已经成为“不安和焦虑的重要根源；而想起你曾就此特意嘱咐过我，这让我更感到痛切”。

很显然，作为一名军官，刘易斯做出了正确的决定。但是作为一名捍卫总统的人，他对此感到很糟，因为他很不喜欢让杰斐逊失望。但是，不论刘易斯对此感到多么不快，他对于账目的随意性和对于汇票的签发正在变成一种习以为常的行为。

在这封写给杰斐逊的、署名日期是 4 月 7 日的信件的后半部分，刘易斯向杰斐逊提出了他的计划。早上，他打算让平底船和独木舟各自出发。和沃菲因顿下士一同出发的将是四名列兵外加纽曼[*]和里德，
209 格拉沃利纳斯先生将会作为领航员和翻译，此外还有四名法国人。他们全副武装，补给充足。“我对于他们将会受到苏族人的袭击一事只有些许担心，”刘易斯写道，“但是他们都向我们保证，只要他们中还有一个活人，就不会投降。”

探险队的六只圆底独木舟和两只平底独木舟已经装载完毕，准备好出发了。沃菲因顿驾驶平底货船开始顺流而下，探险队也会立即出发。刘易斯说他打算将两只平底独木舟留在密苏里河大瀑布。在大瀑布的远端，他打算将他的钢铁框架的船组装起来，并在框架上蒙上兽皮。

摆脱了笨重的平底货船之后，刘易斯说他预计在抵达大瀑布之前，他们每天可以前进 20 到 25 英里。其后，“关于我们每日进程的任何计算都仅仅是推算”。但是他的期待值很高：“蛇族人拥有大量马匹这一情况对我们很有利，因为借助马匹，从密苏里河到哥伦比亚河之间，我们的行李在陆上的运输会非常容易并迅捷。”

补给很充足，刘易斯说，这都多亏了猎手们的技巧，他们的努力使得大家可以吃到肉食，干谷、汤粉、面粉和腌猪肉可以被省下来留待在山里的时候食用。他对曼丹族的谷物只字未提，这个刺目的忽略给了杰斐逊完全错误的印象，让他以为白人可以不借助印第安人而在大平原上过冬。刘易斯提到了印第安人向他保证，前方的地区“有着大量的可供捕猎的动物”。

---

* 自从被审判和除役之后，纽曼的表现非常地好。他一度自愿从事最艰难的工作，并感染了其他队员，以至于他们要求刘易斯满足纽曼的要求——让他重新加入探险队。刘易斯在之后也曾表扬过纽曼，但是没有让纽曼重新加入探险队，纽曼和逃兵里德一起回到了圣路易斯。——作者注

刘易斯预计探险队将会在夏天抵达太平洋，然后将会返回，他们会在密苏里河的源头，甚至可能会在曼丹堡度过1805—1806年的冬天。他告诉杰斐逊：“因此，你或许可以在1806年9月，在蒙蒂塞洛见到我。”

刘易斯这封信的结尾肯定是史上所有指挥官所收到的、来自即将出发前往一次伟大探险的军官最乐观的战地报告：“我想不到任何实质的或者潜在的对我们的征途的阻碍，因此我非常乐观地认为我们会获得彻底的成功。至于我个人，自从我们开始这次旅程，我的健康状况从没有这么好过。我宝贵的朋友和同伴克拉克上尉的身体状况也非常好。此时，探险队中每个成员的健康状况都很好，而且他们士气高涨；他们对探险计划充满热忱，而且他们都急于继续前进；在队员们中间，听不到一丝的不满或者抱怨；他们的行动几乎都是一致的，而且每个人的行为都很和谐。有着这样的队员，我满怀希望，无所畏惧。” 210

第十八章

从曼丹堡到玛丽亚斯河

1805 年 4 月 7 日—6 月 2 日

1805 年 4 月 7 日早上和晌午之后的一段时间里，刘易斯一直在忙于监督最后的打包以及包裹的安置工作；这些包裹有些会被装进即将逆流而上的独木舟里，有些会被装进将要顺流而下回到圣路易斯的平底货船里。他检查了武器、火药、食物、药物储备、贸易品和工具。他在最后时刻给将要指挥平底货船的沃菲因顿下士下达了一些指示——主要是让他在苏族的地盘保持高度戒备，时刻准备好凭武力越过苏族的领地，并确保刘易斯所挑选的植物、动物、手工制品以及他和克拉克所写的信件、日志、报告能够送到杰斐逊总统手中。

下午 4 点，船只、圆底独木舟、平底独木舟和船员们都准备好启航了。继续向西的探险队成员向平底货船上的船员们高呼“再见”“好运”“一路平安”，然后他们将满载货物的六只小的圆底独木舟和两只稍大的平底独木舟推进河流中。他们随即爬上船，拿起桨，开始逆流而上。

他们很快就划起来了，舵手将船的方向对准上游，在有六名船员的独木舟上，船两侧所有的桨都整齐划一地划动起来。没有人知道，在抵达密苏里河的源头之前，他们划了多少次桨，船又被撑和拉了多少次。不过，他们都认为这个次数应该很多。

刘易斯看着他们前进。在过去的几周里，他一直忙于书写而疏于锻炼。他感到想要动一动——或许只是想在此时独处一会儿；在那个下午，他决定去岸上走走。他沿着河道北岸往上游走了大概六英里，去上游的曼丹族村庄访问了酋长“黑猫”。他发现酋长不在家，又返身往下游走了两英里，重新加入了克拉克和探险队。

刘易斯早早吃过晚饭就去睡觉了。他的床铺是一张野牛皮和一条毯子，位于一顶野牛皮制的锥形帐篷里，帐篷显然是由萨卡嘉维阿搭建起来的（次日早上帐篷会被拆掉并打包），可能在搭建和拆除的过程中约克也帮了忙。队员们都睡在露天里。一起住在刘易斯的帐篷里的还有克拉克、沙博诺、德鲁亚尔、萨卡嘉维阿和她的孩子。萨卡嘉维阿被安置在帐篷里，被两位上尉、猎手和翻译、她的丈夫和孩子环绕着，避免让队员们产生邪念。直到沙博诺和萨卡嘉维阿回到曼丹村落 211
之前，他们都依照这样的安排过夜。这个安排很有效：在日志中，没有一丝一毫的暗示表明，这名身处一群身体健康、精力旺盛的年轻人中的女性曾引起过任何问题。

这天夜里，或者那之后不久，刘易斯写了自 2 月 13 日以来的第一篇日志。* 这篇日志很有名，值得我们这里大段地引用：“我们的船队由六只小型圆底独木舟和两只大型平底独木舟组成。尽管这支小船队的规模比不上哥伦布或者库克船长的船队，我们依然能满足地看待我们的船队，正如历史上那些著名的探险家看待他们的船队那样；关于船队的安全和防护，我敢于同样热切地说出信心。我们现在将要穿过一片至少 2000 英里宽的地区，这是文明人从未涉足的地区；在这片地区，我们都不确定有什么好事情或者坏事情在等着我们；在船队里的这些船上，满载着我们将要用来养活自己、进行自卫的每一样物品。但是，我们目前的心态让事情变得丰富多彩，当想象力陷于未知的泥沼中时，现在展示在我眼前的景象却是非常令人愉悦的。走入眼前的景色之时，对于成功完成这个构成了美妙计划的旅程，我满怀着近十年里最强的信心；我只能把这个出发的时刻看作生命中最愉快的时刻之一。”

* 克拉克于 2 月 13 日一早外出打猎之后，刘易斯每天都记日志——明显的迹象表明，克拉克在的时候，他是不写日志的。至于刘易斯是在何时记录 4 月 7 日的日志的，他的时态用法让人很难对此做出判断。他写的是“我们当时”，而不是“我们现在”，这显得他可能是在数天、数周，甚至数月之后写的。但是他也写道（在另一份他写给杰斐逊的信中，有证据表明这封信是当天早上被交给沃菲因顿的）：“此时，探险队中每个成员的健康状况都很好，而且他们士气高涨；他们对探险计划充满热忱，而且他们都急于继续前进。”据此判断他可能是那天晚上写的。——作者注

早上，刘易斯再一次跑去岸上。他走了两英里的路去到曼丹族的村庄，去跟“黑猫”道别。他们一同抽了烟管。中午的时候，他去到河边；他不得不等待探险队赶上来，因为一只独木舟里进满了水。队员们将船上的货物都卸下来，并将它们放在太阳下晒干。这个工作做完后，在下午他们得以又前进了几英里。晚上，一个曼丹族人赶上来，给刘易斯带来了“一个非常想要陪同我们队中一名成员的女人，但是我们坚定地予以拒绝”。

刘易斯的拒绝有一个显而易见的原因：并不是因为多了一个人要养活，而是因为一个未婚的女人将会导致嫉妒和分裂。萨卡嘉维阿已经证明了她可以做出贡献；刘易斯在 4 月 9 日记载道：“当我们停下来准备晚饭的时候，这个女人忙着寻找那些被田鼠搜集来并大量储藏起来的洋姜。她用一根锋利的棍子来刨土，以搜寻洋姜……很快，她的努力就被证明是成功的，她找到了大量这种根茎。”这些东西是耶路撒
212 冷洋姜。

这些根茎很受欢迎，因为猎手们一无所获。希多特萨族的勇士们将村落周围方圆两三天骑马路程范围内的猎物都吓得跑出了河谷，这使得探险队要以烤玉米和肉干为食。但是印第安人向刘易斯保证，一旦探险队脱离了希多特萨族捕猎队的狩猎范围，就会发现很多猎物；与此同时，这支小船队正以很快的速度前进着。4 月 9 日，船队前进了 23.5 英里，刘易斯希望这就是船队的平均前进速度；这个速度差不多是探险队在曼丹村落下游行进速度的两倍，当时，船队受到笨重、缓慢的平底货船的拖累。

白色的平底独木舟是船队的旗舰。它比红色的那只稍微小一点，但是更稳，所以运载了天文仪器、药物、最好的贸易品、两位上尉的书桌、他们的日志和野外笔记，还有好几桶火药。这条船由六个桨手来操作，其中包括士兵里的三个旱鸭子，他们待在这条船上是出于安全考量。萨卡嘉维阿和束在她背上、包裹得很严实的孩子以及沙博诺、德鲁亚尔和两位上尉待在一起。（大多数时间里，两位上尉中会有一个人走在岸上；他们的原则是两人中的一个必须和船队在一起。）

平底的独木舟是比较笨重的船只，但是有经验的舵手多少还是可以操控它们的。六只圆底的独木舟是由砍伐下来的棉白杨制成的，每条船都配备了三个桨手。它们更难操控，而且很容易从船舷一侧进水，

尤其是当船只绕着一个点顶风行进的时候。为了克服风的阻力，船员们常常跳出船，用麋鹿皮制成的绳索和每船配备的麻绳拖着船前进。或者，他们还可以使用长篙推动平底或圆底独木舟前进。

顺风的时候总是最美妙的。这时，船员们就可以扬起方形船帆，让船以每小时三英里的速度快速前进。

顶着大风前进是最痛苦的。顶头风可以迫使探险队在营地里待上一整天。当然，两位上尉不会浪费这些被迫停留的时间；刘易斯和克拉克指导队员们晾干受潮的物品，修理船只，制作鹿皮鞋和衣物，增加肉类的补给；他们还记录日志，进行相关的观测。

在头四天里，探险队行进了 93 英里，最终抵达了小密苏里河河口。在这个过程中，船队经过数英里长的、被称为大本德的河湾。这意味着，自 1804 年 7 月离开堪萨斯河河口以后，刘易斯第一次向几乎正西方而不是西北方或者正北方行进。

他的日志是抒情式的。4 月 15 日，在离开曼丹堡八天之后，探险队经过了就刘易斯所知白人所抵达过的密苏里河上游的最远端。在他们之前的行船者是两名法国猎人，他们中的一员现在是探险队的一名成员，即列兵巴普蒂斯特·勒帕热。

现在，刘易斯正在进入未知的地区。尽管已经从希多特萨族人那
儿打听了在前方有些什么，尽管知道和目的地之间的直线距离，他即 213
将进入的依然是一个完全不为人知的地区，一个没有探险者涉足的宽度将近半个大陆的地区。他在 4 月 7 日的日志里，有些幽默地对他的船队和哥伦布以及库克的船队所作的比较非常中肯。

他正在进入一片未知的中心。荒漠、山脉、大瀑布、好战的印第安部落——他没法想象这些，因为没有美国人曾经目睹过这一切。但是，他既不恐惧也不沮丧，对于未来的预期使得他全部的才能显现出来。他知道，从现在开始，直到他抵达太平洋再返回，他将会创造历史。此时的他正是杰斐逊所希望的那样：乐观、谨慎、对所有的新事物都保持警觉，还能够描绘植物和动物、本地人，能科学地描述天空。他的健康状况非常好。他的雄心无边无际。他的决心非常坚定。他不可能，也不会考虑失败。

刘易斯已经来到了他一直为之渴望、为之努力的，一生的梦想之地。

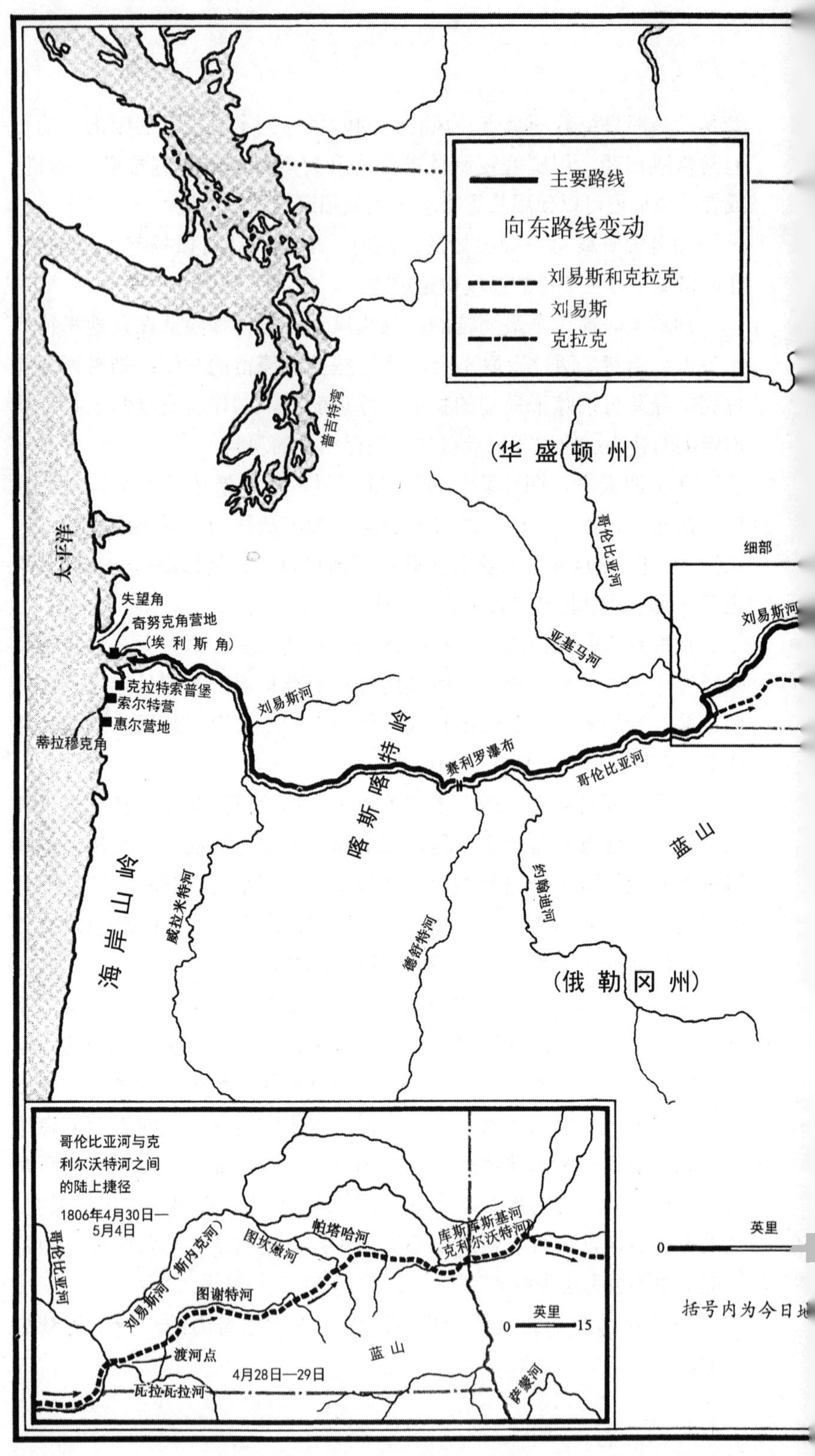
主要路线
向东路线变动
刘易斯和克拉克
刘易斯
克拉克
普吉特湾
(华盛顿州)
哥伦比亚河
细部
刘易斯河
亚基马河
太平洋
失望角
奇努克角营地
(埃利斯角)
克拉特索普堡
索尔特营
惠尔营地
蒂拉穆克角
刘易斯河
喀斯喀特岭
赛利罗瀑布
哥伦比亚河
蓝山
海岸山岭
威拉米特河
德舒特河
约翰迪河
(俄勒冈州)
哥伦比亚河与克
利尔沃特河之间
的陆上捷径
1806年4月30日—
5月4日
哥伦比亚河
刘易斯河(斯内克河)
图坎娥河
帕塔哈河
库斯库斯基河
(克利尔沃特河)
图谢特河
渡河点
蓝山
4月28日—29日
瓦拉瓦拉河
萨蒙河
英里
0
15
英里
0
括号内为今日地

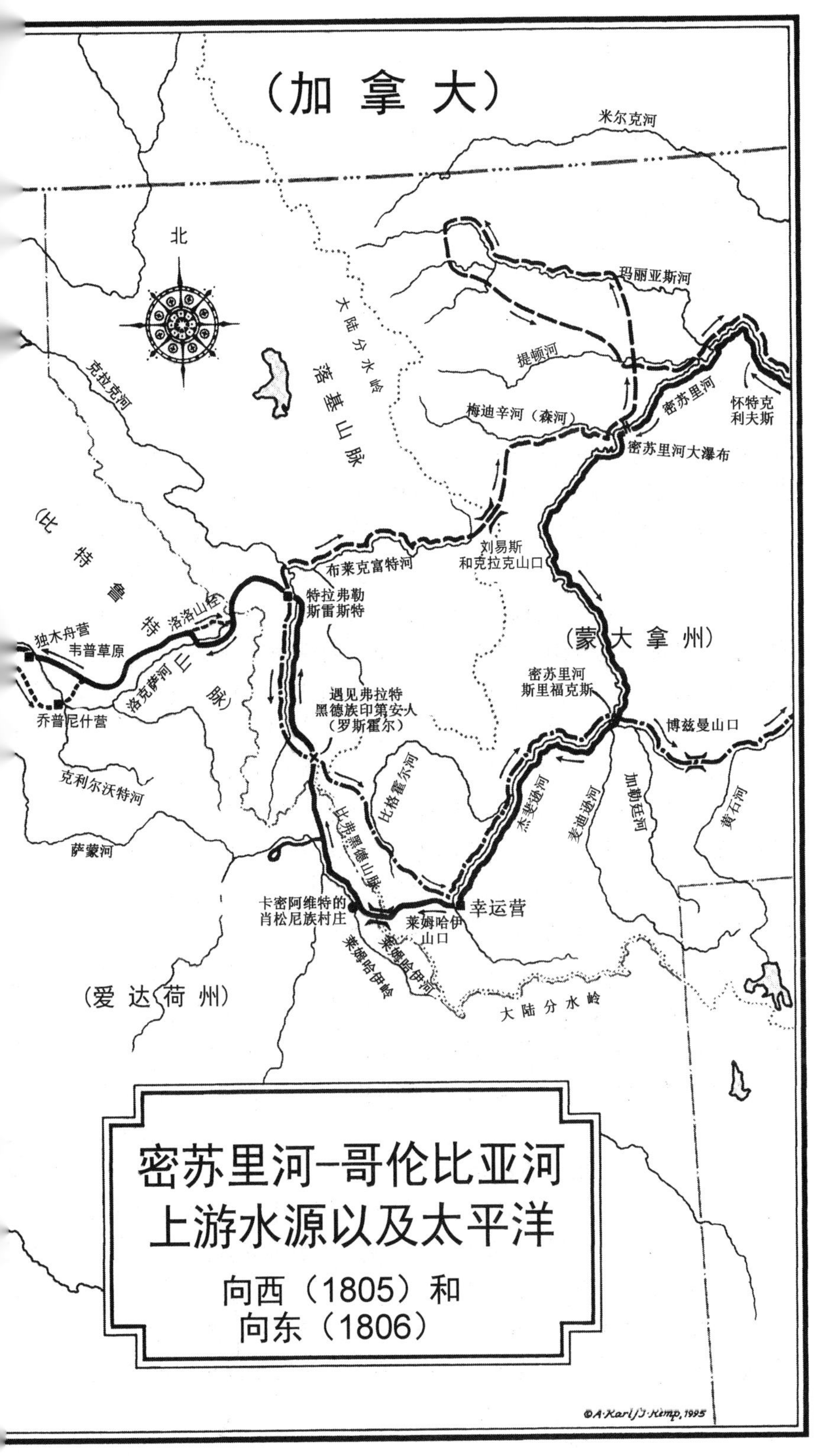

（加 拿 大）
米尔克河
北
大陆分水岭
落基山脉
玛丽亚斯河
提顿河
梅迪辛河（森河）
密苏里河
怀特克
利夫斯
密苏里河大瀑布
克拉克河
（比特鲁特山脉）
刘易斯
和克拉克山口
布莱克富特河
特拉弗勒
斯雷斯特
洛洛山径
独木舟营
韦普草原
洛克萨河
乔普尼什营
（蒙大拿州）
密苏里河
斯里福克斯
遇见弗拉特
黑德族印第安人
（罗斯霍尔）
博兹曼山口
比格霍尔河
克利尔沃特河
比弗黑德山脉
杰斐逊河
麦迪逊河
加勒廷河
黄石河
萨蒙河
卡密阿维特的
肖松尼族村庄
幸运营
莱姆哈伊
山口
莱姆哈伊岭
莱姆哈伊河
（爱达荷州）
大陆分水岭
密苏里河–哥伦比亚河
上游水源以及太平洋
向西（1805）和
向东（1806）
©A·Karl/J·Kemp,1995

他已经准备好了，并且很有活力。他的每一根末梢神经对最微小的变化都很敏感，不论这种变化是通过研究看到的，还是皮肤感觉到的，抑或是耳朵听到的、舌头尝到的以及手指触到的。他对于自然的奇迹感到惊奇而又敬畏，这使得他几乎就是最适合作为第一个描述美国西部的壮丽景色的人选。

他望向西方。在抵达太平洋之前，他不会回头。他向前走去，迈入了天堂。

刘易斯对西部的描述是准确的，但是这描述又往往过于正面；西部不完全是天堂，尽管人们很难从刘易斯的描述中发现这一点。总的来说，刘易斯被大平原迷住了。5月5日他这么写道："这个地区就像从前一样极度美丽。"他没有提及这里不到十英寸的年均降水量。不过他提到一个由此导致的显而易见的结果；在4月10日的日志里，他写道："从河边的高地上望去，密苏里河两岸的这一地区在目力所及的范围内是一片绵延的平坦的肥沃平原，其上连一棵树或一丛灌木都看不到。"

绝大多数的美国拓荒先驱都认为，大片的阔叶木森林是沃土的标志，而且他们将没有树木的平原视为不适合耕种的土地。但是，关于树木的缺乏，刘易斯有一个简单的——同时，到当时为止都正确的——解释：印第安人每个春天都要烧荒，树木根本无法生长壮大。茂密的野草证明土地是肥沃的。

这块平原上生长着茂密的野草，足以养活平原上不计其数的动物们。对于诸如鹿、麋鹿、野牛、绵羊、叉角羚羊和其他食草类动物，以棉白杨的树皮为生的海狸，草原狼、狐狸、狼和熊这些以偶蹄类动物为生的动物，以及同掠食者们争夺猎物的人类猎手们来说，这里确
216 实是天堂。

刘易斯对这壮丽的一切表示惊奇。

4月17日："逆流而上的时候，在我们的周围可以看见大量的猎物；这些猎物由成群的野牛、麋鹿、羚羊以及一些鹿和狼构成。"

4月21日："我们看见大群的野牛、麋鹿、鹿和羚羊。"

4月22日："今天早上我登上一个小峭壁，在那儿领略了这个地区的壮丽景色。除了由密苏里河形成的河谷，这里完全没有大树也没有

低矮的树丛，观察者们一眼就可以望见大群在无边无际的草场上吃草的野牛、麋鹿、鹿和羚羊……这天晚上在河岸上散步的时候，我遇到一头小野牛，它对我很是亲昵，在我对它大喊并离去之前，它一直紧紧地跟在我的身后。”

4 月 27 日：“尽管这里的猎物数量庞大，也很温顺，但我们只猎取了足以作为食物的一部分。我相信两个好猎手就可以供给一个团的食物。”

大家的体力消耗再次增加，以至于每个人每天要吃多达九至十磅的肉类。这意味着，当两位上尉外出打猎的时候（为了让猎手们有空帮忙推动船只前进），他们必须带回大概 300 磅的肉。

5 月 6 日：“现在，对于克拉克上尉和我来说，猎杀足够探险队食用的肉只是一种消遣；我希望在整个旅程中都能继续这样，但是我不对此抱很大的期望。”

5 月 5 日，刘易斯发现并描绘了灰狼。他记载道，灰狼和它那些体型更大的大西洋地区的亲戚不一样，它们从不躲藏在洞穴里，但是它们和东部那些种类的狼一样，会嚎而不是吠。他对于这些狼群消耗野牛体力的方式感到惊奇，它们总是交替地休息和追逐。他记载道：“在野牛群的边缘地带，我们总能看到一群时刻准备好解决那些落单或者受伤野牛的尾随者。”

在所有的动物中，最受刘易斯赞赏的是海狸。最直接的原因是，海狸的尾巴是一种美味；进而言之，假如每月都可以很好地准备、堆放、熨平和风干以避免蛾子的侵蛀，那么被带回圣路易斯的海狸皮就可以卖个不错的价钱，再从圣路易斯贩卖到纽约、继而贩卖到伦敦的海狸皮则可以卖出天价。因此，在这片有着白人们曾见过的最大数量海狸的地区，有些队员顺便做起了海狸猎人。

在出发的第三天，探险队遇到了三个法国猎人，他们一同抵达了小密苏里河。这些是曼丹堡以西的第一批海狸猎人。刘易斯说：“这些人所捕获的海狸是我迄今所见最好的。”他在 4 月 12 日记载称，这一天他所见的海狸，“证明了它们很少被捕猎”。

4 月 18 日早晨，刘易斯碰到他手下的两名列兵正在激烈地争论。
看起来好像是一只海狸踏入了两个陷阱，而这两个陷阱分属于两个人。 217
刘易斯介入时，两人正处于爆发的边缘。

在泛密西西比河地区，海狸是最好、最直接可以让人获利的财富。如此质量和数量的海狸，保证可以立即吸引美国猎人进入路易斯安那。刘易斯就是他们的侦察员。

他设想过草原上物产的各种有特色的实际用途。4 月 12 日，他弄了一些匍匐桧（他称之为“矮桧”）的枝条给杰斐逊，写道：“这种植物可以美化花园边缘和走道边缘……［而且它］很容易繁殖。”这一建议随后被无数生活在美国西部乡村地区的人采纳。

他还建议用野牛毛制成很好的毛织品，但是这一建议效果不佳。他声称野牛毛织品拥有“绵羊毛织品的外观，但是更细致、更顺滑、更柔软”。

新的鸟类物种总是能引起刘易斯探究一番的热情。5 月 1 日，列兵乔治·香农拿来了“一只鸻科的鸟”。刘易斯用了超过 500 个单词来描述它——长度、重量、翼展、尾部羽毛的数量等等——在结尾他还记录了对这只鸟的行为的观察（“它有时会在水上休息、在水里游泳，这种行为我记得在别的鸻科鸟类身上没看到过”）。他将这种鸟命名为“密苏里鸻”；但事实上这只鸟是红胸反嘴鹬，刘易斯并不知道，它在科学上已经有过记录。

在 4 月里，他第一次发现并描述了雪雁和加拿大雁。4 月 13 日，克拉克射杀了一只栖息在位于一棵高大的棉白杨树顶端的鸟窝里的加拿大雁。刘易斯爬上树去检查了鸟窝，并带回来一枚鸟蛋。他记载道：“野生的大雁经常以这种方式筑巢。”这段话此后受到了 19 世纪鸟类学家的质疑，因为在密西西比河以西的大雁总是在地上筑巢。但是刘易斯是对的；在大平原上，大雁常常在树上筑巢，以避开掠食者。它们想方设法避开掠食者，以至于在 5 月 3 日，刘易斯吃惊地在一堆浮木中发现了一个鸟巢，这是他第一次在地上发现这种大雁的巢。他从鸟巢里拿走了三枚鸟蛋。

另一段关于灰熊的描述也在此后遭到了质疑——事实上是被斥为无法解释的错误。4 月 29 日，刘易斯和一队猎手们第一次捕获了一头灰熊。刘易斯描述了它的一些细节。他提到熊的睾丸“悬置于相隔四英寸的两个不同的阴囊中”。此后，他在对另一头灰熊的描述中也提及了这个现象。没有人在此前见过这样的东西，但是人们也无法相信是刘易斯编造了这样的描述。

刘易斯在 4 月 13 日第一次看到了灰熊的踪迹。“队员们和我们都渴望见到几只这种熊。”他此后记载道。印第安人已经给白人们“讲述过这种动物的强壮和凶狠”，但是刘易斯低估了这些信息，因为印第安人只有弓和箭，或者“商人们提供给他们的是不同的火枪，准头很糟， 218
他们经常在近距离射失，并丧命于熊口”。在攻击灰熊之前，印第安人总是要举行一系列通常在开战前才会举行的仪式，这一点让刘易斯有些迟疑；不过，他、克拉克和队员们仍然相信手中的长筒火枪，并渴望猎获灰熊。

4 月 29 日，当刘易斯和一名队员在河岸上行走的时候，他们发现了两头灰熊。两人都开了枪，各击中了其中一头。一头受伤的灰熊逃走了，另一头灰熊则向刘易斯冲来，追了他大概 80 码。幸运的是，这头熊受的伤很重，所以刘易斯和士兵有时间重新装填弹药。他们再次射击，杀死了这头灰熊。这头熊还未成年，但已经重达 300 磅。刘易斯将它描述为比美国东部的黑熊“更为凶猛可怕的动物”。“如此重创才能杀死它，这很让人震惊。”他这么承认，但他还是很自大：印第安人“可能很惧怕这种动物……但是面对熟练的火枪手，［这种熊］从任何角度来看都没有［印第安人说的］那么可怕或危险”。

5 月 5 日，他的自大开始有所收敛。克拉克和德鲁亚尔杀死了一头灰熊。刘易斯将之描述为“一个看上去极其惊人的动物，尽管有五颗子弹射穿了它的肺，还有五颗子弹击穿了其他的部位，它还是极难被杀死；它至少游了半条河的宽度，游到一个沙洲上，至少过了 20 分钟才死去；在被击中的时候，它发出了声响巨大的吼叫”。

探险队没有合适的设备来给这头熊称重。克拉克认为有 500 磅；刘易斯认为它有 600 磅。这是他们第一次有不同意见。他们熬了熊油，装进一个小桶；它们跟猪油一样紧实。

一周之后，探险队看见一头灰熊在游泳。在队员们发出攻击之前，它就消失了。刘易斯写道：“我们队伍对于这种动物的好奇心已经得到很好的满足。”这种野兽的体格，以及杀死这种熊的困难，“已经让一些人的决心有所动摇，但是另一些人好像还很想对这头熊采取一些动作；我希望这些绅士可以很快给我们制造一些乐子，他们很快就开始合作了”。

进入未知地区的第一个月在各方面来说都是很精彩的。队伍稳定地前进，平均速度可能比刘易斯期望的要慢一些，整个队伍都在向着太阳落下的正西方向前进。不论是友好的还是有敌意的印第安人都没有被发现——刘易斯认为这是好事，因为他想要尽可能快地向尽可能西部的地方前进。很难想象，常常一天只行进几英里、最多不超过25英里的这群人，是急于赶路而没空停下来抽烟管，也没空向陌生部落介绍自己的人；但是事实就是如此。

会让船桨结冰的凉爽或者寒冷的夜晚和早晨，开始被暖和愉快的白天所取代——除了有风的天气。

219 有足够多的历险机会可以满足所有人。出发后的第五天，在刘易斯乘坐白色平底独木舟的时候，克拉克在岸上行动。刘易斯命令船队转向左舷（南边），以避开右舷处正在塌陷的河岸。所有的圆底独木舟都看到了刘易斯的信号，并开始转向，但是红色的平底独木舟没有转向，它正在被拖绳拉拽着前进。

刘易斯注意到沟通没有取得效果的时候，已经没有办法补救了。“我希望它能瞬间转向，”他在那天晚上写道，“但是现在船员们已经来不及登船了，在这种情况下，后退比继续前进更为危险；因此，他们继续逆着河岸前进，并令我满意地安全通过。”

4月13日，又发生了一次惊险的事故。这天风从东边吹来，刘易斯下令升起白色平底独木舟上的方帆和斜杠帆，“这使得它能以可观的速度前进”。沙博诺在掌舵。一阵大风突然吹来，船颠簸起来，沙博诺让船的侧舷迎向大风，这几乎导致“船被吹翻，因为风正对着船的宽面”。

刘易斯喊出了命令：德鲁亚尔，去掌舵，让船正对着风！那边的队员，收帆！这些命令都被执行了，之后船恢复了正常。

4月25日，刘易斯进入了一块奇境。得知黄石河就在不远处时，他决定先行一步，这样当大队人马顶着风在密苏里河上慢慢前进的时候，他就可以先作天文观测，并对这一地区进行描述。他带了奥德韦中士、德鲁亚尔、列兵约瑟夫·菲尔德和另一名队员一同先行。他们这个小队于上午11点出发，随行的还有刘易斯的狗“水手”；“水手”失踪了一整夜，不过让刘易斯高兴的是，早上它回到了队伍里，他们当时在密苏里河的南岸。午后不久，刘易斯杀死了一头小野牛。一个队员升起了火，他们享受了绝好的用小牛肉烹制的“丰盛的一餐”。

下午，刘易斯登上了小山丘：“在这里，我对于这一地区有着很好的视野，尤其是密苏里河和黄石河构成的宽阔而肥沃的河谷；这些河谷边偶尔没有树木覆盖的部分，展现出这两条河在这大片土地上蜿蜒数英里的样貌……”

动物的生活给这里平添了一份浪漫的气质。“这个地区满是大群的野牛、麋鹿和羚羊；鹿的数量也很多，但是他们更多地隐藏在林地里。野牛、麋鹿和羚羊都很温顺，以至于当我们在它们吃草的时候经过时，它们也不会显现出受惊的样子，而当我们引起它们注意的时候，它们常常会靠近来打量我们。”

这天晚上，刘易斯和他的队员们在黄石宿营，这里位于黄石河与密苏里河交汇处南方两英里。早上，刘易斯派列兵菲尔德出去，以能够在当天返回营地为前提，尽可能往黄石河上游前进。

随后，刘易斯开始调查这一地区。在沉积物里，他发现了红莓、 220
花楸果果实、红衫、鹅莓、野樱桃、紫浆果、金银花，其中还混杂着柳枝，这是偶蹄类动物喜欢的一种过冬食物。

在早上 9 点 41 分、9 点 42 分和 9 点 43 分，他用六分仪和水平仪测量了太阳的高度。当时他正在获取本地时间，尝试确定正午的时刻，以便和格林尼治时间对照。他可以使用月亮和牛郎星之间的六分仪角距来算出“月距”，进而通过一系列“月距”的测算来得出格林尼治时间。此时，他想要完成的是计算河流交汇处的经度。

临近中午的时候，他听到几声枪响，这表明克拉克和探险队的大部队已经抵达黄石河河口了。他派德鲁亚尔去告诉克拉克，让他派一只独木舟来黄石，以运送他的队伍猎获并处理好的肉类。在下午 6 点 49 分、6 点 50 分和 6 点 52 分，他再次测量了太阳的高度。不幸的是，这时候天上开始聚集起云层，使得他无法在夜间观测。

刘易斯走向河的下游，在两河交汇处的陆地上搭建的营地里和探险队的大部队会合。他发现大家“都很健康，对于来到这个盼望已久的地点感到非常高兴。为了给似乎弥漫在团队里的愉快气氛助兴，我们下令给每个人发一打兰的威士忌；很快，小提琴的声音就响起来，在这个夜晚，大家欢快地唱歌跳舞，好像完全忘记了此前的辛劳，即将到来的辛苦也被置之度外”。

列兵菲尔德进入营房来汇报称，黄石河河道曲折，水流比较平缓，河中有很多沙洲，河底是泥沙混合型的。克拉克作了测算：在交汇处，密苏里河的宽度是 330 码，河道很深，而黄石河在此处的宽度是 297 码，最深处是 12 英尺。

希多特萨族人已经告诉过刘易斯，黄石河的水文条件允许平底和圆底独木舟通航至它在落基山脉的源头（位于今日的黄石国家公园）；同时，在某一处，黄石河距离具备通航条件的密苏里河河段只有不到半天的路程。他们还提到，黄石河的源头靠近密苏里河、普拉特河和哥伦比亚河的源头。他们对于密苏里河和哥伦比亚河源头的看法是正确的，这两条河的源头都位于黄石高原上，但是他们对于普拉特河源头的认识是错误的，普拉特河发源于落基山脉在科罗拉多河和怀俄明的那部分。

很显然两位上尉从未考虑过这件事，但是如果他们能更认真地听印第安人的描述，如果杰斐逊的指令不是如此自相矛盾（他希望探险队可以沿着密苏里河抵达其源头，但是也希望探险队找到穿越大陆的最短捷径；总统的假设是，这两条路径是一致的，但这个假设是极其错误的），他们或许会离开密苏里河，转而逆黄石河而上。在今日蒙大拿州的利文斯顿，黄石河拐了一个大弯，流向从向北变成了向东（或
221 者，逆流方向从向西变成了向南）。探险队本可以放弃密苏里河的路线，通过两条河之间相对较短的路线（今天的博兹曼山口）穿越分水岭向西，这样就可以提前数周甚至两个月抵达斯里福克斯。

但是他们选择了遵照杰斐逊的指令，继续沿密苏里河而上。5 月 3 日，刘易斯在北岸“大量的”猎物中行走，来到了“一条美丽的水深达到通航要求的溪流，溪流入口处宽达 40 码；水流清澈”。他称之为波丘派恩 * 河，因为他在这里看到了数量异常多的豪猪。** 克拉克将其第一条支流命名为“2000 英里处的溪流”（今天的雷德沃特河），原因

* 原文 Porcupine，意即“豪猪”。——译注

** 这是今天的波普勒河。刘易斯和克拉克自从离开曼丹，就一直在给小溪和小河命名，但是几乎没有多少他们的命名出现在今天的地图上，原因是他们的日志的出版严重滞后。19 世纪早期的猎人和矿工们都不知道刘易斯和克拉克已经发现并命名了这些河流。——作者注

是探险队当时正位于密苏里河河口上游2000英里处。刘易斯写到了波丘派恩河：“我几乎不怀疑它的源头就在萨斯喀彻温河附近，而且大概这段距离是可航船的150英里……它将提供一个通往阿萨巴斯卡地区的令人喜爱的通道，通过它，英国西北公司可以运出他们拥有的大量宝贵的毛皮。”

对于每一条从北部汇入密苏里河的河流（数量并不多），刘易斯都作了类似的记录。杰斐逊也想要获得这样的记录，因为任何从北部汇入并向北延伸至加拿大草原的河流都可能会扩大路易斯安那的边界，并肯定会使得美国人可以进入英国毛皮贸易地区里最有价值的一个部分。但是，正如刘易斯如此地想要取悦杰斐逊一样，这都是一厢情愿的想法；即使是最小型的独木舟，以春季的流量，波丘派恩河上可航船的距离也不会超过几十英里，它的源头在北纬49度线的南方。

5月8日，探险队在另一条河的北方“发现了它”，它从北部而来。大家吃饭的时候，刘易斯沿着它往上游走了大概三英里。“我毫不怀疑，这条河可以通航各种船只，小型圆底独木舟很可能可以航行很长的距离。”他写道，“从这条河的水量来看，它一定灌溉了很大一片地区；或许，这条河也提供了一条实际的、有利的通往萨斯喀彻温河的通道。”

希多特萨族人此前曾向刘易斯和克拉克提过这条河，称之为“斥责其他河流的河流”。刘易斯将之命名为米尔克*河，原因是河水的颜色。这个名字一直沿用到今天。它起源于冰川国家公园，流向是正北略微偏西，一直流到艾伯塔最南端，然后流向转为西南，再度流入蒙大拿。它没有任何一段流域接近萨斯喀彻温河。

这天下午，德鲁亚尔、沙博诺和萨卡嘉维阿步行外出。萨卡嘉维阿发现了一些野生甘草，并挖了不少名为白苹果的根茎。刘易斯对
这种根茎作了足有500单词的描述。他在最后总结道，尽管这种根茎 222
“本身是一种无味而寡淡的食物……但还是很受我们中的美食家欣赏，因为它可以在蔬菜炖肉和肉汤中替代黑樱桃松露”。刘易斯从未提及萨卡嘉维阿的贡献（尽管克拉克进行了记载），但是他确实曾提到，这是

* 原文Milk，意即“牛奶”。——译注

一种非常健康的食物。

对于几乎全部是肉类的三餐，这种根茎绝对是一种受欢迎的食物。“我们随时都可以派人外出，并可以获得任意种类、任意数量的肉食。”刘易斯写道。但是，这些肉类却没有蔬菜或者水果作配菜，因而可能会导致坏血病。事实上，确实有迹象表明，队里的一些成员曾在不同时期患上了坏血病。在这个时代，人们对于均衡的饮食几乎一无所知，这使得刘易斯对于“健康食物”的评注引人注意。据研究此次探险药物学方面的专家埃尔登·“法国佬”·许纳德博士称，“营养不良在所有的士兵中都长期存在”。[1]

几乎所有参加独立战争和1812年战争的美国士兵都曾得过疟疾、痢疾、腹泻、风湿、眼炎或是其他的病症。探险队中的士兵们也遭遇了同样的情况。包括梅毒在内的性病则非常普遍，以至于它几乎没有被提起。在4月24日，刘易斯写道：“队伍中常常有人抱怨眼痛。”他将这种情况归结于风吹来的细沙：“这些细沙的穿透性很强，我们几乎没有东西可以抵挡；简言之，我们被迫大量地通过饮食和呼吸摄入这些细沙。”许纳德提到，性病可能也是导致眼痛的一种原因；莫尔顿则设想，长时间注视河面上反射的阳光是另一个原因。[2]

5月4日，刘易斯做了医生的绝大部分工作。他接到报告，约瑟夫·菲尔德患上了痢疾，并在发高烧。刘易斯用芒硝（一种强力泻药）对他进行治疗，“起到了良效”。此外他还让菲尔德服用了30滴鸦片酊（一种酊状的鸦片），这有助于菲尔德的睡眠。对于眼痛的病症，他使用了一种由皓矾（硫酸锌）和糖状铅（醋酸铅）以二比一的比例调配的洗液。很有可能是由坏血病引起的“水泡和脓肿”在队伍中很普遍，他使用了“镇痛的膏药”，但是没有写明是如何制作的。[3]

5月9日这天天气很好。探险队前进了24.5英里，刘易斯射杀并描述了一只鹬，这是科学上的新物种。在天黑之后，他还可以进行天文学的观测。野牛已经变得“非常温顺，以至于队员们可以频频向它们投掷棍子和石块加以驱赶”。

刘易斯挑选了一头肥壮的野牛，并节约了“用于制造被我们右撇子厨师沙博诺称为白布丁的必要材料；这种白色的布丁被我们所有人视为森林里最美味的东西之一”。关于沙博诺制作酱料的方法，刘易斯记录了一份很长的、详细的菜谱。菜谱的结尾是，“随后，它被浸入密苏里河，蘸两下，搅一搅，然后放进水壶；在水壶中，它被煮透，然后取出来，用熊油煎至褐色；这时，就可以用它来消除那等待上菜时的折磨，或是用来消除在荒野中的旅者很少会感到的不知所措”。 223

总的来说，除了这里的河道像它的河口一样宽阔，这是一个完美的白天和夜晚。假如河水不会变得更浅的话，刘易斯写道，“那么，对于是否能抵达它的源头处，我就应该开始失去信心了”。

5 月 11 日大约下午 5 点的时候，列兵威廉 · 布拉顿出现了，沿着河岸奔跑、大叫、做手势。刘易斯下令让一只小独木舟靠岸。布拉顿上到船上的时候，已经上气不接下气了。直到几分钟之后，他才能够解释道，他射中了一头灰熊，但是这只灰熊转而向他发起了攻击，并追了他很长一段路。

刘易斯不能允许一头熊如此可耻地或如此彻底地击败队里的成员。他命令白色独木舟上的船员和布拉顿一起，去“寻找这头怪兽”。他们找到了血迹，沿着血迹追踪了一英里，最终发现这头熊躲在茂密的灌木丛里。他们对准熊的头部开了两枪。最终，对熊尸的检查表明，布拉顿的子弹射穿了熊的肺部，“尽管如此，它还是追逐了他［布拉顿］将近半英里，并走了超过一英里的距离返回躲藏处”。

刘易斯总结道：“这些熊如此难以被杀死，这吓到了我们所有人；必须承认，我宁愿和两个印第安人打斗，也不愿意面对一头灰熊。”

三天之后，探险队和灰熊之间又发生了一场战斗。船队尾端的两只独木舟上的六个队员发现岸上有一头熊。他们靠到岸边，细致谋划了攻击计划。在不被敌人发现的前提下，他们悄悄地潜行到距离敌人 40 码的距离内。四名队员同时开火，两名士兵则端着步枪待命。四枚子弹都击中了目标，其中两枚子弹射穿了熊的肺部。熊大吼着站起来，立即展开了反击，张着大嘴向着队员们冲过来。两名待命的队员也开火了；一颗子弹仅仅是射进了熊身上的肌肉里，另一颗子弹却击碎了熊的肩部；但是，这不过是稍稍延缓了熊的动作。

队员们开始逃跑。熊一直追到了河边，在河边的两名队员划着独木舟躲开了，其他人则跑向柳树丛躲避，重新装填武器以便再次开火。他们又射中了这头熊几次，但是，这仅仅让熊知道了他们躲在何处。

他冲向两名队员，两人扔掉步枪和枪袋跳进河里，游到了距离河岸将近20英尺的地方。

熊跟在他们后面也跳入了河中。当岸上的一名士兵一枪射穿它的头部，最终杀死它的时候，它几乎要追上一名游泳的士兵了。最终的检查表明，有八颗子弹射穿了熊的身体。

当这一场历险正在上演的时候，刘易斯也在经历他自己的历险。这次非常危险，以至于此后他写道："在我回忆的时候，心中只有惊惶和恐惧。"

这个事件发生的时候，两位上尉都在岸上；这违反了他们自己设
224 定的命令，违反了既定的习惯，其中的原因从来没被提及。当时，沙博诺正在白色的平底独木舟上掌舵——尽管他差点在4月13日酿成大祸，尽管刘易斯对他的判断是，"可能是世界上最胆小的水手"。当时独木舟正在扬帆航行中，一阵突如其来的大风让船只打转。慌乱中的沙博诺没有让船头迎着风的方向，而是让船只转弯。风将撑帆索从操帆的船员们手中刮走，"并立即使得独木舟开始摇摆；假如不是依靠船桨的帮助，风几乎要让船完全倾覆"。

两位上尉在一种近乎恐慌的状态下目睹着这一切的发生。他们鸣枪吸引船员的注意，高喊着让他们割断帆上吊索，把帆收起来——但是位于船只远端的船员们既听不见枪声，也听不见喊叫声。与此同时，克鲁萨特（可能是探险队里最好的水手）正在对沙博诺大喊，让他操作船舵以使船头迎向风来的方向；但是沙博诺正在向上帝哭求宽恕，根本听不见喊叫。

在沙博诺和船员们的理智恢复到让他们想到收起船帆时，船里的积水距离船帮上沿只有不到一英寸了。货物正在漂走。梅里韦瑟·刘易斯目睹着这一切，心中极其痛苦，充斥着可怕的预感。

他做出了本能的反应，扔掉手中的步枪，把枪袋也扔到一边，并开始扯掉身上的外套。他的念头是，毫无负累地游到独木舟上去，尽可能去挽救一些东西。但是，在他跳进河里之前，"我忽然想到这个想法的愚蠢之处"。风浪太大了，而船只位于300码之外，此时的河水非常寒冷，水流又太急。"我很有可能为我疯狂的计划付出生命的代价。"他在当晚的日志中写道。但是，考虑到白色的独木舟里装着日志、地

图、器械和其他不可估量的东西，“如果损失了这只独木舟，我应该认为，[我生命的] 价值就微不足道了”。

这都是在一瞬间发生的事情。谨慎和常识最终战胜了轻率鲁莽。[4] 幸运的是，克鲁萨特以立即开枪射杀沙博诺为威胁，迫使他行使职责。沙博诺操起船舵，扶正了船只。克鲁萨特让两个船员用水壶往外舀水，让另外两个人与他一起将船划向岸边。在岸边，船几乎已经浮不起来了。

在整个过程中，萨卡嘉维阿都保持了冷静、镇定，而且她的作用极为重要。刘易斯在第二天的日志里写道：“在事故发生时，这个印第安女人和船上的每个人一样坚毅和坚定。多亏了他们，大多数被冲到船外的轻型物品得以保存下来。”他没有说明他有没有表扬她，也没有说明他是否斥责了她的丈夫。不过他记录道，在和灰熊的搏斗以及几乎损失了白色独木舟的事件之后，“我们认为此时应该安慰一下自己，鼓舞一下队员的士气；相应地，应该给他们一些格罗格酒，给每个人一及耳的烈酒”。 225

在 5 月的最后一周，探险队进入了这样一个河段，这里都是高耸、崎岖的绝壁，湛蓝的天空和骄阳制造出各种褐色的阴影。这里至今还是美国境内最与世隔绝的地区，从今日的佩克堡河的最西端到今日蒙大拿的本顿堡之间的这将近 160 英里跨度的地区，被国会确定为“国家自然与风景河流”*，是密苏里地区变化最小的地区。第一部分（东部）被称为密苏里河大断层，第二部分被确定为怀特克利夫斯地区。这条河几乎是东西向穿过大峡谷，然后几乎是径直流向南方，再向东南方流过悬崖地区——对刘易斯而言，这意味着向西，之后向西北，再向北，最后向西南航行。

克拉克称大峡谷是“美洲的荒漠”，并宣称：“我不认为这里可以移民。”刘易斯提到“一个荒凉、贫瘠的地区”，日志中仅有这一次，他找不到任何可以称赞的优点。“这个开阔地区的空气极其干燥，也很纯净。”刘易斯写道。[5] 他几乎一生都生活在湿润的东部三分之一大陆上，他无法相信，他的墨水瓶可以这么快干掉。根据实验，他发现一

* 美国有一部《国家自然与风景河流法案》，旨在保护自然风貌。——译注

勺水会在“36 小时内蒸发掉”。

5 月 25 日，刘易斯用很长的篇幅描述了第一只被探险队捕获的大角羊的标本。克拉克几乎是原样照抄了这一篇日志。这是克拉克第一次做这样的事情，但是很快，这就成为了一种习惯。在刘易斯随队携带的小型图书馆里，有一版四卷本的林奈的《艺术和科学新综合辞典》（*A New and Complete Dictionary of the Arts and Sciences*）。在 5 月 25 日的日志里，克拉克第一次指出，他一直在查阅被他称为“Deckinsery of arts an ciences”的书籍，即使对于克拉克而言，如此离谱的拼写也是很让人惊异的。

唐纳德·杰克逊推测，当白色平底独木舟几乎沉没的时候，一些重要的文件遗失了。（列兵约瑟夫·怀特豪斯在他的日志中写道：“一些纸张和几乎全部的书籍都受潮了，但并非全部都被损坏了。”）[6] 杰克逊认为，这近乎灾难的事情有可能让两位上尉比此前更为谨慎，他们开始对所有记录下来的科学描述进行备份。*

5 月 26 日下午，在大峡谷的东部尽头，刘易斯爬上环绕四周的峭壁。这是一件“累人的”事情，但是他认为自己“在体力上的付出都得到了回报”，因为抵达左近的最高点时，“从这里，我第一次看到了落基山脉”。

克拉克认为他在前一天就看到了远处的山脉；刘易斯的确认使得
226 他们成为了两个最先看到落基山脉的美国人：“落基山脉的这些地方覆盖着白雪，太阳照在上面，使我看到了最朴素动人的景致。”

这景致让他发自心底地感到愉快：“看到这些山脉，我感到一种神秘的喜悦——我觉得自己如此接近此前设想的、无尽的密苏里河的源头。”

这景致也让人觉得沮丧：“我想到这道由雪形成的障碍所带来的困难，很有可能会横亘在我前往太平洋的路上。我第一次凝视这一切的时候所感到的喜悦，在一定程度上，被我和队员们会在这条路上遇到的困难险阻抵消了。”

---

* 杰克逊对此的进一步推测很难让人接受。他认为，有可能，当白色平底独木舟几乎沉没的时候，刘易斯损失了他从 1804 年 5 月到 1805 年 3 月之间的日志。但是，如果刘易斯在这一时期也写了日志的话，他为什么不让沃菲因顿下士带一份副本回去寄给杰斐逊呢？——作者注

这景致激起了他那富有个性的坚定和乐观："我一直把对险恶之事的预期看作一种罪恶，所以我相信，这一条路将会是很顺利的——直到我被迫不这么认为。"

在群山都被收入视野的时候，抵达群山并越过它们的渴望就变得更强烈了。但是，唉，进展变得比以往都慢。原因很多，比如河流上的弯道太多了、河边的悬崖直直地切入水中、船队常常要顶风前进，以及在浅水区里大量突出的石块。在大多数这样的情况下，船员们会使用破旧不堪的麋鹿皮绳来拖拉独木舟；这常常使得皮绳受潮，需要在阳光下晒干，因此皮绳会变得越发脆弱并腐坏。它们常常会突然断裂；如果在船员们拖拽船只通过石块林立的区域时皮绳断裂，船只很有可能会侧翻，因为失控而被水冲向下游时，途中撞上的石块一定会让船倾覆。

在刘易斯恰如其分的描述中，船队的前进"借助了大量的劳力，并担受了无尽的风险"。大家腿边的河水是寒冷的，而他们赤裸的后背上的阳光却是炙热的。落脚之处尽是湿滑的泥巴或者锋利的石块，这会划伤他们的脚，让脚产生瘀伤。

途中，他们经过了一个地方，在这里腐烂发臭的野牛堆积如山。刘易斯认为，这是野牛坠崖的一个落点。在一段广为流传的文字里，他描述称，当整个部落从野牛群身后追逐野牛的时候，印第安男孩身着野牛皮袍子的方式将会诱使野牛走向死亡。他是从希多特萨族人那儿获得这些信息的，同时，他记录的情况是正确的——不过，这个地方并不是野牛坠崖的落点，而是一个河湾，在冰破时淹死的野牛的尸体被冲到这里，然后堆积起来。在这里，狼的数量也很多，它们都吃饱了腐肉；克拉克走近一只狼并用警棍杀死了它。刘易斯将这附近的溪流命名为斯洛特 * 溪（此后改名为阿罗 ** 溪）。

再往前数英里之后，一条溪流从南面汇入。克拉克沿着它走了一段，将之命名为朱迪斯河，这是以他的表亲朱利亚·汉考克的名字命名的。

---

* 原文 Slaughter，意即"屠宰"。——译注

** 原文 Arrow，意即"箭"。——译注

到了5月31日，探险队已经深入怀特克利夫斯地区。河流状况变得前所未有地糟糕。对于队员们而言，这意味着“他们要从事极大量的、痛苦的体力劳动，而这些忠实的家伙对此没有一丝怨言”。午前发生了一个很危险的事故。当时，在一个很糟糕的地方，用来拖拽白色
227 平底独木舟的拖绳，也是唯一一条麻绳断裂了。船只晃荡起来，几乎撞上一块石头，差一点就倾覆了。

能侥幸避开这个灾难，两位上尉感到很宽慰，同时也很感激队员们付出的惊人劳力。于是，在中午的时候，他们“提供了恢复精力的饮食，并分给每个人一打兰［威士忌］；这是他们应得的，每个人都感到很愉快”。直到那天晚上，想到侥幸脱险的独木舟和船上的东西，刘易斯的心还会怦怦跳，毕竟这些东西被他视若生命。他写道：“我担心她［船只］那邪恶的守护神会做很多恶作剧，以至于她终将在某一天沉到河底。”

而对于怀特克利夫斯，刘易斯的描述是美国游记文学里的一篇经典。“今天我们所经过的山丘和河流陡岸都展现出一种浪漫的外表。”他在开头如此写道。它们大概有200到300英尺高，几乎是垂直的，在太阳下闪耀着纯粹的白色的光。“在时间的长河里，这些河流从山上流下……它们渗透进柔软的沙质断壁，带着一些想象力从斜角看去，断壁上被冲刷出许多奇异的雕像……这些都呈现出各种优雅的、高耸的乱石建筑……避难所……长廊……优雅建筑的残骸或者废墟……一些直立的圆柱……其他的则卧着呈现出破损的样子……各种各样形态和尺寸的凹室。……我们继续前进时，好像会觉得，这些如同幻象的美妙景致从未出现过，也不会终结……大量的工艺尚可的墙壁确实非常完美，若不是想到大自然是先于人类完成这一切的话，我甚至以为，这是自然准备在这里挑战人类的石工艺术。”*

这里的河岸边有着无数的浅滩。在靠岸之后，当大家忙着搭建营地并做饭的时候，刘易斯外出去散步了。回来的时候，他告诉克拉克，刚才看到了“世界上最漂亮的狐狸”。它的皮色是精美的橙色、黄色、

* 今天这里的一切仍如刘易斯所目睹的那样。只有乘坐小船或者独木舟才能去看怀特克利夫斯，从本顿堡上船，出发之后三四天在朱迪斯登陆。位于蒙大拿的本顿堡的旅行用品供应商出租独木舟或者提供浮舟及向导服务。在我们去过的世界上所有的历史或/和风景景点里，这是最棒的。我们已经去过十次了。——作者注

白色和黑色。刘易斯对它开了一枪，但是没能打中。[7]

6月1日，这一天经过的河道转了一个大弯，这使得探险队的航向从北偏西北变成了西南。这一天的大多数时间里，刘易斯都和猎手们在岸上寻找麋鹿。基于山脉的形态和从希多特萨族人那里获得的信息，他预计探险队随时可能抵达密苏里河大瀑布，因此他需要麋鹿皮来蒙那组两年前自哈珀斯费里一路拖来的钢铁船只骨架。打猎队猎获了六头麋鹿，此外还有两头野牛、两头长耳鹿和一头熊（这头熊差点抓住了沙博诺，所幸德鲁亚尔一枪射中了熊的头部，及时杀死了它）。

黄昏时分，探险队在南岸停靠。他们可以看见，在河对岸有一条
相当大的河汇入了密苏里河。这是什么河？据至今为止提供的信息还 228
算可靠的希多特萨族人说，探险队此时已经经过了密苏里河的最后一条北部支流。在被两位上尉命名为米尔克河的“斥责其他河流的河流”之后的那个地标，应该就是大瀑布了。

此时天已经差不多完全黑了，晚上来考察这条意外出现的河流已
经太晚了。他们将会在第二天早上再考察。 229

第十九章

从玛丽亚斯河到大瀑布

1805年6月3日—6月20日

6月3日的早晨，探险队渡过密苏里河，并在两条大河交汇处搭建了营地。“现在，一个有趣的问题有待决定，”刘易斯在日志里写道，“这些河里的哪一条是密苏里河？”

这是个既困难又关键的抉择。根据希多特萨族人的信息，密苏里河一直流入落基山脉深处，在某一处，它和哥伦比亚河之间只隔着一条半天路程的通道。截至当时，希多特萨族人对于密苏里河的描述都是准确的。但是，他们丝毫没有提及，在经过米尔克河之后，还有一条从北部汇入的河流。他们怎么会忽略这条河呢？但是他们也没有提及有一条大河从南部汇入密苏里河。印第安人对这样一条河流只字未提，这一事实“让我们有些震惊”，刘易斯写道。*

杰斐逊的命令很明确：“你们此次任务的目的就是探索密苏里河。”希多特萨族人也很明确：在密苏里河流出群山的地方有一个大瀑布，经过大瀑布之后，密苏里河穿过群山，几乎直抵大陆分水岭；在这个地方，居住着肖松尼族印第安人，他们拥有马匹，这些马匹

* 尽管刘易斯和克拉克都没有想到，但对于这一情况的解释很简单，可能是因为他们的注意力完全集中在河上了。希多特萨族人去西部劫掠的时候，是骑着马的。因为骑马在陆地上行进，他们完全可以不用沿着河道上的河湾，而是可以直接向西前进。在大平原上，他们不仅少跑了很多英里路，还避开了大峡谷和怀特克利夫斯地区的崎岖山路。沿着这条路线，他们会在本顿堡或者本顿堡南部再次遇见密苏里河，因此，他们从没看见过那条让刘易斯如此困惑的从西北部汇入密苏里河的河流。——作者注

在翻越分水岭的过程中至关重要；同时，肖松尼族的语言也是萨卡嘉维阿的母语。

右手边或者说北部的分支几乎是一条东西向的直线，这意味着沿着这条河往上游去就会径直进入群山。而左手边或者说南部的分支是从西南部汇入的。右边的分支有200码宽，而左边那个的宽度是372码。右边的分支水要深一些，但是左边那个的流速更快。刘易斯将北部的分支描述为“以沸水的方式流淌，这和迄今为止经过的密苏里河的流淌方式一致；河水是白褐色，色泽深而浑浊，这也是密苏里河的特性”。而南部分支的河水“是非常清澈的”，同时，流淌时“水面平 230
静无波”。

正如刘易斯所总结的，“这条河［北部分支］的样子和特点与其下游的密苏里河非常接近，以至于探险队内几乎都已经认定，北部分支就是密苏里河；我本人和克拉克上尉都不打算仓促地做出决定，但是如果非要给出意见的话，我相信我们二人会是少数派”。

刘易斯的解释是，北部分支一定是在大平原上流经了很长一段距离，河水里才会携带了足以使之看起来浑浊的沉淀物，而南部的分支肯定是直接从山里流出来的。南部分支的河床是平滑的石头构成的，“就像大多数从山区流出来的河流一样”，北部分支的河床则主要是泥巴构成的。他和克拉克就此进行了讨论，但没有仓促地得出结论。“因此我们整天都在思考。”刘易斯写道。*

两位上尉派普赖尔中士沿着北部分支往上游去侦察；他在晚上回来报告，称在上游10英里处，河道由西转北。他们又派加斯中士前往南部分支上游；他的汇报称在6.5英里处河道还是向西南方延伸。“关于最基本的要点，这些汇报是无法让人满意的。”刘易斯写道，“克拉克上尉和我本人决定，明天一早就各带一支小队出发，沿着两条分支往上游探索，直到得出满意的结论……我们决定，我应该沿着右手边的分支向上游探索，他则沿着左手边的进发……我们决定沿着这些河流往上游进行一天半的探索，如果对问题的解决有帮助的话，还会走得更远……这天晚上，我们都喝了一些格罗格酒，还分发给队员们每人一打兰。”

---

* 萨卡嘉维阿对此毫无帮助。她从未来过这一河段。——作者注

刘易斯打起背包，在日出之前就把包背在了背上。他说，这是“我人生中第一次整理这种负载”（很显然，这是因为他童年时有奴隶，此后有士兵或者仆人来代为打包），“同时我很确信，这不会是最后一次”。

早上，他出发了，随行的还有普赖尔中士、列兵希尔兹、温莎、克鲁萨特和勒帕热，以及德鲁亚尔。（刘易斯非常喜欢叫他“德雷尔”，称他为“这个完美的男人”。只要刘易斯需要带领一支小队外出侦察，德鲁亚尔几乎就一定是首选成员。）

这支小队沿着河流的北岸往上游进发。“事实上，这整片地区看起来都是延伸到山脚下的一片绵延的平原，或者说，至少在目力所及的范围内看起来是这样。”刘易斯写道。徒步的过程是困难的，部分原因是仙人掌，它们的刺总是能穿透队员们所穿的薄底鹿皮鞋。这些低矮的仙人掌植物数量很多，“以至于行走的人要用一半的注意力来避开它
231 们”。此外，干涸的沟堑很陡峭，而且数量多得迫使刘易斯回到河边，沿着河床行走。在这些困难之下，刘易斯当天走了 32.5 英里，整个行程几乎都是向着正北的。

这是刘易斯所进行的最关键的一次探索。他正身处一片只有黑脚族印第安人才了解的未知之地。他所追溯的这条河是他此前闻所未闻的，也不知道它将流向何处。但是，他的目光追寻着细节，追寻着新事物，追寻着让人愉悦的东西，一如既往地锐利。他描述了野草（不深的）和远处的山脉（贝尔波山、海伍德山和斯奎尔比尤特山）。他发现了两只在科学上是新物种的鸟儿，并对它们作了描述：一只是长嘴麻鹬，还有一只是麦氏铁爪鹀。他在河岸边的柳树下宿营，被一场寒冷的大雨淋得透湿，但还是在 6 月 4 日的日志结尾写道：“这条河的河谷构成了一个玫瑰花园，此时花儿都完全绽放了。”

次日，他又向上游前进了 30 多英里，接近于今天的泰伯大坝，行进方向为正北略偏西。正如刘易斯在第二天所记录的，他得出了结论：“这条密苏里河分支的河道方向过于靠北了，不可能是我们通往太平洋的路径。”他又发现了两种动物：瑞氏地鼠和艾草鸡。

他决定扎营，并在次日的正午观测太阳，以确定此地的维度；他估计自己处于北纬 49 度线的北部。但是，6 月 6 日的正午时分，

天空阴沉，“当然不能进行我热烈期待着的观测，这让我很失望”。刘易斯觉得自己位于旅途中的最北端：他的感觉是正确的，但是他所处的位置并没有料想的那么靠北。泰伯大坝大概在北纬 49 度线南边 40 英里。

他让队员们做了两只木筏，以搭乘着顺流而下。但是最终制成的木筏太小，难以满足要求（一名队员几乎丢失了步枪）。于是“我们又背上背包”，从平原上出发了。这时天气寒冷、多雨，令人感到痛苦。这天下午，分队行进了 25 英里。刘易斯在日志结尾写道：“天一直在下雨，我们无处可躲，因而在这个夜里我们都不能舒适地休息。”

整夜都在下雨，“正如我所预料的，我们度过了一个极其不愉快、不满意的夜晚”。清晨，“我们离开了潮湿的床铺”继续向下游进发，但是环境变得更险恶，地面潮湿，“就如同走在正在融化成小块的冻土上”。* 从一个悬崖的侧面经过时，刘易斯在一条由野牛踩踏形成的大概 30 码长的窄道上慢慢挪动。他差点直直地从一个 90 英尺深的断裂处掉下去。他用警棍挽救了自己，并尽力抵达了一个“勉强可以安全”站立的地方。

他还没来得及喘一口气，就听见列兵温莎喊道：“天哪，天哪，上
尉，我该怎么办？” 232

刘易斯转过身去，看见温莎趴在地上，右手、右胳膊和右腿就悬在刘易斯刚刚经过的断崖处，正在尽全力用左臂和左脚稳住自己。

温莎的恐惧差一点就击垮了他。他的危险处境也让刘易斯大受惊吓，“因为我一直担心他随时可能因乏力而掉下去”。刘易斯惊魂未定，还在因自己先前的逃脱而颤抖不已，但他还是尽力用平静的口吻说话了。

他向温莎保证，温莎现在并不危险；然后，他让温莎用右手从腰带里取出小刀，用刀在悬崖的石面凿一个洞，好让右脚有地方着力。

温莎照做了，右脚踩进小洞之后，他可以把身体撑起来一些。刘易斯让他脱掉鹿皮鞋（潮湿的皮革比赤脚还要滑），并用手和膝盖向前

---

* 一份给前往蒙大拿的现代漂浮者的指南上说，河流周围的碎石路在雨后就像是“不可行走的油脂”。莫尔顿在 1805 年 6 月 7 日的一份记录里，称这些泥土是“黏土”，并写道：“只要一点点水分就可以让它变得极其湿滑。”——作者注

爬行，同时小心地用一只手拿住小刀，用另一只手拿好步枪。“这很有效，他脱险了。”

经历了如此巨大的惊吓之后，刘易斯和温莎重新回到队里，继续前进。平原上太湿滑了，同时还遍布着沟堑，于是“在向下游前进的过程中，我们常常要走在低洼地的泥水里；而其他的时候，当河水齐胸，让人无法再涉水前进的时候，我们就用刀在悬崖侧面凿出落脚处，这样前进”。他们猎获了六头鹿，在天黑扎营后吃了当天的第一顿饭。

“我现在躺在一些柳枝下。这个夜晚的休憩很舒适，让人感到白天的辛苦和痛苦好像都是值得的，好的住所、干燥的床铺和舒适的晚餐是如此能够让烦恼的、浑身潮湿的、饥饿的旅行者恢复精神。”

他的精神可能已经恢复了，但是烦恼还在。“整个队伍，除了一个人……都相信这条河就是密苏里河。”但是，刘易斯很确信这不是密苏里河，他以表亲玛丽亚·伍德之名将这条河命名为玛丽亚斯河。“确实，这条汹涌的、充满麻烦的河流，水色比不上另一条可爱的水质优秀的河流。”刘易斯承认这一点，“但是从另一个角度看，这是一条壮丽的河流……它流经的这片肥沃的地区，其景色之优美如画是我前所未见的。”

当太阳在早上 10 点出现的时候，河岸上棉白杨里栖息的“数不清的小鸟开始发出迷人的歌唱；我发现，它们中有赤胸鸫、知更鸟、斑鸠、红雀、金翅雀、大大小小的画眉、鹪鹩和其他一些不那么引人注意的鸟儿”。

下午 5 点的时候，他“非常疲劳地”来到位于密苏里河和玛丽亚斯河交汇处的营地。看到他回来，克拉克如释重负，因为他比预计的归期晚了两天。两位上尉商量了一些事并研究了携带的地图，尤其是阿罗史密斯 1796 年地图。最终他们一致认为，南部的分支是真正的密苏里河。

次日，6 月 9 日的早上，刘易斯尝试说服探险队的队员们，让他
233 们相信南部的分支是密苏里河，但没有成功。他们全部“坚定地相信北部的分支是密苏里河，认为这条路才是正确的”。列兵克鲁萨特“是密苏里河上资深的领航员，他通过自己作为水员所获取的知识和技能，让队里的每一个人都认可他的观点：只有北部的分支是真正的密苏里

河，不会有其他的可能”。

尽管克鲁萨特很确信，两位上尉并不会改变自己的观点，并就此通告了队员们。出于对两位上尉领导权的尊重，“队员们非常愉快地说，他们准备好跟随我们往任何我们认为合适的方向前进，但是他们仍然认为另一条河才是密苏里河”。

刘易斯和克拉克并没有发起投票，但是，“在发现他们如此地坚定之后，为了在发现错误后能及时修正，克拉克上尉和我本人一致同意，我们两人中的一人应该带领一支小队沿着南部分支由陆路前进，直到发现大瀑布或者抵达覆盖着白雪的山脉……这些迹象都可以非常准确地解决这个问题”。

刘易斯认为克拉克是更好的水员，决定由他来率领大部队逆流而上，他自己则通过陆路往南进发。此外，刘易斯也喜欢徒步——也可能是因为，他想要成为第一个看到大瀑布的白人。

两位上尉决定将红色的平底船妥善地藏在玛丽亚斯河河口处的一个岛上。刘易斯将他的铭牌放在这一地区的好几棵树上。* 两位上尉同时还决定，将沉重的行李存放在地窖里——克鲁萨特向他们展示了如何挖掘地窖。这些行为的目的就是为了减轻负载，并为归程的时候提供一个补给仓库（很多迹象表明，他们打算从陆路返回，且并不指望能在哥伦比亚河河口遇到一艘船），也为剩余的平底船和独木舟多提供七名桨手。

他们将铁匠的风箱、工具、海狸皮、熊皮、一些斧头、一把螺旋钻、一些文件、两桶炒玉米、两桶猪肉、一桶盐、一些凿子、一些锡杯、两支步枪和海狸捕猎器都埋了起来。在两个地窖里，还分别埋藏了装在铅桶里的 24 磅火药。将如此多的东西埋在地窖里，这表明，要么是因为探险队在此时严重超载了，要么就是他们准备在补给不足的情况下出发，去征服落基山脉以及一切位于前方的东西。

在选择南部分支的时候，两位上尉还做出了他们最关键的决定。这个决定并非不可撤销，但是，考虑到此时的季节，其实几乎就是不

---

* 铁制铭牌上的铭文是“美国上尉 M. 刘易斯”。这块铭牌现在收藏于俄勒冈历史协会博物馆，这是现存为数不多的与探险队有关的真品。它是在 1892、1893 或 1894 年在俄勒冈的胡德河附近被发现的。参见莫尔顿 1805 年 6 月 10 日的笔记。——作者注

234 可撤销了。*每个军士、每个士兵、德鲁亚尔，可能连约克、沙博诺、萨卡嘉维阿也不同意这个决定。不过，关于探险队的士气，刘易斯在6月9日的日志结尾写道：“晚上，克鲁萨特用小提琴给我们演奏了一些音乐，队员们整晚都在歌唱、跳舞，心情非常愉快。”

第二天，大家都忙于挖掘地窖，并把物品存放进去。刘易斯看见了白腰林鵙，并第一次描述了它们。他挑选了德鲁亚尔，以及列兵西拉斯·古德里奇、乔治·吉布森、约瑟夫·菲尔德陪同他一起由陆路去寻找大瀑布。克拉克则会与大部队一起，乘坐白色平底船和六只独木舟随后而来。

在6月10—11日的夜里，刘易斯忽然得了痢疾。根据仅有的记载，他吃了一些“盐”来治病。早上，他感觉好了一点，不过还是很虚弱。早上8点，“我背上背包，和我的小队一起前进了”。他很确信自己一定会发现大瀑布。但德鲁亚尔、古德里奇、吉布森和菲尔德都认为他找不到。射杀了四头麋鹿后，他们已经走了九英里。他们在河边屠宰了麋鹿并悬挂起来，以待克拉克和大部队食用。刘易斯指挥，用骨髓烹制了大餐，但是在大餐做好之前，“我感到肠部有无法忍受的剧痛”。此后疼痛愈演愈烈，还出现了高烧症状。病情变得很糟，刘易斯没法继续前进了。

因为没有携带药物，他决定试用一些草药——这完全就是他的母亲擅长并教会他做的事情。他让队员们去采集了一些美洲稠李的嫩枝，将其上的叶子摘掉，把树枝截成两英寸长的很多小节，用水来煮，直到“变成一种有着苦涩口感的煎剂”。随后他在日落时分服用了一品脱这种煎剂。一小时之后，他又强行服了一品脱，在半小时之内，“我完全不感到疼痛了，事实上，所有的症状都消失了；我的烧退了，发了一些汗，晚上睡得很舒服，重新振作了精神”。

---

* 假如探险队往玛丽亚斯河上游进发，在大概100英里的地方，他们会遇到一个支流，这是图梅迪辛河和卡特班克河的交汇处。假如队伍选择了左手边的支流，他们将会抵达位于现今东格拉西尔的冰川国家公园。他们将会由玛丽亚斯山口翻越大陆分水岭——这条路线就是日后北太平洋铁路使用的路线，至今还在使用中。如果这样的话，探险队将会来到哥伦比亚河流域——沿着弗拉特黑德河的中间支流往下游抵达弗拉特黑德，然后向南最终和克拉克河交汇，向北流向哥伦比亚河。如同乌鸦飞过一般，这将是最短的路线，但是这将需要探险队在没有马匹的情况下穿越一个不可思议的、满是山脉和激流的地区。最起码，队员们和两位上尉的胜算不大。——作者注

早上4点30分，太阳升起，刘易斯起床，感到恢复了不少。他又喝了一品脱美洲稠李的煎剂，然后出发了。这是很棒的一天。尽管前一天还在生病，他仍然走了27英里。小分队射杀了两头熊。刘易斯攀上一块高地，在上面， 235

> 我们看到了覆盖着皑皑白雪的落基山脉，映入眼帘的是一派极其优美如画的风景……落基山脉看上去是由一组群山构成的，群山越往后越高，最远处最高的那座山，其覆盖着白雪的山顶仿佛已经隐入云层之中；这是一道令人敬畏的景观，当我们想到要翻越它们的时候，就显得更令人敬畏了……
>
> 这天晚上我吃了很多东西，在记录下白天发生的事情之后，我去抓了一些白色的鱼［大眼鲕鲈，新物种；古德里奇在这条河的延伸处捕获了另一种也是新物种的鱼，北美金眼鱼］来作为消遣……我在几分钟内就抓了不止12条。

6月13日甚至是更棒的一天。刘易斯攀上了平原上的另一块高地，在那儿“我远眺了一大片极其美丽而平坦的平原，延伸至少有50到60英里；平原上有数不清的野牛，这是我前所未见的”。他去到河边，命令队员们去河两边捕杀猎物，然后再回到河边来吃晚饭。

“我又沿着这个路线走了两英里……耳朵里都是水落下来的愉快的声响，再往前走一点，我看到平原上升起了类似烟柱一样的喷雾……［它］很快就发出一种巨大的水声；这声音太大了，认为这是密苏里河大瀑布所发出的应该错不了。”他在中午抵达河边，然后急着下到200英尺深的悬崖底部，来到了正对瀑布中心的一座小岛上的 236
一堆石头处：“凝视着这一惊人壮观的景致……我所见过的最壮观的景致。”

在试图描绘大瀑布的时候，他差一点把自己绊倒。在写了700个单词的描述之后，他对自己“不完美”的描述“深感厌恶”，差一点就把写下来的东西撕掉：“但是，我又意识到，我可能没法更好地记录脑海中的第一印象了。”他想要“给文明世界一些有关这一真正惊人壮观的事物的概念，这一事物此前一直被藏匿于文明人的视野之外”；这番描述正好准确地表现了作为第一个目睹这种景观的白人，他多么严肃

A.E. 马修绘，《密苏里河大瀑布》(1867)(Montana Historical Society)

地看待自己的角色，多么认真地履行着“向文明世界”描述这一切的责任。他很遗憾自己没有“萨尔瓦多·罗萨的画笔或汤普森的文笔”。(罗萨是一名 17 世纪的意大利风景画家；詹姆斯·汤普森是一名 18 世纪的苏格兰诗人。)

他没有忘记描述自己的感受——这景致让他充满了“愉悦和震惊”——但是他没有指出，这景致是否使他对正确判断了真正的密苏里河感到满意。不过，他肯定有这样的感受，不仅仅因为这证明了他的思考过程，更因为他现在确实知道，克拉克和大部队正行驶在正确的路线上。

德鲁亚尔和士兵们在他位于岛上的营帐里会合的时候，带来了大量上好的野牛肉。古德里奇还抓了一些鳟鱼，这也是新物种，根据刘易斯的描述，味道很美——他们把鱼也烧了吃了。

坐在位于瀑布脚下的营地里，刘易斯在 6 月 13 日的日志结尾写道：“今晚我的食物真是丰盛；野牛背、牛舌和骨髓，加了胡椒和盐烤制的美味鳟鱼，以及一份不错的开胃菜；最后一道菜显然也是奢侈的。”对于值得纪念的一天，这是很好的结尾。

早上，刘易斯派列兵菲尔德带了一封信给克拉克，告诉克拉克他们发现了大瀑布。他让队里的其他人制作肉干，然后自己拿着枪和警棍出去了。他想往上游再走上几英里，去看看激流一直延伸到何处。这不可能是一段长路——希多特萨族人已经说过，这段运输距离只有半天路程。

但是，最初的五英里都是激流。刘易斯来到一处河湾，让他惊讶的是，他又看到了第二道瀑布。这一道大概有 19 英尺高，大概是第一道瀑布的一半。他将之命名为克鲁克德瀑布。他继续努力向前。“我听到上方有巨大的声响，于是继续前进……展现在面前的又是一派极其美丽的自然景观，这是一道大约 55 英尺高的小瀑布，在河对岸和河面形成一个直角……四分之一英里……现在，我想，假如让一个熟练的画师画一道美丽的小瀑布，他拿出来的作品很可能就是眼前的这一道。”

不可避免地，他将这一道小瀑布和昨天的发现作了对比。“最后， 237
我决定，在这两道瀑布的壮丽程度的比较中，这一道瀑布是**令人愉悦的美丽**，而另一道则是**惊人的壮观**。”

接下来还有一道大约 14 英尺高的瀑布，然后还有一道 26 英尺高的。总体来说，五道独立的瀑布构成了密苏里河大瀑布。而希多特萨族人只提到了一道。立时，这条通道就显得比刘易斯此前预料的要更长且更难穿越。

最终，大瀑布和激流有 12 英里长。刘易斯抵达了一个地点，在这里密苏里河的“河水平缓无波，宽近一英里，水面上有大群的鹅，在河两边的草里愉快地觅食”。

他完全沉浸在喜悦里。他记述道：“我享受着这令人着迷的景色，让自己休息了几分钟。”然后，他决定沿着看到的从西北方汇入密苏里河的河流尽可能走远一点，这条河是希多特萨族人此前提到过的，他们称之为梅迪辛河。

他走过了一个前所未见的巨大的野牛群——这可能是所有白人都没见过的巨大的野牛群。他想要射杀一头，然后收取野牛肉作为从梅迪辛河返回营地路上的晚餐。他射穿了一头肥硕野牛的肺，目睹着鲜血从野牛的嘴和鼻孔中喷出来。被眼前的景象所干扰，他忘记了重新装填步枪。

在这个时刻，他成为了猎物。在他身后，一头灰熊已经爬到了距离刘易斯 20 步的范围内。看到灰熊的同时，刘易斯拿起了步枪，随即意识到步枪没有填弹，进而意识到在灰熊——正在快速接近——来到面前之前，他没有足够的时间来填弹。

本能地，他迅速观察了地形。在 300 码的范围内连一棵树也没有。河岸距离水平面的高度不足三英尺。简而言之，没有合适的地方可以躲藏，以重新装填步枪。

他开始快速行走。灰熊向他扑来，“张着大嘴，全速扑来。我跑了大概 80 码，发现它正在快速地接近我”。

刘易斯跑进河里，他的考虑是，假如可以进到齐腰深的水里，灰熊就不得不游泳。刘易斯希望那时候可以用警棍来防卫。

他进入了齐腰深的水里，转身面向灰熊，“用警棍的顶端指着它”。

灰熊看了一眼，“突然开始周旋，好像害怕了；它拒绝在这种不平等的阵地上展开战斗，就像刚才追逐我时那样快速撤走了”。

刘易斯得到了一个教训：一旦“回到岸上，我就要给枪填弹，而在这个奇妙的历险过程中，我手里一直攥着枪……枪填好了弹，我再次对自己的实力感到自信……我决定，以后一定要及时填弹”。

他需要调查并描述梅迪辛河。当他完成这一切的时候已经是晚上 6 点 30 分了。此时距离天黑还有三个小时，他要徒步走 12 英里才能回
238 到营地。

他开始向下来到梅迪辛河平坦的底部。刚刚离开梅迪辛河和密苏里河的交汇处，刘易斯就发现了一头他最初以为是狼的动物；在接近这头动物 60 码以内的距离后，他判断这像是一只猫。（可能是一头狼獾。）刘易斯用警棍作为支架，仔细瞄准，然后开了枪；这只动物消失在地洞里。在检查的时候，足迹表明，它是某种山猫。刘易斯没有发现血迹；很显然射偏了，这让他感到很痛苦，同时对他产生不小的困扰，因为他绝对要依靠步枪来生存（这就是为什么当灰熊冲向他的时候，他在河里还随身带着空步枪；即使他倒下了，手里也会拿着步枪）；他确信已经仔细瞄准了，而且子弹也确实射出去了。

遇到一群在半英里外吃草的野牛的时候，他走了还不超过 300 步，就有其中三头公野牛分散开向刘易斯冲来。这一次，刘易斯没有选择

逃跑。他认为起码应该给这些野牛一些乐子，于是转而正对着它们。在100码的距离上，野牛们停下来仔细打量刘易斯，然后转身离开，和冲来的速度一样快。

“现在，对我而言，好像附近所有的野兽都结成了摧毁我的同盟，或者说命运打算拿我来取乐一下。”他写道。

他回到早上射杀的野牛的尸体旁。他本想在那儿宿营，但是后来决定，直接回到位于第一道瀑布脚下的大本营：他“不认为整夜都待在此地是谨慎的决定，因为在这里连续发生的奇妙历险已经降低了它在我印象中的迷人程度”。

有时候，他会觉得当黑夜完全降临的时候在平原上徒步如同美梦。但是接下来他就会一脚踩在仙人掌上。

6月15日早上，他花了好几个小时来写日志（记录6月14日历险的内容大概有2400个单词的长度；以每分钟24个单词的速度进行意识流的书写，中间全然不会因为回顾而停顿，这些内容至少花了他两小时）。然后，“我去钓鱼消遣，之后睡了一觉以消除昨日的疲劳”。

这一串奇妙的历险是这一周的重点。他发现了五道瀑布，而不只是原先以为的一道，还不仅仅如此。刘易斯从休憩中醒来之后，继续写道：“我发现了一条大型的响尾蛇，盘在一根倾斜的树干上，躲在阴影里，而我正躺在距离它大约10英尺的地方。”他杀死了这条蛇——没有写如何杀死的——并对这条蛇进行了研究（腹部有176块鳞片，尾部有17片）。

列兵菲尔德回来报告称，克拉克和大部队已经在激流下游大概五英里处停下来了。克拉克认为，他们已经往上游方向走得尽可能远了，因此应该从这里开始运输。刘易斯需要调查土地。他已经探明，北岸的沟堑太多了；河流是向西南方转弯的，如果从南岸开始运输，距离应该会短一些。

他不知道该从哪儿开始运输，也不知道该如何操作，更不知道这
次运输的距离有多远。但是，很显然这项任务比他此前预想的要困难， 239
而耗时也远远高于预期。

在一周内，白天的时间会变得更短。而且，即使在他全力解决手头的问题时，那些隐隐绵延向西方的山脉也总是会出现在脑海里，横

亘在刘易斯和他的目标之间——这些山脉还只是隐约可见，他明白，这些山比他在蓝岭山脉或者其他任何地方所看过的山脉都要更大、更高、更深。作为一个预计每天行进距离不会超过25英里的人，他非常着急。

他渴望着在冬季来临前，用全部精力去翻越群山，但是他需要处理一个现实问题：在困难的地形条件下，这次搬运的路程长度超过16
240 英里，他需要耐心操作，尽可能用积极的方式来利用时间。

第二十章

大运输

1805 年 6 月 16 日—7 月 14 日

6 月 16 日是一个周日。早上，刘易斯从位于第一道瀑布脚下的大本营出发，去与克拉克和大部队在他们位于下游大约六英里处的营地会合。下午两点，两位上尉会合了。他们有很多事情要谈——在过去几天里两人各自的探险经历、他们都见到了什么、肉类的补给，最重要的是该选择河的哪一边来运输物品以越过大瀑布，以及具体选哪儿作为运输的起点。

在他们可以着手处理这些眼前的、紧迫的问题之前，克拉克告诉刘易斯，还有一项更紧急的事务。萨卡嘉维阿生病了，已经病了将近一周。克拉克已经试过给她放血，但没有奏效；也尝试过在她的骨盆区域敷上金鸡纳树皮和鸦片酊制成的药糊，仍然没有效果。他将病人交给刘易斯；能从治疗的责任中解脱出来，这让克拉克很高兴。在日志里克拉克写道："印第安女人很糟糕，她拒绝吃任何药，直到她的丈夫发现她昏迷了，此时才可以容易地让她吃药；我现在确信，如果她死了，就是她丈夫的错。"（他没有解释为什么归罪于沙博诺。）

刘易斯最初的、简单的检查表明，萨卡嘉维阿病得很重；病痛使她极为衰弱，伴随着如下症状：高烧、微弱的脉搏、不规则的呼吸、手指和胳膊吓人地抽搐。"这让我有一些担心。"刘易斯写道。当然，他是为萨卡嘉维阿和她的孩子担心，但是更重要的是"她是我们和蛇族交涉的唯一依靠，而我们必须得到蛇族的援助才能获得马匹，以帮助我们实现从密苏里河到哥伦比亚河的运输"。

刘易斯对萨卡嘉维阿进行了更全面的检查，最终的结论是，“她的失调主要是源于着凉所导致的月经障碍”。[*]很显然，他的诊断并不算离谱。他的治疗方法就是“两份树皮和鸦片”。很快，这份药剂就增强了萨卡嘉维阿的脉搏。她感到口渴。刘易斯想起在河对岸（西北方）有一个硫黄泉，于是派一个队员去取了些泉水回来。他认为这泉水中含有
241 铁和硫黄，而这些元素正是萨卡嘉维阿需要的。他可能是对的；诸如指头和胳膊的抽搐，应该是由于克拉克给她放血而导致的矿物质缺乏。确实，克拉克反复给她放血，导致她的身体脱水，让她愈发口渴。[1]她急切地饮用了硫黄水，刘易斯只准许她喝这么多水，同时继续在她的骨盆区域敷药膏。

那天晚上，萨卡嘉维阿症状的好转令刘易斯感到高兴。她的脉搏变得正常了，而且很有力；她还微微发了一些汗；抽搐的症状得到了极大的缓解，“同时，她感到自己的疼痛大大地减轻了”。崔纳德称赞了刘易斯的治疗方法：“他对于病人抱怨的记录、对她进行的体检、使用的药物，以及对她真诚的关切，在这些方面，同时代的医生都不可能比他做得更好了。”[2]

在刘易斯行医的时候，克拉克带领一支小队前往位于一条小溪（今天的贝尔特溪）入口处下游一英里左右的一片棉白杨林，在那里，他们要为以后的运输搭建一个营地。这是方圆数英里以内唯一可以提供足够木材的地方。下午，刘易斯加入了克拉克的队伍。克拉克此前已经派了两个人去勘察南边的土地。刘易斯告诉他，这次运输的路程至少会有 16 英里长，这是个令人震惊的信息。两位上尉决定，将白色的平底船也留在营地，大瀑布之后的航程将依靠刘易斯的铁骨船逆流而上。为了进一步减少负载，他们还决定再挖一个地窖来存放那些不一定会用到的东西。

日暮时分，两名侦察员回来了，“作了令人不快的汇报。两人告诉我们，上游的小溪和更上游的两个沟堑将河流和山脉之间的平原隔开了；如此一来，在他们看来，在这一边运输独木舟是不可行的”。

---

* 崔纳德推测，萨卡嘉维阿可能是患了一种由淋病感染引起的慢性骨盆炎症（《只死了一个人》(*Only One Man Died*)，第 287—289 页）。——作者注

这又是一条令人吃惊的信息。刘易斯泰然自若地接受了这个消息。“不论好坏我们都必须进行运输工作。”他以那种实事求是的现实主义方式记载道。此外，根据他自己目睹的一小部分情况，从河的北岸，“我依然相信……或许可以开展良好的运输工作”。

次日，6月17日清晨，刘易斯的信念更坚定了。调查表明，小型圆底独木舟可以逆小溪而上——两位上尉将之命名为波蒂奇[*]溪；可通航的距离大概是两英里长，从起点到高原顶部呈一个上升的缓坡。运输将以小溪在高原上的终点为起点。克拉克带了一支小队前去察看路线。

刘易斯选中了一棵正好位于溪流入口处下游一点的棉白杨，树的直径大概是22英寸，这是方圆20英里以内仅有的这么粗的树。他派了六个人来砍伐这棵树，然后横向锯开以制作车轮。他下令将白色平底船的硬木桅杆砍断，以制作车轴。较软的棉白杨木将被用来制作榫舌、联轴、两辆货车——刘易斯的原文说是“卡车”——的主体结构，这两辆货车将用来运输独木舟和行李。 242

刘易斯的病人已经好多了。萨卡嘉维阿现在已经不觉得疼痛了，烧也退了，脉搏正常，胃口也很好。他还继续用药——硫黄水和药膏——并允许她吃烤野牛肉（“用胡椒和盐精心调味的”），喝野牛肉汤。怀着如释重负的心情，他在当晚的日志中写道：“我想，现在她很有希望康复了。”这表明了他此前是多么害怕她会无法康复。

刘易斯还有别的事情要操心，其中一件事就是铁骨船的覆盖物。他想要使用麋鹿皮，认为麋鹿皮比野牛皮更牢固耐用，因为在变干的时候，麋鹿皮不会像野牛皮缩得那么厉害。但是，尽管在这一片地区野牛和鹿很多，麋鹿却很稀少。6月19日早晨，他派德鲁亚尔和两名士兵——列兵鲁宾·菲尔德和乔治·香农——一同前往密苏里河的北面、梅迪辛河的入口处去猎杀麋鹿，以获取麋鹿皮。

货车已经做好了；行李也已经妥当分类，准备好起运了。整个探险队都已经就绪，只是在等待克拉克完成侦察任务归来。刘易斯享受了一个难得的悠闲下午；为了消遣，他跑去钓鱼。队员们则在修补他

---

* 原文 Portage，意即“运输”。——译注

们的鹿皮鞋。

这天早上，萨卡嘉维阿已经好多了。她走出营房来到平原上，采摘了相当多的名为白苹果的根茎。她和着鱼干生吃了一些白苹果，并且没有跟刘易斯说这件事。

之后，她又发烧了，感觉很糟糕。刘易斯非常愤怒：“我严厉地指责了沙博诺，因为他在知情的情况下，放任她吃这样的食物，而他此前已经被告知她只能吃哪些东西。我现在给了她一些剂量的稀释硝石［硝酸钾，用于利尿和发汗，治疗发烧和淋病］[3]，直到这些药剂让她出汗；晚上 10 点的时候，我给她服用了 30 滴鸦片酊以帮助她休息。”

早上，萨卡嘉维阿“已经不怎么痛苦了，也退烧了，看起来正在恢复中。她散了步，还钓了鱼”。刘易斯的预后是正确的，在几天之内，萨卡嘉维阿就恢复了。

刘易斯派人外出打猎。他想要尽可能多地囤积肉干，这样运输开始的时候就不需要再分派人手去打猎了。那天晚上，克拉克回到营地，报告称运输的路线是十七又四分之三英里长。

两位上尉进行了商谈。他们决定，由克拉克来监督运输，而刘易斯将直接去终点——一个因为拥有大量灰熊被克拉克命名为怀特贝尔*的群岛，刘易斯将会在那儿监督铁骨船的准备工作。他将会携带第一批货物穿过这一运输路线，这些货物将被装在一只独木舟里，由一辆货车运输，货物包括铁骨船和必需的工具。加斯中士以及列兵约瑟夫·菲尔德和约翰·希尔兹将会陪同他前往。

克拉克告诉刘易斯，在怀特贝尔群岛上没有松木，只有棉白杨木。
243 这又让刘易斯操心了：没有松脂来粘合铁制船骨上的皮革，他将面对“一个我实在不知道如何克服的缺陷，除非在粘合木质独木舟的过程中，油脂和炭粉的混合物可以奏效”。

运输是从 6 月 22 日的日出后不久开始的。除了两名被留在后方看守行李的士兵，所有人都和两位上尉一起去将独木舟运过平原。他们遇到了好些问题，最初是仙人掌和几次故障：车轴坏了、榫舌坏了。刘易斯用天竺葵的树枝修好了它们，“并希望它们的效果会更好”。尽

* 原文 White Bear，意即“白熊”。——译注

管有这些困难，在天黑之后，他们还是将货物运到了终点。在路上，刘易斯发现了一种大平原上最受喜爱的鸟类——西部草地鹨，并描述了它。

在接下来的12天里，刘易斯都待在怀特贝尔群岛上的营地里，督造铁骨船（被士兵们称为“实验号”）；与此同时，克拉克则在监督着运输。后者是探险队此前从未经历过的、最艰难的任务。

让我们看看克拉克是怎么描述的吧：“队员们必须用他们全部的力量和技巧来拖拽。很多时候，每个人都要用手抓住草、突起物或石头来获取更大的力量，以便能拖拽独木舟和货物；尽管会大口吸入凉气，但每个拖拽者［队员］都不在乎；很多人都拖着酸痛的脚在跛行，有些人会眩晕一阵子，但是没有人抱怨，大家都高兴地前进——对这支队伍的疲劳的描述将会比其他记录占用更多的日志篇幅，其他的记录我将会另找时间来完成。”

他们被苹果那么大的冰雹袭击，被蚊子袭扰，也经受了烈日和冷雨。风在此过程中帮了大忙。6月25日，刘易斯记载道：“队员们告诉我，他们在独木舟上升起船帆，风借助卡车上的轮子推着车子前进。这就是在陆地上航船啊。”

为了解放出一个人手来帮助筹备用于蒙船的麋鹿皮，刘易斯自己充当厨子。他采集木头和水，在最大的铁壶里煮了足够30人分量的野牛肉干，然后将这些做成牛油饺子，来款待所有的就餐者。

在附近有大量成群的野牛；克拉克估计，他一眼就可以望见一万头。这些牛让“水手”整晚都在朝它们叫。灰熊的数目也很多，与野牛不同的是，它们都很危险；刘易斯禁止任何人单独外出执行任何需要穿越矮树丛的任务，并命令所有人在睡觉的时候把枪放在手边。刘易斯在6月28日的日志里写道：晚上，灰熊们来到营地附近，“但是没有冒险袭击我们；对于它们的到来，我们的狗给了我们足够的准备时间，它整晚一直在叫”。

这些熊常常在中午的时候出现，这让刘易斯和队员们很生气。“我们都很忙，没时间去捕猎它们。”但是，刘易斯还是发了一个誓：当时机到来的时候，“我们将会戏弄它”。他个人打算指挥一场对敌人的全
面出击。 244

到6月30日，铁制骨架已经组装完成，而蒙盖用的皮革——28张

麋鹿皮和四张野牛皮——也已经准备就绪了。早上，这些皮革将被蒙在铁骨架上，然后缝起来。与此同时，运输工作也将在两天之内完成。很快，探险队就将继续在河道上航行了。

但是这个速度并不能让刘易斯满意，他在日志中坦言："我已经非常等不及要出发了，因为季节就快过去；自我们离开曼丹堡以来，已经过去三个月了，还没有抵达落基山脉。"对于在入冬前抵达太平洋再返回曼丹，他已经不抱任何希望了；同时他还得出结论，他将不可能在抵达太平洋之后，再返回肖松尼族这儿过冬了。

大概就是这个时候，刘易斯和克拉克作了一个决定，此后这个决定被记录在刘易斯 7 月 4 日的日志中。在离开曼丹堡之前，他们曾一致同意，完成在大瀑布的运输之后，他们将派三个人携带标本、手工制品、地图、日志和其他贵重的物品返回圣路易斯。现在，他们改变了想法。他们没有和肖松尼族接触，即使有着健康的萨卡嘉维阿随行，他们也不能指望肖松尼族印第安人会是友好的；或者说，即使他们是友好的，并且打算用马匹来换取不值钱的玩意儿，刘易斯和克拉克也不能指望他们。正如刘易斯所说，"我认为我们的队伍已经足够小了"。这意味着他想要保留所有的力量。

保持队伍满员的决定并没有引起研究刘易斯和克拉克的学者们的很多评价，但是这个决定值得大家关心。即使放弃 10% 的火药和战力，对于探险队而言也可能是致命的。不过，话说回来，如果探险队遇到了需要动用全部战力的情况，他们可能也会全军覆没；如果发生了这种情况，那么自 1805 年 4 月 7 日以来到那时为止所有的发现，包括植物、鸟类、动物、河流、地形、大瀑布的真实情况、黄石河与密苏里河交汇处的维度这些信息都会遗失。派探险队里的三个人回圣路易斯，可能会让其他人陷入危险；但是派他们顺流而下穿越苏族的地区，则可能会让这三个人陷入危险。

"我们从没有对队里的任何人暗示过我们曾构想过这样的计划。"刘易斯写道。这段话透露了两位上尉和队员之间的关系。最初，它表明，在某些时候——在篝火旁？在队员们吃饭的时候？——两位上尉之间的谈话是不会被人听到的。它也说明，队员间的传言相对是很少的。所有的士兵都喜欢传言——而这个排级规模的小队一直沿着没有人听说过的河流往上游前进，发现了五道瀑布而不是此前告诉他们的一道；所以，对于两位上尉的意图，队员们或许可以进行很多揣测。但是他们没有这么做，这是出于对两位上尉的领导力和纪律的敬意，也表明了队员们是多么地信任两位上尉。

这段话也表明了刘易斯对士气有多在意，因为他随后又写道，他担心派三个人返回“可能会让那些留下来的人气馁”。在那个时刻，运输已经临近完成了，同时铁骨船也即将下水，士气正高。刘易斯的描 245
述表现出，他的个性和热情对于探险队的影响有多大。他写道，队员们“都表现出已经坚定了自己的信念，要么获得成功，要么在探险途中死去。我们都相信，现在即将进入探险途中最危险、最困难的一段旅程，但我没看到任何人抱怨；所有人都表现出，已经准备好面对这些在前面等着我们的困难，所有人都变得很坚毅”。

探险队的成员们都被这些不寻常的经历联系在一起，而且他们都知道，自己在创造历史。他们都明白，毫无疑问，他们正处在自己生命中最精彩、最重要的阶段；还有一个显而易见的事实是，他们正在共同经历这一切，每一个人，包括萨卡嘉维阿，都要互相依靠。

同时，在两位上尉的领导下，他们已经成为一个大家庭。在夜里，他们已经可以通过一声咳嗽或者一个动作来辨认彼此；他们知道别人的技能、弱点、习惯和背景：谁喜欢吃盐，谁喜欢吃肝脏；谁射击准，谁能够最快速地升起灶火；他们都来自何处，父母们都是什么样，他们有什么梦想。刘易斯肯定很不愿意让他们分离。他决定让队员们继续一起前进。他们会凯旋，也有可能死去，但一定是作为一个整体。

7 月 1 日早上，刘易斯派两个人去缝合蒙船用的皮革，让另两个人去准备一个用于焚烧木材的火坑，以尝试制作松焦油。他让一个人去制作船只的横木，与此同时，他和德鲁亚尔则负责熬油，熬出了 100 磅的油。但是制作松焦油的尝试失败了，缝制的工作进行得很缓慢，刘易斯开始变得暴躁。北美油松的缺乏迫使他进行试验，而他的试验非常耗时，因为试验所需的材料很难获取。刘易斯发现，工作“极度地沉闷和麻烦”。对于队员们而言，铁骨船的一切都是新奇的东西，所以“我需要对工作的每一个步骤都保持持续关注；同时我还要担任主厨，这让我一直不得空闲”。

刘易斯很幸运，在感到挫败和压抑的时候，他找到了一个有价值的目标。“昨晚，熊一直在我们的营地附近，”他在7月1日的日志结尾写道，“所以我们决定明天去打击它们的巢穴；我们要杀死它们，或者将它们从这个地区彻底赶走。”

早上8点15分，在刘易斯测量了太阳的高度之后，他和克拉克率领了一个12人的小分队前去袭击。他们涉水来到最大的一座岛上，以三人一组的编队穿越了矮树丛。“我们只找到一头熊，”刘易斯记载，“这头熊扑向德雷尔（即德鲁亚尔）；德雷尔在20英尺的距离外射中了它，子弹幸运地射穿了它的心脏。这一枪将熊击倒，给了德雷尔时间来脱离它的视线；熊沿着它的路线向前冲，我们循着血迹追了100码，最终发现了它的尸体。”只发现了一头熊，这让士兵们都感到很失望，
246 不过，至少他们毫发无伤。

在返回营地的途中，士兵们在搬运行李的时候抓到了一只大老鼠。刘易斯检查后，对这只林鼠进行了描述，这也是新物种。

到了7月3日，当龙骨船几近完工的时候，刘易斯的担忧又开始困扰他。他几乎已经相信，他所做的以寻找松焦油的替代品为目的的试验都不会成功。不论如何尝试，他都无法生产出松焦油。没有松焦油，“我恐怕所有为这艘船付出的努力都将是无用功”。此外还有一些情况：“我恐怕，在使用针来缝制皮革的事情上也犯了一个大错：针的锋利边缘划伤了皮革，当皮革变干的时候，我发现皮上的洞并不如我此前想的那样会因为压力而被填平。”

他、克拉克还有队员们都想要继续前进。“河水看起来既平缓又诱人，所有的人都和我们一样，显得急于继续往上游进发。”

这些情况让刘易斯又恢复了精神。到了晚上，他的船已经完工，只差做防水了（在蒙皮上涂上一种合成物以使得船不漏水）。不知用了什么办法，总之他做到了。此时，他沉浸在一种对设计的小骄傲中：“她呈现出的形状和外貌都非常棒。船会很轻，比我此前见过的所有体积类似的船都要轻。”

独立日这一天，探险队仍在工作。刘易斯让队员们把船翻过来，放在一个台架上面，然后在船下面升起小火堆，以此将船烘干。

这天晚上，这些第一批进入蒙大拿，第一批见到黄石河、米尔克

河、玛丽亚斯河和大瀑布，第一批亲手射杀灰熊的美国人，一起庆祝了祖国的第29个生日。两位上尉分发给每个队员一及耳的威士忌——这是他们最后的存货了——“他们中的一些人显得不胜酒力”。克鲁萨特演奏了小提琴，大家“非常愉快地”跳舞，一直到晚上9点，突如其来的雷雨才让这一切结束。即使如此，大家“还是愉快地唱歌，讲节日的笑话，非常开心地玩到了深夜”。

至于两位上尉，“我们吃了一顿由培根、豆子、饺子和野牛肉等食材烹制的怡人的晚餐，简而言之，我们无须羡慕同胞们在这一天的丰盛宴会。”

那天晚上，刘易斯在日志里描述了这个地区的一个现象：一种来自西北方的响声以不规则的间隔重复出现，这就像“在三英里的距离外扔下一本六磅重的法典”。队员们常常向刘易斯提起这种声响，但是他一直认为，他们只是听到了雷声，直到“终于有一天，在平原上走路的时候，我清晰地听到这种声响；当时很静，声响很清楚，也看不到一片云”。他停下来，专注地听了一个小时，听到两次声响。“我相信，假如有空闲，我会找到声音是从哪儿发出的。”他写道。他将会在7月11日再次听到，此后他会想起希多特萨族人曾提到过这种声响。克拉克也听到了；像刘易斯一样，他也相信背后一定有一种合理的解释，尽管他也不知道是什么原因。 247

之后也没有人能对此做出解释，但是刘易斯和克拉克都声称听到了。这声音确实是存在的。*

7月5日，刘易斯继续用火堆来烘干船体，同时还派了几个人去捣木炭，以制造一种掺杂了蜂蜡和野牛油脂的混合物。船已经完工了，只等待作防水处理，从任何“方面来看，这都满足了我最高的期望”。八个人就可以把她抬起来，而她可以运载四吨重的货物。但是刘易斯担心炭—蜂蜡—牛油的混合物可能不会奏效，同时令他的担忧加剧的是，“船只开始变干，针脚开始开裂；现在我相信，假如皮革只是用尖物，而不是用带利刃的针来缝合的话，就不会被割坏，也不会出现开

* 来自位于博兹曼的落基山脉博物馆的考古学家肯·卡斯米兹齐曾指挥挖掘位于运输通道下游的营地，他也几次听到了这种隆隆的声响。——作者注

裂的情况”。

队员们又让火堆烧了两天，因为船只烘干的速度前所未有地缓慢，在这期间，更多的混合物被制造出来。到了7月7日下午4点，刘易斯已经做好了给船只作防水的准备，但是一场伴着雷声和闪电的雨水阻碍了防水作业。

防水工作是在第二天中午完成的。刘易斯对结果很满意。第一层防水涂抹完后，他又给船涂了一层：“不管有效与否，它都给船只的外貌增色不少。防水层让船只的外壳看起来像是一个整体。”

7月9日是船只下水的日子。刘易斯是从哈珀斯费里将“实验号”的骨架一路运来的。这个船骨占用了本可用来装载威士忌、贸易品、燕麦片或者工具的空间。刘易斯花了两周的时间来为她的下水作准备，并让整个探险队停下来，花了四五天的时间来作最后的准备工作。他指望着用这只船来装载一些大件物品，它们将被运往位于密苏里河源头的肖松尼族地区。很多事情的成败都在此一举。

不过，在描述这一天的日志开头，他记载了怀特贝尔群岛上遍布的画眉。此后他才写道：“我们让船只下了水，她就像一根浮在水面上的完美的软木。五个人就可以轻松地抬起她。”刘易斯指挥队员们将船桨装好，并往船上装货。他指派其他人去作让独木舟离岸出发的准备。他非常地兴高采烈。

但是，正当探险队准备再一次乘船出发之时，一阵大风袭来。这阵风让河面上翻起了白浪，并让一些行李受了潮，迫使队员们从独木舟上把货物又卸了下来。

当暴风停息的时候，已经是深夜了。暴风过后，刘易斯发现，混合物已经从船只的蒙皮上脱落，露出了接缝。“她漏水漏得很厉害，已经没法发挥作用了。”

刘易斯感到“很痛苦”。

248 结果表明，那些还留有一些牛毛的蒙皮“发挥了很好的作用……那些上面还有大概八分之一英寸长牛毛的部分都还很好地附着于混合物，状态正常，并且保持了干燥”。刘易斯感到，假如他用的全是保留了一些牛毛的野牛皮，那么他相信，仅仅依靠混合物船只也可以符合要求。

但是，他说，“在现在的情况下，在我看来，想要继续进一步试验是疯狂的”。季节正在变化；大量的野牛群正在向远离大瀑布的下游迁徙。“因此，我不再对心爱的船只抱任何希望。”他被迫将船存放在一个地窖里，但是种种假设折磨着他。如果他只是将麋鹿皮上的毛烧去，而不是剃掉，这些混合物可能会有用的。如果他可以让这只船航行几天，探险队可能就会抵达有松木的地区，他们就可以获得松焦油。“但是，此时再作补救已经太晚了，我和我的铁骨船道别，放弃了原本对她的期望。”他再也没有提起过她。*

对于“实验号”的失败，阿伦·拉奇有一种大胆的、富有想象力的推测。他指出，尽管刘易斯的日志中热情地充斥着筹备“实验号”下水的每一个细节，但克拉克的日志内容却简洁、冷淡、疏远，这可能表明克拉克从一开始就对这只船不抱希望。在船只沉没之后，刘易斯写道，他和克拉克“想起曾听猎手们”提起，上游八英里处有一些可以做成独木舟的大树。但是，克拉克在1810年接受尼古拉斯·比德尔采访的时候，很清楚地指出，他曾预见到失败，而且“此前曾”派猎手们外出寻找大树。假如克拉克不认为“实验号”是他的宝贝，也感到她不会成功，那么他一定认为，他的朋友对于这只船的执迷耗费了探险队大量的宝贵时间。

拉奇继续提到，“实验号”可能在两位上尉之间造成了一些裂痕。如果真是这样，那也只是唯一的一次。刘易斯和克拉克或许都同意分开一段时间，来让事情平静下来。第二天早上，克拉克出发去制作独木舟，而在接下来的两周里，他一直远离刘易斯。

在位于玛丽亚斯河和贝尔特溪的地窖里，探险队存放了大量的物资，但是铁骨船的失败还是让探险队的运输能力大打折扣。缺少了用来替代被存放在下游的两只独木舟的铁骨船，就需要更多且更大的独木舟。克拉克指挥下的猎手们发现了一个棉白杨树林，这里有足够大的树木来制造合适的独木舟。两位上尉一致同意，早上，刘易斯将监督把行李运到树林，而克拉克将带十个人由陆路前往树林，并开始制造独木舟。

* 在返回的途中，也没有人再将她带回哈珀斯费里。——作者注

“实验号”失败所带来的严重打击让刘易斯变得有些风声鹤唳。他
249 在日志中坦承，假如树林里有足以制作独木舟的棉白杨，将是非常幸运的事情，因为他在过去两个月里没有看到一棵适合用来制造独木舟的树。

不过，猎手们是对的。克拉克找到了两棵树，其中一棵可以使用的部分长达 25 英尺，另一棵可以使用的部分长达 30 英尺，两棵树的直径都有大概三英尺。它们都很符合要求。克拉克他们花了五天的时间来挖空这些树，使之准备好进行接下来的旅程。

所有曾经在密西西比河上游泛舟的人都知道，一片棉白杨树林是多么受欢迎的风景。它们可以提供树荫、庇护和染料。对于印第安人的马匹而言，它们还能提供食物。对于探险队而言，它们提供了车轮、货车和独木舟。

研究刘易斯和克拉克的先驱学者保罗·罗素·卡特赖特对于棉白杨树的致敬词是恰如其分的：“在西部的所有树木中，它们对探险的成功所做出的贡献是最大的。刘易斯和克拉克都是有着伟大才能和智慧的人，在独创性和即兴创造上都是大师。我们都相信，即使没有棉白杨树，他们也很可能成功地横穿大陆，不过不要问我他们如何能做到！”[4]

刘易斯发现大瀑布已经一个月了，这个月里总行程只有大概 25 英里，或者说，每天的行程少于一英里。在 7 月 12 日的日志里，刘易斯承认：“我非常焦急地想要继续前进。”两天后，一切都准备就绪。乘坐着两只大型独木舟和六只小型独木舟，带着大为减少的行李，探险队出发前往落基山脉。如果希多特萨族人的信息是正确的，这条河将会一路往上游延伸至大陆分水岭，在那里，刘易斯和克拉克将会遇到肖松尼族印第安人；同时，在那里，一个耗时半天的运输将会让探险队翻越分水岭，抵达哥伦比亚河流域。

不论前路上有些什么，没有人认为路途会很轻松，但两位上尉和队员们一定觉得，没有什么会比他们刚刚完成的运输更为艰苦了。同时，对刘易斯本人而言，没有什么比目睹他心爱的船只在水中下沉更
250 让他心碎。最糟糕的事情一定已经过去了。

第二十一章

寻找肖松尼族

1805 年 7 月 15 日—8 月 12 日

两位上尉都非常急于和肖松尼族会面。路上的蚊子实在是太麻烦了，仙人掌的刺则让人痛苦不堪。尽管有这些精神上的担忧和身体上的问题，对刘易斯而言，1805 年 7 月的第二周依然是令人愉悦的。对于各种景致和声响、新的动物和鸟类，以及西部地区山脉和河谷的雄伟，他都很敏感。作为史上第一个目睹这些令人惊奇的事物的美国人，提供第一份有关西部事物的报告被他视为一项严肃的责任。他对于自己所见之物的描述非常迷人。

7 月 15 日是出发的日子，那天早上，他一度很生气，因为独木舟都超载了。“我们发现，很难将很多队员的行李数量限制在合理的范围内，”他写道，“他们会带上很多对他们而言没什么用或者没什么价值的笨重物品。”

但是到了早上 10 点，当装载工作完成，队员们开始将船只推离河岸，并划船向上游前进的时候，他的心情开始好转。“令我非常高兴的是，”刘易斯写道，“我们再度开始航行了。”

他和两名士兵走在岸上，部分原因是为了减少独木舟的负载，更主要是因为他喜欢走在陌生的土地上。他对于生活感到非常愉快，以至于甚至发现了一些仙人掌的可赞之处；这些仙人掌“正在盛开，它们既是平原上最令人讨厌的东西，也构成了最美的景致之一”。他记述了很多正在盛放的向日葵，并描述了印第安人如何用它们制作面包。他注意到了“灰菜、野黄瓜、狭窄的码头”。他看到一座构造奇特、圆形的、如同堡垒一样的山，直立在平原之上，大概有1000英尺高，顶部完全是平的。刘易斯称之为堡垒山（今日的斯奎尔比尤特山，位于大瀑布的西南部，是查利·罗素最喜爱的主题之一）。

次日，刘易斯决定先大部队一步出发，这样他就可以先抵达河流从落基山脉流出的地点，并进行天文观测。他带了德鲁亚尔和两名士兵与自己同行。他们走了一早上；正午时分，刘易斯测量了太阳的高度，并推测他所在的纬度是北纬46度，准确地说是北纬46度50.2分。

下午，他抵达了被群山环绕的河段，并在这里宿营。他爬上一块石头，这块石头被他称为“塔楼……在这块石头上，能欣赏到这片我
251 们即将离开的地区的美丽景致。这天晚上，我看到了其下平原上大群的野牛”。他射杀了一头肥美的麋鹿作为晚餐。

往高处的山脉进发的时候，他遇到了“大量红色、黄色、紫色和黑色的醋栗果，此时唐棣也成熟了，正处在最完美的状态……这是一种更合适在我们的花园中种植的植物”。

此时的他知道，他在从一个生态圈进入另一个生态圈。7月17日，他记载道：东部的阔叶棉白杨正在减少，而西部的窄叶棉白杨正在增多。蚊子还是非常麻烦。正当准备躺下的时候，刘易斯突然想起，他的“棺材”——也就是他的蚊帐——忘在船上了。“当然，[我]受了不少罪。”他在日志中写道，“我在愤怒中发誓：在旅途中再也不会有同样的疏忽了。”

在7月的第三周里，刘易斯为两条河流命了名。此前，他和克拉克用队员的名字、萨卡嘉维阿的名字、亲戚的名字或者不寻常的特点及事件作为命名的依据。现在，他们已经经过了大瀑布，改变了命名的习惯。他们好像是突然想起，他们还有一些政治责任，任何一个政治家都不会拒绝用自己的名字来为河流命名。

刘易斯将第一条从左边汇入的河流以罗伯特·史密斯的名字命名为史密斯河，他是杰斐逊的海军部长。刘易斯对这条河的描述是，这是“一条美丽的河流……蜿蜒穿过一条非常美丽的河谷……”。第一条从右边汇入的河流被命名为迪尔伯恩河，以陆军部部长亨利·迪尔伯恩的名字命名。刘易斯称这条河是一条“美丽、险峻而

清澈的河流”。*

7月18日的早上，他记载道：“在我们对面一个非常高、坡度几乎是直角的悬崖上有一大群大角羊；它们在悬崖的壁面上穿行，在石块间毫不犹豫地跳跃；在我的印象里，没有什么四蹄类动物可以在这些石块上站立，假如在跳跃的时候踏错一步，它们就会落入至少500英尺深的崖底。”

刘易斯越来越急于和肖松尼族人会面。他和克拉克商议过，一致认为他们两人中的一人应该率领一支小队由陆路向上游进发，这样他们会走在船队前面，找到一些肖松尼族人。因为在他们看来，猎手们每天发射步枪的声响会吓跑肖松尼族人，让肖松尼族人以为他们的敌人黑脚族就在附近。当然，陆地小分队也会用步枪猎取食物——但是不会像大部队那样频繁开枪。

最后决定，由克拉克来率领小分队。他们于7月19日日出时分出发。刘易斯则率领船队由水路往上游前进。不论是使用绳索、用撑杆
还是划桨，这段行程都是艰苦的。曲折的山脉不论何处露出景象，他 252
们的右手边都是令人沮丧的覆盖着白雪的高峰，横亘在探险队和太平洋之间。此时，刘易斯不开心地记载道：“在这个封闭的河谷里，我们几乎就要因为高温而窒息了。”

那天晚上，“我们进入了前所未见的最非凡的绝壁。这些绝壁沿着两岸直耸而上，高达1200英尺。这里的每一个物体都有着深色阴郁的外形。很多地方都有着高耸而突出的岩石，好像随时会向我们滚落……长达五又四分之三英里的路程里，［河水］都很深，在最初的三英里的路上，没有一处可供人立足……我进入这个地方之前，已经是深夜了……在找到一个足够大的、可供我的小队宿营的地方之前，我有责任在夜里继续前进；最终，左舷处出现了这样一个地方……根据这个地方奇异的外貌，我称之为落基山脉大门”。

晚上，当小船队划桨驶出峡谷的时候，山脉落在身后，一个美丽的山间谷底呈现在大家面前。但是大概在早上10点的时候，令人痛苦、令人担心的景色呈现在天空中：在大概西部七英里外的溪流流域，出现

* 假如他沿迪尔伯恩河往上游前进，会来到今天的刘易斯和克拉克山口。这个低矮的山口穿过了大陆分水岭，它的另一边是布莱克富特河谷，一直延伸到今日蒙大拿的米苏拉和连接着哥伦比亚河的克拉克河。——作者注

A.E. 马修斯绘，《山脉之门》（Montana Historical Society）

253 了一道烟柱，这道烟柱的规模表明，它是人为制造的。这一定是印第安人发出的，几乎可以肯定就是肖松尼族；同时几乎可以确信，发出烟柱的原因是，一个或者一小队印第安人听到了步枪射击的声音，于是点燃了野草，向部落的其他人示警，让他们逃入深山里。

这差不多就是可能发生的事情里最糟的情况了，但是除了继续前进，探险队也无能为力。次日，小船队进入了“一片大概 10 到 12 英里宽的美丽而广阔的平原，其纵深则远在目力所及之外；这片谷地由两片差不多高的绵延的山脉环绕，山峰上都覆盖着白雪”。

此时，刘易斯距离位于拉斯特钱斯*峡谷的一处大金矿只有几小时的路程，这座金矿位于现今蒙大拿州的海伦娜。但是他不是去寻找金子的。他对于淘金兴趣寥寥，这也将他的探险和此前西班牙人的探

* 原文 Last Chance，意即“最后的机会”。——译注

险区别开来（另一个区别是，他也没兴趣将印第安人变成基督教徒）。而他对于植物和动物，尤其是长着毛皮的动物，却有着很大的兴趣。他也没怎么关心潜在的矿藏，特别是在离开曼丹堡之后。他在密苏里河下游标注了铅矿，但是当他进入落基山脉之后，则几乎没有提到岩石或矿藏。

他又有什么理由这么做呢？在铁路时代开启之前，那些沉重、大体积的物品，无论价值有多大，都无法从山里运回沿海地区。在给刘易斯的最终指令里，杰斐逊命令探险队标注矿藏的位置，但是他所指的矿藏是铅、铁和煤，对农业经济的有益补充，而不是出口品。

唐纳德·杰克逊评论道：这种对于矿藏的不关心“是刘易斯思维的一个盲点，基本可以确定是受到了杰斐逊的影响。落基山脉太遥远了，无法采矿，也不适宜毛皮贸易之外的其他贸易，因此它并不是研究或者投机的目标，而只是横亘在探险队和海洋之间的令人讨厌的、冷冰冰的障碍”。[1] 就刘易斯和杰斐逊而言，落基山脉中最大的财富是动物而非矿藏。

在经过拉斯特钱斯峡谷之后的第十天，探险队在一条汇入今日比弗黑德河的小溪边扎营。两位上尉将这条小溪命名为威拉德溪，以纪念列兵亚历山大·威拉德。“没什么值得注意的事情发生。”唐纳德·杰克逊写道。60 年后，威拉德溪被重新命名为格拉斯霍珀溪，而比弗海德地区也遍布淘金者。

杰克逊推测，假如探险队从威拉德溪带回了一些金矿，那么“四处流动的毛皮商人，以及在几年后循着刘易斯和克拉克的脚步而来的开拓者中间，也会有大量的淘金者。诸如穿越位于南怀俄明的南部山口的路线的发现，将可能更早发生。向西部的移民和定居一定会提前
一代人的时间，在密西西比河西部地区，独特的美国创新政策、印第 254
安人迁移政策将会更早地成为标准的政府政策”。[2]

群山再度迫近时，已经是 7 月 22 日的夜晚了，探险队非常需要一些士气上的激励。队员们一直在进行强体力劳动，常常要在水里拖拽独木舟，脚步湿滑（或者被石块划伤）；河看起来没有尽头，群山压迫而来，大量的野牛群已经被甩在身后的平原上，而队里已经没有威士忌了，白天开始显著地变短。萨卡嘉维阿认出了这一段河道。还是一

个小女孩的时候，她曾来过这里；肖松尼族会在这里过夏天。斯里福克斯就在前方不远的地方。“这个消息鼓舞了探险队的士气。”刘易斯充分地记录了这件事。

下午 4 点，小船队抵达了克拉克在右舷处搭建的营地。克拉克察觉到印第安人就在附近的迹象，但是没有能发现他们。他留下了一些礼物、布匹和亚麻，“目的是，假如印第安人追踪他的足迹，这些东西可以向他们表明，这不是他们的敌人（蛇族），而是白人和他们的朋友”。

但此时的问题是克拉克的身体状况，准确地说是他的脚的问题。他的双脚被仙人掌严重刺伤。“我挑开了脚上的瘀伤和水泡，这些东西让我的双脚非常疼痛。”克拉克以他简明扼要的风格记载道。他花了一天的时间休息，等待刘易斯率领独木舟船队赶上来。

两位上尉进行了商谈。他们都认为，需要再派出一支由陆路进发的小分队。克拉克想要率领这支小队；他希望再获得一次发现印第安人的机会，并战胜仙人掌。他只能接受花一天时间来休息，恨不得立即重新投入工作。

刘易斯写道：“克拉克上尉非常疲劳，双脚长了水泡而且很酸痛，但是他坚持要在早上继续前进，也不愿意接受我的帮助……发现他如此热切，我乐意继续和独木舟一起前进。”克拉克让菲尔德兄弟与列兵罗伯特·弗雷泽准备好，与他一同在早晨出发。沙博诺询问他是否可以同行；克拉克准许了。

这是两位上尉意见最接近于出现分歧的一次，至少就书面提及的来说。刘易斯写道：“我乐于同意。”而克拉克写道：“我决定继续寻找蛇族印第安人。”

克拉克是如此坚持，以至于他要自己决定，而不是由刘易斯同意；数年之后，当编辑日志以供出版的时候，克拉克用“我决定”替换了刘易斯的“他坚持”。

这不算是一个纠纷，更像是关于使用准确的词汇来描述决策过程的争议，而不是关于谁才是指挥官的争斗。对于弗吉尼亚人而言，他们从出生起就被灌输阶级观念，对最轻微的怠慢也很敏感；他们关心
255 阶级、身份和地位，这对他们而言是如同呼吸一样的事情。刘易斯的

日志中对于这个小事情的描述，基于一种不言而喻的、可能是无意识的假设之上：他可以命令克拉克和独木舟待在一起，而他自己可以外出寻找印第安人。克拉克不同意：在他看来，这是一个“由我决定”，而不是“你允许”的事情。

在决策中有一个暗示，即两位上尉都认为克拉克更适合接近印第安人，并与他们打交道；但这只是一个暗示。克拉克的小分队的构成是一个谜。为什么沙博诺要求同行，同时，为什么克拉克没有带上萨卡嘉维阿？两位上尉一路都带着她，就是因为她是可以和肖松尼族接触的人。

但是，克拉克提议带另外三个武装人员去接触肖松尼族，这些人都不擅长手语（那天晚上德鲁亚尔在上游几英里处宿营；他一直在打猎）。而克拉克所知的有限的肖松尼语单词都是从萨卡嘉维阿那儿学来的。他曾经询问萨卡嘉维阿，她的族人怎么称呼“白人”。

“Tab-ba-bone。”她回答道。

事实上，肖松尼语里从来没有“白人”这个单词。学者们猜测，tab-ta-bone 的意思可能是“陌生人”，或者“敌人”。[3]

很显然，带着一个大病初愈，还背着婴儿的年轻女人，这会延缓小分队的行进速度。但是，拖着伤痕累累的双脚，克拉克又能走多快呢？总之，相比于莽撞向前，并期待无意中撞见无法与之交流的印第安人，缓慢的前进可能是更好的选择。

当轮到刘易斯率领一支小队由陆路去寻找肖松尼族的时候，他效法克拉克，也没有要求萨卡嘉维阿与他同行。两位上尉都有些自大地认为，他们可以应付印第安人。他们都相信，只有在交易马匹的时候才需要萨卡嘉维阿的翻译，而在与肖松尼族接触的时候并不需要她。他们没有任何办法从肖松尼族人的角度来看待最初的接触。四个人的小队，装备比黑脚族还要好，步行接近，叫嚷着听起来像是“陌生人”或者“敌人”的单词——克拉克真的希望这些印第安人会在看到美国旗帜的时候跑出来拥抱他吗？

在这种情况下，看起来是两位上尉听任自信心膨胀，或者可能是他们的大男子主义取代了常识。

第二天，也就是 7 月 23 日早晨，克拉克出发前去寻找印第安人。

刘易斯则带领船队继续往上游进发。环境很恶劣。“蚊子、苍蝇和仙人
掌这三种讨厌的东西一直在袭击我们，并给我们制造障碍。”天气很炎
热。行进的速度是以码，甚至是以英尺来计算的。“队员们都对极度的
疲劳发出了抱怨，他们都处于高强度劳动中。”刘易斯被他们的努力深
深感动——同时他也急切地想要继续前进——因此，“我时不时通过帮
256 助他们行船来鼓励大家，在他们的赞扬中我学会了**把船撑得像模像样**”。

他还是有时间来观察的。海狸和水獭出没的迹象被记录下来。他还对鹤、鹅、红胸秋沙鸭和杓鹬进行了评论。他看到“一大群的蛇”，并打死了其中的一条；他还查看了蛇牙，看其构造是不是可以藏毒的中空结构，“结果发现，它们是无毒的”。

令人激动的奇景也引起了一些担忧。“群山还是很高，在一些看起来像是斗兽场那样的地方，山显得更高；从河边一直往最远处望去，它们一座比一座高，远处的高山上都覆盖着白雪。”它们在隐约中延伸到远方，每次刘易斯向右手方向望去，远处的群山都像是在等待着他。

另一个让人沮丧的情况是，此时河流是从东南方流来的，因此探险队的行进方向完全是错误的。

还有一件让人担忧的事是，尽管萨卡嘉维阿坚持认为，在河流的上游处没有瀑布或别的障碍物，但是刘易斯坦言：“我完全不能相信，一条流经了如此崎岖的山区、流过了如此大面积地区的河流上，会没有一些难以经过并带来危险的激流或瀑布。”

还有一种令人讨厌的东西——羽状禾草。这简直是魔鬼发明的一种东西，它的种子有刺，“可以刺穿我们的鹿皮鞋和皮质护腿，在被清除之前都会给我们带来极大的痛苦。我可怜的狗深受其苦，它一直对自己又咬又挠，仿佛极为痛苦”。

又是一天在河上的航行，航行速度大概是每天 18 英里。这是无休止的、令人精疲力竭的航行。

7 月 27 日：“我们一早就出发了，但是前进的速度很慢，水流依然很急。大家都要一直尽最大努力让船只前进，而这种长期的强体力劳动让他们迅速地衰弱下来。”他们已经到了极限。

此时，幸运女神对他们展露了笑颜。早上 9 点，刚过一个河湾，身处领航船之上的刘易斯就抵达了一个河流交汇处，在此处有一条河流从东南方流来。往上游大概走了四分之一英里，又有两条河汇入，

分别构成了西南分支和中间分支，这就构成了斯里福克斯。正如刘易斯描述的，“这个地区突然间向广阔而美丽的平原和草场展开，让平原和草场看起来像是被远处的高大群山环绕着”。

他登上了右舷的岸边。在让队员们先休息一下之后，他出发去攀爬附近的一个石灰岩悬崖。在悬崖顶端，“我拥有了对周围地区的良好视野”。向东南分支的上游望去，他看到了“一大片平坦美丽的绿草地……在这个美丽的地点附近是一片不规则的、破碎的山峰，远处连绵高山上覆盖着白雪的山峰比近处的这些还要高”。

今日，从刘易斯曾站立的这个悬崖望去，景色依然非常壮丽。这片地区有着现代的设施——90 号州际高速公路、287 号蒙大拿高速公路、一些穿越其间的二级公路，以及数英里外的斯里福克斯小镇——但是大体的景致还是一如往昔。这里有一个巨大的盆地，包含从今日黄石公园流出的、流向南方和东方的两条河流的相连河谷，以及从麦迪逊河流出、流向西南方的那条河的河谷。此处的几条河里满是鱼儿 257
和水鸟；河岸上则有大片的鹿群。环绕盆地的群山形成完整的环形，直径达到了 100 英里，而且正如刘易斯所看到的，这些山都很高，山顶覆盖着白雪。

在对斯里福克斯地区进行了描述之后，刘易斯回到了船队去吃早饭，并继续率领船队往上游进发。在中部分支和西南分支的交汇处，刘易斯发现了克拉克书写的便签，插在一根杆子上。便签上写道：克拉克将会在此处和刘易斯会合，不过，如果发现了有关印第安人的新踪迹，那么克拉克打算循着印第安人的踪迹前进；同时，他希望刘易斯可以沿着西南（或者说右手边）分支向上游前进。

刘易斯当即表示了对克拉克的判断的赞同，他也认为右手边的分支是正确的选择。他在此处扎营，并计划停留一阵子，因为“我相信，在地理学上，这里是大陆西部一个至关重要的节点；我觉得，无论如何，在获取足够算出它纬度的数据之前，我都会待在此处”。而且，让队员们有机会休息一下也没什么坏处。

刘易斯出发去探索这一地区。在对中部分支和西南分支进行对比之后，他发现，这两者之间在特征上和规模上都没有什么区别。“因此，称其中任何一条河为密苏里河都是有偏向性的判断，它们的规模不足以成为理由，因为它们的宽度都是 90 码。”

A.E. 马修斯绘，《斯里福克斯》(1867)(Montana Historical Society)

刘易斯将东南分支命名为加勒廷河，以纪念财政部长艾伯特·加勒廷；将中部分支命名为麦迪逊河，以纪念国务卿詹姆斯·麦迪逊；
258 将船队即将驶入的西南分支命名为“杰斐逊河，以纪念美国总统、杰出人士托马斯·杰斐逊……” *

下午3点，克拉克上尉来到了营地。他看起来病得很重，显得筋疲力尽。他告诉刘易斯，他已经病了一整晚了，伴随着高烧、频繁的寒战，以及持续的肌肉酸痛。尽管如此，早上，他还是沿着中部分支向上游强行军八英里，但是没有发现印第安人的踪迹，于是他决定回到斯里福克斯。他说，他“有些生气，已经好几天没写东西了”。

刘易斯说服克拉克服用了一些拉什的药片；他说，在这种情况下，这些药片一贯是有效的。克拉克服用了五片药。刘易斯还说服克拉克用温水泡脚。尽管有这些治疗措施，克拉克在他这一天的简短日志的结尾还是写道：“我还是感到很不舒服，而且高烧不退。”

---

* 通常，首位目睹河流的上尉可以为河流命名，但也并非总是如此。他们常常同时看到一条河流。比如，克拉克是第一个看见三条河汇合而构成密苏里河的，但是刘易斯给这三条河命了名。次日，他询问了克拉克的看法；克拉克说，他也认为没有人可以对这些地方提出权利要求。因此，“杰斐逊”“加勒廷”和“麦迪逊”就是合适的名称。——作者注

刘易斯在那天夜里写的日志结尾，表达了他的忧虑。“对于蛇族印第安人，我们感到很焦虑。”他写道，“如果不能找到他们……我担心我们的旅程前景堪忧，或者说，完成这次探险将会变得困难得多。”他相信，探险队很快就会抵达“这片荒凉山区的中心地带”；他还意识到猎物将会变得稀少，甚至绝迹。与此同时，探险队也“没有任何关于这一地区的信息，不知道这些山脉还有多长，也不知道往何处去才能穿越群山，抵达一条有利的、可通航的哥伦比亚河的分支”。

没有肖松尼族的马匹，也没有肖松尼族提供的信息。在这种情况下，尽管刘易斯已经做好尽可能继续前进的准备，探险队也有可能会转头返回，或者，事情也有可能变成他担心的那样。他认为，杰斐逊河一定是和哥伦比亚河的分支连通的，并用这个念头来安慰自己。至于猎物的缺乏，他认为“既然印第安人可以通过他们获取食物的方式，以族群的规模在这片大山里生存，那么我们也可以”。

探险队在斯里福克斯待了两天，队员们都在制作衣物或者打猎，刘易斯则在进行天文观测，克拉克在恢复身体。作为一贯的推动者和开发者，刘易斯提议在斯里福克斯建立一个堡垒：这里是路易斯安那的西部边界，此处的河流和小溪里有着大量的海狸。这里几乎位于圣路易斯以及最近的文明社会上游3000英里处，但这一点也不让他担心——因为这里有大量的树木，而且“野草繁茂，可以提供大量优质的干草”。

萨卡嘉维阿告诉刘易斯，五年前，当一支希多特萨族劫掠队发现
他们时，探险队营地所在之处就是肖松尼族人扎营的地方。当时肖松 259
尼族人撤往上游三英里处，躲在一个树林里。但是希多特萨族人已经发现并追踪他们，杀了四个男人、四个女人、一些男孩，并将四名男孩和全部剩余的女人变成俘虏，其中就包括萨卡嘉维阿。

“在她回忆这件事的时候，我无法在她身上察觉到一丝忧伤的情绪，”刘易斯在他关于萨卡嘉维阿的故事的日志结尾写道，“我也无法从她身上察觉到回到故地的喜悦；我相信，只要她有足够的食物和一些小装饰品，那么不管在哪儿她都会觉得满足的。”

人们会想，刘易斯是否在将萨卡嘉维阿和他认识的年轻女性黑奴或和他同一阶级的白人女人作比较。人们还会想，一个能对包括他的

手下的感受和观点在内的如此多事情具有如此观察力的人，怎么会对萨卡嘉维阿的处境如此忽视。作为探险队中仅有的两名奴隶之一，萨卡嘉维阿也是唯一的印第安人、唯一的母亲、唯一的女性、唯一一名十几岁的青少年。她如此谨慎地克制自己的情绪，这实在不足为奇。

克拉克上尉的身体有了些许好转。尽管烧退了，他“还是非常倦怠，还在抱怨四肢酸痛”。刘易斯开的药方是金鸡纳树皮（主要是利用其中奎宁的滋补效用）。

在接下来的一周里，刘易斯率领德鲁亚尔和一个小队（还有萨卡嘉维阿）跑到了船队的前面，去寻找印第安人。8 月上旬的阳光火辣辣地照射在大家身上；8 月 1 日，刘易斯对自己的描述是：“因为天气的炎热、道路的崎岖和缺水而感到筋疲力尽。”尽管如此，他还是发现并描述了蓝松鸡和蓝头鸦。他找到了大量的浆果，“现在都熟了，正值佳期，我们奢侈地享用了这些浆果”。他发现的关于海狸的迹象比他此前预想的要多得多。他还对杰斐逊河的两条支流命了名：“[我们] 将险峻湍急的那条命名为‘智慧’，而将相对温和平缓的那条命名为‘博爱’，以此纪念 [杰斐逊] 人生中最显著的、值得纪念的这两样美德。”*

智慧河和杰斐逊河的交汇又带来了一个此前遇到的问题。该沿着哪条河继续前进呢？刘易斯决定选杰斐逊河，并非因为这条河更大（它的水量比智慧河要小），而是因为河水更暖和：“据此我判断它的源头在山脉深处。”他给克拉克留了一个便笺，写道：假如克拉克抵达交汇处的时候，刘易斯还没能完成对印第安人历时两天的搜索并及时回来，那么他建议克拉克带领船队沿杰斐逊河进发。他将便笺插在河流分汊处的一根杆子上，然后和德鲁亚尔、沙博诺，以及加斯中士（加斯中士在一场意外中致残，正处在极大的痛苦中，以至于无法操作独
260 木舟；尽管如此，刘易斯还是提到，“他可以行军”）再度出发。

两天后，也就是 8 月 6 日，刘易斯回到这一地区的时候，并没有获得任何关于肖松尼族的消息。此时，他听到“在我左边有队伍的呼呼声”。他向着声响来处走去，发现了克拉克和船队正在智慧河上。他

* 智慧河就是今天的比格霍尔河，博爱河就是今天的鲁比河。一直被两位上尉称为杰斐逊河的河流在今天的地图上被标注为比弗黑德河。——作者注

们正处在一片混乱中。一只独木舟刚刚翻了，上面所有的行李都受了潮，其中包括医疗箱。另外两只里也进满了水，亟须当即采取措施。

“首要目标”，刘易斯写道，是检查、晒干并整理储备。他们在智慧河河口的砾石滩上搭建了一个营地，将物品散开来晒干。

这项工作做完之后，两位上尉进行了商议。为什么克拉克会沿着智慧河往上游前进呢？他没有看到刘易斯的便笺吗？他确实没有。两位上尉对此都觉得很不解，他们得出的结论是，刘易斯将便笺插在一根绿色的杆子上；一只路过的海狸折断了这根杆子并将它连同便笺一起带走了。“将便笺插在绿色的杆子上时，我绝没有想到可能会发生这种事情。”刘易斯坦言。

克拉克并不赞同刘易斯对航道的选择。他选择智慧河往上游进发的原因是，他认为探险队更想要沿着这条河的河道方向前进。但是智慧河的河道狭窄而曲折，同时垂柳遍布、流速太快。克拉克提到，在刘易斯来之前，他已经和德鲁亚尔见过面了，德鲁亚尔已经将两条河的实际状况告诉了他；刘易斯来的时候，他正在掉转船队的航向（这正是导致独木舟倾覆的原因）。

还有一件令人担忧的事情。此前，克拉克已经派列兵香农先一步沿着智慧河往上游进发去打猎。和德鲁亚尔会面之后，克拉克决定掉转航向，让德鲁亚尔往上游去找香农，将他带回来。临近日暮，德鲁亚尔回来报告称他没有找到香农。刘易斯下令吹响喇叭，并让队员们几次齐射，但是香农并没有出现。

8 月 7 日的早上，鉴于补给已经消耗了不少，两位上尉决定，他们可以少带一只独木舟前行，于是将这只独木舟藏在一丛灌木中。下午，他们沿着杰斐逊河向上游前进了七英里。但是，香农还是没能回到队中。8 日，船队又航行了 14 英里，正如刘易斯所记载的，“尽管我们以很快的航速航行了很长一段距离，距离目标却只近了几英里”，因为“河道上有很多短促的弯道”。三天之前，刘易斯曾提到，“今天队员们都非常疲劳，以至于他们都希望可以结束航行，或许可以由陆路前进”。士气和精力水平都在迅速下滑。

探险队正在变成一个流动的医院。克拉克上尉的肠胃问题已经好了，但是脚踝上长了个肿块，肿胀并发炎得很厉害，这给他带来了不少痛苦。加斯中士、沙博诺和四五名士兵身上也有各种不适。在绝大部分时间里，每个人都或多或少感到很疲惫。

261 但是，那天下午，萨卡嘉维阿再度提振了大家的士气。正如刘易斯所写的，“印第安女人认出了位于我们右手边的高原上的一处地方；她告诉我们，在距离她部族的避暑地不远处，有一条流经山脉向西去的河流”。她说，肖松尼族人将这座山称为“海狸头”，因为它的形状像是一只在游水的海狸的脑袋。“她向我们担保，我们要么会在河边看到她的族人，要么就会在河流源头西部不远处遇到她的族人。”

如此地接近。队员们想要把独木舟藏起来，背着行李向分水岭徒步进发。但是，假如两位上尉同意这么做，他们将不得不把大部分行李和独木舟都藏起来，在刘易斯看来，“我们所拥有的为前路所准备的储备已经足够少了”。他们必须获得马匹。

“现在，我们的要务就是尽快和那些人［肖松尼族人］会面。”刘易斯写道。两位上尉决定派出一支陆路小队，他们将一直在外面搜索，直到找到印第安人。克拉克想要率领这支小队，但是“我脚踝上令人极度痛苦的肿块”让他没法走路。

刘易斯的决心很坚定。他的目的是“于明天率领一支小队前往这条河的源头，横越山脉去到哥伦比亚河，并沿着河道往下游去，直到找到印第安人；简而言之，即使花上一个月的时间，我也决意要找到他们或者别的拥有马匹的人”。

早上，在早饭之前，刘易斯写了“一些东西；我认为我的指示是有必要的，在我走上这条漫长而危险的道路之后，它们可以避免一些意外”。谁也不知道他写了些什么。听起来好像是给克拉克写了一些指示，以防他没能回来。他是否告诉克拉克，不管遇到了什么，都应该继续前进？或者应该返回圣路易斯，次年再率领更大规模的探险队进行尝试？

这是他第一次做这样的事情。很显然，他觉得自己正处在一个至关重要的时刻，一种不成功便成仁的境地。他是一个从不停止思考的人，在平原上或者山脉中长途行军的时候，他有足够的时间来思考——尽管他的目光总是在注意植物和动物、地理特征、这个或那个地点的距离，并将这些内容记在脑中，以便在日志中记录。

这是他身上博物学者兼探险家的特质，他的兴趣永远不会衰减。但是，他同时也是一名正在执行命令、要前往太平洋然后返回报告的军官。同时，他还是一名连级指挥官，要对 30 个人的性命负责。那么，这位军官兼探险家是怎么想的呢？

在这种情况下，刘易斯忧心忡忡，他必须将忧虑写在纸上。“香农在哪儿？”这个问题引起了一些推测。刘易斯认为，他一定射杀了一两头麋鹿，正坐在智慧河边等着探险队与他会合。到底该沿着哪条河走呢？我们有可能在没有马匹的情况下完成任务吗？他一直在关心着队员们的健康状况，也一直在猜测，队员们还可以坚持多久。 262

8 月 10 日，关于前面有些什么，他写了自己的想法：“我不相信，这个世界上有这样一条河流，它的规模和密苏里河及杰斐逊河一样大，在流经这样一片山区的同时，还可以像密苏里河及杰斐逊河一样通航。”他的队员们已经在质疑“可通航”一事，但是，他依然保持着乐观：“假如哥伦比亚河是这样一条河流，那么一条横贯大陆的水上通道就是现实且安全的。”这一定是他对杰斐逊河的信心，而代价是他正在目睹的——所有人都到了极限，但还有很长的路要走。

同时，他也抱有现实主义的态度：“我对此［一条通往太平洋的简单的短途运输航线］不抱什么希望，因为我知道，向下通向太平洋的这条稍短的路程，其长度与密苏里河及密西西比河从这一点到墨西哥湾的距离相等。”

他的想法涵盖了整个大陆。假如哥伦比亚河通往海平面的距离，只有密苏里河—密西西比河通往海平面距离的五分之一，同时，假如他们可以在一小段徒步之后就可以回到河上航行，那么哥伦比亚河上的很多瀑布和激流一定比他们此前遇到的都要多。

但是一直以来，他都预先认为前路顺畅，直到这个假设被现实推翻。

只有很少一些人，当他们抵达山顶，或者驶入河流，或者在大陆末端航行的时候，他们是不知道自己会看见一些什么的。刘易斯希望，当他登上山，并抵达分水岭的时候，可以看到一片类似他此前经过地区的景致——围着杰斐逊河谷边缘的漫长山谷——只有在这种情况下，这条河会流入哥伦比亚河的南部分支。不管看到些什么，他要么将在途中寻找马匹、穿越山脉，并进入哥伦比亚河，要么会在途中死去。

除了他个人对于哥伦比亚河的预估，刘易斯几乎没有记载希望看到些什么，只是记载了希多特萨族人告诉他的一些事情。他们提供的关于斯里福克斯以西的信息是非常概略的，而对于分水岭以西他们也一无所知。刘易斯从杰斐逊那儿学来的、理论上的设想是，落基山脉是一片单一的链状群山，和阿巴拉契亚山脉类似。但是，鉴于落基山脉比密西西比以东所有的山脉都要高，他确实不知道自己会看到些什么。

事关正在搜寻的印第安人的时候，他忽视了自己的现状。他犯下的错误基于这样一个不可动摇的、未经证实的假设，即在和印第安人打交道方面，他是专家；遇到肖松尼族人的时候，他当即就会知道该做些什么。

即使他确实曾向萨卡嘉维阿询问过关于她族人的事情，刘易斯也不认为这些事情重要到值得他写在日志里。即使他确实曾问过萨卡嘉维阿，分水岭以西的地区到底是什么样的，他也没有记载相关的内容。克拉克问过她，如何用肖松尼语说“白人”，这就是两位上尉征询到的
263 最有价值的信息。刘易斯并没有带萨卡嘉维阿一同前去执行他这一生中最重要的任务，这件事很让人费解。她此前已经走了很远的路，也能够再走很远的路。

还有一件令人费解的事情：关于在与肖松尼族人接触时该怎么做一事，两位上尉没有商议，也没有让德鲁亚尔和沙博诺参与到讨论中来。此外，刘易斯没有和德鲁亚尔、列兵约翰·希尔兹及休·麦克尼尔商讨；刘易斯挑选了这些人与他同赴任务，但是没有告诉他们，当发现印第安人的时候该做些什么——该发出什么样的举动、做什么样的手势、说什么样的话。

刘易斯有理由相信，肖松尼族人将会对探险队的到来表示欢迎。这个部落急切地想要和白人贸易者接触，这样，他们中的勇者才能够武装自己，以更平等的条件来对抗黑脚族、希多特萨族和其他的敌人。当然，刘易斯并没有为饱受压制的肖松尼族人带来枪支——他只能保证，假如肖松尼族合作的话，美国商人将会来到肖松尼族的领地。短期而言，刘易斯更需要肖松尼族的帮助；长期而言，肖松尼族的命运和探险队的成败捆绑在一起。但是，如何让肖松尼族人明白这一点，则是一个难题。只有让他们明白这些，在最初的接触中才不会有人动武或者逃跑。

这些问题需要形成计划和战略，但是两位上尉从没有制订过。

8月9日，在早餐的时候，关于刘易斯的使命出现了一个吉兆：香农回来了，带回了三张鹿皮，以及一个有着完美结局的冒险故事。

“一吃完早饭，”刘易斯在那天晚上写道，“我就背上背包出发了。”

第一天，他走了16英里。第二天，行程是30英里，最后到达了“一个我所见过的最美丽的山坳之一，它的直径大概有16到18英里”。* 他循着一条古老的印第安道路前进，但是没有什么收获。11日早上，他和他的小队碰头，向他们分发了一份他所做的最像是一个计划的东西。他们将会分散开来穿越山谷，一路向西去寻找印第安人的道路。德鲁亚尔将会往右手方向去，希尔兹将会往左手方向去；麦克尼尔则会和刘易斯一同前进。假如德鲁亚尔或者希尔兹发现了道路，他们将会把一顶帽子放在枪口上，并将枪举高以通知刘易斯。

他们齐头并进地前进了五英里。一路都没有发现道路的踪迹。突然，刘易斯眯起了眼睛，又再次看了看。他拿出了望远镜，这时他清晰地看见“一个骑在马上的印第安人，正从两英里外的平原上向我们奔驰而来”。这个人的装扮是肖松尼族的。“他的武器是一张弓和一袋箭；他骑在一匹非常俊美的马上，没有使用马鞍。”

“这个陌生人的出现让我高兴坏了。”刘易斯写道，“我毫不怀疑，只要我可以接近他，让他相信我们是白人，那么我们一定会被友好地引荐给他的部族。” 264

刘易斯以正常的速度向印第安人走去。而印第安骑手也在向他靠近。但是，当他们相隔大概一英里远的时候，印第安人停住了。于是刘易斯也停下了。刘易斯从他的背包里抽出毯子，甩向空中，并展开铺在地上，这被他认为是友好的表示。不幸的是，“这个信号没有起到预期中的作用，他还是停在原地”。他正在左右打量着。在刘易斯看来，他好像是在用“怀疑的眼光”打量着德鲁亚尔和希尔兹。

他确实是在这么做。这个印第安人很可能是一个外出侦察的十几岁的少年，一直被灌输要警惕陌生人；他对于陌生人感到好奇，同时也保持着警惕。向他走来的是四名武装的男人，他怎么可能不猜疑呢？特别是，因为黑脚族的一次突袭，肖松尼族已经损失了大量的人口和马匹。[4]

---

* 肖松尼山坳，现在已经完全被克拉克峡谷水库淹没。——作者注

刘易斯想让德鲁亚尔和希尔兹停下脚步，但是他们距离太远，听不到刘易斯的喊叫。“同时我担心我发出的信号会增加印第安人心中的疑虑，让他以为我们有什么对他不友好的计划。”

刘易斯摊开了他随身携带的那些少得可怜的贸易品——一些玻璃珠、一面镜子、一些不值钱的小饰品。他将步枪和枪袋留给麦克尼尔，独自向印第安人走去。

这个印第安人骑在马上，注视着刘易斯，直到刘易斯进入距离他200码范围内的时候，他纵马缓缓地向后退去。

刘易斯不顾一切地大声反复嘶喊：“tab-ba-bone。”

印第安人并没有回应刘易斯的呼喊，仍然看着继续前进的德鲁亚尔和希尔兹。刘易斯对两人感到很愤怒：“他们都不够聪明，看到我在和印第安人交涉，都没想到继续前进是不合适的。”最终，他还是破例发出了信号——让德鲁亚尔和希尔兹停下。德鲁亚尔看到刘易斯的信号，停了下来；希尔兹（“他在之后告诉我，他没有看到信号”）则继续前进。

在150码的距离上，刘易斯反复喊着“tab-ba-bone”，并举着“我手中的小饰品，还撕下衬衫的袖子，好让他有机会看到我的肤色”。

在100码的距离上，印第安人“突然掉转马头，用马鞭抽打坐骑，越过小溪，瞬间消失在柳丛中。他的离去暂时断绝了我获得马匹的希望”。

“此时，我感到非常痛苦和失望；在刚看到印第安人的时候，我的心中满怀愉悦和期待。”德鲁亚尔和希尔兹的举动让他“非常灰心”，尤其是希尔兹，他将失败归咎于希尔兹。

“现在，我将队员们都唤回来。”刘易斯写道，“在这件事上，我无法忍耐他们的表现欲和不谨慎。”责备他们是无济于事的，但是，在这次相遇中，刘易斯拒绝评价他自己的错误，这一点很值得注意。很显然，他所犯下的错误，就算不比德鲁亚尔和希尔兹严重，也不相上下。

但是，他将怒火发泄在德鲁亚尔和希尔兹身上。他将自己的望远
265 镜遗落在铺在地面的毯子上了。麦克尼尔也疏忽了，他没有将望远镜
和毯子一起带走。刘易斯命令德鲁亚尔和希尔兹返回去寻找望远镜，在下达这个命令的时候，他看起来很愉快。

德鲁亚尔和希尔兹找到望远镜并返回后，探险队沿着马匹的踪迹

继续前进；麦克尼尔带了一根小棍子，在上面装了一面小型的美国国旗。考虑到印第安人可能就在周围的山上观察，刘易斯不想让他们觉得，小分队要继续向他们进发。于是他在一片开阔地面上停了下来，生了一堆火，开始做早饭、吃早饭。但是，就在他要再次出发的时候，一场大雨袭来，抹去了印第安人留下的痕迹。他发现了几个地点，看起来，当天印第安人曾在那里挖过植物根茎，这意味着主要的村庄就在不远处。又前进了20英里，刘易斯扎下了营地。

8月12日早上，“我们偶然遇到一条宽阔平坦的印第安人的道路……它经过了一条激流……我们在这里停下，享用了仅有的鹿肉作为早餐，这时我们只剩一小块猪肉了”。

他们继续向一个谷口前进，沿着缓坡向上走的时候，这条激流开始变小。“又走了四英里，这条路将我们引到了伟大的密苏里河最远的源头，这是我们经历了无数辛劳的白天和不眠的夜晚寻找的所在。”

他这么评价受到的冲击：“至此，很多年来一直在我脑中不可动摇的那些伟大目标，我已经完成了其中的一项；当我的渴盼遇到这纯净冰凉的水的时候，我感到无比地愉快。”

刘易斯不是唯一一个感受到这种喜悦的人：“下游两英里的地方，麦克尼尔兴高采烈地跨立在这条小河上。他在感谢上帝，让他可以活到这一天，可以跨立在壮丽的、此前被认为是没有尽头的密苏里河上。”

此时，该走向山口的顶端了，该成为第一个看到爱达荷和伟大的西北帝国的美国人了。刘易斯如此描述这个时刻：“我们去到分水岭的顶端，在那里我发现在我们的西方仍然有无尽的大量的高山，它们的顶峰上部分覆盖着白雪。”*

刘易斯并没有提及，对于所看到的一切，他是如何地惊讶或者沮丧。约翰·洛根·艾伦让我们“想象一下这种震撼和惊讶——因为从那个山脊顶部望去，既看不到此前应许的该有的大河，也看不到延伸

* 这是莱姆哈伊山口，位于今天蒙大拿州和爱达荷州的边界处。除了一条沿着边界搭建的木质篱笆、一个在十字路口的防畜栏、一条伐木通道，这个地区还保持着原生态。沿着密苏里河，从本顿堡到佩克湖堡，以及位于爱达荷的洛洛山径，这里是今天我们所能抵达的最接近1805年刘易斯目睹这一地区时的地方。在设置关于刘易斯所经过的路径的标志方面，美国林务局所做的工作极为出色。——作者注

到南太平洋的开阔平原”。被艾伦称为“地理上的希望”的东西，被
“地理上的现实”取代了。[5]当刘易斯向分水岭顶端迈出最后一步的时
候，他脑中所存的还是几十年积累的关于落基山脉特征的理论，但这
266 些都被简单的一瞥击碎了。同时被击碎的，还有刘易斯的希望——他
希望能找到通往哥伦比亚河分支的简单易行的运输办法。

但是，不论首次目睹落基山脉的比特鲁特岭时作何感想，他都没有把这些感想记录下来。同时，他也没有记录，在向分水岭以西迈出第一步、走出路易斯安那的时候，他是作何感想的。

他开始下山，从西部下山比从东部上山更陡峭，大概走了四分之三英里，“遇到了一条有着清澈、寒凉溪水的美丽险峻的溪流。我在这里第一次尝到了伟大的哥伦比亚河的河水”。

在扎营前，小分队又走了大概十英里。“白天没有猎获，我们煮食了剩余的猪肉，还吃了一点面食和炒货。”

刘易斯只带了三个人就深入了印第安人的领地，同时，他的大部
队还在三四天的路程之外。他手头上只有一些不值钱的玩意儿作为货
币。还有一个受到惊吓的印第安人跑回了肖松尼族人那儿，向他们报
告有陌生人进入了这一地区。在一天的时间里，刘易斯刚刚经历了一
整趟探险中所能经历的许多事情。他现在需要好好睡一觉，也需要在
267 早上醒来时得到很多好运气。

第二十二章

翻越大陆分水岭

1805 年 8 月 13 日—8 月 31 日

1805 年 8 月 13 日是一个星期二，这天早上，刘易斯一早就出发了，在一片平原上向着西部前进。他们所依赖的印第安人的小道沿着一条漫长的山谷向下延伸。一路上，他发现并描述了落基山脉枫树、三叶漆树和毛核木。他一度停了下来为杰斐逊搜集毛核木的种子。*

走了九英里之后，刘易斯看到了两个印第安女人、一个印第安男人和一些狗。距离他们快到半英里以内的时候，刘易斯命令德鲁亚尔和两名士兵站住，并解下自己的背包和步枪放在地上，展开一面旗帜，以稳定的步伐独自一人向印第安人走去。印第安女人们退开了，但是男人站在原地，直到刘易斯走到离他 100 码的距离上。

刘易斯反复高声喊着“tab-ba-bone”。这个印第安男人“逃走了”。

刘易斯让队员们继续和他一起前进。这个地区的地面被一些短而陡峭的沟堑切割开来。走了不到一英里之后，在一个小坡之上，他们看到了三名印第安女性，包括一个 12 岁左右的小女孩、一个少女和一个中年妇女，就在 30 码之外。就在发现她们的同时，刘易斯放下了步枪，向她们走去。少女逃跑了，小女孩和中年妇女没走。她们发现没机会逃跑之后，就坐在地上，低头抱住了自己的脑袋；在刘易斯看来，

* 此后，杰斐逊在自己的花园里种植了毛核木，并将之引入了费城的花园和园艺贸易中。刘易斯将毛核木与密苏里的金银花，或者是枸杞作了比较；加里·莫尔顿强调：“刘易斯可以通过植物叶片和果实的特性来鉴别它们的种类，这一能力再次证明了他在植物学方面出众的观察力。”（日志集，第五卷，85 页）——作者注

她们好像是在甘心受死。

他走上前去，握住中年妇女的手，将她拉了起来，说着“tab-ba-bone”并卷起袖子向她展示自己的肤色（他的脸和双手都被晒黑了，可能看上去像个印第安人，衣服也全都是皮质的）。德鲁亚尔和士兵们也走上前来。他们从包裹中取出一些玻璃珠、加工鹿皮的钻子、镜子和颜料来送给这个妇人。刘易斯的肤色、礼物和友好的态度都足以让这个女人平静下来。

借助德鲁亚尔的手语，刘易斯让这个女人把少女喊回来，他担心
268 少女可能会惊动肖松尼族的大部队。这个女人遵从了刘易斯的要求，逃走的少女又回来了。刘易斯也给了她一些小玩意，并用朱红色颜料将女人们“茶色的双颊”染红。当她们镇定下来之后，刘易斯通过德鲁亚尔告诉她们，他“希望她们能带我们去她们的营地，我们都很渴望结识她们部落的酋长们和武士们”。她们同意了刘易斯的要求，于是，队伍在印第安人的带领下出发了。

走了两英里之后，这次备受期待、让刘易斯苦苦寻求的会面终于到来了。60 名武士，装备着用于作战的弓箭，带着三支落后的步枪，骑在骏马上向他们全速奔来。他们发现刘易斯的队伍时，停了下来。

这是第一次有美国人目睹肖松尼族的战队，这也是肖松尼族的队伍第一次见到美国人。印第安人占据着压倒性的优势。在一瞬之间，他们就能击垮刘易斯的小队，并将获得两倍于他们所拥有的火器的装备，缴获小刀、锥子、眼镜以及其他一些小玩意，这些战利品的数量将比落基山脉的任何印第安人部落所曾缴获的都要多。

但是，刘易斯没有采取防御阵型。他放下步枪，举起旗帜，让队员们待在原地，然后他跟着带路的印第安女人，缓慢走向未知的前方。

一个被刘易斯认为是酋长的人骑马带队前来。他停下来，和印第安女人说了几句话。她告诉他，这些人是白人，“并且兴高采烈地展示了她获赠的礼物”。这个举动打破了紧张的气氛。然后，酋长和武士们都下了马。

这名酋长走上前来。嘴里说着“ah-hi-e，ah-hi-e”，刘易斯后来才明白这句话的意思是“我非常高兴”。这名酋长将他的左臂放在刘易斯的右肩上，并将他的左脸颊贴在刘易斯的右脸颊上，继续“反复大声说着 ah-hi-e”。

随后，印第安武士们和刘易斯的队员们也碰面了，“等到我打心眼里厌倦了这个民族的拥抱礼时，我们全都染上了他们身上的油脂和颜料”。

美国人和肖松尼族人的首次会面，进行得远比刘易斯预想的要顺利。他实在是太幸运了。这支战队之所以出现，是因为那天早些时候跑回去的人的示警。肖松尼族人本以为会遇到黑脚族，他们本有可能为了营救中年女人而直接发动攻击。假如刘易斯没有遇到这个女人，又假如她没有积极地响应刘易斯的要求和礼物，那么很有可能会发生交火。

事实上只有交涉而没有交火。刘易斯拿出了他的烟管并坐了下来，这一行为向印第安人暗示，他们也应该做出同样的举动。事实上印第安人也确实这么做了，但是他们并没有脱掉自己脚上的鹿皮鞋，这是肖松尼族人之间的一种习俗，表达了他们诚挚的友谊；或者，正如刘易斯所说的，“这差不多就是说，假如他们不够真诚的话，他们愿意一直赤脚；因为，要徒步穿越他们所在地区的平原，赤脚是一种很重的惩罚”。 269

刘易斯吸了一口烟管，然后将它传给下一个人。在吸了几轮烟管之后，他分发了一些礼物。肖松尼族人“都非常满意，尤其喜欢蓝色的玻璃珠和朱砂”。刘易斯了解到，酋长名叫“卡密阿维特”。刘易斯告诉他，“我们这次访问的目的是友好的”。在他们抵达卡密阿维特的营地之后，他将会更详细地说明探险队的目的，包括“我们是谁、从哪里来，以及将往哪儿去”这些问题。他赠给卡密阿维特一面美国国旗，“告诉他这在白人中是和平的象征［原文如此］……这是我们之间联合的纽带，应该受到尊重”。

卡密阿维特对他的武士们发表了讲话，很快，整个队伍就出发前往大本营。他派了一些年轻人先回去通知其他人，让他们为队伍的到达作准备。当他们抵达营地的时候，在莱姆哈伊河的东岸上，大约在今日爱达荷的滕多伊北方七英里处，刘易斯被引入一顶古老的圆锥形皮帐（这是在黑脚族的袭击后，整个部落仅存的一顶），并遵照仪式坐在绿色树枝和羚羊皮上。

在吸烟仪式结束后，“现在，我在向他们解释我们旅行的目的”。到底在多大程度上，肖松尼族人可以理解一次穿越大陆的旅行呢——

假如他们可以理解大陆的概念的话——刘易斯并没有记录这一点。

尽管他意识到，德鲁亚尔的手语“并不完美，容易产生错误”，他还是很自信地认为，肖松尼族人很好地理解了德鲁亚尔的手语。总之，“这些概念的核心部分几乎没有被误解”。

女人们和孩子们环绕在周围，渴望看到这些“大神的孩子”。刘易斯分发了手上剩余的礼物，以取悦肖松尼族人。后来，一个肖松尼族的武士将镜子描述为“像固体的水一样的东西，时而像太阳那样耀眼，时而可以显出我们的面庞”。[1]

此时，天色已经渐晚。刘易斯和手下们已经一整天没吃东西了。他向卡密阿维特提起这一情况，卡密阿维特表达了歉意，但是部落里只有浆果可供食用。他给了刘易斯他们一些棠棣和花楸制成的蛋糕。“我用这些东西做了一顿丰盛的晚餐。”刘易斯写道。

他一路漫步到莱姆哈伊河边，注意到这条河流速很快，河水清澈，大概有 40 码宽，3 英尺深。借助德鲁亚尔的手语，刘易斯询问了这条河的路线。卡密阿维特回答称，向北走半天的时间，这条河会与另一条河交汇；另一条河是莱姆哈伊河规模的两倍，自西南方向而来，它们一起汇成了今日的萨蒙河。在进一步的询问中，卡密阿维特提到，在下游的河岸边有小型树木，在那附近，这条河“与不可接近的群山相连，流速极快，而且河水中有很多石块；因此，我们几乎不可能通过陆路或者水路沿河流往下游去到大湖，而据他所知，大湖边住着白人”。

卡密阿维特提到的白人是那些在哥伦比亚河河口停靠的商人。他对于萨蒙河的描述很准确，也很让人难以接受。刘易斯第一次透过莱
270 姆哈伊山口看到比特鲁特地区的时候，一定产生过这样的担忧——并没有一条横贯大陆的全水路通道，哪怕是类似的通道都不存在，而卡密阿维特提供的信息证实了这一点。

但是刘易斯还是希望这些信息是不真实的，他怀疑，卡密阿维特只是出于贸易目的而在尝试留住美国人。

事实上，正如刘易斯应该已经从萨卡嘉维阿那里获悉的，这个时节应该是卡密阿维特的部落翻越分水岭去和其他的肖松尼族及弗拉特黑德族的部落会合的时候。他们将一同去密苏里河的野牛聚集区狩猎。刘易斯已经在美国国旗的意义问题上对酋长撒了谎，并且准备好为了

实现自己的目的编造更多的谎言，此时他也不惮对卡密阿维特作最坏的设想。

刘易斯看到“大量的马匹在他们的营地四周吃草”，有关萨蒙河的令人烦恼的消息在一定程度上被抵消了。后来，德鲁亚尔数出了400多匹马。假如他可以换来足够数量的马匹，那么刘易斯“不太怀疑，即使被迫要由陆路翻越这些山脉，我们也可以运输货物”。

回到营帐后，一名武士送给他一块刚烤好的大马哈鱼，“配着一道很棒的风味小菜，我吃了这条鱼。这是我当时见到的第一条大马哈鱼，这让我确信，我们当时正处在太平洋的水域附近”。这条消息让他的士气更高涨了。换言之，前一天，在穿越了莱姆哈伊山口之后，在第一次尝到哥伦比亚河的河水之时，他那积极的断言现在看来更像是一种希望的表达，而非一个确凿的事实；他所知道的是，莱姆哈伊-萨蒙河可能是迪尔伯恩河的一条支流。

那天晚上，肖松尼族人为刘易斯和探险队表演了舞蹈作为娱乐。这场舞蹈一直持续到几乎日出。在午夜时分，“我觉得很困，于是离开了，留下大伙继续和印第安人联谊……在夜里，我有好几次因为他们的喊叫声而醒来，但是我太疲惫了，这些声响无法剥夺我的夜间睡眠”。

此时已经和肖松尼族人接触上了，刘易斯必须给克拉克时间，让他沿着杰斐逊河往上游前进到可通航的最远极限——假如克拉克还没有到达这个极限的话。在杰斐逊河那浅而遍布大圆石的河床里，克拉克每天只能前进四五英里，杰斐逊河并不比一条大溪流的规模大多少。刘易斯决定，在8月14日这天的早上写日志，而在这天的下午进一步向卡密阿维特询问更多关于西部地区的信息。

他派了德鲁亚尔和士兵们出去捕猎。印第安人为他们提供了马匹，同时还有一些年轻的印第安勇士也加入了捕猎的队伍。刘易斯有幸目睹了极少有白人曾体验到的景象，年轻印第安勇士骑着马追捕十头左右的羚羊。“这场追逐持续了大概两小时，过程的很大一部分可以从我的帐篷处望见。猎手们空手而归，他们的坐骑都大汗淋漓。”

德鲁亚尔也是空手而归。他回来之后，刘易斯借助他的手语让卡 271
密阿维特“帮助我了解他领地的地理情况”。这位酋长重复了他在前一天说的内容，不过提供了更多的细节。在地上画了一条代表河流的波浪线之后，他在波浪线的两边堆了一些沙子以代表“河流流经的大量终年覆盖着白雪的石头山脉”。他提到了“紧紧包围在河边的垂直而立，甚至突出来的石头，几乎不可能从这里沿着河岸前进……在目力所及的范围内，整条河的河面都被激起浪花。对于人和马匹来说，这些山是不可接近的”。*

那么，如何才能翻越这些山脉呢？卡密阿维特称，他从未翻越过这些山脉，但是他的部族里有一位老者“或许可以提供一些西北部地区的信息”。他补充道：“他从刺穿鼻子的、曾生活在落基山下这条河边的印第安人那里了解到，这条河向着太阳升起的方向流去，最终汇入一个大湖，这个湖的湖水很难喝。”

这句话将大陆连接起来。第一次，一个白人手上有了一张尽管不完美、不精确，但是将西部帝国的各条大河连接起来的地图。这也是第一次，一个白人听闻了内兹帕斯族，这是生活在山脉以西的主要部落。卡密阿维特补充道，内兹帕斯族每年都会翻越山脉，到密苏里河的野牛地区来捕猎。**

他们走的是哪条路线？刘易斯询问道。这条路线通向北方，酋长答复道，“但又补充说，这条路的路况非常糟糕，因为他们（内兹帕斯族人）曾告诉他，他们在路上忍饥挨饿，在很多天里只能靠浆果为生；那一片山区没有猎物，都是破碎的石块，其上长着大量的树木，几乎无法穿越”。

刘易斯并没有因为这种描述而感到沮丧，相反地，他从中获得了激励。“我的路线立即在脑海中形成了。”他写道，“我非常满意，假如印第安人可以带着妇女和儿童翻越这片山脉，那么我们也可以。”

这是一句美妙的描述，显示了刘易斯对自己、克拉克上尉和队员们的信心。他不是在自吹自擂，也不是在挑战什么，只是在实事求是地对待这一切。如果他们可以做到，那么我们也可以。

这也表现了刘易斯（和克拉克）的能力，他们可以激发出队员们

* 萨蒙河的现代昵称“无归河”（River of No Return），很好地归纳了这一切信息。——作者注

** “内兹帕斯”的意思就是“刺穿鼻子”的印第安人。至于他们是否真的刺穿了鼻子，这还是一个有争议的话题。详见莫尔顿的版本，《日志集》，第五卷，第 94 页。——作者注

身上超过自身想象的能力。乘平底货船逆密苏里河而上，曼丹堡里苦寒的冬天，在大瀑布处艰苦的运输，让独木舟船队逆杰斐逊河而上所付出的不可思议的努力——每次经历过这样的困难之后，队员们都认为这一定就是最糟的情况了，他们不可能再忍受更糟糕的状况了。不 272
料事情只会变得更糟。

但是，在出色的统率之下，队员们所协同取得的成就远超他们自己的设想。特别是当他们处于生死攸关的境地时——这正是刘易斯打算率领他们去面对的情况。他敢于这么做，是因为他知道队员们的能力超过他们自己的想象，同时，他也知道如何激发出他们最大的潜力。

卡密阿维特还掌握了一些信息。他提到，在山脉西部是没有野牛的，所以山脉以西的印第安人靠大马哈鱼和植物根茎为生。他还发了一些牢骚，比如西班牙人的政策是从不向印第安人出售枪支，而英国人则向黑脚族、希多特萨族和其他肖松尼族的敌人出售枪支。拥有火器优势的平原印第安人持续骚扰肖松尼族，因此，一年中的大多数时间，肖松尼族人都被迫躲在深山里。但是，卡密阿维特补充道，“他凶狠的双眼和瘦长的下巴越发显示出对食物的渴望——假如我们有枪，那情况绝不会如此；我们可以生活在有野牛的地区，和敌人们吃一样的东西”。

此时是刘易斯的探索的开始，是一个机会，刘易斯可以向卡密阿维特做出承诺，让他帮助探险队翻越大陆分水岭的运输，并与探险队交易马匹，使得探险队可以穿越横亘在内兹帕斯族路线上的比特鲁特地区。刘易斯提到，他已经劝服希多特萨族，让他们承诺不会再骚扰肖松尼族，也不会再向他们的任何邻居宣战（尽管他知道，在那年春天，希多特萨族已经派出一支战斗分队）；同时，探险队抵达太平洋并返回美国时，“白人们将会来到他们［肖松尼族］这里，并带来大量的枪支，以及所有对他们的防御和舒适生活有用的东西”。

鉴于探险队现在和圣路易斯的距离超过了3000英里的航程，这个承诺只是一个不确定的未来。但他还是做出了这个承诺。

刘易斯告诉卡密阿维特，他希望部族可以带上30匹马，与他一起在早上穿越莱姆哈伊山口前往杰斐逊河的支流，与克拉克以及探险队的大部队会合，并帮助他们将行李运过山口，运到山口下位于莱姆哈伊河上的印第安人营地处；在那里，“我们将继续和他们待一段时间，并和他们交易马匹”。

卡密阿维特同意了他的要求。他“对村民们发表了长篇的、慷慨激昂的演说”，然后他告诉刘易斯，一切都已经就绪——他们将在早上出发。刘易斯大喜过望。他写道：肖松尼族的马匹都非常棒，“其中不少马在詹姆斯河南边或者在出产良马的地区都能崭露头角”。更棒的是，他们还有一些靠谱的骡子。怀着愉快的心情，刘易斯返回营帐去睡觉了；至于印第安人，“他们很开心，这天晚上又一直跳舞到午夜”。

8 月 15 日是星期四，刘易斯一早就醒来了，“饥饿得像一头狼”。
273 前一天，除了由面粉和浆果做成的饭食，他什么也没吃，这种饭食没法让刘易斯满意，虽然它“看起来很对我的印第安朋友的胃口”。还剩下两磅面粉。他让麦克尼尔将这些面粉分成二等份，将其中的一份和浆果混合在一起。“我们四个人用这种新型的布丁作为早饭，这顿饭也让酋长感到很满意，他宣称这是他在很长一段时间里吃过的最好的东西。”

早饭之后爆发了一场危机。不论卡密阿维特如何敦促，武士们都不肯动身。刘易斯询问了原因，被告知“他们中有一些蠢货，暗称我们和阿奇纳族人结成了同盟，是受命前来将他们引入伏击圈的，而敌人就在伏击处等着他们”。

刘易斯告诉卡密阿维特，他对武士们的疑虑表示谅解：“我知道他们还不熟悉白人……在白人中间，撒谎或者用欺骗的方式将敌人引入陷阱被看作不光彩的行为。”在这之后，刘易斯又威胁道，假如肖松尼族人不帮助他们进行运输，就不会有白人给他们带来武器和弹药。

然后，他质疑了他们的男子气概。他说：“我仍然希望你们中的一些人是不怕死的。”这种质疑“触动了他们；质疑一个蛮人的勇气，这个方法立即发挥了效用”。

卡密阿维特骑上坐骑，向族人们发表了演说。他表示，他将和白人们一同前进，以检验刘易斯所说的事实。他补充道，他希望至少有一些武士可以和他同行。在他的号召下，六名武士骑上了坐骑。尽管“一些老妇人哭喊着，哀求着神灵们庇护她们的武士，仿佛这些武士正在走向不可避免的毁灭”，这支小分队还是出发了。

印第安人义无反顾地骑马前行。不久，又有六个男人和三个女人加入了队伍，使得小分队拥有了16名印第安人和四名白人。“这些人此前从未展露的、仅在这个冲动时刻所表现的喜怒无常的性情”让刘易斯很吃惊：“他们现在兴高采烈，而两小时之前，他们就像是撒旦的小恶魔那样乖戾。”

他们穿越了莱姆哈伊山口，并往下方的肖松尼山坳进发。在肖松尼山坳，他们扎营于一条溪边*，吃了这一天的第二顿饭：“现在我做饭，我们六个人吃了在少量沸水里搅和制成的最后一磅面粉。”除了卡密阿维特和一名没有名字的武士，其他的肖松尼族人在这一天什么也没吃。

次日，8月16日的早晨，刘易斯派德鲁亚尔和希尔兹外出去捕猎肉食。刘易斯让卡密阿维特将他的年轻武士们留在营地，这样他们就不会惊扰到猎物。这是一个错误的行为，因为这再次引起了肖松尼族人的疑虑。他们怀疑白人们正在试图和黑脚族联络，于是，两队武士外出，在河谷两岸监视德鲁亚尔和希尔兹。

刘易斯、麦克尼尔和剩下的肖松尼族人紧随其后。大概一小时之后，“当我们看到其中一名监视者抽打着坐骑从平坦的平原上奔来时，酋长顿住了，他显得有些担心”。刘易斯担忧的是，因为“一些不幸的意外”，黑脚族真的就在附近。但是当侦察员抵近的时候，在紧张的气氛中，刘易斯获得的是好消息——德鲁亚尔猎杀了一头鹿。 274

“他们当即都鞭打坐骑奔跑起来。”刘易斯正和一名武士同骑一匹马。这个印第安人“在一英里的路程中不停地鞭打坐骑，担心会错过一顿盛宴……因为我没有马镫……这种颠簸让人很不愉快”。刘易斯勒住坐骑，并禁止年轻人使用马鞭。这个印第安人当即跳下坐骑，全速奔跑了一英里的路程。

在猎杀鹿的地点，“我抵达时的情景是这样的：假如不是有着极好的胃口，我相信我绝不会吃任何一块鹿肉……每个［印第安］人都有一块肉，他们都在贪婪地吃着。有些人正在吃肾脏、脾脏和肝脏，鲜血就顺着嘴角往下流，其他在吃鹿肚和肠子的人的情况也差不多……

* 今天的霍斯普雷里溪。——作者注

最后［抵达的］一个人拿着一段大概九英寸长的肠子在吃，吃的同时手正在将其他段肠子里的东西挤出来。在此之前，我都没想到，人性会以这样一种残忍粗暴的方式展现出来。我怜悯而同情地看着这些可怜的、饥饿的家伙”。

不过，平心而论，刘易斯的怜悯和同情并不足以让他意识到，尽管顺着脸颊流下的鲜血让印第安人看起来很野蛮，但是他们所拿走的仅仅是德鲁亚尔在料理鹿时所丢弃的那部分。他们并没有动那些鹿肉。

刘易斯为自己和部下留了一块后腿肉，并将剩余的部分交给卡密阿维特，让他在族人们之间处置。这些印第安人都没有生火烤一下，就直接把这些肉吃了。然后，队伍继续前进。很快，有消息传来，德鲁亚尔又猎杀了一头鹿。“此时，同样的景象再度重演。”刘易斯生了一堆火来烤肉；德鲁亚尔带来了第三头鹿，刘易斯留下了这头鹿的一条腿，将剩余的部分送给印第安人，这下印第安人们终于吃饱了，并因此“心情愉快”。此后，希尔兹又猎获了一头羚羊；这一天的食物问题解决了。

此前，刘易斯已经告诉印第安人，他们将会在河流分汊处与克拉克会合，而当队伍接近河流分汊处的时候，卡密阿维特坚持要暂停前进。在大量的仪式过程中，卡密阿维特将肖松尼族人穿戴的披肩围在白人们的颈子上。刘易斯意识到，酋长的疑虑还是很重，他想要让白人们看起来像是印第安人，以防以下情况的发生——是黑脚族而不是克拉克等在河流分汊处。意识到这一点，刘易斯摘下了自己的三角帽，将它戴在卡密阿维特头上。队员们也照做了，“我们很快就完全变了个样”。

整支队伍继续向下游的分汊处进发。刘易斯让一名印第安武士举着旗帜，这样“我们自己的队伍就知道我们是谁了”。但是，当他们距
275 离河流分汊处只有几英里时，“我痛苦地发现”克拉克还没有抵达。

“现在我几乎束手无策，”刘易斯承认，“而且我担心他们随时都会一起停止前进。”

绝望的刘易斯把步枪交给卡密阿维特，并告诉他，假如黑脚族出现在附近，他可以用这支步枪防身。“至于我自己，我不怕死，假如我欺骗他，他可能会按照他的想法使用这把枪；换言之，他可能会对我开枪。”刘易斯也命令部下交出步枪，“这似乎让他们［印第安人］有

了一些信心”。

这个大胆的举动为刘易斯赢得了足够的时间来构想一个计划。他想起，他在河流分汊处为克拉克留下了一个便笺：“现在，我有条件实行一个策略。我认为，这会让我的行为变得正当，但是我必须承认，这个计划有一点棘手。”他派德鲁亚尔在一名印第安武士的陪同下去取那张便笺。当德鲁亚尔带着便笺回来的时候，随行的印第安武士也确认，这个便笺是德鲁亚尔在河流分汊处获得的。刘易斯告诉卡密阿维特，克拉克写了这张便笺，在便笺上提到，他——克拉克——正在从下游处赶来，刘易斯应该在河流分汊处等他。

刘易斯编造了一个印第安人永远无法揭穿的谎言，但是他也没有渡过这场危机。尽管他对克拉克满怀信心，但事实上他也不知道克拉克在哪儿。有可能克拉克因为发现实在无法航行，所以在下游几英里处的营地里等着刘易斯。

刘易斯想出了另一个“策略”。他告诉卡密阿维特，他将在早上派德鲁亚尔先行一步去和克拉克会合；同时，他还提议让一名印第安武士陪德鲁亚尔一同前往，以证实他的话。刘易斯、希尔兹和麦克尼尔则会和肖松尼族的大部队待在一起。“这个计划被很轻易地接受了，一个年轻人自愿前往；我承诺会给他一把刀子和一些玻璃珠，以酬谢他对我们的信任。”

他正在冒很大的风险。一些印第安武士已经对卡密阿维特有了怨言，认为他将他们置于不必要的危险中。“他们还认为，我们说的内容并不一致。”印第安人掌握着步枪。假如克拉克没有顺着杰斐逊河往上游来，他们将可以轻易地杀死白人；事实上，他们极有可能这么做，尽管在刘易斯的表述中，他的担忧仅仅是，印第安人“将会立即散开，躲入群山里”。

他几乎不能考虑这个情况。无论如何，“我们应该对获得马匹感到失望，这些马匹将会极大阻滞我们的行程，并增加旅程中所需要的人力；而且我担心，这可能会让队员们气馁，最终导致探险的失败”。

为了稳住肖松尼族人，刘易斯告诉他们，萨卡嘉维阿和克拉克在一起；还有一个与克拉克同行的人“是黑人，头发短而卷曲”。对目睹这样的奇妙事物，印第安人显得很急切。

虽然如此，在那一晚，刘易斯还是在日志中写道：“事实上，我

和大多数受到惊吓的印第安人一样沮丧，但是我装作很快乐。”他躺
276 下睡觉时，卡密阿维特就在他身边。“我睡眠的时间就像预料的那样短暂；我总是想着被我视为如同生命一样重要的探险，想着这次探险的命运，此时它极大地取决于一些像风一样易变的野蛮人的反复无常。”

早上，天色微明的时候，刘易斯就把德鲁亚尔和那名印第安武士派了出去。前一天剩下的肉食勉强可以充作早饭。在早上大概9点的时候，一名往小溪下游走了大约一英里又返回的印第安人报告称，“白人们正在赶来”。肖松尼族人“都显得很高兴”。刘易斯坦承：“对于这个消息，我和印第安人感到一样高兴。”

这之后不久，克拉克抵达了，与他随行的还有沙博诺和萨卡嘉维阿。卡密阿维特以民族礼节拥抱了克拉克，并在他的头发上挂上了贝壳。在激动中，一名肖松尼族女孩认出了萨卡嘉维阿。在萨卡嘉维阿被掠为俘虏的那一天，她得到了自己的名字——“跳鱼”，因为她在逃避希多特萨族人的时候跳过了一条溪流。[2] 两名再度团聚的少女拥抱在一起，一边哭泣，一边交谈。

在河流交汇处的下方不远处，刘易斯搭建了一个营地。* 他用一张大帆做了一个天棚。在下午4点的时候，他召开了一个会议。现在无须德鲁亚尔和他的手语了，他决定使用一系列人员来翻译，让萨卡嘉维阿用肖松尼族语和印第安人交谈，由她翻译成希多特萨族语转述给沙博诺，再由沙博诺翻译成法语，转述给列兵弗朗西斯·拉比什，再由他翻译成英语。

就在他们打算开始使用这一套繁复的流程之前，萨卡嘉维阿看着卡密阿维特，忽然认出卡密阿维特就是她的兄长。“她跳起来，跑过去拥抱他，将她的毯子扔在他身上，痛哭起来。”[3]

这是多么幸运的事情啊。没有哪个小说家敢于虚构这样一个场景。正如詹姆斯·龙达所写，“繁星也为刘易斯和克拉克起舞”。[4]

刘易斯记载称，这次重逢“非常感人”。在数周前，他还认为萨卡

---

* 这个地点，就是此后的幸运营，现在它沉在克拉克峡谷水库水底，就在15号州际公路边，位于蒙大拿州的狄龙南边20英里处。——作者注

嘉维阿是个从来不展露出一丝轻微情感的人，此时面对展现出如此多情感的萨卡嘉维阿，他只字未提是否感到惊讶。

在萨卡嘉维阿的情绪平复下来之后，会议开始了——尽管这会议频繁地被她的眼泪打断。关于刘易斯此前告诉卡密阿维特的事情，两位上尉进行了详细阐述。他们解释了“我们进入这片遥远地区的目的”。在解释的过程中，他们让自己的首要目的看起来像是为了帮助肖松尼族人，以找到一条更直接的、可以向他们输送武器的路线。在此过程中，“我们让他们感觉到，他们的防御和生活的便利以及每一种商品都依赖于我们政府的意愿”。但是，如果没有肖松尼族的马匹，如果没有肖松尼族人引导他们穿越内兹帕斯山径，这一切都不会实现。

卡密阿维特在回应中“宣称，他愿意全方位协助我们；同时，对 277
于还必须等一段时间才能获得武器，他感到很遗憾；但是他说，在我们给他们带来那些我们承诺的东西之前，他们也可以像从前那样生活”。尽管他没有足够的马匹来运送行李翻越莱姆哈伊山口，但是他可以在早上回到村庄，鼓励部族前来帮助运输。

两位上尉感到很满意——确实，他们此前几乎不敢奢望获得这么多的协助。他们让卡密阿维特指定他的副手。卡密阿维特指定了两个

查尔斯·M. 罗素绘，《刘易斯和克拉克的探险》。与肖松尼族人的会面；在右手边，萨卡嘉维阿正在拥抱她童年时的伙伴“跳鱼”（From the Collection of Gilcrease Museum, Tulsa）

人。两位上尉赠予卡密阿维特一块纪念币，纪念币的一面是杰斐逊的头像，另一面是一个印第安人和一个白人在握手；他们还赠予两位小酋长每人一块印有乔治·华盛顿头像的纪念币。接下来，他们赠予卡密阿维特一套军装、一条深红色紧身裤、一小管烟草和一些小玩意。两位小酋长各得到一件衬衫、一条紧身裤、一条围巾、一把小刀和一些烟草。两位上尉向其他的印第安人分发了颜料、锥子、小刀、玻璃球、镜子和其他一些物品。

“每一件关于我们的物品都会激起他们的震惊。”刘易斯写道：队员们的外貌、他们的武器、独木舟、约克、“我的狗的聪敏”——这都是令他们赞赏的东西。刘易斯发射了气枪，印第安人当即称其为“良药”。

猎手们带回来四头鹿和一头羚羊，这更加强了愉快的气氛。在盛宴之后，两位上尉向卡密阿维特询问了更多“关于这一地区”的信息。他复述了此前对刘易斯所说的内容，此时，刘易斯已经完全相信了他
278 的描述。

尽管他将卡密阿维特视为“一个有影响力、随和、个性含蓄的人，看上去很有诚意”，但是在认可卡密阿维特那关于萨蒙河路线的令人担忧的描述之前，克拉克还是想亲眼看一看实际情况。他征求了刘易斯的意见。刘易斯同意克拉克在早上率领 11 个人，携带斧头和其他的必要工具去制作独木舟。他们将带上沙博诺和萨卡嘉维阿，一同去探察萨蒙河。他们将会在肖松尼族的村庄待一晚，然后加紧回到幸运营，以参加运输工作。

假如克拉克发现萨蒙河可以通航，他将会着手建造独木舟。同时，刘易斯将会把剩余的 18 名队员及行李带到莱姆哈伊河边。他估算出，这个行动将会花费一周甚至更长的时间，这足以让克拉克完成探察，并决定探险队究竟应该走陆路还是水路。假如走陆路，“我们将会需要所有可以买到的马匹”。

不论选择什么路线，刘易斯都有理由感到满足。探险队再一次聚在一起，并将很快再次前进。这一晚他睡得比前一晚更香甜。

8 月 18 日早晨，在克拉克为探察工作作准备的时候，刘易斯换来了一些马匹。他打算让克拉克带走三匹马，两匹用来运输行李，一匹

留给猎手们运输猎获的肉食。他得到了想要的东西：他用一件军服、一条紧身裤、一些手巾、三把小刀和一些小玩意换了三匹良马，在他看来“在美国，这些东西加起来都不值20美元”。（他没有计算运输成本！）“印第安人像我一样对交易感到满意。”一名士兵也购买了一匹马，为马支付的是一件花格衬衫、一条旧紧身裤和一把小刀。按照这个价格，刘易斯相信，他可以在莱姆哈伊河边的大村子换到相当数量的马匹。

此时，一个问题浮现出来。两位小酋长因为没有得到更多的礼物而“有些不悦”。于是，克拉克赠给他们一些他的旧外套，同时刘易斯还承诺，“如果他们积极协助我翻越山脉……我将赠给他们额外的礼物”。在这些条件下，早上10点，克拉克出发了；除了两位小酋长、“跳鱼”和另一个女人，其他印第安人都随他一起出发了。

刘易斯在为运输工作作准备。他将所有的物品和行李打开，让它们晾干，然后让队员们开始将行李重新打包成适合翻越莱姆哈伊山口时运输的小包裹。他将生牛皮放入水中，以便切割成适合打包的皮绳：“很幸运，此时我不需要学习这件事。”

德鲁亚尔带回一头鹿。一名队员捕获了一头海狸。刘易斯准备了一张网，捕获了一些鳟鱼。他还更新了日志。

他在8月18日的日志结尾所写的内容常常被引用，被视为自省 279
和自我批评。“今天是我30岁的最后一天。”他在开头这么写道。他认为，他的人生已经过去一半了。“我反省的时候发现，在增进人类的幸福感，或者在为后代进一步扩展信息方面，我所做的还很微不足道。对于过去浪费的很多时间，我感到很遗憾，那些被浪费的时间本可以给我更多的知识；我现在深感对这些知识的渴望。”

他调整了情绪，继续写道：既然往昔不可追，“我就从沮丧的情绪中冲出来，这些问题将在未来得到解决；我要加倍努力，尽力促进人类存在的两个主要目标，用自然和命运赋予我的才能来帮助实现这两个目标……”此时，他的思路好像中断了。不论是什么原因，他忘记阐述“人类存在的这两个主要目标”；取而代之的是，他在结尾写道：“未来，我会为人类而活，就像我曾一直以为为自己而活一样。”

这段非凡的段落引起很多解读，甚至是过分解读。对于启蒙时代的人来说，写这样的东西并非不同寻常，杰斐逊也常常以类似的情绪和风格写作。

此外，这段话还提醒大家，在承担如此沉重的指挥任务时，刘易斯是多么地年轻。因为过去几天的紧张情况，他精疲力竭。他身处的地区，即使在今天依然是大路上最偏远的地区，随行的只有18名士兵、德鲁亚尔和四名印第安人。他已经抵达了密苏里河的源头，但前方还有很多大山要翻越，同时他还要依赖卡密阿维特及其部族的一时兴起来翻越群山。

如果说他已经走过了一半的人生——对于一个年轻人而言，这总是一个沮丧的念头——那他也只完成了从曼丹村落到太平洋海岸之间一半的路程，而此时冬季正在来临。在此时，再度努力做得更好，对他而言是很自然的事情。

刘易斯在幸运营待了六天。这让他有机会记录更多关于肖松尼族的描述。此外，他还监督了盒子的开封，监督队员们将桨板切开，用以提供足够的木板来制作20只木马鞍。他又挖了一个地窖，以减轻运输的负载。他还作了一些天文学观测。

8月22日，在正午前一小时，卡密阿维特、沙博诺、萨卡嘉维阿和大概50名肖松尼族男人陪同女人和儿童一起抵达了幸运营。在他们建立了营地之后，刘易斯召开了一个会议。他分发了礼物，重点关照了两名小酋长。注意到“这些可怜的家伙都饿得半死了”，刘易斯让队员们准备了由谷物和豆类制作的饭食，并在会后送上了这些饭食。

280 卡密阿维特称，他“希望他的部族能够生活在一个可以提供这种食物的地区”。刘易斯给了他一些南瓜干。他把这些南瓜干煮了，“并宣称这是他吃过的东西里仅次于糖的美味，他吃的一小份糖好像是他的妹妹萨卡嘉维阿给他的”。

渔网捕获了528条鱼，刘易斯将其中的绝大部分分给了印第安人。他又换了五匹马，用来交换每匹马的货物大概值六美元。他打算一早就出发，但是卡密阿维特请求他再等一天，以等待一支友好的肖松尼族部落前来加入他们的队伍。

刘易斯明白他别无选择，但是这引起了一个新的忧虑。肖松尼族人正在聚集起来，以进行他们每年向野牛平原的远行，此时卡密阿维特的部落显得“很急于”出发。另一支部落到来的时候正值下午，刘易斯与他们交换了三匹马和一头骡子。

8月24日的早上，刘易斯再度出发了。这一次他带了18个自己人，以及沙博诺、萨卡嘉维阿和德鲁亚尔，还有九匹马和一头骡子，同行的还有卡密阿维特的部落。刘易斯给了沙博诺一些东西，让他为萨卡嘉维阿换一匹马，沙博诺照办了。此时，刘易斯还需要更多的马匹；很多行李都是由肖松尼族的女人们背负着。

尽管还会出现很多问题，但是此时的刘易斯很高兴："我现在的满足难以言表，因为我和探险队又一次上路了。"

他的喜悦并没能持续很久。8月25日，在猎手们带回三头鹿、整个队伍停下来吃午饭的时候，沙博诺随意地向刘易斯提起，整支卡密阿维特的部族将会翻越莱姆哈伊山口，前往野牛地区；他期待着在途中和他们碰面。

为什么？刘易斯问道。

沙博诺解释说，萨卡嘉维阿听到卡密阿维特让一些年轻人去通知部族，让他们在第二天和他会合，这样整支部族就可以一起前往密苏里河。

假如这一切发生的话，刘易斯和他的队员们将必须单独应对一切。他们身处攀登莱姆哈伊山口的半路，只拥有大概12匹马，没有向导带领他们通过内兹帕斯山径。

又是一个紧迫的危机。刘易斯很生气，但是他是一个很好的外交官，不会直接指向问题的根源——卡密阿维特；他只是责备了沙博诺，因为在获得这个消息之后的几小时，沙博诺才向刘易斯提起。随后，刘易斯请卡密阿维特和两名小酋长前来吸烟，并进行商谈。

"我问他们是否曾经承诺要协助我将行李运到他们的营地……他们承认曾经这样承诺过。"那么，他们为什么会准备抛弃他，转而去野牛地区呢？印第安人低下了头。

刘易斯说，假如他们不曾承诺要帮助运输，"我不会尝试翻越
山脉，而是会回到河边，那么他们将不再会看到白人出现在他们的 281
地区"。

事实上，他无论如何都会努力翻越这些山脉；他在日志中频繁地提到这个决心。此时，占据着道义的高地，他对这几位酋长说，"他们绝不应该向我们承诺任何不打算做的事情"。末了，他让几位酋长派一

名年轻人先行翻越山口，去村庄里通知大家，让他们在村里等待刘易斯、卡密阿维特和其他人的到来。

两位小酋长说话了。他们希望施以援手，并且他们会言出必行；他们说，并不是他们俩让部族翻越分水岭来到密苏里河这边的。是卡密阿维特下的命令，而他们并不同意他的做法。这是一次投桃报李，因为前阵子，当刘易斯发觉他们的不快后，赠给了他们更多的礼物。

“卡密阿维特沉默了一会儿，”刘易斯写道，“最终，他告诉我，他知道做错了，这么做的原因是看到村民们都很饥饿；但是，既然已经承诺会给予我们协助，未来他是不会食言的。”

他的族人都在挨饿。而野牛地区就在不到一天的行程之外。其他肖松尼族的部落正在和弗拉特黑德族的村落会合，即将前往那一地区捕猎。但是他已经做出承诺了，刘易斯让他感到羞愧而不得不遵守诺言。遗憾的是，刘易斯从没有表现过一丝的感激之情，从没有表现出他理解卡密阿维特身处的困难境地。

他确实明白，肖松尼族人是要吃饭的。下午，整个队伍即将抵达山口。猎手们只猎获了一头鹿。刘易斯下令将这头鹿分发给妇女和儿童，“我们都不吃晚饭”。

8 月 26 日的清晨，温度达到了冰点，这是一个所有人都不需要的提醒——冬天就要到了。在这一天的行进途中，刘易斯看到女人们正在采集植物根茎，“并以之喂养她们可怜的、正在挨饿的孩子们；目睹这些可怜人的处境，实在让人感到痛苦”。

这天晚上，刘易斯、队员们和行李都抵达了位于莱姆哈伊河边的营地。列兵约翰·科尔特早已经到了，带来了一封克拉克（他正在下游的营地）的信，信中提到，萨蒙河确实不可通航。

刘易斯并不感到意外。他告诉卡密阿维特，早上他需要再购买 20 匹马。卡密阿维特指出，黑脚族已经从他的族人那里抢走很多马匹了，但又说他会看看能做些什么。他还提到，他认为，那个曾经和内兹帕斯族一起翻越过山脉的老人将会愿意作刘易斯和克拉克的向导。

“目前来说，问题都得到了解决。”刘易斯在当天的日志结尾写道，“我下令演奏小提琴，并且让探险队员们快乐地舞蹈，以取悦这些土著并以此对他们表示感谢；不过，必须坦承，我的心境和此时的愉快并不合拍，因为我多少有点担心这些反复无常的印第安人会突然拒绝给我们马匹，没有这些马匹，以有利的方式完成旅程的希望就会落空。”

这些印第安人已经准备好出售马匹了，但是在接下来的几天里，两位上尉发现，马的价格攀升惊人。肖松尼族的市场是垄断性的，马又是探险队急需的。对于肖松尼族人而言，情况很明显，不论发生什么情况，白人们都必须获得马匹。8 月 29 日，克拉克发现，他必须拿出他的手枪、一把小刀和 100 颗子弹才能换到一匹马。两位上尉曾试图严格规定，不可无故损耗军火，但是此时他们别无选择。

最终，两位上尉买到了 29 匹马。正如詹姆斯·龙达所说，“肖松尼族人证明了，他们是比一般美国人更出色的商人”。克拉克检查他畜栏里的马匹的时候，发现它们“背部几乎都有问题，部分马低劣而幼
小”。两位上尉买到的都是肖松尼族人抛弃的马匹。[5] 283

第二十三章

作为民族志学者的刘易斯：肖松尼族

如果说肖松尼族人确实被探险队员和探险队的装备所深深吸引，刘易斯也同样被他们所深深吸引。这是自曼丹族以来，刘易斯见到的第一批印第安人，他们几乎没有因为和白人的接触而受到影响，而在19世纪初期，任何一个部落都可能受到白人的影响。卡密阿维特的族人或许曾见过一两个西班牙人；他们拥有一些来自欧洲的贸易品，但是数量不多；他们有三把一模一样的步枪。

白人对肖松尼族的最大影响就是，他们带来了马匹，这些马匹是西班牙人带到新大陆来的。其次就是步枪，这些步枪是英国人和法国人提供给他们在平原上的贸易伙伴的，比如黑脚族、希多特萨族和其他的一些部族。正如卡密阿维特指出的，肖松尼族的敌人们和白人所进行的武器贸易，让他的族人陷入极大的劣势，并控制了他们的生活。他们不得不偷偷潜入平原，尽快完成捕猎活动，然后撤回山区躲起来；或者，如刘易斯所说，"轮番冒着生命危险去猎取食物，然后撤回山区"。

文明世界对肖松尼族一无所知。对他们的描述，是刘易斯在科学上的新突破。他的描述是在幸运营的时候写就的；作为在几乎一无接触的阶段对落基山脉部落的第一份描述，他的描述是非常珍贵的。

刘易斯的民族志学，即使没能达到20世纪末期民族志学者专业研究的水准，内容涵盖也是非常广泛的。他的好奇心、广泛的兴趣，以及要向杰斐逊汇报所遇到的部落的责任，这些因素结合在一起，绘就了一份关于卡密阿维特族人的内容翔实、无价又迷人的画卷。刘易斯描述了他们的外貌、个性、风俗、人口、着装、健康状况、经济状况、两性关系和政治状况。在此，我们只能粗略提及这些细节的丰富性；有兴趣的读者可以去日志原文里寻找完整的描述。

肖松尼族人“身型矮小，脚踝很厚，罗圈腿，脚掌平而厚；简而言之，他们的体型不完美，至少比我所见的其他印第安部族的体型要差一些”。他们的肤色比希多特萨族或曼丹族要更深。由于他们在春天遭受了黑脚族的袭掠，男人和女人们都留着齐颈的发型：“这是他们哀 284
悼死去的亲属的一种仪式。”卡密阿维特剪了近乎光头的发型。

至于他们的举止，“尽管极度贫困，但是他们非常快乐，喜爱华丽的服饰和盛大的娱乐活动；如同大多数其他印第安人那样，他们都很自大，常常吹嘘自己从未做过的英雄行为”。他们喜爱赌博。“他们直率、健谈、容易打交道、对于他们所拥有的为数不多的东西表现得很慷慨、诚实，绝不像乞丐那样。”

卡密阿维特的部族有大概 100 名武士、300 名女人和儿童。他们中只有为数不多的老人，在刘易斯看来，老人们并没有得到亲切对待，也没有得到尊重。至于两性关系，“男人是他的妻子们和女儿们唯一的主人，在他认为合适的时候，可以拿她们来交易，也可以抛弃她们”。大多数男人都有两三个妻子，这些女人通常都是在婴孩时就被用马或骡子换来。在她们 13 或 14 岁的时候，这些女孩就会听从“主人和丈夫”的摆布。.

在萨卡嘉维阿被掠为俘虏之前，她就被这样遗弃过；她的未婚夫还活着，仍生活在部族里。他现在已经 30 多岁了，另有两个妻子。他主张，萨卡嘉维阿还是他的妻子，“但是他说，鉴于她已经和另一个男人沙博诺有了孩子，他已经不想要她了”。

这是件幸事，因为萨卡嘉维阿正在随同探险队一同前往太平洋。不论是刘易斯上尉还是克拉克上尉，都没有想到要在日志里谈论这件事情，因此我们并不清楚，到底是萨卡嘉维阿选择了在一个月的短暂重聚之后离开她的族人，还是沙博诺强迫她同行。考虑到她此前也从未到过他们即将进入的地区，无法识别地标，而且她的语言技能在与山脉以西的内兹帕斯族或者其他部落交涉的时候没什么帮助，两位上尉没有带她同行的迫切需求。因此我们可以认为，她是否应该和探险队待在一起，这从来不是一个问题；当时，她已经是探险队的一员了，理所当然应该和探险队待在一起。

刘易斯不满地记载道：肖松尼族人“在对待他们的女人的时候毫无敬意，强迫女人从事各种苦差。她们要采集野生水果和植物根茎，要照料或者帮助照料马匹，要做饭、制皮、制作全部的衣物，要捡拾木材、生火，要搭建并整理住所；在旅行时，她们还要聚集马匹，照料所有的行李。简而言之，男人除了养马、打猎和捕鱼，几乎什么也不用做”。

刘易斯并没有记载，武士们必须时刻准备防卫村庄，这要求他们必须持续保持警惕，不能因别的事务分心。不过，他确实指出，晚上每个男人都将他最好的战马拴在住所旁的桩子上。

285 “如果一个男人被迫步行，他会认为这有失身份。”刘易斯记载道。他并没有补充记载，在这一方面，他们非常像是弗吉尼亚的绅士们。“卡密阿维特”在字面上的意思，刘易斯能想到的最贴切的翻译是“一个从不走路的人”。

“他们的女人的贞洁并不被看重。”刘易斯写道。如果报酬合适，男人们会让妻子们侍寝一夜或者更长时间来交换别的东西：“他们不会很急切，所以我们应该爱抚他们的女人，就像在苏族那儿做的那样；其中一些女人受尊重的程度，比我们在其他部族里见到的都高。”刘易斯下令，让队员们不要给肖松尼族勇士们“嫉妒的理由”，即不要在丈夫们不知情、不允许的情况下和他们的女人们发生关系。刘易斯意识到，想要完全防止这类事情的发生是“不可能的，特别是在我们这些禁欲数月的年轻小伙子对那些茶色肤色的女人们特别有礼貌的情况下”。

得知肖松尼族人和白人们没有什么接触，刘易斯写道：“我迫切想知道他们是否有性病。”他的目的很直接——考虑队员们的健康——同时也有学术方面的考量。医疗史上最古老的课题之一——直至今天人们还在争论——就是梅毒究竟是源自美洲、在 1492 年之后被传播到欧洲，还是源自欧洲、由欧洲人传播给了北美的印第安人。

通过萨卡嘉维阿，刘易斯询问了肖松尼族人之间存在的性病状况。他了解到，性病确实是一个问题，“但是我不知道他们的治疗方法；他们通常在死的时候还有性病”。在刘易斯看来，“这似乎是一个强力的证据，表明性病和梅毒都是美洲本来就有的病症”。*

但是刘易斯明白，这不是定论，因为肖松尼族也深受天花困扰，“天花显然是外来病”。他们一定是从别的部落那儿感染的天花，而那些部落的人曾和白人有过性交，他们可能是因为同样的原因而感染了性病。不过，肖松尼族人“和白人极度疏离，我认为这些疾病极有可能是他们中原先就有流传的”。

肖松尼族文化中的一部分，刘易斯可以不借助一连串的翻译或者德鲁亚尔的手语来观察和描述，这部分文化传统就是服装和外表。他用了大量笔墨描写肖松尼族的上衣、紧身裤、长袍、宽松的连衣裙和其他的物品，还大量记录了他们对贝壳、玻璃珠、臂章、皮圈、染成各种颜色的豪猪刺、耳环等等物品的使用。

刘易斯宣称，肖松尼族的披肩是“我所见过的最优雅的印第安服饰”。这是一种由处理过的水獭皮制成的斗篷，上面绕着 100 到 250 圈 286
貂皮。卡密阿维特赠给他一条披肩，深受刘易斯珍视。** 鞋子也可以非常有装饰性。“一些讲究穿着的年轻人，”刘易斯记载道，“用臭鼬皮来装饰他们鹿皮鞋的鞋头，走路的时候还把臭鼬的尾巴拖在鞋跟后面。”

刘易斯写了大量关于服饰和风俗的内容，但是他最感兴趣的还是肖松尼族的经济和政治情况。在这方面，他的目的很明确，就是希望将这个部落纳入美国即将在路易斯安那和山区建立的贸易帝国。建立这个贸易帝国的首要条件是，要让密苏里河沿岸地区和山区缔结和平；不过，肖松尼族人当然很愿意看到和平。毕竟他们在战争中是受害者，而不是侵略者。

在建立贸易帝国方面，肖松尼族人所能贡献的是白貂皮、水獭皮以及其他一些山区里珍奇动物的毛皮——当然，前提是能教会他们设陷阱，同时还要能够让他们变得依赖于来自白人的稳定的货物供给。

---

* 在 19 世纪初期，淋病和梅毒常常被混淆，但是刘易斯把它们分得很清楚。（莫尔顿版本，《日志集》，第五卷，第 125 页）——作者注

** 1807 年，夏尔·巴尔塔扎尔·朱利安·费夫雷·德圣梅曼曾画过穿着长袍的刘易斯。详见第 428 页插图。——作者注

肖松尼族人实在是太穷了，毫无经济活动可言。在春季和夏季，他们以大马哈鱼为生；在秋季和冬季，他们以野牛为生。

他们之所以能够成功地捕获野牛，完全有赖于马匹，这是他们仅有的财富。假如仅有极少的步枪而没有马匹，他们充其量也就是猎人而已。8 月 23 日，刘易斯目睹了 12 个年轻武士骑在马上追逐北美黑尾鹿的场景。这场追逐延续了四英里，“非常令人愉快”。

午后不久，猎手们带回来两头鹿和三头羚羊。令刘易斯吃惊的是，猎手们并没有平分这些猎物。杀死猎物的猎手的家人们拿走了全部。“迄今为止，在我熟悉的印第安部落中，这种行为并不常见。”刘易斯写道，“我询问卡密阿维特，为什么猎手们没有平分猎物；他说，肉类实在是太稀缺了，杀死猎物的人要把肉留给自己和家人。”

他们料理食物和吃饭的方式很原始。他们没有可以伐木的斧头；他们使用石头或者鹿角。他们的器皿主要是瓦罐和野牛角制成的勺子。刘易斯清点了卡密阿维特的族人所拥有的铁制物品：“一些样式统一的小刀、一些铜壶、一些铜制和铁制的臂章、一些扣子、头发上的饰品、一两把脚面长的矛，以及一些铜制和铁制的箭头，他们告诉我这些箭头是用马从克罗印第安人或落基山脉印第安人那儿换来的。”像这样被迫用马匹来交换箭头的生活原始的人，很显然都需要进入一个更广泛的贸易体系。

肖松尼族人最看重也绝对依赖的是年轻人的勇武。他们养育儿童
287 的体系旨在培养勇敢的战士。“他们很少纠正孩子，”刘易斯写道，“尤其是那些很快就可以主导自己行为的男孩。他们的理由是，纠正行为会威胁并损害这个孩子的灵魂，而且长大成人之后他的独立意识也不会恢复。”

在政治方面，他们并不跟从最年长者、最智慧者或是最健谈者，而是跟从最勇敢者。他们看重习俗，而不是法律或规定。“每个男人都是他自己的主人，”刘易斯写道，“而且他们都按照自己的意志行事。”

由这些现实情况导致的政治领导原则是：“酋长的权威仅仅来自由影响力产生的期望，这种影响力又是因为他的榜样行为而根植于组成部族的每个人的头脑中；酋长的头衔不是世袭的，据我所知也没有什么就职仪式，在酋长的一生中，也没有一个既定的、获得头衔的时刻。事实上，每个人都是酋长，但是并不是每个人对于集体里的其他人都

有同等的影响力，那个享有大家最高信任的人就是真正的酋长。”

鉴于勇武是主要的品德，“那些没有在生命中某些时刻证明自己的勇武的人”是没法在肖松尼族人中脱颖而出的。没有在战争中斩获实绩则不可能崭露头角，这是肖松尼族全部政治结构的基石。

这些观察使得刘易斯得出了一些真知灼见：在建立贸易体系的过程中，美国人遇到的问题将不仅仅是语言方面的，他们要将密西西比河以西所有的印第安人都纳入这个体系。他回忆起当他还在曼丹堡的时候，曾向希多特萨族酋长们解释过，一旦他们和密苏里地区的各个部落缔结和平，他们将会从中获得什么样的好处。老人们都同意他的看法，但是这只是因为他们“已经赢得了荣誉，在很多方面他们都强烈地感受到参战带来的不便”。但是一名年轻的武士向刘易斯提出了一个他无法回答的问题：“[他] 问我，假如他们一直和邻居们处在和平状态，那么部落怎么选举酋长呢？”

这名武士进而提出了一个基本观点：“酋长们现在都老了，他们一定很快就会去世，而部落是无法在没有酋长的情况下生存的。”

这位希多特萨族勇士的这两句话，让美国人打算将密苏里河和落基山脉的印第安人纳入体系、将他们变成猎人和商人的计划显得毫无希望。只有征服和威吓才能让他们放弃战争。杰斐逊那想要通过说服和贸易在西部印第安人之间建立一个和平王国的梦想，就如同他梦想中的通往太平洋的全水路通道一样虚妄。

这是非常令人失望的事情，但是没有人能改变这一切。启蒙时代的人们的特点就是能面对事实。而刘易斯的民族志研究则对构建事实起到了作用。因此，这是对常识的巨大贡献——这正是刘易斯责备自己的原因，因为他没有在 31 岁生日那天的思考中得出这个结论。 288

第二十四章

穿越比特鲁特地区

1805 年 9 月 1 日—10 月 6 日

9 月 1 日，探险队一早就出发了，在被两位上尉称为老托比的肖松尼族向导的指引下，他们穿越高海拔的崎岖山脉，抵达了今天萨蒙河的北部分支（从菲什河到刘易斯和克拉克山径）。他们几乎是向着正北方前进，在崎岖、几乎无人穿行的山区里向大陆分水岭（在他们的右手边，东方）攀登，一路上既没有印第安人的踪迹，也没有其他人类活动的迹象。

他们正在进入的山区，其穿越难度远超历史上其他美国人所曾尝试过的。这个地区非常偏僻而崎岖，直到两个世纪之后，这里依然渺无人迹。在山腰上，溪流和山涧混乱地交织在一起，使得探险队在此走过的路线成为了整个探险途中最受后人争议的部分。专家哈利·梅杰斯称该路线是“整个刘易斯和克拉克探险中最隐晦、最神秘的”。[1]

克拉克如此描述这条路线：“我们必须在丛林中砍伐出一条路来。马匹在困难重重、陡峭的山坡上时而上行时而下行，随时都有坠落山崖而丧命的危险……在这种极大的危险下，我们前进了 7.5 英里。”

随着探险队向着分水岭攀登，情况变得越来越糟。9 月 3 日，开始下雪了。此时，最后一个温度计也坏了。克拉克总结了这一天发生的不幸：“我们翻越了从来没有马匹经过的巨大山峰和一些极端糟糕的道路，马经常坠落。”在山区里，除了松鸡没有别的猎物。探险队吃掉了他们仅存的最后一块咸肉。不过，最起码他们抵达了分水岭［到底是迷踪山口（Lost Trail Pass）还是约瑟夫酋长山口，至今还有争议］。沿着位于今日爱达荷州和蒙大拿州边境的山路走了数英里之后，他们开始向位于分水岭以西的比特鲁特山谷下行。

这天晚上天气非常寒冷。9月4日，探险队从一个陡坡下到一条流向北方、被刘易斯命名为“克拉克河”的河流（今天的比特鲁特河）。在那里，在位于今天的罗斯霍尔的地方，两位上尉遇到了一批萨利希族印第安人，他们的部族有大概400人和至少500匹马。

这些被两位上尉称为弗拉特黑德族（这是个泛称，宽泛地用于指代所有的西北部印第安人，尽管他们并不像哥伦比亚河流域的印第安人那样改变头部形状）的萨利希族人都很友好。老托比的存在无疑让 289
美国人的处境变得轻松，因为萨利希族是肖松尼族的盟友；事实上，这支部族正在赶路，要去与位于斯里福克斯的卡密阿维特的部族会合。

交流有些不便，但是仍然可以进行。有一个肖松尼族男孩和弗拉特黑德族人生活在一起；他可以通过惯常的翻译渠道和两位上尉交流。

像此前和不熟悉的印第安人打交道时那样，刘易斯记录了萨利希族的词汇。此时，他尤其小心，因为这些印第安人低沉的喉音让他产生了这样的推测：他们是马多克王子和威尔士印第安人的后裔。杰斐逊也像其他很多人那样，相信这个流传已久的故事可能是真的，并曾指示刘易斯寻找这个部落。

查尔斯·M. 罗素绘，《罗斯霍尔的印第安人》（1912）（Montana Historical Society）

萨利希族并不是威尔士人，但是用列兵约瑟夫·怀特豪斯的话说，萨利希族人“是我们所见过的最可靠、最诚实的野蛮人”。[2]他们还很慷慨。他们的食物库存和探险队一样不足，但还是与探险队分享了他们的浆果和植物根茎。他们用比肖松尼族人索要的低得多的价格和探险队交易马匹，不过这可能是因为他们不知道刘易斯和克拉克是多么需要马匹。两位上尉用“少量的商品”就换到了13匹马，同时萨利希族人还慷慨地用克拉克口中的“骏马”交换了探险队所拥有的七匹筋疲力尽的肖松尼族小马。此时，探险队已经拥有大约39匹成年马、三匹小马和一头骡子——用于运输、骑行，甚至是最后关头的食物。[3]

9月6日的早上，两位上尉让队员们减轻肖松尼族马匹的负重，并让萨利希族的马匹驮运额外的物品。下午3点左右，探险队完成了这项工作，并开始向比特鲁特河下游（北方）进发。萨利希族人则继续向斯里福克斯赶去，准备去捕猎野牛。这天探险队前进了十英里，然
290 后扎营，手上只有两只松鸡和一些浆果可供食用。此时，两位上尉也没有面粉了，只有一些玉米和刘易斯在费城购买的汤粉。

接下来的三天里，沿着宽阔而美丽的比特鲁特山谷下山的道路变得相对轻松一些了。7日、8日、9日，探险队分别前进了22、23和21英里。但是在前进的时候，大家都一直望着左边（西方）那白雪皑皑的比特鲁特山，帕特里克·加斯中士将之描述为“我所见过的最可怕的山脉”。[4]他们必须翻越这个障碍，却又无法想象该如何达成这一目的。

比特鲁特河的宽度足够让独木舟行驶，但是两位上尉从未想过要停下来制造船只，再度乘船前进。当他们向老托比询问比特鲁特河的航路时，老托比只能告诉他们，据他所知这条河一直往北流，但是他不知道这条河是否与哥伦比亚河交汇（这条河确实会和哥伦比亚河交汇，但是交汇处在非常远的北方）。无论如何，大马哈鱼在这条河中不见踪影的事实告诉两位上尉，下游一定有大瀑布。

在向老托比询问了更多地理情况之后，刘易斯了解到，在下游几英里处（就在今日蒙大拿的米苏拉以西），有一条源自大陆分水岭、流经一大片山谷的河流（今日的克拉克河）与比特鲁特河交汇。假如探险队沿着克拉克河向其上游源头进发，他们将可以由一个海拔较低的山口翻越大陆分水岭，并可以沿着一条较缓的道路下山，抵达位于落

基山脉山口附近的密苏里河。据老托比说，“一个人或许可以在四天里沿着这条路从这里抵达密苏里河”。

四天！探险队花了53天时间才从落基山脉山口抵达他们现在所在的位置。刘易斯没有告诉别人，当他得知队伍原本可能节约七周的时间时，他在想些什么。*

9月9日的晚上，探险队在一条由西部汇入的河流（今天的洛洛溪，在米苏拉西南偏南方大概十英里处）的河口处宿营。老托比告诉刘易斯，从这里开始，探险队将告别比特鲁特河，开始沿着洛洛溪往上游前进；他们将一路向正西前进，翻越山脉。每个队员每次望向左边时所感到的恐怖即将成为事实。刘易斯记述了“那些不为人知的、令人敬畏的覆盖着白雪的山脉”，这就是探险队将要尝试征服的地方。“一个野蛮人［老托比］以名誉担保，他的同胞中99%的人都会向我们担保，这条通道是不可行的。”[5]

“天气变得稳定而晴朗。”刘易斯写道，“我觉得明天该暂停前进，让我们的马休息一下，并作一些天文观测。”他将野营地称为“特拉弗勒斯雷斯特”**。

9月10日的早上，刘易斯将所有的猎手派了出去。他们带回了四 291
头鹿、一只海狸和三只松鸡。更受人欢迎的是，列兵约翰·科尔特带回来三名来自山另一边的印第安部落的人。两位上尉称他们为弗拉特黑德族人，但是基本可以确定的是，他们是内兹帕斯族人。他们正在寻找一伙偷了21匹马的肖松尼族人——这证明了这条山脉是可以翻越的。这三人中的一人答应和美国人待在一起，“向我们介绍他的族人；据他说，他的族人数量众多，住在山脚下及哥伦比亚河边的平原上；据他称，那里的河流状况很好，可以一直通航到大海”。他还告诉刘易斯：“去年秋天，他的一些族人就在海边，他们看到一个年长的白人在那儿独居。”刘易斯记载称，最好的消息是，印第安人说“需要五个晚上，也就是六天就可以抵达他的族人居住的地方”。

六天的行程并不算糟糕。可能这些山脉并不如看起来那么吓人。

* 当然，老托比的意思是，在拥有马匹的情况下，完成这一路线要花四天。当刘易斯和克拉克从大瀑布开始逆密苏里河而上的时候，他们并没有马匹。——作者注

** 原文 Travelers rest，意即“旅行者歇息”。——译注

进一步询问得出的消息表明，那条在北方几英里处汇入比特鲁特河的河流（今日的克拉克河），在东边不远处（靠近今日的米苏拉）与一条小河交汇；内兹帕斯族就是沿着这条河抵达一个低矮山口，从那儿翻越分水岭，抵达迪尔伯恩河或者梅迪辛河（今日的太阳河）附近的野牛地区。

这个消息证实，从比特鲁特山以西的内兹帕斯族地区到密苏里河流域，有两条翻越山脉的隘口。同时，它还告诉两位上尉，至少有两条翻越大陆分水岭的路线比他们选择的路线更好——一条是经由今日的克拉克河到今日的麦克唐纳山口，然后下山抵达今日的海伦娜；另一条路线是经由布莱克富特河到今日的刘易斯和克拉克山口（海拔6000英尺），然后下山抵达大瀑布；第三条可能的路线是经由吉布森山口（海拔6941英尺），顺智慧河而下抵达杰斐逊河。

不过，只有探索之后才能确定，这些路线中的哪一条能满足杰斐逊发出的寻找“横贯这片大陆最直接和可行的水路通道”的命令。这个季节的这个时候，已经不适合旁生枝节，计划新的行程了——整个探险队必须加紧向西方、向太平洋前进。下一个夏天，在返回的途中，他们可以探索其他的路线；但是现在，必须在下雪前穿越比特鲁特地区。

9月10日—11日的晚上，有两匹马走失了。下午3点之前，这些马被找回来，于是探险队就可以开始逆内兹帕斯山径上的洛洛溪而上，并翻越山脉（今天被称为洛洛山径）。这次延迟的代价很大。因为不耐烦，那个主动要求引领探险队去他的族人居住地的印第安人走了。探险队在当天前进了七英里，然后扎营。

早上，刘易斯发现他的马也走失了。他留在队伍后面找马，克拉克则率队继续前进。抵达了一处“几乎是开水”的从“岩石中喷出”
292 的温泉（今日的洛洛温泉）之后，克拉克停下来等待刘易斯赶上来。在刘易斯抵达之后，探险队沿着（被克拉克称作）“可忍受的道路”前进，这条路线穿过分水岭，将比特鲁特河流域和流向西方的河流分开。在今日的洛洛山口以东的几英里处，他们来到了一个美丽而开阔的林间空地（今日的帕克草场）。探险队继续前进，向下来到今天的帕克溪（从格莱德溪到刘易斯和克拉克河），并在那里扎营。

据克拉克记载，分水岭以西的道路“都很不错，平坦、开阔而且稳固”。尽管群山一直延伸到目力所及的范围之外，但是大家满怀希望。假如印第安人的信息准确，同时道路状况一直很好，探险队就可以在四天内穿越比特鲁特地区。

但是9月14日开始下雨，并伴有冰雹和雪。更糟糕的是，老托比迷路了。内兹帕斯山径是沿着山脊形成的，位于被两位上尉称为库斯库斯基河（今日的洛克萨河）北方，但是老托比带着探险队向下游来到了库斯库斯基河上的一个渔场。印第安人近期来过这里，他们的小马吃光了所有的草——这对探险队而言是个坏消息。道路状况“比昨天糟得多……非常糟糕，而且地上满是落木……很陡，而且布满石头”。

扎营的时候（靠近今日的鲍威尔公园管理处），队员们和马匹都“非常疲劳”而饥饿。猎手们一无所获，“我们不得不杀了一匹小马……来吃……并将南部分支命名为‘科特基尔*溪’”。

9月15日，探险队沿着库斯库斯基河向下游前进了四英里。此时，老托比意识到了他的错误，于是领着探险队沿着河北边的文多弗山脊向着山脊线进发。这段路程非常艰辛。这是一个向上的陡坡，同时“大量的落木”让攀登更为困难。一些马从山崖滑落了。驮着克拉克的书桌的马匹向山下滚落了40码，被一棵树托住了；桌子摔得粉碎，但是马安然无恙。当探险队抵达山脊线的时候（大概海拔7000英尺处），他们断水了。队员们用雪水将前一天剩下的马肉做成了肉汤。

探险队付出了“极大的努力”，但也只行进了12英里。更让人沮丧的是，克拉克写道，“从这座山上，在我目力所及的范围内，向各个方向都可以看到高而崎岖的山峰”。探险队绝无可能在两天内翻越这片山区。

9月16日这天，探险队的经历前所未有地糟糕。在日出前三小时，天上就开始下雪，这场雪下了一整天，积雪有六到八英寸厚。克拉克走在前方开路，“发现很难追踪路径”，这都是因为降雪。松树上都覆盖着白雪，队员们路过时碰到树枝，雪就落在身上。克拉克在日志中写道：“我身上一直很潮湿，从未觉得浑身如此之冷。”探险队只前进了13英里，“经过了大量麻烦的、突出的石头，以及很多落木和

---

* 原文 Colt Killed，意即“小马被杀”。——译注

陡坡”。两位上尉下令又杀了匹小马：“我们将之作为晚餐，真心认为
293 肉很美味。”

在这种极度饥饿的情况下，很多马都在夜间跑开，找草吃去了。探险队花了整个早上的时间将这些马都找回来，直到下午 1 点才得以出发。道路“非常糟糕”，探险队只前进了十英里。他们在一个“满是水的圆形谷底”扎营。猎手们只捕获了一些松鸡，还不够当作晚饭。这“迫使我们杀一些活物。一匹小马现在是队里最无用的东西，它成为了我们的盘中餐”。这是最后一匹小马了。

两位上尉进行了商谈。队员们士气很低。他们正在逼近身体忍耐的极限。食物补给已经耗光了，也看不到补充食物的希望。* 刘易斯和克拉克意识到，他们和队员们都快到达极限了。

但是，没人想过撤退——他们宁死也不愿退出——而且无论如何撤退也不可行，花五天的时间返回比特鲁特河很可能超出了他们的能力范围。他们不得不继续前进。继续前进则需要孤注一掷。

两位上尉得出结论，克拉克将在早上带着六个猎手先行出发——用刘易斯的话来说，他们要“先行一步去到平原，在那里打猎并获取食物补给”，再将食物运回给大部队，刘易斯则会率领大部队随后前进。他们很不想分开——在过去的 17 个月里，他们只在玛丽亚斯河探险时和寻找肖松尼族人的时候分开过——特别是不想在这些非常恐怖的山区里分开，他们都不知道“平原地区”在前方多远的地方。

9 月 18 日早上，天一亮克拉克就出发了。这天，刘易斯又开始记录日志（在过去三周里他只写了两次日志，原因不明；很显然，现在他是为了对旅途作完整的记录）。他下令早早就聚拢马匹，“在马匹能够承受的情况下强行军”。不幸的是，列兵亚历山大·威拉德让他的马跑散了。刘易斯派他去寻找自己的马，其他人则用剩下的马肉作为早饭。早上 8 点 30 分，探险队开始前进（威拉德在下午晚些时候回到了队伍，没有找到马）。这一天刘易斯前进了 18 英里，在山的陡坡那一面扎营。他拿出了“少量的”汤粉，“从我们的食物补给中拿出几罐汤粉、一些熊油和大概 20 磅蜡烛”。

---

* 他们所处的地区，在今天是有很多大型猎物的地区；外州的猎手们需要花数百美元购买许可证和装备，才能进入这些山脉捕猎麋鹿和熊。但是在 1805 年，这些动物都在低处的平原和草场上；今天的这些动物是被农场和农民们赶到山里去的。——作者注

情况很危急，刘易斯写道，“唯一的资源就是我们的枪和驮马”。宰杀驮马就意味着要放弃携带的大多数行李，在太平洋依然距离甚远的情况下，这绝不可取；更不要说探险队还要从太平洋返回，而且步枪“在除了我们、一些松鸡、小型灰松鼠和一只蓝鸟［蓝头鸦或者暗 294
冠蓝鸦］之外一无所有的地区，并非最值得依赖的东西”。

除了继续前进，他们别无选择。早上，日出后不久，刘易斯就让探险队出发了。走了六英里时，“山脊到头了［位于今日的谢尔曼峰］，我们喜不自禁地在西南方发现了一大片草原，这片草原看起来一直向西方延伸”。

终于，绵延的山脉到头了。平原好像延伸到大概60英里远的地方，但是老托比向刘易斯担保，“明天我们就可以走到平原的尽头。这个地区的地貌，是我们生存的唯一希望，它极大地鼓舞了探险队那因为缺少食物而低迷的士气”。

刘易斯继续前进。“道路非常危险……基本都在陡峭悬崖的这边。路上很多地方，假如人或马坠落，一定会摔成碎片。”这天下午的晚些时候，一匹马从山崖坠落了，“带着身上驮的物品一起滚了大概100码，落入溪中。我们都以为这匹马摔死了，令人吃惊的是，当我们将行李卸下来之后，它又站起来了，而且看起来只受了点轻伤”。刘易斯评论道：“这是我见过的最令人惊奇的死里逃生。”探险队转运了。

时机刚刚好。除了以上那些问题，还有一些队员患了痢疾；同时，几乎所有的人都有“皮肤开裂”的症状，很可能是从肖松尼族女人那儿感染的性病导致的。

第二天，在行进了两英里之后，刘易斯看见了非常令人振奋的景象——“克拉克上尉遇见并为我们捕杀的一匹马的大部分身体”。克拉克还留下了一张便笺，说他打算尽可能快地向平原行进，在刘易斯赶上来之前在平原上狩猎。探险队“愉快地用马肉做了一顿饭，这令我们饥饿的胃感到满足”。

但是，吃肉的时候刘易斯又得到了一些坏消息。一匹驮马带着行李失踪了。这些行李对刘易斯而言很宝贵，其中有他的冬装。他派负责照看马匹的列兵勒帕热返回去找马，但是勒帕热在下午3点回来的时候并没有带回那匹马。之后，刘易斯又派“我手下最好的两个熟悉森林的人去找马”，同时继续前进。道路如往常一样糟糕，路上还有很多交错倒下的树木。

那天晚上，探险队吃完了克拉克猎获的马肉。马肉并不多。但是，围坐在篝火边，寒冷、饥饿、疲惫、痛苦的刘易斯打起精神为科学作着重要的记录（假如他可以把日志送回文明社会的话）。他描述了各种鸫科鸟类，比如暗冠蓝鸦、灰噪鸦、黑啄木鸟（今日人们称其为刘易斯啄木鸟）、蓝镰翅鸡、杉树鸡、俄勒冈环羽松鸡；他还记载了美洲黑越橘、绿赤杨、红雪松（被刘易斯称为“金钟柏”）。几乎所有的这些
295 鸫科鸟类在科学上都是新发现。

9月21日，直到早上11点刘易斯才出发，因为他要等队员们把马匹聚拢，还要等他的驮马被带回来。他顺着溪流而下，溪流的底部满是木头，有很多交错倒下的树木，“几乎无法前进”。走了五英里，他来到了克拉克的营地，这里被克拉克称为“亨格里*溪，因为在这里我们没东西可吃”。又走了六英里之后，刘易斯来到一片小而开阔的谷地，“这里的食物勉强够我们的马吃”。他们在这里扎营。

“我下令给马加上束套，以防早晨再耽误时间。”他写道。他“决定在第二天强行军，以尽可能抵达开阔地区”。猎手们捕获了一些松鸡。刘易斯“杀了一头草原狼［郊狼］”，这些松鸡和狼肉，加上剩下的马肉和一些小龙虾，为探险队提供了“一顿大餐。我们不知道在何处才能吃到第二顿这样的饭……我发现，我因为缺少食物而越发变得虚弱，绝大多数队员也在抱怨食物的不足，他们已经变得很虚弱了”。

早上，令刘易斯懊恼的是，一名队员“因为疏忽而没有执行”给马加上束套的命令。“他辩解称自己不知道这个命令。”直到早上11点30分，探险队才得以继续前进。他们走了2.5英里，遇到了克拉克小分队里的列兵鲁宾·菲尔德；他是克拉克派来的，带来了一些从内兹帕斯族那儿获得的鱼干和植物根茎。菲尔德说，在西边大概七英里处有一个内兹帕斯族村庄，在那里，克拉克和内兹帕斯族进行了友好的接触，并从他们那儿获取了食物。这是个非常好的消息，这些鱼和根茎足以“满足我们的胃口了”。

吃过东西之后，探险队前往一座有18间住所的村庄，抵达时已经

* 原文Hungary，意即“饥饿”。——译注

是下午 5 点了。自从 11 天前离开特拉弗勒斯雷斯特，他们已经行进了 160 英里。在美国历史上，这是一次伟大的强行军。

刘易斯试图描述他的感受：“我们胜利翻越落基山脉，再次抵达一片平坦而富饶的地区，在这里我们完全有希望很好地生存下去。此时，我为自己和队员们感到喜悦，这难以言表，而探险最终将会成功的前景所带来的喜悦也丝毫不比这逊色。”

杰出的领导力使得成功翻越落基山脉成为可能。刘易斯和克拉克已经将探险队捏合成一个坚韧而非常有秩序的大家庭。他们已经对自己建立了不可动摇的信心，清楚地知道每个人的长处和技能。信任老托比而导致的风险，是他们预计到的；虽然有失败的可能性，但是他们的判断，即老托比知道自己在说什么（尽管对话是通过手语实现的），被证明是正确的。在极度艰难的情况下——“我们受困于寒冷、饥饿、疲劳所导致的一切问题，”刘易斯在此后写道，同时还“为我们全身心投入的探险事业的命运感到焦虑和激动”——两位上尉成功地防止了士气的崩溃。[6] 队员们从不生闷气、不抨击别人、不要求撤退， 298
也没有坚持要走其他的路线。当两位上尉决定冒着极大的风险分开行进，让克拉克先行出发的时候，没有人对此发出抗议。

列兵菲尔德告诉刘易斯，克拉克在第二座村庄，正在从内兹帕斯族那儿搜集信息。日暮时分，克拉克返回来和刘易斯会合。他写道：“我发现，已经扎营的刘易斯上尉和探险队员都很疲劳、饥饿。他们吃光了找到的食物，并感到很愉快。”克拉克的经验是，过多的植物根茎会让猎手们感到非常难受，所以“我提醒他们吃太多会有的后果”。

与克拉克同来的是一名 60 多岁的内兹帕斯族酋长，名叫“鬈发”，克拉克将之描述为“看起来很真诚的乐呵呵的人”。克拉克是绝大多数内兹帕斯族人所见到的第一个白人。他告诉刘易斯，在这个地区有两座村庄，被两位上尉称为“卡马夏平原”或“百合平原”（靠近今日爱达荷州的韦普）；这里的印第安女人们采集大量的百合科植物的根茎，并将它们做成一种面包或蛋糕。克拉克说，在他的要求下，“鬈发”在一张白色的麋鹿皮上为他画了一张西部地区的地图。

主要路线
向西路线(近似)
向东路线变动
向东路线(近似)
北
克利尔沃特河北部支流
独木舟营
(1805年9月26日—
10月7日)
"鬈发"的河边营地
(1805年9月24日)
(爱 达 荷 州)
库斯库斯基河
(克利尔沃特河中部支流)
韦普
草原
吉姆浅滩溪
吉姆布朗溪
内兹帕斯
族村庄
(洛洛溪)
(洛洛溪)
饥饿溪
(埃尔多拉多溪)
首次遇见
内兹帕斯族
(9月20日，克拉克；
9月22日，大队人马)
(洛耶溪)
乔普尼什营
(1806年5月14日—
6月10日)
(塞尔维河)
加拿大
美 国
华盛顿州
蒙大拿州
细部
俄勒冈州
爱达荷州
怀俄明州
加州
内华达州
尤他州
英里
0
15
括号内为今日地名

（蒙大拿州）
特拉弗勒
斯雷斯特
（1805年9月9日—11日；
1806年6月30日—7月3日）
特拉弗勒斯雷斯特溪（洛洛溪）
温泉
（洛洛温泉）
卡马夏
（帕克）
草场
（洛洛
山口）
罗基角
瞭望台
（帕克溪）
（布拉什支流）
（凯尔斯
交叉路口）
（克鲁克德支流）
（怀特桑德溪）
科特基尔溪
安邮局）
印第安格拉弗峰）
（洛克萨河）
（比
特
鲁
特
山
脉）
（爱达荷州）
翻越
比特鲁特山脉
向西（1805年9月—10月）与
向东（1806年5月—7月）
© A·Karl/J·Kemp 1995

“鬈发”指出，溪流都在流入克利尔沃特河，而克利尔沃特河很快就会与一条从东北方流入的河流（克利尔沃特河的北部支流）汇合；然后它们会流向西方，汇入哥伦比亚河。抵达哥伦比亚河需要五天，再走五天才能抵达哥伦比亚河瀑布。“在瀑布那里，”克拉克说，“鬈发”“标记出了白人的据点；他还告诉我们，在干流和支流附近居住着大量的印第安人。”

假如“鬈发”说得都正确，探险队距离瀑布就只有十天的距离了，再有几周他们就能抵达太平洋。但是两位上尉也明白，这个结论的前提，要么是印第安人对距离的估计过于乐观，要么就是他们行进的速度比白人快得多。同时，关于生活在瀑布边的白人的消息听起来很让人怀疑。不过无论如何，在探险队找到大树以制作独木舟之前，他们哪儿也不会去。

在接下来的几天里，两位上尉赠给“鬈发”和三名小酋长一些纪念币，还送出了一些外套、小刀、手帕和烟草。这些小东西（小刀除外）并没有让印第安人满足。在第二天结束的时候，内兹帕斯族人表示，他们将不再为探险队免费提供食物。两位上尉用他们日益减少的物品换来了更多的根茎、浆果和鱼干。

大家并没有听从克拉克关于过量食用根茎的警告。刘易斯和队员们吃得太多，都生病了，尤其是刘易斯。探险队的大部分成员都病了一周，他们的痢疾引起了急性腹泻和呕吐。

“大家都抱怨胃部有下垂感和沉重感，”克拉克写道，所以“我分发了拉什的药片。”这可能是他做过的最糟的事情了；不管怎么说，第
299 二天，也就是 9 月 24 日的早晨，刘易斯非常不适，以至于“只能骑在温顺的马上……一些队员也感到很不适，不得不在路边上躺了一阵子”。克拉克非常固执，分发了更多的拉什的药片。

估计病症是由从全肉食到根茎、鱼干混合的饮食改变导致的。大马哈鱼上的细菌可能也是原因之一。[7]

9 月 25 日，刘易斯依然被严重的肠胃不适折磨。克拉克试着给了他一些盐和“塔特尔催吐剂”，这种泻药毫无效果，反而加重了病情。次日，克拉克尝试使用了“盐、药片、泻药、塔特尔催吐剂”，依然没什么帮助。截至 27 日，大多数队员们都还病着，刘易斯也是其中一

员；28日，克拉克在日志开头写道：“队员们都在抱怨肠胃部的下垂感和沉重感。”直到30日，克拉克才记载道：“队员们有所好转。”但是他们还是在以根茎和鱼干作为主食，“队员们抱怨称，这些东西对他们的效果和盐一样”。

简而言之，在一周的时间内，因为严重的病症，探险队更像是个病房，而不是一队战士的所在。这里隐藏着美国历史上最生动的故事之一，尽管它关乎的是未发生的事而不是实际发生的事。

对于内兹帕斯族而言，杀掉白人并抢走探险队的全部货物只是举手之劳。假如印第安人这么做了，他们将会掌握当时——不仅仅是落基山脉以西地区，而且是整个密西西比河以西地区——最大数量的军火，同时还会获得无价的水壶、战斧、小斧、玻璃珠和其他的商品，这些商品的数量也是他们所有人平生未见之巨大。

与肖松尼族一样，内兹帕斯族此前并不曾和白人有过接触，只接触过从哥伦比亚河地区部落那儿流转而来的廉价商品。他们只有一两把落后的步枪，一直被那些拥有枪支的邻居骚扰；尤其是黑脚族，每年都会在内兹帕斯族翻越山脉去野牛地区捕猎的时候袭扰他们。

内兹帕斯族人并没有意识到，这是个千载难逢的好机会。根据部落里的口述历史，他们最初遇到克拉克及其手下的六个猎手的时候，克拉克和手下正在大吃根茎和鱼干，并得了痢疾。内兹帕斯族人曾考虑过杀掉他们并夺走武器。他们被一个名为瓦特库维斯（意思是“从遥远地区归来”）的女人劝阻了。六七年前，她曾被黑脚族俘虏，被带到加拿大卖给一个白人商人。在她设法找到回家的方式之前，有好几年的时间，她和这个商人一起生活在其他商人中间。这些商人都善待她，在这一点上，他们远甚于黑脚族。所以克拉克来的时候，她告诉武士们：“这是曾经帮助过我的人。不要伤害他们。”[8]

先是萨卡嘉维阿，现在又遇到了瓦特库维斯。探险队欠印第安女人们的，要多于两位上尉所意识到的。因为内兹帕斯族的克制，美国也亏欠他们。1877年，当军队执行政府的政策将约瑟夫酋长和内兹 300
帕斯族从他们在爱达荷的家园里赶走的时候，族里有些老人曾经就是“鬈发”村里的孩子们。

在刘易斯休息的这一周里，克拉克将营地转移到克利尔沃特河北部支流和干流交汇的地方，这里的美国黄松足够大，可以用于制作独木舟。队里只有为数不多的健康人员，斧头也不够用，克拉克只好采用印第安人的方式来制作独木舟。他们没有掏空树干，而是将树木放在慢慢燃烧的火坑上，慢慢地烧空。显然，是“鬈发”教克拉克这么做的。探险队花了十天的时间制成了四只大独木舟和一只小独木舟。

“鬈发”承诺会照料探险队的38匹马，直到春天探险队从太平洋回来的时候——克拉克用刘易斯的烙铁在马匹上打下了烙印；“鬈发”还承诺会伴随探险队前进，充当他们和下游印第安人交流的中间人。

两位上尉曾以为，当他们走出山脉的时候，会来到一块满是鹿和麋鹿的地区。但是他们错了。还能行动的猎手们一无所获。从内兹帕斯族那儿买来的根茎和鱼干仍然是探险队的主食。10月4日，刘易斯还没有恢复。次日，克拉克记载道：“刘易斯上尉和我本人吃了一顿由根茎煮成的晚饭，这东西让我们不停地放屁，整晚都可以闻到这些食物带来的后果。”

10月6日，独木舟都完工了。克拉克挖了一个地窖以放置马鞍和一桶火药。“我整夜都很难受，”他记录道，“肠胃都很痛。”次日，他在日志开头写道：“我仍然感到很不舒服，但是必须处理所有的事情。”很显然，刘易斯此时仍然很不适，无法监督队员们的工作。刘易斯在后来写道：“至于我本人，极度不适的状况持续了10到12天，虚弱而憔悴。”[9]

克拉克将独木舟放进河里，将货物装了上去。下午3点的时候，探险队出发了。河流水速很快，还有很多糟糕的湍流。尽管如此，他们还是前进了20英里。探险队再一次航行在水上，这是自两年前刘易斯将平底货船从俄亥俄河驶入密西西比河以来，他们第一次顺流而下。
301 太平洋就在前方。

第二十五章

顺哥伦比亚河而下

1805 年 10 月 8 日—12 月 7 日

当探险队顺着克利尔沃特河飞速而下，向着它与斯内克河的交汇处而去的时候，刘易斯也从长达两周的疟疾中恢复过来。10 月 9 日，克拉克记载道："刘易斯上尉正在迅速恢复。"很快，他就像往常一样活跃了。10 月 13 日，探险队来到一处"很糟糕的地方……这是一段长而糟糕的激流，此处的通道只有 20 码宽，两边都是高低不平的石块。这段激流长达一英里"。这里需要进行陆路运输，但是两位上尉和队员们都想设法穿越激流。他们已经筋疲力尽了，要利用一下地球引力。所以，克拉克记载道，"刘易斯上尉带着两只独木舟出发，穿过了激流。其他人很快也跟着他安全穿过了这段糟糕的激流"。

这些独木舟都很笨重。它们因石块而倾覆或者搁浅，陷入了困境。它们漏水。补给都损坏了，商品也丢失了。队员们的生命都受到了威胁。两位上尉还是在激流中前进，在一天里走了 15 英里。

老托比在通过激流时受到了惊吓，在那天夜里逃走了，甚至没有要自己的报酬。最后一次看到他时，他正在沿着河岸向东奔跑。两位上尉请"鬈发"派一名骑兵去追老托比，让他回来领取酬劳，但是"鬈发"没有接受这一方案；他说，内兹帕斯族只能保证在老托比路过他们营地的时候这么做。老托比拿走了探险队的两匹马，骑着它们翻越洛洛山径，回到了位于莱姆哈伊的卡密阿维特的村庄。*

---

* 离开后他再也没有出现在这次历史事件中，但是人们永远不会忘记，他是指引探险队越过比特鲁特山脉的人。——作者注

10月10日，探险队抵达了从左边（南部）汇入的斯内克河。这一晚，探险队在今日爱达荷州的刘易斯顿附近的一个地方扎营。从本地的印第安人那儿，队员们购买了一些狗和鱼干。克拉克记载道："他们都享用了狗肉，都比我吃得多。"10月14日，不开心的克拉克射杀了一些鸭子，并且记载道："自过去的三周以来，我第一次吃了一顿由蓝翅水鸭烹制的不错的晚餐。"

探险队向着斯内克河和哥伦比亚河的交汇处前进，经过与峡谷
302 相连的斯内克河，进入了今日的华盛顿州；在这里，哥伦比亚大平原的荒凉景色与探险队刚刚经过的山林形成了鲜明的对比。一路上，探险队经过了无数的印第安村庄。这些原住民都属于内兹帕斯族的大家庭，这是当时太平洋西北部规模最大、实力最强的部落群。他们拥有的马匹数量超过大陆上其他任何部落，而且是唯一进行选择性育种的北美印第安人。他们鄙视吃马肉的行为；他们的主要食物是鹿和麋鹿，辅以大量的鱼。在他们生活的哥伦比亚河和斯内克河的水系内，出产世界上数量最多的大马哈鱼。他们的渔获很惊人；在天气好的时候，一个人可以捕获100条大马哈鱼，即一吨甚至更多的鱼。[1]

印第安人很好客，一部分原因在于"鬈发"和另一位名为提托哈斯基的内兹帕斯族酋长，两人先于探险队去向他们的同族保证，这些白人是友好的；还有一部分原因，按照克拉克的话说，是因为"我们的翻译沙博诺的妻子让所有的印第安人相信了我们友好的目的。一个女人和一队男人在一起，这是友好的象征"。

在渴望继续前进和需要把内兹帕斯族引入美国势力范围这两者之间的选择，让刘易斯左右为难。此时，他并不在美国的领土内。美国和英国都没有在西北太平洋地区确立主权。两个国家都想占领这一地区，也都宣布了一些主张，俄罗斯和西班牙也有同样的想法。但是，刘易斯和克拉克是第一批由陆路进入今日爱达荷、华盛顿和俄勒冈地区的白人。他们从没有在地上插旗帜以正式宣布这是美国的领土，但是他们的行为显得这里仿佛已经是美国领土。

刘易斯记录了他所遇到的各个部族的词汇。他发现词汇上有一些区别，但是他正确总结出这些词汇都是同源的。"鬈发"可以听懂这些语言。亚基马族语、瓦纳普拇族语、瓦拉瓦拉族语都属于同一个萨哈

泼丁族语系。他们都拥有类似的经济体系，都有很多的马和狗。两位上尉不打算浪费时间去打猎，于是又买了一些狗作为鱼和根茎的辅食。

为了让内兹帕斯族的各个部落积极加入美国的贸易体系，刘易斯运用了他惯用的对印第安人的外交手段。在河岸边的篝火旁，他发表了演说，表达了“看到那些孩子们环绕我们时”的喜悦，并将印有杰斐逊头像的纪念币分发给他们。他敦促印第安人和邻居缔结和平，并保证会给他们商品。然后，他开始在脑海中构想一个与内兹帕斯族相关的大计划，这将把英国人从与东方的毛皮贸易中赶出去。

但是，关于美国接管的长期计划可以等春天再谋划；他们逆流返回时会有足够的时间做这样的事情，因为，在冰雪消融直到有条件穿行之前赶到比特鲁特山西部山脚是没有意义的。据估计，最快要到 6 月冰雪才会消融，最晚要到 7 月中旬。所以，当瓦拉瓦拉族的耶莱普特酋长请刘易斯多待一阵子，以便让族人可以来看看白人的时候，刘 303
易斯表达了歉意，说他想要继续前进。他保证，在春天的时候，探险队将会和耶莱普特的族人一起待几天。

无论刘易斯和克拉克多么想和这些原住民搞好关系，有时他们还是必须把日常需求放在首位。“我们已经明确规定，任何时候都不能拿印第安人的东西，哪怕是他们的木头，”克拉克在 10 月 14 日记载道，但是探险队扎营的岛上没有木头，“我们不得不破例拿了一些在这儿找到的劈开的柴。”第二天晚上，“我们第一次不得不［原文如此］在未经主人知晓或允许的情况下拿了印第安人的财产。晚上天气寒冷，我们用了一些木板和劈开的柴来生火”。

从原住民那儿偷东西这件事很容易而且很诱人。两位上尉很厌恶原住民从自己这里偷东西，但是在他们向西前进的旅途中，这种行为开始变得越来越频繁。被偷走的都是些小东西，但是用来交易的物品是两位上尉的本钱，而且在迅速减少，所以他们很生气。

但是他们的士气正在高涨。晚上，大家围坐在篝火边的时候，列兵克鲁萨特拿出了小提琴，让队员们可以伴着音乐愉快舞蹈，旁观的印第安人随后也跳起自己的舞蹈来。10 月 15 日，刘易斯在平原上的河流四周溜达，看到了远方的一座山脉，那只能是喀斯喀特山脉。

次日，探险队来到了与哥伦比亚河的交汇处。他们是第一批抵达喀斯喀特山以东河流的白人。他们在这里扎营，待了两天；克拉克对其上游大概十英里长的哥伦比亚河河段作了调查。河里大马哈鱼的数量让队员们深受震惊，很多鱼都在产卵后死去，所以不能食用。河水非常清澈，以至于不管河水有多深，都是清澈见底。

到当时为止，随处的迹象都表明，太平洋不会太遥远了。根据原住民手里的物品——包括红蓝相间的布毯和一件水手的夹克——来看，很显然，位于哥伦比亚河河口的贸易中心就在附近。10月19日，克拉克爬上一座悬崖，看到了一座覆盖着白雪的大山，推断出这“肯定是温哥华上尉记录过的大山之一，从哥伦比亚河河口可以看到它”。他以为这就是圣海伦山；实际上这是亚当斯山。但是他的主要观点是正确的。刘易斯和克拉克所看到的喀斯喀特山是第一个连接点，是第一个跨大陆的连接物，通过它的连接，两片土地将构成美国。

刘易斯早就意识到，在哥伦比亚河沿着落基山脉流入太平洋的过程中，一定会产生大量的激流和一些大瀑布。10月23日，探险队来到了哥伦比亚河上一段壮观但危险的河道，河道大概有55英里长。这段河道上有四道主要的障碍（今日它们都因为水库大坝而被淹没了），首先是赛利罗瀑布，也就是大瀑布。在一段短暂但是湍急、咆哮的奔流
304 中，哥伦比亚河的河道海拔下降了38英尺，其间河流还经过了高达3000英尺的悬崖对峙所形成的狭窄通道。

今日的德舒特河就是从瀑布稍上游的左手边汇入哥伦比亚河的。在德舒特河河口，刘易斯和克拉克从不同的方向出发，对周围的情况进行了调查，并研究了瀑布。克拉克最先抵达瀑布，刘易斯因为研究路上发现的一株植物根茎而有所耽搁；这是一种慈姑，原住民在德舒特河的河底大量采挖这种植物。在对瀑布进行研究及磋商之后，两位上尉做出决定，只有在那段20英尺的落差处，船队需要进行陆路运输。他们可以雇用本地的印第安人及其马匹来帮助运输沉重的物品。在其他的一些地段，他们可以使用结实的麋鹿皮绳来让独木舟缓缓下行，以渡过激流，同时在搬运时可以打包行李。

来看这些白人的印第安人聚集在河岸上。他们的出现常常是一种好事。他们有可供出售的狗和鱼干，可以提供关于下游河道的信息，同时还拥有两位上尉可以利用的技能。刘易斯访问了一座村庄，在那里第一次看到了奇努克族的独木舟；它由松木制成，非常轻便，中间

宽而两头窄，在船舷上沿有横档，使得船只变得非常坚固，而船头上还刻着精巧的动物雕像。克拉克写道：“这些独木舟比我所见过的和打算乘坐的独木舟都要简洁，但同时载重量也很大。”刘易斯用探险队里最小的那只独木舟和印第安人换了这样一只船，还额外拿出了一把小斧和一些小玩意。*

当探险队准备好穿越下游的瀑布时，两位上尉得知，他们将会穿越一个地区，那里的人与此前遇到的人有着不同的文化和语言。这些人是奇努克族人，而此时内兹帕斯族正在与他们交战。10月23日的晚上，“鬈发”提到，他从与当地印第安人一同生活的族人那儿听说，当美国人抵达下游的奇努克族人居住地的时候，奇努克族人打算杀了他们。两位上尉检查了枪械，确认每个队员都有100发弹药，不过这只是每日的例行检查而已。克拉克写道：“因为在任何时刻与任何地点，我们都会警戒，所以并不感到特别担心。”

次日，“鬈发”和提托哈斯基说，他们决定回家了。他们解释称，假如奇努克族人有机会，一定会杀死他们；此外，他们不会说奇努克族语，没法再当翻译了。两位上尉说服了这两个酋长，他们同意多待两天，直到探险队抵达下一个瀑布的下游，大概就在河流下游两英里处。这给了两位上尉一个机会——为正在交战的两个部族缔结和平。

另一组瀑布被称为达尔斯，探险队首先遇到的是“短狭谷”，这
是一段四分之一英里长的河道，只有45码宽。克拉克被“这迅疾、狭 305
窄、流速愈发加快的河水，及其在四面滚动翻腾的样子”吓到了。

两位上尉对河岸进行了探索。他们一致认为，沉重的独木舟无法通过运输而越过两岸的岩礁，所以决定让不会游泳的队员从岸上行进并带上贵重物品，而他们二人和会游泳的人则乘坐独木舟，带着沉重的和不那么重要的行李穿过这些小瀑布。

在选择运输的物品时，两位上尉表现出了对物品重要程度的看法。首先，日志、田野笔记和其他的纸张——包括杰斐逊发给刘易斯的信用证，假如探险队能够在哥伦比亚河河口遇到商船，这些东西就是无价的；其次，步枪和弹药（这是在冒险——这是探险队第一次在印第

* 1806年1月11日，刘易斯描述了这只独木舟：“她极为轻巧，四个人就可以扛在肩上走上一英里或者更远，途中还不需要休息；同时她还可以载三个人和1200磅到1500磅的物品。”——作者注

安人面前处于不设防的状态——但是，相对于带步枪和弹药去瀑布冒险，这种风险更容易接受）；最后，是科学仪器。

根据今日从事独木舟运动的人的标准，这些激流属于五级；这意味着即使使用现代的、特别为激流设计的独木舟，也不能在这种激流上航行。原住民和独木舟专家都不相信刘易斯和克拉克可以凭借他们那些大而沉重的独木舟完成这一壮举。成百的人聚集在河岸上，要看看白人们是怎么淹死自己的，也准备在那之后拿走那些被遗弃的装备。但是，令印第安人震惊的是，美国人顺利渡过了这段河道。

在“短狭谷”下游，是一段相对平缓的、长达三英里的河道。在河岸边是一座拥有木质房屋的印第安村落，自 17 个月以前离开圣查尔斯之后，他们第一次看到木质的房屋。那儿有成堆的碎鱼干放在架子上，据两位上尉估计，至少有五吨重。村里的大酋长前来探访，用克拉克的话说，“这提供了一个机会，让这位酋长和他的族人与两位酋长［“鬈发”和提托哈斯基］之间达成一种良好的互相理解；可以满意地说，我们抓住了这个机会，我们有充分的理由相信，现在这两个部族正在并将继续非常友好地相处”。这是个一厢情愿的想法，至于两位上尉为什么会对自己如此确信且如此满意，至今没有答案；两方的酋长们都无法理解对方说的话，而奇努克族人也无法很好地理解德鲁亚尔使用的平原印第安人的手语。

河流上的下一个障碍是“长狭谷”，此处三英里长的河道只有 50 到 100 码宽。在“短狭谷”的时候，两位上尉曾决定，让不会游泳的人运输贵重物品，他们则乘坐独木舟渡过激流。此时，印第安人再次聚集在河岸上，等着看不可避免的灾难发生；但是独木舟再一次平安地渡过了河道。

在狭谷下游，河道变得宽阔起来，探险队在岩石的高处扎营。两位上尉之所以选择了这个地点，是因为它构成了一种防御地形。克拉
306 克解释称：“我们认为这种情况非常适合防御。”他们称之为“罗克堡营地”（今日俄勒冈的达尔斯城）。在那里，他们待了三天时间，来修理独木舟、晾干行李并狩猎。刘易斯趁机作了一些天文观测，以确定经度并修正磁偏。他们和“鬈发”及提托哈斯基一起抽了烟管，以作为告别。

当地的印第安人有小偷小摸的嗜好，事实证明，这给探险队造成了一些麻烦；任何被放在一边的东西都会很快消失。两位上尉最关心的事很快就不再是印第安人的弓箭了，而是“让我们的物品不被偷走”。情况变得越发糟糕，以至于队员们开始低声唠叨，“打算杀死一些小偷”。至少有一次，两位上尉不得不遏制队员。[2] 正如克拉克所指出的，“此时必须友好地对待这些人并讨好他们，这可以确保我们在返回时还会受到友好和亲切的接待”。

10 月 26 日晚上，两名酋长和 15 个人乘坐一只独木舟渡过河，带来了鹿肉和很多块植物根茎制成的面包作为礼物。两位上尉赠予酋长们纪念币，赠给随行的人一些不值钱的小玩意。列兵克鲁萨特拿出了小提琴，约克为印第安人跳舞以取悦他们。在这一天里，猎手们捕获了五头鹿，营地里肉食充足。一名队员用渔叉捕获了一条虹鳟，用印第安人送给他的熊油来煎。克拉克宣称，这是“我吃过的最美味的鱼之一”。来访的两位酋长在这里过了夜。总的来说，这是美国和奇努克族之间关系的良好开端。

如往常一样，刘易斯记录了印第安人的词汇，不过不知道他是如何在没有翻译的情况下完成记录的。10 月 30 日，探险队再次出发，前往位于最后一个大瀑布上游两英里的地方；这是喀斯喀特激流（刘易斯和克拉克称之为“大激流”），他们在这里扎营，并打算在早上勘察。

刘易斯带了五个人去探访附近的印第安人小镇。在路上，他尝试射杀一只兀鹫，但是没能射中；他正确地判断出，这是北美大陆上最大的鸟类。在村庄里，他受到了友好的接待。印第安人给了他浆果、坚果和鱼。但是，他告诉克拉克，由于语言障碍，“没能从他们那儿获得任何信息”。

勘察表明，在一段四英里长的河道上，需要经过一系列的瀑布和激流，“急速流动的河水以一种非常可怕的方式激荡、翻滚”。但是经过大激流之后，河道变得宽阔，“显然是受到了潮汐的影响”。这是个好消息。

11 月 1 日到 2 日，探险队穿越了最后的障碍。于是，队员们不得不运输独木舟和行李；在其他一些地方，可以使用麋鹿皮绳让独木舟缓缓下行。次日，向下游进发的探险队来到了比肯岩，从这里开始就

307 是有潮水域了。

此时，探险队已经进入了一个情况完全不同的世界。河岸上都是冷杉、云杉、桤木和赤杨，这和上游缺乏树木的半沙漠地区形成了鲜明的对比。迁徙的水鸟随处可见。这里经常起雾，而且雾气常常很浓厚；在很多天里，探险队只有等到下午才能出发。在河岸上，印第安人的村庄星罗棋布。印第安人也频繁来访。在独木舟驾驶方面，原住民的水平显然远高于白人，探险队也承认这一点，但除此之外，原住民给刘易斯及探险队留下了很差的印象。在其他方面，他们“矮小且体型不好……着装糟糕而且做工低劣”。他们是小偷，是受怀疑的人。

詹姆斯·龙达指出，导致这种极度糟糕的看法的原因之一是，两位上尉和队员们不知道，这些在河口的印第安人是“习惯于在海獭贸易中与白人讨价还价”的原住民，所以他们也“打算与饥饿的探险者讨价还价”。克拉克的日志里满是对植物根茎和鱼的价格飞涨的抱怨。[3]

两位上尉并不期待与印第安人一起过冬，也不愿在靠近印第安人的地方过冬。他们怀念起在曼丹堡的日子。他们宁愿选择曼丹堡的严寒天气，而不是现在多雨的季节，尤其是，如果他们可以有诚实而友好的曼丹族人陪伴，并且有野牛肉吃的话。但这不可能，他们决定妥善处理好现在的境况。

当务之急是赶到太平洋。只有在完成了这个任务之后，他们才能考虑在哪儿过冬。11 月 2 日，探险队经过了桑迪河河口，这里是欧洲和美国探险者从哥伦比亚河下游向上游探索时所抵达的最高点。* 次日，探险队抵达了今日华盛顿州的温哥华，并在威拉米特河河口对岸扎营（当时不知道这里是威拉米特河河口，因为河口被一座小岛遮住了，而他们在北岸）。自 1805 年 4 月以来，探险队第一次进入了一个此前被探索过，也由白人绘制过地图的地区。在这里，西部地图和东部地图交会了。

探险队在一座岛上扎营。刘易斯从当地的印第安人那儿借来一只

---

* 乔治·温哥华 1792 年探险队里的威廉·布劳顿中尉向哥伦比亚河上游探索时，最远曾抵达此地。——作者注

小型独木舟，带着四个人将这只船运到了岛上的一面湖里。天黑后，他们还在湖里狩猎。湖里有很多天鹅、黑雁、野鹅和野鸭。刘易斯的小队捕获了三只天鹅、八只黑雁和五只野鸭。

11 月 4 日的晚上，一些来自上游村庄的印第安人乘独木舟来营地探访。他们都很有趣，带着红蓝相间的毯子、水手外套、衬衫和帽子，而且很显然都很友好。但是他们也展示了一系列武器，包括战斧、长矛、准备就绪的弓、身侧的箭袋、一些滑膛枪和手枪。 308

这是一个充满危险的局面。两队拥有武装的年轻人，来自不同的文化，无法用语言交流，面对着彼此。两位上尉应付这个挑战游刃有余。“我们发现，这些家伙专横而招人厌恶，”克拉克记载道，“但我们还是和他们一起吸烟，专心且友好地招待他们。”

但是，当克拉克发现他们中的一个人“偷了属于我的战斧式烟管并已用来吸烟”时，气氛骤然改变了。克拉克搜查了每一个人及印第安人的独木舟，但是没能找到烟管。雪上加霜的是，在搜查正在进行时，一个印第安人又偷了德鲁亚尔的斗篷（一种比较长的斗篷，带帽子，由高级羊毛制成，在加拿大人的毛皮贸易中一直很受欢迎）。这引起了更多愤怒的言论及另一次搜查。最后斗篷找到了，烟管还是没有踪迹。

两位上尉表现出了蔑视和愤怒，或者如克拉克所说的，“我们开始对这些家伙表现得很不满，他们发现了这一点并且离开了”。

此时，在向哥伦比亚河下游行进的时候，探险队每日的行程可以超过 30 英里。11 月 5 日，他们遇到了第一批沿海独木舟，这支小船队由四只不同大小的独木舟组成。其中最大的一只的船头刻了一头熊的形象，船尾刻了一个人的形象。这个造型给刘易斯留下了深刻的印象，他特意为这只船画了一幅素描。11 月 6 日，另一个小船队运载着准备廉价出售的植物根茎、鳟鱼和毛皮从一座村庄中驶出。克拉克用五个鱼钩换了两张海狸皮。印第安人说，在下游处住着一个白人，他们就是与他交易的。这是个令人振奋的消息，真是美好的一天。

但是，那天夜里，露营地严重不足。队员们不得不将大石块搬开，在小石块中清理出一块地方来以供躺卧。一切都很潮湿，令人不满。

早上，起雾了。雾气缓慢散开时，探险队继续出发。下午 3 点，天放晴了。

52

images sometimes rise to the hight of five feet; the pedestals on which these immages are fixed are sometimes cut out of the solid stick with the canoe, and the imagary is formed of seperate small peices of timber firmly united with tenants and motices without the assistance of a single spike of any kind. when the natives are engaged in navigating their canoes one sets in the stern and steers with a paddle the others set by pears and paddle over the gunwall next them, they all kneel in the bottom of the canoe and sit on their feet. their paddles are of an uniform shape of which this is an imitation } these paddles are made very thin and the middle of the blade is thick and hollowed out suddenly and made thin on the sides while center forms a kind of rib. the blade occupys about one third of the length of the paddle which is usually from 4½ to 5 feet. I have observed four forms of canoes only in uce among the nations below the grand chatarac of this river they are as follow. This is the smallest size about 15 feet long and calculated for one or two persons, and are most common among the Cath-lahmahs, and Wack ki a cums among the marshey Islands

A the bow. B, the stern; these are from twenty to thirty five feet and from two ½ to 3 feet in the beam and about 2 feet in the hold; this canoe is common to all the nations below the grand rappids. it is here made deeper and shorter in the proportion than they really are; — the bowsprit from C to D is brought to a sharp edge tapering gradually from the sides

This is the most common form of the canoe in use among the Indians from the Chil-luck-kit-te-quaw inclusive to the Ocean and is usually about 30 or 35 feet long, and will carry from ten to twelve persons 4 men are competent to carry them a considerable distance say a mile without resting. A is the end which they use as the bow but which on first sight I took to be the stern c.d. is a comb cut of the sollid stick with the canoe and projects from

the center of the end of the canoe being about 1 inch thick its sides parallel and edge at c.d. sharp. it is from 9 to 11 Inches

53

... the underpart of the bowsprit at A

309　刘易斯在日志中对三只独木舟和一支桨的素描（Courtesy American Philosophical Society）

忽然有人叫了起来。在威廉·克拉克的野外笔记里，他潦草写下一句话：“**既见大海，何等欢欣。**”

队员们用尽一切力气加速向大海划去。独木舟急速前进；这一天他们前进了 34 英里。晚上，宿营地再一次遍布小石块，队员们几乎没有地方可以躺下。开始下雨了。克拉克对这些情况毫不在乎，他写道：“在营地里，我们因看到了大海而感到非常开心，这是我们长久以来一直渴望看到的伟大的太平洋。”他们可以清晰地听到海浪拍击岩石的声音。

克拉克计算了自第一道瀑布（赛利罗瀑布，上游 190 英里处）以来行进的总里程，但没有对此加以评论（肯定多少有点自豪）。然后他写道：“太平洋距离密苏里河河口 4142 英里。”

此时没有任何庆祝：雨下得太大了，克鲁萨特都没法拿出小提琴。但是，在他们褴褛的衣衫下，在不能避雨的遮挡物下，每个人的内心都一定有着暖融融的满足感，每个人的心中都一定会燃起一种胜利感。 310

人们都在想象，成功横越大陆时刘易斯有什么样的情感反应。自 1803 年春天离开华盛顿特区，他已经努力了两年半的时间。我们可以推想，他分享了克拉克写到的“在营地里的极大喜悦”，但是他本人从没有表露出什么。自 9 月与内兹帕斯族会面以来，他一直没有写日志，在新年来到之前，他也没什么可能会继续写日志。

对于传记作者而言，刘易斯的沉默很令人沮丧，但这也是一个诱人的谜团。他的沉默并不是因为没有时间，或者没有榜样——他每天都看到克拉克在写日志。但他就是没有动笔。

除了第一次遇到内兹帕斯族时的重病期间，刘易斯一直很活跃，一直在成功应对探险队面对的各种挑战。从刘易斯的父亲以及住在总统官邸的刘易斯身上，杰斐逊曾观察到一些抑郁症的症状，但是在克拉克或其他士兵的日志中，没有任何线索表明他有抑郁、消沉、自言自语或者其他类似的症状。

当时他在一个有着人、海滩、冷风、植物、动物的世界，对他而言，这都是全新的体验。这种情况通常会让他提笔疾书，但是他什么也没写。

他是抑郁了吗？他并没有抑郁到会渎职的程度。是不是抑郁让他不愿提笔记录每天的事情？假如是这样，是什么引起了他的抑郁呢？

关于躁郁症的起因，不论在生理上还是心理上都没有统一的看法；对于是什么触发了狂躁或抑郁的状态，也没有统一的看法。在许多情况下，一阵精神上的愉悦、一股新的动力、一种“我无所不能”的感觉就这么来了，随后而来的就是一阵厌恶感、疲惫感、一种“我什么都做不来”的感觉。这两种状态分别会持续多久则因人而异，可能是数周、数月甚至数年。

在很多情况下，处于抑郁状况下的病人几乎什么都没法做。他们没有动力，没有自我价值感。他们感到做的任何事对别人都没有意义。

刘易斯可能也是进入了这样一种状态，但是在 1805 年的秋天，他的感受肯定不是这样的。他知道自己正在做的事情是多么重要，他的毅力足以让他调动起精神，并做出高效的努力。事后，杰斐逊曾评论称，他认为刘易斯的旅程帮助他避免了陷入抑郁。没有什么比每日的决策更能让头脑和身体活动起来。从个人经验来看，杰斐逊知道他在说什么。

但是写作是另一回事。刘易斯没法调动起精神来反思。

当然，他确实遇到一些问题。其中最令人不快的是，他要通知杰斐逊，并没有一条横贯大陆的全水路通道，甚至连类似的通道都不存在——哥伦比亚河上那些恐怖的瀑布进一步巩固了这个事实。是不是
311 需要再次翻越比特鲁特山的预期令他苦恼呢？

他有很多烦恼。他担心，在探险队回到大平原和野牛丰富的地区之前，他们可能没法依靠步枪获得足够的食物。他担心，正在逐渐减少的商品供给可能使他们没法购买足够的食物。尽管已经抵达了太平洋，在将两个人的日志送回文明世界之前，这次探险还称不上成功。

胜利抵达太平洋是否只是一个提醒？它是否只是在提醒刘易斯还有多少事情要做，而他所能利用的资源有多么少？他是否在怀疑，自己能不能完成这一切呢？

他不可能仅仅是感到疲惫。他已经多次证明，为了描述当天的事件和发现，他有能力忽略自己的肌肉酸痛和几乎无法克制的困倦。对于克拉克的描述，他不可能感到没有可补充之处，因为他常常进行一些额外的探险，常常能看到一些克拉克未曾看见的东西。他不可能将

自己的日志视为不重要的东西：他一直都非常妥善地保管着日志。

他也不是一个会忽略来自总司令的直接命令的职业军人。一定有什么理由，但是我们只能猜测。

我的猜测是，他是一个狂躁抑郁症患者。这是家族遗传的病症。如果这个猜测属实，那么，鉴于他极少让情绪主导行为，而且这种情况只是暂时出现，在这方面他已经做得很成功了。不管是情绪高涨还是低落，在两年半的时间里，他的情绪状态都不曾影响每日的决策。

不论刘易斯的情绪状况是怎样的，它都受到了饮酒习惯的深刻影响。

梅里韦瑟·刘易斯已经很久没有饮酒了。而且，可以肯定的是，在很长一段时间里，他还会无酒可饮。

他自从年轻时就已经酗酒了。1803—1804 年的冬天，当他们还在圣路易斯的时候，他出席了很多舞会和私人聚会，在这些场合好像都喝了很多的酒。这是符合当地的情况的；边境的军官和商人们总是会喝很多的威士忌。

在探险的第一年里，刘易斯将自己的威士忌配给限制为和队员们等量的额度，这根本无法满足一个重度饮酒者的需求。但是，这足以维持酒瘾，或者可能是一种活着的需要。1805 年 7 月 5 日，他被迫坚决地戒掉了酒瘾。没有人知道，是什么导致刘易斯戒酒，也没有人知道，这是否让刘易斯感到焦虑。

不论是什么原因，太平洋的景致深深地打动了克拉克，让他在任由自己的情绪迸发的时候给我们留下了如此值得回忆的段落，但刘易斯对此却只字未提。

通过刘易斯的双眼和文字，我们看到了怀特克利夫斯、水坝上游的大瀑布、落基山脉山口、斯里福克斯、肖松尼族人、绝妙的文字描述。这一切都栩栩如生、直接、细致。它们树立了一种标准。

但是，在这个胜利的时刻，我们读不到任何关于他自己所见和所感的描述。 312

克拉克的感言有点为时过早：当时他所见的是哥伦比亚河河口，并不是太平洋。事实上，他们离太平洋太近了，这反而对他们有害。

在接下来的一周多时间里，他们被海浪和大风困在埃利斯角。他们既无法前进，也无法后退，突出的岩石和山峰也让他们无法攀离自己的营地。除了忍受纯粹的困苦，他们什么也做不了。连续下了 11 天雨。在涨潮时，漂浮在水上的巨大雪松、冷杉和云杉冲进营地，其中有一些长达 200 英尺，直径达到 7 英尺。生火很困难，让火维持着不熄灭也很困难。

看上去，两位上尉和探险队的队员们更像是期盼救援的一艘沉船的幸存者，而不是探险胜利者。有一阵子，士气一直很高："在过去的几天里，"克拉克在 9 日写道，"尽管有些不愉快的时候，但是他们都很高兴。"

不过，高昂的士气并没有持续很久。人们永远不会默默忍受痛苦，克拉克在 11 月 12 日写道，"此时，我们躲在一个足以容纳所有人的洞穴里，大家全都浑身潮湿而寒冷，床铺也都是潮湿的。如果一个有同情心的人看到我们现在的状况，他一定会很痛苦……独木舟都任凭风浪和浮木的摆布……长袍和皮外套都破了"。

11 月 22 日："风已经变成暴风了……粗暴地在河面上掀起巨浪，浪淹过了河岸，几乎把我们都浸在水里。哦！多么糟糕的一天啊。"

11 月 27 日："风刮得特别大，我估计，随时都可以看到树木被连根拔起，一些树木……！哦，多么惊人的一天啊。"

自 1804 年 5 月以来，探险队只因为过冬或因为两位上尉决定休息几天而停下来过。他们非常讨厌因为不可抗拒的外力而动弹不得的状况。他们不得不接受克拉特索普印第安人的营救，克拉特索普印第安人是住在河口南岸的奇努克族人，他们可以乘坐海岸独木舟轻易地渡过河口。在让探险队一筹莫展的环境下，他们成功地实施了救援。* 克拉特索普印第安人还卖给他们植物根茎和鱼，这拯救了探险队。

11 月 13 日，两位上尉孤注一掷，派出了列兵科尔特、威拉德和香农，让他们乘坐印第安人那能够在浪上正常航行的独木舟，越过埃利斯角去探索海岸线，以确定是否能找到更好的宿营地。次日，科尔特由陆路返回，报告称越过埃利斯角的一处海湾里有一片沙滩，可以从

* "他们绝对是我见过的最好的独木舟驾驭者。"克拉克写道。——作者注

陆路抵达，并且在那一片区域还有猎物可以捕获。两位上尉一致同意，由刘易斯率领一支先遣队前往，克拉克则会尽快在天气允许的情况下，安排将整个营地搬迁过去。

次日下午，在一阵迎面风的帮助下，刘易斯、德鲁亚尔和另外三名士兵抵达了那个地点。操船者将刘易斯和他的先遣队放到岸边，然后返回了大本营，随后而来的风浪差点让他们的独木舟沉没。 313

最终，不耐烦的刘易斯在河口附近作了一番探索。他有一个明确而直接的目的：弄清是否真的有白人住在海岸边。如果有的话，他可以找到他们的贸易站，可以用杰斐逊发的信用证换到大量的商品，以供在返程时使用；同时，他还可以着手抄写一份日志的副本，让来访的海船船长带回华盛顿。当然，他也很想看一看大海。

早上，他出发的时候，发现列兵香农和威拉德正处在很危险的境地。在和科尔特分开之后，他们就去打猎和探险了。此前，他们和五个奇努克族人在一起过夜，这几个人属于河北岸的部落。睡觉的时候，这些印第安人偷走了他们的步枪。早上，他们发现步枪被偷，就用强硬粗鲁的手势告诉印第安人，一大队白人将会和他们会合，他们一定会射杀那些小偷。

此时，刘易斯和他的先遣队出现了。他的出现，或许连同一些威胁性的动作，让那些小偷感到后悔。他们交还了被偷走的步枪。

刘易斯派香农回到沙滩，他正确地估计到，克拉克此时应该已经抵达沙滩了。受到责备的印第安人和香农一起出发，他们差不多就是俘虏。听完香农的故事，克拉克勃然大怒："我告诉过那些印第安人……他们不应该接近我们；如果他们中有人偷了我们的东西，我会射杀他，他们应该很清楚这一点……任何女人或者坏孩子拿走任何东西，都应该立即补偿我们，他们也应该因此而受到斥责。"

与此同时，刘易斯继续着他的探险，绕着失望角转了一圈，并沿着海岸线向北走了几英里。他没有发现贸易站，也没有发现船只。他也没有记日志。但是，在失望角最远端的一棵树上，他怀着一种自豪感刻上了自己的名字——无论如何，这都足够了，他可以在晚些时候告诉克拉克上尉，他记录了自己的抵达。

11 月 17 日下午 1 点 30 分，克拉克和刘易斯在沙滩上的营地里会合了，在接下来的一周里，探险队将会占据这里（位于今天马更些角附近的坎比堡州立公园内）。这个营地条件好得多，同时猎手们还可以外出抓捕一些猎物。

11 月 18 日，轮到克拉克外出了。他带着约克以及十个队员，去失望角附近探察，在那儿发现了刘易斯刻在树上的名字。克拉克和队员们都效仿了刘易斯的做法，但是他们有所改进，克拉克在名字和日期旁还刻了这么一段出色的话："于 1804 和 1805 年自美国由陆路而来。"

在完成侦察返回的途中，克拉克遇到了与包括两名酋长在内的奇努克族人在一起的刘易斯。他们正在一起吸烟。两位上尉赠给酋长们纪念币和美国国旗，还交易了一些物品。

两位酋长所穿的一件由海獭皮制成的袍子被克拉克称为"比我所见的其他毛皮都更漂亮"。刘易斯同意他的看法。两位上尉数次提出用
314 不同的物品来交换这件袍子。

但是酋长拒绝了。他指向了萨卡嘉维阿那条蓝玻璃珠的腰带，由一种珍贵的玻璃珠制成。两位上尉怀着疑问看着萨卡嘉维阿。她明确表示，交出腰带可以，但要有相应的补偿。两位上尉中的一人拿出一件蓝布外套给萨卡嘉维阿，于是她交出了腰带。克拉克的日志没有写明是谁最终拿到了那件毛皮外套，但这个人肯定不是萨卡嘉维阿。

次日，一个年长的奇努克族女人带着她的六个女儿和侄女一起出现了。她们是来卖淫的。克拉克评论道："这些人似乎将感官享受视为一种不好但又必不可少的东西……这些年轻的女人很喜欢受到男人的注意。"

在这个最西端的营地里，两位上尉再次急于想要展示他们的存在和到来。刘易斯用烙铁在一棵树上做了印迹；克拉克和所有的队员都将名字刻在周围的树上。

与此同时，在克拉特索普人中流传着这样的消息：两位上尉几乎可以用任何价格来购买海獭皮。那天晚上，一队人带着两张海獭皮越过河口来出售。两位上尉想买这两张海獭皮，但是价格实在是太高了。一位海獭皮的主人拒绝了一块表、一只手帕、一堆玻璃珠和一美元硬币的价格，这让克拉克深为震惊。印第安人想要蓝玻璃珠，但是两位上尉手上已经没有了。不过，两位上尉发现，克拉特

索普人比他们的亲戚奇努克族人更讨人喜欢，主要是因为克拉特索普人从不偷窃。

当时，两位上尉必须决定要在哪儿过冬，而克拉特索普人的这个性格成为了影响决策的因素。良好的水源、足够的猎物和一些住所都是显而易见的需求。他们有三个选择：待在原地，越过河口去南岸看看有没有更好的营地位置，或者逆流回到瀑布处。

克拉特索普人告诉他们，在南岸有着大量的麋鹿。两位上尉很清楚，他们所拥有的玻璃珠和小饰品数量不足，而且奇努克族人的开价实在是太高，所以他们绝对无法通过购买奇努克族人的食物来度过冬天。他们需要源源不断的肉类补给。

刘易斯提到，在冬季上游的情况更恶劣，而且在他们准备回家的时候，这个地点也无法提供真正的帮助。他们必须在比特鲁特山等待冰雪消融，所以在春天，他们有足够的时间沿着哥伦比亚河—斯内克河路线返回。他想要更接近太平洋，这样可以让队员们用海水来制盐，而在南边，这个目的将更容易达成。他和所有的队员都渴望吃到食盐。

但克拉克不这么想。他极其反对。他写道，有没有盐对他而言都一样；无论如何，“由于盐水不健康，我将之视为一种邪恶的东西”。

待在靠近海岸的地方这一计划，不仅仅是因为刘易斯的味蕾有这样的需求，他还有更好的理由。在海岸边，他们更有机会在冬天遇到路过的商船；如果真的能遇到商船，那就可以解决主要的补给问题。克拉克同意这一看法。他也指出，南岸的麋鹿更多，而北岸的鹿更多， 315
这让选择变得很容易：麋鹿更大，而且更容易猎杀，麋鹿皮也更适合做衣服。

因此，两位上尉做出了决定，但是在这种情况下，他们想让每个人都参与决策。他们决定进行一次投票。他们一直没解释为什么要这么做。可能是因为他们觉得，鉴于大家要一起经历这些，每个人都应该有表决权；也可能，他们只是想让每个人都参与进来，这样以后就没有人有权抱怨了。

备选的计划包括，留在原地、前往大瀑布，或者在做出决定前先越过河口去另一边调查一番。第三个计划轻而易举地胜出，获得了压倒性的支持——只有列兵约翰·希尔兹投了反对票。假如南岸的宿营地并不令人满意，有一半的人选择前往大瀑布，剩下的一半则选择待在河口。约克的投票也被计数，并被记录下来。克拉克用萨卡嘉维阿的昵称记载道："珍妮喜欢一个有着大量波塔的地方。"*

这是在西北太平洋地区举行的第一次投票。在美国的历史上，这是第一次有黑人参与投票，也是第一次有妇女参与投票。

11 月 26 日，在向上游行进了两天之后，他们找到了一个相对较窄的渡河处，从那里渡河去到了南岸。他们在约翰迪河的东岸扎营，再次被坏天气困住了。到 11 月 29 日，刘易斯受够了。他告诉克拉克，他要乘坐他们的印第安独木舟，绕着汤角（Tongue Point）勘察克拉特索普人声称的有麋鹿的地区。他挑选了想要带着一同前往勘察的队员——当然有德鲁亚尔，还有列兵鲁宾·菲尔德、香农、科尔特和拉比什。

他们一早就出发了，在汤角附近转了一天之后，晚上在今日俄勒冈的阿斯托里亚附近扎营。刘易斯将猎手们派了出去。他们带回来四头鹿、一些鹅和鸭子，这些收获振奋人心，深受欢迎。刘易斯写了一篇简短的旅行日志，其中简略地记录了他的大致行动，在接下来的两天里他也是这么做的。在刘易斯日志的最后一页上，克拉克写道："这是刘易斯上尉的简要记录，当时他在哥伦比亚河河口附近离开克拉克上尉，去西南边勘察。"[4]

日出时，刘易斯出发去探索扬斯湾（以温哥华探险队中的布劳顿中尉命名）。在扬斯河的出口处，刘易斯没有发现令人满意的东西；他逆流向今日的刘易斯和克拉克河上游行进了大概一英里，结果令他气馁。刘易斯回到海湾，希望能找到一些克拉特索普人，好向他们询问猎物在什么地方。他们可能回答的是，海湾里有大量的黑雁、鹅、沙丘鹤、青鹭，以及各种各样数量庞大的鸭子。但是，刘易斯想要的是
316 麋鹿。在写于那天晚上的野外笔记里，他记录了植物的资料。

在接下来的几天里，他沿着刘易斯和克拉克河向上游探索了更多的地方，发现了想要寻找的地点。他告诉克拉克，这里位于一座高于

* 显然她指的是植物根茎。——作者注

高潮线30英尺的峭壁上，在河后方大概200英尺处，距离河口大概三英里。附近有一眼泉，还有很多大树，足以用来建造住所和堡垒。这里距离开阔的太平洋只有几英里远，他们也可以制盐。最妙的是，这里肯定很适合打猎：德鲁亚尔和另一个猎手已经捕获了六头麋鹿和五头鹿。

克拉克记载道："对于探险队里的所有人而言，这都是个好消息。"探险队已经做好了准备，一旦天气允许就会绕过汤角，进入河湾并向上游进发，搬迁去冬季营地。12月6日，风力太强，但是7日早上，刘易斯引领探险队抵达了将被两位上尉称为克拉特索普堡的地方。克拉克看了一眼，宣称这是"最合适的地方"。 317

第二十六章

克拉特索普堡

1805年12月8日—1806年3月23日

12月8日的早上，克拉克外出去寻找通往太平洋的最佳路线，以及可以用作制盐营地的地方。* 刘易斯将猎手们派了出去，并让剩下的队员们去伐木（很可能是巨型冷杉），以建造木屋和栅栏。三天后，当克拉克成功完成一次探察回来之后，刘易斯还在砍树。直到12月14日，他才有足够的树木供队员们加工木料。他们发现这些木头很容易劈开，劈开的木材宽度甚至可以达到两英尺以上。着手建造的第一座木屋是熏肉房；他们发现，在这种多雨的气候下，需要很好的手段才能保存肉类。

工程进度很慢。天一直在下雨，有时候雨下得极大。12月16日，克拉克记载道："风刮得很猛。四周的树木都被吹倒，打着旋的风伴随着雨、冰雹和雷电，这样的天气持续了一整天。这肯定是最糟糕的日子之一！"

很多的队员要么病了，要么就是受伤。有一些人的身上还起了肿块。列兵威廉·沃纳的膝盖拉伤了。列兵约瑟夫·菲尔德长了疖子。列兵乔治·吉布森患了痢疾。纳撒内尔·普赖尔中士的肩膀脱臼了。约克得了"胆汁病，正在抱怨"。从印第安人那儿传来的无法躲避的跳蚤，则在夜里折磨他们，让他们无法好好睡觉。

---

* 制盐的方法是把五个大水壶里的海水煮开，并让水蒸发，然后从壶壁上把盐刮下来。这样的方法需要有一个场地，在那里制盐者可以获得海水和可供生火的木材，在那一地区还要有足够的猎物以养活他们。——作者注

和来访的印第安人进行娱乐活动或交易物品是需要时间的。12月12日，一位来自附近的克拉特索普村庄的酋长前来探访，他叫科博韦。两位上尉如往常一样赠给他纪念币，并和他交换了一些植物根茎。刘易斯购买了两张山猫皮，克拉克买了两张海獭皮。第一天的价格比较合理，但第二天的价格就很过分了。12月23日，克拉克花了六枚小鱼钩、一把破损的锉刀和一些腐坏的鱼换来了一张几乎有八英尺长的美洲豹的皮。次日，一个名叫卡斯卡拉的年轻酋长带着他的兄弟和两个女人前来。他们想要出售一包植物根茎，要价是两把锉刀，两位上尉认为太高了。 318

然后，卡斯卡拉要给刘易斯和克拉克每人一个女人。“我们同样拒绝了，”克拉克写道，“这也让他感到不悦……女人们对于我们的拒绝显得很憎恶。”

尽管每天都有干扰，工程还是在继续。到了12月17日，他们已经搭起足够多的屋墙，一些队员开始弥合木头间的缝隙了。一周之后，他们开始盖屋顶。12月23日，两位上尉搬入了未经装修的木屋；次日，列兵约瑟夫·菲尔德为他们制作了书桌，队员们搬进了那还没上顶的木屋。

克拉特索普堡大约占地55英尺见方。堡内有两个很长的正面建筑，两边是篱笆墙。正面有一道大门，后面有一道小门，使得大家可以便利地通往大概30码外的泉水。在建筑之间有一个大约55英尺长、20英尺宽的操场。堡里有一栋建筑被分成三个房间，或者说三间木屋，被当作士兵们的营房。另一栋建筑里有四个房间：一间是两位上尉的房间；一间是沙博诺、萨卡嘉维阿和他们的儿子让·巴普蒂斯特的房间；一间是探险队的办公室；第四间房是熏肉房。*

1805年圣诞节那天，早上天刚亮，队员们就用一次齐射、一声叫喊和一首歌曲唤醒了两位上尉。他们交换了礼物——列兵怀特豪斯赠给克拉克上尉一双他亲手做的鹿皮鞋，列兵西拉斯·古德里奇赠给他一只编制的篮子，萨卡嘉维阿赠给他24根白鼬鼠的尾巴，刘易斯上尉赠给他一件背心、一条衬裤和一双袜子。两位上尉分配了剩下的少量烟草：保留一部分，留待日后与印第安人交往时使用，其他分给吸烟的队员们。八名不吸烟的队员每人得到一块手帕。

---

* 现在克拉特索普堡已经在原址由国家公园管理局重建。——作者注

庆祝没有持续很久。这是潮湿且让人不快的一天，而且正如克拉克所记载的，“假如有能提振士气或者促进胃口的东西，我们将会在圣诞日大吃一顿；晚餐是很多腐坏的麋鹿肉（坏得很厉害，权作充饥）、碎鱼干和一些植物根茎”。

三天之后，两位上尉决定抽出一小部分人手去制盐。这支小分队前往位于今日俄勒冈州锡赛德南边的营地去工作。12 月 29 日，克拉特索普人通知两位上尉，一头鲸鱼搁浅在蒂拉穆克角附近的海岸边。刘易斯立即决定由水路前往鲸鱼搁浅的地方，去获取一些鱼油和鲸脂。他组建了一支小分队，乘独木舟去采集鱼油和鲸脂，但是接下来的一周里风太大，无法冒险外出。

12 月 30 日，克拉特索普堡竣工了。日出时，两位上尉告诉克拉特索普人，从现在开始，每天天黑之后堡垒的门就将关闭，这时他们就
319 必须离开克拉特索普堡。克拉克记载道：“那些冒失而不讨喜的家伙不情不愿地离开了木屋。”但是，在新年前一天，他很高兴地记载，称印第安人的表现好多了。“在门岗上走动的哨兵的出现，使那些昨天还非常鲁莽且讨人厌的家伙变得不一样了。”

1806 年元旦的日出时分，队员们用一次齐射和“新年快乐！”的叫声唤醒了两位上尉。此外，没有别的庆祝活动，也没有宴会。刘易斯写道：“对于吃的煮麋鹿肉和植物根茎，我们感到很满意；我们用仅有的饮料——白水来解渴。”

在探险队建造克拉特索普堡的长达三周多的时间里，刘易斯只写了两篇野外笔记，其中细致地描述了暗冠蓝鸦。但是在 1 月 1 日这天，他又重新开始每天记录日志了。在这一天日志的开头，他抱怨称，队员们预示新年到来的齐射“是在我们能力范围内，对此重要日子表达敬意的唯一方式，我们在这一天的饮食并不比圣诞节那一天的好”。

接下来，他的记录充满热情，似乎表明他已经卸下了重负。此时是 1806 年，在这一年他即将返回家乡。一年并不是很长的时间。

很显然，直到开始书写有关回家的内容，刘易斯才意识到他是多么想念文明世界。1801—1803 年，他一直和托马斯 · 杰斐逊一起生活在总统官邸里。每日谈话的内容范围很广，从现实政治到人性，从动物学到植物学，从地理学到医药学，从文学到历史，和他对话的人都

是美国国内文化界、知识界、科学界和政治界的领军人物（也有不多的一些来自欧洲的人物）。在两年的时间里，他伴着最好的音乐起舞，在最好的桌子上吃饭，喝着最精心挑选的美酒。

而1804—1805年，他则身处边境及边境以外的蛮荒地区。每日的谈话内容都关乎直接而现实的问题，谈话的对象主要是只受过很少正规教育的士兵。他只能和克拉克一起讨论科学问题、博物学、地理学和其他话题，但是克拉克更像是肯塔基人而不是弗吉尼亚人，更像是边境军人而不是干练的总统幕僚。所以，即使是和克拉克的对话，也存在着局限性。

现在，随着新年的到来，刘易斯可以开始畅想着回到华盛顿、夏洛茨维尔、费城、文明世界。这个念头将他从倦怠中解放出来。他满怀激情地记录着他是多么盼望"在1807年1月1日，身处朋友们中间的时候，共度这美好而愉快的一天……从精神和肉体上，我们都将充分享受文明世界为我们准备的宴席"。当他想到他将会"回忆起当下"，并成为众人瞩目的焦点、在桌边讲述横穿大陆的故事时，这种期盼就变得更炽烈了。这种期望令人愉快。

所以，1806年1月1日，因为冬季营地已经竣工，他的目光和思
绪都开始转向东方。 320

但是，他首先需要度过这个冬天。他记录下队员们赠予他和克拉克作为晚餐的新鲜的麋鹿骨髓和舌头；还记录下他的忧虑，因为有两个士兵显然是在从制盐场返回的途中迷路了。接着，因为堡垒的完工，"为了更准确和更统一的纪律，以及军营的惯例"，他撰写了一份详细的命令。

这份命令很明确。它基于过去30年美国陆军边境军事防御的原则，同时也来源于一支身处有潜在敌意的印第安人之中的排级队伍的生存经验。首先，作为探险队的常规惯例，在办公室里，一直会有一位值勤中士和三名士兵执行勤务。其次，"白天和夜晚都必须在指挥官营房前的院子里布置岗哨"。在任何时候，只要守卫认为有必要去到堡垒的任何地方，"以更好地知晓任何野蛮人的计划或者有野蛮人在接近，他不仅有权这么做，而且必须这么做"。同时，他也有责任向执勤中士汇报任何印第安队伍的到来，中士则有责任立即向两位上尉汇报相应的情况。

（华盛顿州）
北
克拉克探索
失望角北部
九英里海岸
（贝克湾）
（桑德岛）
失望角
太平洋
（奇努克角）
营地
（1805年11月15日—25日）
营地
（1805年11月10日—15日）
亨格里港
埃利斯角
（格雷角）
浅水湾
（格雷湾）
11月25日：探险队逆流
而上，次日渡河
至南岸
哥伦比亚河
亚当斯角
威廉姆斯角
（汤角）
营地
（1805年11月27日—12月7日）
（阿斯托里亚）
（扬斯湾）
（斯基达农河）
（扬斯河）
营地
（1805年11月26日）
刘易斯和克拉克（水路）
刘易斯和克拉克（陆路）
克拉克（陆路）
今日沙洲或滩涂

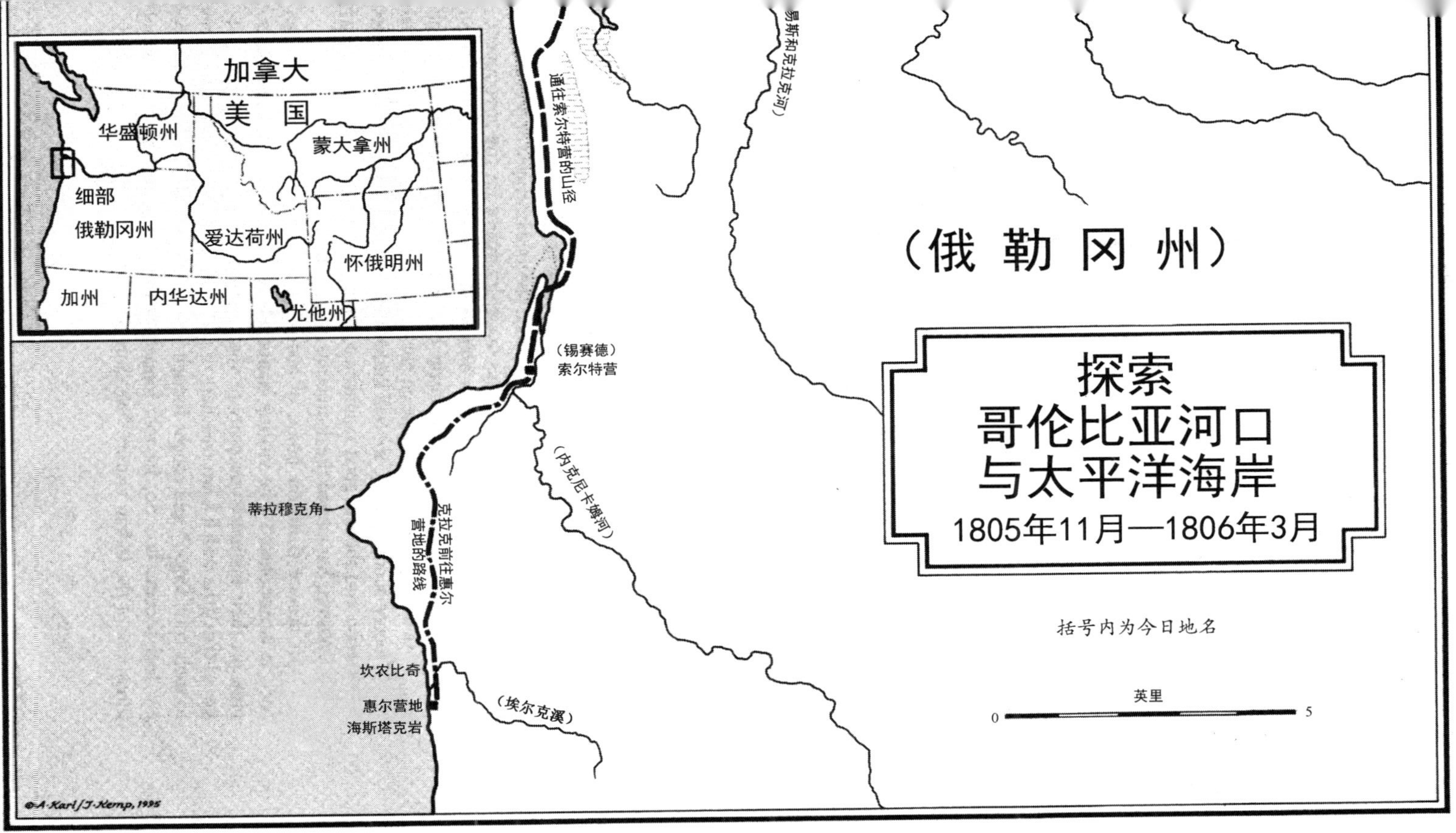

探索
哥伦比亚河口
与太平洋海岸
1805年11月—1806年3月
（俄勒冈州）
括号内为今日地名
英里
0
5
加拿大
美国
华盛顿州
蒙大拿州
细部
俄勒冈州
爱达荷州
怀俄明州
加州
内华达州
尤他州
通往索尔特营的山径
易斯和克拉克河）
（锡赛德）
索尔特营
（内克尼卡姆河）
克拉克前往惠尔
营地的路线
蒂拉穆克角
坎农比奇
惠尔营地
海斯塔克岩
（埃尔克溪）
©A.Karl/J.Kemp, 1995

刘易斯命令队员们“友好地对待当地人”。除了由当地人挑起争斗的情况，“任何时候也不允许辱骂、恐吓或殴打他们”。士兵们可以赶走“任何可能成为麻烦的本地人”。如果印第安人拒绝离开，或者制造麻烦，值勤中士应该接手处理这一情况。“在他认为需要的时候，”他被授权“使用强制性手段（不能危害生命）”。

假如有印第安人行窃被抓，中士应该立即向两位上尉汇报，他们将接手处理。在此处及其他的地方，刘易斯都明确指出，权力界限和决策权是不可改变的。

在日落时，所有的印第安人都要离开克拉特索普堡，除非两位上尉特别许可他们留下来过夜。在晚上，前后门都要关闭，而且要有人守卫。

值勤中士将会保管熏肉房的钥匙，并确保火头适中。他应该每天都去查看独木舟，以确保它们都安全地被固定好了。在交接前，他应该亲自向两位上尉汇报。

每个木屋都有自己的厨师、水壶和火堆。两位上尉给每个伙食单位一把斧头，用来劈柴。所有其他的“公共工具”都存放在两位上尉的屋子里，只有在得到两位上尉允许之后，工具才可以被取走，使用完毕后必须立即归还。这是为了防止队员们因为禁不住诱惑而用锥子或锉刀来换取性服务或者毛皮。在这一点上，刘易斯的态度很明确：
321 “出售或处理任何工具或钢铁器械、武器、装备或弹药的任何个人，都将被视为违反这一命令，将会接受相应的审判和惩罚。”他规定，枪支修理工约翰·希尔兹可以免受这一命令的限制。

纪律、命令、常规。安全。如果可能的话，要和邻居们保持和平。这就是刘易斯的目标，也是自罗马军团时代以来，每一个连队指挥官的目标。

但是，没有什么命令可以防范意外、事故或愚蠢的行为。1 月 11 日早上，值勤中士报告称，印第安式的独木舟不见了。刘易斯询问后发现，前一晚使用它的队员们忘记固定，被浪带跑了。他派了两队人外出寻找，都一无所获。第二天早上他又派出去一队人，依然没有找到。“因此我们放弃了，视之为遗失。”刘易斯遗憾地记载道。幸运的是，2 月 5 日，加斯中士利用一次涨潮探索了一个水湾，找到了这只船。“丢失了这么久，很让人遗憾。”

日常习惯逐渐让人放松了警惕。几乎每天都要来往的克拉特索普人和有时会进出的奇努克族人，使得印第安人在克拉特索普堡的出现成为一种常见的情景。通常，两位上尉会允许一名酋长和一个混合小队在堡里过夜。队员们常常和印第安女人们发生性接触。年轻的勇士们温和而没有恶意，显然更喜欢打鱼和贸易，而不是争斗。即使是两位上尉也逐渐有些松懈了。

2 月 20 日，刘易斯突然发现了自己的错误。一位奇努克族酋长带着 25 名勇士前来探访。刘易斯给了这位酋长一管烟和一块纪念币。在日落时分，他让奇努克族人离开。很显然，这些奇努克族人给他的命令造成了一些麻烦——他们是穿越河口而来的，已经没法在晚上回到部落去了。而刘易斯坚持让他们离开。然后，他写了一段话解释自己的决定，这段话也透露出他对奇努克族人根深蒂固的担忧和怀疑——事实上，这是他对所有印第安人的担忧和怀疑。不论杰斐逊多么希望能最终将印第安人纳入美国的政治范围，很显然刘易斯坚信，在印第安人被教化、被威迫，或者被纳入美国的贸易帝国并因此而依赖政府之前，他们是不可能和印第安人一起生活的。[1]

“他们显得很友善，”刘易斯写道，“但是他们的贪婪和偷窃欲可能会导致背叛，无论如何我们都决定一直保持警惕……我们永远不会让自己受野蛮人的支配。我们很清楚，美洲土著的背叛行为以及我们同胞对他们的真诚和友谊的过分信任，已经导致了很多美国人的死亡。”

刘易斯抱怨称，尽管有着明确的历史经验，随着队员们习惯于来访的海岸印第安人，“我们发现，很难向他们灌输一直保持警惕的必要性”。刘易斯相信，“土著那众所周知的背叛行为，让他们不配享有如此的信任”。他突然发现了自己的错误，因为意识到自己实在是太松懈了。所以，他告诉自己，在对印第安人来访者的和平意图的信任方面，“我们和队员们都必须阻止这种信任在心中的滋长；我们自己要记住，324
同时还要一直向队员们重复：我们的生存依赖于永不忽视他们性格中的背叛倾向，还依赖于一直准备着面对不论以什么方式出现的背叛”。

詹姆斯·龙达认为刘易斯太极端了。他写道：刘易斯的态度，以及常见的关于土著的背叛和残忍的主题，更适合描述 1790 年代肯塔基和俄亥俄的边民，而不是 1806 年的海岸印第安人。[2] 或许是这样。也可能如龙达所认为的，两位上尉本可以和奇努克族人建立更好的关系。

但是假如刘易斯听到这种批评，他应该会回复：我们鼓励怀疑，依照惯例确保着安全，而且毫无问题。

正如很多边境的堡垒中的情况一样，克拉特索普堡的生活枯燥得几乎是令人无法忍受。与大多数边境军营不同的是，克拉特索普堡里只有一些轻微的违纪行为。一部分原因是军营太小了，一部分原因是队员们已经一同经历了很多事情（还要一起经历更多的事情），还有一部分原因是因为他们没有威士忌。没有斗殴或类似的问题，这让日常工作变得轻松一些。

“今天没有什么值得一记的事情。”刘易斯日复一日地这么写道。也有一两个例外：他的日志里记载了各种活动，猎手们的成功或失败，队员们的健康、饮食，与克拉特索普人的交易——多半是不成功的，此外就没什么了。

即使从最乐观的角度来看，天气也是压抑的。对经纬度的准确定位将可以分散一些注意力，并带来一些成就感，但是这一点也无法实现。在堡里的第一个月，刘易斯连一次天文观测都无法完成。“我很痛苦，”他在 1806 年 2 月 25 日写道，“因为自从我们进入克拉特索普堡，我一直无法作更多的天文观测；在这种天气状况下，我已经发现，观测是彻底不可能的事情。”

队员们通过纵欲来转移注意力，但是所有的证据都表明，两位上尉没这么做。因为嫖妓，队员们付出了一些代价：不仅是付出玻璃珠或者小饰品，他们还因此感染了性病。刘易斯就是他们的医生。“古德里奇已经从梅毒中恢复过来了，他是因为和一名奇努克族少女的恋爱关系而感染上梅毒的。”刘易斯在 1 月 27 日写道，“就像去年冬天治疗吉布森一样，我用水银治愈了他。”*

刘易斯是个细致的医生。当列兵吉布森因为严重的感冒——严重
325 到让他丧失活动能力——而倒下的时候，刘易斯首先列出了原因（连续的降雨、穿越溪流和沼泽、一直很潮湿），其次写下了病人的状

* 加里·莫尔顿指出，刘易斯这种治标不治本的治愈只是暂时的。六个月后，古德里奇和麦克尼尔身上都出现了梅毒二期的症状。这两个人都在年轻的时候就去世了，探险队的很多老兵也是英年早逝。在症状出现时，刘易斯随意、大量地使用水银，可能和这种早亡有关，甚至可能导致了早亡。不过莫尔顿声明，以此为结论是“不明智的”。（《日志集》，第六卷，第 242 页）——作者注

况（“几乎不感到疼痛”），第三写下病人的表现（“体重减轻而且很疲倦”），第四记下他开出的药物和物理治疗方法（“断续服用硝酸钾，让他多喝鼠尾草茶，把他的脚泡在温水里，并在晚上9点的时候给他服用35滴鸦片酒”）。

在曼丹堡，队员们的健康只是个小问题。在克拉特索普堡，队员们的健康则成为了主要的忧虑。一直有人因为风寒、流感、性病或者肌肉拉伤而倒下。2月22日，刘易斯记录称，病区里有五个人，这是总人数的17%。他评论道：“自从我们离开伍德河以来，还从来没有在同一时间有这么多人生病。普遍的问题好像是风寒和发烧，我估计这是流行性感冒。”

3月20日，探险队着手准备离开的时候，刘易斯记载道：“很多队员还在抱怨身体不适；［他们］仍然很虚弱，我认为主要是因为食物短缺。”他正确地指出，除了饮食，天气也是原因。不幸的是，刘易斯医生也无法改善病人们的伙食，更无法改变天气。

对于克拉特索普人和奇努克族人而言，不管天气还是饮食都不会带来不利的后果。与探险队相反，在天花袭掠之前，他们是兴旺的部落，甚至直到刘易斯和探险队来到此处过冬时，他们依然是很有活力的部落。敌人很少，罕有战争，他们都很富有，享用着大量的鱼和毛皮，并能接触到来自欧洲的第一手商品。他们喜爱这些食物和气候，非常适应这一切，而且将西北太平洋视为慷慨的提供者，对他们而言这几乎就是天堂。

对于两位上尉和探险队而言，这是个令人痛苦的地方，他们已经等不及要离开了。对于这一观点，刘易斯给出了一个主要的理由：“我相信出发的时候，我们将会健康得多。迄今为止，这对我们一直都有那样的效果。”

克拉特索普堡更像是监狱而不是堡垒。没有外出捕猎的队员们整天都在从事重体力劳动。他们打磨驼鹿皮并制作鹿皮鞋（用于返回的路程，每人十双），维持熏肉房中的火一直不熄（即使在最好的情况下也很困难，因为木材都很潮湿，只是在焖烧而不是正常的熏制），并完成一些其他任务；这些任务深受他们厌恶甚至憎恨，被他们视为女人干的活儿。

刘易斯监督了这些工作。离开克拉特索普堡所进行的短途旅行并没有被记录在他的日志中。一些日志内容清楚地反映了他的无聊。

> 2月2日："今天没有任何值得记录的事情；但一切都很令人满意，将我们束缚在克拉特索普堡并将我们和朋友们分开的长达一个月的时间已经过去了。"
>
> 3月3日："所有的事情都在按老样子进行着。我们正在数着日子，看看距离4月1日［计划出发的日期］还有多少天，以及我们被困在
> 326 克拉特索普堡多久了。"

克拉特索普堡的食物也很单调。获得足够的食物是刘易斯每天都要操心的事情，而让每日的饮食内容丰富一点则几乎是不可能完成的任务。整个探险队都在以麋鹿肉为生。在海岸边生活的三个多月里，猎手们捕获了131头麋鹿，以及20头鹿、一些海狸和水獭、一头浣熊。[3]德鲁亚尔是收获最丰的猎手，有时候一天可以捕获六头以上的麋鹿。1月12日，刘易斯写到德鲁亚尔在这一天捕获了七头麋鹿。他评论道："假如没有这名杰出猎手的努力，我几乎不知道我们该如何生存下去。"

尽管德鲁亚尔收获颇丰，猎物仍然不足以养活整个探险队。两位上尉用从克拉特索普人那儿买来的鱼干和植物根茎作为辅食。奇怪的是，尽管在密苏里河的航行中，两位上尉曾有过捕鱼的成功经验，但是他们很少派人出去捕鱼。很显然，印第安人的要价很高，而且探险队的货物也快耗尽了，但是没有人——包括萨卡嘉维阿在内——外出挖掘植物根茎。猎手们有时候会带回一些浆果。

偶尔，两位上尉可以买到一些狗。刘易斯相信狗肉是个好东西："当我们主要以这种动物的肉为食的时候，相比于离开野牛地区以来的时期，我们都要更健康、更强壮、身上肉更多。"幸好，队员们都非常喜欢狗肉；"在我看来，"刘易斯评论道，"我现在已经变得很乐于接受狗肉；我认为这是一种很不错的食物，相比于瘦鹿肉或瘦麋鹿肉，我更喜欢狗肉。"

在刘易斯恢复日志记录的同一天里，克拉克也开始逐字抄录刘易斯的日志。只要刘易斯还在继续记录，他就一直逐字抄录。但是在1月3日的这篇日志里，克拉克作了一个改动："在我看来，"他在这篇关于狗肉的日志结尾写道，"我仍然不能接受这种动物的味道。"

两位上尉之间其他的意见分歧中，也有一项是关于食物的。1月5日，制盐者带回了一份他们制成的盐的样本。“我们认为很棒、很优良、味道浓烈、洁白。”刘易斯写道，“对于我本人和探险队的绝大部分成员来说，这是一份馈赠……之所以说探险队的大部分成员，是因为我的朋友克拉克上尉宣称，用不用这些盐对他而言没有什么区别；但是在我看来，必须承认，盐的缺乏让我感到非常不方便。”

克拉克抄录了这段话，并加入了一段解释：“我不太在乎［盐］……我已经习惯对饮食毫不在意了。”

刘易斯指出，他不在乎吃什么种类的肉，只要肉上有脂肪，不论麋鹿肉、狗肉、马肉或者狼肉都行。他写道：“我已经学会了这么思考：如果弦足够强韧，可以将灵魂和肉体连接起来，那么物质的构成就不再重要了。”

在克拉特索普堡，将灵魂和肉体连接起来的弦就是麋鹿肉。日复一日，早餐和晚餐就是煮麋鹿肉、麋鹿肉干、前一餐饭剩下的麋鹿肉，以及更多的麋鹿肉。当有新鲜的烤麋鹿肉的时候，队员们就会大快朵颐。 327

但是，很少有新鲜的肉类，因为在冬天，猎手们必须扩大捕猎的范围。到了一月中旬，猎手们必须跑到距离克拉特索普堡数英里之外的地方捕猎。大家必须外出把肉运回来，这种运输常常需要花费数天。

肉类常常会匮乏。队员们常常要大量消耗鲜肉，对于稳定的肉类补给，刘易斯感到很担忧。他下令，此后所有的肉类都必须做成肉干，但是他很快就发现，队员们对肉干的消耗也很惊人。1月20日，探险队仅存三天的补给了。但是，他写道，“对我们的储备状况，没有人显得很担忧；这仅仅是因为习惯。近来，我们的补给频频降低到最低限度，有时候需要适当的节食，所以足够三天的补给并不会引起忧虑”。

无论如何，刘易斯写道，“我们的猎手的技能让大家感到一些宽慰。只要附近有猎物，不论它是什么类别的，我们都可以捉住它并杀死”。

刘易斯尝试过对麋鹿仁慈一些。1月29日，他记载称，他很享受“这种食物所带来的良好的健康状况”。毕竟这不是很糟糕：“在很大程度上，好胃口填补了对更多精美酱料或菜肴的需要；这让我对日常饮食不再那么提不起兴趣，我发现自己时常会询问厨师晚餐或者早餐是否已经做好了。”

1月10日，一个受欢迎的饮食改变出现了。四天前，克拉克领导11个人的小分队乘坐独木舟外出，去寻找被冲到制盐营地南边的鲸鱼。（此前，刘易斯曾提议由他来率领小分队；但他没有说明，为什么后来由克拉克接手了。）萨卡嘉维阿也在小分队中。在一个迷人的段落中，刘易斯解释了萨卡嘉维阿为什么会随小分队前往：“这个印第安女人一直坚持要随队前往，她的要求得到了准许；她说，她和我们一起走了这么远的路，就是为了看到海洋；现在还有一条巨大的鱼可以看，不让她去看是非常冷酷的……”

返回的时候，克拉克带回来300磅鲸脂和许多加仑提炼出来的油。他曾期望能得到更多，但是当他抵达的时候，鲸鱼的尸体已经只剩下躯壳了；他只能从本地人那儿购买这些东西带回来。

克拉克很失望，但是刘易斯非常满足。吃过饭之后，他的兴致很高，甚至说了一个小笑话。

他写道：“虽然分量很少，但是我们对它的评价很高。感谢命运之神将这头鲸鱼带给我们，我们认为他对我们远比对约拿仁慈：他将这头鲸鱼送来**供我们食用**，而不是像对待约拿那样，让鲸鱼**吃了我们**。”

很快，鲸脂和鲸油就被吃完了。饮食又变回了单调的麋鹿肉。2月7日，刘易斯写道：“这天晚上，我们享用了一顿晚餐。我认为这顿饭很棒，内容包括一块骨髓和一块水煮的麋鹿胸肉，胸肉上看起来还有
328 一些脂肪。这一天，克拉特索普堡里士气很高。”

到了2月末，太平洋细齿鲑，也就是蜡烛鱼开始大量出现。克拉特索普人用网捕获，将它们卖给探险队，并向队员们展示如何料理这些鱼（刘易斯称之为“凤尾鱼”）。每条蜡烛鱼大概有七英寸长；克拉特索普人的方法是，将鱼用木叉串起来，用火来烤。“它们的膘很厚，”刘易斯发现，“不需要加额外的酱汁，我认为它们比我此前吃过的任何鱼都要棒。”从那时起，直到他们离开，两位上尉尽可能地购买了所有买得起的蜡烛鱼。

监督队员们的工作以及与印第安人的贸易只占用了刘易斯一部分的时间。每天，他花费很多时间在书桌边，在他那潮湿、寒冷、呛人的营房里，在一支蜡烛的光照下书写日志。这几乎是一种苦行僧的状

态。但是在学识方面，他有了很大的提高，写的大多数内容都是科学性的。这些内容涉及植物学、动物学、地理学、人种学。在克拉特索 329
普堡的冬天里，刘易斯这些大量的记载，对于知识做出了不可估量的贡献。

他的日志里记录最多的内容是关于植物学的，一部分原因是因为在西北太平洋地区，树木和灌木的生长速度极为惊人，一部分原因是因为植物学是杰斐逊最喜欢的科学研究。

杰斐逊认为，相比于植物学家的身份，刘易斯在动物学方面做得更好。刘易斯对他的判断表示赞同。1806 年 2 月 4 日，在写到克拉特索普堡附近的冷杉树的时候，刘易斯曾以这种方式表达了歉意：“在我

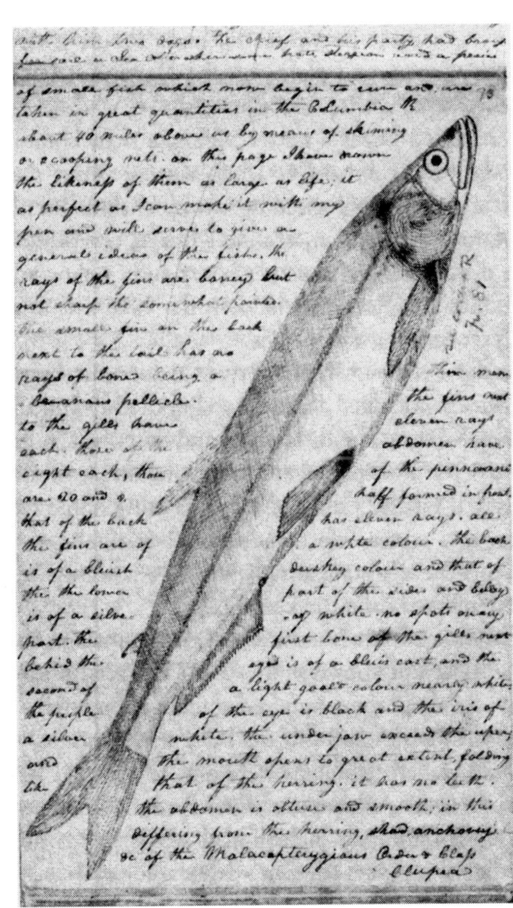

刘易斯在日志中描绘的一条蜡烛鱼（Courtesy American Philosophical Society）

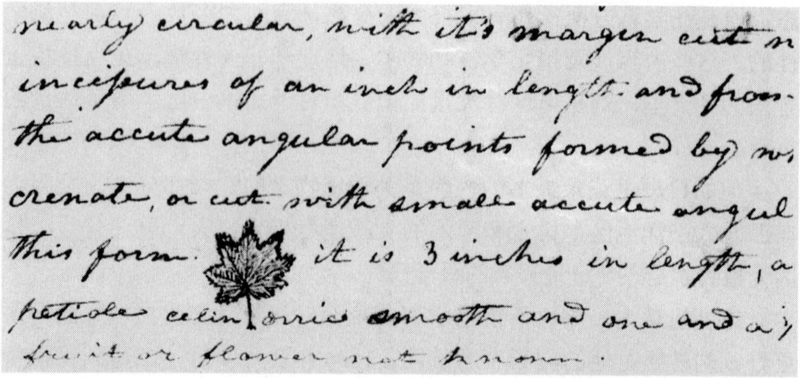
nearly circular, with it's margin cut in
incisures of an inch in length and from
the accute angular points formed by
crenate, or cut with small accute angul
this form it is 3 inches in length, a
petiole celindric smooth and one and a
fruit or flower not known.

刘易斯在日志中描绘的一片枫叶（Courtesy American Philosophical Society）

微薄的植物学技能允许的范围内，我将尽可能地描述［它们］。”但是，他在这两个领域的技能都足以让他对许多此前未知的动植物做出准确、完整的描述，以至于现代的植物学家和动物学家都可以毫不费力地辨别出这些物种。

刘易斯极少使用拉丁文衍生的植物学分类词汇，但是他的知识范围涵盖了至少 200 个植物学的专有英文词汇。在克拉特索普堡，他发现并细致地描述了（常常是用数百个单词）十种新的植物和树木，其中包括美丽的北美云杉。他采集、标注并保存了大量的植物、叶片和球果，将它们带回给了杰斐逊。通过持续比较在西海岸的所见和记忆中在东海岸的所见，他证明了这些植物和它们在东部的类似物种的相似性。[4]

杰斐逊曾命令刘易斯“大体地”观察“这些地区的动物，特别是那些在美国境内没有的动物”。刘易斯忠实执行了这个命令。在那个冬天，他总共记录了大概 100 种动物——35 种哺乳动物、50 种鸟类、10 种爬行动物和鱼类以及 5 种无脊椎动物。在这些动物中，11 种鸟、2 种鱼和 11 种哺乳类动物是科学上的新物种。在经典研究文献《刘易斯和克拉克：博物学先驱》（*Lewis and Clark: Pioneering Naturalists*）中，保罗·罗素·卡特赖特指出，尽管在对新发现的鸟类的描述中，刘易斯只使用了最低限度的专有词汇，但是“在色彩、翅膀形状、尾羽的数量和长度、虹膜色彩以及注解方面，他仍然提供了充足的数据”。[5]

330 从印第安人如何烹制鱼和植物根茎，到他们如何制作独木舟，对于这些事情的完成方式，刘易斯也进行了细致的描述。1月7日，德鲁亚尔带回一只肥胖的海狸（最受欢迎的食物），刘易斯向他询问了如何准备蓖麻，或者说是诱饵，以制作陷阱。他使用了超过500个单词来描述德鲁亚尔向他解释的过程。现在，人们依然可以根据刘易斯的描述来摆放蓖麻，并正确地布置在陷阱里。

刘易斯所描绘的一些动物是他在山里遇到的，并非哥伦比亚河下游地区的动物；举例来说，他记录了富兰克林松鸡，据他说在离开山区之后，他就再也没有见过这种动物。这也表明，穿越内兹帕斯山径的时候他并没有记日志。

因为没有在探险队里安置一名训练有素的博物学家，杰斐逊备受批评。但是唐纳德·杰克逊不认为这有什么问题。他问道："如果有一名植物学家，那么为什么不也派一名动物学家，或者一名地理学家？在那之后，政府也可以派出这样的专家；现在的问题是，要让少数人抵达太平洋再返回，其间不受到非必要设备的拖累，并且这些人还要有足够的智慧来辨识并采集当地的自然资源，但是并不需要他们对这些资源进行评估。"[6]

卡特赖特谈得更深入："刘易斯拥有那些博物学者常常缺乏的本领，特别是他有一种杰出的、与生俱来的观察能力，一种广泛的、无所不包的兴趣，以及一种客观的、系统的、哲学的理解自然世界的方式。没有什么可以对刘易斯（作为植物学家）的自我评价做出反驳，也没有什么可以贬低其他的评价，没有什么比他自己那丰富的写作内容更有说服力……在当时的时代背景下，刘易斯是一位异乎寻常的、有能力的博物学者；相比于同时代的科学家，他的态度和看法与20世纪的科学家更为一致。"[7]

刘易斯描述鸟类、植物、动物和方法的时候，克拉克正在忙于制作地图，地图的内容涵盖了从曼丹堡到克拉特索普堡的地区。2月11日，他完成了这份地图，这对于整个世界的认知做出了不可估量的贡献。与他此前绘制的密苏里河下游地区的地图一起，这些地图第一次将美洲西部联系在了一起。

这份地图是克拉克的作品，但是涉及两位上尉之间的大量讨论。在两个月的时间里，他们讨论了亲眼所见的和从印第安人那儿了解来的内容。在地理学家约翰·洛根·艾伦看来，其结果导致了“他们在太平洋的冬天里完成的重要成果”。[8]

2月14日，在与克拉克仔细检查了完整的地图之后的第三天，刘易斯写道：“现在我们发现，我们已经找到了横贯北美大陆的最可行的、可通航的通道。”

这条几乎有点得意扬扬的记录，隐藏了一个极大的失望。刘易斯和克拉克探险所得出的真正最重要的信息是，事实上并不存在一条横贯大陆的全水路通道。从密苏里河到哥伦比亚河之间并不存在短程运
331 输的途径。艾伦写道：“对通往印度的通道这一自马凯特以来美洲西北部所有形象的代表的否定，是刘易斯和克拉克探险所带来的地理学知识引起的一次最伟大的变革。”[9]

最佳的路径也远达不到杰斐逊的期望。当刘易斯和杰斐逊在次年会面的时候，这将是他对杰斐逊的第一个问题做出的回答。

抛开个人感受，杰斐逊还将不得不付出一定的政治代价。把守在密苏里河上的苏族人，以及根本不存在的横贯大陆的全水路通道，联邦党人将会以此为借口嘲笑路易斯安那购买。

在克拉特索普堡，就如何传达这些消息，刘易斯开始进行演练。最佳路线的相关事宜可以作为一个良好的开头。进而，正如杰斐逊所期待的那样，他主张这条最佳路线是逆密苏里河而上再顺哥伦比亚河而下，这就是探险队所走过的路线（除了肖松尼族人和内兹帕斯族人告诉两位上尉的位于山口和大瀑布的两处捷径；他们打算在返回途中探索这两条捷径）。关于翻越比特鲁特山脉，刘易斯解释称，印第安人的信息使他相信，无论向北还是向南都无法找到一条比内兹帕斯山径更好的通道。他记录了这条通道的长度是184英里，未作任何评论。

这不算是一条最佳路线，但是地理学的现实并不会因为人们美好的愿望而改变。在一封鲜为人知的、日期为1806年9月29日的信件中，* 刘易斯表现出了比在克拉特索普堡记录日志时对现实更清醒的认识。在信中他写道：他“毫不犹豫地声称并宣布”，探险队在发现“最

* 这封信是刘易斯以报告总结的形式写的，很显然，这是刘易斯写给约翰·海先生的，用作抄录和分发。海是一名商人，也是圣路易斯的一名小文官，为探险队提供过相当多的帮助。刘易斯喜欢他，而且很尊重他，后来还推荐他担任一个联邦职位。海似乎为这份长文件做了一些副本，并广泛分发。关于此事的细节，参见杰克逊的《信件集》，第一卷，第156—157页、第343页。——作者注

neck 7½ inches, do. of body
ches; do. of leg 9 inche
4½/10
a po
of de
abo
ed occupyed eye
meter of the neck
rt. of the with
is uncovered
t. portion of it represented by do
is composed of 12 feathers of equ

依照顺时针方向，依次是刘易斯在日志中描绘的鳟鱼、秃鹫、黑雁和海鸥（Courtesy American Philosophical Society） 332

可行的路径”方面已经获得了“彻底的成功”；但是此后，他加上了关键性的限定语：“在大自然所能允许的前提下。”[10]

对于启蒙时代的人们而言，大自然是不可抗争的。对于梦想的终结，杰斐逊肯定会感到不悦，但能够得知真相还是让他感到高兴。事实是，杰斐逊将不得不永远放弃一切对于落基山脉和阿巴拉契亚山脉的比较。

在克拉特索普堡，在他那草草凿成的书桌边，坐在草草凿成的凳子上，刘易斯可以想象出在总统官邸，他坐在会客厅里向杰斐逊汇报的场景。他可以想象出杰斐逊听着这些消息，点头、接受现实，并已经开始考虑如何应对这些新发现的现实。

刘易斯可以猜想，在获得了一些细节之后，杰斐逊可能会询问贸易的可能性。美国人可以在哥伦比亚河河口建立贸易点吗？他们可以
333 从英国人那里接管有着惊人利润的与东方的毛皮贸易吗？刘易斯正在制订计划来实现这些目标，但是这个计划还不成熟。他透露了计划的一部分，指出落基山脉两边的土著那里都有大量的廉价马匹：“对于那些可能会在此后尝试通过哥伦比亚河和太平洋与东印度群岛进行毛皮贸易的人来说，这将是极大的优势。”

在这条路径上，可以从不与英国人接触的部落那里获得稳定的马匹来源，从而克服漫长的陆路运输的困难。他对肖松尼族人、内兹帕斯族人和其他部落所持有的马匹数量进行了统计：“这些部落享受着这些性情温顺、数量丰富并且颇有价值的动物所带来的好处。”

在开始前往印度群岛的旅程之前，英国人必须将他们的毛皮从圣劳伦斯运往伦敦。如果有人可以解决在哥伦比亚河建立贸易点的问题，并想到办法将毛皮从加拿大和北美大平原运往这个贸易点，美国商人将比他们的英国对手节约一年的时间。刘易斯继续考虑着这个更大的问题。

但是，假如刘易斯和探险队没能返回，他将无法面对面地向杰斐逊汇报。就此，他也相应地作了准备。他检查了补给，特别是步枪和弹药：“现在我们只希望，在长达4000英里的穿越一片全是野蛮人居住的地区的旅程中，我们可以生存并做好防御。”他发现补给很充分，并且很高兴能想出“用铅来储藏火药的权宜之计”。这些铅筒历经艰

险，但是“基本完好”。其中的火药还是很干燥。鹿皮鞋正在制作中。步枪都井然有序，这多亏了约翰·希尔兹的才能。

刘易斯曾决定在克拉特索普堡待到4月1日，但是在3月5日，他暗示想提前出发。一个原因是，如同所有人一样，他想离开这个地方。另一个原因是，麋鹿离克拉特索普堡越来越远，这使得生存变得更为艰难。

到了3月中旬，刘易斯将3月20日定为出发日。但是，最终还是没能在这个日子出发，因为风太大，他们不敢尝试在河上行船。利用这个机会，刘易斯和克拉特索普堡道别。他的陈述客观而冷静，只是有一些怀旧：“在克拉特索普堡的这个冬天，我们的生活并不宽裕，但还是如期待的那样舒适；我们也完成了在此处该完成的每一项目标……”

在作离开的准备时，刘易斯外出购买了几只土著的独木舟，用于逆流前往那些水位最浅的瀑布。3月14日，他与一名克拉特索普人就“一只一般的独木舟”讨价还价；刘易斯认为船的价格“高于我们所能付出的商品。我提出给他我的饰有缎带的军外套，但是他不愿意交换”。 334

此时的探险队非常贫穷，濒临破产。“两块方巾无法包裹住我们所拥有的全部小商品。”刘易斯在3月16日如此抱怨，“我们的库存是六条蓝色长袍……一件炮兵军装和一顶军帽，五件由我们的大旗帜制成的长袍”，以及一些缎带。

他明白，“我们将完全依赖这些库存，尽可能地从印第安人那儿购买马匹和生存必需品”。

仔细考虑之后，他补充道：“就所面临的旅程而言，我们可以依仗的商品很不足。”

但是，假如探险队连哥伦比亚河上的瀑布都无法抵达，就根本谈不上翻越山脉这件事，而要抵达瀑布，刘易斯需要印第安人的独木舟。3月17日，刘易斯派德鲁亚尔带着他珍爱的外套去和独木舟的印第安主人作了交换。他在日志中抱怨印第安人过于看重独木舟，并说“我认为美国政府欠我一件外套，因为我用于解决此事的那件外套还没怎么磨损”。

穷困和对于另一只独木舟的强烈需求让他陷入一种恶劣而不顾一

切的境地。他作了一个决定，并想出理由来粉饰这个决定："我们还需要一只独木舟，但是克拉特索普人开出的价格超过了我们的承受能力，我们决定从他们那儿拿走一只，以补偿他们在冬天从我们这儿偷走的六头麋鹿。"他没有指出，克拉特索普人已经用狗清偿了偷走的麋鹿。

3 月 18 日，他们拿走了独木舟。刘易斯没有记录此事，但是奥德韦中士在他的日志中作了记录：四个人"穿过草原去到海岸边"取回了一只独木舟，"因为我们需要它"。将独木舟带回克拉特索普堡的时候，他们发现科博韦酋长正在堡里，于是将它藏了起来。刘易斯承认，对科博韦的欺骗"有一些尴尬"。他赠予酋长"一份证书表彰酋长在探险队在此居住期间的良好行为和与探险队之间的友好关系"，以此掩饰了他的恶行。

詹姆斯·龙达正确地将此描述为"一个关于欺骗和背叛友谊的卑鄙故事……我们可以称其为犯罪，最好的描述也就是一个糟糕的判断上的疏忽……将刘易斯和克拉克与埃尔南多·德索托以及弗朗西斯科·皮萨罗这样的探险者区分开的重要品质就是诚实，但是这一点已经有了瑕疵"。[11]

刘易斯感到别无选择。可能他是对的。可能探险队的穷困确实使他无法正常购买。克拉特索普人肯定愿意用一只独木舟来换取一支步枪和一些弹药，但是给土著步枪这一行为会破坏一个决定性原则——这和偷窃独木舟是一样的结果。刘易斯选择了偷窃。

科博韦 3 月 18 日来访的时候，刘易斯给了他一份探险队成员的名单（也给了在那天一同来访的酋长们一些副本）。他在自己的营房里也贴了一份名单副本，在前言中他解释道："列出这份名单的目的是，
335 通过那些可能看到这份名单的文明人而让全世界知道，这支探险队由［有名有姓的］人组成，由美国政府于 1804 年 5 月派出，目的在于探索北美大陆的内陆；他们穿越了北美大陆……抵达了太平洋。"在名单的背面，克拉克添加了一份手绘的密苏里河和哥伦比亚河的地图。

刘易斯感到，通过克拉特索普人将日志副本转给一艘贸易船，再由这艘船将日志副本送往华盛顿的概率实在是太小了，他不能冒这个险。同样，杰斐逊所构想的，派一两个人带着日志和报告副本乘坐贸易船返回的概率也非常小。"我们队伍的规模太小了，以致无法考虑让

任何人通过海路回到美国。”刘易斯写道，“特别是，在返回的途中我们必须分成三四个小分队，以达成我们所考虑的［探索其他路径的］目的。”无论如何，让一个必须先环绕地球然后才能抵达美国东海岸的商人比两位上尉更早地抵达东海岸，这几乎是不可能的。而且，在这个地区并没有船；留下两个队员，让他们等待很快会到来的船只，这太不实际了。

3 月 22 日，风暴开始减弱，探险队准备好在早晨乘船出发。那一天，科博韦前来进行离别探访。刘易斯将“我们的房子和家具”送给了他，尽管他在此时别无选择，这个举动仍然是很慷慨的。他在日志中提到了科博韦：他将乘坐独木舟离开，“相比于附近的其他印第安人，他对我们一直很宽容、热情、友好”。

接下来，他写下了在克拉特索普堡这个潮湿而漫长冬季的最后一段话。这段话很应景，是关于植物学的：“黑越橘树上萌发的树叶让我们想起春天。”那是弗吉尼亚的春天，他想要在 1807 年的树叶萌发的时候回到弗吉尼亚。 336

第二十七章

作为人种学学者的刘易斯：克拉特索普人和奇努克族人

在克拉特索普堡，刘易斯的生物学成果和克拉克的地理学成果都很重要，但是刘易斯的人种学研究甚至更有价值。他用大量细节辛苦描绘的植物、动物和山川中的绝大多数，至今我们仍然能够看到，可是沿海印第安人已经消失了。在刘易斯和克拉克抵达之前，他们已经因为两场天花的肆虐而消亡殆尽，而此后由于1825—1826年之间的疟疾疫情，克拉特索普人和奇努克族人遭遇了极其严重的大面积死亡。他们中少数的幸存者与白人混合，因而他们的很多文化都消失了。在1805—1806年冬天的那一代人中，曾经繁荣的奇努克族人已经几乎绝迹了。刘易斯首次对这个部落进行了描述，对于全世界而言，这也是迄今为止最完整的描述。[1]

他每日都通过听、说、看来作人种学研究。他制作了词汇表。他描述了见闻。他花了很多时间来访问克拉特索普人和奇努克族人，了解他们的生活方式。

对话是很困难的。平原印第安人的手语并不适用于沿海印第安人，他们只学会了极少的奇努克族单词，而印第安人所理解的英语也极为有限。1806年1月9日，刘易斯记载称，他们会使用诸如“蚊子、火药、射击、刀子、锉刀、该死的坏蛋、婊子养的之类的”词汇。他们会的单词数量并不多。萨卡嘉维阿也无法为奇努克族人作翻译。

在这种情况下，刘易斯尽了最大的努力。他也抱怨无法深入涉及诸如信仰或政治一类的话题，但是，他对于沿海印第安人的描述虽不完整，仍然是丰富而迷人的。

沿海印第安人并不像美国人（除了海船船长和水手们）此前遇到过的那些印第安人。刘易斯在1月4日记载称，在他最初的一系列观察中，他们是“温和而没有攻击性的一群人，但是会偷窃”。他们“在贸易中是很棒的卖家”，这是由于他们常常会与贸易船接触。但是，假如买家没有和印第安卖家达成交易，那么印第安人会带着更低的价格于次日再来。有时候，他们会“因为一件令他们喜爱的、不值钱的小玩意”而出售一件宝贵的物品。

刘易斯完全不赞同这种方式，但是在试图从印第安人那里获益的时候，他必须容忍他们。在他看来，导致这种方式的原因是“一种贪
婪的性格”（1月6日）。但是，这也有一些可取之处。同样是在1月6 337
日，刘易斯对印第安人的描述是“唠叨而爱打听；他们记性好，一直向我们重复着很多船长和商人的名字”。对于两位上尉而言，这都可能是很有用的信息；他们制作了一份名单，列举了船只以及那些常在哥伦比亚河河口进行贸易的船长们的名字。*

在生理上，刘易斯发现土著“普遍体形不高，相应地身体很小……相比于密苏里河流域的印第安人，他们的体形更差”。他们有着“厚实而宽阔的平足、粗大的脚踝、罗圈腿、厚嘴唇、比较大的鼻子，［他们］丰满、手足宽大、鼻孔很大，［有着］黑眼珠和黑色的粗发”（3月19日）。他们将妇女的脚踝裹住，以使腿部增大，对于他们而言，这是一种美的标志。他们常常蹲着而不是坐着，这有助于让腿部鼓起。他们通过用两块板子压迫婴孩的头部来把头压扁。

他们总是赤足，女人们和男人们一样，都只遮住腰部以上的身体。这样做是有原因的，刘易斯留意记下了这个原因：他们生活的地区潮湿但温和，在大多数时间里，他们要在齐腰深的水里上下独木舟。刘易斯记录称，他可以凭借目测来为每个来到堡里的人进行性病检查。他细致地描述了他们的斗篷、皮衣、帽子和装饰物，接着写出了最终的、严厉的评判：“我认为我见到的最恶心的东西就是这些肮脏的裸体女人。”（3月19日）

* 今日研究毛皮贸易的历史学家们还在使用这份名单。——作者注

此时，对于一位弗吉尼亚绅士而言，最尴尬的事情就是看着一群完全无遮蔽的男女蹲在他的面前；刘易斯可以克服恶心，并指出克拉特索普人和奇努克族人的各种正面特点。他们建造坚固的木屋，这些房子有 20 英尺宽，长度可以达到 60 英尺，被分成很多间以供大家庭居住。他们在屋子中间生火，睡在搭建于地面的木板上，用烟熏干鱼和肉。他们用木碗和木勺吃饭，用编织的篮子来存放食物。

他们的弓比较短，只有 2.5 英尺长，但是“非常简洁，非常有弹性”。这些弓很适合猎取小型猎物和鱼，但是捕猎麋鹿效果不好。刘易斯在 1 月 15 日写道：“到这里以来，我们所猎杀的很多麋鹿身上都有这种箭留下的伤口，带着倒钩的一截箭就留在动物身上，长在肉里。”

他们没有步枪，仅有的火器“都很老旧，是美国人和英国人所抛弃的滑膛枪，修好后被用于交易……这些枪都不成样子”（1 月 30 日）。因此，他们猎取麋鹿的主要方式就是使用陷阱或陷坑。

他们的帽子设计精巧。帽子是圆锥体的，用紧密编织在一起的雪松树皮和旱叶草（通过和上游的印第安人交易获得）制成，帽子上还有下巴托用于固定。帽子的形状“可以非常有效地让雨水下落”，刘易
338 斯在 1 月 30 日记载道。他和克拉克发现，这些帽子非常引人注目而且非常实用，所以他们从一名克拉特索普女人那儿定做了两顶。完工的时候，刘易斯记录称，这些帽子“非常合适”，令他们非常满意，所以两位上尉为每个队员都购置了一顶。刘易斯记录称，这种帽子的风格“在 1800 年和 1801 年的美国和英国都非常流行”。

他们的独木舟比刘易斯或克拉克所见过的所有独木舟都好。“我见过土著在海岸边乘坐这些独木舟安全地破浪而行，很显然他们一点儿也不担心，而我曾认为，在这种情况下，任何这种规模的船只都不可能坚持一分钟。”刘易斯在 2 月 1 日记载道。一些更大型的独木舟可以达到 55 英尺长，运载 5 吨重的货物或者 30 个人。这些船上“都上过蜡，涂着油彩，在船头和船尾都装饰着奇特的雕像”。这些船的桨也设计得非常巧妙。他们仅用插在一块作为把手的木头里的旧凿子将整艘船凿出来。“人们会以为，用这样一种工具制作这样一只大型独木舟会花费数年的时间。”刘易斯写道，但是令他惊讶的是，“这些人在几周内就能做好一只”。

这给刘易斯留下了极其深刻的印象，以至于他像以往那样赞美了

克拉特索普人和奇努克族人。他在 2 月 22 日写道：这些独木舟，以及“这些人的木工、雕工和这些帽子，他们的防水篮子，都表现出一种在美洲土著中绝无仅有的精巧”。

“他们通常很愉快，但并非无忧无虑。”刘易斯通过观察得出结论。他描述了他们的游戏精神和好赌性格，但是很显然，他没有看到舞蹈或者庆祝仪式。作为娱乐，他发现他们“都非常喜欢吸烟”。他们吸气很深，将烟吸进肺里，“直到再吸不进烟气之时，通过鼻子和嘴将这些烟喷出很远”。刘易斯毫不怀疑，这种吸烟方式使烟草“更为让人兴奋”。他相信，“他们在最大程度上享受到了［烟草的］优点”。

刘易斯认为，“这些人好像并不懂得饮用酒精饮料，他们从没跟我们讨要过酒”。他估计，商船的船长们从未用威士忌交换过毛皮，“对于土著本身而言，对于那些访问他们的白人们的安静和安全而言，这都是件幸运的事情”。

他们是和平的人，相互之间从没有争斗，也不和外族交战。“他们之间似乎存在着极大的和谐。”刘易斯在 1 月 19 日写道。他们的酋长不是世袭的。一个酋长的“权威或者别人对他的敬意与他从族人中获得的名气或自发的尊重相符”。他的权力“仅止于训斥那些有着不当行为的个人”。他们的法律由“源自当地情况的一系列习俗”构成。 339

从落基山脉到夏威夷群岛再到东方，这是一个庞大的贸易帝国，而身处哥伦比亚河河口的奇努克族印第安人就位于这个庞大贸易帝国的中心。刘易斯非常敏锐地对这个庞大帝国的运作产生了兴趣，并尽可能地作了很多相关的询问。

他了解到，“这条河上的土著们一直在进行贸易，每一个村落都和位于他们上下游的邻居们交换一些物品；因此，白人们在河流入口处叫卖的那些物品，可以一直追溯到居住在河边的最遥远的部族那里”（1 月 11 日）。

于 4 月来到哥伦比亚河的商船会一直待到 10 月才离开。白人们不会上岸建立贸易点；土著们则会乘坐独木舟去找他们，带上毛皮和其他物品进行物物交换。这些商船会停泊在今日的贝克湾，这里“开阔而宽敞，除了刮南风和西南风的时候，这里非常安全……新鲜的水源和木材都在附近，而且有非常适合改造和修理船只的木材”（1月13日）。

没有哪只帆船可以在一年内从伦敦或波士顿航行到太平洋西北部，这让刘易斯得出了这样的推论：在海岸南部到西南方，一定会有一个贸易点，或者太平洋上会有一些小岛。他对于贸易点的推论是错误的，但是对于岛屿的推论是正确的。他不知道这些岛屿的存在，但是贸易基地确实是在夏威夷。

对于印第安部落如何对待他们的女人们这件事，刘易斯一直很感兴趣。他一直在对不同部落作比较，从来没有将弗吉尼亚农场主和他们的女人们之间的关系与印第安男人们和印第安女性之间的关系作比较，更不必说拿奴隶主和女奴之间的关系来作比较了。

他首先记述称，即使有女性在场，印第安人也会毫无顾忌地谈论女人们，谈论“女人们的每一个部位，以及那些最亲昵的男女关系”。他们并不很看重女性的贞操，“甚至会让自己的妻子们或者女儿们去卖淫，以换取一枚鱼钩或者一串玻璃珠”。与其他的印第安人一样，这里的女人们要做全部的家务，但是与其他部落不同的是，奇努克族的男人们也会分担一些苦活。甚至更令刘易斯吃惊的是，“尽管对他们而言，女人们像奴仆一样，但是相比于其他的印第安部族，在很多方面，[男人们] 更为尊重女人们的判断和意见；女人们可以在他们面前自由地表达，有时候她们似乎可以用权威的语气来下达命令”。

相比于平原印第安人，这里的老人们受到更多的敬重，根据刘易斯的判断，这是因为奇努克族中的老人们对于谋生是有所贡献的。这个观察让他沉浸于一个哲学观点。“对我来说，相较于人类心中其他的那些强烈感情，孝道的纽带显得尤为脆弱。”他写道。就刘易斯的认知来看，美国人让老人过上舒适和安逸的生活，这种行为是文明的产物，
340 而不是人性的结果。

至于平原印第安人，当他们的老人由于年龄而不再能狩猎和跋涉的时候，孩子们“就会毫无内疚或悔恨地将他们抛下；在这种情况下，孩子们通常会在他们身边放一小块肉和一盘水，以安慰的语气告诉这些老迈的可怜人，他们已经活得足够久了，应该死去，去找那些能够更好地照料他们的亲戚”（1月6日）。

克拉克抄录这段话的时候，想起去年冬天在曼丹族人那里经历的事情。一个老人向他索要一些可以减缓背痛的东西。“他的孙子，一个年轻人制止了老人，说这不值得，已经是时候让老人去死了。”

奇努克族人将族里死去的人葬在独木舟里。独木舟会被放置在一个架子上，同时还有一支船桨、毛皮、食具和其他的物品。随后，一只更大的独木舟将会被盖在这只用作棺材的独木舟上，并用绳索固定。“我对他们的语言的了解不足以让我询问关于他们的宗教观的问题，”刘易斯惋惜道，“但是，从他们将各类物品和死者放在一起的方法来推断，他们相信有来世。”

很显然，假如没有克拉特索普人和奇努克族人，探险队是无法在海岸边度过这个冬天的，但是刘易斯从未承认这一点。克拉特索普人和奇努克族人提供了宝贵的信息——哪儿有麋鹿、鲸鱼在岸上的什么地方、商船的船长们是谁、他们将在何时到来，还提供了至关重要的食物补给。多亏了原住民的渔猎技术和采集植物根茎的技术，美国人才生存下来。

刘易斯称他们为野蛮人，但是，人数上占据优势的他们从未以动用武力进行威胁，更不用说做出暴力举动。他们的外貌让刘易斯厌恶。他谴责他们的偷窃行为和性道德，以及他们狡猾的贸易方式。除了建造独木舟、制帽和木工的技能，刘易斯认为他们毫无可取之处。

然而，相较于美国人，这些没有步枪的克拉特索普人和奇努克族人在西北太平洋的海岸边的生活要好得多。他们对生存环境的掌控远超探险队的成员们所能做到的。他们利用的资源都是可再生的，而美国人仅用了三个月就射杀了周围所有的麋鹿。随着春天的到来，探险队除了离开别无选择。土著们继续待在这里，依靠着西北太平洋的丰富资源继续繁衍生息，直到感染上了白人带来的传染病。 341

第二十八章

杰斐逊和西部

1804—1806 年

从 1804 年春天开始，直到 1805 年的夏天，杰斐逊总统都无法与刘易斯进行直接的交流。那个时代的人们可以忍受这种牵挂。杰斐逊很想知道关于探险队的安全、进展和发现之类的情况，但是他对此无能为力。他无法下达任何命令，无法发出任何警示，也无法就任何决定进行商议。他只能等待着，期盼着。

1804 年 7 月，杰斐逊从对探险队的投资中获得了第一笔回报。一个 14 人的奥萨格族印第安人代表团抵达了华盛顿，他们来自今日的密苏里地区，是被刘易斯说服，于 4 月启程前往华盛顿的。

斯托达德上尉作了主要的安排。马匹、食物、遮蔽物、作为向导并负责安全的士兵，这让此次行程的成本变得很高昂，但是一贯吝啬的总统认为，这是一次很好的投资。他在给陆军部部长迪尔伯恩的信中写道："事实就是，正如苏族是密苏里河北岸的伟大部族一样，[奥萨格族] 是密苏里河南岸的伟大部族，他们控制的地区从密苏里河南部一直延伸到雷德河。我们必须同这些强有力的部族保持一致，因为在他们的地区我们的实力非常孱弱。"

奥萨格族的代表们是于 7 月 11 日抵达的，这一天恰好是伯尔和汉密尔顿在威霍肯决斗的日子。这些奥萨格族人给杰斐逊留下了极为深刻的印象："他们是我们所见过的最出色的人。"他说，他们都很高大，而且还提到对于他们不习惯饮用酒精饮料这一点表示很赞赏。

他希望通过贿赂和威胁双管齐下的办法赢得奥萨格人的忠诚，这也是美国人对于印第安人的传统政策。“我们不仅要让他们记住我们的公正和慷慨，”他写道，“还要用武力来震慑他们。”[1]

作为翻译和行程的总负责人，圣路易斯的商人兼刘易斯的朋友皮埃尔·舒托陪同奥萨格族代表团一起来到了华盛顿。舒托盯上了获利的最大机会；他与财政部长艾伯特·加勒廷会了面，加勒廷是这么评价他的：“他显得让人很有好感，但是他想要获得的是权力和金钱。”
舒托想要垄断与密西西比河西部印第安人的贸易。“我告诉他这是得不 342
到允许的。他最后的要求就是与奥萨格族的专有贸易权……鉴于他可能会有用，也可能是危险人物，我没有完全拒绝……”[2]

在经营权变更的情况下，边境商人们之间关于与印第安人贸易权的紧张竞争就这么继续着。舒托家族以及曼努埃尔·莉萨、约瑟夫·罗比杜和其他人，都已经很善于讨好腐败的西班牙官僚们，以此换取宝贵的与西部部落的贸易许可证。这很自然：与西部部落的贸易，是泛密西西比河西部地区最直接也是截至当时利润最大的财富来源。

对于印第安人的来访有一套惯例：他们首先被带去城市（费城、纽约、波士顿），安排一些加农炮的射击让他们开开眼界；在阅兵之后，让他们拜访总统。

在总统官邸，杰斐逊对奥萨格族人发表的演说并不出人意料。在向他们宣布自己是他们的新领袖之后，杰斐逊说道：“你们有我们想要的毛皮制品和生皮，而我们有你们想要的有用的东西。”但是，在美国进一步了解奥萨格族和他们的领地之前，互利互惠的贸易是无法开展的。“为了这个目的，亲爱的刘易斯上尉，我家里的一员，被我派去了解关于你们的事情。现在你们和我们已经联合起来了，刘易斯的前往是为了让你们知道我们是你们的朋友，为了邀请你们来看看我们，为了告诉你们我们对于你们是多么有益。”

刘易斯返回的时候，“我们会听到他的见闻和他了解到的情况，我们将会前往红皮肤兄弟们所认为的最好地点去建立贸易站，和他们交换商品”。

杰斐逊接下来的讲话几乎就是一首诗：“自我们的先辈破海而来，已经历时久远，我们已经失去了那段记忆。正如你们一样，我们仿佛也是生于斯长于斯……此时我们已是同胞，生于同一片土地，必须情同手足；那些从大洋之外来的陌生人将从我们中间离开。伟大的神灵给了你们力量，也给了我们力量；这力量不是让我们用来伤害彼此的，而是为了让我们尽全力彼此相助。”他总结道：“我们的民族将永不辜负你们。”[3]

（两周之后，在 1000 英里外的西部，在对奥托族的演说中，刘易斯表达了同样的观点，并说服了酋长“小神偷”、另外两名奥托族人、三名波尼族人和一名密苏里族人前去访问杰斐逊总统。）

1804 年秋天，奥萨格族代表团回到了圣路易斯，并经由圣路易斯回到了他们位于欧塞奇河边的家。詹姆斯 · 布拉夫少校此时已经接替斯托达德上尉，成为新建立的上路易斯安那机构的指挥官；根据他的记载，奥萨格族人由于获得的礼物和受到的关注，“都在吹嘘他们比其他部族要优秀得多”。[4]

在这一年秋天，杰斐逊开始收到容易引起误解的、有关刘易斯的进展的报告。11 月 6 日，他在给鲁本 · 刘易斯的信中写道：“我非常高
343 兴地告诉你，最近我们从一个非常可靠的渠道获悉，* 他 [刘易斯] 8 月 4 日在位于密苏里河上游 600 英里的普拉特河河口……有两名他的队员做了逃兵。”提供消息的人称，刘易斯的计划是在冬天到来前派一只船和一半的人手返回圣路易斯。在春天，他将会把剩余人员中的一半留在曼丹堡，让他们种植谷物以供返回时食用；他将和剩余的人一起穿越落基山脉，前往太平洋。

这条消息很粗略，其中只有一半的内容是真实的，但是聊胜于无。一贯很体贴的杰斐逊将此消息转给了刘易斯的弟弟鲁本，这样他或许会告诉母亲她的长子目前安然无恙。[5]

11 月 5 日，布拉夫少校传来了一份更混乱的报告；这是他在圣路易斯从一些法国猎人那儿得来的，那年夏天，这些猎人就在密苏里河上。他们告诉布拉夫，“两名 [刘易斯的] 水手逃跑了……其他人也很不满，并对严格的纪律有怨言。但是，我并不倾向于**完全**相信他们的陈述，因为他们所汇报的其他一些不利情况肯定不是真的，比如两位

* 这个渠道至今还是个谜。唐纳德 · 杰克逊认为，是一个为奥托族（刚刚与刘易斯交谈过的）做翻译的人带着消息来到了圣路易斯。——作者注

上尉之间的分歧”。[6]

这一点确实太令人无法相信了。我们可以认为，杰斐逊也和布拉夫一样，怀疑两位上尉之间产生分歧的可能性。但是，这是杰斐逊得到的仅有的消息，直到1805年夏天，沃菲因顿下士乘坐平底货船抵达了圣路易斯，并从圣路易斯向华盛顿寄出了两位上尉的报告、地图和标本。

因为现实原因，刘易斯和克拉克如同哥伦布一样，几乎与文明世界完全隔绝。甚至，被派去寻找他们的经验丰富的士兵分队也一无所获。

之所以对刘易斯进行搜寻，是因为美国陆军的主要将领是一名秘密的西班牙间谍，他的代号是“13号特工”。詹姆斯·威尔金森（生于1757年）是一个卑劣的人物，也是一个传奇人物。作为一名参加了独立战争的军官，他也参与了康韦阴谋（一个试图取代华盛顿的集团）；从那时起，直到1825年去世，他都积极参与各种阴谋。他有魅力、不受道德约束、狡猾，是个敢于冒险的人，还是一名双面间谍。正如唐纳德·杰克逊所写的，“没有人真正知道，在任何给定时刻，威尔金森到底是在为美国做事还是为西班牙做事，或者说情况常常就是，他是为了对权力和金钱的贪婪在做事”。[7]

他背叛了华盛顿；他背叛了上级安东尼·韦恩将军，暗中图谋夺取韦恩将军的职位；他背叛了乔治·罗杰斯·克拉克，在热门的西部领导者位置上，克拉克是他的竞争对手，他四处散布谣言去中伤克拉克；1787年向西班牙宣誓要将西部各州从联邦分离出去的时候，他也背叛了自己的祖国。 344

在一份于1804年3月发往马德里的消息中，他进一步背叛了祖国。当时，他正在新奥尔良。他在汇报中提到，刘易斯的探险队即将离开圣路易斯，向密苏里河上游进发，目标是横跨大陆抵达太平洋。在新奥尔良，早已盘踞在那儿的法国人和新近到来的美国人正在赌一件事：美国需要多久才能在太平洋上建立海港。威尔金森告诉马德里，更多的赌注压在五年这个时限上。*

* 这是个很不错的估算：1811年4月中旬，在俄勒冈沿海的阿斯托里亚，约翰·雅各布·阿斯特的贸易商行成立了。——作者注

此时的马德里非常恐惧，因为美国人将会如潮水一般穿越密西西比地区，拥向他们的金矿和银矿。当威尔金森就刘易斯的探险队一事进行汇报的时候，他触到了西班牙的痛处，西班牙当即回应了他的建议："应该立即向圣菲的总督和奇瓦瓦的总司令分别发一份快件，让他们及时派出足以拦截刘易斯及其探险队的追击部队；此时刘易斯和他的队伍正在密苏里河上，要迫使他们撤退，或者使其沦为俘虏。"[8]

新西班牙总督区内部省的总部位于奇瓦瓦，其总司令内梅西奥·萨尔塞多在阅读了威尔金森的建议之后，曾试图执行。他担心"梅里［韦瑟］上尉"会"穿过密苏里河，完成发现和观测的任务"。他进而担心，他们会发现西班牙领地上的金矿和银矿。"目前仅有的手段就是抓住梅里韦瑟上尉和他的探险队。"[9]

新墨西哥的总督尽力了。在接下来的两年里，他从圣菲至少派出了四支武装部队去寻找刘易斯。他很务实地记载道："我知道这不会是一件容易的事情，但是这种方式还是有可能成功的。"[10]

四支部队都一无所获。他们甚至不曾足够接近，让印第安人能报信给刘易斯西班牙人正在找他。如同杰斐逊一样，必须等刘易斯回到圣路易斯，西班牙人才能知道他到底做了什么、发现了什么。

1805 年春天，应刘易斯在去年夏天的请求，奥托族的酋长们和武士们以及密苏里河流域的其他部落的印第安人，开始来到圣路易斯。他们打算用刘易斯许诺的政府开支来进行一场长途旅行。身处圣路易斯、即将担任路易斯安那准州州长的威尔金森将军向迪尔伯恩部长抱怨印第安人太多了，将他们送往华盛顿的开销太大，而且此事权责不明。

威尔金森指责称，在刘易斯、斯托达德、布拉夫和舒托之间有冲突。他说，刘易斯赋予斯托达德权限，让他用一张向陆军部支取的空
345 白支票来全权安排印第安代表团前往华盛顿事宜。布拉夫则声称，只有他有权签发通行证，"而舒托先生则坚持，他有权处理所有涉及印第安人的事务"。

威尔金森相信，"这种分歧将会导致彼此间的敌视，让公共事业蒙羞，这种对权限的混淆将会摧毁一切责任心"。他请迪尔伯恩任命一个人作为负责人。[11] 此后，他抱怨道，印第安人一直在往圣路易斯来，他

们要求免费前往华盛顿，还索要大量的礼物。整个夏天，他都让代表团滞留在圣路易斯，理由是天气太热，不适合旅行。为了让他们愉快地待在圣路易斯，相关的开支在增加，同时旅行的成本也在提高。他必须为马匹支付 1500 美元（因为“这些人不会走着去面见领袖”）；通过在路易斯维尔出售马匹，他可以为政府收回一部分开支——他打算让印第安人在路易斯维尔乘船去惠灵，再徒步从惠灵前往匹兹堡，然后前往华盛顿。

斯托达德将会负责这次旅行。威尔金森命令他让“我们的红皮肤兄弟保持舒适，适应环境”，但是又让他对开销负责：“不能有一笔不必要的开支。通过购买食物补给、露营、做饭等等，你要尽一切所能节制食宿开销。”在野外露营肯定可以为政府节约开支，这也表明威尔金森很清楚，印第安人在客栈的开销将会有多大——之后，斯托达德的汇报称，这些热情的旅客在旅途中每个人每天消耗将近 12 磅牛肉。[12]

杰斐逊并不介意为招待印第安人而花钱。正如他此后向国会解释的那样，和密苏里地区的部落保持良好关系，“对于通过贸易而非武力管理那些印第安人的政策来说是不可或缺的”，而且通过贸易进行管理的开销要远远低于通过武力。[13]

刘易斯是去执行杰斐逊对印第安政策的先遣人员。他可以完全按照杰斐逊所想的那样行事，因为他非常了解杰斐逊的想法。在和密苏里河流域部落打交道的过程中，刘易斯就代表了美国政府。他宣布，杰斐逊就是红皮肤孩子们的新领袖；他作为调解人在他们中间缔结和平，并向土著告知美国所拥有的实力；他还承诺，美国人的贸易站即将在这个地区建立，假如印第安人愿意去工作而非发起战争、愿意收获毛皮而不是头皮，美国将会为他们提供稳定的工作和稳定的收入。

假如这个政策能够成功，贸易将会主宰上路易斯安那地区。快乐的印第安武士们将会和他们的朋友们、白人执法官们一起围着篝火跳舞；枪支和其他工业制品将会逆密苏里河而上；上好的毛皮将会顺河而下来到圣路易斯。

在杰斐逊的计划里，刘易斯正在规划的政策只代表了第一阶段。杰斐逊明白，这样一种贸易体系并不会持续很久。一个原因是，落基

346 山脉东部的海狸是一种不可再生资源；整个北美毛皮贸易的历史，就是一部对海狸过度捕猎并不断西移的历史。*另一个原因是，迁入和迁出的人口——影响美国发展的最重要的因素——将会拥入路易斯安那。美国人，不论美国公民还是新近到达的移民，将会不断西迁。这世界上没有什么力量可以阻止他们，而孱弱的美国陆军或遥远的政府更是对此无能为力。

在穿越印第安纳、伊利诺伊、田纳西、肯塔基的过程中，这些移民会将土著向西驱赶。在不远的将来，杰斐逊将会提议用三种方式解决这个问题。在 1803 年给印第安纳准州州长威廉·亨利·哈里森的一份指令中，他首先提出，要将上路易斯安那的白人全部迁到河东岸去（给予他们同等或更多的财产）。其次，他希望至少可以教化一部分住在密西西比河以东的印第安人。第三，那些不受教化的印第安人可以被迁往密西西比河以西，那里将会是一片巨大的保留地。杰斐逊告诉哈里森，他希望印第安人将“作为美国公民与我们合作”，如果做不到的话，则“离开密西西比河”。[14]

从政府的角度来看，这是非常有道理的。只有在印第安人受到教化或者离开之后，边境线才会以稳定的速度扩张。拓荒先驱将必须为他们耕作的土地购买证书或者所有权，而不仅仅是占据土地。即使不能完全杜绝白人和印第安人之间的边境冲突，也要减少这种冲突。那里将会有法律和秩序、行政规则、税收，对美国陆军的需要也会降低。

但是这还只是空想。试图阻止移民拥入和试图阻止边境的扩张都是白日梦。美国的人民想要获得他们那份土地：免费的土地，家里的一块农地，这是欧洲农民数百年来的梦想，这是新大陆最大的馈赠。与向西的移民潮一同拥入的还有小贩、律师、商人和其他努力寻找机会的人，这些人可以在眨眼之间制造出一份地契来。

这是在弗吉尼亚发生过的事情，这些事也正在印第安纳准州发生着。当时，在刘易斯和克拉克逆密苏里河而上探险的一年时间里，这些事情正在上路易斯安那地区发生着。威尔金森已经下令阻止向上路易斯安那的迁徙。但是，正如他告诉迪尔伯恩的，“没有人可以阻止正在穿越密西西比河的移民队伍，因为几乎整个地区都充斥着真的或假

* 弗吉尼亚农场主们只在一片土地上种植三年的烟草，然后迁往西部，这两者是类似的。——作者注

的许可证；在移民占据的土地的所有权被确认之前，任何官方的驱赶行动都是有风险的”。[15] 347

威尔金森手下没有文职人员或者公职人员可以检验这类所有权凭证。他处在一个非常困难的境地。这个问题，是他和美国历史上历任边境州州长共同经历的问题。

对此，杰斐逊和那些拥入西部的人要负同等的责任。是他购买了路易斯安那。是他派出了“亲爱的”刘易斯去探索这一地区，并将其公之于众。是他将两位上尉写就的关于密苏里河下游地区的描述印刷成册，广泛传播。他声称要限制的行为，正是受了他的鼓励而产生的。

与前任和继任者的对印第安人政策一样，他的政策中也充满了伪善。加入我们，或者躲开，这就是美国人对印第安人说的话；但是事实上，这两者印第安人都做不到。通过将他们向西方驱赶，美国人使印第安人无法像美国人想象的那样受到教化；结果是，在汹涌而至的拓荒先驱面前，印第安人无处可躲。

杰斐逊说，他相信印第安人几乎如同欧洲人一样有能力；尽管目前还没准备好被同化，他们很快就会做好准备（相较而言，黑人们是永远不会做好准备的）。在这一点上，他和其他的美国总统不同，但这仅仅体现在理念上，在行动上他们并无不同。事实上，当海狸被捕猎殆尽之后，当他准备将密西西比河以西的印第安人赶走之时，他从密西西比河以东的印第安人手上偷走了本属于他们的全部土地。

美国历史上最杰出的人权斗士怎么能做出这样的事情呢？杰斐逊（及其同时代的人）不认为这个问题是成立的。在他们看来，印第安人对于土地所有权的看法是非常愚昧的。正如一位历史学家评论的，“比如说，一支索克人部族在一年里会两次骑马穿越与东部各州面积一样大的地区，并宣称这块土地是属于他们的”。[16] 这片土地可以养活数千农民，成千上万的移民。

无论如何，不论杰斐逊对于印第安人怀有怎样的同情心，他都极其希望在边境建立法律和秩序以及官僚体系；在这个问题上，主导者是人民，而非政府。美国人只有一条对印第安人政策，即要么躲开要么被杀，这条政策不容妥协。

杰斐逊和移民们的唯一区别是，杰斐逊希望从印第安人那里购买土地，而不是将他们赶走。但是这也更像是动听的辞令，而非现实。他在给哈里森的信中称，政策是“将他们［印第安人］用不着而我们需要的土地，和我们用不着而他们需要的土地进行置换”。贸易点必须建立在他们中间，而且政府代表们必须提供贷款。很快，印第安人将会“负债”。当债务累积起来，“他们就会愿意通过出让土地来削减债务了”。

杰斐逊在最后写道：“在整个过程中，关键是培养他们的爱意。至于他们的恐惧，我们认为，我们的力量和他们的脆弱现在是非常显而易见的；他们必须明白，我们只要空出手来就能摧毁他们……”[17]

保持和平。教化这些部落，和他们贸易，并获得他们土地的所有
348 权。正如唐纳德·杰克逊评论的，“通过公平或错误的手段都可以实现这些结果，但是公平的手段更好一些，尤其是当它的代价更小的时候。‘只有通过贸易或战争才能让印第安人遵守秩序，’杰斐逊说，‘贸易的成本更低’”。[18]

无论杰斐逊的长期政策如何见利忘义，他打算在密苏里河上建立一个美洲贸易帝国的短期决定都是非常可行的——前提是，苏族可以被纳入这个帝国。他在写给迪尔伯恩的信中说，路易斯安那购买的直接收获是，它给了“我们一个极好的权利，使得我们有更多的方式在密西西比河以西保持和印第安人的专有贸易权”。[19] 换言之，他们可以将英国人从他们利润最丰厚的市场之一赶走，这件事肯定会让《独立宣言》的作者杰斐逊感到满意。此外，美国和美国公民还能从中获益，这将使得美国可以将势力向太平洋扩张。

刘易斯的整个成年生活都与杰斐逊的对印第安人政策密切相关；这个政策是杰斐逊整个西部政策的一部分，作为先遣人员，刘易斯与杰斐逊的西部政策也紧密相连。这个西部政策就是让美国的势力可以横跨两大洋。第一步就是要找到西北航路——假如这条航路存在，要在寻找西北航路的过程中描绘上路易斯安那，并为其绘图。接下来，就是描绘路易斯安那购买涉及的其他地区，并制成地图；这就意味着要逆密西西比河的南部支流而上，并逆密西西比河干流而上，去发现这些水道的源头。政府资助的探索活动只会滋养边民的狂暴，但是这是杰斐逊愿意（渴望？）付出的代价。

1804 年春天，刘易斯和克拉克准备沿着伍德河出发的时候，杰斐

逊正在准备筹建其他的探险队。其中之一，计划逆阿肯色河而上进入群山，再徒步前往雷德河的源头，然后顺雷德河而下回到密西西比河。另一支探险队要去寻找密西西比河的源头。第三支队伍是要探索沃希托河。这些探险队都没有获得彻底的成功：逆雷德河而上的队伍被西班牙人赶回来了；逆密西西比河而上的队伍和逆沃希托河而上的队伍都没能找到河流的源头。他们都是于1806年出发的，此时刘易斯和克拉克早已抵达了太平洋。他们的失败反映了刘易斯的探险队是多么幸运，刘易斯对队伍的领导是多么成功。

杰斐逊的首要目标是精确的地图——他想要知道自己从购地中获得了什么。他曾向博物学者威廉·邓巴解释过他的目的："我相信，我们正在做的工作是为后人而做的，这样他们就不必重复这些事情……我们将会准确描绘这片广袤地区上的主要线路：那些追随我们而来的人们熟悉了这些之后，会扩展出支线来，并将之绘制在由我们开始制作的地图上。"[20] 这些地图因此被绘制出来，一旦它们印刷出来并传播开来，将促使更多的人拥向西部，杰斐逊愿意冒这个险。某一天，向 349
西的移民潮可能会将美国人带到太平洋海岸边，这也是杰斐逊愿意接受的风险。

1805年5月，正当威尔金森在安排印第安代表团前往华盛顿的时候，沃菲因顿下士带着探险队的平底货船进入了圣路易斯。消息通过报纸迅速传播着，这些报刊互相抄录别人的新闻。6月24日，杰斐逊从报刊上得知平底货船抵达，同时还获得了一些关于探险队的消息。"我们刚刚才收到刘易斯上尉的来信，"他在给女儿的信中写道，"他们在密苏里河上游1600英里的地方很好地度过了冬天。"他希望很快就能收到报告、地图和标本。这是他获得的全部消息。杰斐逊补充说，"在他的促使下来到圣路易斯的"来自6个部族的45名酋长"正在来这里的路上"。[21]

邮政传递极其缓慢，直到三周之后，杰斐逊才得知文件和装有各类物件的箱子已经从圣路易斯出发了，这些文件和箱子是由陆路经过新奥尔良运输的。他还被告知，另有一封来自刘易斯的信正在投递途中。

但是，直到差不多两周后这封信才到达。杰斐逊将他一年一度前往蒙蒂塞洛的旅程出发日由7月15日推迟到7月17日，只是为了等待“西部邮件”的到达。[22] 杰斐逊对这次延迟看得很开。1805 年 7 月 10 日，他在给鲁本的信中写道：“有可能这些邮件是由一位行进速度很慢的信使运送的。”他还随信附带了一份报纸，报上讲述了到曼丹堡为止的探险经历。[23]

三天之后，杰斐逊收到了这些文件，其中包括刘易斯写于 1805 年 4 月 7 日的信件；1804 年 5 月到 1805 年 3 月之间克拉克的日志；克拉克绘制的密苏里河下游的地图；以及一份来自刘易斯的货物清单，其上列举了从新奥尔良发来的箱子里的物品。杰斐逊的传记作家杜马・马隆记载道：“来自刘易斯的清单不会不激起像杰斐逊这样对博物学历史有着极大热情的人的企盼。”这份清单上列举了动物的毛皮、角和骨架；植物和矿物的标本；分别装着四只活喜鹊、一只草原犬鼠和一只松鸡的笼子。

这些箱子会在 8 月之后抵达华盛顿。杰斐逊那时会在蒙蒂塞洛。他做出了一些指示：让毛皮干透，并梳理干净，再用结实的亚麻布包好。松鸡和三只喜鹊死了，它们都是被幸存下来的动物咬死的。杰斐逊下令，要对剩下的喜鹊和草原犬鼠进行特别护理，让他在回到首都后还有可能看到它们。[24]

10 月 4 日，杰斐逊回到了总统官邸，在那里他陶醉于这些来自泛密西西比河地区的标本。他将标本中的一部分送往美国哲学学会，一部分送往查尔斯・威尔森・皮尔位于费城的博物馆；他还将一部分种子送给了植物学家朋友们，将一部分物品留给了他位于蒙蒂塞洛的印第安馆，一些动物的角和印第安人的手工制品今天还在那里展出着。针对这些发现物，他和博物学家同伴们进行了长期的通信。马隆称，
350 这些信件“使他获得了比从政治中可以获得的更大的满足”。[25]

不过，政治是他的本职，这次探险的政治收获并不是奇妙的动物和植物，而是地图以及关于泛密西西比河地区印第安人的确凿信息。这些内容都被包含在克拉克绘制的密苏里河的地图里，以及刘易斯所作的关于各个部落的统计报告里。不久之后，这份地图就会被克拉克在克拉特索普堡绘制的更精确的地图取代，但它仍然是地理学发现上向前迈出的重要一步。刘易斯所记录的关于平原印第安人的统计报告被印成了大约 60 页纸，这些报告提供了对各个部落的描述，其中包括他们的位置、人口、活动，还包括刘易斯所作的关于毛皮贸易和其他

贸易可能性的熠熠生辉的描述。

这幅地图和这份报告在见识上和可靠性上都超越了截至当时美国政府所获得的关于美洲西部的一切信息。这些资料本身就证明了探险的开销是合理的。怀着极大的自豪，杰斐逊向国会陈述了截至当时的成就；他还下令，将地图和统计学见解纳入他的年度咨文，将其印刷出来加以散发。[26]

这些内容是首次被印刷出来的探险队的成果。世界上还有一群热切期盼的拥护者准备将这些成果印制成书本，他们是位于华盛顿、纽约、纳奇兹和伦敦的出版商们。[27]

在向国会转达刘易斯和克拉克的文件的要点时，杰斐逊提到了探险队的指挥结构，这是他唯一一次提到这一点。他说："第一步兵团的梅里韦瑟·刘易斯上尉被任命为这支探险队的指挥官，进行对密苏里河从河口到源头的探索；他们还要通过一条最短的运输通道翻越高地，寻找通往太平洋的最佳水路通道；而克拉克中尉则被任命为第二指挥官。"[28] 在杰斐逊总统看来，这是属于刘易斯的探险队。

1805 年 10 月，斯托达德的旅行团离开了圣路易斯，他们中包括来自 11 个部落的 45 名酋长。他们于 1806 年 1 月抵达华盛顿。杰斐逊向他们发表了标准的伟大领袖的讲话："我们的人数正在变得像树上的树叶一样多；同时，虽然我们并不自吹自擂，但我们确实不惧怕任何民族……我的孩子们，我们很强大，我们的人数就像是天上的繁星一样众多，而且我们都会用枪。"在这顿大棒之后，他又甩出了一根胡萝卜：假如他们能在彼此间缔结和平并与美国人开展贸易，他们将会很幸福。

（在回应中，一名酋长说，他对于美国人的数目如天上的繁星一样众多，感到很高兴，对美国人的实力也感到很高兴。事实上，这样更好，因为美国政府应该足够强大，可以让那些白人占地者离开印第安人的土地。）[29]

这些来访究竟对杰斐逊的对印第安人政策有多大帮助，很值得怀疑。当然，这些来访者受到了震动，但是他们在家乡也有自己的支持者；不论返乡的武士们如何描述美国人的实力，这些人都不太可能会

351 欣然接受这些计划。此外，正如几乎每当有泛密西西比河地区的印第安人访问华盛顿就会发生的那样，一部分酋长病死途中，这导致在印第安人的村落里产生了相当程度的憎恶和不信任。

印第安人的代表们也带来了从私人渠道获得的关于刘易斯进展情况的消息。1806 年 1 月 12 日，杰斐逊在给威廉·邓巴的信中写道："自从刘易斯上尉离开曼丹堡之后，我就没有关于他的确切消息了。但是从印第安人那里，我们得到了一些描述说他进入一条通道，将翻越把密苏里河和太平洋隔开的高地。"

次日，他写信给鲁本·刘易斯，告诉鲁本他收到一封来自圣路易斯的皮埃尔·舒托的信件，从信中得知两名奥托族人曾提到，"刘易斯上尉和他的队伍已经抵达位于山脉附近的密苏里河的一处，在那里印第安人的道路（八天的行程）一直抵达哥伦比亚河；他在那里获得了马匹，并和整支队伍一起走上了这条通往哥伦比亚河的道路"。在刘易斯回到圣路易斯之前，杰斐逊都不奢望能得到他的消息，但是，"因为理解一个母亲在这种情况下的焦虑，我向你转达这个消息，希望你能代我向她致意"。[30]

他最初给刘易斯的命令是，如果可能，并且刘易斯也觉得是最佳选择，刘易斯可以经由海路返回；但是很显然，杰斐逊预计探险队会由陆路返回。我们不清楚他为什么如此确信。1805 年，他通知了数名将前往霍恩和哥伦比亚河河口的海船船长，刘易斯有可能在那里。[31]

刘易斯和克拉克希望找到一艘商船，以为他们提供补给，但是一直没有找到任何商船。历史学家伯纳德·德沃托和大卫·拉文德、编辑埃利奥特·科兹及其他的一些人曾批评杰斐逊，原因是他没有派一艘美国海军的船只去迎接探险队员。这些批评都忽略了一些根本性的事实。

在 1805 年，海军正在地中海与的黎波里海盗交战。美国海军有将近一半的兵力驻扎在地中海，或者正在按命令前往地中海的途中，其中包括 6 艘轻型快速帆船、4 艘双桅横帆船、2 艘双桅纵帆船、1 艘单桅帆船、2 艘炮舰，以及 16 艘炮艇。所有剩余的船只都停在港口等待修理或者改造。杰斐逊无船可派。

甚至，杰斐逊根本无法肯定探险队是否抵达了哥伦比亚河河口，或者他也不确定当船只抵达河口的时候，探险队还在不在那儿了（最好的情况下，这一切也是不确定的，因为一艘船需要一到三周的时间来绕着霍恩行驶，这都是由风力决定的）。阿伦·拉奇的结论似乎是不可避免的：“在有如此多‘如果’的情况下，杰斐逊的无所作为似乎是合理的。”[32]

杰斐逊总统只能等待、希望和推测。1806年2月，他在一封信中提到，他估计刘易斯“已经抵达太平洋，他此时正在密苏里河源头过冬，并将于次年秋天回来”。[33]他的第一个推测是正确的，但是第二个错了。而此时，他的第三个推测正确与否还有待检验。这都要看两位上尉的了。 352

第二十九章

回到内兹帕斯

1806 年 3 月 23 日—6 月 9 日

“在下午 1 点的时候，我们向克拉特索普堡作了最后的告别。”刘易斯在 3 月 23 日夜里的日志中写道。往前走了不到一英里，探险队遇到一支大概 20 人的奇努克族队伍。这支队伍的酋长说，他听说探险队要购买一只独木舟；他正好带来了一只打算出售的上好的独木舟。但是，刘易斯写道（不论怀着满意之情还是羞愧之情）：“我们已经有了，所以没有购买这只船。”次日，一个在群岛中为他们引路的印第安人宣称，这只被偷走的独木舟是他的。刘易斯给了他一条硝制过的麋鹿皮以购买独木舟。身处五只独木舟上 32 个步枪手的环绕中，又没有明确的所有权证明，印第安人接受了这个提议。

或许这笔“款项”让刘易斯的良知得到了安慰。但是这笔交易并没有改变他的行为。偷窃独木舟这件事，表现出刘易斯当时是多么不顾一切。

探险队从克拉特索普堡出发的时候，这支队伍给人留下的印象远不如它于 1805 年 4 月 7 日从曼丹堡出发的时候。在 1805 年，独木舟上堆满了箱子、铅桶、水壶、成包的商品、毯子、烟草、威士忌、面粉、咸猪肉、玉米、干豌豆和干蚕豆、书桌、帐篷、科学仪器、各种各样的工具、刀、步枪和其他的东西。而在 1806 年，离开的队伍中只有火药桶、科学仪器、水壶、鱼干和植物根茎、背在身上的衣服和步枪。他们的旅程才完成了一半，却已经花掉了 95% 的预算。

从另一个方面来看，在 1805 年的时候，他们并不知道前面有些什么在等着他们。而在1806年，他们心里已经很清楚了，而且在从内兹帕斯地区到大瀑布之间的路线上，他们曾挖下很多地窖以存放补给，所以在向东方前进的途中，他们可以获得补给。

他们知道前方的地形好坏参半，因为其中有一段是比特鲁特地区。从大家离开克拉特索普堡的时候起，翻越那些山路的艰苦就出现在他们的脑海中。刘易斯在6月2日的日志中写道："落基山脉是我们旅程中一段痛苦的路程，在这段路程上，饥饿和寒冷将会以最狰狞的面目来折磨小心的旅者；我们中的每一个人都没有忘记上一个9月在群山里的遭遇，我觉得我们很可能永远都忘不掉这段经历。"

逆哥伦比亚河而上是很困难的。水流一直都很急；在激流中，大家必须拖拽独木舟前进；在遇到瀑布的时候，要经由陆路运输。与大量好奇的印第安人一样，食物也一直是个问题。4月1日，刘易斯从一 353
些住在哥伦比亚河沿岸的土著那里得知，此时在河上出现了"严重的食物短缺"，上游的人们正在挨饿，而大马哈鱼的鱼群要到一个月后才会出现。

这个消息"让我们很是担忧"，刘易斯写道。在达尔斯东部，穿过位于山脚下的内兹帕斯营地的那片地区里，没有鹿、羚羊或麋鹿。刘易斯和克拉克交换了意见。他们一致认为，如果在此地等待大马哈鱼到来，他们将不能在密苏里河上冻之前顺流而下。时间上的延迟也会让他们损失寄存在"鬈发"那里的马匹，因为"鬈发"曾告诉他们，内兹帕斯族将会在5月初翻越落基山脉，而如果没有内兹帕斯族的帮助，刘易斯怀疑队员们是否有能力将马匹聚拢。

4月2日，两位上尉做出了决定，这个决定并不出人意料："在赶往内兹帕斯族村庄的途中，尽可能减少延误。"

他们将会在达尔斯西部待一段时间，以便猎手们有足够的时间捕猎，并将肉制成肉干，以供他们在抵达内兹帕斯之前食用。刘易斯认为，探险队穿越比特鲁特地区时，他们可以以马肉为食。他解释道："现在，我们将马匹视为唯一确定的食物来源，也不将食用马肉看作令人厌恶或者可怕的事情；我们的思考很快就被顺应现状的有吸引力的目标所占据。"

但是，在达尔斯西部是没有马匹的。探险队有狗，这是他们一有机会就购买来的，而且狗肉对于几乎整个队伍来说，都是很受欢迎的食物。

3日，顺流而下来寻找食物的印第安人探访了探险队的营地。“这些可怜人好像几乎就要饿死了，”刘易斯写道，“他们捡走了探险队队员们丢弃的骨头和肉。”

克拉克外出进行了一次额外的探险活动。他调查了威拉米特河，一直行进到河流上游大概十英里处，接近今天的波特兰市。刘易斯则监督了准备肉干的工作，这些肉干将供探险队在穿越平原地区的时候食用。一点儿时间也没有浪费，当队员们在用火烤干鹿肉条和麋鹿肉条的时候，刘易斯去寻找并描述了新的植物和动物。“今天我走了大概三英里，”他在4月8日写道，“在此过程中，我纠正了此前犯的一个错误，有种灌木一直被我称为大叶刺。”这里提到的植物是美莓，他将其与糙莓混淆了。他修正了自己的错误，对美莓作了非常细致的描述，* 还尝试使用林奈系统进行分类。

在与人有关的事务方面，他还要和印第安人打交道。这些印第安人从河流上下游的小村庄而来，是来看一看白人，顺便偷点东西的。
354 “这些人总是在我们附近徘徊。”刘易斯在4月6日的日志中抱怨道。“他们中的一个人在偷一小块铅的时候被我发现了。”他于次日写道。在弗吉尼亚，农场主会用鞭打来惩罚奴隶的偷窃行为，可能此时刘易斯也有这么做的冲动，但是这些人是奇努克族人，他想与他们搞好关系。他没有鞭打这个小偷：“我将他从营地里打发走。”但是同时，他也检查了步枪，并在一群印第安人面前进行了一次目标射击，这些人很快“就离开并返回村庄了”。

次日，也就是4月8日的晚上，哨兵发现了一名试图潜入营地的老人。士兵用步枪威吓了闯入者，并“给了这家伙几鞭子，然后把他送走了”。与刘易斯一样，队员们也很生气；他们此前从未鞭打过任何一名印第安人。

但是他们也从未被如此激怒过。一队印第安武士曾试图从列兵约翰·科尔特那儿夺走一把战斧，但是他们找错人了。“他守住了这把战

---

* 举个例子：“雄蕊中的花丝是锥状的，它们附着在花托上，不规则地向内卷向隐藏着的雌蕊方向。”在出版物中，他的描述占据了页面的绝大部分内容。——作者注

斧。”刘易斯平淡地记载道。探险队向上游进发，不论是在他们拖拽独木舟以渡过激流，还是在他们进行陆路运输的时候，印第安人总是会出现在附近，总是准备好在片刻间拿走那些没人看守的东西。4 月 11 日，在喀斯喀特，刘易斯不得不派守卫队看管行李，因为“我们遇到的这些人都是小偷和无赖……他们中的一人甚至无礼地向河岸边的两名队员投掷石块”。其他的印第安人则威胁希尔兹，希尔兹不得不用刀来驱散这些人。

晚上，三名印第安人偷走了刘易斯的狗“水手”，这让刘易斯极为愤怒。他召集了三个人，命令他们追踪并找到这些小偷：“假如他们有任何抵抗行为，或者不愿交出狗，那就朝他们开枪。”士兵们出发了；小偷们意识到他们正在被追踪，放下“水手”逃跑了。刘易斯或许已经准备好为了找回“水手”而大开杀戮，但是印第安人并没有打算为这条狗送命。

此时，在营地里，一名印第安人偷了一把斧头，并被发现。在一番扭打之后，他放弃斧头逃走了。刘易斯告诉一队在营地徘徊的队员，“如果他们再试图偷走我们的财产，或者攻击我们的人，立即杀死他们”。

刘易斯和队员们已经处在动用武力的边缘。他们已经丧失了耐心，动用步枪的冲动越发强烈，特别是当他们感到被包围的时候。“我相信，此时只有我们的人数可以保护我们。”刘易斯写道。

他和探险队处在一种如此糟糕的情绪中，以至于他们可以设想第一次动武的情况：一次迅速的齐射就可以赶走印第安人。但是这是一种危险的念头。让情绪取代理智，这将不仅威胁到和印第安人的良好关系，还会威胁到探险队本身的安全。刘易斯必须让自己时刻保持警惕，不能再让印第安人偷走探险队的食品储藏，也不能再让他们偷走他的狗了。他控制住自己的情绪，开始通过手语和酋长对话。

酋长对刘易斯关于印第安人行为的指控所做出的回应是，将这一 355
切都推到部族里两个坏家伙的身上。仅仅是这两个人对“我们抱怨的令人愤怒的行为”负有责任。这个村庄作为一个整体，希望维护和平和良好的关系。刘易斯也怀有同样的愿望，他总结道：“我希望，这位酋长友好的干预或许可以防止我们对这些人动用武力；我们的队员们好像非常乐意杀死他们中的一些人。”

当然，印第安村庄里的一些年轻武士也同样乐意杀死一些白人。了解这一点，并决意防止这种情况发生的刘易斯记录道："我们时刻都保持着警惕。"

两位上尉决定，一旦进入达尔斯以东开阔的平原地区，就由陆路进入山区。为此，他们需要尽可能购买更多的马匹。克拉克先行出发去建立前进营地，并开始着手购买马匹。刘易斯留在后面，监督行李的运输。在首日的讨价还价之后，克拉克派了一个人跑回来告诉刘易斯，印第安人不愿意以探险队给出的价格出售马匹。刘易斯写了一份便笺送回给克拉克，让他将出价翻番。他需要至少五匹马，而且非常需要这些马，因为他想要离开这里，远离这些印第安人。此外，探险队在这一地区待的时间越长，印第安人就越有可能"对我们采取恶意行动"。

印第安人发现一个卖方市场时，他们是明白的。他们拒绝了克拉克开出的任何价格，不过事实上克拉克的开价也确实不高。让这一情况变得尤为令人恼火的是达尔斯东部的印第安人，正如刘易斯在 4 月 17 日抱怨的那样，他们"有大量的马匹，但是不肯出售"。4 月 18 日和 19 日，刘易斯彻底妥协了，用两个大水壶换来了四匹马。此前，他从不愿意用水壶交易。此时，探险队只剩下四只小水壶用于做饭，每个伙食分队一个。

19 日晚上，刘易斯下令把马前后相连，并允许让马受一些擦伤；他还下令，要队员们对每一匹身边的马负责，照看它们。但是，列兵威拉德"疏于照看他的马匹，让它在行进中受伤了"。刘易斯的怒火再度燃起，这次他是对一个队员生气。"这件事，以及其他我正在经历的困难实在是让人生气，"他在日志中解释道，"我比平时更为严厉地训斥了［威拉德］。"

但是，在刘易斯和队员们一起向哥伦比亚河上游进发的过程中，印第安人一直折磨着他们。晚上，战斧和刀子都不见了。4 月 20 日，刘易斯再次警告了本地的居民："如果发现他们试图从我们这儿偷走任何东西，我将严厉鞭打他们。"在每个村庄，刘易斯都必须重复发出这种抗议和警告。

探险队抵达达尔斯东边的时候，刘易斯决定放弃这些独木舟，因为几乎不可能将这些船运到赛利罗瀑布以东。他将在位于上游的营地与克拉克会合，他们将获取尽可能多的驮马，并向山区进发。

做出了这个决定之后，刘易斯于 4 月 22 日将所有闲置的撑篙和船桨放在了独木舟里。然后，他将这些东西点燃。他决定，要确保“任 356
何一件东西都不会留给印第安人”。

火在燃烧的时候，刘易斯发现一个印第安人正在从扔在一边的撑篙上偷取铁制插头。他那被压抑的怒火彻底爆发了。他抓住了这个人，咒骂他，狠狠地鞭打了他，然后“将他赶出了营地”。

他怒火中烧。他告诉那些站在周围的印第安人，“我将射杀第一个胆敢从我们这儿偷取任何东西的家伙。我们不怕跟他们开战，此时，我有实力把他们全杀掉，并烧毁他们的房屋……”

鞭打小偷所获得的身体上的满足，以及对这些年轻的呆呆看着刘易斯的趁火打劫者发出威胁所带来的精神上的满足，在一定程度上平复了刘易斯的情绪。他深吸了几口气，控制住了自己的情绪。

他告诉印第安人，“如果他们能做到不拿我的东西，我也不愿意这样严厉地对待他们”。他说，他本可以轻易地拿走那些偷取过战斧和刀具的人的一些马匹，但是他不知道谁是小偷，而他“宁愿失去所有的财产也不愿意拿走无辜者的马匹”。印第安人“低下了头，一言不发”。

那天下午，刘易斯带着九匹驮着行李和一匹驮着列兵威廉·布拉顿的马出发了——布拉顿因为严重的背伤而无法行走。刘易斯此时的心情好多了——在行进的过程中，他一直是最开心的那个人——此时他也期盼着离开奇努克族人的地区，返回内兹帕斯；他预计那儿的土著“会比此时与我们在一起的那些人更友好地对待我们”。

但是，次日，也就是 4 月 22 日早晨，当地奇努克族人偷走了一副马鞍、一件袍子。刘易斯的怒火再次达到了危险的境地。他发誓，要么找回丢失的物品，要么“烧毁他们的房屋。他们这种反复的恶行已经惹恼了我，我非常想用严厉的方式对待他们，从尊重生命的角度来看，他们无所防备的状态在恳求着宽恕”。他下令对村庄详细搜查，并亲自步行前往；他下了决心，假如无法拿回马鞍和长袍，就烧毁这个地方。

这是刘易斯最接近执行连坐罪责这一原则的一次。幸运的是，在刘易斯抵达之前，队员们就在一座房子的角落里找到了被藏起来的失窃物品。

刘易斯一直非常幸运。假如这些东西没有被找到，他可能会下令烧毁这些房屋。由此导致的大火将会是一次粗暴的过激行为，这是不可原谅的不公正，将会成为他个人荣誉上的永恒污点。这个行为会导致哥伦比亚河下游的所有奇努克族人起来反抗美国人，这样，刘易斯正在谋划的、建立一个横跨大陆的由美国主导的贸易帝国的计划将不可能实现。他有很多事情正处于危险之中，但是他已经让自己的愤怒取代了判断。

在现代人看来，这种行为看起来很像是种族主义。刘易斯烧毁村
357 庄的决定，会让人想起美国陆军在与印第安人和越南人的战争中的所作所为。但是，假如种族主义指的是一种对于美洲土著的无知偏见，基于错误但是确信不疑的刻板印象，刘易斯并不是一个种族主义者。他谈及印第安人的“民族”时，与他用这个词描述欧洲人时并无二致。他非常清楚各个部落之间的不同，用了大量的篇幅极有远见地对这个课题进行了阐述。他喜欢一部分印第安人，非常钦佩一些印第安人，同时也同情一部分印第安人，厌恶一小部分印第安人。

他对于北美土著的态度是基于所见所闻，完全不同于他对非洲裔美国人的态度。关于黑人，他无法分辨他们之间的区别，从未研究过他们，也从未想过除了做奴隶这些黑人能对美国产生何种好处。

但是，尽管他的用词和决心非常冷血，尽管他非常憎恶奇努克族人，1806 年春天在从哥伦比亚河下游逆流而上的旅程中，他从未下令烧毁过一间印第安人的房屋，也没有让任何一名士兵开枪射杀过印第安人。

他确实曾四次怒火中烧，并两次威胁要杀人。他的行为不稳定，并威胁到了探险队的未来。路上，他们还将遇到别的部落，还会遇到其他形式的令人恼火的事情。刘易斯的自控能力将会经受考验，这并不是他性格中的强项。

4 月 24 日，探险队开始由陆路进发。“这天夜里，绝大部分的队员们都在抱怨腿脚的酸胀。”刘易斯记录道，“我的左踝让我感到很痛苦。”用冷水泡脚对此有所帮助。到 27 日，探险队抵达了耶莱普特酋

长和瓦拉瓦拉族控制的地区，他们是内兹帕斯族的亲戚。酋长带着六个人骑马前来，他很高兴能看到这些白人，探险队员们见到他也很高兴。耶莱普特是一座有着大概 15 间棚屋的村庄的酋长，村子有大概 150 人和很多匹马。目前，他们正位于哥伦比亚河与斯内克河交汇处的下游大概 12 英里处的北岸。

去年 10 月，两位上尉曾向耶莱普特保证，将会在返回途中和他一起待一两天。现在，耶莱普特邀请两位上尉将探险队带到村里去，他保证在村里探险队将会得到食物和马匹。

接下来，探险队在村里待了三天。耶莱普特为族人做了一个榜样，他个人送给探险队木材和鱼。次日早上，他送给克拉克“一匹白色骏马”，但是当耶莱普特提出要一只水壶作为回礼的时候，这个慷慨的举动就失去了光辉。两位上尉说，不能给你壶。耶莱普特回复道，那随便什么你们觉得合适的东西都行。克拉克将自己的剑赠予耶莱普特，还附赠了 100 发子弹和火药。耶莱普特非常满意。

耶莱普特真正愿意无偿赠出的是情报。自从离开肖松尼族以来，两位上尉第一次有办法通过翻译而不是手语进行交流。在瓦拉瓦拉族内有一名肖松尼族女人可以与萨卡嘉维阿对话，萨卡嘉维阿可以将她的话转达给沙博诺，而沙博诺可以转达给德鲁亚尔或者拉比什，最终被翻译成英语转达给两位上尉。“我们和他们谈了几个小时，”刘易斯 358
写道，“我们充分回答了他们提出的关于探险队和我们追寻的目标的询问。”作为回报，耶莱普特向刘易斯透露了一条通往洛洛山径西段的捷径。

那天晚上，耶莱普特的亲戚和邻居——亚基马族在耶莱普特的邀请下前来探望白人们，并举行了一场聚会。亚基马族来了大概有 100 个男人和一些女人。他们与瓦拉瓦拉族人一起，环绕着白人们，等着看他们跳舞。克鲁萨特拿出了小提琴，队员们跳了一个小时，印第安人很开心。然后，印第安人——大概有 550 个男人、女人和孩子——“同时开始载歌载舞。他们中的绝大多数人都站在原地，很少有人踩着音乐的节奏动起来”。但是最勇敢的人走进了圈子的中间，“开始向着一边以绕圈的方式起舞”。一些白人也加入了舞蹈，印第安人感到很开心。这与在哥伦比亚河下游度过的那些夜晚截然不同。

4 月 29 日早晨，两名小酋长分别赠予两位上尉各一匹马。这份礼物很受欢迎，但是回礼也非常贵重。刘易斯写道："我们赠予他们各种各样的物品，包括我的手枪和数百发弹药。"那支手枪是最优质的、定做的武器，是一把所谓的决斗用手枪，和附件一起装在盒子里；这是刘易斯的私人财产，而不是政府发的。[1]

次日，"我们向这些友好而诚实的瓦拉瓦拉族朋友们告别，并于上午 11 点出发"。耶莱普特告知的捷径让他们穿越了斯内克河的北部河湾，节约了大概 80 英里路程。多亏了瓦拉瓦拉族人，探险队拥有了 23 匹马："它们中绝大多数都是年轻的骏马，但是不少马的背部高耸起来。这些印第安人是残忍的驯马者；骑马的时候不惜马力，而且马鞍的造型都不太好……他们不管这些，即使这些可怜动物的背部正处在糟糕的状态下也照骑不误。"

第二天晚上，三名瓦拉瓦拉族少年骑马进了营地，来归还"我们不小心丢下的一个钢夹子"。刘易斯称这是"印第安人中罕见的正直行为"（没有补充说这在白人中也很罕见）。

最后，刘易斯向瓦拉瓦拉族人致敬道："我认为我们完全可以肯定这些人的信用，他们是我们在旅途中所遇到的最好客、最诚实、最真挚的一群人。"

接下来两天的行程是非常恐怖的。天气非常糟糕，交织着雨水、冰雹、雪以及大风。5 月 3 日晚餐时，两位上尉分发了最后一部分肉干和剩余的狗肉。"我们做了一份分量很少的晚餐，明天就没有东西吃了。"

他们的好运还在继续。次日，探险队遇到了一队由提托哈斯基酋长率领的游动着的内兹帕斯族人，去年秋天提托哈斯基曾协助"鬈发"
359 一同担任探险队的向导。他提出带探险队去"鬈发"的村庄，并卖给他们一些植物根茎和燃料。他们一同于清晨出发。抵达一座村庄的时候，他们想买一些补给，但是没买到。不过，他们发现，在这些土著中间，作为医生的克拉克上尉享有良好的声誉。

去年秋天，克拉克似乎曾为一名印第安老人清洗酸痛的膝盖和大腿，在上面涂抹了膏药，并用被克拉克称为"近乎仪式"的方式对他进行了治疗。这个人已经数月不能行走了，克拉克的治疗让他得到了恢复。刘易斯写道：从那时起，这个部族"就没有停止过对我们的药物疗效的赞美"。此外，由于眼药的良好疗效，内兹帕斯族"对我们的药物评价很高。我的朋友克拉克上尉是他们最喜爱的医生，并已经收到了很多看病的要求”。

两位上尉可以靠设立一所医院来维持生计。对于如此愚弄印第安人，刘易斯感到一些困扰。他怀疑这些治疗对大多数的病情是否真有什么帮助，对于进行一些身心方面的治疗，刘易斯感到很羞愧。他是这样为自己的行为辩解的：“在目前的状况下，我认为继续这样的欺骗是情有可原的，因为他们不会无偿为我们提供补给……我们非常小心地不让他们使用会造成伤害的东西。”

事实上，克拉克为内兹帕斯族做了不少好事。印第安人鱼贯而来的原因是因为克拉克的治疗是有效的；刘易斯完全不必感到尴尬。印第安人用植物根茎和狗来作为治疗的报酬。

这些狗可能是导致尴尬的另一个原因。内兹帕斯族人只在快要饿死的时候才会吃马肉，狗肉则从来不吃。5月3日，刘易斯在一则简短的小故事里提到了一件关于狗肉的轶事：“晚餐的时候，一名印第安人取笑我们食用狗肉，很粗鲁地几乎将一只可怜的、饿得半死的小狗扔进我的盘子里，还对自己的无礼行为开怀大笑；我被他的无礼激怒，抓住这只小狗，用力扔向这个人，砸中了他的胸和脸。我拿起自己的战斧，用手势告诉他，假如继续重复无礼行为，我将用战斧砍他。这个家伙离开的时候显然很屈辱，我则若无其事地继续食用狗肉。”

总的来说，和内兹帕斯族的关系是非常融洽的。5月7日，一名印第安人带着两筒火药骑马进入营地。从去年10月由探险队修建的地窖里，他的狗把它们挖了出来。两位上尉拿一块用火淬炼过的钢材奖励了他的诚实。

那一天，比特鲁特山脉进入了视野。它们“都覆盖着皑皑白雪”。内兹帕斯族人带给两位上尉一个不幸的消息：冬季的降雪很厚，目前山里的积雪还很深，最乐观地估计也要到明年6月上旬才可以通行。刘易斯写道：“对于饮食被限制于马肉和植物根茎、急于回到肥沃的密苏里平原并打算从那儿回家的人来说”，这是“不受欢迎的消息”。

探险队的成员们都非常讨厌被迫停止前进。除了那些在冬季营地
里的日子，队员们每天都试着获得一些进展。此外，在山的那一边有 360
烟草、工具和壶。在密苏里平原上有小牛犊，能提供无限量的嫩牛肉，

此外还有野牛脊肉和牛舌以及沙博诺调制的酱料。在长达数周的时间里，两位上尉和队员们一直在想着这些即将到来的大餐。现在他们得知，还需要在这里待三周或更长的时间，食物只有鱼干和植物根茎以及——如果幸运的话——瘦鹿肉和瘦麋鹿肉，或者马肉，或者狗肉。

士气一落千丈。5 月 8 日晚上，一些本该奉命外出捕猎的队员们躺在营地里，他们的行为“我们并不知晓，也没有得到我们的允许”。两位上尉觉得有必要“对他们的懒惰和疏忽严加斥责”。

那天，美国人偶然遇见了带着五个人的“削鼻”酋长。“削鼻”去年秋天外出参加劫掠去了，但是刘易斯听说过他，知道他被视为比“鬈发”更伟大的酋长。印第安人和白人们一起骑马而行，很快就遇到了带着六个武士的“鬈发”。

“鬈发”曾答应在冬天帮探险队照料马匹，探险队也承诺会给他两把枪和一些弹药作为报酬，而且“鬈发”还引导探险队抵达了斯内克河—哥伦比亚河一线远端的达尔斯。很自然地，两位上尉很高兴能看到他。但是他很冷淡地和白人们打了招呼。刘易斯觉得这“很出乎意料，而且难以理解”。

“鬈发”转向“削鼻”，开始大喊大叫，并做出愤怒的姿势。

“削鼻”以同样的方式做出了回应。这一过程持续了大概 20 分钟。

两位上尉完全不知道出了什么事，很显然他们必须打断正在发生的事情。假如他们必须共度接下来的三周，两位酋长的友谊就是必要的，还需要这两位酋长的马匹来帮助他们翻越山区。他们告诉两位酋长，探险队正在继续前进。

印第安人从身后赶了上来，但是两队印第安人互相保持着距离。探险队扎营的时候，“两名酋长带着他们的小队伍在相隔不远处分别搭建了营地，似乎双方都处于一种坏脾气之中”。

两位上尉召集了一次会谈。他们要依靠一位和“削鼻”在一起的肖松尼族男孩来翻译，但是他“拒绝说话，声称两位酋长之间发生了争吵，而他与之无关”。在接下来的一个小时里，两位上尉完全不理解这场“激烈的争吵”。弄不清原因，他们感到痛苦，急于再次见到他们的马匹，并保持和内兹帕斯族的友好关系。

两位上尉恳求这个肖松尼族男孩，但是“他固执地沉默着”。两

位酋长离开，回到了各自的营地，依然对对方怒不可遏。一小时之后，
德鲁亚尔完成捕猎返回了营地。两位上尉邀请“鬈发”来抽烟。他接
受了邀请，通过德鲁亚尔，他解释称，去年秋天他从达尔斯返回之后， 361
就聚拢了探险队的马匹，并管理它们。之后，“削鼻”结束战事返回，根据“鬈发”的说法，“削鼻”主张他在内兹帕斯族内具有首要地位。他说，“鬈发”不应该接受这个责任，应该是他本人主管这一切。“鬈发”说他已经听够了这些话，不再关心因此四散开来的这些马了。但是这些马中的绝大多数还在附近，其中很多马和“断臂”酋长在一起，他住在河流上游，是“一位声名显赫的酋长”。

两位上尉邀请“削鼻”来到营地。他来了，当着“鬈发”的面“告诉我们，‘鬈发’就是一个坏老人，是个两面派。”“削鼻”指责“鬈发”从未照料过那些马，却允许他部族的年轻人骑那些马，并滥用这些马——这是“削鼻”和“断臂”禁止他继续照顾这些马匹的原因。

两位上尉说，他们将会在早上前往“断臂”的营地，看看他们到底能聚拢多少马匹和马鞍。对“削鼻”和“鬈发”而言这是令他们满意的举动，在被允许讲述各自的故事之后，他们的情绪已经极大地平复了下来。

次日，每个人都去了“断臂”的营帐；这座营帐大概有 150 英尺长，由棍子、席子和草搭建而成。在那里探险队找到了 21 匹马、大概半数的马鞍，还有一些被存放在地窖里的弹药。刘易斯付给“鬈发”一把枪、100 发子弹和两磅火药作为酬劳，并说剩下的马匹找回之后，会给“鬈发”另一把枪。他给“鬈发”的这把枪是老式的，一把破旧的英国制贸易用滑膛枪，他曾为这把枪付给奇努克族人两张麋鹿皮。

说完他们的补给状况之后，两位上尉询问印第安人，是否可用一匹好的瘦马来交换一匹肥壮的小马——他们打算将这匹小马杀了吃肉，“断臂”说他“不想交换”。他的族人有大量的小马，白人可以按需取用。他很快拿出两匹肥壮的小马，并不索要交换物。刘易斯评价称，这是“我们在这一地区目睹的唯一可以被称为好客的行为”。*

* 克拉克在此后评价称，那些直到探险队抵达之后才与白人有过接触的印第安人比那些与白人有过接触的印第安人——比如奇努克族人——要更好客。（莫尔顿版，《日志集》，第七卷，第 241 页）——作者注

在接下来的几天里，其他的酋长们和“削鼻”及“鬈发”一起来到了“断臂”的营帐。内兹帕斯族总共有大概4000人，他们以小部族的形式各自居住着，拥有当时大陆上最庞大的马群。这些酋长有着不可小觑的部族。

两位上尉抓住机会，举行了一次有所有内兹帕斯族首领参加的
362 会议。刘易斯发表了演讲。他花了大概半天时间来表达主要观点，因为需要通过法语、希多特萨语和肖松尼语，才能将英语翻译成内兹帕斯语。

演讲的重点是：落基山脉两侧土著之间的和平与和谐；美国的实力和力量；即将设立的贸易站。两位上尉并没有将内兹帕斯族人称作“孩子们”，也没有将杰斐逊称作印第安人的新领袖，但是，如詹姆斯·龙达所写的，“在美国人的脑子里，对于主权的想法已经不远了”。[2]

除了美国对于路易斯安那购买获得的西部土地的主权要求，刘易斯和克拉克还有其他的目标。一个目的是说服内兹帕斯族人，让他们派一些向导和外交人员与探险队一起前往黑脚族控制的地区。两位上尉说，他们会为两个部落缔结和平，这样内兹帕斯族就可以生活在大陆分水岭有野牛的这一侧地区，不出意料的话，可以带着所有的马匹一同前往。两位上尉还希望，能有一两名或者三名酋长随他们一起回到华盛顿，去会见杰斐逊总统。

酋长们对演讲“显得非常满意”，但是他们说，在给出回复之前，需要在内部作一下商讨。

在会议之后，两位上尉组织了一场魔术表演。他们展示了来自欧洲和美国的最新科技，其中包括磁铁、望远镜、指南针、手表和“其他各种各样对他们来说同样新奇和不可理解的东西”。刘易斯发射了气枪。内兹帕斯族人对此感到很震惊，留下了深刻的印象。然后，两位上尉回来接受他们的询问。

次日，也就是5月12日的早晨，酋长们通知两位上尉，他们已经“决定按我们的建议行事”。为了得到支持决议的人们的力量，“断臂”举行了一次全民投票。他做了一份菜糊和汤，然后发表了演说。他宣布了将要按照美国人的意愿行事的决定，然后让所有愿意遵从这个决议的人上前来吃东西；而那些反对这个决议的人则以不吃来表达立场。“在这个重要的民族问题上，没有一个反对者，”刘易斯写道，

“即使有人反对，在开心地吞食菜糊的同时，他们也将反对的意见吃进了肚子里。”

事实上，内兹帕斯族人同意做的事情与两位上尉的要求还差得很远。酋长们说，大家愿意搬到落基山脉东面，但前提是美国陆军在密苏里河边先修建一座堡垒，在堡垒里他们可以通过贸易获得武器和弹药以自卫。至于派往黑脚族的代表，他们觉得还是不要这么做比较好。而关于派去会见总统的代表，可能、或许、来日、以后再说吧。

最后，内兹帕斯族人提醒两位上尉，此时考虑翻越落基山脉还为时过早。两位上尉也没什么别的事情可想。“我们急于得到一些可以随我们一同从别的路线进发的向导，我们打算从特拉弗勒斯雷斯特出发。”刘易斯写道。* 363

绝大多数时候，都是刘易斯在和酋长们抽烟、谈话，克拉克则忙于治病。每天早上，克拉克的病人们都排着队等待治疗。他使用眼药，用热水擦身体，并使用用于治疗眼痛、淋巴结核（淋巴腺上的一种结核病）、溃疡、风湿及其他小病的草药制剂。他治疗的病症中，有一例治疗很困难。一名年长的酋长已经患了麻木无力的病症长达三年之久。他的“手脚都抬不起来”。刘易斯写道：“他只能像尸体一样按照人们放置他的方式躺着，但是他很能吃，消化也很好，理解力很好，脉搏也很好，并且身体也很正常。”克拉克在他身上尝试的所有治疗好像都没有效果。

在探险队中，布拉顿还受困于背伤；萨卡嘉维阿的儿子让·巴普蒂斯特除了正在长牙之外，还在发高烧，并伴有脖子和喉咙肿胀的情况。两位上尉对他使用了一些酒石酸氢钾和硫黄，并用水煮洋葱制成的膏药涂抹于他的脖子周围，膏药的温度差不多是他所能承受的极限。** 治疗的效果并不好；几天之后，刘易斯写道，这个男孩“昨夜一直不安生；下巴和脖子后边变得更肿胀了……我们给他用了一份剂量的酒石酸氢钾制成的糊糊，并重新给他敷了一帖洋葱制成的膏药”。

---

* 这是刘易斯第一次提到一个他和克拉克此前就做出的决定，这个决定大概是在克拉特素普堡时做出的。——作者注

** 有人提出这个孩子得了流行性腮腺炎，或者可能是扁桃体炎。崔纳德医生认为，这可能是脖子上的外部脓肿。（《只死了一个人》，第 370—375 页）——作者注

克拉克对布拉顿的治疗效果要好得多。在列兵约翰·希尔兹的建议下，克拉克用蒸汽浴来让布拉顿发汗。一座用于蒸汽浴的屋子被搭建起来，加热后的石块被放了进去。布拉顿只带了一盆水，全身赤裸地走进去，这些水浇在了石头上以制造蒸汽；20 分钟后，他被架了出来，然后浸在冷水里。之后，他再次回到蒸汽浴室里。一天之内，布拉顿就可以走路了，在长达数月的时间里，他第一次不用再遭受背痛的折磨。

萨卡嘉维阿的儿子慢慢地恢复了，瘫痪的那位酋长则一点好转的迹象也没有。现在不是在费城，这让刘易斯感到很遗憾，因为本杰明·富兰克林正在费城进行一项用电来治疗瘫痪的试验。“我相信这名酋长将会是电疗的理想试验对象。”刘易斯于 5 月 27 日写道。

两位上尉决定使用热疗而不是冲击疗法。他们为酋长搭了一个蒸汽浴室，将他放了进去，让他服用了 30 滴鸦片酒以促进放松。这产生了效果。酋长可以再度运用胳膊和手了，很快腿和脚趾也可以活动了。“酋长对自己的恢复显得非常高兴，”刘易斯于 5 月 30 日写道，“我开始对通过蒸汽浴使他恢复一事抱有很高的期望。”

为了维持稳定的食物补给，行医是至关重要的活动，但是仅靠行医是不够的：队员们所需要的食物超过了克拉克的报酬所能提供的。他们手上已经没有贸易品了，只好用仅剩的身上的衣服、外套及裤子上的扣子了。队员们发现铜扣子“是这些人非常喜欢的物件”，便从衣
364 服上摘下扣子来换取植物根茎。

永远不要让手下去做那些你自己不愿意做的事情，这是历史给连级指挥官们的忠告。在数天后，两位上尉也摘下了他们自己外套上的扣子，换回三桶植物根茎。“一次成功的交易，”刘易斯谈起这次交易活动时说，“对于我们来说，这和一个东印度的商人获得一船好货时的感受差不多。”

5 月 21 日，两位上尉做出了一个重要的决定。他们决定，每个人都应该自己获取足以让自己穿越比特鲁特地区的植物根茎。每个人有“一把锥子、一根织针、半盎司朱砂、两枚针、一些线和一码长的缎带”。刘易斯说：“确实，为穿越那片令人沮丧的荒野而换取储备食物，这么做的本钱微不足道。”他用这样一种想法来安慰自己：他们可以以

马肉为食。探险队的马群规模正在增长，这要归功于克拉克的出诊；到 6 月初，他们已经拥有 65 匹马了。

与内兹帕斯族人一起度过的漫长等待期，让刘易斯有机会作一些人种学研究。他相当细致地描述了这个部落的服装和装饰物。他对内兹帕斯族人的看法是：“愉快但并不是无忧无虑。”

他们的年轻人都很喜欢赌博和打猎。刘易斯手下的年轻人也喜欢做同样的事情。此外，刘易斯还面临队员们无所事事的问题。如同绝大多数面临同样问题的连级指挥官那样，刘易斯用体育活动来维持士气和力量，并让土著也加入。

由此产生了比赛。在一场射击比赛中，刘易斯在 220 码的距离上两次击中目标，赢得了胜利；给印第安人留下更深刻印象的是他的气枪。在马背上的比赛，内兹帕斯族人远胜于美国人。即使在飞驰的马背上射箭，他们的精准度也让刘易斯很吃惊。

在印第安人和白人之间常常有赛马活动。刘易斯记载道：“在美国国内，这些马中的一些也会被认为是快马。”印第安人做的一些马术动作，美国人是做不出来的。刘易斯写道：“看到这些人可以全速冲上一座陡峭的山坡，真是让人叹为观止。”

探险队的马群里的公马制造了很多麻烦，以至于两位上尉想用两匹公马换取一匹印第安人的骟马。印第安人拒绝了这个提议。两位上尉决定承担阉割马匹的风险，开始手术。一个年轻人打断他们，向他们示范了印第安人是如何阉割马匹的。他的方法是让伤口流血，而不是做阴囊结扎。作为试验，两位上尉让他用印第安人的方式阉割了两匹公马，同时让德鲁亚尔用结扎的方式阉割了另两匹公马。两周之后，刘易斯写道：“我现在可以毫不犹豫地宣布，我相信印第安人的阉割方式比我们的方式更好。”

马匹护理、马匹交易和赛马将白人和印第安人团结起来。5 月 13
日晚上，在队员互相竞赛和与印第安人的竞赛中，“我们试了我们所拥
有的几匹马的速度”。这是一幅很有魅力的场景：年轻的勇士们，包括 365
白人和印第安人，骑着马从一个地方到另一个地方。他们越过河谷，
将覆盖着白雪的大山甩在身后；他们发出“嗬嗬”声，鞭打着坐骑，
马蹄稳稳地踩在地上，而围观的白人和印第安人也骑上马，冲着他们

欢呼。不论何时望去，都能看到马，其中大部分是选择性配种的阿帕卢萨马，据刘易斯记载，它们“活泼强壮而且形体优美”。

它们都“大量地”出现——自从刘易斯离开野牛地区以后，他就没有如此形容过一群动物了。“一个人拥有50匹、60匹甚至100匹马也不是罕见的情况。”

这些马群是迄今为止内兹帕斯族人所拥有的最大的财富。对于建立从圣路易斯到哥伦比亚河河口的美洲贸易帝国这一设想来说，这些马群也提供了解决主要运输问题的一个可能性。问题的关键在于让内兹帕斯族的马群去到落基山脉的另一边，而这将依赖于黑脚族和内兹帕斯族之间的和平。不过，只要黑脚族有枪而内兹帕斯族没有枪的现状不改变，就很难缔结和平。

不过，刘易斯仍然决定试一试。注视着这些马群的时候，他开始想象两股印第安人的驮马队在草原上交汇的情景。一支马队是向东的，驮着香料和其他来自印度群岛的美妙物品；另一支马队是向西的，驮着来自密苏里河流域的毛皮以及来自欧洲的贸易品。在刘易斯的想象中，内兹帕斯族的马匹将会弥补缺乏横跨大陆的全水路通道所导致的不足。

这是刘易斯在克拉特索普堡就开始筹划的一个构想。他曾试着为促成计划创造条件，但是初次尝试失败了：他无法让内兹帕斯族的代表和他一起去见黑脚族人，也没能让一名酋长和他一起去华盛顿。但是他坚持要实现这个构想，并努力继续筹划。

常常有赛跑活动。有一个印第安人可以和探险队里最能跑的德鲁亚尔及鲁宾·菲尔德跑得一样快，这让刘易斯印象深刻。营地里还有抓俘虏的游戏（一种印第安人的游戏，在游戏中，每一方都试图将另一方跑出固定区域的人变成他们的俘虏）、掷铁环的游戏（一种白人的游戏，向一个栓子上投掷铁环）。[3]刘易斯鼓励这些游戏活动，因为这给了那些不是猎手的队员所极度需要的运动机会。这些人“几乎无所事事，正在变得懒惰而懈怠”。

他们主要做的事情就是看着比特鲁特山，看看山上还有多少积雪。探险队就像是一根绷紧的弹簧，随时准备着翻越这片山区；他们正处在极端需要释放的状态中。

等待冰雪消融就像是看着野草生长一样。最初看出冰雪消融的迹象时，伴随着极大的喜悦。因此，刘易斯于5月17日写道："我很愉快地发现河水的水位正在快速上涨，毫无疑问，这是因为山上消融的冰雪。"

不过，他们仍然需要继续等待。群山看起来还是没什么变化："那 366
些冰雪障碍将我和我的朋友们、我的祖国分隔开来，它们将我和所有让生命变得可贵的东西分隔开来。"

"耐心，耐心。"刘易斯这样在日志结尾提醒自己，然后他合上了麋鹿皮封面的本子。

直到5月26日，他才在日志中透露出一点乐观的情绪。"河水依然在快速上涨，山上的积雪也以可见的速度减少着。"他写道。

人种学和对大自然的研究让刘易斯的注意力从积雪上移开。5月27日，一名队员带给他一只"黑色啄木鸟"；刘易斯见过这种鸟，并对它作了记录，可是他手中并没有这种鸟。这次，他用500个单词的篇幅描述这只鸟（"喉部是漂亮的深红色"，"腹部和胸部是一种由白色和血红色混合起来的奇特的色彩"，"翅膀和尾巴是一种烟熏式的黑色"，"头顶是黑色的……带着些许有光泽的绿色"，诸如此类）。

现在，这种鸟被命名为"刘易斯啄木鸟"。刘易斯对它的皮肤作了防腐处理，这只鸟的标本现在在哈佛大学。这是仅存的刘易斯的动物学标本。[4]

6月6日，"我们遇到一只漂亮的小鸟"。这只鸟也得到了细致的描述。这是一只黄腹比蓝雀。

刘易斯还采集、描述了近55种新植物，将它们做成标本，其中包括卡马夏、黄色吊钟花、刘易斯紫丁香、延龄草、布谷鸟剪秋罗和蝴蝶百合。保罗·卡特赖特认为，作为植物学家，这是刘易斯成果最丰厚的一个时期。[5]

每天，内兹帕斯族人都告诉两位上尉，他们还需要继续等待。当5月过去6月来临之时，等待变得更为煎熬。"鬈发"曾告诉他们，部落将会于5月翻越山区，但是这是他在冬季降雪前说的。冬天一直在下雪，这一年的降雪量远超历年平均值，这种程度的积雪使得一些印第安人一直在告诫两位上尉，他们将不得不等到7月。

但是在6月3日，刘易斯意外而高兴地得知，“今天印第安人派了一个特使翻越山区，前往特拉弗勒斯雷斯特”。这名“特使”是一个十来岁的男孩，他是去弗拉特黑德族人那儿打探冬季“在山脉以东发生的事情”。

既然印第安人可以派一个男孩翻越洛洛山径去打探一些流言，刘易斯“认为，很有可能我们也可以翻越［洛洛山径］”。他告诉内兹帕斯族人，他想要试一试，但是他们回复称，他们的男孩可以走完这段路程，刘易斯的队员们则做不到：溪流的水位太高，地上也没有草，路上的积雪还很厚，并且非常湿滑。他们让刘易斯保持耐心。在12到14天之内就可以出发了。

6月4日，刘易斯会见了几位酋长。他再次提出，请他们派一些向导陪同探险队一起去密苏里河瀑布，然后逆流而上到黑脚族控制的地区去缔结和平。酋长们只是敷衍了几句。

367 刘易斯检查了队员们的背包，很高兴地“发现整支队伍都有充足的面包和植物根茎以供旅途中食用”。大家围在营火旁边，每个人都“忙于准备马鞍，为我们的出发安排食物补给”。

两位上尉计划将营地往东边迁移，从克利尔沃特河河岸移到位于韦普草原最南端、洛洛山径西端的高地上去，去年9月他们在那里首次遇到内兹帕斯族人。他们将在那里扎营，为进山作最后的准备工作。

6月8日，在移动营地前两天，他们在被探险队占据长达近一月之久的克利尔沃特河河岸上的营地举办了一场告别聚会。那天下午，他们进行了赛马、赛跑和游戏。晚上，克鲁萨特拿出小提琴，舞蹈开始了。

在晚会进行的时候，一个印第安人告诉两位上尉，山上的积雪还是很厚，直到7月初，探险队都不可能翻越这片山区。他告诫，假如探险队要在7月初之前就尝试翻越洛洛山径，队里的马匹将至少断粮三天。

“这条消息让人很不愉快。”刘易斯承认，“关于何时才是出发的最佳时机，这条消息引起了一些疑虑。”但是这种疑虑并不足以吓住两位上尉。刘易斯解释道：“因为时间很紧迫，我们将冒一次险，一到印第安人普遍认为可以出发的时候或者这个月的中旬就出发。”

6 月 9 日正午，一切都准备好了，营地可以向韦普草原迁移了。大家都很开心。“对于向他们的朋友们和祖国的方向迁移这个想法，整支队伍都感到很高兴。”刘易斯愉快地写道，“对于今天的行动，他们都显得精神抖擞。”尽管会想到前方的困难，但是今天他们“在赛跑、掷铁环和抓俘虏的时候都很愉快而享受”。

探险队即将再次启程。 368

第三十章

洛洛山径

1806 年 6 月 10 日—7 月 2 日

6 月 10 日早上，就在探险队准备出发前往韦普草原之前，“削鼻”捎信来通知他们，两名他部族的年轻人将会在一天左右的时间里赶上探险队，引导探险队翻越山区，然后带刘易斯前往密苏里河瀑布。这是个受欢迎的消息，是最好的消息。探险队在高涨的士气中开始行动。

每个人——估计萨卡嘉维阿也是——都骑上了马，每个人还带着一匹驮马。此外，队里还有一些备用的马匹。“因此，我们感到已经做好了翻越山区的充分准备。”刘易斯写道。他在卡马夏平原建了一个营地。“卡马夏”的意思就是百合，在 9 月间，这种植物的根茎曾让探险队远离饥饿，但又差点害死他们。肠胃已经适应了这种食物，队员们现在可以食用，而不会产生什么严重的后果。这种植物是内兹帕斯族的主要食物，刘易斯用 1500 个单词的篇幅对百合以及印第安人烹制它的方式作了详细的记录。他在结尾写道：“这种植物的根茎很好吃，但是所有我试过的烹制方式都无法让人满意。”

他很喜欢这种植物的外形：“现在，卡马夏正在盛开。在近距离看，花的颜色就像是纯净的清水；这种假象是如此完美，以至于第一眼看到它我以为这就是清水。”

到 6 月 13 日，两位上尉感受到的要出发的压力几乎不可抗拒，这种压力既有源自自身的也有来自外部的。但是“削鼻”部族的年轻人还没有出现。刘易斯又等了他们一天。同时，他派两名猎手先行一步，去往东部八英里处的一片草原捕猎并储备一些肉食。

那天和次日，印第安人都没有出现，于是刘易斯不再等待这些向导的到来。6 月 14 日晚上，他下令将马匹拴起来，以便可以早点出发。

刘易斯于那天晚上写道：“从这里到特拉弗勒斯雷斯特，我们将强行军。”

决定不再等待向导一同出发之后，刘易斯让急躁蒙蔽了判断。他正在冒险，正在违反杰斐逊的命令：杰斐逊曾命令他时刻保持谨慎，这样才能执行首要任务——前往太平洋，并带着一份关于这片地区主要特征的报告返回。为什么他要冒这样一个险呢？是为了早点回家吗？ 369

假如探险队可以在 8 月初之前抵达特拉弗勒斯雷斯特，并且在那之后选择内兹帕斯族的路线前往野牛地区，他们将于 8 月中旬之前抵达大瀑布。他们将可以在大瀑布附近挖出此前埋在地窖里的东西，然后加速往下游进发。如果旅程顺利，他们将在两个月内抵达圣路易斯。

但是刘易斯有一种需要出发的紧迫感。这不仅仅是因为耐心的丧失，还因为他有一些目的，主要是要进一步探索。他和克拉克一致决定要在特拉弗勒斯雷斯特分开。克拉克将会前往杰斐逊河，然后沿杰斐逊河去往斯里福克斯；在那儿他将会渡河前往黄石河谷，并沿着黄石河顺流而下前往密苏里河。他将会描绘沿途的新地区，制成地图。

而刘易斯将会顺着内兹帕斯族的路线前往大瀑布，然后循着玛丽亚斯河去寻找它的源头。他希望这些河流的源头会在北纬 49 度线以北。这将会是杰斐逊总统非常乐意得知的消息。

为了完成这些额外的探索，两位上尉需要在 7 月初之前就翻越这片山区。这就是刘易斯感到时间紧迫的原因。但是，尽管对玛丽亚斯河和黄石河的探索是有趣而重要的，这些探险活动的价值仍然不足以让他们拿出一切来冒险。

刘易斯那惯常的良好判断力已经消失了。此前，他所作的决定都是基于接下来怎么做才会让探险成功这个原则，而不是考虑如果现在这么做，那么未来两个月可以做些什么。此前，他是一个稳重而负责的资深指挥官（除了在和苏族打交道的时候，那时他曾被刺激得愿意冒过大的风险）；现在，他是一个急躁的初级军官，行事更多的是出于冲动而不是基于判断。

他一直都很自信；现在，他有点过分自信了。1805 年在莱姆哈伊山口的时候，他曾记录下所有印第安人可以做的事情，以及所有他和队员们可以做的事情。甚至在看到乘坐独木舟的奇努克族人和克拉特索普人之后，在目睹骑马的内兹帕斯族人之后，他依然维持着那种白人的优越感。甚至，当被派去穿越山区的印第安男孩于数周前返回，报告称是因为积雪而被迫返回之后，刘易斯还是要坚持前进。

内兹帕斯族人告诉他，现在不能出发。起初他只是不重视他们的意见；最终，他完全忽略了他们的意见。刘易斯提出，他要在没有向导的情况下，成为 1806 年第一个穿越洛洛山径的人。

在写于 6 月 14 日的日志里，刘易斯承认了自己的忧虑。由于积雪和缺乏供马食用的草，“我们正处在一个尴尬的境地；选定的这条路线上，至少在四天里，我们要行走在积雪并未完全消融的高山和山脊之上”。克拉克在那一夜写道：“即使现在，在翻越这片山区时会遇到的困难也让我颤抖。”

刘易斯为这个决定寻找理由。“因为积雪，我们已经耽误了差不多五周时间了，”他写道，“在这个适合旅行的愉快季节，这是严重的
370 延误。”

无论有什么样的风险和忧虑，搬离此地都毫无疑问是个受欢迎的决定。刘易斯写道：“每个显得急于动起来的人都相信，假如我们预计要在这个季节回到美国，那么现在已经耽搁不起了；假如这是我力所能及的事情，那我决心实现这一目标。”

6 月 15 日早晨，探险队在寒冷的大雨中出发了。走了八英里的时候，他们发现了两头被猎手们杀死并悬挂起来的鹿。中午，他们在一条小溪边停下，马群吃草的时候，他们吃了午饭。整个下午，大家都在行军。由于大雨的缘故，落木将道路隔断，而且路面湿滑，所以行进比较艰难。不过，他们仍然走了 22 英里。刘易斯对鸟类作了一次清点，找到一个蜂鸟的巢。到目前为止一切都还好。没有下雪，路况还不算特别糟糕。

6 月 16 日，他们很早就出发了。探险队攀登了一座山脊，攀到最

高处时，是“一块漂亮的林间空地”，这儿有可供马匹食用的草。这块林间空地上生机盎然。刘易斯在这里发现了山慈姑、蓝铃草、开花的黄色豌豆和盛开的耧斗菜，还有金银花、美洲黑越橘和正在抽芽的白枫，以及山区里其他展现出春意的东西。

不过，继续出发之后的几小时里，探险队就发现他们身处寒冬的环境。积雪有 8 到 10 英尺厚。幸运的是，积雪足够厚实，马可以在上面行走；这其实有助于行军，因为积雪将落木都盖在下面，但是积雪同样也遮住了路径的踪迹。在这一天，探险队走了 15 英里，然后在一小块空地上宿营；去年 9 月，克拉克上尉曾在这里宰杀了一匹马，并悬挂起来供后来的刘易斯和队员们食用。这里没有足够马群食用的草，而且很显然，随着他们继续向高处攀登，草会越来越少。

早上，行进变得“困难而危险”。通向山脊的道路很陡峭，仰角非常大。在攀爬了三英里之后，“我们发现，即使在山的南面有着充足日晒的地方，周围也都是 12 到 15 英尺厚的积雪”。

刘易斯本以为他已经为最坏的情况做好了准备，但其实没有。“这里还是极度残酷的寒冬。”刘易斯在这天晚上写道。

假如探险队足够幸运、不会迷路，那么再有六七天他们就能抵达特拉弗勒斯雷斯特，“不过我们倚为向导的德鲁亚尔很怀疑会有这样的好运”。

在一份写于五天前、本可以写得更好的分析中，刘易斯承认：“假如继续前进，在山区里我们将会不知所措。可以确定的是，我们会失去所有的马匹，并可能因此失去所有的行李和仪器，甚至包括我们的文件。因此，即使可以幸运地逃出生天，我们也有极大的可能会失去至今为止完成的所有发现。”

他与克拉克交换了意见。他们得出了一个明确的结论：“我们认为，在探险的这一阶段，在没有向导的情况下继续前进是非常疯狂的事情。”这使得他们做出一个决定：“趁着马匹还足够强壮，带着它们
回到”一个草足够多的营地。德鲁亚尔和列兵香农将会赶回内兹帕斯 371
族的村庄去雇一名向导。探险队将会等待他们归来，在此期间，他们会打猎为生，以节约植物根茎。

做出这个决定之后，“我们下令，让队员们搭建一座仓库以存放

所有暂时用不到的行李”。在这座仓库里，队员们存放了携带的植物根茎，在未来几天，他们将会以猎手们的收获为食。此外，刘易斯还在仓库里存放了仪器和日志。

目前为止，日志是探险队最宝贵的财富。刘易斯将之存放于仓库里的原因表明，在提前出发这个决定上他冒了极大的风险。他写道："相比于让马驮着这些日志再走一遍我们走过的道路和溪流，它们在这里要更安全。"

仓库搭建在一个架子上，并很好地掩盖了起来。下午1点，探险队开始下山了。

刘易斯很不想回头。队员们也是一样。"队里很多人都非常沮丧。"刘易斯写道，"这是踏上漫长征途以来，我们第一次被迫撤退，也是我们第一次向后行军。"加斯中士补充说，绝大多数队员们都"抑郁而失望"。[1]

6月18日，德鲁亚尔和香农独自前往村庄去寻找向导。刘易斯打算付给向导的酬劳是前所未有的。他给了德鲁亚尔一支军用步枪，以此作为付给将探险队引向特拉弗勒斯雷斯特的向导的酬劳；他还授权德鲁亚尔，允许他向任何愿意将探险队引向密苏里河瀑布的人承诺，将额外付给他两支军用步枪和十匹马。

次日晚上，探险队在一片位于山区边缘的草地上搭建了营地。这里有充足的牧草；队员们在这里等待向导到来的时候，马儿也可以在这里养养膘。一名队员在这里发现了一些黑色羊肚菌，刘易斯将它们"烤熟，没有加盐、胡椒或油脂；以这种方式，我第一次尝到了羊肚菌的原味，这真是一种乏味的食物"。

在那一天和接下来的两天里，德鲁亚尔和香农都没有回来。两位上尉很是挂念，同时商讨了如果找不到向导，接下来该怎么办。

就此制订的计划显示出了两人孤注一掷的程度。刘易斯写道："我们决定在没有向导的情况下冒险通过这个通道。""克拉克上尉或者我本人会带四名最好的森林猎人，以及三四匹最好的马先行出发，去搜集足够的食物补给。"探险队将会在松树上找到关于洛洛山径的标记，这些标记是在过去的几十年间，印第安人的马匹、行李以及战斧在树干上摩擦而留下的印迹。

在第二天结束的时候，两名侦察分队的队员从山上返回，来告知大部队是立即继续前进，还是给侦察分队多一点时间来确认道路的踪迹。

假如可以找到道路的踪迹，刘易斯就很有信心能穿越这片山区，
因为积雪厚而坚实，马匹可以稳稳地走在雪地上，不必每隔几码就要 372
跨越落木制造的障碍。假如找不到道路的踪迹，刘易斯提议向南部转移，去寻找其他可以翻越比特鲁特山的路径。

6月21日，探险队回到了卡马夏平原，这里更适合打猎。在行军途中，他们遇到了两名年轻的、大概只有十几岁的印第安男孩。男孩告诉两位上尉，他们正要攀登比特鲁特山，去探访住在山另一边的朋友。这个消息激起了刘易斯的希望，但是德鲁亚尔不在，刘易斯很难理解这两名印第安人那快速挥舞的手势。很显然，两人的意思是说，德鲁亚尔和香农是无法在两天内返回的，但是刘易斯没法理解这种延迟的理由。刘易斯劝说两名印第安人，让他们在德鲁亚尔和香农返回之前与探险队待在一起，然后作为向导与他们一起翻越比特鲁特山。两名印第安人只答应在他们自己的、靠近比特鲁特山的营地里停留两天。

两天之后，德鲁亚尔和香农还是没有回来。刘易斯怕两名印第安人会在早上出发，便派了以加斯中士为首的四名队员去挽留他们。假如印第安人坚持要走，加斯和他的小分队将会和他们一起前往特拉弗勒斯雷斯特；沿着洛洛山径前进的时候，他们将会在沿途的树木上做标记。

那天下午，令人安心的是，德鲁亚尔和香农回来了。延误是因为需要讨价还价，这是值得的：他们带回了三名向导。其中一名是“削鼻”的兄弟，另外两名曾分别送给两位上尉各一匹马。刘易斯对他们的描述是，“有着好品格的年轻人，并受到他们自己部族的尊重”。尽管付出了两支步枪作为酬劳，对于三位向导的到来，刘易斯仍然感到非常高兴。

早上，探险队在天亮时分就出发了。探险队回到了于6月19—20日之间驻扎的营地，在那儿，他们和加斯中士率领的小分队以及两名

印第安人会合了。这里的草也很多。

天黑之后，印第安人点燃了几棵冷杉，告诉刘易斯这将“为我们的旅程带来好天气”。这把火引起了一道壮丽的景观。刘易斯记载道：“这些树的周围有很多干树枝，当它们被点燃的时候，迅速地引起了从下到上的大火……夜里，燃着火的树木非常好看。这个场面让我想起了烟花。”

他们于早上 6 点出发。上午 10 点左右，他们抵达了九天前离开时搭建的仓库处。所有物品的情况都很好。积雪的厚度从 11 英尺下降到 7 英尺。当一些队员在重新整理行李的时候，另一些人在煮鹿肉做饭。

印第安人敦促大家加快步伐。他们说，在入夜前要赶到下一个必须抵达的地点还有相当长的距离要走，那里是唯一有草可供马匹食用的地方。两小时内，一切都准备就绪了。

刘易斯写道：“我们和向导们一起出发了，他们引领我们沿着陡峭
373 的一面翻越了这些覆盖着皑皑白雪的大山……我们在高山峭壁之间上上下下……之后的夜里，非常令我们满意，也令我们的马匹感到安逸的是，我们抵达了希望抵达的地方，在山的陡峭一侧、靠近一处山泉的地方扎营。在这里，我们发现了大量可供马匹食用的良草。”

他们已经抵达了缺乏木材的鲍尔德 * 山南侧。这里的草大概长了十天，茂密而青葱。据印第安人称，还要走一天半才能抵达下一片草地。

6 月 27 日，他们再一次早早出发。走了八英里之后，向导们来到一处高点，这是一处由石块组成的、八英尺高的圆锥形小丘。** 这些印第安人停下来，开始仪式性地抽烟。

“在这里，我们可以对这些大山一览无余。”刘易斯写道。眼前的景色让他满心敬畏，让他对印第安向导产生了更大的尊敬。他评论道：“我们完全身处群山的包裹中，不熟悉这些大山的人可能永远也无法从这种包围中逃出去；简而言之，如果没有向导们的帮助，我很怀疑我们这些此前翻过一次山的人，可以找到通往特拉弗勒斯雷斯特的道路。”他原以为，在没有向导的情况下探险队行进时可以依赖“有标记的树木”，实际上标记非常稀少，而且间隔很远。

---

* 原文 Bald，意即“光秃的”。——译注

* 这块石丘现在仍然存在，不过规模只有 1806 年时的一半了，它在印第安格雷夫峰西边，就在 500 号林业局路旁边。——作者注

但是他对向导们充满信心。“这些人是最令人钦佩的向导。”他说。无论冰雪何时开始消融，队员们都会发现自己正走在正确的道路上。

在和印第安人抽完烟，并“对这种会让除了我们这种勇敢的旅行者之外的所有人士气低落的情况作了细致充分的考量”之后，“我们继续前进了”。

那天，他们走了 28 英里，并在斯普林山一侧扎营。在鲍尔德山的时候，他们曾位于海拔 6000 英尺的高处；而在斯普林山，他们所处的海拔与之前相比更高了 500 英尺。在这里，没有可供马匹食用的牧草，队员们也已经吃完了所携带的肉食。两位上尉分发了一品脱的熊油，四个壶里都放了一些，它们将会和植物根茎混合在一起来熬制。刘易斯认为“这是愉快的一餐”。

早上，刘易斯望向马群的时候，不安地发现这些马看上去都“非常瘦弱”。向导们向他保证：很快，在中午前他们就可以抵达一片很不错的草地。确实，又走了 13 英里之后，大概在中午 11 点，“我们抵达了没有树木的山南侧……在这里找到了大量的牧草”。

马群在吃草的时候，刘易斯向向导们询问，距离下一片草地有多远。印第安人的回答是，比一下午的行军所能走的路程要远。“马匹都非常饥饿而且疲劳”，所以刘易斯决定就在这里扎营。* 374

早上，在五英里的行军之后，他们抵达了罗基角。向导们带着探险队下山前往洛克萨河，然后沿着山径登上卡马夏平原（今日的帕克草场，在洛洛山口以南几英里处），这里位于夹在克利尔沃特河和比特鲁特河之间的分水岭上。他们位于海拔 5200 英尺高的地区，而这里有着丰盛的牧草。马儿在吃草，队员们在吃饭。

此时天还没黑，所以晚饭过后，探险队又沿着河谷下山，向着比特鲁特河的方向前进。走到七英里的时候，队员们抵达了今日的洛洛温泉，并在这里扎营。

营地一搭建好，白人和印第安人都冲进由内兹帕斯族人在过去几十年间用石块搭建的池子里。印第安人会一直待在热水里，直到忍受

* 人们可以步行或者乘坐四驱车从 500 号林业局路来到这个地方，大概就是沿洛洛山径从洛洛山口到韦普草原。美国林业局在定位和标注营地方面的工作做得非常好。——作者注

不了时才跳出来，然后跑向小溪，跳进冰冷的溪水里，一边泼水一边发出叫喊声。他们感到很冷的时候，就会再跑回温泉池里。

刘易斯只是泡了温泉。他在水里待了19分钟。坚持这么久，他只是感到“有点困难”。“这让我出了很多汗。”

6月30日，探险队沿着河谷向低处进发。此时队员们已经幸运地摆脱了积雪，但是道路状况还是很糟，有时甚至很危险。在一处陡峭的山坡上，刘易斯坐骑的“两只后蹄都滑出了路外，并摔了下去”。刘易斯向后滑落，下滑了大概40英尺时，他抓住一根树枝止住了下滑。在下滑的过程中，“马几乎落在我身上，”他写道，“幸运的是我们很快就恢复了，并没有受伤”。

就在日落之前，探险队骑马来到了特拉弗勒斯雷斯特。在六天里，他们行进了156英里。去年秋天，探险队受到了老托比的迷路和落木的影响而有所迟滞，当时花了11天才走完这段路程。

在这次翻山的过程中，马群只断食了一天。让刘易斯感到愉快的是，在旅程中他们很好地坚持了下来。绝大多数人的情况都不错，“只需要休息几天，就可以完全恢复了”。

这都多亏了向导们的精湛技能。他们的距离感和时间感，更不必提他们的方向感和能循着十英尺厚的积雪下的道路行进的本领，都是在山林里生活的人的杰出技能。绝大多数的路径都在密林中，而这些向导们都是不到20岁的年轻人。

在刘易斯看来，在向导方面，探险队的运气就像他滑落山崖时的运气一样好。当他在日志中写到，即使是德鲁亚尔也无法在这群山中找到道路的时候，他是在对向导们致以极高的褒奖。

探险队在特拉弗勒斯雷斯特待了三天。对于冬天两位上尉在克拉特索普堡所讨论的探索计划，他们完成了最后的细节修订。这个计划的最终版本是这样的：

刘易斯将带领9个人和17匹马，沿着内兹帕斯族的路径前往密
苏里河大瀑布。在大瀑布，他将留下三个人来挖地窖，并为陆路运输
375 作准备。然后刘易斯将带领剩下的六名志愿者，逆玛丽亚斯河而上，
“计划探索这一地区，确认其是否有支流位于北纬50度以北”。他还
希望能碰到黑脚族，这样他就可以进行关于和平和贸易的演讲。这些

任务完成之后，他将前往玛丽亚斯河河口，与顺密苏里河而下的队员们会合。

这些人将由奥德韦中士率领。他将随克拉克上尉前往杰斐逊河的源头，在同肖松尼族一起翻越莱姆哈伊山口之前，探险队将他们的独木舟留在了那儿。奥德韦将带着一个十人的小分队乘坐独木舟顺杰斐逊河和密苏里河而下。在大瀑布处进行陆路运输的时候，他们将会得到刘易斯留在那儿的三个人的协助。等越过了大瀑布，这14个人将合并成一个小分队，继续前往玛丽亚斯河河口，在那儿他们将会和刘易斯及刘易斯率领的分队会合。会合之后，他们将会乘独木舟顺流而下前往黄石河河口，在那儿和克拉克及他率领的小分队会合。

克拉克的独立探险将从斯里福克斯开始。在与奥德韦中士的小分队分开之后，克拉克和剩下的十人，以及萨卡嘉维阿母子，将翻越夹在密苏里河和黄石河之间的分水岭。抵达黄石河的时候，他们将会建造独木舟。克拉克和五名队员，以及沙博诺一家人和约克，将会乘坐独木舟顺黄石河而下，前往黄石河与密苏里河的交汇处，几乎整支探险队的成员将会在那里会合。

之所以说几乎整支探险队，是因为普赖尔中士及另两名列兵不会在那里与他们会合。他们被授予了一项单独的任务。当克拉克乘坐独木舟出发的时候，他们将会把马群带往曼丹村落，这些拴着绳子的马匹将会作为送给曼丹族的礼物。他们还有第二项任务：将一封刘易斯写的信件递交给西北公司的代理人休·赫尼，递交地或者是在曼丹村落，或者必要的话会在赫尼位于加拿大的驻地。

这是个非常有野心的计划，极其复杂，对于即将发现的东西充满希望，同时还受制于时间的紧迫。这个计划充分展示出两位上尉对于队员们的充分信心。这是他们第一次将探险队拆开以执行不同的命令。他们给予了中士们和队员们极大的责任，这些任务将完全依赖于队员们可以顺利地独立完成任务。

这也是一个充满风险的计划。两位上尉在冒他们应该极力避免的风险。在这片地区的核心区域，常常有克劳族、黑脚族、希多特萨族以及其他部落的战队穿行，两位上尉将他们的排级队伍分成了五个小队，彼此分隔得很远，根本不可能互相驰援。

刘易斯也冒了分散指挥权的风险，因为他希望探险任务尽可能地获得成功，带回尽可能多的信息，尽可能地在部落间缔结和平，并开始创建美洲贸易帝国。这些都是重要的目标，但是它们并不足以证明
376 将队伍分成由三至十人组成的小分队，并让他们独立行动是合理的。

两位上尉低估了印第安人。或许是因为，他们与轻易就受到控制的克拉特索普人和奇努克族人待了太长的时间，并与友好的内兹帕斯族人相处了太久。尽管比任何人都更了解密西西比河以西的原住民，他们并没有直接了解过黑脚族。他们只知道其他的印第安人都惧怕黑脚族。

刘易斯和克拉克以及队员们对黑脚族的了解并不足以让他们产生畏惧。刘易斯将率领他的小队前往黑脚族控制的核心地区，他的任务是最危险的。尽管如此，当他于 7 月 1 日召集志愿者的时候，“很多人志愿前往，我从他们中挑选出了德鲁亚尔、菲尔德兄弟、沃纳、弗雷泽和加斯中士”。

那天下午，刘易斯写了一封有 1500 个单词的信，普赖尔中士将把这封信交给赫尼。这封信标志着，在建立一个从圣路易斯到哥伦比亚河河口的美洲贸易帝国的计划方面，刘易斯迈出了第一步。

去年冬天，刘易斯曾见过赫尼。作为西北公司的一员，赫尼给他留下了深刻的印象。赫尼告诉刘易斯，假如有什么可以为美国人效劳的地方，他将去做。很显然，这番话好像是他准备好了要与西北公司脱离关系，转而为美国人服务一样。刘易斯肯定也是这么想的，因为他为赫尼准备了合同，让他有机会为美国效力。

假如赫尼可以说服苏族有影响力的酋长们，让他们前去华盛顿拜访新领袖，并作为翻译与他们一同前往，那么从赫尼收到这封信起，刘易斯将会付给赫尼日薪一美元的酬劳，开销另算。刘易斯进而承诺，赫尼将会成为美国与苏族之间的第一线代理人，并因此收到 75 美元的月薪以及每天六份配给。

刘易斯非常坦率地提出了他的目的：希望苏族可以对“我们的人口资源有着充分的认识，在返回之后让他们的部族明白，要想反对我们的政府是徒劳的”。刘易斯为赫尼提供了说服苏族人前往华盛顿的理由：主要的理由是，苏族没有手段可以阻挡美国沿密苏里河修建贸易站和堡垒的计划，而且无论如何，“相比于他们的抵抗带来的哪怕最乐

观的结果，他们的顺从对我们都更为有利”。

刘易斯强调了一个想让赫尼传达给苏族的核心要点：美国“不会长久地让她的公民因为一些相对弱小的野蛮人部族而无法在密苏里河上自由航行”。但是他也应该告诉苏族，美国政府对他们是友好的，还打算在他们附近修建贸易站。

刘易斯打算通过赫尼与苏族和英国人对话。他告诉赫尼，探险队已经通过密苏里河和哥伦比亚河抵达了太平洋，他即将探索玛丽亚斯河。很显然，他希望赫尼将这个消息传达给赫尼在西北公司的上级， 377
希望赫尼的上级将这个消息传达给蒙特利尔的政府官员；这样他们就会得知刘易斯的探险，得知美国可能会主张俄勒冈地区的主权，并可能会主张艾伯塔南部、萨斯喀彻温和马尼托巴的主权。

刘易斯称，他希望于9月初抵达曼丹村落。赫尼应该带着不超过12人的队伍在那儿与他会面，这是探险队所能容纳的人数上限。[2]

这是个好主意。假如这项计划成功，苏族的酋长们将会前往华盛顿。他们会被极大地震撼，在返回后将会缔结和平，不再对英国表示忠诚；他们会欢迎美国人沿密苏里河修建贸易站，在建设美洲贸易帝国的计划中，他们完全有资格成为美国的合伙人。

假如这项计划成功，同时刘易斯能发现一个黑脚族的部族，将美国人即将到来的好消息散布开来，并说服黑脚族加入建立贸易帝国的计划，那么在几年内，美国人就将可以接管从密西西比河到哥伦比亚河河口之间的毛皮贸易。

这是个梦想，一个帝国建设者的梦想。当时，刘易斯是以世界的眼光来思考的。但是他提议达成并执行的是19世纪最大的商业接管计划，在这项交易中，他还将西北部帝国纳入了美国之内。

在洛洛溪汇入比特鲁特河的位置附近，坐在洛洛溪的边上，在一条宽阔、美丽、广大的河谷里，梅里韦瑟·刘易斯此时距离最近的白人哨所至少有1000英里。他指挥着一支排级规模的力量，置身于一片充斥着武装的地区。他缺乏装备（除了步枪和壶），但是在写给赫尼的信中，他已经开始着手实现自己的梦想。

刘易斯是一个多么多面的人啊。那天，他对各个分队探险的计划作了最后的修订，向队员们告知了他和克拉克的打算，选择了将与他同行的志愿者，写了一封给赫尼的长信，还找时间作了鸟类统计，并写了一篇有 500 个单词的关于北美犬鼠的文章。

次日，也就是 7 月 2 日，他花了很多时间通过手语与印第安人交谈，试图更好地确定前方的地形。晚上，“印第安人策马奔驰，我们和土著之间举行了几次赛跑，我们的队员们获得了一些胜利”。最后，他对引导他翻越洛洛山径并因此挽救了探险行动的五名印第安年轻人致
378 敬：“这是一个坚强、强壮、有着运动员体魄的活跃种族。”

第三十一章

对玛丽亚斯河的探索

1806 年 7 月 3 日—7 月 28 日

7 月 3 日早上，刘易斯写道："我向我可敬的朋友与同伴克拉克上尉及其分队的成员们告别。"两位上尉和队员们互相握手道别的时候，每个人的心中必定有这样一个疑问：不知是否还会再见到你。

计划中的会合点是密苏里河与黄石河交汇处，位于特拉弗勒斯雷斯特以东，两者之间直线距离是 500 英里。克拉克的计划路线长达 1000 英里，而刘易斯的路线接近 800 英里。

两位上尉都将进入他们此前从未见过的地区，都将面临他们所不知道的源于天气、地形和土著的危险。除了步枪、科学仪器和日志，探险队员们的装备并不比印第安人的更好，而且探险队的五个小分队所拥有的火力都不足以驱赶走一个决意对他们发起攻击的中等规模的战队。但是，两位上尉磨炼得信心十足，他们在互道分别时说的是：五六周后在河流交汇处见。

究竟是不是他们对自己和队员们的自信已经膨胀到超越了一切理智，只有他们自己知道。对分别的记载中清晰地体现出刘易斯所感到的一丝担忧："我希望这种分别只是暂时的，但是此时我无法避免心中的忧虑。"

刘易斯、9 名队员、6 名内兹帕斯族向导和 17 匹马沿着比特鲁特河顺流而下，向着北方出发了。行进了十英里的时候，他们通过木筏穿越了比特鲁特河，沿着今天的克拉克河继续前进，前往位于今日蒙大拿州米苏拉附近几英里的地方。

日落时分，他们搭建了营地。猎手们带回了三头鹿，刘易斯与印第安人分享了这三头鹿。他尝试说服印第安人，让他们在探险队翻越大陆分水岭并顺流而下抵达大瀑布之前都和探险队待在一起。但是印第安人说，刘易斯其实不需要他们：此时的道路已经平坦而清晰，即使是白人也不会错认这条道路；此外，他们担心会遇到希多特萨族的突击队。

躺到他的麋鹿皮上之前，刘易斯命令猎手们明日一早外出去为向
379 导们猎获一些野味："在他们如此体贴地引导我们翻越那些大山之后，
我不愿意在没有给他们提供足够的食物补给之前就离开他们。"

次日，也就是7月4日，他们于中午时分分别。刘易斯并没有对独立日作任何记录，更不必提那些队员了。甚至这可能是哀伤的一天：探险队已经和内兹帕斯族人一起生活了两个月了，这是他们与内兹帕斯族人最后的接触。

内兹帕斯族人见到白人士兵们挨饿的时候给他们吃的；看到他们挨冻的时候给他们提供燃料；看到他们没有马匹的时候给了他们坐骑；在他们迷惑的时候给他们提供好建议；在看到他们愚蠢地想要翻越有着十英尺厚积雪的山区时，并没有暗中偷笑；在他们迷失的时候给他们提供向导。他们曾一起策马奔腾，一起吃饭，一起睡觉，一起游戏，一起翻越洛洛山径。尽管只能通过手语交流，但是双方有着大量将他们团结起来的共同经历。他们成功地逾越了交流和文化上的障碍，成为了真正的朋友。

"我们的向导们，对于离开我们，这些深情的人流露出真实的歉意。"刘易斯写道。内兹帕斯族人无法掩饰对新朋友们的担忧："他们说，他们认定敌人……会杀掉我们。"

当印第安人向着北方出发的时候，刘易斯和队员们向东而行。他们经过了今日的米苏拉，从今日的蒙大拿大学处横渡河流，沿着今日的布劳德威大街向北。走到五英里的时候，他们抵达了今日的布莱克富特河；这条河被内兹帕斯族人称为通往野牛的河流之路，它从东部而来，然后向北，流经一片林木丛生的高地和山区。次日，他们行进了31英里。

那晚他们的宿营之处曾经是一个希多特萨族战队在数月前宿营的地方。7月6日，沿路出现了印第安人的踪迹，其中包括一些新的痕迹。刘易斯很担心。“他们有大队的马匹。”他写道。他预计随时会遇到希多特萨族或者其他部落的狩猎队伍，所以他和队员们“那天白天和夜里都很警惕”。

他的好运仍在继续。不论友好的还是有敌意的印第安人，他们都没有遇到。他那逆布莱克富特河而上、穿越了蒙大拿州最美丽河谷的旅行愉快而平安。引起刘易斯注意的是“广阔的水底里大量的海狸的踪迹”。

7月7日，探险队转而沿着内兹帕斯族的路线，逆今日的艾丽斯溪向着一个更接近正北的方向前进。沿途有很多海狸搭建的水坝和很多鹿，鲁宾·菲尔德还射伤了一头驼鹿。“我的狗很焦躁。”刘易斯写道，没有记录任何细节，但显然指向那头受伤的驼鹿。在走到大约11英里
的时候，小溪已经变成一条小细流了，它的源头是位于一座低矮、缺 380
乏林木的山上的一口泉水。这条路径终止于细流的北边，在消失于山口上之前，它还有一段来来回回的曲折。*

探险队沿着这条路径爬上了一个缓坡。在坡顶，他们抵达了“夹在哥伦比亚河和密苏里河之间的分水岭”。向西，刘易斯可以看到斯奎尔巴特山，它靠近密苏里河瀑布，距离刘易斯所站的位置不远。北美大平原就此展露在刘易斯面前，在无尽的蓝天之下，辽阔的北美大平原一望无际。刘易斯向前走了一步，这一步让他重返美国领土。

经过山谷和斜坡的下山道路比较轻松。一路上都有着诱人的关于野牛的踪迹，但是队员们也只能谈谈而已，没有人真的看到野牛。次日，探险队跨越了迪尔伯恩河，并在接近梅迪辛河（今日的森河）的地方扎营。

7月9日，约瑟夫·菲尔德猎获了一头肥美的野牛。“我们停下来用餐。”刘易斯写道。每当他们准备烧烤的时候，天上就开始下起毛毛细雨。这雨让烧烤不得不中止。“我决定在这儿待一整天。”刘易斯写

* 这条路径今日还很清晰明显，其上还有数千名内兹帕斯族人经过时留下的雪橇痕迹。沿着艾丽斯溪大道向北可以抵达这条路，它就在蒙大拿州林肯市东边大约十英里处，200号蒙大拿州高速公路的旁边。这个山口被称为刘易斯与克拉克山口（海拔6284英尺），不太准确，因为克拉克从未见过这个山口。——作者注

道，并用一种说明的方式记录道：“我们尽情享用了野牛大餐。”他和队员们“对于发现自己身处于充满猎物的密苏里平原这一情况都感到非常高兴”。

事实确实如此。7 月 10 日，猎手们捕获了五头鹿、三头麋鹿和一头熊。在更远处的河流下游，他们看到了成群的野牛。公牛的吼叫声彻夜不息（这是交配的季节），让他们不能入眠。这是“一种持续的吼叫”，叫声很大，甚至惊扰到马匹。这里还有“大量的狼群”，以及麋鹿群。

刘易斯和队员们曾以为，他们知道自己对大平原的思念有多深，但是此时他们才明白，自己还是低估了这种思念之情。新鲜烤制的野牛脊肉和牛舌比他们印象中的味道还要好。

带着那些伟大的发现和当时还没有完成的发现，刘易斯正在回家的途中。自从于去年 7 月离开野牛地区，他的胃就没有如此饱过。此时他的情绪健康而平和，正如他在早上展示出来的那样。他用一段对蒙大拿大平原的赞美之词作为日志的开头：“早上天气晴朗，大平原看起来很美丽。最近的一场雨让草又长高了许多。空气很怡人，一大群小鸟聚集在河边的小树林里，鸟鸣声如歌曲一般迷人。”

那天，在顺森河而下前往密苏里河的行军中，探险队经过了“一个平坦、美丽而广阔的高地，高地上满是野牛群……我完全相信，在方圆两英里之内，有至少一万头野牛”。野牛不仅为探险队提供了肉食补给，还提供了船只的蒙皮。刘易斯射杀了 11 头野牛，与采集来的柳
381 条一起制作了几艘牛皮船：一艘是曼丹族式样，另一艘“是我们自己的设计”（其他的未作说明），这些船将用于横渡密苏里河，前往东岸的地窖。

早上，他们得知了一个糟糕的消息。被派去收拢马匹的队员们返回报告称，17 匹马中有 11 匹不见了。刘易斯当即怀疑有一支捕猎队偷走了这些马。他派德鲁亚尔去寻找这些丢失的马匹，不过他并没有说明，就算德鲁亚尔找到这些小偷，他认为德鲁亚尔又可以做些什么呢？事实上，这个命令是错误的，有两个原因：首先，面对 20 或 30 名骑马的武士，德鲁亚尔是无能为力的；其次，假如他们还可以遇到印第安人，这个命令会让刘易斯失去唯一可以与印第安人交流的手段。

在德鲁亚尔骑马离开之后，剩余的马匹游过了河，队员们划牛

皮船过了河；他们的营地就安置在1805年他们进行陆路运输时所占据的地点。地窖被打开了；春季涨潮时的河水曾渗入地窖，刘易斯损失了存放在这里的全部植物标本，但是幸运的是，文件和地图都还完好。

标本的丧失是个不幸的事故。这些标本都是刘易斯费心收集、标注、小心弄干（需要每天照顾）并小心保存的。保罗·罗素·卡特赖特写道："这些损失可不是个小灾难，它导致了主要科学目标的失败，让长达数周、数月的辛勤努力和调查付诸东流。"[1]

那天晚上，刘易斯发现他此前疏忽了密苏里河上的一些动物。"蚊群非常麻烦，"他写道，"在没有防蚊罩的情况下，我应该都没法写一会儿字。"

7月14日，为了即将开始的陆路运输，刘易斯让队员们准备行李。他将存放了文件和日志的一些大箱子送往一座小岛上，这些大箱子将被放置在厚灌木丛里的架子上，上面将会以牛皮覆盖。他说明道："我采取这种保护措施，是为了在我离开之后和大部队抵达之前这段时间，防止一些可能会来探访的印第安人将它们抢走。"

在被一个游动的战队夺走几乎一半马匹的情况下，刘易斯开始担心，自己或许将探险队分成了过多的小队。但是他的忧虑并不足以让他取消对玛丽亚斯河的探索，尽管马匹的损失意味着他需要将自己的小分队的规模从六人缩减到三人。至少，这样会有六个队员留在大瀑布，这个规模或许足以进行自卫了。

德鲁亚尔并没有在那一天返回，这让刘易斯有些担心。第二天，德鲁亚尔还是没能返回。刘易斯开始担心，可能是一头灰熊杀死了德鲁亚尔。他对于这个看法做出了解释："我知道，假如他在平原上遇到一头灰熊，他会主动发动攻击的。在这种情况下，假如发生了什么意外，导致他和坐骑分开，那么有大概九成的概率是他被灰熊杀死了。"

7月15日下午1点，德鲁亚尔回来了。他报告称，他花了两天的
时间搜寻，然后发现窃贼们赶着失窃的马渡过迪尔伯恩河的地点。德 384
鲁亚尔循着他们的踪迹追踪，但是他们先行了两天，所以他最终放弃了。他估计这支队伍里大概有15间棚屋。

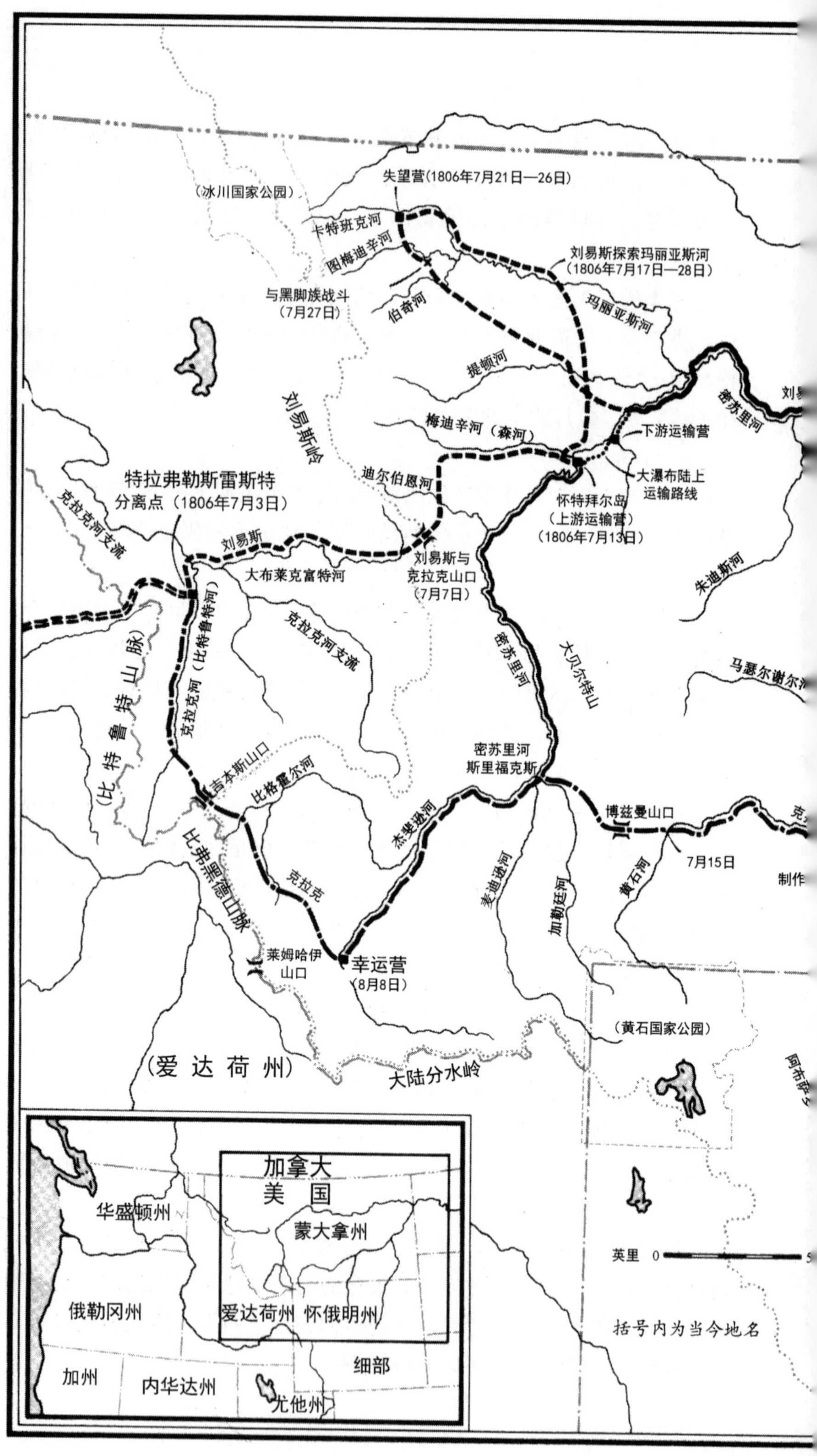

失望营（1806年7月21日—26日）
（冰川国家公园）
卡特班克河
图梅迪辛河
刘易斯探索玛丽亚斯河
（1806年7月17日—28日）
与黑脚族战斗
（7月27日）
伯奇河
玛丽亚斯河
提顿河
刘易斯岭
梅迪辛河（森河）
下游运输营
密苏里河
大瀑布陆上
运输路线
迪尔伯恩河
特拉弗勒斯雷斯特
分离点（1806年7月3日）
怀特拜尔岛
（上游运输营）
（1806年7月13日）
克拉克河支流
刘易斯
刘易斯与
克拉克山口
（7月7日）
大布莱克富特河
朱迪斯河
克拉克河（比特鲁特河）
克拉克河支流
（比特鲁特山脉）
密苏里河
大贝尔特山
马瑟尔谢尔河
密苏里河
斯里福克斯
吉本斯山口
比格霍尔河
杰斐逊河
博兹曼山口
7月15日
比弗黑德山脉
克拉克
麦迪逊河
加勒廷河
黄石河
莱姆哈伊
山口
幸运营
（8月8日）
（黄石国家公园）
（爱达荷州）
大陆分水岭
加拿大
美国
华盛顿州
蒙大拿州
俄勒冈州
爱达荷州
怀俄明州
加州
内华达州
细部
尤他州
英里 0
括号内为当今地名

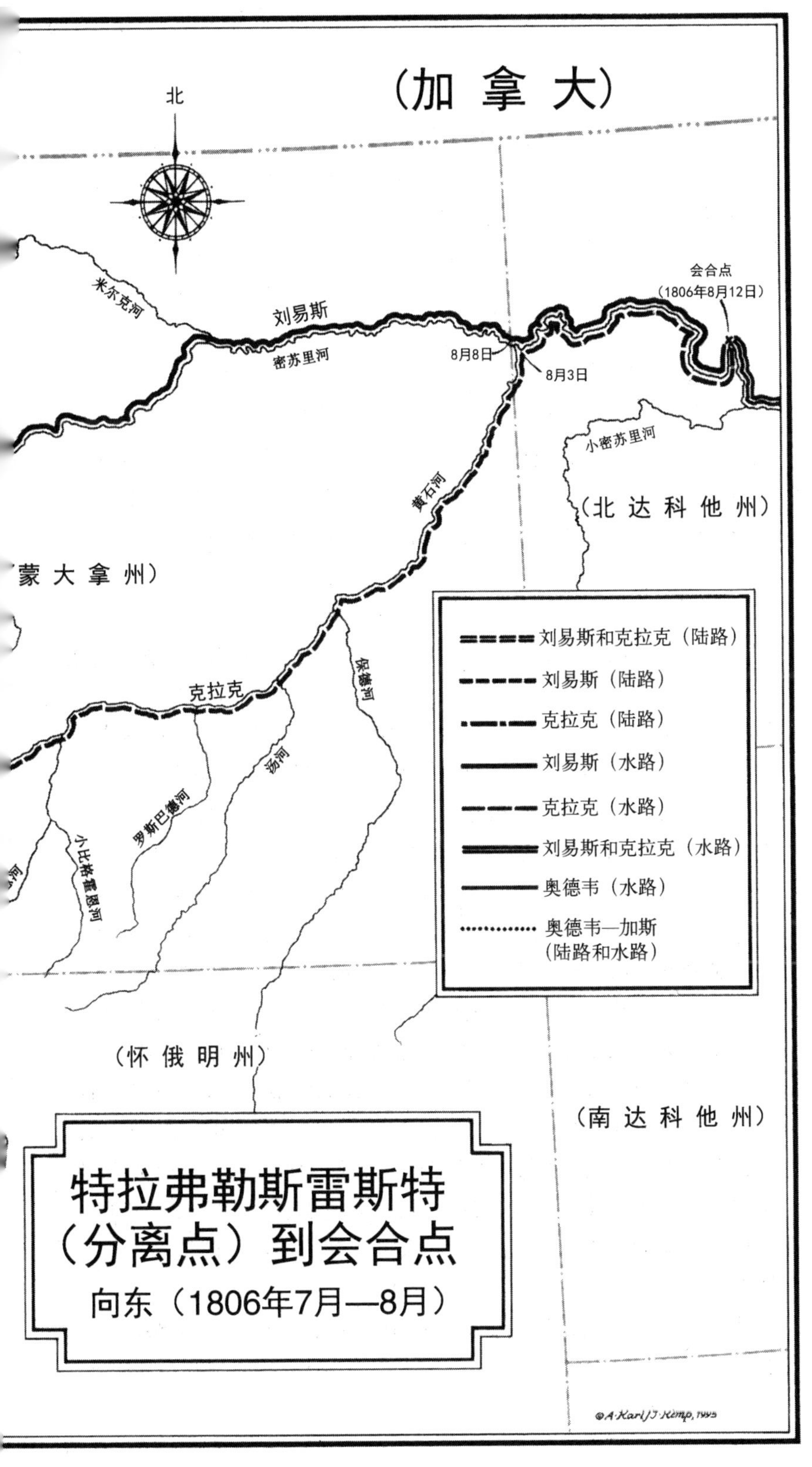

（加 拿 大）
北
会合点
（1806年8月12日）
米尔克河
刘易斯
密苏里河
8月8日
8月3日
小密苏里河
（北 达 科 他 州）
黄石河
蒙 大 拿 州）
保德河
克拉克
汤河
罗斯巴德河
小比格霍恩河
刘易斯和克拉克（陆路）
刘易斯（陆路）
克拉克（陆路）
刘易斯（水路）
克拉克（水路）
刘易斯和克拉克（水路）
奥德韦（水路）
奥德韦—加斯
（陆路和水路）
（怀 俄 明 州）
（南 达 科 他 州）
特拉弗勒斯雷斯特
（分离点）到会合点
向东（1806年7月—8月）
©A·Karl/J·Kemp,1995

刘易斯认为这是一支出来捕猎野牛的狩猎队。那天他已经了解到，这支队伍漫游了许久才找到牛群；目力所及的范围内一头野牛也见不到，而前一天，这些野牛还遍地都是。这样庞大的牛群必须不断迁徙才能找到牧草，这也意味着那些捕猎野牛的人也必须不断地移动。这也意味着，去年探险队是多么幸运，在抵达肖松尼族的村落之前，他们避开了和所有印第安人的接触。

德鲁亚尔归来之后，刘易斯准备在早上出发，开始对玛丽亚斯河的探索。他挑选了德鲁亚尔和菲尔德兄弟与他同行。他们将会带走六匹马，将最好的两匹和最坏的两匹留给待在大瀑布的小分队，以协助陆路运输。他在日志的结尾写道："蚊群继续侵扰，我们几乎是勉强幸存……我的狗甚至在遭受折磨的时候发出嚎叫……这些蚊子几乎让人无法忍受。"

7 月 16 日，探险分队出发了。他们首先在一处瀑布附近停下，刘易斯在那儿画了一幅画。之后，他们离开河谷，开始向高原攀登。在刘易斯的眼里，高原"有几分像是一片海洋，这里看不到一棵树或是一片灌木"。他又回到了一片奇妙的地方。"在目力所及的范围内，这块地区的表面就像是草地保龄球场，在这里可以看到大群的在吃草的野牛，在它们边上盯梢的是数量少得多的狼群。"

这片土地的魅力并没能让刘易斯不再担忧。他此前表现出来的想要与黑脚族会面的渴望已经被忧虑取代。他在规划这次探索的时候，曾希望带着几名内兹帕斯族向导同行，这样他就可以在内兹帕斯族和黑脚族之间缔结和平。这个目的此时已经不存在了。此外，他曾计划带着一支七人组成的小分队探索；而此时他的分队规模下降到四人。最后，内兹帕斯族对黑脚族的评价——"他们凶狠而又无法无天，简直是一群毫无约束的坏蛋"——对刘易斯产生了影响。他总结道："如果可能的话，我想避免和他们会面，"因为他毫不怀疑，"假如他们正好人数众多，又发现我们的力量很弱，[黑脚族]将极有可能抢夺我们的武器和行李。"他发誓要"采取一切可能的预防措施来避开他们"。

他们继续骑马穿越这一片奇妙的地区。7 月 18 日，"我们路过了大量的野牛群……简而言之，在将近 12 英里的路途里，它们看上去连成了一片，布满整片平原”。他一直没有忘记印第安人。那天晚上，在玛丽亚斯河边的营地里，他记录道：“每晚我都安排严格的瞭望警卫。我带着队员们一起守夜。”

在接下来的三天里，刘易斯沿着玛丽亚斯河向上游前进。7月21日下午，玛丽亚斯河的河道分成了两条，分别是今日从北流入的卡特班克河和从南流入的图梅迪辛河。刘易斯的唯一目的就是找到玛 385
丽亚斯河最北部的支流，所以毫不犹豫地选择沿卡特班克河向上游进发。但是，此前玛丽亚斯河几乎是向正西方引导刘易斯前进的，所以他坦承：“最北端……现在我担心并不会像我此前希望和预计的那么靠北。”

7月22日是星期二，刘易斯进入了落基山脉周围20英里的范围内，此时他可以看见位于今日冰川国家公园里的大陆分水岭。在今日的卡特班克镇西北大概20英里的地方，他在“一片美丽而宽阔的河床上”的一大丛棉白杨树林里扎营。从悬于河床的一处绝壁上望去，刘易斯可以看到卡特班克河是从山里流出来的，那是在他所处位置的西南方，而不是西北方。此时，他已经抵达了卡特班克河的最北端。

他决定在这儿待几天，以便让队员们和马匹休息一下，而他也可以进行一些天文观测。“现在我对这条河可以流经北纬50度一事已经不抱任何希望了。”他承认，但是他并不是轻言放弃的人：“我仍然希望，并仍然认为，怀特厄斯河和米尔克河都极有可能会流经北纬50度线。”

阿伦·拉奇对他的方法和结果给出了解释：

> 7月23日，刘易斯测量了太阳的正午高度，从一个有磨损的八分仪上得到了62度0分0秒这样一个读数。他没有记录任何将这个可疑的整数换算成纬度的内容。根据1806年的航海天文历和刘易斯惯常的计算方式，这个八分仪的读数应该可以算出北纬48度，往南10分或者30分这样一个结果。
>
> 我想，他没有计算纬度的原因，极有可能是因为没有携带1806年的航海天文历；我的推测是，探险队的航海天文历只适用于1803、1804和1805年。他可能是基于推测得出了卡特班克河没有越过北纬50度线的结论。使用去年计算出的47度作为参照，

25 分 17 秒是玛丽亚斯河和密苏里河交汇点的位置；通过罗盘指向和前往卡特班克河走过的距离，他应该可以知道，还需要走 170 英里以上才能抵达北纬 50 度线。[2]

刘易斯需要知道的是时间，以及他从同等太阳高度得出的信息。他将精密时计设置到正午时分。假如可以用六分仪测量出白天太阳和月亮的间距，他就可以算出格林尼治时间，也就知道自己所在的经度了。

次日，德鲁亚尔完成了一次侦察任务后返回，报告称在这一地区出现了大量印第安人的踪迹。因为云层的遮盖，当天和接下来的两天，刘易斯都无法作天文观测。外出捕猎的队员们也一无所获，这确实表明，有相当数量的印第安人就在这一地区捕猎。队员们汇报了许多印第安人的踪迹，其中一些踪迹表明他们有一些大型的营地，还有相当多的马匹。“没有和这些人碰面，我们觉得自己实在是太幸运了。”刘
386 易斯写道。

他决定于 7 月 26 日早晨离开此地，除非能出太阳，以便他能够进行观测。他“担心，除非用尽全力，否则我将不能在这一季回到美国”。

7 月 26 日是星期六，这天早上的天气是多云。刘易斯一直等到早上 9 点才“很不情愿地”放弃。他收拢了马匹，然后“在对这个现在被我称为‘失望营’的地方告别之后，我们出发了”。小分队骑马向南，向着图梅迪辛河前进，在大概正午时分抵达了。在大家吃完午饭、马儿也吃饱草之后，小分队继续前进，此时德鲁亚尔先队伍一步出发，在河床里一边前进一边打猎。抵达位于河流南岸的山丘后，刘易斯和菲尔德兄弟开始顺着山坡往上面的高原攀登，德鲁亚尔则继续在河谷里骑马前进。

刘易斯爬到山顶举目四望的时候，吃惊地发现在大概一英里之外，有一个数量大概 30 匹的马群。他拿出望远镜，发现了一些印第安人正骑在马上，专心地望向河谷。刘易斯推测，他们正在观察德鲁亚尔。

“这是个很令人不快的情景。”刘易斯承认。假如那里的印第安人的数量和马匹数量相当——他也确实是这么估计的，那么小分队的人数就处于绝对劣势。他认为这些人是阿奇纳族或者黑脚族；不管是哪

种情况，“从我们所了解的他们的性格来看，估计我们和他们之间将会产生一些麻烦”。开战的念头在他脑中闪过，但是他立即摒弃这个想法。逃跑会引来追逐，而印第安人的马匹看起来要比他的好得多。此外，假如他和菲尔德兄弟逃走，德鲁亚尔“很可能会牺牲”。

刘易斯决意“充分利用我们的位置”。他命令约瑟夫·菲尔德打开一面旗帜，这面旗帜是他为了应付这种情况而特地购买的。旗帜展开之后，小分队缓缓地向印第安人前进，印第安人“好像受到惊吓一样，开始以一种令人费解的方式”四散逃跑。

突然，一个印第安人从人群中冲出，鞭打着坐骑，全速冲向小分队。他的这个行为可能只是冒险进行一次突袭，希望能一举获得成功。刘易斯翻身下马站立，等待着快速冲来的马和骑手。刘易斯的反应让这个印第安人放弃了攻击行为。他在距离小分队数百码的距离上停住了。刘易斯伸出了手。这个印第安人调转马头，鞭打着坐骑，飞速回到了同伴中去。

此时，刘易斯可以清点他们的人数了；他们中有八名十几岁的男孩及年轻人。他怀疑在绝壁后还躲着其他的印第安人，因为还有一些马上也配了鞍。他命令菲尔德兄弟和他一起缓缓前进。

他的心怦怦直跳。他自己的和队员们的性命都处在危险中。他的文件也一样处在危险中，对他而言，这些文件甚至比自己的生命还要宝贵。

他告诉菲尔德兄弟，不论那里有多少印第安人，他都决心要抵抗到“只剩最后一人，我宁愿去死……也不愿他们夺走我的文件、仪器和枪”。他希望菲尔德兄弟也有同样的决心。他们严肃地表示赞同后，刘易斯让他们留神，并保持警惕。 387

詹姆斯·龙达写道，刘易斯的话里“更多体现的是虚张声势而不是智慧”。[3]这种对彼此宣誓要战至最后一口气的情境，有点像一出平和的戏剧。而且，也没有必要让菲尔德兄弟发誓，两人并没有什么选择。假如印第安人想要开战，那么就一定会发生战斗。

是刘易斯的领导将他们带入这个困境。四个（有一个人还与其他人分开了）孤身处于黑脚族核心地区的人遇到了一队游荡着的年轻印第安武士。两队有武装的年轻人对彼此都心怀疑虑，都打算在同一时间占据同一块空间。这总是意味着麻烦。

印第安人和白人的人数比至少是二比一，这个比例很可能还要更高。土著们可能在附近还有援兵；而在方圆 200 英里以内，白人们孤立无援。

这是刘易斯的错误。他是那个计划了这次探索的人，那个决定只带三个人来完成这一任务的人。尽管他知道，在黑脚族地区多待一小时就会增加一分危险，而克拉克很快就会在黄石河等待他；尽管想要尽快回到圣路易斯，他还是在失望营滞留了整整两天。

但是，在这种情况下，仍然存在正面的可能性。假如能让最初的接触成为友好的接触，甚至哪怕是非攻击性的接触，刘易斯就有机会将这些印第安人纳入美洲贸易帝国。这一结果将使他所冒的风险变得合理。

进入距离印第安人 100 码的范围后，刘易斯让菲尔德兄弟停住，他则一个人上前与策马离开队伍的那个印第安人会面。两个人会面了，谨慎地握了握手；然后，他们继续向前，和对方队伍里的每个人都握了手。

刘易斯翻身下马。印第安人也下了马，向刘易斯索要烟斗，准备抽烟。凭借自己有限的手语技能，刘易斯告诉他们，烟斗在他的猎手身上，他正在下面的河谷里。他提议，让一名印第安人和鲁宾·菲尔德一同骑马去找德鲁亚尔，并将他带回来。这个提议被采纳了。

刘易斯询问了他们的身份。他以为印第安人回复称他们是阿奇纳族人。据刘易斯的理解，这是一个“米纳泰尔北部”的部落。事实上，他们是皮根人，黑脚族三个主要分支中的一族。

刘易斯询问谁是酋长；三个人走上前来。刘易斯认为他们太年轻，而且人数太多，不可能是酋长，但是他觉得最好是取悦他们。他赠出了一枚纪念币、一面旗帜和一块方巾。

此时，刘易斯已经得出结论，在附近只有不超过八名黑脚族人，而且他“相信，假如他们打算攻击我们，我们也可以应付”。

7 月下旬的太阳正在西沉。刘易斯提议，他们可以在一起宿营。这
388 个提议也被接受了。在从陡峭的山崖上下来的时候，他们捎上了德鲁
亚尔、菲尔德和那个印第安人。他们来到了一处位于河湾的令人愉快

的地点，这是一个碗形的低地，低地中间有三棵大棉白杨和很棒的草地。黑脚族人用柳枝做了个简单的圆顶，将一些硝制过的野牛皮覆盖在上面，并邀请白人们和他们一起在这个棚子下休息。德鲁亚尔和刘易斯接受了他们的邀请；菲尔德兄弟则躺在棚子前的火堆旁。

在德鲁亚尔的手语翻译下，刘易斯向印第安人问了很多问题。

这些黑脚族人说，他们是一支大族群的一部分，而他们的大部队距离这里只有一天的路程，正位于山脚附近。他们说，在他们的部族里有一个白人。他们族还有一大群人正在捕猎野牛，在前往玛丽亚斯河河口的路上，大概会在几天内到达。

刘易斯无法分辨，这些话里有多少内容的目的是为了威吓他，又有多少内容是真实的。假如这些信息都是真实的，这就意味着他正处于黑脚族的中心，并且有一名加拿大商人正和其中的一个部族生活在一起；还意味着这些黑脚族人肯定有大量的武器。而这支八人的小队里有两支滑膛枪。

刘易斯询问了黑脚族的贸易模式。这些男孩告诉他，他们可以骑马轻松地在六天内抵达一个位于萨斯喀彻温河以北的英国据点，从那里的商人那儿，“他们可以用狼皮和一些海狸皮换取武器、弹药、酒精饮料和毛毯等物品”。

这不是个好消息。这使得杰斐逊最担心的事情进一步成为事实：哈得孙湾公司和西北公司的代理人们已经牢固地确立了在北方平原的地位，而且正在迅速扩大垄断贸易的范围。

但是这也给了刘易斯一个机会，而他也一如既往地抓住了这个机会。他详细地向黑脚族人阐述，一旦美国人来到高原，他们将会从美国人那里获得好得多的买卖。他发表了关于和平的演讲。他说，他来自太阳升起的地方，去过了太阳落下的地方，并且他已经为大山两边的交战双方带去了和平。他说，他来到黑脚族的地区，是要邀请他们加入美洲帝国。关于这一切，就他所理解的黑脚族人来看，“他们都欣然表示接受”。

只要大家还在吸烟，这些勇士就愿意用手语继续交流。他们非常喜爱烟草，所以刘易斯“与他们一起吸烟至夜里”。刘易斯让他们明白，在这一地区他也有援兵，他将与一队士兵在玛丽亚斯河河口会合。他请他们派两名信使去附近的黑脚族部族那里，请他们于三天内去玛丽亚斯河河口会合，参加一个关于和平和贸易的会谈。一些酋长或许会愿意随探险队一起去圣路易斯，然后前往华盛顿会见他们的新领袖。

最后，刘易斯请六名印第安武士与他一起去玛丽亚斯河河口，假如他们同意，他许诺给他们十匹马和一些烟草。

389 “对于这一个提议他们不置可否。”刘易斯记载道。

刘易斯刚刚犯了一个严重的政治错误。他曾告诉这些年轻人，他已经安排他们的传统敌人——内兹帕斯族、肖松尼族和其他人——加入由美国主导的联盟。更糟糕的是，他已经指出，美国人打算向黑脚族的这些敌人提供步枪。黑脚族垄断了与英国人的贸易，因而垄断了武器，但这种垄断将会被打破。

正如詹姆斯·龙达所说的，“帝国间的争斗已经波及黑脚族了”。在超过 20 年的时间里，黑脚族一直是这片高原地区的强势一方，现在他们的地位正受到挑战，正如他们的朋友——英国的地位受到挑战一样。[4]

当天是刘易斯站第一班岗。他在日志中用 2000 个单词记录了这一天。他从头到尾地记录了这一天，常常在记述中插入一些叙事。在一个段落中，他比较了卡特班克河与图梅迪辛河的河水质量。他做出了一个生态学方面的敏锐观察：只有在此处，位于落基山脉东侧的山麓丘陵，三种主要的棉白杨种类可以共同生长。

不过，在一份事后报告里，他主要还是描述发生的事情。在 11 点半之后，他叫醒了鲁宾·菲尔德。他命令菲尔德留意印第安人的动作，假如有一名印第安人离开营地，他就要叫醒小分队里的其他人，以避免被印第安人偷走马匹。然后他躺下，立即就沉沉睡去了。

“你这个混蛋！放开我的枪！”

德鲁亚尔的喊叫声唤醒了刘易斯。此时天才蒙蒙亮。刘易斯跳了起来。他看见德鲁亚尔和一个印第安人扭打在一起。刘易斯去摸自己的步枪，发现步枪也不见了。他从枪套里抽出自己的马枪，抬头望去，看见另一个印第安人正拿着他的步枪逃跑。刘易斯向他冲去，当这个印第安人转向他的时候，他向印第安人示意：要么放下步枪，要么我就开枪了。

当印第安人放下步枪的时候，菲尔德兄弟也冲了出来，两人都非常激动。他们用步枪对准了印第安人，但是在开枪之前，刘易斯制止了他们：这个印第安人正在按他的命令行事。

德鲁亚尔也冲了上来，呼吸急促，非常激动；他向刘易斯请示，希望能获准射杀这个印第安人。刘易斯阻止了他。小分队已经取回了步枪，而印第安人也正在退却。

发生了什么？刘易斯问道。

他们纷纷解释道：约瑟夫·菲尔德粗心地将步枪放在他那睡着的兄弟身边，而此时天刚蒙蒙亮，这是个最糟糕的时刻。一名放哨的印第安人抓住了这个机会，拿了约瑟夫和鲁宾的步枪，然后开始逃跑。

德鲁亚尔说，就在这时他醒来了，看见两名印第安人正在偷他的和刘易斯的步枪。他追上并抓住了其中一人，拿回了他的步枪，与此同时刘易斯正在取回**他自己的**步枪。 390

这时，菲尔德兄弟正冲向偷步枪的印第安人。他们在55码外抓到了他，从他的手中夺回了步枪。鲁宾抽出刀子，刺进了这名年轻印第安人的心脏。后来菲尔德说，这名印第安人“在刀子刺入后只呼了一口气就死了”。

刘易斯没有机会听完汇报，因为在菲尔德兄弟汇报的时候，他注意到印第安人正在试图带走他的那些马。

刘易斯立即大声下达了命令：假如这些印第安人试图偷走我们的马，就对他们开枪！菲尔德兄弟跑向正在将他们的四匹马往河上游驱赶的印第安人主力。刘易斯跑向正在将他们的剩余马匹带走的那些印第安人，这些马匹中就有刘易斯的坐骑。

他快速地跑了大概300码，此时，印第安人几乎已经跑到绝壁之下。他们赶着马躲进绝壁中一个凹型的、类似壁龛的地方。

上气不接下气的刘易斯追不动了。就像此前的几次那样，他冲他们大喊：假如不还回马，那他就会对他们开枪。

我们并不知道是否有黑脚族人能听懂他的意思。事实是，一名印第安人跳到一块石头后面，对着他的同伙说了一些什么。这个人是有武装的，手上有一把滑膛枪。他转向了刘易斯。

刘易斯将步枪顶在肩上，瞄准，然后射击。他一枪击穿了印第安人的肚子。

但是这个黑脚族人并没有死。他跪在地上，迅速瞄准，冲刘易斯开枪。

刘易斯写道：“子弹就从我头边飞过，我可以清晰地感觉到子弹引起的气流。”

对面有两名印第安人，虽然其中一人受了重伤，但他们有武装，还有很好的掩体，同时刘易斯也想要离开这里——他的子弹带落在营地里了，无法重新装弹。他回到了营地。

在营地里，他让德鲁亚尔跑去把菲尔德兄弟叫回来：他们已经有足够的马匹了。德鲁亚尔努力去叫，但是菲尔德兄弟跑得太远了，听不到呼唤。刘易斯和德鲁亚尔去给马上了鞍。菲尔德兄弟带回了属于小分队的四匹马。刘易斯望向马群，从中挑选了四匹本属于印第安人的马，还挑选了三匹本属于小分队的马。

队员们给马套上鞍，并在驮马上放置行李的时候，刘易斯开始放火焚烧印第安人留下的东西。火堆里有四面盾牌、两把弓、两只箭袋及其中的箭，还有其他各种各样的东西。刘易斯只带走了印第安人遗弃的一把滑膛枪和他昨夜赠给印第安人的那面旗帜。

被印第安人的背叛激怒的刘易斯，将昨夜他在营火边赠给印第安人的纪念章挂在了死去的印第安人的脖子上：“这样，他们或许就知道
391 我们是谁了。”尽管刘易斯很激动，他也没有割走一块死者的头皮，不过在把盾牌丢进火堆之前，他割下了盾牌上的护身符，当作战利品放进袋子里。

一份事后分析指出，在与印第安人的首次战斗中，刘易斯和队员们犯了很多错误。第一个也是最严重的错误是约瑟夫·菲尔德犯的。哨兵是绝不应该放下步枪的，在有年轻的印第安人在场的时候，这个错误就更不可饶恕。人们本来以为，在荒野里生活了两年之后，刘易斯应该已经将这个原则深深地刻印在每个士兵的脑中了。

刘易斯和队员们应该在天一亮就醒来，而他没有下达这样的命令，这是个致命的错误。很显然，在一天中这个最危险的时刻，醒着、保持警惕并保持指挥状态是他的责任和义务。

一醒来，他就做出了一些迅速的判断，其中的一些展现出了克制和良好的判断力，但是其他的一些则反映出他时不时会表现出来的轻率之处。他的第一个命令是完全正确的——夺回步枪。不论追逐一个带着步枪的印第安人可能多么危险，步枪都不能丢。

他的第二个命令是阻止菲尔德兄弟和德鲁亚尔射杀已经放下被偷走的步枪的印第安人，这也是非常正确的。除了夺回步枪、不损失马匹，避免流血显然也是刘易斯的首要责任，当然这也是他的总司令杰斐逊的直接命令。（在这次战斗中，刘易斯并不知道列兵菲尔德已经捅死了一名印第安人。）

当黑脚族开始驱赶马群的时候，他们实际上是再一次从小分队这里偷取在大平原上不可或缺的东西。虽然并不明显，刘易斯当即下达的追逐印第安人并夺回马匹的命令也是必需的。在谷底有大概 40 匹分成小群四处乱跑的马儿。这些小偷不可能将它们聚拢起来然后驱赶走；当他们聚拢马群的时候，刘易斯也可以带着队员们做同样的事情。虽然后来他承认，他带走的原属于印第安人的马匹“比我原来的坐骑骑乘起来要舒适得多，这让我没什么理由去抱怨这次抢劫了”。但是在当时，他并不这么觉得。

他控制住了营地，这里有属于印第安人的和小分队的全部装备。印第安人全面撤退。刘易斯可能做出了这样的决定：让我们为自己弄点马来吧，于是他放黑脚族离开了这里。

独自离开营地去追逐两名带走了他的坐骑和三四匹他们自己的马的印第安人，刘易斯所作的这个决定是值得商榷的。他离开了自己的指挥岗位，为了并非不可或缺的东西而将自己置于危险之中。对于穿着紧身皮裤并带着一把步枪全速奔跑的人来说，300 码是个很长的距离，但是偷窃的印第安人让他热血上涌。

他是否必须向印第安人开枪，这一点并不清楚。对于这场战斗的描述，是刘易斯写得最好的一段，其中有大量激动人心的内容和细节。不过，我们无法从中获得这样一个细节：在刘易斯开枪之前，那个被 392
射中的印第安人正在做什么？刘易斯并未描写。假如他正在对刘易斯进行瞄准，那么很显然，刘易斯必须开枪。如果他并没有打算开枪，刘易斯也不该开枪。

另外一个失策是，将纪念章留下、“这样他们或许就知道我们是谁了”这一带有嘲弄和自夸的举动，将刘易斯所谋划的美洲贸易帝国计划置于危险之中。将密苏里河上游最有实力的部落变成美国的敌人，这是刘易斯最大的错误。

刘易斯并未分析自己的行动。他仅仅是以一贯的诚实描述了自己的举动。他并不习惯于为自己的决定找理由，尽管他常常会对自己的行为做出解释。

在这件事里，他唯一觉得需要解释的事情是，在开枪的时候，他身上为什么没有子弹带。他一直在这个问题上作自我辩护，仿佛这是他唯一做错的事情而他希望所有人明白这是不可避免的（因为在取回步枪之后、开始追逐赶走马匹的印第安人之前的这段时间里，他来不及回到营地）。

一名印第安男孩被杀，另一名估计受了严重的致命伤。小分队四个人所处的这片土地上有着数百名黑脚族武士，在听到这个消息后，他们肯定会立即进行报复。此时，刘易斯必须马上带着队员们离开这里。

他们骑马离开，顺着绝壁攀上了“一片美丽而平坦的平原”，继而前往玛丽亚斯河河口。刘易斯知道，他必须尽快抵达玛丽亚斯河河口，“希望能在那里与探险队的其他人及独木舟会合”；他毫不怀疑，黑脚族的这个小分队一定会骑马全速前往附近的部族报信。他估计，听到这个消息之后，一大队黑脚族武士会立即出发，杀死所有能找到的白人。他担心有一队黑脚族人就位于他和玛丽亚斯河之间，而这队人正在赶往玛丽亚斯河河口。假如他们发现了顺流而下的奥德韦中士率领的独木舟船队，对自己所处的危险境地并不知情的奥德韦一行很可能会被击败。

刘易斯的小分队以大概八英里的时速迅速前进。幸运的是，最近的降雨只造成了零散存在的“少量积水”，仙人掌的数量也很少，同时路上也没有很多的大小石块。

他们一直不停前进，直到下午 3 点他们想“让我们的马吃草……并恢复一些精力”时才停下来。至此，他们跑了 63 英里。

在一个半小时的休息之后，他们骑上马再度出发，在天黑之前又前进了 17 英里。然后，他们捕获了一头野牛作为晚餐，之后再度骑马出发，这次是以常速行进的。

这是个值得记住的夜晚。气氛很紧张，大家也很专注。周围的环 393
境很奇妙。整个平原就像草地保龄球场那样平坦。雷雨云和闪电“遍布每个地区，但是月光仍从云层中透出来为我们照亮”。整个夜里，“我们持续经过大群大群的野牛”。

7月28日凌晨2点，刘易斯终于下达了停步的指令。7月27日，刘易斯的小分队大概凌晨3点30分天刚蒙蒙亮的时候就起身了。对于刘易斯和队员们来说，他们的这一天是以与印第安人的战斗开始的，接下来又骑马跑了100英里。“现在我们拴起了马。”刘易斯在描述这一天的日志的结尾写道，“我们躺下，在这片平原上休息，大家可能一直都感到很疲劳。”

无法原谅且无法解释的是，他并没有安排哨兵守卫。刘易斯沉沉睡去，但只睡了一小会儿。天刚亮他就醒了，发现自己的身体非常僵硬，几乎无法站立。他把队员们叫了起来，让他们给马套上鞍继续前进。队员们也抱怨了身体的僵硬，并请求得到更多的休息时间。“我鼓励他们，告诉他们，我们自己的以及朋友们和同伴们的性命都取决于我们此时的努力。”

这种激励奏效了。他们打起了精神，继续前进。在骑马奔驰的时候，刘易斯勉励他们：“现在我告诉他们……此时必须拼命……我告诉他们，假如我们在平原上遭到攻击，这就是我的决心……马的束具应该被连在一起，我们将防御并抵抗进攻，或用生命赢得尽可能大的成果。”

这种激励其实是没必要的。他们又前进了12英里，抵达了密苏里河。他们骑马沿着密苏里河向下游又前进了八英里：“非常清晰的几声枪响……我们迅速向这个令人愉快的声响处赶去，并且在抵达河岸时，非常满足地看到我们的独木舟船队正在顺流而下。”

刘易斯的小分队与奥德韦中士的小分队会合了。他们合在一起有16个人。他们衷心而简短地互相问候：刘易斯解释了此时情况的紧迫性。队员们迅速地从马上卸下行李装上独木舟，解开马，然后出发了。

他们顺流而下来到了玛丽亚斯河河口，在这里打开了去年夏天挖的地窖。一些皮革和毛皮损坏严重，但是火药、玉米、面粉、猪肉和盐还都比较完好。他们回到由一只白色平底独木舟和五只小型圆底独木舟组成的船队上，继续尽快地顺流而下。前进了 15 英里之后，刘易斯认为他们已经安全地将黑脚族甩在身后，并准备宿营；营地的位置被谨慎地选择在南岸，与黑脚族的方向隔河相对。那天晚上，雷暴雨下了数个小时。刘易斯没有任何遮蔽物，整夜都躺在水里。

刘易斯对于玛丽亚斯河的探索结束了。从一开始，这次探索就是
394 个错误。很多事情都错了，他们也一无所获。

第三十二章

最后一段行程

1806 年 7 月 29 日—9 月 22 日

此时的任务就是与克拉克领导的小分队会合，然后前往曼丹村落。早上，刘易斯他们一早就出发了。“水流很急，而队员们都急于前进。他们努力划桨，我们以七英里的时速前进。”

在接下来的五天里，进展也很顺利。沿途的猎物很丰富，在一次休息的时候，队员们捕获了 29 头鹿。刘易斯下令，在晚上要烹制出足够第二天食用的肉食，这样他们就不必在午餐时间停下来：“以这样的方式，我们每天都可以行进 12 至 15 英里。”

到了 8 月 7 日，他们已经抵达了黄石河河口。克拉克不在这里，但是宿营的踪迹表明他一周前曾在这里。刘易斯发现了一张插在杆子上的纸，上面有克拉克上尉手写的他的名字。纸上的内容只有一部分可以辨识，从这部分信息中，刘易斯得知这里的猎物数量很少，蚊子却很多，所以克拉克已经继续前进，将会在下游等待刘易斯。

刘易斯写道：“我立即再度登船，怀着在入夜前抵达克拉克上尉的营地的愿望，继续顺流而下。”他非常急于与克拉克他们会合，以至于不愿意花一天左右的时间来确定这个未知的经度；而在去年，当云层使得观测无法进行的时候，他曾许诺要测量此处的经度。

他没能追上克拉克。克拉克已经继续前进了。早上，刘易斯也追着他出发了。在接下来的两天里，他仍然没能追上克拉克。

8 月 11 日早上，他看到一块长着茂密柳树的河滩上有一些麋鹿。

他让船靠岸，派德鲁亚尔去获取一些肉类补给。刘易斯猎杀了一头麋鹿，德鲁亚尔则射伤了一头，之后他们重新装填弹药，进入柳树林去追逐更多的麋鹿。

刘易斯发现了一头就在前面几码外的麋鹿。他举起步枪，瞄准，就在准备扣动扳机的时候，他被一发步枪子弹击中了臀部。这严重的一击让他原地转了一圈。

子弹从他左侧髋关节下一英寸的位置射入，射穿了他的臀部，从右侧飞出，造成了一个三英寸宽的圆形伤口。没有伤到骨头。子弹留
395 在了刘易斯的皮裤上。

克鲁萨特仅有的那只好眼有些近视，而刘易斯正穿着褐色的皮革外衣，所以刘易斯的第一个念头是，克鲁萨特将他错认为麋鹿了。

“你这个混蛋，”刘易斯喊道，“你击中我了。”

但是没有回答。刘易斯又呼唤了克鲁萨特几次，仍然没有得到回应。子弹是从不超过 40 码的距离外射出的；假如克鲁萨特听不到他的呼喊，那么对他开枪的人就肯定不是克鲁萨特。开枪的人肯定是一名印第安人。在茂密的柳树林里，无法辨别究竟是一名还是一队印第安武士。

刘易斯对克鲁萨特发出了撤退的呼喊，然后他自己撤退了。他先跑了 100 步，但是伤口迫使他放慢了脚步。看到独木舟船队时，他对队员们发出了战斗的指令，“听到指令他们立即赶来”。刘易斯向他们告知了发生的事情，告诉他们他打算回去，向敌人进攻并救回克鲁萨特。他命令队员们和他一同前往。

队员们遵从了命令。不过，他们的上尉只走出 100 码就倒下了。他的伤口非常疼痛，大腿也很僵直，无法再前进了。刘易斯让队员们抛下他继续前进；假如遇到敌人的优势兵力，就一边射击一边撤退。

刘易斯挣扎着回到了独木舟上。他把手枪放在身体的一边，把步枪放在身体的另一边，手中紧紧攥着气枪。他“决意要用生命争取最大的结果”。

在一种紧张和焦虑的状态下，他独自一人待了大概 20 分钟。最终，分队带着克鲁萨特回来了，克鲁萨特完全不承认他射伤了上尉；他发誓，自己绝没有听到刘易斯的呼唤。

“我不认为他是有意为之。”刘易斯写道，但是他也不相信克鲁萨

特的否认。他手上有这颗子弹；这是一颗点45口径的子弹，是美国陆军1803年的制式，任何印第安人都不太可能拥有这种子弹。他估计，在射中刘易斯的臀部之后，克鲁萨特决定否认一切。（分队找到克鲁萨特的时候，奥德韦和加斯中士也在场；他们在各自的日志中都记载称，据他们所知，克鲁萨特完全不知道射中刘易斯的事情。）

加斯中士帮助刘易斯脱下衣服。刘易斯用麻布卷伸进两侧的伤口（这样伤口才会敞开，以便新的组织从内部生长），尽可能地做了清理。[1]

队伍继续顺流而下，刘易斯则趴在平底独木舟上。下午4点，他们经过了克拉克于前夜宿营的地点；在那里，一名队员发现了克拉克留在一根杆子上的便笺，交给了刘易斯。

便笺上是坏消息。克拉克写道：在黄石河边，刘易斯只发现信的一部分的原因是，普赖尔中士和他的小分队经过那里时，克拉克已经离开了，但是刘易斯尚未抵达，是普赖尔撕掉了信的一部分。普赖尔和他的三人小分队正在乘牛皮船前进，这些船是他们的所有马匹都被印第安人偷走之后，他们制作的。

丢失马匹这件事还不算太糟糕，特别是在普赖尔有能力制作牛皮 396
船并与克拉克会合的情况下；严重的问题是，那封请西北公司的赫尼先生帮忙让苏族酋长们前往华盛顿的信件，普赖尔没能递交给赫尼。在安抚苏族并说服他们加入美国的体系方面，赫尼是刘易斯唯一的希望。

刘易斯全部的对印第安人计划正在瓦解。此时，充满敌意的黑脚族就在身后，而有敌意的苏族就在前方；他们可以隔断位于两族之间的整个密苏里河中部地区，让商人无法踏足这里。

除了这个坏消息之外，刘易斯的伤口也变得愈发疼痛，探险队宿营的时候，他发现自己几乎不能动弹了。他将金鸡纳树皮制成的膏药敷在伤口上，整夜都趴在独木舟上。他发着高烧，彻夜难眠。

早上，他感到身体又僵又酸，但是高烧已经减退了，很可能是因为金鸡纳树皮，这是两位上尉惯用的治疗高烧的方式。不过，伤口依然很疼痛。

探险队又出发了。早上8点，他们遇到了两名逆流而上的白人。两人是来自伊利诺伊的约瑟夫·迪克森和来自密苏里的布恩拓居地的福里斯特·汉考克，他们是独自外出捕猎的毛皮猎人。两人于1804年8月出发，并在艾奥瓦过冬；他们曾被印第安人打劫，汉考克还受了伤。尽管如此，他们还是逆流而上前往黄石河，去捕猎海狸。

换言之，对于路易斯安那购买涉及的土地的探索，刘易斯和克拉克的探险只比私人猎手们早了三个月。迪克森和汉考克可能会被称为毛皮潮的先锋。完全可以认为，在他们身后还跟随着许多这样的人。尽管杰斐逊可能非常希望将上路易斯安那留给从密西西比河东部迁出的印第安人，但是这个世界上，没有任何力量也没有任何法律可以阻止美国的边民。他们逆密苏里河而上，诱使他们这么做的是探险精神，是他们那毫无根据的自负和逞强，是一种对荒野的热爱，当然还有贪婪。这是年轻人心中强有力的动力，无人可以抑制。

刘易斯非常渴望可以让美国人出现在上路易斯安那。他向迪克森和汉考克提供了关于他们前方的信息和一些手绘的地图，还告诉他们在哪里可以找到大量的海狸。他还给了他们一把锉刀、一些绳索和火药。

探险队继续出发了。下午1点，他们赶上了克拉克率领的小队。刘易斯的身体状况让重聚的喜悦略微蒙上些阴影。得知自己的朋友受了伤，克拉克冲向了刘易斯的独木舟。发现刘易斯正趴在船上，这让他吃了一惊，但是刘易斯抬起头向他保证，这只是轻伤，在三四周内就能痊愈。“这个消息让我如释重负。”克拉克写道。

他们交流了信息。第一个消息是最好的：每个队员都在，除了刘
397 易斯，每个人的状况都很好。克拉克描述了从博兹曼山口到黄石河的通道，萨卡嘉维阿是这一段路上的向导。一队克劳族人偷走了他所拥有的50匹马中的24匹。他制作了两只独木舟，每只28英尺长，并将它们捆在一起以增加稳定性。他顺流而下的经过平淡无奇。这段旅程有一个重要的收获，都体现在克拉克的地图上。

那天下午的晚些时候，迪克森和汉考克进入了营地。出于一些不为人知的原因，他们决定推迟前往黄石河的行程，转而与探险队一起，用两天的时间前往曼丹村落。

那天晚上，克拉克上尉为刘易斯上尉清理了伤口，此时这些伤口

还在给刘易斯带来许多痛苦。* 当克拉克完成清理工作之后，刘易斯将之写入了自己的日志。在完成了对这一天的描述之后，他宣称："在我现在的状态下写字是非常痛苦的事情，所以在恢复之前，我将停止记录；我的朋友克拉克上尉将会继续记录我们的日志。"

这是他在刘易斯和克拉克的探险中的最后一篇日志。这篇日志并没有就此结束，他还感到有必要再写一段关于植物的描述。

"我一定得注意到一棵奇特的樱桃树。"他写道。这是一棵稠李。他不顾自己的痛苦和"状况"，对这棵稠李进行了完整而彻底的探究。在对它进行了测量和检查之后，他还作了描述，比如："它的叶片是有叶柄的，呈椭圆形正对着叶尖，叶片的长度在四分之一英寸到一又二分之一英寸之间，宽度在二分之一英寸到四分之三英寸之间，呈精致或精确的锯齿状，叶片为浅绿色，上面没有任何软毛。"

早上，再度会合在一起的探险队出发了。两天后，也就是 8 月 14 日这天，他们来到了曼丹村落。

"那些人对于看到我们显得非常高兴。"克拉克写道。这是一次与老朋友们的重聚，其中包括曼丹族酋长"黑猫"、谢赫科（即"大白"）、希多特萨族的"独眼"以及其他人。在这一次重聚中，大家互相拥抱、互赠小礼物并举行了一场吸烟仪式。之后，他们开始了会谈，勒内·热索姆充当会谈的翻译。我们并不清楚，在这场会谈中刘易斯扮演了怎样的角色，但显然不是重要角色（那天，克拉克为他更换绷带的时候，他昏了过去）。

从酋长们那儿获得的都是些坏消息。阿里卡拉族和曼丹族之间正在交战。希多特萨族派了一支战队进入落基山脉，还杀了一些肖松尼族人——很可能属于卡密阿维特的部族。苏族人又突袭了曼丹族。而曼丹族又陷入了内部的纷争。

这真是太糟糕了。在刘易斯和克拉克离开之后，美国的和平政策失败了。整个密苏里河中上游地区都陷入了交战。就好像刘易斯和克拉克从未来过，从未做出任何承诺，从未从印第安人那里得到过和平

---

* 他肯定没有用煮开过的水清洗这些伤口：用于清理的水就是密苏里河的河水。刘易斯很幸运，伤口并未因此而感染。——作者注

相处的许诺一样。

让事情变得更为糟糕的是，酋长们拒绝了克拉克发出的让他们
398 去华盛顿的邀请。“黑猫”说，他希望能够去美国访问，会见他的新领袖；但是他很担心下游的苏族人，所以他不会前往。克拉克承诺会提供保护及许多礼物。他说，假如酋长们去华盛顿，那么一座美国的贸易站就会更快地在曼丹族中建立起来。但是酋长们仍然拒绝前往华盛顿。

最终，在热索姆的恳求下——这关系到他的翻译费，“大白”同意随探险队一起前往圣路易斯，然后再前往华盛顿，前提是两位上尉愿意带上他的妻儿、热索姆和热索姆的印第安妻子及两个儿子。这会导致独木舟严重超载，但是两位上尉为了带酋长们前往华盛顿已经不顾一切了，所以克拉克勉强同意了这个要求。当“大白”和他的随行人员在前往独木舟船队的途中经过他的村庄和村民的时候，克拉克注意到，“他们中的很多人大声哭了起来”。几乎没有人觉得会看到他们返回。

8 月 17 日，就在出发前，克拉克与沙博诺达成了协议。沙博诺因为他的马匹、锥形帐篷和他的服务而获得了 500.33 美元的报酬。萨卡嘉维阿则一无所获。* 沙博诺一家人将留在曼丹族里。

那一天，探险队的另一名成员离开了队伍。迪克森和汉考克曾邀请列兵约翰·科尔特随他们一起前往黄石河。在得到两位上尉准许之后，科尔特接受了这一邀请。他们给出许可的前提是，没有其他人会在服役期内提出类似的要求（科尔特的服役期要到 1806 年 10 月 6 日）。确实没有其他人提出类似的要求，当探险队向下游出发的时候，科尔特转而向上游前进，再度回到那片荒野中、回到群山中；他即将作为第一位美国山民、作为黄石国家公园的发现者而被载入史册。

队员们是否看着他离开？他们到底是认为他“真是个蠢货！”还是带着嫉妒？克拉克没有记录相关内容。但是他对科尔特的申请所发出

* 克拉克提出要将她的儿子让·巴普蒂斯特（克拉克和队员们叫他“篷普”，克拉克将他描述为“一个漂亮而有出息的孩子”）带去圣路易斯，并将他视为亲生孩子一样抚养成人；萨卡嘉维阿说，或许明年夏天等孩子断奶之后可以。在一封于 1806 年 8 月 20 日写给沙博诺的信中，克拉克对萨卡嘉维阿表示了敬意，称她是“相伴走完了往返太平洋的漫长、危险而疲惫的旅程的年轻女人，因为她在途中的照料和服务，她所应得的报酬要远多于我们所能给予的”。（杰克逊，《信件集》，第 1 卷，第 315 页）——作者注

的有条件的许可表明，克拉克认为，至少其他一些人或许也想要回到黄石地区。

在探险队踏上返圣路易斯的最后旅程时，刘易斯还只能躺着。他的伤口正在愈合，但是依然很疼痛，还不能行走。

在出发后的第四天，他们遇到了三名正在前往黄石地区的法籍猎人。从他们那儿获得的消息对刘易斯和克拉克的对印第安人政策是又一次打击：曾于 1805 年随沃菲因顿下士前往圣路易斯，继而又前往华盛顿的阿里卡拉族酋长去世了。阿里卡拉族人还不知道这一消息。

那天下午，探险队抵达了阿里卡拉族的村庄。在那里他们举行了一次会谈（不清楚刘易斯是否参加了）；克拉克要求酋长们派一支代表 399
团前往华盛顿；有些人说，他们很渴望去“见见新领袖，但是我们想看到去年夏天前往华盛顿的酋长先返回再说”。

8 月 22 日，克拉克写了一份医疗报告：“我很高兴地说，我亲爱的朋友刘易斯上尉正在迅速恢复，今天首次可以走一小段路了。我已经停止在子弹的出口上使用麻布了。”次日，这份报告中写道：“我的朋友刘易斯上尉正在迅速恢复，子弹在他的大腿上留下的出口已经愈合，看起来接近恢复了。子弹的入口处恢复得很好。”

8 月 27 日，在今日南达科他州的密苏里河的大本德，克拉克外出捕猎野牛。在他离开期间，“我的朋友刘易斯上尉把自己弄伤了。在我不在的情况下，他在沙洲上走了很长的一段路，超过了他所能承受的范围，导致他彻夜不适”。早上，克拉克在日志开头写道：“刘易斯上尉整夜都没有休息好，这个早上他非常不适。”

四天之后，探险队经过了今日的奈厄布拉勒河河口。这里是苏族的地盘，需要大家保持高度警惕。从奈厄布拉勒河河口又往下游行驶了两英里之后，九名印第安武士出现在河岸上。他们向探险队打手势，让他们靠岸。克拉克认为他们是提顿族人，这个部族曾于 1804 年秋天给探险队制造了很多麻烦。他不想与这些人有什么来往，因此毫不在意这些人的招呼。但是有一只独木舟落在后面，由于河湾的缘故而不在克拉克的视野里，所以他决定在绕过下一个河湾后立即停船靠岸，等落在后面的独木舟赶上来。

探险队靠岸后大概 15 分钟，响起了几声枪响。克拉克发现苏族人正在向行驶中的独木舟里的三名队员射击。

克拉克召集起15名队员——超过探险队的半数战力，冲向枪声响起的地方。他决心为受到袭击的队员们提供掩护，“不要管印第安人的计划是什么”。

在克拉克离开的时候，刘易斯蹒跚地爬出独木舟，来到了岸边。他将剩余的队员们组织起来，构成一条防御线，“以使他们可以很好地防卫自己和独木舟”。

在跑了250码之后，克拉克绕过了河湾，看到了独木舟正在顺流而下，但距离他们还有至少一英里。印第安人就在他们的上游冲目标射击。这些人其实是扬克顿苏族，在两年前，他们曾经是非常友好的。而且，他们部族中也有一名酋长前往了华盛顿。自从离开内兹帕斯族，这是两位上尉所听到的最好的关于印第安人的消息。

到了1806年9月，两位上尉和队员们成了现实版的瑞普·凡·温克尔，即使他们离开的时间并没有20年之久，而仅仅是两年五个月。

两位上尉渴望得到消息。首先他们想知道至爱的人的健康，但是圣路易斯的人并不知道这些情况。其次是政治上的消息：总统选举已
400 经结束了。是谁赢了？国家在开战吗？在圣路易斯正在发生些什么？谁正在管理路易斯安那？所有他们所能想到的这些问题，对于两位上尉，对于他们作为军官的未来，对于他们将在华盛顿受到的接待，对于他们的日志的发表和传播，对于每一件与他们相关的事情而言，都至关重要。

9月3日下午4点，他们遇到一支往上游去的、由几个人和两只独木舟组成的队伍时，终于有机会问出这些问题了。这支队伍的队长是詹姆斯·艾尔德，一个来自今日威斯康星州普雷里德欣的苏格兰人，拥有一份与苏族进行贸易的许可证。他是个身材高大的友好的人，热情地问候了两位上尉，并在雷暴雨时将他们请进自己的帐篷交谈（此时，刘易斯已经恢复得很好，可以四处行走了）。

克拉克记载道：“我们的第一个问题是关于我们国家的总统的［他很好，而且安全连任了］，然后询问了我们的朋友们的状况和国家的政治状况，以及对印第安人事务的情况。对于所有的问题，艾尔德先生都给了我们满意的答复——他曾在伊利诺伊州获得了并不算太多的信息。”

当然，艾尔德对刘易斯的母亲和克拉克的兄弟们的情况一无所知，但是对于两位上尉关心或感兴趣的许多事情都略知一二。

两位上尉热情的朋友、身处圣路易斯的皮埃尔·舒托的屋子曾经失火。这栋房子被烧成了白地。

威尔金森将军是路易斯安那准州的州长，他的总部就在圣路易斯。他向位于西路易斯安那和东得克萨斯之间的争议地区派出了300人的部队，以应对西班牙人。1804年秋天，西班牙的炮艇曾对位于西班牙阿尔赫西拉斯附近的美军护卫舰“总统号”开火。1806年4月，英国战舰“利安德号”曾对离开纽约的美国商船“理查德号”开火。

还有些别的事情。两名印第安人因谋杀而被绞死在圣路易斯；还有一些人被关进了监狱。阿龙·伯尔和亚历山大·汉密尔顿之间进行了决斗（1804年7月14日）；汉密尔顿去世了。

直到两位获得了这些消息之后，他们才意识到自己多么缺乏信息。他们那本就高涨的、带着重要收获出发的渴望进一步增强了。

早上，艾尔德赠给每个队员足够享用到抵达圣路易斯的烟草，还坚持让两位上尉收下了一桶面粉。早上8点，艾尔德出发向上游前进，探险队则出发往下游去。三个小时之后，他们在弗洛伊德布拉夫*停靠，爬上山头去为弗洛伊德中士扫墓。他们发现中士的墓地受到了土著侵扰，于是给墓地覆了土。

很显然，这次攀登对于刘易斯而言负担有些过重了；次日，克拉克记载道，他的朋友“还处在恢复中”。

9月6日，探险队遇到了另一艘商船，这艘船的主人是圣路易斯的
奥古斯特·舒托。两位上尉从他们那儿购买了一加仑的威士忌，并给 401
每个队员都分了一打兰，“这是自1805年7月4日以来，大家喝到的第一份酒精饮料”。有些队员用他们的皮外套和海狸皮帽子与商人们换来了亚麻外套和布帽子。

两位上尉最希望得到的是关于文明世界的最新消息，但是舒托的船员们并没有多少相关的消息。他们所能提供的仅仅是，威尔金森将军正准备离开圣路易斯，追随一支分遣队前往得克萨斯边境。

* 原文Bluff，意即“悬崖”。——译注

9月10日，探险队遇到了一个由四人组成的商队，他们有关于威尔金森将军的新消息：威尔金森将军已经带队出发前往得克萨斯了，而且有消息说泽布伦·派克上尉已经离开圣路易斯，前去探索雷德河和阿肯色河了。

两天后，他们又遇到了属于舒托家族的一支由两只独木舟组成的队伍，然后又遇到了一支规模更大的由克拉克的老朋友、前陆军上尉麦克莱伦率领的队伍。这支队伍中还有约瑟夫·格拉沃利纳斯和皮埃尔·多里翁，他们曾随阿里卡拉族酋长前往华盛顿担任翻译，还带回了杰斐逊的指示。

他们从杰斐逊总统那儿得到的第一个任务是打听刘易斯和克拉克的消息。格拉沃利纳斯还有一个艰巨的任务，即向阿里卡拉族传达杰斐逊对于他们部族酋长逝世的遗憾之情。多里翁的任务是让格拉沃利纳斯安全地穿越提顿苏族控制的地区，并说服一些提顿苏族的酋长去华盛顿访问。

早上，麦克莱伦送给探险队中的每个人少许的酒。在天蒙蒙亮的时候，探险队在愉快的气氛里出发了。次日，他们遇到了又一支由舒托派出的队伍；商人们送给队员们一些威士忌、饼干、猪肉和洋葱，这些礼物都深受欢迎。那晚在宿营地，队员们分到了少量的酒。“在非常和谐的气氛里，他们唱歌直到夜里11点。”

9月15日，刘易斯和克拉克来到了堪萨斯河河口。他们上岸之后，登上一座山。“这座山看上去占据了制高点，适合建造要塞；山脚下的河岸险峻，由岩石构成，从山顶上可以控制整条河流。”他们所站立的位置，就是今天密苏里州的堪萨斯城。

他们每天都会遇到商队。9月17日，他们遇到了乘坐一艘大船的约翰·麦克莱伦，刘易斯的老战友。他于1806年1月退役，开始领导一次可能有威尔金森将军参与的冒险。他打算逆普拉特河而上前往山
402 区，然后由陆路到格兰德河，再前往圣菲。在抵达圣菲之后，他打算贿赂西班牙官员，以获准与印第安人进行贸易，并使用驮马将商品运往印第安人处换回毛皮。

克拉克断言：“假如能成功的话，这是非常好的［计划］。”

麦克莱伦拿出了饼干、巧克力、糖和威士忌，还提供了一些消息。最有意思的事情可能是，美国人对于探险队都怀着深深的担忧。麦克

莱伦转述的各种传言中，有一条是上尉和队员们已经全部被杀，还有一条是西班牙人抓住了他们，充为矿里的奴隶。

“我们已经被美国人民放弃很久了，几乎被遗忘了。”克拉克记载了麦克莱伦的话。“美国总统对我们还抱有希望。”最后一句话应该使两位上尉的内心感到愉快。

麦克莱伦说，他本人相信了最坏的传言。看到探险队时，他非常震惊；朋友刘易斯和探险队的其他人能安然无恙，这让他很高兴。

到9月18日，探险队距离移民点只有150英里了。他们几乎耗尽了全部的补给和商品。除了厨具、科学仪器和其他的一些工具，探险队里已经没有步枪之外的其他工业制品了。探险队里还有大量的马匹、火药和子弹，附近还有猎物，但是几乎每天路过这里的商船队导致鹿和熊都远离河边；若要获取肉食，探险队必须派猎手步行外出，而这会大大延滞行进。

这里还有大量的熟李子，队员们称之为“木瓜”，只需要几分钟就可以采集到几蒲式耳。队员们告诉两位上尉，他们可以“很好地以木瓜为食”。两位上尉比队员们更急于前进，他们并未停下来打猎。

“急于前进的队员们都奋力划桨。”克拉克于9月20日记载道。那天下午，队员们发现有牛群在岸边，这个景象让大家当场愉快地叫喊起来。当两位上尉进入一座名为拉沙雷特的村子时，队员们请求他们许可，以放枪行礼。这个要求被准许了，他们齐射了三轮，河岸上的五艘商船也鸣枪三次回应。

村民们冲向探险队。克拉克写道：“每个人，不论是法国人还是美国人，对于我们的归来都显得非常高兴；看到我们归来，他们都很震惊。他们告诉我们，据猜想我们在很久以前就被杀死了。”

次日，这幅场景又在圣查尔斯重演。在圣查尔斯，“村民们对于我们的归来都显得非常高兴，竞相向我们表现着礼貌”。9月22日，探险队来到了威尔金森将军于1805年建立的贝尔方丹堡，这是密西西比河以西的第一座美国陆军要塞。两位上尉将“大白”及其家人带到了堡
内的公共商店，为他们添置了新衣服。 403

探险队于早上出发，开始了他们最后一天的行程。在不到一小时

内，船队就进入了密西西比河，经过了位于伍德河的旧营地——上一次看到这个营地已经是 28 个月以前了，这期间他们走了 8000 英里的路程。

在队员们划船向几英里外的圣路易斯前进的时候，刘易斯有理由感到非常满意，他在这时有点骄傲也是情有可原的。他已经完成了这次壮阔的旅程。这次旅程本身足以让他和伙伴兼朋友克拉克进入探险家的名人堂。

刘易斯计划并组织了这次开拓性的探险，在克拉克的帮助下，他成功完成了似乎事关他一生的梦想。确实，他仿佛就是为了这次探险而生的，而且仿佛从童年起，他就在接受与之相关的训练。他的成功得益于那些训练，也有赖于他的性格，两者都非常适于这次探险。

他的领导力是杰出的。他和克拉克带着 30 多名难以约束的士兵出发，将他们融入探险队中，使之成为一支坚强、勇敢、足智多谋、极有纪律的精英队伍。他们赢得了队员们的完全信任。

1805 年 6 月在玛丽亚斯河河口；1805 年 8 月在和肖松尼族的交往中；1805 年 9 月，信任老托比，让他引导整个队伍翻越洛洛山径；1806 年 6 月从洛洛山径撤退，在再次做出翻越尝试前，等待内兹帕斯族向导前来——在最关键的那些时刻，刘易斯和克拉克都做出了正确的决定。

刘易斯所犯的最大错误，就是决意将探险队分成五个小队探察玛丽亚斯河。不过，他在担任最重要的角色，即作为军事指挥官时，非常完美地完成了任务。

杰斐逊曾给他下达了许多非军事任务。他忠实执行了这些命令。他非常确信，自己已经完成了这次探险的首要目标，即找到一条最直接、最便利、横跨大陆的路线。他带回了大量宝贵的科学信息。他的发现涵盖了动物学、植物学、人种学和地理学等领域，这些发现的价值都不可估量。* 通过系统地记录关于所见到的从天气到岩石到人种的

* 他发现并描述了 178 种新植物，其中超过三分之二来自大陆分水岭以西，还发现了 122 种亚种的动物。（卡特赖特，《刘易斯和克拉克：博物学先驱》，第 423、447 页）——作者注

大量相关资料，他为未来的探险队引入了探索的新方法，并建立了完备的模型。

从个人的角度来说，他见到了很多美妙的事物。他穿越了美国人前所未知的猎人们的天堂。他翻越了除几个去过阿尔卑斯山的美国人，其他美国人前所未见的高山。他见到了超越人们想象的瀑布、激流和雷暴雨，见到了人们此前难以想象的巨树，见到了从未和白人接触过的、未受白人影响的印第安部落，还见到了峡谷、峭壁和其他梦幻般的景致。 404

这是个美丽新世界。

他是第一个踏入这个世界的人。此后所有人能泛舟于密苏里河或哥伦比亚河之上，都是因为刘易斯和克拉克的探险。每一个行走于洛洛山径之上的人，都是在追随他们的脚步。

此外，对于此后所有关于美国西部的文字描写而言，刘易斯和克拉克的日志都是先驱，成为一种榜样。

但是，在刘易斯的所有成就之中，还有一些非常令人失望的地方，当探险队接近圣路易斯的时候，他有理由感到担忧。当时，他对印第安人的外交努力已经失败了。上路易斯安那最强大的两个战斗部落苏族和黑脚族都成了美国的敌人。刘易斯打算向杰斐逊总统提出一些建议，希望这些策略可以迫使苏族、黑脚族和其他平原部落认可美国的主权。

他非常热衷于建立一个涵盖从圣路易斯到太平洋的美洲贸易帝国，他的头脑中还有一些专门的计划来促使这一愿望实现。上帝知道在那里有着大量的海狸。现在，刘易斯的任务是促成这些日志发表，让人们知道上路易斯安那和俄勒冈地区的奇妙之处及海狸的大量存在，同时还要让他的发现为科学界所知晓。

他不得不陈述的坏消息则是人力无法改变的。这是个简单的地理学现实：根本不存在一条全水路通道，连一条接近全水路的通道都不存在，同时密苏里河流域并未能抵达北纬 49 度线。

刘易斯知道，杰斐逊希望能尽快得到这些消息。当独木舟在圣路易斯靠岸的时候，他脑中所想到的正是杰斐逊总统。当队员们看到全部的 1000 名居民都出现在河岸上等待时，他们齐射一轮以行礼。居民们回应以三声欢呼和一片热情的欢迎。一个居民记载道："他们看起来真像是一群鲁滨孙·克鲁索，全都穿着鹿皮。"[2]

当刘易斯匆匆爬出独木舟的时候，他的第一个问题是：邮车几时离开？

答案是，邮车刚刚离开。刘易斯当即写了一张便条，派信使送给位于伊利诺伊准州卡霍基亚的邮递员：将邮件留待明日发出。他在皮
405 埃尔·舒托的家里找了一间房，开始给杰斐逊总统写信。

第三十三章

向总统汇报

1806 年 9 月 23 日—12 月 31 日

1806 年 9 月 23 日，梅里韦瑟·刘易斯完成了他的第一部分工作——他称之为“心爱的项目”。过去四年里，他全身心地投入了这项工作。这个伟大工作的第二部分，是向总统以及美国和全世界人民汇报这次探索的成果，这也需要他全身心投入。他所知道的，以及他和克拉克在日志中、文件中和地图上所记录的都是无价之宝，但只有这些成果发表出来之后，它们的价值才能得到体现。

1804 到 1805 年的冬天，刘易斯还在曼丹堡的时候，曾在给杰斐逊的报告中提到他在探险第一阶段的旅程中的发现；从那时起，他就开始着手准备向总统及公众汇报的内容。杰斐逊曾下令将这些报告和克拉克的地图公开发表；这些资料都被广泛印发和传播。这些内容传遍了美国，也传到了英国和欧洲，有着冒险精神的年轻人和年长的企业家都在制订前往西部的计划，而且，有些人已经出发了。但是，更有价值的信息还没到来。

甚至在完成这次探险旅程之前，刘易斯就已经开始着手向公众及科学家们告知他的发现。在抵达圣路易斯之前的几英里路程中，他开始撰写向总统汇报的第一份报告的草稿。

在报告的开头，刘易斯宣告他已经安全抵达了圣路易斯，与他一同抵达的还有“我们的文件和行李”。这些文字是在让杰斐逊放心，探险队已经带回了种种科学发现。

第二段内容直指杰斐逊所担心的问题的核心：“按照您的命令，我们已经穿越了北美大陆，抵达了太平洋，充分探索了内陆地区。我们确信，已经发现了横贯大陆的最可行的路线——借由可通航的密苏里河支流和哥伦比亚河，这条路线是确实存在的。”

在接下来的一大段内容里，刘易斯尽可能依照事实积极地描述了他的发现。他说，密苏里河的航路是“安全而有效的”，而克利尔沃特河—斯内克河—哥伦比亚河水路系统也是如此，至少在达尔斯之前是这
406 样的。但是从密苏里河到哥伦比亚河的陆路通道则完全是另一种情况。

尽管刘易斯很不乐意，他还是要告诉杰斐逊总统，杰斐逊所寄予希望的那条连接大西洋和太平洋的全水路通道是不存在的。刘易斯成功地回到了圣路易斯，但是他知道，探险队将传出去的头条新闻并不好，这对他而言是个负担。他绝不会隐藏事实，毕竟杰斐逊是一个尊重事实的人。不过，假如刘易斯会因事实而感到一丝尴尬，或者他会为事实辩护，又或者他将最好的一面详细地写入报告，这或许都是可以理解的。

无论如何，对于从密苏里河到哥伦比亚河的陆路运输，刘易斯都是直言不讳的：这段路程有 340 英里，其中有 200 英里路况良好，另外的 140 英里“是这段路程里最难应付的……其中有 60 英里要翻越终年覆盖着白雪的高山”。

在这些内容之后，刘易斯对西北通路的搜索作了总结。

在大致描述了陆路运输的困难之后，他又变得积极起来。他写道：“我们认为这条横贯大陆的通道将为毛皮贸易带来极大的优势。”他进而细致地描述了在上路易斯安那和俄勒冈地区建立美洲毛皮贸易帝国的计划，这是他自翻越落基山脉以来就一直在构想的计划。

这是个令人激动的提议，一个横跨大陆规模的计划。这个计划包括搜集从密西西比河北部到太平洋的整个西北地区的毛皮，将它们运到哥伦比亚河河口，从那儿装船运往广东市场，以换取东方的商品。

这个计划的基础是肖松尼族和内兹帕斯族的马群。刘易斯告诉杰斐逊，6 月末到 9 月初之间，这些大山是可以翻越的，“而且此时马的价格也很便宜……会把这段陆路运输的成本降到很低”。

这几乎可以将英国完全赶出贸易市场，因为美国的毛皮可以直接运往广阔的广东市场，而英国的商品法则规定，所有来自大英帝国

的毛皮必须先运往伦敦，然后才可以运往广东市场。[1]美国人可以缩短距离，削减成本；他们的毛皮可以更早地并以更好的品相抵达广东市场，获得高价，而英国的进出口税及交给东印度公司的利润都可以免去。*

刘易斯所建议的路线比现在的路线——从加拿大西部到蒙特利尔，再往南抵达圣劳伦斯，然后横渡大西洋来到伦敦，再绕过非洲前往东方——远为便利，刘易斯认为西北公司有意愿经由哥伦比亚河来运输毛皮。

在准备这份报告的过程中，刘易斯试图创立一项政府政策。作为
一名倡议者，他毫不犹豫地颠倒了杰斐逊本来的想法——毛皮将会从 407
太平洋沿岸运往密苏里河，再往南运往圣路易斯。

在刘易斯的计划中，商品将会从广东运往哥伦比亚河河口，继而翻越山区，沿密苏里河而下来到圣路易斯，然后逆俄亥俄河而上，经由阿巴拉契亚山脉，最终由波托马克河抵达市场。对于来自东方的进口商品而言，要实现这一目标，路程太长而且太艰难，刘易斯对此有一个回应："很多不沉重、不易碎也不易腐坏的物品可以经由这条路线运抵美国"，相比绕过好望角的路线，"这条路线更便利而且成本更低"。

毛皮和来自东方的商品的交换，可以于每年 7 月在内兹帕斯族营地举办的商品交易会上进行。而且，在哥伦比亚河河口还会建立永久性的贸易点。

很显然，刘易斯知道毛皮贸易的复杂性，也了解商业运作、成本、利润和需求。他还了解自己的同胞。因此，他在给杰斐逊的报告第三段的开头写了这样一段话，后来成为他所写的内容中被引用最多的一段："密苏里河及其所有自夏延地区而上的支流流域都有着大量的海狸和海獭，其数量超过了地球上所有河流流域中的，尤其是它们位于落基山脉中的那部分。"[2]这一定会引起进入山区的热潮。

之后，他写了一段话，提到了可能引起的结果。他写道："假如政府只是援助一下其公民的事业，哪怕只是极小的援助，我相信我们都

* 从纽约市场发出的加拿大毛皮必须先运往伦敦，所以要缴税。——作者注

会从这个地区中获利最丰的贸易中受益，而且在10到12年内，个人也将可以经由以上提到的路线横穿大陆，其安全性就如同我们现在横穿大西洋一样。”

这将需要政府付出极大的代价为公众采取行动，需要扩军，以攻击性的方略应对密苏里河流域有敌意的印第安人。这两个行为都不是杰斐逊理念中的政府应该做的。算了。反正路易斯安那购买也并不符合杰斐逊的理念。不论杰斐逊在哲学上是怎么考虑的，他都是一个心向西部的人，好比民主共和党就是一个西部的党派一样。只要不违反宪法，掌权的杰斐逊都愿意为了促进向西部的扩张而摈弃宪法中那些严格的司法解释。他愿望中的美国是横跨两大洋的——超越于其他人的是，他让这一愿想成为了现实。

刘易斯的想法是，在接下来的两年里，他将用行动参与到这一宏大事业中。他已经发现了美洲西部，想成为第一拨开发这一地区的人群中的一员。他知道，在杰斐逊总统收到他的报告之后，他将闻名世界；现在，他想要财富。在19世纪的头十年里，想要借由小笔投资获
408 得巨大回报的最快方式，就是与东方开展毛皮贸易。

在返回圣路易斯的第一天，刘易斯上尉就为这个贸易帝国的发展扮演起说客和宣传员，并积极参与这个计划。他精心完善了准备提交给杰斐逊总统的报告，并为报纸写了一封长信。在这两份文件中，他都要求获得“我们的政府的及早关注”。他告诉杰斐逊，最迫切的需求就是处理苏族、黑脚族和密苏里河流域其他部落的“不友好倾向”。

在接下来的部分，刘易斯向杰斐逊致歉，因为他没能如约在密苏里大瀑布处向他送出一份报告。他知道杰斐逊一直对他和探险队非常担心——确实，他知道绝大多数美国人已经放弃了他们——所以他确实应该给杰斐逊一个解释。刘易斯说，他和克拉克认为，为了派两名士兵回来送报告“而缩小探险队的规模是不明智的；为了避免这样的举动降低其余队员的热情，并避免由此可能对探险计划造成的危害，［我们决定，］最好是让政府和朋友们为我们更担心一点，而不是让他们有更多的期待”。随后，在翻越落基山脉、下山前往太平洋并返回圣路易斯的过程中，探险队遇到的所有困难，“证明了我们的决定是正确的，因为不止一次，我们的性命和探险队的命运就全靠这31个人”。

随后，刘易斯记录了一份清单，其中有他带回的毛皮、“采集的大量植物”和九份新的印第安语词汇表。此外，他还带回了“大白”，以及“精神和健康状况都很好，并急于继续前进的”曼丹族酋长。刘易斯了解杰斐逊。他没有记录更多的细节，也没有进行更多的详细阐述，认为这些不经修饰的文字就能让杰斐逊非常激动、兴奋。

但这是一个很大的错误。刘易斯本应该更明智地用两三页的篇幅记录他的发现。因为他的做法，读者们所读到的最初的内容里，极少有关于这份第一次在洲际尺度上完成的美洲科学调研的内容。在同时期的人们看来，这次探险所做出的唯一贡献是地理学方面的。

刘易斯知道他完成的发现的价值，但是很显然，他认为更好的选择是等他的发现被印成书本（他已经打算要印成三卷，其中第三卷将会包含科学内容）。他知道自己需要帮助；在发表任何科学研究结果之前，他想先去费城，在那儿他可以把这些原始资料交给教授们，之后这些教授将会编纂这些内容加以出版。

刘易斯很确信自己会在费城受到热烈欢迎，因为在费城有着如此众多的顶尖学者，他们曾帮助他为探险作准备，也在盼望着听到刘易斯关于药片疗效、六分仪的使用情况等等的描述。而且，杰斐逊已经做出安排，让刘易斯入选美国哲学学会，这是个会带来极大声望的荣誉。*为刘易斯感到非常自豪的杰斐逊将刘易斯描述为“一名有价值的会员，
［刚刚］从一次不同寻常的漫长而危险的旅程中［归来］”。杰斐逊总统 409
保证，刘易斯很快就会为会员们作一次“关于从密西西比河到太平洋地区的我们国家地理和自然历史”[3]的说明。

这绝对会是费城的科学家们所听过的最受欢迎的演讲。这场演讲中，此前几乎不为人知的三分之二的大陆将会在他们面前揭开面纱。他们将会了解到发现物的第一手资料，将因此而展开全新的研究。这些学者穷其一生来发现并描绘这片土地，这些实事求是的人此前一直被迫凭借想象和猜测来描绘西部的山川。演讲中有如此多值得了解、审视、研究和吸收的内容，自从哥伦布和库克以来，这是第一次有这么多的新东西被发现。

但是，考虑到将这些日志出版并公之于众需要花费的时间，刘易

---

* 刘易斯是在圣路易斯得知自己当选的。——作者注

斯做出的延迟出版的决定可能会使探险活动遭到人们的嘲弄，被视为一次投机活动。事实也确实如此。包括约翰·昆西·亚当斯在内的联邦党人都在取笑这次探险。亚当斯并不准备接受杰斐逊总统关于探险队做出了重要发现的说法。在一次于总统官邸举行的活动之后，他在自己的日记中写道："杰斐逊先生在说大话。"在另一篇日记中，他写到杰斐逊曾告诉他，在巴黎，曾有六周的时间温度都不曾高于华氏零度；亚当斯评论道："他很清楚这一切；但是他热衷于令人兴奋的奇迹。"[4]

对这次探险的嘲弄成为联邦党人及其后代的传统。90年后，亚当斯的孙子亨利·亚当斯写了一部关于杰斐逊政府的经典历史作品，其中几乎没有提到这次探险。他认为这次探险"归功于美国人的火力和探险精神"，但是这不值一提，因为"对科学或财富的贡献很小……穿越北美大陆是个了不起的功绩，但是仅此而已"。亚当斯写道：1804至1806年之间真正的新闻并不是刘易斯在和河流作斗争，而是罗伯特·富尔顿开始建造新式蒸汽船。*[5]

东部对阵西部，科技对阵人的努力，党派主义对阵爱国主义——这些都是美国政治的永恒主题。刘易斯曾是杰斐逊总统的私人秘书，是华盛顿的局内人。他本应该通过提供更多足以给人们带来希望并让开支合理化的信息，来维护杰斐逊和他自己的探险事业。

刘易斯说，他很快就会抵达华盛顿，届时将为杰斐逊提供更多关于他的计划的细节；刘易斯解释称，除非杰斐逊亲眼看到地图，他将不能理解刘易斯对于与印第安人交往的构想，而克拉克的地图只有一
410 份，"我不愿意冒险将它托付给邮政"。一旦完成在圣路易斯的事务，他就会尽快出发，但是在前往华盛顿之前，他要先去一趟夏洛茨维尔，"因为我非常急于获悉那些位于阿尔伯马尔的朋友的情况，特别是想知道我的母亲是否还健在"。

在结束之前，刘易斯又写了一段话。在这段话的开头，他向最亲

* 亚当斯辩称，他是在思韦茨版的日志集发表之前写的这段话，所以无法知道这次探险发现了多少东西。——作者注

爱的朋友和最亲密的伙伴致以了最高的敬意，然后做出了一贯的慷慨姿态：“在我们这趟旅途中，关于受人尊敬的威廉·克拉克上尉所做出的努力和贡献，我已经不能说得更多了；阁下，假如我们会因为这个共同参与的艰难事业而获得任何荣誉，那么他与我应该受到来自您和我们国家的同等尊重。”

这段话将这个问题直接放在了总统面前：不论在陆军部的名册上克拉克是什么职位，刘易斯都希望他能被当作上尉和共同指挥官来看待。这是他曾经许诺过的，也是克拉克应得的。在刘易斯看来，任何其他的做法都是不可想象的。

站在刘易斯的立场上来看，这种表态在政治上是有必要的，而且是明智的。不论他说了什么，在军队的名册上克拉克都是一名中尉，刘易斯则是一名上尉。更糟的情况是，在政客们当中，刘易斯的名气要远大于克拉克。刘易斯寄望于杰斐逊能将这些内容公之于众（杰斐逊确实这么做了），同时，他还希望此举可以使国会给予克拉克不少于他本人所得的东西。[6]

在最后一段内容里，刘易斯请杰斐逊原谅“这封草就的来信”。他解释称，他已经没有时间来写更多的东西了，邮政已经多等了一天。不过，他仍然对“如此简短的内容”表示了歉意。

刘易斯在署名后想了一下，又补充了一段内容，显示出他是一个优秀的军官和一个很好的人：“所有随我从曼丹堡出发的队员们都安然无恙地回来了，我向你保证，这是整个旅程中让我无比高兴的事。”[7]

总的来说，刘易斯在一年半来与杰斐逊的第一次通信中回答了杰斐逊总统最迫切想了解的问题，同时还主张建立一个横跨两大洋的美洲贸易帝国。这封信是匆匆写就的，其中还缺失了一些关键性的材料，但是，作为一封先解决坏消息然后将注意力吸引到好消息上的报告，这依然是一份范本。

除了对克拉克的赞美，刘易斯还仔细地为每一名士兵写了一份推荐状。比如，他赞扬了加斯中士的“巨大的支持……男子汉式的坚定……忍受疲劳和痛苦时的刚毅”，还提到他拥有刘易斯的“最高信任”。加斯有资格受到“国民的尊重和敬意”。[8]在一份随后给迪尔伯恩部长的推荐状中，刘易斯说，他希望每名队员都能“收到来自政府的丰厚而公正的奖励”。[9]

411 一名好的连队指挥官会照顾他的手下。

刘易斯和克拉克知道，在美国，新闻会经由报纸而快速传播，因为这些报刊之间会互相抄录。离他们最近的报社位于肯塔基州的法兰克福。两位上尉都知道他们写给家人的信件将会被发表，然后被传抄，而且乔治·罗杰斯·克拉克将会比位于弗吉尼亚的刘易斯的家人提前两周收到信件。但是克拉克认为，刘易斯的写作能力比他更出色。这都不是问题：刘易斯为克拉克起草了信件，克拉克抄写并署了名，然后寄往肯塔基州。两位上尉让乔治·德鲁亚尔携带报告和信件横渡密西西比河，前往位于伊利诺伊那一边的邮局。

唐纳德·杰克逊评价道：“探险队所获得的最初的名望很大程度上是因为这次的信件，这些信件以最快的速度传遍了全国。”法兰克福的《西方世界》杂志于10月11日将它发表；《匹兹堡报》于10月28日将其发布；华盛顿的《国民通讯员报》将之刊登在11月3日的那一期中；很快，这些内容就被广泛刊登。[10]

这封信中包含了给杰斐逊的报告中的很多要点，但是对遇到的一些困难和危险又补充了很多细节。在写这封信的时候，刘易斯可能有金钱方面的动机——为他本人，为克拉克，为队员们。他了解这些政客和他们的选民。他知道，包含高山峻岭、困难的运输、激流、濒临饿死和与各族印第安人的相遇这些内容的探险故事怎样才能在他们内心搅动波澜。他还知道，只有国会才能最终决定他、克拉克和队员们将会从充满感激之心的国家手中获得多么丰厚的奖励。他并没有夸大探险队遇到的那些危险，但也没有对这些危险轻描淡写（他几乎没有向杰斐逊提及这些危险）。

写完并寄出这份报告和这些信件之后，是时候庆祝一下了。两位上尉已经受邀住在了皮埃尔·舒托的家里。他们还去探访了舒托家族的成员，以及镇上的其他一些重要人士。很显然，他们在外面待到很晚；克拉克在写于9月24日的日志开头提到，“昨夜我几乎没有睡觉”。

那天，两位上尉和舒托一家共进了晚餐。刘易斯和克拉克将行李放置在一间从威廉·克里斯蒂那儿租来的房间里，威廉是克拉克在肯塔基的邻居，现在在圣路易斯经营一家旅馆。他们还去一间裁缝铺定做了几套衣服，“拜访了圣路易斯的一些绅士”。

他们不论去哪儿，都会被问到许多问题。首先，圣路易斯的商人们想要知道海狸和印第安人的状况，还想知道距离多远；商人们像镇上的其他人一样都很清楚这片未知的荒野中蕴藏的危险，但他们也都 412
是冒险家。所以，他们也想知道那些死里逃生的经验，也想了解那些高山以及两位上尉可以谈论的所有故事。可以想象，那些士兵也都被圣路易斯的普通居民问了很多问题。

刘易斯和克拉克返回时，“他们二人以及同伴们对那片蛮荒地区的描述，首先在西部青年人中激起了探险的热潮”——托马斯·詹姆斯回忆道。这名密苏里人很快也沿密苏里河西进了。一本地方志中记载称，“这场勇敢的探险成为镇上的热门话题”。[11]

阿伦·拉奇捕捉到了口耳相传的内容的精髓及其影响：“这种没有记录下来的谈话——篝火边的闲谈、酒吧里的故事、晚饭后享用白兰地和雪茄时的谈话……激起了对这次探险的发现的探索热情。对于接下来横扫西部的最初一波对毛皮贸易的探索，探险队归来后引起的传闻和闲谈比任何书面文件起到的作用都要大。”[12]

早期的新闻报道主要取材于由圣路易斯居民寄往东部的信件，这些报道是有道理的。一封在肯塔基发表并传遍全国的信件写道：“其中一名队员，一名聪明的人告诉我，哎，哥伦比亚河流域的印第安人的数量和美国任何地方的白人都一样众多”，但是他们都没有武装，而且“表现得都很和平。太平洋上的气候很温和”。另一封信则提到了印第安所拥有的“无数的马匹”，但是信中说，印第安人完全没有铁制工具——这句话一定会让年轻商人产生很多想法，特别是当所有的信件都提到“整片地区满是价值不菲的毛皮”时。[13]

两位上尉和队员们并不是一定要用关于灰熊、黑脚族和其他危险的故事来让听众印象深刻。但是即使没有吹牛，他们也肯定不是很谦虚。除了那些因为取得的成就而萌生的自豪，他们还想通过美国人民在国会中的那些代表告诉全国人民，这些成就的取得是多么不易。至少，从住在当地的联邦检查员西拉斯·本特的记录来看，他们的这个做法在圣路易斯取得了成功。本特记载道：“所有人都来到这里，表达他们对这些绅士的伟大成就的高度赞赏。”[14]

第一次正式的庆祝活动于 9 月 25 日的下午和晚上举行，当时小镇的主要人士在克里斯蒂的旅店里赞助了一场晚宴和舞会。这是个漫长的夜晚。刘易斯和克拉克总共参加了 17 次祝酒。第一次被祝酒的人（在他们的建议下？）是托马斯·杰斐逊，“科学的朋友，**发现**的北极星，哲人和爱国者”。接下来被祝酒的对象是杰斐逊内阁的成员们、这次探险活动、队员们（“愿他们获得奖励”，一句最受欢迎的祝词）、美国（此处有些政治性：“尽管包容质疑精神，但愿他们永志不忘，**团结则长存，分裂则衰落**”，很显然这里是在指阿龙·伯尔的阴谋）、
413 路易斯安那、纪念哥伦布、宪法、纪念乔治·华盛顿、和平、贸易，等等。

此外，还有很多祝酒的对象是这些在长达 15 个月时间里除了白水什么也没喝过的队员，此时两位上尉都退场了。在他们离开之后，最后一次祝酒的对象是“刘易斯和克拉克上尉——九死一生的奉献让他们赢得了每一位美国人发自心底的热爱”。[15]

次日，两位上尉继续书写工作。刘易斯首先写了一封打算发表的信件，这封 3200 个单词的信最终花了他四天的时间。信中汇报的一些内容是他所积极支持的。“我认为这条横贯大陆的线路在现阶段是非常有益于毛皮贸易的。”他写道。

更直接的是，刘易斯的这封信是他向国会要求合适奖励的最直接的表示。在过去的 28 个月里，他完全没有考虑金钱，但是回到圣路易斯之后，金钱成为迅速致富的计划之核心，也是他的商人朋友们主要谈论的东西，因而成为他所考虑的重要问题。为了能够参与各种计划，他需要投资本钱。他获得这些本钱的最快渠道就是来自感恩的政客们的奖励。

所以，尽管没有夸张汇报，但是他确保了让人们明白，他、克拉克和队员们曾为了国家而冒着生命危险。他细致描述了探险队在卡密阿维特的村庄所遇到的危险情况。他写道：“我们信任了一名野蛮人‘老托比’，当时他的同胞都向我们保证那条通道是不可通行的，但我们成功翻越了那些白雪皑皑的高山。”在翻越高山的时候，“我们经历了寒冷、饥饿、疲劳所能带来的一切，所有人致力于其中的这次探险

的命运带来的强烈焦虑也折磨着我们”。在来到内兹帕斯族之时，“在10至12天内，我非常不适，因病虚弱而憔悴”。顺哥伦比亚河而下时，队员们“九死一生”。

在一段对克拉特索普堡的描述和对返程时翻越洛洛山径的描述之后，刘易斯开始大段描述他探索玛丽亚斯河的额外行程。他要确保读者明白他的目的，于是写道：确定密苏里河流域的最北端位置是“最重要的国家事务”。“我决心冒着一切危险来完成这一探索”，尽管“我很清楚，必须经过的地区住着几支大规模的黑脚族游牧部落，而黑脚族会在萨斯喀彻温河畔与英国人从事贸易”。接下来，他用激动人心的文笔描述了与黑脚族人在图梅迪辛河边的相遇。[16]

刘易斯的讲述手法非常引人入胜，于是读者们总是想知道更多。刘易斯所认为的这些日志对他和对国家的价值，体现在一名不为人知的圣路易斯居民写于9月23日的评论中：“他们的日志不仅让我们所有人觉得有趣，对于那些可敬的探险者而言，它们更是财富。”[17] 414

这些话表明，刘易斯期望凭借这些日志的出版而变得富有。为什么他会觉得这些日志是属于他和克拉克的私人财产呢？为这次探险，政府是花了钱的；刘易斯和克拉克撰写这些日志的时候，他们其实是在完成任务；或许我们应该认为这些日志和地图是属于政府的（确实，杰斐逊在随后评论道：“这都是政府的财产，是政府的开支带来了这次探险的成果”），应该由政府来出版，而不用付给作者任何费用。

不过，显然在离开华盛顿之前，刘易斯就已经和杰斐逊讨论过这个问题了，而且杰斐逊已经明言，刘易斯将有权通过商业组织发表这些日志，并有权从中获益。这种推测基于同时代人对于两位上尉将从他们的日志中获利的评论，也基于十年后杰斐逊的声明，即“我们愿意将任何可能从出版中获得的金钱收益赠予刘易斯和克拉克，因此理所当然地，他们手中余下文稿的趣味性将会让它们迅速得以出版；如果是这样，最好是在他们的指导下出版”。[18]

并不只有刘易斯和克拉克在记录日志。按照两位上尉的命令，所有的中士也都记录了日志，还有一些士兵也记录了日志。刘易斯认为日志都应该受他管理，从而使得这些日志几乎都不再是私人财产。在抵达圣路易斯之后不久，列兵罗伯特·弗雷泽就找过刘易斯，向刘易斯征求出版他个人日志的许可。刘易斯当即批准了他的要求，不过前提是弗雷泽要提交一份内容介绍由他来批准。弗雷泽照办了。这份内容介绍约定，出版方将制作一本400页的书，内容将会包括“对密苏里河……哥伦比亚河……那一地区的一般地貌……一些印第安部落……发现的植物、动物和矿产的准确描述”，并向订购者保证，这本书“是在梅里韦瑟·刘易斯上尉的准许下出版的”。[19]

刘易斯阅读了草稿，感到很吃惊。他坚持要出版商“解除此前的许诺，即出版书籍应该包含与这一地区自然历史有关的内容”，因为弗雷泽“完全不熟悉天文观测、矿物学、植物学或动物学，因此不可能对这些内容给出准确的信息，更不可能提供地理学方面的准确信息”。

刘易斯对于内容约定的反对意见被采纳了。这些反对意见也是出于私心，即为他自己的书遏制竞争。它们进一步表明，刘易斯将科学发现视为他的日志中最宝贵的东西。（到头来，弗雷泽的出版商忽略了刘易斯的意见，但是他们并未出版这本书，于是弗雷泽的日志就失传了——这是历史学上的一个损失。）[20]

弗雷泽日志的内容说明迫使刘易斯要尽快前往华盛顿，去接受国
415 民的盛赞和他的报酬，去找合适的出版商——而且，他希望获得一笔预付金。但是责任要求他留在圣路易斯。他花了一个月的时间才处理完与这次探险有关的财务问题。此外还花了许多时间来为那些希望预支酬劳的士兵筹集硬通货；有人的预支总额达到400美元之多（给列兵约翰·波茨的）。

这项工作让他进入了圣路易斯的金融家的核心圈子里。在边境地区，货币是很稀缺的；为了筹集从300美元到19.5美元数额不等的预支酬劳，他不得不拜访了16名商人。为了获得这些货币，他拿出了开在陆军部名下的汇票。[21] 他还需要为他自己、克拉克、“大白”和其他即将前往华盛顿的队员购买补给、衣物和食物。他也是用汇票付款的。他很容易地养成了这样一个习惯：用汇票来购买一切需要或想要的东西；为什么不呢？毕竟他有一个由美国政府结算的经常账户。

路易斯安那地区可供开发的财富几乎全部由毛皮和土地构成；圣路易斯的商人们几乎所有的投入都用于对这两样资源的投机。刘易斯

的队员们很快也开始行动起来。当队员们自愿加入探险队的时候，他曾许诺，他们会收到“一份等同于独立战争时期军人所得的土地”。由刘易斯给出的这个口头担保，被认为和土地所有权证一样有效。列兵约瑟夫·怀特豪斯将他即将取得的权证以280美元的价格卖给了德鲁亚尔，此外德鲁亚尔还购买了约翰·柯林斯的土地所有权证。六个月之后，德鲁亚尔以1300美元的价格出售了他自己的和他所购买的土地所有权证，所获颇丰。而购买者蒙受了损失，在一年后仅以1100美元的价格转手。[22]

两位上尉组织了一次公开拍卖，在拍卖会上出售了探险队中剩下的公共物品。其中包括步枪、牛角制火药桶、子弹袋、壶和斧子，总计卖了408.62美元。[23]

这个举动真是个耻辱。这些物品更应该作为公共财产保留下来，而非被低价出售。但是很显然，两位上尉一直都想在还有实用价值的时候将这些东西卖掉，而不是将它们留给博物馆。

处理这样或那样的物品，刘易斯一直在和圣路易斯的商人们保持联系。同时期的文件没有透露出他们都谈了些什么，但是我们几乎可以肯定这些谈话是关于土地和毛皮的。这些商人肯定问了刘易斯大量问题。既然刘易斯本人也在考虑直接参与到毛皮贸易中去，而且无论如何他都想开始运作他的美洲贸易帝国计划，他就必须详细解释很多问题，比如多大规模的队伍适合前往黄石地区、密苏里河上游地区的印第安人最想要什么样的商品、有哪些装备是必需的，尤其是，海狸在哪里、数量又有多少。根据曼努埃尔·莉萨的传记作家理查德·奥格尔斯比的说法，曼努埃尔曾被他在1806年从刘易斯和克拉克那儿听到的故事深深地“刺激”。他开始筹集资金，准备建立一支由两艘平底货船组成的探险队，于春天逆密苏里河而上。[24]刘易斯可
能也出资了。 416

10月24日，刘易斯写于9月23日的信件抵达了华盛顿。杰斐逊立即做出了回复。他说，他已经收到了这封信，感到“不可言说的喜悦”。这使得他可以放下一些此前对刘易斯和探险队所感到的深深焦虑：“你前往的地区，以及长期杳无音讯，都让我感到很糟糕。”杰斐逊说，他马上会把信送往夏洛茨维尔，希望刘易斯也可以很快抵达那

里；他还说，他“唯一的目的就是向你再度保证你已经知道的那些事情，我对你的喜爱一如既往，你在这里的朋友们将会怀着喜悦迎接你的归来”。

杰斐逊提议，让刘易斯在来华盛顿之前，先带着“大白”去蒙蒂塞洛参观他建立的印第安馆。蒙蒂塞洛的印第安馆里包括由刘易斯于1805年春天从曼丹堡送回的物品，以及麋鹿和驼鹿的角（今天这些鹿角被悬挂在蒙蒂塞洛的大门处，此外还有一些曼丹族的物品和“大白”的画像）。[25]

随后，杰斐逊和财政部长艾伯特·加勒廷（二人都不知道刘易斯以加勒廷的名字为一条河命了名）讨论了适合授予刘易斯的职位。杰斐逊总统打算任命刘易斯为路易斯安那准州的州长。加勒廷认为这是个好主意，但是他指出，这样在刘易斯从东部返回圣路易斯之前，就有必要任命一名秘书代为管理路易斯安那准州，而且因为刘易斯要监督日志的出版，肯定要耗费一段时间。[26]

这是个重大错误，不仅显而易见，而且容易避免。杰斐逊本可以有更好的做法：让刘易斯进阶，到陆军部任职，仅让他在文书和特别顾问的帮助下负责由政府立即出版他的日志的事务。[27]这个做法将让刘易斯无法获得版税，并让他远离圣路易斯，因而刘易斯将无法参与建立美洲毛皮贸易帝国的计划——对于刘易斯而言这是个重要的目标，但是对杰斐逊而言并不重要。最主要且唯一的事情是，出版这些日志。显然杰斐逊并不觉得其中有什么困难。

1806年11月初，刘易斯和克拉克与随行人员一同出发了。这支队伍里包括“大白”、他的翻译及家人、一支由皮埃尔·舒托率领的奥萨格族代表团、加斯中士和奥德韦中士、列兵拉比什和弗雷泽，以及约克。11月9日，在路易斯维尔，他们拜访了乔治·罗杰斯·克拉克，这里的居民们为他们举行了宴会和舞会，还燃起了篝火向他们致敬。11月13日，他们抵达了法兰克福，在这里他们分开了。舒托带着那支奥萨格族代表团前往华盛顿。克拉克前往弗吉尼亚的芬卡斯尔去见他的朋友们，特别是朱莉娅·汉考克；克拉克上次见到她的时候，她还是个12岁的小姑娘，克拉克还用她的名字命名了朱迪斯河。刘易斯则
417 带着“大白”这一队人前往夏洛茨维尔。

12月2日，杰斐逊首次公开对探险队的归来发表了看法。这只是他给国会的咨文中的一段话，几乎就是在致歉："为了探索密苏里河以及寻找从密苏里河到太平洋的最佳路线而进行的梅里韦瑟·刘易斯和克拉克的探险，在我们可以期望的所有方面都获得了成功。""我们可以期望的"这句话或许是杰斐逊对于缺乏一条西北部通道所表达的失望之情。他对这次旅程作了一句话的总结，然后开始说明已经支付的开支和即将作为给两位上尉和队员们的酬劳的那部分开支："在这段旅程中，他们获取了至今为止我们所不了解的许多印第安部落的情况；他们告诉那些印第安人，我们和他们之间有可能开展的贸易以及贸易的最好渠道和位置——他们获得了途经路线的准确的地理学信息。"

杰斐逊向国会保证，这些获取的信息是非常有价值的："公平地说，因为他们辛勤的努力，梅里韦瑟·刘易斯和克拉克以及他们勇敢的同伴配得上这个国家的称赞。"[28] 对刘易斯而言，这段话可能过于短促，但是他一定会喜欢这段话中的最后一句。

在圣路易斯，那些主要的居民几乎都只对刘易斯发现的与印第安人和毛皮有关的事情感兴趣。而在东部，他的植物学和动物学发现让美国哲学学会的成员们激动不已。他们想要获得种子、标本、描述。杰斐逊向本杰明·史密斯·巴顿保证，在访问华盛顿之后，刘易斯将会带着"许多植物学、博物学的东西"赶回费城。杰斐逊为自己留了一些可以种在蒙蒂塞洛的"密苏里玉米粒"——波尼族玉米的种子、九粒"来自密苏里河的坚果"的种子以及两盒未经辨别的种子。在接下来的几年里，杰斐逊忠实地记录了这些印第安玉米，据他所称，这些玉米都非常好。

刘易斯赶往华盛顿的时候，人们的激动之情不断增长。费城博物馆的创始人，也是当时最杰出的画家查尔斯·威尔森·皮尔写信给杰斐逊："刘易斯先生的肖像完全有资格陈列在博物馆里，我希望他能够赏脸，尽快来到这里。"[29]

刘易斯的进程很慢，至少有部分原因是，他路过的每个城镇或村庄的居民们都坚持要举办晚宴或舞会向他致敬。他于12月13日抵达洛克斯特山庄，在这里和母亲及家人团聚。同一天，消息抵达了夏洛茨维尔；他预计将于15日抵达夏洛茨维尔，那里的居民们为他准备了接待活动；天气很糟糕，骑行的路况也很危险，但是一名为里士满的《问询报》写稿的本地人记录道：“大概有50名当地最有名望的人聚在这里，准备迎接他。”

庆祝晚宴的举办地是位于第五街和市场街拐角的斯通酒馆。晚
418 宴开始前，一位不知名的居民作为代表发表了演讲。他赞美了刘易斯，因为刘易斯“如此成功地完成了这次困难而危险的探险”。这次旅程“因为你和你英勇的小队而闪耀着荣光”。他提及“这次探险的计划是如此明智，执行是如此恰到好处，这是未来文明、科学和自由的发展的胚芽”。在他看来，“每个美国人，每个自由、科学和人类的朋友都和我们一样”，但是我们也要着重指出，“只有我们有幸能以此为荣，因为完成这项有趣而辛苦的事业的人，是生长于我们的土地之上，是在我们身边被抚养成人，是我们的邻居和**我们的**朋友”。他最后提到，他希望国家可以“以适当的报酬来回馈你做出的贡献”。

刘易斯的回复被逐字记录下来。这是最接近他口语风格的描述，值得用一定的篇幅来引用。刘易斯首先表达了回到阿尔伯马尔的喜悦，以及对接受如此荣誉的喜悦。“我仔细地想过，很久以前我就深爱的人们所表达出来的热情而不加掩饰的友谊给我带来的喜悦，毫不逊色于我刚刚为国家完成的前往太平洋的探险任务所带来的喜悦。”

这段拗口的措辞可能是因为，他必须要在这样一个特殊的场合里对这么多听众正式致辞。不论是什么原因，他都尽力与大家分享功绩：“人们比较少考虑到的是，我亲爱的、有趣的伙伴克拉克上尉和那些在这次艰苦而困难的任务中付出努力的人，在这项为全世界的科学、自由，以及北美大陆上一大部分未知的荒野填补空白的事业中，他们与我同样重要。”

致辞的结尾强调了政治和经济，表达了一种期望：“我们所做出的这些发现，不会长期地停滞不前；希望政府也是这样的意愿，能调查地球上这片被大自然赋予如此多资源的地区，能够促进人们利用这些资源，能够促进自由的事业、为美国带来荣耀，能够让痛苦的人们得到解脱。”

然后，大家坐下来享用晚宴，席间有着“许多次”祝酒。大家欢声高唱，探险队成员们“在节日和欢乐的情绪中度过了这个夜晚，而愉快的场合、朋友们的出席、从危险的探险中返回以及良好的健康状

况，都让这样的愉快情绪愈发高涨”。[30]

然后，他们出发前往华盛顿，刘易斯于12月28日那天抵达。“从没有哪个类似的事件如此让人愉快。”一名在华盛顿的亲历者说道。华盛顿的《国民通讯员报》“非常愉快地”报道了他的到来。报上称，人类历史上少有哪次探险曾“表现出更多的耐心和坚毅，也极少获得如此的成功”。但是，报纸也补充说，他们不会提供更多的细节，因为刘易斯本人曾向所有人保证，他会以出版日志的形式向公众描述这一切。419
这本即将出版的书“将不仅满足文学上的好奇心，还会为当前伟大的国家目标提供开阔的视野”。[31]

第二天晚上，刘易斯和“大白”及其随行人员一同去了剧院。在幕间休息的时候，一些印第安人开始在舞台上跳舞。12月30日，杰斐逊迎来了奥萨格族的代表团，新年前夜他宴请了“大白”和曼丹族人。他对这两队人都发表了对印第安人的一贯讲话。

元旦这天，刘易斯就在总统官邸。事情正在如他所愿的那样发展：一年前，他曾写道，激励他继续前进的就是对1807年1月1日的期待，因为这一天他将身处朋友们的环绕中，一同欢庆这愉快的日子。他写道，对克拉特索普堡的回忆，更让他沉浸于当下的喜悦之情中。因为在克拉特索普堡，能用来欢庆元旦的只有冷水。假如他想从主人那儿得到一些美酒，任何人都不会拒绝，因为这是他应得的。

自从刘易斯于三年半以前，也就是1803年7月离开以来，这是他第一次与杰斐逊会面；关于这次会面，没有任何描述流传下来。我们可以认为，当时刘易斯一定提到很多关于首都政治情况的问题。但是我们也可以想到，杰斐逊也向刘易斯问了许多关于刘易斯在途中遇到的那些奇妙事物、那些冒险经历和所见到的印第安人的问题。

还有刘易斯一定会讲述的那些故事！灰熊、巨树、暴风雨、如天堂般的大平原、密苏里河上游的沙漠、平原印第安人的残暴、哥伦比亚河下游的印第安人的数量、令人惊奇的鸟儿和动物，以及很多其他的故事。刘易斯一定是一股脑儿地说出了这些故事。很可惜的是，杰斐逊没有想到安排一名记录员在场，也没有想到自己记录一份摘要。

这一定是一次令人愉快的聚会，发现彼此身体健康状况和精神状况都很不错，这让他们都感到很高兴。这次谈话中一定也有些不如意的地方，特别是对于西北通路的失落之情，但是我们可以认为，杰斐逊毫不回避地接受了这些打击。当英国探索家乔治·温哥华上尉大声说出“这个时代热衷于发现并描绘地球的真正地理面貌”[32]这句话的时候，他真正抓住了时代的精神。

所以，这或许就是杰斐逊对刘易斯说的话，然后他让刘易斯继续说下去。

关于路易斯安那的未来和他对于美洲毛皮贸易帝国的计划，刘易斯有很多话要说。对此，杰斐逊肯定也感到很高兴。正如詹姆斯·龙达所指出的，“历代的帝国建造者都在使用毛皮贸易来稳固印第安盟友，来阻止帝国的敌人，来扩张领土……帝国的进程与贸易紧密相连，杰斐逊很清楚这一点”。[33]

刘易斯带着日志和克拉克那份描绘了西部三分之二大陆的地图。
420 他们一定讨论了出版的相关问题。正如唐纳德·杰克逊所强调的，“毫不夸张地说，整个世界都一直在等着他们归来”。[34]同时，如詹姆斯·龙达指出的，“启蒙运动教会了我们，那些未被记录的观测是知识的遗落”。[35]对于刘易斯所描述的新的动植物、地形地貌和土壤条件，杰斐逊一定感到非常高兴；很多年以前，他曾对即将成为探索家的刘易斯说明过，科学需要“对所见的事物准确描述”。[36]

在这一点上，刘易斯准确执行了杰斐逊的命令。事实上，几乎在每一个方面，刘易斯都完成了他的使命。

我们并不清楚向杰斐逊的汇报进行了多久，也不清楚在这次汇报中他们提及了哪些主题、说了些什么。不过有一个事实我们是知道的：
421 他们将地图在地板上摊开，趴在地上进行了细致的研究。[37]

第三十四章

华盛顿

1807 年 1 月—3 月

1 月 2 日，众议院成立了一个委员会，“以研究究竟应该付给梅里韦瑟·刘易斯、克拉克及他们勇敢的同伴们多少报酬”。北卡罗来纳的小威利斯·奥尔斯顿被任命为委员会主席。[1] 住在总统官邸里的刘易斯为了他自己、克拉克和队员们前去游说这些政客。

与此同时，华盛顿官方想要以一种更直接的方式来给予两位上尉荣誉：他们打算举办一场盛大的庆功晚宴和舞会，政客们将会出席，并与年轻的英雄们对话。但是，克拉克此时还在弗吉尼亚追求朱莉娅·汉考克。（刘易斯此时也在华盛顿追求某个人，不过我们不知道相关的细节。）舞会因为种种原因被延迟了；最后，舞会的举办日期被定在 1 月 14 日。

乔尔·巴洛自视为当时美国最优秀的诗人，其他一些人也这么认为；他提议将西部的大河“哥伦比亚河”改名为“刘易斯河”，[2] 这从侧面表现出当时首都的人们有多么激动。

皮埃尔·舒托和“大白”与刘易斯一同出席了舞会。从报纸上对舞会的报道来看，杰斐逊并未出现，我们可以认为杰斐逊并不在“几名出席的政府官员之列”。杜马·马隆解释道：“杰斐逊憎恶此类场合，而且，他可能认为他的出席会分散人们对凯旋的英雄们的关注。”[3]

席间有很多次祝酒，祝酒的对象是宪法、刘易斯和克拉克，诸如此类。巴洛也祝了一次酒：“敬给对荒野的征服，这比征服人类更有趣！”

刘易斯也发表了他自己的祝酒词：“希望这次行动可以以应有的方式，成为对爱国主义、科学和信仰的考验。”在祝酒之后，探险队的成员们坐了下来，开始享用《国民通讯员报》所称的“非常丰盛的美食”。

巴洛写了一首八节的诗，诗中尽是浮夸的辞藻、糟糕的韵脚和混合的象征。这首诗在晚宴后被朗诵了出来，内容诸如：

> 当时听到民族的高声赞美，
> 所有的时代都回响着天意的裁决：
> 让我们的西部的河流以年轻英雄的名字命名吧，
> 422 他们将河流引向了大海。

参议员约翰·昆西·亚当斯无法忍受这首诗，于是写了一首仿作嘲笑杰斐逊，诗中称杰斐逊是“哲人”和极易受骗的人。亚当斯的诗里还写了刘易斯并未发现的东西：猛犸象和猛犸象的骨头、威尔士印第安人和盐山。在亚当斯看来，刘易斯夸大了自己的故事：

> 他在路上发现的那些奇异的事物
> 如果他愿意，他会告诉你，阁下——

不过真正让亚当斯恼火的是巴洛提议将哥伦比亚河改名为刘易斯河：

> 让老哥伦布再一次
> 被剥夺他自己的荣光；
> 一条河不再以他的名字命名
> 只能从故事里记住他——
> 因为那些古老的发现
> 与之相比，是新的发现吗？
> 将哥伦比亚河画去吧，
> 然后写上，刘易斯河！[4]

关于巴洛写到的刘易斯将哥伦比亚河引向大海的那段话，亚当斯在脚注里写道："此处，年轻的英雄像是一条河流的老师。"马隆评价称，这首打油诗中"所展露出来的才智，要更甚于马萨诸塞州的人们希望从清醒的参议员身上看到的才智，其中展露出来的爱国精神也更甚于他的公共行为展现出来的那些"。[5]

明智的杰斐逊从未附和巴洛的提议。所以，曾将美洲误认为印度的哥伦布，保住了哥伦比亚河的命名。

刘易斯在总统官邸里度过了冬天。他的汇报工作一直在继续。2月中旬，杰斐逊写信给迪尔伯恩，信中提到在和刘易斯的谈话中，他们已经讨论出了未来将要前往路易斯安那的探索家们应该携带的物品。蓝色玻璃珠是最重要的物品，这是印第安人最喜爱的东西。刘易斯告诉杰斐逊，假如再完成一次探险，他会把蓝色玻璃珠、铜扣子、刀子、战斧（而不是步枪）、锥子、针、铁梳子、成套的锅具和箭头作为一半到三分之二的携带物。[6]

刘易斯还继续整理了对探险的记录，并和政客们讨论了报酬事宜，为队员们和克拉克争取更多的金钱和土地。在与迪尔伯恩部长的谈话中，他坚持认为，不论国会会授予他多少土地，克拉克都应该与他获得一样的报酬。他进而坚持认为："军阶上也不该有任何区别。"

造成这种令人遗憾的军阶问题的迪尔伯恩拒绝了刘易斯的要求。
国会议员奥尔斯顿要求陆军部提供一份关于报酬的正式建议，在对奥 423
尔斯顿的这一要求的回应中，迪尔伯恩建议发给每名队员一份 320 英亩土地的所有权证（这是标准的独立战争老兵的奖励），而分别发给克拉克和刘易斯 1000 英亩和 1500 英亩土地的所有权证。[7]

刘易斯提出了自己的正式建议，这不是为了他个人或克拉克，而是为了队员们。在建议的开头，他为两名没能继续向曼丹堡以西前进的队员求情，这两人是理查德·沃菲因顿下士和列兵约翰·纽曼。因为纽曼在曼丹堡的违纪行为，刘易斯将他逐出了探险队，但是在随沃菲因顿返回圣路易斯的旅途中，纽曼发挥了巨大的作用。

然后，刘易斯列出了所有随他前往太平洋并返回的士兵们的名字（除了约克）。他要求给予列兵拉比什额外的报酬，理由是在履行正常的职责之外，拉比什还担任了英法翻译；给予列兵约翰·希尔兹额外报酬是因为他的"心灵手巧……在修复枪支方面"不可或缺；给予菲尔德兄弟额外报酬的原因是，“两人是队里最积极勇敢的年轻人”；给予乔治·德鲁亚尔额外报酬的原因是，刘易斯认为他是“有着许多功绩的人”。德鲁亚尔“积极热情地”发挥了手语方面的技能以及作为猎人和山民的技能，“配得上最高的奖励”。他曾经约定付给德鲁亚尔25美元的月薪，但他现在建议提高到30美元。

刘易斯仅对沙博诺有负面的意见：“这个人没有特殊的贡献。”他雇用沙博诺作为翻译时开出的月薪是25美元，很显然他认为沙博诺和德鲁亚尔收到同样薪水是不公平的。

在建议书的末尾，刘易斯为所有的队员请愿，因为这些人的付出让他们有资格“得到我最热烈的赞许和感谢；我也不会压抑这样一种希望，即他们忠实地付出的努力将得到公正的回报，得到来自我们的政府的丰厚酬劳”。[8]

1月23日，就酬劳问题奥尔斯顿提出了自己的议案。这份议案规定授予刘易斯和克拉克各1600英亩土地，授予每名队员各320英亩土地，并将每个人应得的酬劳翻倍。这其中也包括沃菲因顿、纽曼、德鲁亚尔和沙博诺。不过拉比什、希尔兹或菲尔德兄弟将不会获得任何额外的酬劳，德鲁亚尔的月薪也不会增加到30美元。这份酬劳的拨款总额达到了11 000美元。

奥尔斯顿的议案在国会中受到热议。一些议员坚持认为这笔津贴的数额太大了，并无先例。一位议员宣称：“这相当于要让财政部拿出超过6000美元，甚至可能要达到这个数额的三四倍；这些接受者可能会走遍整个西部，用他们的所有权证占据最好的土地。”这样的话，其价值就远超两美元每英亩的标准地价。国会花了一个月的时间才通过了这份议案（投票结果是62票支持，23票反对）。2月28日，议案通过的同一天内，原封不动地在参议院通过；它在参议院受到的
424 争论很少，投票结果并未记录（这对参议员亚当斯来说可能是件幸运的事，他所写的攻击刘易斯和杰斐逊的打油诗后来被用于在政治上攻击他本人）。[9]

薪酬标准是列兵月薪5美元，下士月薪7美元，中士月薪8美元，克拉克中尉月薪30美元，刘易斯上尉月薪40美元（军官们还收到了给他们自己的口粮补偿，克拉克则收到了给约克的口粮补偿。）

对刘易斯而言，从1803年4月1日到1807年10月的薪酬总计为

3360 美元，还有 702 美元的口粮补偿以及价值 3200 美元的土地所有权证；他可以在任何政府的土地部门兑现这笔钱，所以他收到的资金总计 7262 美元。这笔钱根本谈不上让刘易斯变得富有，但是为刘易斯提供了出版日志的资本，剩下的钱还可以让他参与到以圣路易斯为基地的毛皮贸易中去。对他本人、克拉克及队员们而言，这就是刘易斯能期待或预料到的全部。

此时还有一些开销需要偿付，其中包括让“大白”返回曼丹族的开支；很显然，最终结算完成的时候，这次探险的成本开支会比此前预计的要多得多。杰斐逊从未对此有过怨言。在关于这次探险的开支方面，他的态度和建设自己在蒙蒂塞洛的产业差不多，将这些开支视为对国家未来的一次投资。[10]

1808 年 7 月，杰斐逊总统公开表达了自己对这一事件的看法。他在给法国博物学者贝尔纳·拉塞佩德的信中写道：“我可以向你保证，由梅里韦瑟·刘易斯和克拉克所进行的这次探险所填补的各个方面的知识空白，完全符合我的期望，整个世界将会发现，这些旅行家已经赢得了他们的支持。”[11]

两位上尉还会收到新的任命，这是另一种形式的报酬。1807 年 2 月 28 日，杰斐逊任命刘易斯担任路易斯安那准州的州长。* 参议院批准了这项任命。3 月 2 日，刘易斯从军中退役。[12] 同时，杰斐逊还想要晋升克拉克为陆军中校，但是当名单从陆军部放出来的时候，克拉克的名字并未在列。杰斐逊总统就此事询问了陆军部部长，得到的答复是，克拉克之所以不在名单中，是因为文员“错误地理解了我的命令”。[13]

参议院拒绝了克拉克的任命，但是正如克拉克在一封于 3 月 5 日写给他兄长的信中所解释的，这个决议“是由于任命破坏了原则”，换言之，就是破坏了年资制度。克拉克说，虽然如此，但他“真的很满足”，因为参议员们纷纷告诉他，他们会批准任何其他的任命。事实上，425
当杰斐逊提议克拉克以国民警卫队准将军衔担任路易斯安那准州的印第安事务主管的时候，参议院确实批准了这项任命。[14]

---

* 1807 年，国会以北纬 33 度线将路易斯安那购买获得的土地分开，这条线也就是现在路易斯安那州的北部边界。这条线以南的土地属于奥尔良准州，而这条线以北的土地则属于路易斯安那准州。——作者注

此时的华盛顿正值隆冬时节，天气潮湿而寒冷。在总统官邸里，杰斐逊的女婿托马斯·曼·兰多夫病了。他一直反反复复地发烧又退烧，这让杰斐逊时而担忧时而乐观。医生的放血疗法并不奏效。杰斐逊写信给女儿玛莎告知进展，信中他曾对一件事有怨言："从身上放出的血量导致他的身体恢复缓慢。"3 月 6 日，杰斐逊告诉玛莎，刘易斯上尉一直和兰多夫在一起，照料着他。

不论兰多夫得了什么病，总之刘易斯也被传染了。杰斐逊也得了重感冒。他们之间互相传染，杰斐逊在给玛莎的信中写道："我们就是一群病人。"[15]

与此同时，克拉克抵达了华盛顿，为仍在圣路易斯的队员们领取了土地所有权证和薪水，并准备去西部履职。他和刘易斯约定，刘易斯将留在东部，在费城监督两人日志的出版事宜。

在圣路易斯，克拉克的第一个任务就是负责让"大白"安全返回。为了达成这一目的，迪尔伯恩给了他一封授权信，允许他为曼丹族准备礼物，并向陆军部报销"队伍返回途中所必需的"开销，但总数不得超过 400 美元。纳撒内尔·普赖尔中士刚刚被晋升为少尉，他将率领一支队伍护送"大白"返回。为了鼓励武装的私营商人们加入这支队伍，迪尔伯恩进一步授权克拉克，允许克拉克与所有有兴趣参与密苏里河毛皮贸易的圣路易斯商人签订合约，给予他们一份为期两年的与印第安人的垄断性贸易许可，并向他们提供步枪和弹药。[16]

克拉克于 3 月 9 日收到了这些授权。次日，他去总统官邸拜访了刘易斯，很难过地发现他的朋友刘易斯正因生病而非常不适。刘易斯打起精神，检查了土地所有权证和薪水的相关细节，将土地所有权证和 6896 美元的硬币交给克拉克。他们讨论了"大白"的返回事宜，一致同意普赖尔应该尝试招募所有在圣路易斯并愿意与他一同护送"大白"返回的前探险队成员。

在克拉克离开之后，刘易斯服用了一些药物——我们不知道他服用的是拉什的药片还是别的什么药物。次日早晨，他写信给已经在返回圣路易斯途中的克拉克，称这些药片让他"感到好多了，相信几天内我就会恢复健康"。[17]

刘易斯肯定如信中所说的那样，于几天内就恢复了健康，因为他在三天后写了一封公开信给《国民通讯员报》，谴责了“一些未经授权的、很可能是伪造的、正在准备印刷的出版物，这些关于我近期完成的前往太平洋探险的内容，其作者我闻所未闻”。而且，他还提醒公众要“当心此类出版物”。他说，这些伪造的书籍将会让他正在筹备的 426
“作品受到轻视”；他希望那些想要看日志的公众能耐心一点，“因为为了能很好地出版这些内容，时间、人工和开支都是必不可少的”。

在信中，刘易斯还加入了一份关于他个人作品的声明，这将让那些对此感兴趣的人有机会成为订户。他承诺会在 10 月底之前将地图出版，第一卷（叙述部分）将于 1808 年 1 月 1 日之前出版，在那之后第二卷（这一地区的地理、遇到的印第安人和毛皮贸易的前景）和第三卷（科学发现）也将很快出版。

刘易斯说，只有罗伯特·弗雷泽被准许出版他个人的日志；他还提醒道，弗雷泽“只是一名列兵”，“完全不熟悉”科学事物，而且只能提供“非常有限的关于我们日常活动的内容”。最后他写道：“所有有关这次探险的未经授权的出版物，我认为它们所能提供的信息在准确度上并不会超过罗伯特·弗雷泽的日志所能提供的。”[18]

这是一份很奇怪的声明，在语气和内容上都显得很小气，不像是曾积极为克拉克和队员们争取利益的那个刘易斯。这封信中满是自辩，还显得很贪婪。信中的拼写也没有任何错误，说明有人为他做过校对。措辞是刘易斯所不常用的，比如“贬低”“附加”和“删去”。在诚实方面刘易斯的声誉是无懈可击的，但是，在提到他听到的汇报提及有些“闻所未闻的个人”正在准备出版与探险有关的书籍的时候，他几乎就是在撒谎。

他听到的传闻是，加斯中士正准备发表一份内容简介，有关一本基于他个人的日志所写的书，这份日志也正是刘易斯上尉命令他记录的。事实上，加斯的这份内容简介确实于六天后刊登在《匹兹堡报》上。

这一切都引向这样一个推测：当杰斐逊和刘易斯听闻加斯的日志时，他们近乎有些惊慌。杰斐逊可能坚持要求刘易斯发表一份关于“伪造的出版物”的警告，并帮助刘易斯写了这封信。*

* 著名的权威保罗·罗素·卡特赖特在他的《刘易斯和克拉克的日志史》第 22—26 页中做出推断，认为杰斐逊与此事有直接关系。——作者注

不论这封信是谁的责任，这都是一个错误。这封信让刘易斯显得小气、忘恩负义，像是在追求个人利益。这让他备受人们的嘲笑。他可能会被视为做出了欺诈的行为，因为他曾给弗雷泽出版个人日志的许可，但是后来，在没有亲见其日志的情况下，又贬低弗雷泽的日志。*而且，他怎么会敢于在主张自己有权以营利为目的出版时，却否认弗雷泽和
427 加斯有同样的权利呢？

在华盛顿，各方都在争着把此次探险的参与者的实录先出版出来。这是一场刘易斯肯定会失败的竞争，会使得他的作品贬值，会让他非常生气。这会减少他的获利——这个事实让他非常气愤，以至于失去了理智。

刘易斯知道，他是多么容易在金钱问题上受到攻击；在他的作品的内容说明里，他写道：作者“向公众公开声明他的这次探险并不是以经济利益为目的的”。刘易斯还解释，他只是在征求订阅者，因为他需要知道要印刷多少份。[19]

假如杰斐逊参与了这件利欲熏心的事情——这很有可能，那么他显然也是做出了错误的判断。

在刘易斯看来，加斯的出版内容说明实在是太糟糕了。这份说明承诺，书中有每日的记述，以及对于那一地区、动植物、土壤、矿物质和许多其他东西的描述。不过，这份说明的致命之处是，其中有一段记载，在营火边，“几份日志都被聚在一起，进行比照、修订，其中的空白被填补进内容”；这意味着读者们将会读到的内容是经过两位上尉修订的，也是他们所认可的内容。给出最后一击的是，这本书的出版商承诺将会在两个月内发行这本书，售价是每本一美元。

假如这样，刘易斯的市场就会被分割。让刘易斯雪上加霜的是，针对刘易斯发表的对公众的提醒，加斯的出版商寄给报社一份他的回应。这位出版商抓住了刘易斯制造的使其受到嘲笑的弱点，提到了“被你非常谦逊地称为是**你的**近期旅行的东西”。他说，麦肯齐曾面对人数比高达一比四的更大的危险，而他在这之前就完成了探险。他对刘易斯从政府那儿获得的报酬进行了攻击：“阁下，这些授予物和奖励为什么更有

* 弗雷泽的日志后来失传了，但是在数十年后，一位读者说，弗雷泽的日志“在很多方面比刘易斯的日志更有趣”。（杰克逊，《信件集》，第一卷，第 346 页）当然，这名读者应该没有见过思韦茨版的两位上尉的日志集。——作者注

些君王的赠予的意味，而不那么像是来自一个共和政府的安排？”

他提出了这样的问题：“在国会会议上，你的日志在哪儿呢？秘密，啊！”他揭露了刘易斯的双重标准：“每个理智的人都会承认，这些日志要么是记录者的**私人**财产，要么就是**公共**财产。”他用了一段话来说明，当他暗示加斯的日志比刘易斯的日志更具有可读性时，并不是在胡言乱语：“在某些方面，他或许有一些优势；因为你的优势是观测星空，当你在作天文学观测时，他是在观察天空之下的世界。”[20]

刘易斯的作品受到了攻击，而且被占了先机。他是个写作者；我们可以认为，他一直在思考着如何回复。但是他的判断力很强，最终，他选择了保持沉默。他并没有作任何公开的回应。

即将成为作者的罗伯特·弗雷泽也在华盛顿。他正计划去弗吉尼亚的芬卡斯尔与克拉克会合，再一同回到圣路易斯——他被要求在圣路易斯参加有关伯尔的一些同谋者的审判。*尽管刘易斯在报纸上对弗
雷泽做出了一些评论，两人之间仍然维持了很友好的关系。刘易斯借 428
给弗雷泽 50 美元，并和弗雷泽达成协议，克拉克将会从弗雷泽的薪水里扣除 50 美元还给刘易斯。他让弗雷泽把授予克拉克的国民警卫队准将的委任状交给克拉克，还让弗雷泽转达下给弗雷德里克·贝茨的命令，弗雷德里克被杰斐逊任命为路易斯安那准州的州务卿，这个职位等同于副州长。[21]

克拉克此时正住在朱莉娅的父亲乔治·汉考克上校的家里。在一封于 3 月中旬写给刘易斯的信中，他写道，他已经派弗雷泽继续前往圣路易斯，带去刘易斯写给贝茨的信以及一封克拉克本人写的信件。

此时克拉克的心情很好。他已经收到了委任状，成为西部的重要人物；朋友正在安排出版他的地图和日志，而且他还成功追求到了朱莉娅·汉考克。在记述成功追求到朱莉娅这件事时，克拉克的措辞变得有些不同于以往的轻浮。

“我发起了猛烈的追求，”他在开头写道，“我们已经完成了婚约，我们的孩子将会于 1 月初出生，那时我将非常愉快。到时，我将返回

* 被刘易斯称为伯尔的“叛国行为”的事件，与刘易斯和克拉克的归来都是当时最轰动的事件。——作者注

[弗吉尼亚]，热切地获取那些我从未体验过的东西。”他希望刘易斯州长不会反对他在圣路易斯的缺席：“如果你认为合适，可以就此提出一些暗示，以让我明白。”

如同大多数恋爱中的年轻人一样，克拉克希望他的朋友刘易斯也能获得同样的幸福。他隐晦地提到“F.”，这是刘易斯正在追求的一名年轻女子。“假如事情不尽如你意，”他继续写道，“我帮你物色到一名可爱、美丽、富有的女孩子，她绝对可以让一个男人幸福——她虽没有你优秀，却也是万里挑一。”唯一的问题是，他的父亲是一名联邦党人。但是，克拉克说，这一点可以被忽略；他知道这一点，因为他的朱莉娅的父亲也是联邦党人。他坦承，他发现汉考克上校“也是一名联邦党人”的时候非常吃惊：“我本以为他是一名民主共和党人。无论如何，我希望在1月的时候，可以为这个家族的分支里引入一些真正的共和主义。”[22]

民主共和党的领袖杰斐逊此时的心情也很好。他正在做着最爱做的事情——在博物学者朋友们中间传播新的知识。3月22日，他给伯纳德·麦克马洪寄去一些刘易斯带回来的种子；杰斐逊解释，他将不能准时抵达蒙蒂塞洛去种这些种子，心想麦克马洪或许可以将它们种在费城的土地上。杰斐逊还提到，刘易斯也为麦克马洪留了一些种子，刘易斯抵达费城后会交给麦克马洪。杰斐逊还建议麦克马洪“不要提收到种子的事情，以免刘易斯减少给你的种子的数量”。[23]

在感谢信中，麦克马洪写道：“我从没见过保存得更好的种子。”这是对刘易斯使用的方法的高度赞扬。几周之后，他记载道，这些烟草、宿根亚麻、四种黑醋栗和其他的种子都长势良好。他承诺会定期记录“这些珍贵植物的长势”。[24]

429 两天后，杰斐逊寄了一些种子给另一位费城的博物学者威廉·汉密尔顿，同时也寄给他一封类似的说明信。在信中，杰斐逊总结了刘易斯在总统官邸居住的三个月里所获得的成果，在此期间，刘易斯几乎每天都要汇报他所做的事情和所作的发现。这封信中，杰斐逊对他的年轻弟子致以了很高的敬意。

杰斐逊总统这样提到刘易斯：“总体而言，这些成果肯定了我最初
430 的看法，他是这个世界上最适合此次探险任务的人选。”[25]

第三十五章

费城

1807 年 4 月—7 月

3 月底，刘易斯离开华盛顿前往费城，带走了保罗・罗素・卡特赖特所称的“可能是史上最重要的科学和探索报告”。[1] 他的目的只有一个：出版这些日志和地图，让科学界和公众能够尽快阅读到这些内容。

怀着如同挑战落基山脉时的决心，他着手准备着出版工作。在位于腾斯附近切里的伊丽莎・伍德太太的公寓里，他租了一间房，开始拜访数十名可能对他施以援手的人。

他首先拜访了约翰・康拉德，康拉德是一家位于切斯特纳特街 30 号的图书出版及销售公司的负责人。作为一名初次写作的人，刘易斯完全不知道该如何准备用于印刷的手稿。要为地图准备图版，要绘制插图，要对天文观测的结果进行计算，要补齐植物学方面的描述，要写一份图书内容介绍，要出版，要发行，等等。最重要的是对日志内容的编纂。[2]

康拉德对于出版成本的估计是 4500 美元。[3] 这还不包括插图、计算和一位编辑的薪水（他很可能也会随刘易斯一同前往圣路易斯）及其他的一些开销，这些费用都需要刘易斯来承担。康拉德还写了一份正式的图书内容介绍——至少是他帮助刘易斯写的，这份介绍由刘易斯署名，发表于 1807 年 6 月 3 日。

刘易斯还需要为市场营销买单。他花了十美元雇了一名马萨诸塞州著名政客的儿子小 J.B. 瓦纳姆来负责营销。瓦纳姆将一些内容介绍的副本寄往报社，并在费城、华盛顿和其他的一些地方分发这些材料。[4]

内容介绍写得非常好，在全国范围内引起了很多人的兴趣，包括那些打算投资毛皮贸易的商人、打算去西部的移民、科学家和公众。

刘易斯许诺，书的第一部分会由两卷组成，内容将包括“对旅程的叙述”。第二部分将会由一卷组成，内容将会涵盖“植物学、矿物学和动物学方面”的科学调研。第三部分将是克拉克的地图，标注了重
431 要地点的经纬度，这些地点的经纬度基于“刘易斯上尉在旅途中进行的一系列、数百次天文观测的结果”。第一部分、第二部分和第三部分的售价分别是 10 美元、11 美元和 10 美元。[5]

这个承诺的内容很多。刘易斯全身心地致力于兑现自己的承诺。他拜访了巴顿博士位于马尔伯里街 184 号的住所，在博物学内容方面，他要寻求巴顿博士的帮助。巴顿热情地答应了他的要求：这些植物标本里有太多令他兴奋的东西了，它们都是刘易斯遵照巴顿于 1803 年的教导在田野里完成的，而他也非常完美地完成了这些费力、耗时、细致的工作。几乎所有的植物都是科学上的新发现，绝大部分的动物也是新物种。

刘易斯将安托万·迪普拉茨的《路易斯安那史》还给了巴顿，这本书是在探险出发的前夜，巴顿借给他的。在书的扉页上，刘易斯写道：“1803 年，本杰明·史密斯·巴顿博士非常乐于助人地将这本迪普拉茨先生的《路易斯安那史》借给了我。从那时起，在我最近完成的探险中，这本书陪伴我穿越了北美大陆，抵达了太平洋。现在，这本书由其主人的朋友、忠实的仆人梅里韦瑟·刘易斯奉还，费城，1807 年 5 月 9 日。”[6]

这本书现存于费城的图书馆公司，是一份无价的美国文献。此书连同其他属于刘易斯的旅行图书馆的书籍，是少数随刘易斯横跨北美大陆又返回的物品。除了这些书籍和当时还是白纸的日志，几乎所有于 1803 年随他离开费城的物品——药品、汤粉、科学仪器、商品和其他的东西——要么在旅途中被消耗掉了，要么就是返回时在圣路易斯拍卖了。此外，唯一随刘易斯从匹兹堡前往太平洋又返回的物件就是他的步枪。

书籍、日志和步枪，这都是刘易斯的必需品。他带着这些东西征服了荒野，并记录下了被他征服的荒野。

33 岁的弗雷德里克・珀什是一位植物学家，在德国出生并接受教育和训练，是巴顿博士的同事。4 月 5 日，杰斐逊的朋友、费城种子商人伯纳德・麦克马洪写了封信给刘易斯，感谢刘易斯送出的种子并向他推荐珀什，认为珀什是对这些植物作科学描述的合适人选。麦克马洪说："总体而言，珀什比与我谈论过植物学的其他任何人都更熟悉植物……他是一位很有智慧并有实践经验的植物学家，而且他将非常乐意全力帮助你。"[7]

与珀什会面时，刘易斯就像当年的麦克马洪一样深受震动，特别是对珀什描绘植物并准确讲述它们的能力——刘易斯认为自己在这方面的能力有所欠缺。对于帮助出版日志集的植物学部分，珀什很是激动，因为有超过 100 种植物被珀什称为"全新的或者是少为人知的"。
5 月 10 日，刘易斯付给珀什 30 美元，"以酬谢他帮助我画这些植物并 432
为我的书籍整理植物标本"；两周后，他又"预付给"珀什 40 美元。[8]*

杰斐逊和刘易斯都认为，费城独立大厅里的皮尔博物馆是最适合放置从西部带回的动物标本和人种学标本的地方。因此，除了杰斐逊为蒙蒂塞洛的大厅留下的一些标本和两三样刘易斯和克拉克很喜欢的标本，刘易斯将其他的标本都交给了皮尔，这些标本极大地增加了皮尔博物馆的声望。[9]

作为报答，皮尔为刘易斯的书绘制了动物图画。** 他还为刘易斯绘制了肖像；这幅肖像今天还在费城的独立国家历史公园里，悬挂在由皮尔绘制的华盛顿和杰斐逊的著名画像边。他还为刘易斯制作了一尊蜡像，告诉杰斐逊他的目的是"为了教育那些可能会参观博物馆的印第安人，也为了显示我对战争的看法"。他让刘易斯穿上一件高贵的由 140 只貂的皮制成的印第安长袍（这是卡密阿维特送给刘易斯的）。[10]

这些标本让皮尔非常激动。"我有一些来自海岸边的动物，"在一封于 5 月 5 日写给费城音乐家约翰・霍金斯的信中他写道，"还有一些

---

* 这笔钱派上了用场。1814 年，珀什在伦敦出版了他著名的《植物》（*Flora*）一书。其中包括了刘易斯发现的植物，珀什在简短的说明里也提到"可与刘易斯的植物标本集相比较"。他用一些双名向刘易斯和克拉克致敬，包括 Lewisiia rediviva（苦根琉维草）、Clarkia pulchella（布谷鸟剪秋罗）、Linum lewisii（刘氏野生亚麻）、Philadelphus lewisis（刘氏紫丁香）。（卡特赖特，《刘易斯和克拉克日志史》，第 48 页）——作者注

** 有两幅画留存至今：一幅刘氏啄木鸟和一幅山鹌鹑。——作者注

哥伦比亚河流域的土著的衣服，以及一些完全不为人知的动物。”

1807年，刘易斯三次（4月17日、6月19日、7月17日）出席美国哲学学会的会议，我们可以认为，他是这些会议上的焦点人物，同时代那些主要的科学家一定问了他大量的问题。最重要的是，他们想知道出版计划。

“看上去这是一本会引起极大关注的书，”皮尔告诉霍金斯，“我希望这本书能大卖，并为这位勇敢的探险家带来可观的利润。”[11]

为了帮助实现如大家所希望的成功，刘易斯还让一些艺术家参与到图书的出版中来。约翰·詹姆斯·巴拉莱特是一位60岁的雕刻家，生于爱尔兰。7月14日，刘易斯付给他40美元，让他画了“两幅瀑布”。[12]他邀请了出生在法国的37岁的著名肖像画家圣梅曼，来为与他一同来到东部的奥萨格族和曼丹族的印第安人画像，并为此支付了83.5美元。圣梅曼也为刘易斯画了一幅肖像。*

夏尔·巴尔塔扎尔·朱利安·费夫雷·德圣梅曼为刘易斯绘制的肖像（1807）（Missouri Historical Society）

* 原作现存于纽约历史学会；华盛顿的柯克伦美术馆和圣路易斯的密苏里历史学会有原作的版画。——作者注

31 岁的亚历山大·威尔逊出生于苏格兰，是一名艺术家兼博物学家，因那绘图精美的多卷编《美国鸟类》（*American Ornithology*）为今 433
人所熟知。在这部作品里，威尔逊写道："刘易斯亲自向我提出了请求和希望，让我为这些装饰着羽毛的人绘制栩栩如生的肖像。"[13] 在其他与探险有关的绘画中，还包括威尔逊绘制的刘氏啄木鸟。

刘易斯有一本记满了数字的日志，是他在途中抓住一切机会记录下来的月球经过星星的轨迹。这些记录牺牲了刘易斯很多睡眠时间，而且当云层遮蔽月亮时，还给他带来了很多挫败感。但是，有了这些数据，专家就可以计算出观测地点的经度。

费迪南德·哈斯勒是一名数学家，37 岁，生于瑞士，是从事此类计算的理想人选。他刚刚被委任为西点军校的数学导师，在离开费城之前，刘易斯请他作了相关的计算；他于 5 月 3 日预先支付给哈斯勒 100 美元。[14]

1807 年 3 月，在克拉克出发前往圣路易斯之前，两位上尉达成了口头协议：他们将分摊与出版有关的开销。他们还达成协议，以 300 美元的价格购买奥德韦中士的日志，这个举动的目的很可能是为了防止出现另一个竞争对手，同时也可以将奥德韦记录的内容加入他们的日志中。4 月 18 日，刘易斯预付给奥德韦 150 美元。[15] 434

在 7 月到来前，刘易斯就已经雇用了植物学家、鸟类学家、博物学者、艺术家、数学家、动物学家和其他的一些人来帮助他尽可能完善作品。在推动出版的进程上，他已经尽了全力——除了一件事情：他还没有雇到一名编辑。

这是很令人费解的。他知道，康拉德是无法直接将日志原文印成铅字的。首先，要有人将科学材料的内容和叙事内容分开，这是件很困难的工作。然后，还需要将奥德韦的日志内容融合到刘易斯和克拉克的日志中来。此外，出于印刷的需要，还要有人修正拼写和语法错误。

刘易斯既不具备相关的技能，也没有时间做这些工作。康拉德几乎每天都在催促他交出手稿。在美国哲学学会，在费城，他最频繁被问到的问题是，我们什么时候可以见到那本书？他知道，杰斐逊非常希望这本书能尽早出版。他有充足的资金雇用编辑来完成这项工作。但是，就我们所知，他并没有找编辑，他自己也没有编纂哪怕一句话。

刘易斯花了大量时间来处理文书工作。他刚一抵达费城，陆军部的会计威廉·西蒙斯就拿着刘易斯签署的许多政府汇票来纠缠他。这些汇票都是要兑现偿付的，西蒙斯想要得到更多有关这些汇票的信息。6 月 17 日，在西蒙斯的一封信中，他写了这样一段令人心惊肉跳的话："你要将所有与探险开支有关的文件或票据带回［华盛顿］，以便在需要的时候说明这些开销的缘由。"举个例子，在队员们的口粮和衣物开支方面，刘易斯没有出具任何收据。"我提到这件事，因为它最显著……［但］其他的开支可能也需要［证明］。"[16]

这些汇票的总数达到了 1989 张。如同其他那些被政府询问个人开支的公务员一样，刘易斯将会发现，他要么很难提供相关收据，或者根本不可能提供。不过，在费城和返回华盛顿之后，他尽力提供了相关证明。截至 8 月初，他已经算好"最终的总额"。这个数额是 38722.25 美元。

这其中有很多汇票，政府将会直接以刘易斯的说明为证明。其中一个例子要追溯到 1806 年 3 月，当时刘易斯用他的军服（"几乎是全新的"）与克拉特索普人换了一只独木舟。当然，这不会有任何收据。刘易斯是这么说明的："一件饰有缎带的军服，一块银质肩章，一只匕首及其佩带，一个挂钩和佩带，一把手枪，一支猎枪——这都是私人物品，被用于换取独木舟、马匹以及探险过程中的公共服务，总计 135 美元。"[17]

我们可以简单地因为官僚主义带来的困扰而对刘易斯抱有同情之心，但是这一次，他确实是在玩弄政府。尽管他住在费城是为了处理
435 私人的必要事务，但是他毕竟是路易斯安那准州的州长；他只写了一封信给州务卿贝茨询问圣路易斯的状况，此外没有做过任何与他的职责有关的事情。而在 6 月 28 日，他向国务卿詹姆斯·麦迪逊提交了一份从 3 月 3 日到 6 月 30 日的工资账单，总计 666.66 美元。

"你会感激我的，"刘易斯在给麦迪逊的信中写道，"我已经将一张

这个数额的支票尽快寄给了美国银行。”负责处理准州事务的国务院扣除了5.55美元的超额费用，支付了剩余的费用。[18]

与此同时，杰斐逊正处在痛苦中。他希望刘易斯能尽快出书，但是他已经开始对任命刘易斯为州长感到后悔了，因为在圣路易斯发生了骚乱。每天都有许多美国人拥入圣路易斯，导致了许多关于土地转让、贸易许可、印第安人权利及其他许多常见边境事务的争执。此时的圣路易斯需要强有力的管理。

6月4日，杰斐逊给刘易斯写了一封私人信件（“在我离开蒙蒂塞洛前不久，你的母亲健康地返回了佐治亚”），问候词是“祝好，此致，友爱长存”。[19]

但是，在于8月8日写自蒙蒂塞洛的信件中，关于刘易斯何时可以前往圣路易斯履行职责一事，杰斐逊总统表露出一种焦虑的情绪。他希望刘易斯可以着手“恢复这一地区的和谐，这对该地区的福祉至关重要，同时也是我所渴望的”。信中还指出，他希望刘易斯能够“现在就出发去”履职。[20]

在6月的信件中，杰斐逊很痛苦地通知刘易斯，他将25只装着从西部带回的物品的箱子装上船，由华盛顿运往里士满；但是这艘船搁浅了，除了一些动物的角（很可能是现今悬挂于蒙蒂塞洛的那些驼鹿和麋鹿的角），其他的东西都丢了。在回信中，刘易斯说对于这些损失他感到很遗憾，在一段可以被理解为对杰斐逊未能妥善处理这些无价之物的隐晦批评的回复中，他写道：“这些横穿了北美大陆并历经了如此多意外和风险的物品，竟然在经过切萨皮克的一小段运输路程上就遭遇如此的命运，看起来真是奇怪的不幸。”[21]

此时，刘易斯过着有些飘飘然的生活。他33岁，已经是费城最有名望的人，而费城本身就是一座因拥有众多名人而闻名世界的城市。他还是总统的弟子。在首都，各种舞会和表彰会为了他而举办，这都是全国规模最盛大的。他从国会得到厚赏，受到当时最重要的科学家们称赞，被任命为全美最大准州的州长，不论去到哪里，他都是众人瞩目的焦点。他的前途几乎没法更好了。

可能，这些成功来得太早了。可能，他参加的舞会和喝过的酒都太多了。

19世纪初期的美国，在公共场合酗酒是很常见的事情，几乎没有
436 人会对此发表意见。所以，肯定也不会有人反对一名年轻的英雄庆祝
他的胜利。在这种情况下，他喝了许多的酒。

4月20日，他在自己的账本中计入了一笔付给房东伍德女士的开销，这五美元被用于购买“一打黑啤酒”。5月5日，又有十美元用于购买一打麦芽酒。[22] 更说明问题的是，他几乎每晚都夜不归宿。

他的同伴是马伦·迪克森，他们初次相识是在1802年。迪克森是一名37岁的律师，也是一名周旋于费城最高级社交圈的单身汉，后来历任新泽西州州长、由新泽西州选出的参议员以及安德鲁·杰克逊总统第二任期时的海军部部长。他的日记中记录了许多与刘易斯于1807年春天和初夏时节一同度过的夜晚。

他们常常外出赴宴，常常绕着中央广场（现今的宾州广场）散步，当时中央广场是一个受欢迎的公园，也是阅兵场。7月2日，迪克森在日记中写道：“与刘易斯一同骑马去了局长家。这一天我们愉快地吃喝玩乐，在林间打猎。”

7月4日，“在富凯家和一大群人一起共进晚餐，为他们奉上了热情的演讲；我一直很清醒，晚上又去玩了，屋子里非常喧闹”。

同一天，刘易斯也出席了由人民之友会在春园酒馆举办的晚宴。他向160名来宾说了一段政治性的祝酒词：“希望通过职业和行为证明了自己对和平的热爱的那个人，永远不会因为这样的危机而失去对国家的掌控。”

这个危机是与英国有关的，6月22日，英国的海军于弗吉尼亚角攻击并俘虏了“切萨皮克号”护卫舰。杰斐逊的政策是尽一切可能避免战争，同时禁止英国船只进入港口。

7月7日，刘易斯和迪克森“一直散步到夜里11点”。这种散步是他们的常规活动，好像他们常常在散步的时候去小酒馆。7月18日，迪克森记载道，他们一同外出，目睹了一场动了刀子的争斗，其中一个争斗者的脸被划伤了——听起来非常像是发生在酒馆里。[23]

后来，杰斐逊曾记述过“他［刘易斯］养成的这种习惯，像他这样的人对此一定会有痛苦的反思”。[24] 似乎，刘易斯的高尚品格导致他每天早上都会咒骂自己；他很可能每次都会发誓，只要再参加一次舞会或者与迪克森再散一次步，他就会戒酒。

除了应付名人身份和酗酒问题，刘易斯还面临一些别的问题。朋友克拉克已经结婚了，刘易斯也想找个老婆。那年秋天，他以玩笑的口气给迪克森写信，信中回忆了一些那年夏天与“姑娘们”的艳遇。他说，他正在考虑“将那些迷人的吉卜赛人视为**第二选择**”，但是他承认，“不管我是怎么想的，费城的E——B——y小姐都是令人烦恼而又**重要**的”。

然后，他问出了一连串问题，都表明他正处在恋爱中：“你收到她 437
的信了吗？你见到她了吗？她怎么样？她好吗？她病了吗？去世了还

夏尔·巴尔塔扎尔·朱利安·费夫雷·德圣梅曼所绘的身着印第安人服装的刘易斯，一幅画在纸上的水彩画（1807）。刘易斯所穿的白鼬鼠尾，可能就是萨卡嘉维阿于1806年送给克拉克上尉的圣诞礼物（Missouri Historical Society）

是嫁人了？”

不论答案如何，很显然刘易斯的追求失败了。他继续写道：“现在，我**彻底失恋了**……在想到好朋友时，我不可避免地感到那种在老单身汉身上常见的、不可名状的烦躁不安和焦虑；这种感觉来自我们内心中的空缺，这种空缺可能或应该被更好地填补起来。我不知道它从何而来，但是可以肯定的是，相比此时，我从未觉得自己如此不像一个英雄。只有上帝才知道我的下一次艳遇是在什么时候，但是我决定要**找一个伴侣**。”[25]

438 梅里韦瑟·刘易斯通常总是能得到他决心得到的东西。

第三十六章

弗吉尼亚

1806 年 8 月—1807 年 3 月

7 月末的某段时间，刘易斯去了华盛顿，将他的记录和收据交给了陆军部的西蒙斯先生。然后，他前往艾薇的洛克斯特山庄与家人见面。他常将日志集带在身边。8 月，他去蒙蒂塞洛拜访了杰斐逊。9 月，他前往里士满，目睹了伯尔的叛国案的审判——可能是杰斐逊要求他做的，他可能还要为此写一份报告。在保存通信方面杰斐逊一直很小心细致，但是关于此事，没有任何刘易斯的报告流传至今。

回到艾薇之后，刘易斯料理了家族业务（主要是在俄亥俄河流域的土地投机）。1803 年，在出发前往太平洋之前，他曾敦促母亲确保他的同母异父兄弟约翰·马克斯能接受教育。1807 年，刘易斯开始负责年轻的马克斯的专业训练。他安排马克斯前往费城接受医学教育，还给费城的一些专家写了介绍信。

他让马克斯经常去拜访迪克森，还请迪克森照料马克斯，因为“我们都知道年轻人有时候是需要朋友的”。刘易斯给了马克斯 60 美元，并请迪克森预支给马克斯 200 美元，收到最后一个季度的州长薪酬之后（1 月 15 日），他会把这笔钱还给迪克森。[1]

他还收到了一些日志的认购金。威廉·伍兹——可能是一名当地的施洗者，也可能是阿尔伯马尔郡的一名调查员——是他的代理人。伍兹总计从当地的居民那儿收到了 31 美元；其他的钱是邮寄来的。[2]

刘易斯曾写信告诉克拉克自己的一段求爱经历。克拉克在回信中向他推荐一名“C 小姐”。刘易斯语焉不详地回复道：“看在上帝的分上，不要把我的感情告诉 × 小姐，否则我会慌乱不堪。”[3]

我们无从得知，C 小姐和 × 小姐是谁，也不知道发生了些什么。刘易斯和克拉克的传记作家约翰·贝克利斯推测，可能这些人都没有达到刘易斯的择偶标准：“有多少姑娘能像他那迷人的母亲那样，优雅、有魅力、智慧而又充满活力？”[4] 或许这些姑娘们不愿意与露西·马克斯竞争。

过了一阵子，在费城，用刘易斯对迪克森所描述的话来说，他和
439 “A——n R——sh 小姐”有了一点“小故事”。他写道，这段关系“对她而言既没有开始也没有结束；但于我而言却正相反，这段关系有开始也有结束。事实是，经过询问之后我才得知，她曾有过婚约，因此拒绝了每一次我要求婚的想法”。[5] 后来，刘易斯对“E——B——y 小姐”的强烈兴趣也没能产生什么结果。

11 月末，刘易斯和弟弟鲁本（他正计划和圣路易斯的长官会合，然后投入毛皮贸易）一同前往芬卡斯尔，在芬卡斯尔，他们住在克拉克的岳父乔治·汉考克家中。在那里，两兄弟遇见了利蒂希亚·布雷肯里奇和伊丽莎白·布雷肯里奇，詹姆斯·布雷肯里奇将军的两个女儿。

鲁本给家里写了一封信：“我们……很高兴见到既有修养又美丽的利蒂希亚·布雷肯里奇小姐，在形体和容貌方面，她都是我见过的最美丽的女子之一……我非常愿意将她当作我的妹妹。”

刘易斯一见钟情。他表示，他打算正式拜访利蒂希亚，但是很显然他的意愿表现得太强烈了。布雷肯里奇小姐听说“州长打算追求她”，认为“假如她留在这里的话，那就太像是一种挑战了”。她随父亲一同去了里士满。鲁本记载道：“很不幸，因为他［刘易斯］的原因，在我们来到这儿的两天后，她离开了；因此，他对自己的求爱计划很失望。”[6]

利蒂希亚的妹妹伊丽莎白仍然留在芬卡斯尔，但是刘易斯的心已经完全被利蒂希亚俘获，在对待伊丽莎白时态度截然不同。过了一阵子，他写信给一位以前的战友：“我认为伊丽莎白·布雷肯里奇是一位迷人的姑娘，但是因为对她姐姐的热爱，我内心非常厌恶将她变成妻子的想法，所以我将不会走上婚姻的道路。”

没有人知道，在艾薇和芬卡斯尔他究竟有没有追求过别的女人。事实上，在 1807—1808 年冬天这段时间，他做了什么，甚至他住在哪里，都不为人知。

自刘易斯从费城离开到他抵达圣路易斯之间的这八个月，大部分都是他生命中不为人知的时期。他做的唯一有成果的事情是，开始着手撰写一份重要文件，目的是为了给路易斯安那推荐一项基本的对印第安人政策，这项工作花费了他一年的时间。他的求爱都失败了。他处理了一些家族业务。在其他方面，很显然他什么也没做。在杰斐逊那些数量众多的私人信件中，刘易斯的名字也未被提起。威廉·克拉克也没有提到他。

他是在酗酒吗？他抑郁了吗？是什么导致了他的求爱失败？他随身带着那些日志，但是并不曾为了出版修改过其中的任何一句话，也没有雇用编辑。

他曾向杰斐逊保证，将于 1807 年 7 月中旬出发前往圣路易斯，去履行职责（同时也挣取工资），但是直到 1808 年冬末才出发。他甚至没有向州务卿兼代理州长贝茨索要关于圣路易斯状况的报告。 440

对于他的这种倦怠，所有的分析都是推测性质的：对于原因的解释包括情场失意，或者为躁郁症、酗酒、疟疾或者其他的身体疾病所困扰。我个人的猜测是，他的倦怠是多方面原因综合导致的，特别是情场失意、躁郁症和酗酒，但是也有一些别的原因加剧了他的抑郁和酗酒，可能也让他因此找不到伴侣。

所获得的成功给他带来的影响已经不仅是正面、积极的了。在 34 岁的时候，他想念那些已经习惯于受到的奉承。当然，在夏洛茨维尔和艾薇的家中，他也很受尊敬，但是这和他在华盛顿和费城受到的待遇是无法比拟的。

同时，他也过早地拥有了过于独立的指挥权。并不是说他滥用了这种权力；很显然，他是一个非常优秀的连队指挥官。但是他已经习惯于有一支由全美最好的火枪手、山民和士兵们组成的排级队伍随时听命于他。他已经不再拥有那种指挥权了。他肯定无法让他的奴隶像探险队的队员们那样迅速而高效地执行命令。而且，他也只能对自己的奴隶发号施令。

从现代心理学的角度来看，他可能是患了抑郁症。疟疾、酒精和易抑郁的体质会使这种症状变得更为严重。

爱情方面的挫折让一切都变得更严重了。我们完全不知道他为什么会被拒绝。他有很多优势：年轻，帅气，在芬卡斯尔绝对算是受过高等教育的，在政府内享有很大的声望，而且是高官，前途光明。可能，原因是一个恶性循环：他因为酗酒出丑而被拒绝。这可能就是让布雷肯里奇小姐受到惊吓并逃离的原因。一个更简单的理由或许更接近事实：可能布雷肯里奇小姐和其他人无法接受未来去边境生活，即使那是边境地区的首府。

刘易斯需要一名妻子来填补内心的空虚。但他一直没能娶到。在同一时期，他也没有亲密的同伴。在过去三年里，他和克拉克一直是挚友。而在1807年早春的华盛顿，他一直与杰斐逊生活在一起；在费城，他有迪克森为伴。在弗吉尼亚，他唯一的亲密同伴似乎是弟弟鲁本。

终于抵达圣路易斯之后，刘易斯在许多领域都非常活跃。我们可以认为，他的求爱活动是很丰富多彩的，伴随着许多舞会、晚宴和探访，还有欢声笑语及音乐。他的政策文件复杂而要求严格；在很多方面，他的这份工作都是非常出色的。

刘易斯的这份文件是在1807年8月到1808年8月之间完成的，1808年8月，他于圣路易斯将完成的文书寄给了迪尔伯恩部长。文件长达10500个单词。他称之为“对于上路易斯安那当前和未来的观察与反思，事关对住在上路易斯安那地区的印第安人的管理以及与这一地区印第安人的贸易及交往”。

这份计划恰到好处地包含了两个动因，一是要改善印第安人的生
441 活，二是要增进美国的毛皮贸易。或者，如刘易斯所说，这是“我能想出的最有用的计划……为了让［我们的］博爱主义观点圆满地实现于这些可怜的美洲人民身上”，也是为了建设一个美洲贸易帝国。

在文件的开头，他以西班牙统治时期的圣路易斯为基础谈论了毛皮贸易的历史。根据西班牙的贸易体系，他们给予了那些与密苏里河流域和其他密西西比河西部支流流域的印第安人生活在一起的个人太多的专有贸易权，刘易斯谴责了这一制度。这些从西班牙政府那里获

得了垄断贸易权的商人严重地剥削了印第安人，而向印第安人放贷这一“摧毁性做法”又强化了这种剥削。

文件中关于西班牙体系的内容就这么多。与此同时，英国人也参与到了毛皮贸易中来。西班牙人控制了密苏里河河口，但是各种在蒙特利尔以外做生意的英国公司控制了密苏里河上游地区。他们出售商品的价格比西班牙人的更低，这种行为让印第安人迅速成为他们的朋友和盟友。

刘易斯由此提出了问题的核心。他指出，此时英国人是在美国的领土内经商，因为美国“此时仅仅是出于礼貌允许他们将贸易活动扩展到密西西比河西侧；或者说，他们仅仅是随时可以被赶走的房客”。

刘易斯认为这是个错误的政策。相比于潜在的美国商人，英国人拥有特殊优势，因为通过兼并及谋略，西北公司已经成为一个庞然大物；它有着“过剩的资本和充足的人力”，这意味着英国人“掌控了一切……”通过抛售式的价格战，英国人“可以打败任何想与他们竞争的美国商人组建的公司”。西北公司正在选址，打算在曼丹村落建造防御工事。

由于“切萨皮克号”的被俘以及其他英国人在公海及美国水域进行的袭击，美国和英国之间的战争可能会在任何地方爆发。假如战争到来，用什么来阻止英国人从加拿大入侵上密苏里地区呢？靠印第安盟友？而且，假如他们同时也入侵新奥尔良的话，该怎么办？此时，真正至关重要的是整个路易斯安那购买涉及的地区，是伟大的美国西部帝国。

在这种情况下，刘易斯问道：“我们可以很快开始驱逐吗？”他希望获得权力和资源，以便发动战役将英国人赶出路易斯安那。

因为他想要参与到毛皮贸易中去，此时，他的个人利益就碰巧和可靠的公共政策相契合。政府将会为有效管理上路易斯安那提供相关资源，而印第安人也将依赖于美国；作为准州的州长，毛皮贸易会因刘易斯而繁荣起来，这将为圣路易斯的商人们带来巨大的利润。

在揭露了西班牙和英国的贸易体系的邪恶之处后，刘易斯提交了“一份计划大纲以供我们的政府斟酌，这份计划出于对美洲土著的博爱之情［杰斐逊会喜爱这一点的］，并以保护我们的公民的生命财产为目 442

的；[同时]，这份计划还将使人们更加忠于美国，这种优势的获得，是因为对路易斯安那的占有以及他们从占有中获得的利益”。

刘易斯希望得到授权，从而将西北公司赶出路易斯安那；他进而希望能够废止给予商人独家贸易权并允许他们向部落放贷的“有害”惯例。他想让美国人能够自由贸易，换言之，如他所说的，想让“商人公平竞争”。

他实现这些目标的计划是，在河道沿岸——特别是沿密苏里河沿岸的各个合适地点建立要塞，这些要塞将由美国士兵来建设并守卫，同时，它们还将是可供印第安人和商人们汇集起来从事交易的贸易站。个人将不再能获得与某一部落的垄断性贸易权，在公共集市上，市场将主导一切。

边境的要塞和贸易站将会带来其他巨大好处。刘易斯写道：“管理印第安人的第一原则就是，要管理好白人。”如果没有此类的据点，这个目的是不可能实现的。他所说的“管理好白人”是指将我们的移民挡在外面。

为不久的将来考虑——比如说10到20年内，刘易斯构想了一种完全基于贸易的与印第安人的关系，即让印第安人继续享有他们土地的独占权。换言之，刘易斯州长宣布支持商人，而不是支持潜在的移民。假如美国的边民们开始沿着密苏里河、欧塞奇河、得梅因河和其他的河流狩猎并清理土地，那么移民将会跟随他们的脚步；这样的话，在这些地区，毛皮贸易就将不复存在，只会沿边境线爆发与印第安人的战争。

相比于其他美国人——甚至包括克拉克在内，因为他从未见过黑脚族——刘易斯见过更多的密西西比河以西的印第安部落。相比于其他人，他更能从这些印第安人的角度看待问题。因此，他在此时写道：“考虑到法规和行为的一致性，当那些印第安人看到在他们的森林里遍布着大量从事捕猎活动的白人，而我们的政策却要他们放弃这种狩猎生活时，我们可以对那些我们希望教化的印第安人说，相比于狩猎，农耕是更安逸、更能带来财富和舒适的生活吗？”

换言之，他希望能禁止猎人和英国人出现在上路易斯安那。

但他并不是指全部的上路易斯安那地区。刘易斯继续说明，他那由军队建设并防卫的贸易站体系只适用于从密苏里河下游到曼丹村落的这一地区。而曼丹村落以西，政府要么不得不自己成为商人，“要么就不要给他们的公民们”——那些可能希望组队并进行探险的人——“制造任何麻烦”。这些公民可以自付费用并自担风险地建立贸易据点。他们的生存保障将由猎人们提供。

刘易斯是在提议，在曼丹村落以西的路易斯安那地区采用英国 443
人的体制，区别只是用一家圣路易斯的公司来取代西北公司。他将会是——或许他已经是——这家圣路易斯的公司的成员。无论如何，他将使得美国在路易斯安那购买中涉及土地的最远端站稳脚跟的动机描述为利他性的。他写道，他认为“我们的政府［希望］那些居住在从密苏里河最远端支流到西部及落基山脉里的印第安人，和那些很快就将出现在他们附近的人一样，可以获得商品补给”。

之后，这项将在西部执行、包含两项对印第安人政策的提议的最后结论是：即使我们不这么做，西北公司也会这么做的。这是一项很好的国家政策，可以“抵消西北公司在该地区准备施行的阴谋”。

密苏里河流域贸易的一个主要障碍就是苏族的部落。基于对印第安人性格的认识，刘易斯有一个对付他们的计划。“**对获取的热爱**是印第安人的主导激情。”他写道，并在其下画线强调，仿佛这是个只对印第安人适用而非对全人类适用的新见解。“对于惩罚的恐惧一定会让他们老实的。”没有“哪种惩罚比**不让他们接触任何商品**更能改变他们［苏族］”。

因此，他提议封锁苏族的贸易。美国应该沿河建立贸易站，但是禁止苏族在贸易站进行贸易。这将有利于迫使“他们遵从我们的意愿，又不必导致流血”。苏族很快就会瓦解。他写道，为了能够进行贸易，“我相信他们将会牺牲任何让我们不悦的人，哪怕这个人是他们的酋长，因为对于商品的渴望是他们最重要的考量”。[7]

所以，他的计划是：将英国人赶出上路易斯安那，借用美国陆军的力量来推动并保护圣路易斯的毛皮商人，同时拦住那些占地的移民。很显然，相比于那些来此寻找土地的美国人而言，这个计划更受圣路易斯的精英们欢迎。显然，该计划所需要的政府开销也远高于总统府的人现在所预计的。

1807—1808 年那个冬天快结束时，刘易斯出发前往圣路易斯，去
对他是否应该将这一计划付诸实践进行考察。 444

第三十七章

圣路易斯

1808 年 3 月—12 月

圣路易斯很闭塞，但是生机勃勃。在目睹刘易斯抵达后不久，华盛顿·欧文如此描述这座城市："在这里可以见到虚张声势、放纵、吹牛的密西西比河船夫，和快乐的、扮鬼脸、唱着歌、好心情的加拿大船夫。来自各个部落的印第安流浪汉在街上消磨时间。时不时地会有特征鲜明的肯塔基猎人走过，穿着皮制猎装，肩上扛着步枪，腰间别着匕首。随处可见新建的暴发户的房屋和船只，它们的主人是那些来自东海岸的忙碌不停又精力旺盛的敏锐商人；然而，另一方面，那些开着窗户的老派法式公寓依然保留着舒适、慵懒的旧殖民地气质。"[1]

西班牙人和黑奴也出现在这里。在这里，混杂着的三种国民分别来自两个旧大陆和一个新大陆。这使得圣路易斯成为一座拥有 5000 居民、没有地域偏见的城市，在全美范围内，这是东部海港城市以西最没有地域偏见的地方。

欧文觉得这很迷人，但是他并没有看到那些最令现代人震惊的东西：马粪随处可见。由于太过熟悉，欧文也没有记录那些泥泞（满是尘土）的街道和满屋都是烟的房屋。

美国人欧文被精英和普通公民之间的巨大鸿沟所震惊。西班牙和法国商人的生活只能用奢华来形容。他们拥有大片的土地，并享有贸易垄断权。他们那雅致的家里，有着一流的书房，好酒，极其时髦的衣物，来自纽约、新奥尔良或者欧洲的最新式墙纸，最好的家具，人造的湖泊，凉爽的地窖，几乎每一间屋里都有一座壁炉。一名参观者保证说，“每座房子里都有一把小提琴”。

在狂欢时节，被欧文称作“为了欢庆活动和消遣而出现的法式节目”最能证明这已经超越了“肥美的星期二”狂欢（Mardi Gras）。在每晚的舞会上，有许多沙龙舞、双人对舞、小步舞曲。女士们穿着丝质手套、丝袜，佩戴着手镯和耳环。一个吃惊的美国人宣称：“在圣路易斯的舞会上见到的服装，是我见过的最优雅的服装。”州务卿贝茨赞美那些女士们舞蹈时那“无可比拟的优雅”，但是作为一个美国人和 445
一个对此态度刻薄的人，他补充说，她们的舞步“太有女演员的味道了”。[2] 令美国人震惊的是，这些舞会和狂欢季节的公共仪式是由“国王们”和“皇后们”主持的。

与此同时，此地的文盲占了人口的绝大多数，他们要么是无产者，要么很贫穷且住在棚户区里。这些人主要是船夫。他们是圣路易斯不可或缺的产业力量，是他们的体力劳动让商人们有可能将商品运往密苏里河上游的毛皮产地。他们总是欠老板的钱，而老板们对待他们几乎就像是弗吉尼亚的农场主对黑奴那样。

船夫们互相之间都很讲义气。1807 年，在一次由私人贸易商组织的探险中，乔治·德鲁亚尔从雇主那儿接到一个命令：不论死活，找到并带回逃跑的安托万·比索内特。德鲁亚尔将他的尸体带了回来。队伍回到圣路易斯后，德鲁亚尔以谋杀罪接受了审判。陪审团认为，比索内特的逃跑危害到了整支探险队，因此判德鲁亚尔无罪。[3]

现在，美国人正将一种新能量带入这个旧世界。州务卿贝茨记载了两种风格之间的对比：“当英裔美国人在正午的骄阳下挥汗如雨地卖力工作时，[法国人和西班牙精英们] 则坐在家里，或者坐在遮阳篷下，抽着烟斗、喝着咖啡作为消遣。”他还记载道：“这些老居民”都是“守财奴”。[4]

美国人对这种生活方式造成了很大的威胁。美国人正在质疑这些土地的所有权的合法性，因为这些土地已经被法国和西班牙政府非正式地割让给美国；同时，美国人还在质疑他们所拥有的铅矿的垄断性开采权和与印第安人的垄断性贸易权。没有足够的法庭和法官来审理这些问题，也没有足够的士兵来强制执行这些审判。这些美国人具有一种游击队式的精神，这给管理带来了极大的困难。更糟的是，有一些人是墨西哥人，他们阴谋将路易斯安那从美国分裂出去。

州务卿兼代理州长贝茨并不适合承担这些管理责任，他自己也清楚这一点。从1807年春季抵达圣路易斯起，他就写信给刘易斯，告诉刘易斯那些有关公共事务的争端，并敦促刘易斯赶紧来圣路易斯妥善处理这些问题。他于1807年4月5日写道："我很乐意这么说：通过平复路易斯安那居民们的这种令人不悦的分歧，你很有机会在这里确立长久的名望。"[5]

刘易斯的前任威尔金森将军曾肆意地颁发贸易许可（为了他个人的利益）给外国人和美国公民。这在土地所有权方面引起了大量的纷争。贝茨正在尝试改正这些错误，但是感到力有不逮。贝茨告诉他的兄弟："在这一地区，我必须处理的问题数不胜数，而且几乎都是无法处理的。"

446 "你的缺席真是让我叹惜。"贝茨在给刘易斯的信中写道。但是他也提醒州长："与我当初的预计相反，你必须预料到你会有一些敌人。"他继续提醒道："在我们中间有一些人，他们桀骜不驯、难以管理。我相信，这些性格可能是那些让他们来到这里的冒险精神所导致的。"[6]

到1807年底这段时间，对于刘易斯还没到来，贝茨的焦虑越发严重。到了1808年，他几乎要发疯了。1月，他写信给刘易斯说："没有人像我这般希望你能够来此进行管理。"2月初，他又写了一封信，说他"每天都盼望着你的到来"。这个月的晚些时候，他"每小时"都盼望着能见到刘易斯。到了26日，他"每一刻"都盼望见到刘易斯。[7]

贝茨是一个经验丰富的官僚。1801年，他曾期盼着将梅里韦瑟·刘易斯任命为总统私人秘书的任命书下达。[8]他曾是底特律的邮政局长，后来历任底特律的公款接收专员和土地局长等职。担任这些职位时，他是一名联邦党人；但是在1804年，他想谋求更高的职位，于是投奔了民主共和党，并利用其兄弟作为民主共和党国会议员的影响力获得了密歇根准州助理法官的职位。

为了证明自己的候选资格，他违背事实声称："你们都知道我的政治立场是很坚定的。"他得到了这个职位，而且在1807年，作为一名足够优秀的民主共和党人，他被任命为路易斯安那准州的州务卿。[9]

即使是贝茨这样机敏而老练的官僚也觉得，治理路易斯安那是近乎不可能的任务，很显然，缺乏经验的刘易斯州长正在进入一个危险地区。无论如何，当他终于离开弗吉尼亚开始向西进发的时候，他满怀着乐观、计划和能量。自从上一个 7 月起就困扰着他的倦怠感已经消失了。对于新生活他充满期盼。

刘易斯于 1808 年 3 月 8 日抵达圣路易斯。此时他拥有的指挥权即使没有在探险队时那么自主，总的来说还是很独立的。政府无法给他下达非常具体的指令，也无法制定政策，因为他距离最近的位于印第安纳的万塞讷的邮局尚有一周的路程。而与万塞讷最接近的邮局位于路易斯维尔，距离万塞讷也有一周的路程。在最理想的状况和最理想的天气下，寄往或收到华盛顿的邮件需要一个月的时间；在冬天最恶劣的天气条件下，圣路易斯与外界完全隔绝。从新奥尔良逆密西西比河而上需要三个月的时间。所以，刘易斯差不多完全得依靠自己。他没有实际的政务经验，身处一个充满了阴谋以及野心勃勃、肆无忌惮的人的首府，手边没有英文的法律条文，也没有足够的法官和法庭。这是一种全新的挑战。

他一抵达圣路易斯，就立即参与到各种公共和私人事务当中去。
他开始在土地和毛皮贸易上进行投机。与此同时，他也在寻找合适的 447
住所。他被租金给吓到了。他在给正在弗吉尼亚度蜜月的克拉克的信中提到，他看过的一处房屋的租金高达 500 美元一年。“我从未打算付这么高的租金。”他选了一处年租金为 250 美元的房屋。

这处房屋位于南梅恩街和斯普鲁斯街的街角，房子很大，不过刘易斯的确得选一座大房子，因为他同意让即将到来的克拉克及其妻子和两个外甥女也住在这里。在一封写于 1808 年 5 月 29 日的信中，刘易斯怀着如同房产中介那样的热情向克拉克描述了这座房子。

房子有个很棒的地窖，第一层有四间房，楼上的房间是给奴隶们住的；在房屋的东面和南面有一条走廊连接，厨房是独立的，里面有两个壁炉和一个烤炉，此外还有一座花园、一个马厩和一间新的烟熏室。令人遗憾的是，这栋房里只有一间厕所，“这间屋外的小厕所此前被用于熏制肉类”。

刘易斯计划和他的朋友住在一起，但是他也很实际：“假如在生活中我们觉得房间不够，我可以在附近别的地方找一间办公室，还是会和你们一起吃饭。”并不出人意料的是，在几个月的“生活”之后，很可能是在朱莉娅·克拉克的帮助下，两人达成共识：房子确实不够大。

刘易斯在梅恩大街上找到了办公室和住所。他和皮埃尔·舒托一起住，但是和克拉克一家一起吃饭。[10]他没有娶妻，但是收养了一个儿子。刘易斯与勒内·热索姆作了约定，将热索姆13岁的儿子图桑带来圣路易斯抚养，并负责他的教育。[11]（最后，萨卡嘉维阿的儿子让·巴普蒂斯特和女儿利泽特也寄宿在克拉克的家里，并在那儿接受教育。）

刘易斯派普赖尔少尉前往俄亥俄河河口，将一封于5月29日写好的信交给克拉克，克拉克和他的队伍预计于6月底或7月初抵达那里。普赖尔将在逆密西西比河而上的行程中为他们提供武装护卫。

克拉克正乘坐着两艘平底货船向西而来，船上装着他的家具和给印第安人的沉重装备，其中包括一个由马力驱动的磨和铁匠的工具。当然，同行的还有他的妻子和两个外甥女。他事先给刘易斯写过信，说他将带来“商品”和“货物”。

在给克拉克的信中，刘易斯表现出了好心情，他以一种打趣的语气写道：“信写到这里，我必须先暂停一下。我要问问你，关于婚姻里珍贵而有趣的那部分，在婚姻的字典里是不是没有比‘商品’和‘货物’更适合的形容词了？这很好，将军，我将告诉夫人你想要献殷勤；等我变成老光棍的时候，再回想起这件事，这种察觉你的意愿所带来的喜悦会更为完整。”

刘易斯继续写道：“我相信，你承诺要将外甥女们带来绝不是在逗我们玩，圣路易斯的女性群体中即将增加几个宝贝，我已经将这个好消息告诉大家了。”[12]

448 结果，克拉克只带来了一个外甥女，他妹妹的女儿，“美丽而有修养的安德森小姐”。她在小城引起了轰动。贝茨的一个朋友写信给他：“圣路易斯的单身汉中间产生了骚动，为了避免这股骚动带来什么严重的后果，有人提议召集一次全城会议，这些单身汉必须通过在会上抽签才能追求她。”[13]

如同在探险途中曾发生过的那样，在一段时期内，刘易斯没做什么事，或什么都没写，而在接下来的一段时期，他则写了大量的东西。*1808年夏天，刘易斯写了很多东西——私人的、透露出好心情的家常信件以及公文。在一封于7月25日写给老战友（同时也是肯塔基州土地投机的伙伴）威廉·普雷斯顿少校的长信中，他透露了关于他的生活和感情的少量情况。

“在处理问题时你们这些已婚的男人是多么糟糕啊。”在信的开头刘易斯如此抱怨（普雷斯顿刚刚娶了朱莉娅·汉考克的姐姐）。刘易斯说，因为“你们娶了妻子，而我却没有”。有一整页信的内容里，刘易斯始则责备普雷斯顿的土地投机和“你那肯定会失败的买卖”，继而责备“在你提到那件事前，因为缺钱而无法前来看我这一拙劣借口”。

那件事是“她走了”。“她”是指利蒂希亚·布雷肯里奇，在6月2日那天，她嫁给了里士满的罗伯特·甘布尔。“顺其自然吧，”失望而认命的刘易斯写道，“愿上帝与她和她丈夫同在，愿天使能处处保护她的幸福，这是来自她那诚挚朋友的诚挚祝福；她留给这个朋友的念想让他无奈，但是在回想起那些与爱有关的事情和白日梦时，它也带来很多喜悦。”

对于这个赢得了他的意中人的男人，刘易斯表现得很大度：“甘布尔是个好脾气而且简单诚实的人，我在孩提时代就认识他了；他的财富和个性都可以让他带着爱人在一座大城市周围过上幸福的生活。”对于利蒂希亚，他也表现得很宽容：“这就是她选择的生活，我希望她在追求自己幸福的过程中享受到所有易得的愉快。”

刘易斯希望他的朋友来圣路易斯并参与到蓬勃发展的事业中来。“在我看来，”他写道，“相比于美国的其他任何地方，此时的路易斯安那，尤其是圣路易斯地区，能为那些会使用金钱或善于指挥黑奴的诚实探险者提供更多的好处。”他以谷物（以桶装威士忌的形式被装船运往新奥尔良）、小麦、铅和毛皮为基础，描述了这里的经济。“如果要我详细描述这个地区，也许可以写一卷书。”

可能再没有更好的加入时机了：“我愿意以生命打赌，如果你做

* 这要回溯到一段时间之前。1801年，刘易斯的朋友塔尔顿·贝茨曾向他的兄弟弗雷德里希抱怨道：“梅里韦瑟·刘易斯一点动静也没有，尽管他曾许诺要每周都写点东西。”在1807年，阿莫斯·斯托达德抱怨称，尽管他曾经给刘易斯写过“一些友好的书信”，却从未收到刘易斯的回信。（杰克逊，《信件集》，第二卷，第445页）——作者注

449 出了其他的选择，那么你在未来的某个时候一定会后悔的。”刘易斯写道：“时不我待。土地在迅速升值，但是此时价格仍然很低。”一年内，地价翻了一倍。假如普雷斯顿愿意卖掉肯塔基的地，即使是半价出售，“那么带着钱和黑奴一起来这里吧，你可能会获得巨额的财富”。

刘易斯还用自己的财富来支持自己的说法。“我已经花了 5530 美元，购买了 7460 阿庞* 的土地。”这些土地全都在圣路易斯周围，地上有泉水和可供建造磨坊的地方，土地很肥沃，降雨也很充沛。

至于印第安人，刘易斯承认，他们“在去年冬天和春天都带来了很多麻烦”。但是他坚称：“我已经成功地管住了密西西比河流域的那些人。”不过，他补充道：“密苏里河流域的奥萨格族和其他的部落还有威胁。”他有信心，接下来采取的措施会很快“让他们臣服”。[14]

确实，刘易斯曾一直活跃在与印第安人接触的前线，不过他的政策究竟能在多大程度上让不同的印第安部落臣服，还有待事实检验。他曾派一个有经验的处理印第安事务的官员，在 27 名士兵的护卫下抓回了两名被指控谋杀的印第安人，他们分属于索克族和福克斯族。[15] 同时，他还对一个被称为大奥萨格族的奥萨格族分支采取了强硬措施。

在 7 月 1 日写给迪尔伯恩部长的信中，他解释了自己的行为，这是他作为准州州长写给政府的第一份报告。大奥萨格族已经“不再对美国效忠”，他写道，而且他们也不再认可前领袖“白发”的权威。从“白发”的说法和刘易斯从其他渠道获得的信息来看，大奥萨格族已经抓了一些俘虏、偷了一些马匹、杀了一些牛。他们抢走了边民们的衣物和家具，烧毁了边民们的房屋。

如果大奥萨格族想要开战，那么刘易斯已经准备好应战了。他与肖尼族、德拉瓦尔族、基克普族、艾奥瓦族及其他的部族多次商谈，告诉他们，对于大奥萨格族“他们有权开战”。他开始在圣路易斯作准备，因为“在我看来，与这些人的战争不可避免；我已经采取了最后的手段以争取和平，而这被他们认为是老调重弹，并遭到了嘲笑”。

---

* 一种法国的土地计量单位；一阿庞等于 0.85 英亩。——作者注

问题在于，大奥萨格族觉得他们并不依赖于政府，因为在他们中间有西班牙商人。因此，刘易斯暂停颁发一切贸易许可（这在圣路易斯的商人中引起了骚动），“直到有足够的兵力”可以派去建立永久贸易点。他向克拉克将军提供了一支由 80 人组成的护卫队，这支队伍将逆密苏里河而上，去欧塞奇河流域建立一座要塞和贸易点。这相当于对大奥萨格族发起了一次远征。

刘易斯需要更多的人手，同时，他向政府请求许可以招募民兵。他 450
需要补给，他请迪尔伯恩运给他 500 支滑膛枪、300 支步枪、120 把剑、60 把手枪和 1 吨火药。这些火力将足以平定受西班牙人影响的南边。

北部前线及曼丹村落以北密苏里河流域的危险来自英国人。刘易斯下令，将他们挡在美国领土以外，不过他当然没有能力强制执行这一命令。确实，他也不确定陆军部是否会批准。[16]

迪尔伯恩几乎已经失去了对刘易斯这位年轻英雄的全部耐心。从他的角度来看，刘易斯正在做的每件事都错了。美国和英国正处在战争的边缘，而陆军部对此几乎全无准备；此时刘易斯又在边境制造事端，向陆军部索要武器和兵员，要派正规军去处理一些次要的印第安问题，而这些印第安人的问题听起来就像是小奥萨格族和大奥萨格族之间的口舌之争，其中还掺杂着由“白发”和一些商人讲述的奇闻异事。

总司令杰斐逊给刘易斯下达的首要命令就是将“大白”送回他的部落，但是刘易斯对此只字未提。而且，他擅自采取了一些未经授权的行动——从一名军官发出的汇报人员和请求资源的报告中，迪尔伯恩首先得知布瓦万的远征队抓回了两名谋杀犯的事（这本身就是一个非常值得质疑的对印第安人政策）。

在 7 月 2 日的一封信中，迪尔伯恩定下了一个政策：“除非情况特别危急，不许派出分遣队”，除非得到总统的批准。迪尔伯恩部长在信的结尾抱怨道：“在过去的许多个月里，我们从路易斯安那的执政官那里收到的仅有的信件就是索要钱财的汇票。”[17] 这是非常严厉的指责，刘易斯收到这封信的时候一定非常吃惊，在这么长的时间里，他一直习惯于不征求许可并仅和克拉克商议就做出决定。

很快，另一个更严厉的斥责就到来了。7 月 17 日，杰斐逊写信给刘易斯。他在信的开头抱怨道：“自从9月和你在阿尔伯马尔分别以来，我没有收到你的一句话。”杰斐逊说，他本该在更早的时候写一封信，但是他一直坚信“你写给我们的信一定已经在路上了”。

对于杰斐逊而言，这就已经是严厉的斥责了；接下来，他立即又让语气缓和下来。他意识到，这可能是缓慢的邮政运输导致的；他说，直到2月他才得知阿里卡拉族袭击了护送“大白”返回的普赖尔少尉的远征队，这让他们不得不折回，并造成了一些伤亡（乔治·香农失去了一条腿）。对杰斐逊总统而言，这是个沉重的打击，因为他曾向“大白”保证，将会让他安全、及时地回到部落里。

关于他和刘易斯的关系，杰斐逊决定“打破这种相互间的沉默”，给刘易斯写一封信，询问他打算如何将“大白”送回去：“考虑到许诺的善意和国家的声望，我们希望能够履行承诺。”他立即又补充道：
451 “在当前外国情势还不明朗的情况下”，他不希望向河流上游“派出任何大型军事远征队”。但是，“如果用其他办法以合理的代价可以实现这一目的”，他授权刘易斯完成这一任务。

这个来自杰斐逊总统的声明几乎就是一份开给刘易斯的空白支票，对刘易斯而言，这几乎和他在探险途中携带的信用证一样好用——至少刘易斯州长是如此解读的。

接下来，杰斐逊又传达了一些好消息：“一家有实力的大公司正在组建中，它将广泛地从事与印第安人的贸易。”这家公司将由约翰·雅各布·阿斯特负责，资本将会达到100万美元。杰斐逊将阿斯特描述为“一位杰出人士，长期从事［毛皮］贸易，非常精于此道”。

说到那些坏消息，目前和英国的关系史无前例地糟糕，国会正在讨论“更长期的港口封锁是否比开战更好”。在政治上，看起来民主共和党候选人、国务卿詹姆斯·麦迪逊将会轻易地击败联邦党人查尔斯·平克尼，“但是问题是，我的职责让我不能涉身其中”。刘易斯位于阿尔伯马尔的朋友和家人一切都好。

杰斐逊在信结尾的话让刘易斯很难过：“关于你的日志的出版情况，我们还没有得到音信。我希望书的第一部分不会拖得太久。”[18]

这些日志都在圣路易斯，刘易斯还没有为位于费城的印刷商编辑哪怕一句话。此时，杰斐逊为刘易斯提供了一个机会来更正错误想法，但是刘易斯并未抓住这个机会。他一直都没有回信。

他也没有回复其他的信件。8月，杰斐逊告诉迪尔伯恩："我们没有从他那儿收到只言片语，这太令人震惊了。"[19]

原因几乎是可以肯定的：对于没能准备好将手稿付印一事，他很懊悔。他知道这对于杰斐逊而言意味着什么。他还知道，这对于他个人的财务前景和声望又意味着什么。但是，他还是什么也没做。

克拉克肯定和他谈论过出版的事情，但他无动于衷。确实，他非常忙，但还是有其他选择：像他这样一个可以花超过5000美元进行土地投机的人，是请得起一名年薪500美元的编辑的。在缺少刘易斯的积极帮助的前提下，编辑未必能迅速而准确地完成任务，但是雇用一名编辑至少意味着事情有一些进展。此外，刘易斯或许曾告诉过杰斐逊，作为路易斯安那准州的州长，他是不可能有时间来做这件事情的。假如刘易斯曾指出过这一点，并向杰斐逊承认他毫无进展，那么杰斐逊总统本应该施以援手，或许可以将日志运到华盛顿，然后让陆军部的一些文员做相关工作。

杰斐逊肯定是有一些责任的。他本应该更多地敦促刘易斯。杜 452
马·马隆评论称，在这件事情上，"杰斐逊对于他信任的人太宽容了，给予了太多的耐心"。[20]

刘易斯找了大量的机会离开办公室，有时骑马去从事土地投机，有时去拜访在贝尔方丹的老战友。他还探访了在医院里的乔治·香农。他和其他在圣路易斯的共济会会员一起，建立了圣路易斯的共济会分会，并担任第一任分会长。[21]他参与了为约瑟夫·查理斯的筹款，帮助创立了密西西比河以西的第一份报纸——报纸于1808年7月22日发行了创刊号，刘易斯州长将之作为发表声明的渠道。8月2日，这份报纸发表了刘易斯写给迪尔伯恩的政策声明的前半部分；他使用了"克拉特索普"作为笔名。

他还时不时地为报纸撰文。1808年11月16日，他写了一篇关于"一个诚实的人的真正志向"的文章，全文如下：

> 如果要我描述生命中那些渴望的幸事，我希望那是少数但忠诚的朋友。我或许会选择天赋，这比后天的学习要好。在选

择房屋的时候我会有所考虑，舒适性要比是否华丽更重要；以我的情况而言，我渴望适度但是足以满足悠闲生活的财富。有事可做以避免变得懒惰，足够悠闲以让我有多余的时间。我不会有主人，我希望有少数几个仆人。我不会被野心引入歧途，也不会因争议而困惑。我会享受健康的状态，但是我明白这更多是因为规律的生活和平和的心境，而不是因为医药。至于我的热情，因为我们不可能没有热情，所以我憎恨那些让感情变得可憎的习惯，只会爱那些我应得的部分。因此，我将能够愉快地经历生命中不可永续的部分，同时顺从地等待着那些可以永恒的东西。[22]

波洛尼厄斯大概会对这些理想表示赞同。认真的年轻州长在表达感受的时候，常常会用到这些浮夸的词汇。他描述的某些幸事是他享有的，另一些则不是。他有一些忠诚的朋友，尤其是杰斐逊和克拉克。他住在一座相当简单的宅子里。他缺乏独立自主的财产，但是对他而言这是未来可以获得的。他常常抱怨自己缺乏空闲。他只有一个仆人，一个名为约翰·佩尔尼耶的自由黑人。他的野心常常有可能将他引向歧途，同时大量的争议常常让他感到困扰。他的健康取决于定期服用的治疗疟疾的药物。至于仇恨，当他提到一个愿望，即只憎恨那些可恶的人，他想到的大概是贝茨。

“我的生活依然很紧张，几乎没有闲暇来给你写信。”刘易斯于一封写于 1808 年 12 月 1 日的信中这样对他的母亲说道。当然，他没那
453 么忙，但是当一个年轻人突然意识到，自己已经有超过一年的时间没有见到母亲也没有给她写信的时候，的确会在给母亲的信的开头写类似的话。刘易斯首先关心的是她的健康，却是以一种抱怨的口气来表达的：“在再次亲眼见到您之前，我似乎无法知道您是健在还是去世了，但是我真诚地希望您一切都好。”他接下来所写的，对于一个已经有一年的时间没给家人写信的人而言，只能被称为怨恨：“约翰·马克斯和埃德蒙·安德森在忙些什么，以至于没给我写信？”他想要知道约翰·马克斯是否正在费城求学，玛丽是否已经结婚，假如已经结婚，是否搬去佐治亚了。“我明白你对于此事的感受，”他继续写道，“希望

你能以一贯的勇气忍受这种分离之苦。”

然后，他表达了自己的一个幻想——他没有写入交给《密苏里报》的文章之中，但是无论如何，对他而言这是极其重要的一件事——将他的家人带到圣路易斯来。鲁本已经在他的身边了。现在他告诉母亲，他希望，“我将尽我所能在几年里将你们带来团聚”。刘易斯解释道，他将提供给约翰·马克斯“足够的吸引力，以让他搬到路易斯安那来”；而且，他已经为母亲挑好了一片 1000 英亩的农场，“相信您会满意的”。同时，他还在购买别的土地，以便让玛丽和她的丈夫也能过来一起生活。他说，他已经花了 3000 美元用于购置土地，1809 年 5 月和 1810 年 5 月 1 日，他还会分别再支付 1500 美元和 1200 美元。为了获得这笔钱，他正在出售继承的遗产——位于艾薇溪的农场。

在信的结尾，他承诺会在冬天去弗吉尼亚探访。[23]

1808 年下半年，刘易斯参与组建了圣路易斯密苏里毛皮公司。合伙人有威廉·克拉克、曼努埃尔·利萨、皮埃尔·舒托、奥古斯特·舒托、威尔金森将军的兄弟本杰明以及鲁本·刘易斯。梅里韦瑟·刘易斯被认为是一名秘密的合伙人。关于送“大白”返回一事的细节并不多，大概就是派一支私人组建、公共募资的大型探险队于 1809 年逆密苏里河而上，将“大白”送回部落。在探险队抵达曼丹村落之后，毛皮商人们可以继续前往黄石河河口，在那儿，刘易斯州长准许他们垄断经营。

这个计划有点裙带关系的意味，同时散发出利益冲突的强烈意味，但是对刘易斯和合伙人们而言，这是非常明智的。政府无法组建一支足以压制阿里卡拉族和苏族的武装力量；合伙人们则没有足够的资金来筹备这次探险的军事方面；总司令杰斐逊曾授权刘易斯，允许采用他认为最好的办法，以任何“合理”的代价将“大白”送回。组建队伍的工作开始了。

7 月末，布瓦万带着四个印第安人返回了。这些印第安人是艾奥瓦族，而且据索克族和福克斯族说，他们就是犯了谋杀罪的人。刘易斯公开表示，在审判之后，他们中的三个人会被绞死。 454

审判于7月23日举行。“圣路易斯的街道上满是印第安武士。”一个目睹者写道。他们不断地骚扰刘易斯州长和克拉克将军，为犯人求情。艾奥瓦族的人被判有罪，但是审判过程中肯定有什么事情让刘易斯感到困惑，因为他下令于8月3日重审。这些印第安人再次被判有罪，但是刘易斯并没有绞死他们，而是将他们投入监狱。他很显然是在等待着指令。[24]

直到8月中旬，刘易斯才收到了迪尔伯恩写于7月2日的斥责信；而直到那时，迪尔伯恩也才收到刘易斯写于7月1日的报告，随后这份报告被转而送往身在蒙蒂塞洛的杰斐逊，因为迪尔伯恩此时身在缅因。极度缓慢的邮政传递使得困难的处境变得更为恶劣。

8月20日，刘易斯给迪尔伯恩回信。他开门见山地写道：“以后，在请求征用正规军的时候，我会如你希望的那般谨慎。”

当然，紧接着就是一个“但是”：“阁下，当你考虑到我和各级政府之间遥远的距离，以及我被无信仰的野蛮民族所环绕的情况时，[显然]在有可能征询政府的意见之前，有很多问题需要我采取行动。”他用一个复杂的句子解释了这句话：“我曾认为与其错误行事，不如什么也不做。从今往后，我肯定不会为这些责难承担责任，不过在他们认为的适合我的权力范围之内，我永远乐于按照我的最佳判断行事并承担运用这些权力所带来的责任。”

然后，他用大段的篇幅为自己的行为辩护。在写了大概1000个单词之后，他总结道：“自始至终，我都认为于我而言这是非常复杂而费力的问题。而且我必须坦率承认，此时，在反思时回想，它所带来的回报并不比你似乎反对的措施在事实上带来的更少。”[25]

与此同时，杰斐逊于8月21日向迪尔伯恩回复了刘易斯写于7月1日的报告。尽管私下曾担忧刘易斯过快地“向奥萨格族做出了承诺”，杰斐逊只告诉刘易斯，他很遗憾“现在有必要和奥萨格族公开决裂，但是，我仍赞同你允许其他民族自行处理令他们不满的错误决定”。事实上，总司令杰斐逊愿意更进一步，向攻击奥萨格族的印第安人提供他们需要的枪支和弹药；对于一个希望路易斯安那的居民之间保持和平的人来说，这是个奇怪的举动。

但是，杰斐逊完全不赞同派布瓦万的探险队去索克族和福克斯族那儿抓捕被控谋杀的印第安人，而且他希望目前什么都还没有发生。假如布瓦万已经带回了一些被控谋杀的印第安人，杰斐逊让刘易斯“缓一缓”，因为在这种情况下“双方都保持宽容是适当而必须的”。

正如所有19世纪的总统一样，杰斐逊无法制定也无法坚持前后一
致的对印第安人政策。这反映了他所承受的压力。一方面，有一些道 455
德、法律和秩序的问题；同时，肯定是白人边民先对印第安人施以了很多暴行，然后当印第安人的报复来临时，他们才会哭喊着要求帮助。另一方面，善意并不能控制印第安人，而美国公民必须得到保护。杰斐逊希望在不流血且不失控的情况下解决这些问题。杰斐逊告诉刘易斯：“贸易而非战争，才是我们支配印第安人的重要工具。”在这句话里，他使用的动词是“支配”。

因此，在布瓦万的事件中，杰斐逊批准了刘易斯请求征用军械和民兵的开支。但是在向迪尔伯恩传达这一批准的时候，杰斐逊表达了这样的愿望：他希望刘易斯可以和平地与索克族和福克斯族解决这一问题，而“他似乎过于致力于战争了”。[26]

从准州州长刘易斯的角度来看，这是一种美好的情感，但是在现实事务中这有些太情绪化了。正如刘易斯在给迪尔伯恩的报告中所写的，“我诚挚地希望政府对印第安人仁慈的同时不会忽略我们那些毫无防备的广大边民们的安全”。[27]

三天后，杰斐逊再次致信刘易斯。他刚刚听说刘易斯7月初的声明，即三名艾奥瓦族人将因谋杀而被绞死。他希望不要绞死他们，“因为我们知道，即使能够抓到谋杀者，我们也不能惩罚那些对他们犯了谋杀罪的我们的人。我们的陪审团从未判谋杀印第安人的人有罪”。如果必须执行绞刑，他要求刘易斯只绞死一个“罪行最大、最恶劣的”人，因为只有一名白人被杀。（刘易斯将印第安人关在监狱里，而他们于1809年夏天越狱成功。）

接下来，杰斐逊转而提到一个更为重要的问题，据杰斐逊所知，在这个问题上刘易斯实在是过于懈怠了。杰斐逊总统写道：“没有从你那儿收到任何关于曼丹族酋长的消息，也不知道你会采取何种措施将他送回部落，这让我心神不安。”

杰斐逊再一次预先授权给刘易斯，允许他采取任何自认为必要的措施；他说，将“大白”送回去“是一件对我们的正直和荣誉至关重

要的事。比这更重要的是，在合适的时候，对阿里卡拉族的严厉惩罚是绝对必要的”。杰斐逊在末尾写道：“我再次致以真挚而充满敬意的问候。”[28]

刘易斯花了大量的时间来处理政府的日常事务。他的职责让他接触了那些已经或即将成名的人，尤其是丹尼尔·布恩和摩西·奥斯汀。他任命丹尼尔·布恩为费姆奥萨格的法官。他与奥斯汀有许多事务往来，而奥斯汀拥有圣路易斯以西富含铅矿的土地。奥斯汀表达了对刘易斯的“信心”，但是他提醒刘易斯，准州里的争执各方会尝试在州长刘易斯和州务卿贝茨之间制造隔阂；此后奥斯汀评论称，两人之间的隔阂“已经产生，州长刘易斯已经表达了对州务卿
456 行为的不满”。[29]

确实，刘易斯已经开除了一些公职人员，其中一些人是威尔金森任命的，其他的一些则是贝茨的朋友。[30] 在此过程中，他为自己制造了一些敌人。刘易斯州长创建了几乎整个印第安领地，白人通往这些领地的通道被他控制。他的目的是阻止那些非法侵占他人财产的人和打算占据无主公地的人占据土地；对此人们怨声载道。当刘易斯发布命令，停止所有与大奥萨格族的贸易时，他为自己制造了更多的敌人。

克拉克在欧塞奇河边建立欧塞奇堡时，谈判签署了一个确定边界线的条约。大奥萨格族得知条约禁止他们前往边界线以东，抗议称他们永远不能理解该条约，而且只有小奥萨格族同意了这份条约。随后，刘易斯委任皮埃尔·舒托前往欧塞奇堡，协商签署一个新条约。

刘易斯给舒托的指令坚定地遵循着与印第安人缔约的传统。必须确定一条线，“以向他们保证，这条边界线以西的土地将由他们独享”。这是以一种让步的方式告诉奥萨格族人，他们将需要出售边界线以东的土地。任何拒绝签署条约的印第安人“未来将不会有希望……因为这是我们坚定不移的决心；要想被我们当作朋友和盟友，就必须签约并遵守约定的条款”。那些遵守条约的人将会获得大量的商品、一间铁匠铺和克拉克带到圣路易斯的一个马力驱动的磨。抵抗者将会彻底与所有商品无缘。[31]

奥萨格族人照办了，他们于 1808 年 11 月 10 日接受了这份条约。

条约于 1810 年 4 月 28 日在参议院得到一致通过。

刘易斯州长颁布了一项法律，准许村庄并入城镇，并修建由圣路易斯到圣热讷维耶沃、开普吉拉多和新马德里的道路。他监督建设了一座弹头制造塔，并为探索周围有硝石的洞穴作准备。[32]

刘易斯与克拉克之间的关系一如既往地好。他常常从克拉克那儿借钱。有一次他在账本中记载道：“在我房间的一次玩牌聚会上，从克拉克将军那儿借了总计一美元。”另一次，他借了六美元，并将这笔钱又借给了弟弟鲁本。10 月 7 日，他又借了 50 美元，用途不明。10 月 28 日，克拉克借给他 49.5 美元，用于购买两桶威士忌。[33]

8 月，克拉克的一名奴隶逃跑了，刘易斯给了约克四美元作为搜寻的开支。这表明刘易斯非常信任约克，不过克拉克还是对约克感到不满。

约克要求获得自由，作为参与探险的回报。他的妻子的主人住在肯塔基的路易斯维尔。克拉克拒绝给他自由时，约克要求获准前往路易斯维尔。克拉克同意将他送往路易斯维尔，但是只是一次探访。在 457
一封于 1808 年 11 月 9 日写给哥哥乔纳森的信中，克拉克提到，他将“准许并送约克去和他的妻子一同生活几周时间；约克希望就此待在那儿，并出租自己［这是个常见的行为；约克提议，他将自己出租，并将挣到的钱寄给克拉克］，而我拒绝了这个提议。他希望自己被卖掉，而不是回到这里，［但是］在这个地方，他对我而言很有用处，所以我决定不卖掉他；为了让他满意，我让他今年秋天再回来。假如约克尝试逃跑或者拒绝履行作为奴隶的职责，我希望将他送到新奥尔良出售，或者将他租给一个严酷的主人，直到他改变主意。假如他表现良好，我不希望他知道我的决定。”

约克继续争辩称，他应该得到自由。克拉克对哥哥叹惜道：“我确实希望能善待他［约克］，但是他老是想着自由和他［在探险中］的巨大贡献，以至于我对于他能再次对我做出这样的贡献不抱希望。”

克拉克为这一情况感到焦急。他与刘易斯就此商量过。在一封于 1808 年底写给哥哥的信中，克拉克写道：“我不喜欢约克身处这一地区。我对他有些不满，打算惩罚他，但是刘易斯州长坚持让我将他租往肯塔基，这可能是最好的办法。”克拉克希望约克可以从“一名严厉的主人”那儿得到一些教训，由此“放弃他的妻子”并回到圣路易斯。

约克并不是会给克拉克制造麻烦的奴隶。克拉克在给乔纳森的信中写道，他常常“因我的一些黑奴感到恼怒和困扰”。这种情况频繁出现，以至于克拉克被迫要惩罚他们，并考虑把四个人全部卖掉；这不仅仅是为了免除与他们打交道产生的挫败感，也是为了获得他急需的金钱。卖掉自己的奴隶这一诱惑困扰着克拉克。“我希望可以离你近一些，或许能常常与你就这一问题进行商议。关于我将黑奴换成商品和现金的打算，你也发表些看法吧。”

1809 年 5 月，约克回到了圣路易斯。克拉克写道：“约克给我带来一匹马。他在这里，但是对我的作用很小。他粗鲁且闷闷不乐，有一天我狠狠地责罚了他，现在表现好多了。”[34]

无须置评。这则小故事里包含了奴隶制的太多罪恶之处，不只是杰斐逊关于奴隶制对蓄奴者在道德和习惯上的影响的现实主义态度。约克曾在探险途中帮助克拉克撑船、划船、打猎、生火，证明了他愿意牺牲自己的生命来拯救克拉克。他横跨了大陆并与童年伙伴一同归来，而他被责打的原因仅仅是表现得粗鲁且闷闷不乐，而且，他为自己及妻子——估计可能还有他的孩子——争取自由的要求也被拒绝了。

很显然，刘易斯的态度多少是有些松动的，但是极有可能他并不曾让克拉克给约克自由。在对黑奴的主人意识方面，刘易斯比克拉克好不了多少，或者说，他在这个问题上比杰斐逊也好不了多少（杰斐
458 逊也出售黑奴，拆散他们的家庭）。难怪杰斐逊会这样写：“每当想到上帝是公正的，我就为我的国家感到战栗。”[35]

1808 年晚秋，与大英帝国的战争正在迫近。为了准备战争，杰斐逊总统要求整个国家征募 10 万军人。路易斯安那的任务仅仅是招募 377 人。刘易斯在《密苏里报》上发文，主要利用法国居民和美国居民的仇英心理来激发准州里年轻人的爱国心。他敦促年轻人加入进来“捍卫我们的自由，以免我们的国家遭受不虔诚的欧洲现代野蛮人的控制。在东方世界的屠杀还不能让他们满足，现在他们转而瞄准了我们和平而幸福的海岸线……他们的实力让公正和权利成为笑柄……他们毫不宽宏大量，也不具备任何美德”。

刘易斯要求志愿者们入伍一年，“以此来证明，他们配得上 1776 年先辈们用鲜血争取来的遗产——我们正在享有的、如此珍视的权利；

让我们捍卫并保护这些遗产，无论付出怎样的代价，我们都要将这些遗产完好无缺地传给下一代”。[36]

而民间的回应，很遗憾地说，完全配不上刘易斯的口才。只有几十名美国人支持参军，而没有一名法国人响应刘易斯的号召。

不过，在圣路易斯的头九个月里，刘易斯一直是忙碌且相对成功的。尽管情况很危险，他还是避免了与印第安人的战争。他在边境地区制定了一些法律和规定。他正在把自己人安插入政府部门。同时，他还在修路并做着其他的一些改进工作。圣路易斯密苏里河毛皮公司还是一个持续盈利的企业。

但是，还有很多事情是他没有做的，特别是两个最困扰杰斐逊的问题：“大白”仍然在镇上。另外就是尚待出版的日志。很显然，刘易
斯根本就没翻开过这些日志。 459

第三十八章

圣路易斯

1809 年 1 月—8 月

营地笼罩在愉快的氛围里。朱莉娅·克拉克生了一个孩子。威廉·克拉克给他取名为梅里韦瑟·刘易斯·克拉克。克拉克*送给这位十几岁的母亲一套莎士比亚作品。

圣路易斯笼罩在兴奋的氛围里。圣路易斯密苏里河毛皮公司正准备逆河而上。城里充斥着大量的工作机会，有给航海者的，有给那些愿意加入国民护卫队的，有给那些找工作的印第安人的——这些印第安人还有机会就此报复一下阿里卡拉族和苏族。对于刘易斯而言，他需要监督、执行很多计划和筹备工作。这让人们想起 1803—1804 年的冬天，当时的圣路易斯一片繁忙，大家都在帮助刘易斯和克拉克筹备探险。

这特别会勾起刘易斯的回忆，因为他此时几乎与 1804 年时一样忙碌。他与密苏里河毛皮公司签订的合约条款以及他给指挥官皮埃尔·舒托的命令表现出，他在 1809 年的冬春之交是多么活跃而有成效，他多么充分地利用了在逆密苏里河而上时学到的经验教训，他对细节多么重视，他的想象力多么丰富，他对这一任务作了多么充分的思考，以及他可以无情到什么程度。

但是，他此时的生活也有阴暗的一面。在现存的同时代文献中，这一点几乎没有被提及，但是确实有一些事情在困扰着他。很显然，

* 原文如此。疑应为刘易斯。——编注

在这一时期他严重酗酒。他定期服用含有鸦片或吗啡的“药物”。他的账本上有着很多与药物有关的记录，这些记录表明，他用这些药物来治疗疟疾。每晚睡前，他都要服用一片含有一克鸦片的药片以消除疟疾的症状，发烧的时候每晚则要服用三片。假如这些药片“不起作用”，他会在早上再服用两片。[1]刘易斯反复提及，他需要回到东部，他想要回到东部，他打算回到东部，以及他在几天内就将出发，但事实上他并没有走。他常常从舒托家族借一些小额款项，在 5 月 17 日这天他从贝茨那儿借了 20 美元。他并没有说明借款的原因；这些钱有可能用来买酒喝了。

他的财务状况很糟糕，正如一份 11 月 9 日的账本记录中写到的：“从克拉克将军那儿借了这笔钱［49 美元］，用以支付法罗医生为我的仆人佩尔尼耶出诊的费用。我认为这笔费用要价过高，但是处境让我不得不支付这笔钱。” 460

至于即将送“大白”返回的探险队，在给他们下达的关于如何应付阿里卡拉族的命令里，刘易斯的残忍达到了令人震惊的程度，而且显得极度缺乏常识。

与此同时，州务卿贝茨与刘易斯州长发生了公开的争吵，路易斯安那的两位最高级官员公开决裂。

刘易斯的行为已经变得古怪而无常起来。

2 月 24 日，刘易斯以路易斯安那准州州长的身份，代表美国政府与圣路易斯密苏里河毛皮公司签署了一份合约。

合约条款非常明晰。公司承诺招募 125 名民兵，其中至少有 40 名“将是美国人，而且是射术精良的步枪手”，他们将把“大白”及其队伍送回曼丹族的领地。公司将会为这些民兵提供“优良而合适的火器，其中至少应有 50 支步枪”，具体的数量和质量将由刘易斯审核。所有的开支，包括补给、用具、船只、给印第安人的礼物等等，都由合伙人负担。刘易斯州长将会为补给签发汇票，这将作为预付款从结算中扣除。

公司承诺将安全送返“大白”及其队伍，并“舍命保护他们免受一切攻击和伤害”。任务完成之后，美国政府将会支付给公司 7000 美元。

公司的皮埃尔·舒托将会指挥这次探险，直到探险队将“大白”送抵曼丹村落；那时，探险队的军事职责完成，指挥权将由另一位合伙人曼努埃尔·莉萨接管，他将带领队员们前往黄石河，并越过黄石河从事商业活动。这支队伍将会有垄断贸易权；刘易斯保证，不会给任何其他前往普拉特河河口及其上游地区的商人签发任何许可证。

公司“在登船、出发及行程方面，不得以任何理由拖延，必须于5月10日之前抵达，否则将会受到违约处罚”，数额为3000美元。在探险队完全组建并装备完成之后，美国政府将预付给公司3500美元。假如到时刘易斯不在圣路易斯，他会授权克拉克将军代为行使职责。[2]

对于这份合约双方都很满意。对于刘易斯和合伙人们而言，将军事远征和商业冒险结合起来是非常合理的。毕竟，军队曾于1807年派普赖尔少尉作过尝试，但是失败了，还付出了三条人命、乔治·香农的一条腿以及七人负伤的代价。军队不可能派出一支125人的分队去完成这个任务。而对于合伙人们而言，在没有军事护卫的情况下，让一支商队穿过阿里卡拉族的地区是不可能的。边境的军官们和政府官员们常常在边境上从事一些私人商业活动。而且，很显然，关于让密苏里河地区对美国毛皮商人们完全开放一事，政府和公司都同样感兴趣。

461 无论如何，这份合约让刘易斯备受严厉的批评。他参与了一个私营公司，却用政府的钱来给这个公司付款。任何从这次商业冒险中获得的利润都将被他的朋友威廉·克拉克和他的弟弟鲁本分享，而且显而易见的是，刘易斯本人也会得到分成。但是，在19世纪初的边境，这种安排司空见惯。事实上，迪尔伯恩在授权克拉克，允许他发给那些愿意随普赖尔的探险队一同出发的私营商人专属贸易许可的时候，已经为此立下了一个先例。

关于此类开支，刘易斯从杰斐逊那儿得到了明确的授权。但是杰斐逊将会在一个月内卸任，新总统詹姆斯·麦迪逊及其陆军部部长威廉·尤斯蒂斯将会节约开支，而非接受新的债务。他们与刘易斯的关系并不亲密，对西部的兴趣也不像杰斐逊那么浓厚，同时也不会接受杰斐逊那种随意签署汇票的行为。他们与一位前任对印第安人事务官的意见一致，这位事务官致信麦迪逊总统，抗议那份合约。他问道：“对于公共事务而言，作为一位州长或者对印第安人事务主管这样的政府官员，在商业活动或者私人活动里面分一杯羹，这样合适吗？”[3]

州务卿贝茨也提出了同样的问题，同时对于刘易斯——他将很快出发前往华盛顿——任命克拉克而非他本人代行职责一事感到非常愤怒。而且，在政策事务方面，贝茨一直对刘易斯州长持反对意见。刘易斯对于促进毛皮贸易很感兴趣，贝茨则想促进移民。刘易斯拒绝向猎人们颁发前往印第安人地区打猎的许可，而贝茨认为美国人是有权捕猎的。

贝茨非常愤怒，以至于在 4 月中旬公开表示，他已经决定致信总统，一一列出他的投诉内容。但是，他在这么做之前与刘易斯发生了一次“争执”。他“肆无忌惮地”以刘易斯对他的“不公”来责备刘易斯。在一封于 4 月 15 日写给他兄弟的信中，贝茨提到刘易斯“激起了我的愤怒”，并引起了“强烈的不满”。他没有明说是什么问题；很可能是因为刘易斯让克拉克代行职责一事。

“现在我们更理解彼此了，”贝茨写道，“在每件事情上，我们的意见都不一致；但是我们在交流中将会诚恳而坦白。”[4]

贝茨的个性并不讨喜，他是那种无论如何都无法从别人的立场上看待问题的官僚。在一封写给他兄弟的信中，他承认自己觉得这是个“奇怪的世界”。他解释道：“我个性平和；但是在公共事务方面，我几乎和每一个共事者都有着巨大的分歧。”贝茨承认这困扰着他，并让他审视自己的行为，但是，“在上帝面前，我无法承认我在任何事情上是有过失的”。[5]

他对于刘易斯的嫉妒是显而易见的。他告诉自己的兄弟，刘易斯被科学家和诗人们的“赞美惯坏了；他得到了来自高层人物的太多呵护，于是像长得过快的婴孩一样，开始认为政府里的每个人都必须迁就他的反复无常来行事”。[6] 462

在圣路易斯到处都有传言，说贝茨想要接替刘易斯的职务。在一封写于 4 月 15 日的信中，贝茨指责刘易斯失去了公众的信任。“我为州长的不得人心而感到惋惜，”他断言道，但是“这是他采用的严厉而错误的措施导致的。他在犯错时很顽固，恐怕那不可阻挡的民意已经宣判了他的罪责”。

“阅后即焚。”[7]

在1809年冬末开春之时，密苏里河毛皮公司招募了人手并筹集了补给。从上游传来的消息提到，苏族和阿里卡拉族已经联合，决定阻止一切向上游进发的船只。刘易斯检查了将要送给印第安人的礼物，认为数量不足。所以在3月7日，他签发了一份给皮埃尔·舒托的面额1500美元的汇票，用来再购买一些礼物；5月13日他又签发了一张价值500美元的汇票，两天后又签发了一张450美元的汇票，主要用于购买500磅火药和1250磅铅。[8]

与此同时，他下达了一系列指令给舒托。他宣布，舒托的“主要任务”是将“大白”及其家人送回部落。他改述了杰斐逊对他说的话，写道：“我认为我们政府的荣誉和善意将会保证这次计划成功。”

刘易斯避而不谈一些细节：“我认为，在计划的执行方面，以具体而严格的命令来约束你们的行动是不合适的。”但是他也提出了一些建议。首先，要从阿里卡拉族下游的部落那儿雇用300名印第安人：“你们要向他们承诺，作为报酬他们将可以从阿里卡拉族那儿获得战利品。”他进而建议舒托招募100名白人猎手，这将让总人数达到250名白人和300名印第安人。

换言之，假如证实阿里卡拉族仍然是有敌意的，刘易斯就会宣布与他们全面开战。在这一问题上他的态度是很明确的；他希望舒托建立“一支队伍，其力量不仅能压倒阿里卡拉族，还要能在必要的时候完全剿灭这个部落”。

杰斐逊的建议是，假如阿里卡拉族试图阻止“大白”，那么他们应该接受“惩罚”，但刘易斯的行动远远超出了杰斐逊的意见。这种做法不仅仅是烧毁他们的房屋或是杀死他们的马匹，完全就是种族灭绝。

假如证实阿里卡拉族是和平的，那么舒托应该要求他们“无条件地交出”杀死了普赖尔少尉的队员们的那些武士。假如阿里卡拉族宣称他们无法明确指认到底是谁杀死了那些队员，那么舒托应该要求他们从那些“积极鼓动”敌意的人当中，交出三名武士（三名白人队员被杀害）。

“这些谋杀犯在被交出之后，会在全族面前被处决”，而且阿里卡拉族还要把他们的马匹交给舒托的印第安盟友。

463 假如阿里卡拉族拒绝交出他们的武士，“可以采取你认为最好的手段来突袭并杀死他们”。假如舒托抓到一些俘虏，“你将他们要么交给曼丹族，要么交给其他有武装的部族”。

假如探险队和阿里卡拉族的战斗势均力敌，也无法在穿越阿里卡拉族地区的同时消灭他们，那么舒托应该和曼丹族结盟并为他们提供必要的火药，以让他们摧毁阿里卡拉族。

刘易斯还说，舒托将会遇到在密苏里河流域的行商许可已经过期的“各式各样的美国人”。假如他们做出了善意的举动，那么舒托应该更新他们的许可；假如他们行止不当，舒托则应该逮捕他们并强行带回圣路易斯。关于来自北方的竞争，“任何英国的代理人、文员或者竞争者都不能以任何名义在这一地区狩猎，其范围包含整个密苏里河流域”。

刘易斯在最后写道：“我诚挚地祝愿你旅途愉快，祝你能够安全回到家人和朋友身边。”[9]

5 月中旬，探险队出发了。队伍总计拥有 13 艘平底货船和驳船，这是迄今为止派往密苏里河上游的最大规模的船队。

从 6 月到 7 月间，圣路易斯流传着关于贝茨的传言。贝茨已经明确表明，他打算在总统面前指责刘易斯，据说他“已经以自己为首形成了一个党派，目的是让刘易斯下台”。这种传言流传极广，以至于刘易斯拜访了贝茨，要求他对此进行解释。

“你被极大地误导了。”刘易斯告诉贝茨。在一封于 7 月 14 日写给他兄弟的信中，贝茨写道：“作为一个公民，我告诉他，在政府问题上我与他持有截然不同的看法，而且我在各种场合都强调过这些看法；但是，这些看法与私人恩怨和敌意无关。”

“好吧，”刘易斯回答道，“不要因为在公共舆论上与我的决裂而受困扰；在公共场合会面的时候，让我们至少能亲切地彼此谈话。”

贝茨表示同意，尽管他向他的兄弟抱怨称，刘易斯“不怀好意地利用了我”。

然后，贝茨要求让克拉克加入谈话，以解决刘易斯任命克拉克为代理州长的事宜。克拉克抵达后，贝茨告诉他们，法律“明确规定”，当州长外出时，他作为州务卿应该是代理州长。

“我不会忍受任何令人不满的干涉。”他宣称。贝茨对他的兄弟提到，“对于这个人［刘易斯］而言，辞去军职是多么不幸的事啊：他的习惯都是军人式的，我无法想象他能在任何别的职业上取得成功”。[10]

464 7月16日，贝茨致信财政部长，投诉刘易斯的行为。好像是因为刘易斯曾命令贝茨发布准州的法律，并将之算作州务卿的责任。贝茨拒绝了这一命令，但是最终，在刘易斯再次下达这一命令时，贝茨妥协了；现在，他希望财政部长对他做出补偿。[11]

到了7月25日，贝茨对一位伙伴吹嘘道：“我恐怕，我们那位怀着全世界最好的想法的刘易斯州长正处于不利地位……他在过去12个月里一直说要离开，现在每个人都认为他确实会在数周内离开了。”[12]

8月初，刘易斯收到了来自国务院一个名为R.S.史密斯的文员的便笺。这份便笺关乎刘易斯在2月10日签发的汇票，那张18.5美元的汇票是支付给一个名叫彼得·普罗旺谢尔的人的，作为他将准州法律翻译成法文以供发布的酬劳。刘易斯无权支付此类酬劳，但是他解释道：“我毫不犹豫地［为一次刑事审判］印制了这些法律的副本。我必须采取能够采取的措施，否则就有人会逃脱制裁。”

现在这份账单随文员史密斯的便笺一同回到了他手上，便笺上写道：“这封信里提到的那份账单在被开具时没有得到授权，国务院无法支付。”[13]

这次拒付账单让刘易斯很震惊。“这个事件让我产生了无限的担忧，因为还有其他因类似目的开出的账单，这些账单累计已经达到一个相当大的数额，不可能出错。”他写道，“对于公众而言，这次拒付肯定会让他们对我产生不好的印象，也会引起对我的审查，那些决策者肯定会统计我未经授权所提用的公款。还有，这次处理会引起的和上述方面同样令人尴尬的情形是，如果被驳回，我的私人资金完全无力支付这些账单。”[14]

州务卿贝茨认为自己是一个在守护公共财政方面坚忍的、诚实的、受到误会的人。关于刘易斯的汇票和命令，他向华盛顿进行了一系列的投诉。那年夏天，刘易斯曾一度做出了反击；正如贝茨所写的那样，

“他突然决定要否认我发出的一些声明，而这些声明是州务卿办公室**依据他的命令**发出的”。

“这太过分了，我曾探访过他，告诉他我的委屈；我无法忍受再受到如此对待了。”

“按你自己的意愿去做好了。”刘易斯回复道。

“我会的，阁下。”贝茨反击道，“当我升任州长的时候，我会来的。”

那之后不久，在圣路易斯举办了一场舞会。刘易斯抵达会场的时候，贝茨也在。贝茨记载道：“他拿了一把椅子坐在我附近。这时，进行中的谈话有一阵子沉默，我利用这短暂的沉默起身走到了房间的另一边。”

据贝茨记载，刘易斯也起身了，“显然很激动”。刘易斯退到隔壁的房间里，派了仆人来找克拉克。他告诉克拉克，贝茨“以轻蔑和侮 465
辱的方式对待了他，他不能就这么算了”。他请克拉克把贝茨叫到房间里来。

据贝茨说，克拉克拒绝了，因为“他预见到我们的会面必然会引起争斗”。

几天之后，克拉克拜访了贝茨，请他修复与刘易斯之间的关系。

“不！”贝茨回复道，“州长已经跟我说过，让我随自己的意愿行事，我将选择**高尚**而**自豪**的道路。他已经**伤害**了我，必须**消除**这些伤害。”

贝茨告诉克拉克：“你是以**我的**朋友的身份来的，但是我无法离间你和刘易斯之间的关系——你和他一起经历了人生中的**高潮和低谷**，在我看来，这些提议都只是在为**他**考虑。”[15]

这些不体面的争执肯定让刘易斯不悦，但是相比 8 月 18 日发生在他身上的事情，这只是些小事。8 月 18 日这天，刘易斯从陆军部部长尤斯蒂斯那儿收到了一封令他心惊肉跳的信件。

这封信写于 7 月 19 日，信里满是这位道地的官僚极端消极的语气。尤斯蒂斯提到，在他的部门勉为其难地批准了为刘易斯与密苏里河毛皮公司的合同支付 7000 美元之后，“美国政府将不会再支付任何预付金，也不希望任何其他政府机构介入”。因此，对于 5 月 13 日刘易斯那份用于购买给印第安人的额外礼物的 500 美元汇票“不被兑现”

一事，刘易斯不应该感到“吃惊”。

这意味着刘易斯本人需要支付这些开支。

尤斯蒂斯继续写道：“当准州政府酝酿一笔数额可观的开支之时，通常应该知会美国政府。”当征募125人“加入军事探险队来实现一个未经指明的、据称结合了军事和商业目标的目的时……人们普遍会认为，在不伤害公共利益的情况下，已经征求过政府的意见”。

事实上，刘易斯对于这次探险的目的的阐述是明确的，尽管他没有从华盛顿方面得到对这次探险的商业目的的正式许可。尤斯蒂斯抓住了这一点：“这支军事力量的目标和目的地［越过曼丹村落之后］并不明确，特别是这次探险结合了商业目的，所以不能认为得到了美国政府的许可，美国政府也不应承担相应的后果。”

尤斯蒂斯在结尾写了一段令人心寒的话：“已经咨询过总统了，与这方面相关的意见已经得到了他的批准。”当然，这里的总统是指麦迪逊而非杰斐逊。此时杰斐逊已经卸任，回到了蒙蒂塞洛，无法再保护刘易斯了。[16]

实际上，杰斐逊对刘易斯也是不满意的。他并不急于责备刘易斯，在证据不足的情况下他并不会责罚刘易斯，但是他的耐心正在一点点丧失。8月16日，他寄给刘易斯一封介绍信，因为一名英国植物学家
466 将会前往圣路易斯进行“研究并采集植物的旅行”。

当时杰斐逊写道：“我频频要求获悉你的作品何时会出版；很久以前我就向我在法国的文学记者保证，会寄给他你的作品，在他们看来，我几乎已经失信于人了。我非常乐意从你那儿获悉作品的出版消息。每个人都已经急不可耐了。”

或许是为了让语气和缓一点，杰斐逊又写了一些政治传闻和对外交事务的看法。他提到，刘易斯在弗吉尼亚的朋友们“都很好，他们一直期待着能见到你。我也希望能在蒙蒂塞洛与你见面，我将在蒙蒂塞洛充分享受此前从未有过的、只为了自己的满足而生活的日子”。他请刘易斯转达对克拉克最诚挚的问候，“并向你致以我一如既往的、坚定不移的真情”。[17]

刘易斯从未回复这封信，我们也没见过他提及这封信；他也没有
467 向任何人——包括克拉克——解释过日志出版延迟的原因。

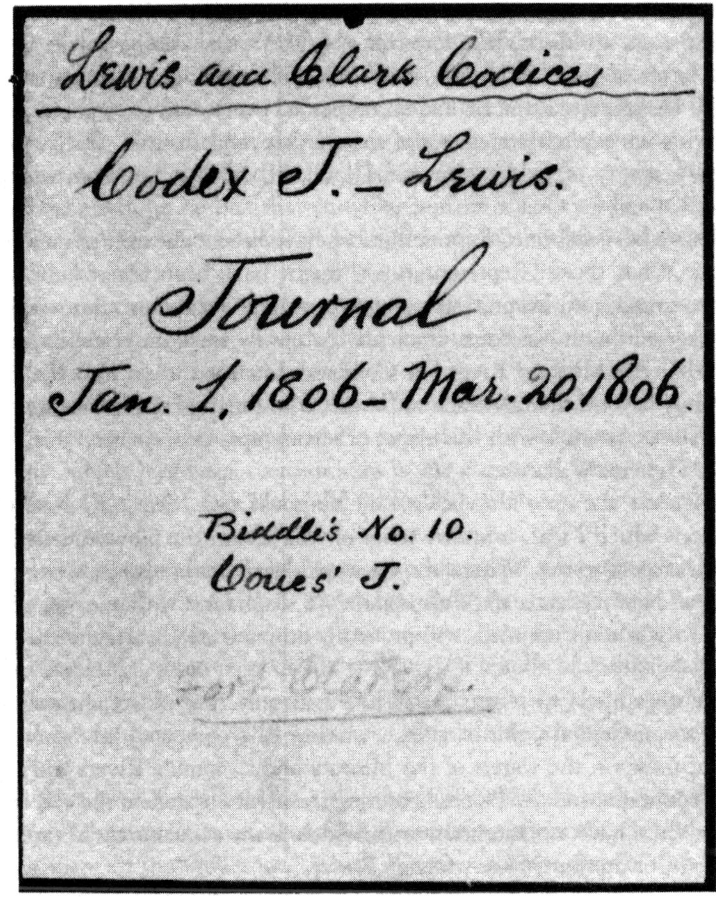

梅里韦瑟·刘易斯的日志（Courtesy American Philosophical Society）

8月18日，收到尤斯蒂斯信件的当天，刘易斯就写了回信。他说，尤斯蒂斯7月19日的那封信“现在就在我的面前。这封信带来了痛苦”。刘易斯抗辩称，每一份他签署的公共开支的汇票都附有明确的用途说明。他坚称：“我从未收过哪怕一便士的公款。”他补充道：“我让上帝来见证这份说明的正确性。”

“我已经得知，有人提出了反对我的陈述。”刘易斯继续写道。这些“陈述”可能是什么内容现在不得而知，但是根据刘易斯对此提出的抗议可以推测出一些内容；做出这些陈述的是什么人也不清楚，据推测可能是贝茨。很显然，贝茨或者别的什么人散布了这样一个故事：

密苏里河毛皮公司打算进入落基山脉并翻越大陆分水岭，进入并不属于美国的地区，他们可能会按照阿龙·伯尔和威尔金森将军的意愿建立一个新国家。

不论细节是怎样的，刘易斯说他无法通过信件来改变“你的信中令我感到畏惧的印象，政府应该尊重我”。因此，他将在一周内离开圣路易斯，借道新奥尔良前往华盛顿。“我将随身携带我的文件，相信当这些文件被察看之后，它们将能证明我对祖国的坚定情感。”

探险队只有送返“大白”这一个目标，他继续写道，“同时，从商业的角度来看……他们［公司］只打算在落基山脉和环绕山脉的东侧平原的密苏里河与哥伦比亚河流域进行捕猎和贸易。据我所知，他们并没有自治的打算，也不会伤害任何外国势力”。

“我向你保证，阁下，我的祖国绝不会让我变成‘伯尔’。她可能会让我变得贫穷，但是永远不会让我与她分离。”

在尤斯蒂斯的信件抵达后数小时内，政府拒绝兑现刘易斯的汇票的消息就在圣路易斯传开了（又是贝茨干的？）。刘易斯告诉尤斯蒂斯，这些被拒付的账单“已经摧毁了我的信誉；这导致了总计 4000 美元的私人债务的追讨”。他向债权人交出了在圣路易斯周围所购土地的凭证作为抵押物，同时指出：“关于利用和支出公款一事，在将来的某一天政府会发现，证明我清白的最好证据就是它们给我带来的穷困。”[18]

在接下来的几天里，刘易斯和克拉克待在一起。他们一致同意，他们二人都应该前往华盛顿。克拉克当然深入参与了密苏里河毛皮公司的事务，而且他也有一些要与陆军部处理的政府事务，其中包括他兄长乔治·罗杰斯·克拉克被拒付的汇票（这些汇票摧毁了乔治·罗杰斯·克拉克）。刘易斯将由水路前往华盛顿，而克拉克将走陆路。

468 他们花了很多时间来尝试将刘易斯的账目整理清楚。他们将刘易斯的欠款制成一份清单；总的负债大概是 2900 美元，还不包括土地债务。[19] 刘易斯提前将国会赠予他的 1600 英亩土地的所有权证寄往新奥尔良出售，希望每英亩可以卖到两美元。他希望“为我的债权人的利益着想”，将这些钱存进新奥尔良银行。他归还了大量从奥古斯特·舒托那儿赊账购买的土地。他四处寻找可以出售的东西；在克拉克的备忘录里，刘易斯写道：“黑奴男孩汤姆属于我的母亲，我不能擅自将他卖掉。”[20]

当时他所拥有的最有价值的东西就是他的日志，这些日志所能带来的价值千倍于那些土地权证。这是他绝不会出售的东西。

刘易斯曾告诉尤斯蒂斯，他将于一周内出发，但是事实上他在三周后才得以动身。他把包括日志在内的所有物品打了包，自从上次探险结束后，这些日志一直都在他的身边。他告诉克拉克，他将会前往费城并启动出版事宜。

在其他许多物品之外，他的行李中还包括一张海獭皮、一双红色拖鞋、一只银质平底酒杯、一把战斧、五件马甲、两条裤子、一条黑色丝质马裤、两件棉衬衫、一件法兰绒衬衫、两双棉质长袜、三双丝质长袜、一些药物、一件绒面呢外套、一个手枪套、三把小刀、一柄剑、一根手柄损坏的“矛刃”（他的警棍？），以及他全部的公文。[21] 他于9月4日出发。[22]

在刘易斯离开圣路易斯后几天，准州的土地事务专员克莱门特·彭罗斯指责贝茨对“州长的神智混乱”负有责任，据彭罗斯称，这种混乱是“**州务卿的野蛮行径**”导致的。

贝茨在一次委员会的会议上与彭罗斯对质。他指责彭罗斯散布对自己的诽谤，他说：“**我以我的名誉起誓，假如你再跟在我后面乱吠，我会像踢开一只小狗那样踹开你。**”当天晚些时候，他给彭罗斯写了一份会议记录。

“你声称我**曾经和现在**都是州长的敌人，而且我也很想取州长而代之。今天早上我告诉你，你说的是**错的**，而且我再次重申，你坚持这种主张的行为是愚蠢而无耻的……作为对你的个人猜测的回应，我将给你我最诚挚的蔑视。”[23]

在那一周的另一封信中，贝茨写道：“所有有同情心的人都不同程度地受到了刘易斯州长那不愉快的处境的影响，大家都不愿意再令他雪上加霜。”[24]

刘易斯又借了一笔钱来购买一个很大的医药箱。他在账本中记载称，他买了用于治疗“胆汁热”的药片、“鸦片和酒石药片”，以及其他一些药物。

469 《密苏里报》曾报道，刘易斯州长“身体健康地出发，借道新奥尔良前往联邦城*”。此处对身体健康的强调更像是一个不祥的预兆，而非令人安心的措辞。

刘易斯出发之后那天，克拉克写信给他的哥哥乔纳森，描述了刘易斯在圣路易斯最后一周的状况和心情：

> 我可以说，刘易斯州长被他的一些数额巨大的拒付账单摧毁了，这些钱被用于他所担保的法律出版和将曼丹族酋长送回家的开销……
>
> 在过去很多年里，我都不曾度过像昨天那样的一天……我为即将前往费城去书写我们的那本书（但更主要的是去解释他和政府之间的一些问题）的刘易斯州长饯行。他的一些账单被拒付了，一些债主在他离开前蜂拥而来，这让他痛苦异常。他向我表现出来的痛苦所引起的我的同情至今仍未消散，我绝不相信在路易斯安那有任何人比刘易斯州长更诚实，也不相信有人比他的动机更纯粹。如果他能够想开一点，我会愉快地与他告别……
>
> 我想，一切都会好的，他会胜利返回这里——但愿不要向州长提起这不太得体的或错误的表述——我向你担保，他没有做任何有损名誉的事情，他所做的一切都会如我所信服的那般增加他
> 470 的信誉。[25]

* 即华盛顿。——译注

第三十九章

最后的旅程

1809 年 9 月 3 日—10 月 11 日

1809 年 9 月初的密苏里河河谷炎热、潮湿且蚊虫众多。刘易斯的船缓慢行进，因为船员们需要在中午的时候充分休息。此时刘易斯的状况很糟，很可能是疟疾引起的，而抑郁的状态肯定也给他带来了不可忍受的痛苦。他曾两度试图自杀——我们无从得知他是尝试跳船还是用手枪自尽，船员们不得不将他限制起来。[1]

9 月 11 日，他写了自己的遗嘱和自白信："在我的私人债务偿清之后，我将所有的财产，包括动产和不动产都留给我的母亲露西·马克斯；在我的仆人佩尔尼耶所保存的一本小记事簿里，你们可以找到我的声明。"[2]

刘易斯先抵达了奇克索陡岸，然后于 9 月 15 日去了现今田纳西州的孟菲斯旧址皮克灵堡。吉尔伯特·罗素上尉是当时堡内的指挥官。得知刘易斯的自杀企图之后，他"决定立即控制住他和他的文件，将刘易斯及这些东西留在此地，直到他复原或者将他交由某个或许路过此地的他的朋友，以便他能安全离开"。[3]

刘易斯严重酗酒，常常抽鼻烟，服用药物，胡言乱语，编造谎言。他告诉罗素（根据 1809 年 11 月 15 日《华盛顿广告报》的报道），所有日志方面的工作都已经完成了，并准备付印。很显然这是他转移涉及项目进展的尴尬问题的方式。罗素禁止他饮酒，只允许他"喝红葡萄酒和少量白葡萄酒"。[4]

在抵达后的那天，刘易斯致信麦迪逊总统。尽管他在信中表明了观点，信的内容还是被曲解了。此处，有必要全文引用这封信。*

> 我大约［于昨日］下午［*两点*］抵达这里。［*昨天*］因为炎热的天气而精疲力竭，但是［服用了］药物之后，今天早上感到好多了。我担忧低海拔地区的炎热，也担忧我前往太平洋的旅程
> 471 的原稿可能会落入英国人手里，因而改变了行程，将从陆路经由田纳西州前往华盛顿。我随身携带了公共开支的凭证复件，在解释清楚、说明了这些开支产生的完整情况之后，我相信这些开支［会］得到［批准和］认可［*及*］批准。
>
> 健康状况不允许我在前往华盛顿的路上有所耽搁。对关于内部安排和路易斯安那准州政府的相关事务的担忧，让我无法更频繁地给你写信。［*贝茨先生现在是负责人。*］我随信寄给你一份路易斯安那准州的法律。这里，我荣幸地向你致以最诚挚的敬意，你的忠实的［*且非常谦逊的*］且非常谦逊的仆人。[5]

在接下来的五天里，刘易斯的情况没有任何好转的迹象（很显然罗素并没有禁止他服药）。罗素继续对他实行 24 小时的看护，以防他自杀。最后，罗素报告称："在第六或第七天，所有精神错乱的症状都消失了，他现在已经完全恢复理智了"，不过他"非常消瘦且虚弱"。[6]

他也为自己感到羞愧。罗素报告称："在康复后，他坦率地向我承认"，他确实饮酒过量了。刘易斯说，他决心"戒酒，而且也不再吸鼻烟了"。[7]

刘易斯开始着手处理自己的事务。9 月 22 日，他给老朋友阿莫斯·斯托达德写信，此时斯托达德正在河流下游很远处的亚当斯堡担任指挥官。在信的开始，他表达了歉意："我必须承认，自从我们从太平洋归来之后，我疏于回复你的几封友好的书信。"他说，他正在前往华盛顿的路上，去解释在圣路易斯的举动，希望这次行程"足以解决所有的问题"。但是债主们都在给他施压，他们"让我非常难堪。希望你能因此而原谅我的请求，请尽快将你答应留给我的 200 美元寄给我"。

"请你将钱在 12 月底之前汇到华盛顿，我估计我将于 12 月底返回

---

* ［ ］内的文字是插入在两行字之间的；［ ］内的斜体字是被涂去的。——作者注

圣路易斯。”[8]

刘易斯请罗素陪他一同前往华盛顿，罗素同意了：他也有一些被拒付的账单需要向新政府解释。但是罗素的请假申请没有获准。[9]

美国与奇克索族的联络人詹姆斯·尼利少校于9月18日抵达皮克灵堡。后来他致信杰斐逊，提到他“发现刘易斯州长的健康状况非常糟糕”，但是在那一周里刘易斯的“健康恢复了一些”。[10]

到了9月29日，罗素和尼利都认为，在尼利、佩尔尼耶和尼利的仆人的陪同下，刘易斯可以由陆路前往华盛顿了。刘易斯说，他已经准备好出发了。罗素借给他100美元，还赊给他两匹马以供旅途中使用；刘易斯写了一张379.58美元的借据，约定于1810年1月之前归还借款和购马费用。[11] 472

刘易斯带上了他的日志，打包进箱子里，由驮马运输。对于刘易斯而言，借道纳奇兹小径似乎比冒险乘船从新奥尔良到华盛顿更安全，因为在大西洋沿岸有英国战舰徘徊，阻拦美国船只并强迫美国水手们为英国人服务。为了获得这些日志，天知道英国人会做什么！而在纳奇兹小径上就没有这样的危险，这条路是老西南部（Old Southwest）最繁忙的道路。邮车频繁行驶于这条路上。在好几年里这条路上都没有抢劫记录。沿途还有许多旅馆。[12]

这支队伍在三天里走了100英里。一路上，刘易斯都在抱怨着他那些被拒付的账单。后来佩尔尼耶向克拉克汇报称，刘易斯常常“会想象他听说我［克拉克］正在赶来；他说，他确信［我会］追上他，因为我已经听说了他的状况，会来帮助他的”。[13]

刘易斯再度酗酒，或者，如罗素心痛地记录的那样，“他的［戒酒］决心抛弃了他”。[14] 后来尼利向杰斐逊汇报称，当他们抵达现今密西西比州休斯敦北部大概六英里的奇克索族事务处时，刘易斯“有时会神志不清”。

在尼利的坚持下，队伍在事务处休息了两天。刘易斯拜托尼利，假如“他发生了意外”，请将他的箱子和日志一起送去给“总统”。尼利认为刘易斯在这里所指的是杰斐逊而不是麦迪逊。

10月6日，刘易斯、尼利和仆人们再度出发了。10月9日早晨，他们渡过了田纳西河，并在现今田纳西州的科灵伍德村附近宿营。

那天晚上，有两匹马走失了。早上，尼利说，让队伍先出发，而他会留在后面寻找走失的马匹。刘易斯决定继续前进，尼利记录道："他承诺会在遇到的第一座有白人居住的房子里等我。"[15]

那天下午晚些时候，刘易斯抵达了距离纳什维尔 72 英里的格林德旅馆。这是一栋由木头简单建造的、风格粗犷的小木屋，可以容纳旅客过夜。格林德先生并不在旅馆中。

刘易斯要求在这座旅馆里过夜。你是一个人吗？格林德夫人问道。不，刘易斯回答，有两名仆人很快也会抵达。格林德太太表示了欢迎。刘易斯翻身下马，从坐骑上取下马鞍带到了旅馆里。他穿着"一件白色的、上缀蓝色条纹的宽松长袍"。他向格林德夫人要了一些威士忌，但只喝了一点。

当佩尔尼耶和另一名仆人抵达时，刘易斯向他们索要火药，说他很确信罐子里还有一些。佩尔尼耶"没有给出明确回答"，很可能是因为尼利曾嘱咐他不要让刘易斯接触火药。

刘易斯开始在小屋前踱步。格林德太太后来提到："有时候他好像是在走向她；他会突然转身，然后尽快走开。"

她做了一顿饭。刘易斯进入小屋并在桌边坐下，但是只吃了几口
473 就站了起来，"激烈地自言自语"。格林德夫人注意到，他涨红了脸，"仿佛非常气愤"。

刘易斯点燃了烟斗，拿了一把椅子去门边坐了下来，以友善的语气对格林德夫人说："夫人，这是个非常愉快的夜晚。"

在抽完烟斗之后，他起身慢慢走向院子。他再次坐了下来，又点燃了一斗烟，看上去很冷静。他"满怀期望地看着西方"。他再次提到，这是个"多么甜蜜的夜晚啊！"

坐在格林德夫人的门廊下，在夜幕降临中望着西方的时候，他在想些什么呢？他是在想着那些河流，密苏里河、哥伦比亚河和其他的河流吗？他是否在回忆阿里卡拉族、苏族和曼丹族？他是否想起了与萨卡嘉维阿的初次见面？他是否想起，1805 年 4 月，当他从曼丹族那里出发，开始他那"亲爱的计划"，敢于将他的名字与哥伦布和库克船长相提并论的那一天？他是否对于在玛丽亚斯河做出的决定不能释怀？

或者，他是否在回想穿越那片伊甸园时所见到的那些植物、动物、鸟类？如果是这样，他所想到的肯定是棉白杨、仙人掌和太平洋沿岸

的巨木；肯定是那些松鸡、啄木鸟和秃鹫；是那些灰熊和不可思议的野牛群、叉角羚、绵羊、草原狼、草原犬鼠和其他他发现并描绘过的动物；是密苏里河沿岸那些非凡的悬崖，是落基山脉的山门，是哥伦比亚峡谷。

斯里福克斯，这个在西部地理上“至关重要的地点”是否突然涌上他的心头？或者，他是否突然想起了卡密阿维特和肖松尼族？或者，他想起的是老托比以及翻越比特鲁特山的那些恐怖的行程。

他是否回忆起内兹帕斯族和他们那些优良的马匹以及他们的慷慨？他是否想起了顺西部河流而下抵达太平洋的旅程？他是否想起了在克拉特索普堡，那只有清水和瘦麋鹿肉的圣诞和新年晚宴？

他可能想起了与内兹帕斯族一起度过的漫长等待时期，在 1806 年春天首次尝试强行翻越比特鲁特山的时候，他曾有一次被迫返回。或者，他可能想起了黑脚族，他的一生中唯一一次与之战斗过的印第安部落？又或者，他想起了屁股上中枪的那一次经历？

他是否叫了一遍他的队员们的名字？如果是，德鲁亚尔一定占了特殊的位置。

假如想起了队员们，他肯定想起了共同指挥官，那位最好的朋友。他曾在几天前告诉佩尔尼耶，克拉克将军听说了他的困境，正在赶来。当夜幕降临的时候，他是否在沿着道路望向西方，期待着看到克拉克骑马前来，解决一切问题？

格林德夫人的那些狗里，是否有一条正在追逐着松鼠，并让他想起了他的“水手”？

有没有可能，他想起了 1806 年 9 月，他的船队在圣路易斯靠岸的那个胜利的时刻？

又或者，他是否很沮丧？是因为他那些无法解决的问题吗？他是否因为投机买卖和它们带给他的经济损失而痛苦？他是否首先想到了 474
那可怕的州务卿贝茨？他是否在想，他的求爱为什么失败了？他为什么没有妻子？他是否在因自己的酗酒而咒骂自己？

他是否在挂念着托马斯·杰斐逊？他是否因为让他崇拜的人失望而羞愧？他是否想起了那些装在挂包角落里的日志？

又或者，他是否在回避过往？他是否在预演着将对尤斯蒂斯部长和麦迪逊总统所说的话？

或者，他是否在渴望得到更多的药片？还是更多的威士忌？

这一切，我们都无从得知。我们只知道，他备受折磨，痛苦难以忍受。

格林德夫人开始为他整理床铺，但是被他阻止了。他说他将睡在地板上，理由是自前往太平洋的旅程以来，他都无法在羽毛床铺上入眠。他让佩尔尼耶拿来了他的熊皮和野牛皮长袍，铺在地板上。当佩尔尼耶准备床铺的时候，刘易斯找到了一些火药。

格林德夫人去厨房睡觉了，仆人们也回到了大概200码外的谷仓里。

刘易斯开始在房间里踱步，一直持续了几个小时。格林德夫人因为受到惊吓而无法入睡，听到他在大声说话，“像一名律师”。

刘易斯拿出了手枪。他装填了弹药，在10月11日凌晨的某个时刻，对着自己的头部开了一枪。子弹只是擦伤了头部。

他重重地倒在地板上。格林德夫人听见他大喊：“哦！天哪！”

刘易斯起身，拿起了另一支手枪，往自己的胸部又开了一枪。子弹射入身体，并向下射穿了身体，从脊椎下部射出。

第二枪也没有杀死他。他蹒跚着走到房门前，大声喊道：“哦！夫人！给我一些水，帮我清理伤口。”

刘易斯蹒跚着走到门外，摔倒了，在爬了一段距离之后扶着一棵树站了起来，然后又蹒跚着走回自己的房间。他用一只瓢在桶里舀水，但是桶是空的。他倒在了自己的长袍上。

天刚蒙蒙亮，受到惊吓的格林德夫人就让她的孩子们去找仆人们。进入刘易斯的房间时，他们发现他用剃刀“忙碌地在浑身上下乱割”。

刘易斯看到了佩尔尼耶并对他说：“我的事儿干完了，我的好仆人，给我一些水。”佩尔尼耶给了他一些水。

刘易斯侧身让他们看到了第二处伤口。他说：“我并不是懦夫；但是我是如此强壮，死去实在是太困难了。”他说，他已经尝试过自杀，以让敌人们无法获得杀死他的愉悦和荣誉。

他求仆人们用步枪对他的头上来一枪，并让他们不要害怕，他不会伤害他们；他们可以拿走他箱子里所有的钱。

475 就在太阳升起后不久，他那伟大的心脏停止了跳动。[16]

第四十章

余波

10月28日，克拉克从肯塔基州法兰克福的《美国西部守卫者报》上得知了刘易斯自杀的消息。当时他身在谢尔比维尔，正在前往华盛顿的路上。乔治·香农和他在一起。克拉克在给哥哥乔纳森的信中写道：

> 我恐怕这份报道是真的……我这么想的理由，可以在他于你家里写给我的信中找到……
>
> 我恐怕，哦，我恐怕他沉重的心思已经压垮了他，后果是怎样的呢？[1]

两天后，克拉克又写了一封信，信中称：

> 得知刘易斯州长死亡的确凿消息，我们都很难过……
>
> 我很希望能拿到刘易斯州长在新马德里寄给我的那封信，你看到信之后，请将它寄给我……我希望能和你谈一谈。[2]

刘易斯给克拉克的那封信写于9月11日前后，那天刘易斯写下了遗嘱，但是信丢失了，从未找到。

11月，杰斐逊在蒙蒂塞洛得知了刘易斯的死讯，他要么是通过报纸，要么是通过尼利的信件得知这一消息的。尼利说，他是10月11日早晨赶到格林德旅馆的，此时刘易斯已经去世，他“尽可能体面地”

将他下葬。* 他简单描述了刘易斯的自杀经过，并请示该如何处理刘易斯的箱子。[3] 大概一周之后，佩尔尼耶前去拜访杰斐逊，并从亲历者的角度向杰斐逊讲述了刘易斯去世的那一天。

就我们所知，杰斐逊对于刘易斯去世的第一份评论出现在他写给纳什维尔的威廉·迪克森博士的信中，时间是 1810 年 4 月 20 日。在那之前迪克森寄给杰斐逊一幅刘易斯的小型画像和一根刘易斯的表链，
476 我们也不知道这些东西为什么会在他那儿。在收到这些东西之后，杰斐逊说他将会把这些东西寄给刘易斯的母亲。“这个悲惨的事件给她带来了深深的痛苦，”他写道，“这对于整个世界而言也是个巨大的损失；没有人可以像他那样生动而真实地描绘出所见所闻，他完全是按照那些事物本身给出的印象来进行记录的。”[4]

八天后，杰斐逊致信罗素上尉，信中首次提到了这次自杀的原因。他说，刘易斯“一直以来深受抑郁症的折磨。后来他养成了一些习惯，而这些习惯必然会引起像他这样的人的痛苦反思，这很可能都加剧了他的抑郁”。[5]

大概三年以后，在一小段刘易斯的传记中，杰斐逊又写入了一些细节：

> 在年轻时刘易斯州长就受到抑郁症的影响。这是所有刘易斯家族的近支所共有的体质问题，刘易斯更多是从他的父亲那儿遗传了这一病症……当他和我一起住在华盛顿的时候，我曾数次观察到他那易于察觉到的抑郁，但是我知道这些抑郁是体质所导致的，这是我根据对他们家族的观察所得出的猜测。在西部探险过程中，一直需要他全身心地投入和努力，这缓解了抑郁所带来的痛苦；但是当他在圣路易斯安顿下来并开始稳定的职业之后，这种抑郁加倍给他带来痛苦并开始让朋友们感到惊恐……

［10 月 10 日—11 日］那一夜大概 3 点的时候，他做出了令朋友们感到痛苦的事情，也让他的祖国失去了一位最有价值的公民。[6]

---

* 如今，刘易斯的墓地就在纳奇兹小径边的格林德旅馆的原址上。亚历山大·威尔逊负责选择合适的墓地并在墓地边安置了篱笆。田纳西州州议会于 1849 年批准，将一根破损的杆子立在墓前，以标志“一段壮丽而辉煌的生涯激烈而过早地终结了”。——作者注

有大量的文学作品提出了另一种可能性，即刘易斯并非自杀，而是被谋杀的。首次阐述这一看法的是瓦迪斯·费希尔。[7] 崔纳德医生稍后也做出了相同的论断。[8] 文学作品并没有多少说服力；而保罗·罗素·卡特赖特做出的详细的反驳是有说服力的。[9]

有一种看法是，刘易斯的精神问题并非如杰斐逊所说的那样是由疑病症或狂躁抑郁症导致的，而是由晚期梅毒引起的。[10] 这个说法与其说有说服力，不如说是有趣的推测。

真正令人信服的是最了解、最热爱刘易斯的两个人最初的举动。威廉·克拉克和托马斯·杰斐逊当即做出结论：刘易斯自杀的消息是完全可信的。克拉克的结论基于他对刘易斯精神状况的熟悉，更因为那封再没有被找到的刘易斯写于 9 月的信件。杰斐逊和克拉克都不曾质疑过刘易斯死于自杀。

那些依然持有刘易斯是被谋杀这一观点的人，必须解释这件事中
熟知刘易斯的人所表现的沉默。克拉克是否曾对他的朋友的死表现出 477
一丝一毫的怀疑？如果怀疑是谋杀，他绝对会立即赶往田纳西，找到并绞死那个杀人犯。或者，假如杰斐逊也有此类怀疑，他一定会坚持要求政府展开调查。

刘易斯同母异父的弟弟约翰·马克斯清算了刘易斯的债务和财产。刘易斯的个人债务总计达到 4192.12 美元，还有总计 6956.62 美元的拒付账单。他的存款和不动产价值 5700 美元。他还有一笔 754.5 美元的延期付款，这是在舒托成功将“大白”送回曼丹族之后，用于购买舒托出售的给印第安人的礼物和火药的钱。在麦迪逊政府拒绝兑现这些礼物和火药的账单之后，它们成了困扰刘易斯的原由。事实上这些礼物和火药都没有派上用场。[11]

1809 年 12 月，克拉克来到了华盛顿。克拉克在 12 月 18 日的日志中记载称，他“去见了陆军部部长［尤斯蒂斯］，花了很长时间来谈论刘易斯州长，［他］解释了拒付账单的目的和看法。他宣称州长并没有失去政府的信任”。[12] 这个声明晚了两个月又七天。

“我不知道我可以为这本书的出版做些什么。”克拉克在给乔纳森的信中写道。[13]

对于该如何准备手稿并将之付印一事，克拉克毫无头绪。1809 年末，即将前往费城去查看出版进度之前，在一份写给自己的备忘录中，他列出了需要提出的问题：

> 详细地询问刘易斯州长在测算方面已经做了些什么工作——出版植物学。
>
> 是否有人可以和我一起去圣路易斯编纂日志，确定价格。
>
> 出版印第安动物图书、地图的开支，以及其他的开支。
>
> 找人来编写科学和博物学的部分——植物学、矿物学和动物学。
>
> 大草原——泥泞的密苏里。
>
> 自然现象——23 种语言、图版和版画。[14]

很显然，克拉克从未与刘易斯讨论过这些事务，而克拉克认为他需要做的部分事务，刘易斯已经安排好了并已经付过钱了。令人吃惊的是，刘易斯从未和克拉克谈论过出版的事务，他只是再次承诺过，抵达费城后会完成这项工作。

这是刘易斯生命中一个巨大的谜。我们只能推测是什么让他没能
478 为出版商整理好日志，但是没有人明确知道原因，也没有人确切知道他自杀的原因。

在得知刘易斯自杀之后，费城出版商 C. & A. 康拉德公司告诉杰斐逊，他们拥有一份出版日志的合约，并询问他们现在应该做些什么。他们告诉杰斐逊："尽管我们屡次索要那些手稿，但刘易斯州长从未提供过，也没有跟我们提过任何关于手稿的事情。"[15]

杰斐逊回复道，日志正在送往蒙蒂塞洛，而克拉克也在赶往蒙蒂塞洛；他们可以就这个问题商议一下；克拉克会前往费城，看看可以做些什么。

克拉克抵达蒙蒂塞洛后，他们肯定讨论了杰斐逊接收日志及编纂日志并将之付印的事宜。在还活着的人里面，在这个事情上没有人有更大的兴趣，也没有人更适合做这项工作。但是杰斐逊已经 65 岁了，他渴望能作为一个温和的农场主在蒙蒂塞洛度过余生。1810 年 1 月，刘易斯的表亲威廉·梅里韦瑟致信克拉克："杰斐逊先生不会做这项工作。"[16]

克拉克将日志带到了费城，在费城他拜访了一些曾帮助刘易斯筹备探险事宜的人，刘易斯也曾雇用这些人做一些绘制和计算的工作。查尔斯·威尔森·皮尔是这些人中的一员。1810 年 2 月 3 日，皮尔在给他的兄弟的信中写道：“我宁愿让克拉克本人来写全部的内容，也不愿将之交到其他有能力为之润色的人手中，但是我发现将军对于他的能力太缺乏自信了。”[17]

在犯了一些错误之后，克拉克说服尼古拉斯·比德尔来接手这项工作。比德尔当时只有 26 岁，但是他是一个天才。他 10 岁时就进入宾夕法尼亚大学就读。三年后，他满足了毕业条件，但是校方认为他年纪太小，拒绝给他颁发毕业证书。他前往普林斯顿，并在 15 岁时，即 1801 年从普林斯顿毕业。毕业后，他学习了法律并写了一些论文。他娶了这个国家最富有的女人之一，所以在金钱上很宽裕，也有大把的时间。

比德尔是个极佳的人选。他将自己投入这项工作并完成得极好。乔治·香农和克拉克都为他提供了帮助，最后，一个名为保罗·艾伦的年轻人做了一些修改工作（酬劳为 500 美元；比德尔本人花了两年多的时间全职从事这项工作，分文未取）。

但是，这些倒霉的日志命运多舛。比德尔曾说服巴顿博士来编写科学卷，巴顿的健康状况却让他无法完成这项工作。同时，就在比德尔准备将叙事卷交给印刷方的时候，1812 年战争爆发了。更糟糕的是，C. & A. 康拉德公司倒闭了。

比德尔表达了他的担忧：“如此长的延期会让人们对这套书失去一些兴趣。”他花了一年多的时间才找到一个出版商（费城的布拉德福德
和因斯基普公司）。 479

1814 年，这本书问世了，名为《刘易斯和克拉克上尉所领导的探险的历史》（*The History of the Expedition Under the Commands of Captains Lewis and Clark*）。这本书是对日志的记述和改写，完全忠实于原作，保留了一些更愉快的内容，但是更正了拼写。在植物和动物方面，比德尔所做的相对较少。

布拉德福德和因斯基普公司印制了 1417 套书，定价为每本六美元。书卖得很慢，因为市面上已经有加斯日志的版本和其他的一些伪作。比德尔希望出版商可以支付版权费给克拉克，但是克拉克从未收

到一分钱。

在接下来的90年内，比德尔的版本是唯一基于日志原文记述的出版物。因此，刘易斯和克拉克并没有因为他们的发现获得任何荣誉。他们所描绘并命名的植物、河流、动物、鸟类重新被博物学者们发现，这些博物学者的命名而非两位上尉的命名得以流传下来。

1893年，博物学者埃利奥特·科兹再版了比德尔的叙述。他在很多内容下作了注解，其中包括鸟类、动物、植物，特别是地理学的内容。

1904年，在探险开始的100周年纪念上，威斯康星州历史学会的鲁本·戈尔德·思韦茨出版了完整的日志，总共有八卷，包括从未问世的两名士兵的日志。他的编纂工作非常出色。“思韦茨版”在刘易斯和克拉克的拥趸中享有盛名，数度再版，是一部美国经典著作。

1962年，唐纳德·杰克逊编纂了《刘易斯与克拉克探险书信集》（*Letters of the Lewis and Clark Expedition*）（伊利诺伊大学出版社，于1978年扩充为两卷编）。其中有杰克逊的注解，几乎是无可匹敌的学术作品，而且迄今为止肯定无出其右者。

1980年代，加里·莫尔顿为内布拉斯加大学出版社编纂了八卷本的两位上尉的日志集。他在这套书中补充了很多新材料，包括刘易斯于1803年顺俄亥俄河而下的旅程中的日志和无数引人入胜的注解，这些内容对植物学和其他科学主题尤其重视。

对于我们这个时代而言，莫尔顿的版本是明确的。但是他本人指出（他之前的杰克逊也指出），在历史上，没有什么是真正确凿无疑的。总会有一些新的文件出现在人们面前。

比德尔、思韦茨、杰克逊和莫尔顿一起，奠定了所有研究刘易斯和克拉克的学者站立其上的基石。

比德尔的名字完全没有出现在他的叙述中，显然因为他坚持要完全匿名。在本该印有他名字的书名页上写着：由保罗·艾伦先生为出版社编纂。

艾伦是可以被谅解的，因为是他说服杰斐逊写了一份刘易斯的回忆录传记。他在给杰斐逊的信中写道：“我非常希望能用一些更大
480 众、更精彩、更吸引人的内容来使得叙述部分更活泼一些。”（埃利奥

特·科兹认为艾伦的信件“显示出一种值得被写入史册的鲁莽的成就”。）杰斐逊于1813年写了一封关于刘易斯生平的5000个单词的“信件”；这是关于刘易斯的第一篇传记，杰斐逊以他一贯的准确和细致写就了这封信。[18]

对于没能将日志的科学部分寄给他在国内外的同处启蒙时代的朋友们一事，杰斐逊深感失望，但是这种失望和刘易斯的自杀给他带来的心痛从未使他厌恶自己的门生。在很多方面，这次探险都没能达成他的希望，其中最主要的是没能找到一条通往太平洋的全水路通道，但是他从未让这种失望影响对刘易斯的判断。

在杰斐逊写关于刘易斯的回忆的时候，路易斯安那购买看起来还并不像一笔特别划算的买卖。印第安人正在武装抵抗，圣路易斯密苏里河毛皮公司和约翰·雅各布·阿斯特也没能在西部建立永久性的据点，大西北帝国的最终命运依然悬而未决，距离看上去会使得所有显著的经济活动远离路易斯安那。像约翰·昆西·亚当斯这样的联邦党人仍然在嘲笑这次购地。

无论如何，杰斐逊都明白他达成了什么。杜马·马隆完美地阐述了这一点：“在公众事务方面，杰斐逊比任何人都更有远见，理解也更深刻。在他看来，自己是为了子孙后代而工作的，更多是在考虑那些应该好好开展的事情，而不是那些可以迅速完成的事情……在少数事情上，他的行事更像是总统，而不是探险的赞助人。作为总统，他完全经得起后人的评判。人们或许会怀疑，他的后继者里是否有人曾接近他的成就。”[19]

刘易斯早早地终结了自己的生命。他从未达到成熟的年纪。不过，所知的材料可以让我们对他作一个概括。

在危机时期，他是一个好人。假如我陷入绝望的境地，比如陷入一场草原大火，或者身处一只在海洋上逐渐沉没的小船上，或者类似的情况，那么我希望梅里韦瑟·刘易斯可以指挥我。我会像列兵温莎，正如他从濒临玛丽亚斯河边的悬崖上滑落、几乎支撑不住时一样，恐惧、大喊：“天哪，天哪，上尉，我该怎么办？”我也会本能地相信刘易斯知道该怎么办。

他与丹尼尔·布恩和威廉·克拉克那样的同时代美国人一样了解荒野，此后可以超越他的只有约翰·科尔特和其他少数几个著名的登山者。他对于见到的所有新事物的强烈好奇心是有感染力的。任何人在选择长期野营行程的同伴时，肯定都会把他当成首选。设想一下这样的情景吧：坐在营火边听他谈论在白天见到的那些东西。

他是个急性子，而且常常依着性子行事。他倾向于击败那些触怒
481 他的印第安人，曾准备好要烧毁他们的村庄，甚至要“彻底根除”他们——这都让我们想起杰斐逊的观点，即以奴隶主的身份长大成人但是又能保有人性，那不啻为一种奇迹。刘易斯无法控制住他的“暴脾气”。

他是一个精力充沛的人，偶尔会有些轻率，但是被他那严格的自律很好地控制住了。他会让自己在白天竭尽全力，然后花一个小时来记录当天发生的事情，再花一个小时来进行天文观测。

他的天赋和技能广博但不精深。从设计并建造船只到很多在荒野中必不可少的事情他都会做。他对自然科学的许多部分都略知一二。他可以描绘动物，将植物进行分类，命名星星，使用六分仪和其他的仪器，梦想建立一个帝国。但是在这些事情上他都算不上专家，也并不具有某种独特的天赋。

他具备身为探险家的独一无二的真正天赋，他所有的才能都是探险家必备的。其中最重要的是领导才能。他天生就是领袖，也被当作领导者来培养；他在军旅生涯中学习如何成为领袖，并在探险中将领导力付诸实践。

他的领导方式并不神秘。他的技巧是历史悠久的。他熟悉手下。他保证手下们有干燥的袜子、足够的食物和衣服。他促使他们竭尽全力，但从不会超越他们的极限。他从他们身上激发出他们自己都想象不到的力量。他给他们慈父般的关怀。他是整个家庭的大家长。

他会对他们发火，会在其他士兵面前斥责他们。他还会更严厉：他让一些队员承受了50鞭的刑罚。但是在对手下们的评价方面，他是公允的。

他并没有犯很多错误。他的命令明确、简洁、恰当。可能，他在领导力方面最值得称颂的就是在玛丽亚斯河作决定的时候。所有的人都认为应该沿玛丽亚斯河前进，但还是“欣然”向刘易斯和克拉克表

示：“他们会跟着我们沿着任何我们认为合适的路线前进。”

他也分担工作。他为队员们做饭，也撑船。他做过猎手，也做过渔夫。从翻越洛洛山径到在哥伦比亚河的激流上行船，他从未命令队员们去做他自己不会做的事情。在合适的时候，他也会和别人共同做出决策。当然，克拉克一直参与着决策过程，但是很多决策也是和队员们一同做出的，比如在1805—1806年决定去哪儿过冬之时。

这都是一个优秀的连队指挥官所应该具备的品质。刘易斯充分具备这些品质，同时还具备一些其他的特点，让他成为一个备受爱戴的指挥官。对于队伍该如何行事，他有判断力，也具备直觉。他准确地知道何时该休息，何时该下发一些酒水，何时该敦促大家更努力，何时该鼓励大家，何时该激励大家，何时该说个笑话，何时该严厉一些。

他知道如何保持好和队员间的距离，也知道怎样的距离是合适的。482
他了解自己的职业，也为自己的职业感到自豪，他是这一行里最出色的人之一。

但是，如果说刘易斯是一个近乎完美的军官，那么他就是一个蹩脚的政客。他完全不适合当政客。杰斐逊将刘易斯任命为州长，这是个可怕的错误判断。杰斐逊本该为他在华盛顿或费城谋一个职位，并派给他一些陆军部的文员来帮助他处理出版事宜。

作为州长，刘易斯证明了他难以抵御作为高官时会面对的诱惑，无法控制好不同的派系，也不能做出妥协。甚至，尽管州务卿贝茨有些偏见，他也提出了一些值得考虑的意见。刘易斯在军中待的时间太久了。正如贝茨所指责的那样，刘易斯太习惯于军中的那一套了，以至于无法成为一个称职的州长。而且，因为备受赞誉，刘易斯也确实有些飘飘然。同时，如贝茨所指出的那样，刘易斯常常发怒。他永远也无法成为一个成功的政客。

作为一个人，他的身上充满了矛盾。他曾是一个充满好奇心的、活泼的男孩；曾是一个酗酒、善骑的军官；曾是一个有着强烈党派意识的总统秘书；曾是一个费城的花花公子（他在与罗伯特·甘布尔争夺利蒂希亚·布雷肯里奇的竞争中失败了，而甘布尔是一个富有又游手好闲的弗吉尼亚贵族——这本是刘易斯可能选择的人生）；曾是个有着强烈好胜心的州长和土地投机者；曾是个依赖药物和酒精的人。

但是他是个伟大的连队指挥官，是最杰出的美国探险家，也是世界范围内最顶尖的探险家。

1805 年在莱姆哈伊山口，刘易斯曾在 31 岁生日那天发誓，决意要“丰富后辈的知识”。他做到了。他的日志得以出版，虽然并不完全如他预想的那样。他于 1805 年写于曼丹堡的报告和克拉克的地图一并被印制出来，广为传播，造成了巨大的影响。

他那成功的旅程本身就是极其鼓舞人心的。在知识方面，他为原本一片空白的现今的美国西北部地区描绘了主要的轮廓。

在他去世的时候，他或许认为这次探险失败了。贸易帝国并未建立起来，看起来在他那代人的时间里也不太可能建立起这样一个帝国。印第安人仍然控制着密苏里河，他们彼此之间仍在交战。英国商人仍然在侵占美国领土。刘易斯的那些关于现今的密苏里州、堪萨斯州、艾奥瓦州和内布拉斯加州的气候和土壤的熠熠生辉的报告也并没有带来开垦土地的热潮；因为在当时的肯塔基、伊利诺伊、印第安纳和俄亥俄仍然有大量待开垦的土地。国务院也没有宣布对北纬 49 度线以北地区的主权。政府也没有宣布对俄勒冈地区的所有权。这些事情都会来临，但是那要等到蒸汽时代和铁路时代的到来。在这些事情都实现
483 之前，路易斯安那购买所购土地——除了新奥尔良——都像刘易斯在他的对印第安人政策的报告中提到的那样，是一片“蛮荒之地”。

假如刘易斯活着，他是可以见到蒸汽时代和铁路时代到来的。*

刘易斯的自杀损害了他的声誉。假如他被克鲁萨特的那颗子弹杀死，那么今天他会享有更大的荣誉；或许会有一条河以他的名字命名。但是，在 19 世纪的绝大部分时间里，他相对被人忽视，几乎处于被遗忘的边缘。1889—1891 年间，亨利·亚当斯竟然可以写一部多卷本的关于杰斐逊政府的历史书籍，但几乎不曾提及刘易斯和克拉克（当时克拉克的声望主要来自他在圣路易斯担任对印第安人事务主管时的成

* 1808 年 8 月 31 日的《密苏里报》曾有一篇关于“一个有趣的奇物”的激动人心的报道，那就是蒸汽船。它可以“不用桨或帆”逆流而上，“由一种看不见的动力推进，时速是四英里每小时”。它可以运载超过 100 名乘客和大量的货物，在 32 小时内驶完从纽约到奥尔巴尼之间的 160 英里航程。刘易斯一定读过这篇报道。——作者注

就，而不是因为那次探险）。

19 世纪末，“思韦茨版”日志集的出版让他们的成就再度散发出光辉。这种光辉一直闪耀至今，使两位上尉的声望高涨起来。今天，我们为梅里韦瑟·刘易斯和威廉·克拉克树立雕像；一些城镇、一些县、许多高中和数不清的街道都以他们的名字命名，甚至还有刘易斯和克拉克大学。

1805 年 7 月 28 日，当刘易斯为杰斐逊河命名的时候，他在日志中写道，他这么做是为了“向杰出人士、美国总统、我们的探险的发起人托马斯·杰斐逊致敬”。怀着同样的心情，本书以杰斐逊的话作为结语是合适的。

在写于 1813 年的一封信中，杰斐逊写了一段对刘易斯的描述，这段对下属的致敬是所有美国总统对下属的致辞中写得最好的。不可能有更合适的人可以写出更高的赞美了：

> 心怀无畏的勇气；对目标坚定而执著，不尝试过所有的可能绝不放弃；对队员们细心如慈父，又坚决维护秩序与纪律；熟知印第安人的习性、风俗和行事原则，坦然接受狩猎生活；基于对家乡植物和动物的准确观察，没有徒耗精力去描述东部已有之物；诚实、公正、开明，对事实善于领悟又毫无遮掩，所作的严谨描述一如我们亲眼所见般可靠：所有这些品质，恰似由天意遴选并惠赐于一人，我毫不犹豫地将这项专门使命交托于他。[20] 484

注 释

第一章：少年时代

1. Edgar Woods, *Albemarle County in Virginia* (Bridgewater, Va.: Green Bookman, 1932), pp. 22–23.
2. Rochonne Abrams, "The Colonial Childhood of Meriwether Lewis," *Bulletin of the Missouri Historical Society*, vol. XXXIV, no. 4, pt. 1 (July 1978), p. 218.
3. Jefferson's biography of Lewis is reprinted in Donald Jackson, ed., *Letters of the Lewis and Clark Expedition, with Related Documents: 1783–1854*, 2nd ed. (Urbana: University of Illinois Press, 1978), vol. II, p. 586.
4. Dumas Malone, *Jefferson the Virginian*, vol. I of *Jefferson and His Time* (Boston: Little, Brown, 1948), p. 23; Fawn M. Brodie, *Thomas Jefferson: An Intimate History* (New York: W. W. Norton, 1974), p. 36.
5. Abrams, "Colonial Childhood," p. 219.
6. Jackson, *Letters*, vol. II, pp. 591–92.
7. Ibid., p. 587.
8. Ibid.
9. Richard Dillon, *Meriwether Lewis: A Biography* (New York: Coward-McCann, 1965), pp. 8–9; John Bakeless, *Lewis and Clark: Partners in Discovery* (New York: William Morrow, 1947), pp. 8–13.
10. Jackson, *Letters*, vol. II, p. 587.
11. Bakeless, *Lewis and Clark*, p. 13.
12. Jackson, *Letters*, vol. I, p. 225.
13. Bakeless, *Lewis and Clark*, pp. 16–17.
14. Ibid.
15. Malone, *Jefferson the Virginian*, p. 390.
16. Woods, *Albemarle County*, p. 26.
17. Jackson, *Letters*, vol. II, p. 587.
18. Abrams, "Colonial Childhood," p. 224.
19. Dillion, *Lewis*, p. 12.
20. Bakeless, *Lewis and Clark*, p. 14.
21. Abrams, "Colonial Childhood," p. 224.
22. Malone, *Jefferson the Virginian*, p. 40.
23. ML to Lucy Markes [sic], May 12, 1789, Lewis Papers.

24. ML to Lucy Marks, n.d., Lewis Papers.
25. ML to Rheubin [sic], March 7, n.y., Lewis Papers.
26. From "The Autobiography of Peachy R. Gilmer," reprinted in Richard Beale Davis, *Francis Walker Gilmer: Life and Learning in Jefferson's Virginia* (Richmond: Dietz Press, 1939) pp. 360–61.
27. Sarah Travers Lewis Anderson, *Lewises, Meriwethers and Their Kin* (Richmond: Dietz Press, 1938), p. 501.
28. Bakeless, *Lewis and Clark,* p. 24.
29. Dillon, *Lewis,* p. 15.
30. ML to Lucy Marks, Oct. 16, 1791, Lewis Papers.
31. ML to Lucy Marks, April 19, 1792, Lewis Papers.
32. Jackson, *Letters,* vol. I, p. 225.

第二章：种植园主

1. Dumas Malone, *Jefferson the Virginian,* vol. I of *Jefferson and His Time* (Boston: Little, Brown, 1948), p. 46.
2. Ibid.
3. Ibid., p. 47.
4. Fawn M. Brodie, *Thomas Jefferson: An Intimate History* (New York: W. W. Norton, 1974), p. 39.
5. Gary Moulton, ed., *The Journals of the Lewis & Clark Expedition,* vol. 5 (Lincoln: University of Nebraska Press, 1988), p. 118.
6. Malone, *Jefferson the Virginian,* p. 86.
7. Edgar Woods, *Albemarle County in Virginia* (Bridgewater, Va.: Green Bookman, 1932), pp. 39–40.
8. Richard Dillon, *Meriwether Lewis: A Biography* (New York: Coward-McCann, 1965), p. 16.
9. Woods, *Albemarle County,* p. 40.
10. Thomas P. Slaughter, *The Whiskey Rebellion: Frontier Epilogue to the American Revolution* (New York: Oxford University Press, 1986), p. 82.
11. Malone, *Jefferson the Virginian,* pp. 439–41.
12. John Hammond Moore, *Albemarle: Jefferson's County, 1727–1976* (Charlottesville: University Press of Virginia, 1976), pp. 16–19.
13. Thomas Jefferson, *Notes on the State of Virginia,* p. 85.
14. Brodie, *Intimate History,* pp. 77, 192, 340.
15. John Chester Miller, *The Wolf by the Ears: Thomas Jefferson and Slavery* (New York: Free Press, 1977), pp. 40–41.
16. Ibid., p. 8.
17. Jefferson, *Notes on Virginia,* p. 162.
18. Miller, *Wolf by the Ears,* p. 90.
19. Ibid., p. 181.
20. Winthrop D. Jordan, *White over Black: American Attitudes Toward the Negro, 1550–1812* (Chapel Hill: University of North Carolina Press, 1968), pp. 474–75.
21. Ibid.
22. Donald Jackson, ed., *Letters of the Lewis and Clark Expedition, with Related Documents: 1783–1854* (Urbana: University of Illinois Press, 1978), vol. II, p. 587.
23. Ibid., p. 589.
24. Ibid., pp. 587–88.

第三章：士兵

1. For a brilliant discussion, see Thomas P. Slaughter, *The Whiskey Rebellion: Frontier Epilogue to the American Revolution* (New York: Oxford University Press, 1986).
2. ML to Lucy Marks, Oct. 13, 1794, Lewis Papers.

3. Slaughter, *Whiskey Rebellion*, p. 213.
4. Ibid., pp. 215–17.
5. ML to Lucy Marks, Oct. 4, 1794, Lewis Papers.
6. ML to Lucy Marks, Oct. 13, 1794, Lewis Papers.
7. ML to Lucy Marks, Nov. 24, 1794, Lewis Papers.
8. ML to Lucy Marks, Dec. 24, 1794, Lewis Papers.
9. ML to Lucy Marks, April 6, 1795, Lewis Papers.
10. ML to Lucy Marks, May 22, 1795, Lewis Papers.
11. William B. Skelton, *An American Profession of Arms: The Army Officer Corps, 1784–1861* (Lawrence: University Press of Kansas, 1992), p. 40.
12. Ibid., p. 41; see also Norman Caldwell, "The Enlisted Soldier at the Frontier Post, 1790–1814," *Mid-America: An Historical Review*, vol. 37, no. 4 (Oct. 1955), p. 201.
13. Skelton, *American Professional*, pp. 38–39.
14. Ibid., p. 44.
15. Ibid., p. 51.
16. Ibid., pp. 57, 59.
17. Ibid., p. 53.
18. ML to Lucy Marks, Nov. 23, 1795, Lewis Papers; on the fever, see Norman Caldwell, "The Frontier Army Officer, 1794–1814," *Mid-America: An Historical Review*, vol. 38, no. 1 (Jan. 1955), p. 121.
19. Eldon G. Chuinard, "The Court-Martial of Ensign Meriwether Lewis," *We Proceeded On*, vol. 8, no. 4 (Nov. 1982), pp. 12–15.
20. ML to Lucy Marks, Nov. 23, 1795, Lewis Papers.
21. Richard Dillon, *Meriwether Lewis: A Biography* (New York: Coward-McCann, 1965), pp. 21–23; John Bakeless, *Lewis and Clark: Partners in Discovery* (New York: William Morrow, 1947), p. 70.
22. Eldon G. Chuinard, "Lewis and Clark, Master Masons," *We Proceeded On*, vol. 15, no. 1 (Feb. 1989), pp. 12–15.
23. See for example ML to Lucy Marks, June 14, 1797, Lewis Papers.
24. Dillon, *Lewis*, p. 23.
25. There is great confusion over the actual numbers; for a discussion, See William Murphy, "John Adams: The Politics of the Additional Army, 1798–1800," *New England Quarterly*, vol. 52 (June 1979), pp. 234–49.
26. Skelton, *American Profession*, p. 24.
27. Bakeless, *Lewis and Clark*, p. 70.
28. Donald Jackson, ed., *Letters of the Lewis and Clark Expedition, with Related Documents: 1783–1854* (Urbana: University of Illinois Press, 1978), vol. II, p. 588.
29. Dumas Malone, *Jefferson the President: First Term, 1801–1805*, vol. IV of *Jefferson and His Time* (Boston: Little, Brown, 1970), p. 9.
30. Skelton, *American Profession*, pp. 24–25.

第四章：托马斯·杰斐逊的美国

1. Henry Adams, *History of the United States of America During the Administrations of Thomas Jefferson* (New York: Library of America Edition, 1986), p. 6.
2. Ibid., p. 13.
3. Ibid., pp. 43–44.
4. Thomas P. Slaughter, *The Whiskey Rebellion: Frontier Epilogue to the American Revolution* (New York: Oxford University Press, 1986), p. 70.
5. John Hammond Moore, *Albemarle: Jefferson's County, 1727–1976* (Charlottesville: University Press of Virginia, 1976), p. 99.
6. Dumas Malone, *Jefferson the President: First Term, 1801–1805*, vol. IV of *Jefferson and His Time* (Boston: Little, Brown, 1970), p. 181.
7. Quoted in Fawn M. Brodie, *Thomas Jefferson: An Intimate History* (New York:

W. W. Norton, 1974), p. 487.
8. Adams, *History*, pp. 20, 52.
9. Donald Jackson, *Thomas Jefferson and the Stony Mountains: Exploring the West from Monticello* (Urbana: University of Illinois Press, 1981), p. xi.
10. Winthrop D. Jordan, *White over black: American Attitudes Toward the Negro, 1550–1812* (Chapel Hill: University of North Carolina Press, 1968), pp. 27, 453.
11. John Chester Miller, *The Wolf by the Ears: Thomas Jefferson and Slavery* (New York: Free Press, 1977), p. 226.
12. Adams, *History*, p. 101.
13. Ibid., p. 109.

第五章：总统的秘书

1. Donald Jackson, *Letters of the Lewis and Clark Expedition, with Related Documents: 1783–1854*, 2nd ed. (Urbana: University of Illinois Press, 1978), vol. I, p. 3.
2. Ibid., p. 2.
3. Donald Jackson, *Thomas Jefferson and the Stony Mountains: Exploring the West from Monticello* (Urbana: University of Illinois Press, 1981), p. 118.
4. Jackson, *Letters*, vol. I, p. 3.
5. ML to T. Gilmer, June 18, 1801, Lewis Papers.
6. Jackson, *Letters*, vol. I, p. 1.
7. Donald Jackson, "Jefferson, Meriwether Lewis, and the Reduction of the United States Army," *Proceedings of the American Philosophical Society*, vol. 124, no. 2 (April 1980), pp. 91–95. This article was the result of a brilliant piece of detective work by Dr. Jackson—scholarship at its absolute best. It was matched and possibly preceded by that of Theodore Crackel, but Crackel didn't publish his work until 1987.
8. William B. Skelton, *An American Profession of Arms: The Army Officer Corps, 1784–1861* (Lawrence: University Press of Kansas, 1992), p. 73.
9. Jackson, "Reduction of United States Army," p. 96.
10. Theodore J. Crackel, *Mr. Jefferson's Army: Political and Social Reform of the Military Establishment, 1801–1809* (New York: New York University Press, 1987), p. 38.
11. Jackson, *Jefferson and the Stony Mountains*, p. 121.
12. Dumas Malone, *Jefferson the President: First Term, 1801–1805*, vol. IV of *Jefferson and His Time* (Boston: Little, Brown, 1970), pp. 40–41.
13. Ibid., pp. 38–39.
14. Edwin Morris Betts and James Adam Bear, eds., *The Family Letters of Thomas Jefferson* (Charlottesville: University Press of Virginia, 1986 reprint of 1960 University of Missouri Press ed.), p. 202.
15. Jackson, *Letters*, vol. II, pp. 590, 592.
16. Malone, *Jefferson the President: First Term*, p. xiii.
17. Jackson, *Letters*, vol. II, p. 677.
18. Ibid., pp. 678–81.
19. Henry Adams, *History of the United States of America During the Administrations of Thomas Jefferson* (New York: Library of America Edition, 1975), p. 130.
20. Jackson, *Letters*, vol. II, pp. 679–81.
21. Richard Dillon, *Meriwether Lewis: A Biography* (New York: Coward-McCann, 1965), p. 30.
22. Fawn M. Brodie, *Thomas Jefferson: An Intimate History* (New York: W. W. Norton, 1974), pp. 321–22.
23. Malone, *Jefferson the President: First Term*, pp. 210–12; Adams, *History*, pp. 219–21.
24. Dillon, *Lewis*, p. 28.

第六章：探险的由来

1. Donald Jackson, *Thomas Jefferson and the Stony Mountains: Exploring the West from Monticello* (Urbana: University of Illinois Press, 1981), p. 8.
2. Donald Jackson, ed., *Letters of the Lewis and Clark Expedition, with Related Documents: 1783–1854*, 2nd ed. (Urbana: University of Illinois Press, 1978), vol. II, pp. 654–55.
3. Ibid., pp. 655–56.
4. Jackson, *Jefferson and the Stony Mountains*, pp. 48–49.
5. Ibid., pp. 46–50.
6. Jackson, *Letters*, vol. II, pp. 661–65.
7. Ibid., p. 667.
8. Ibid., p. 671.
9. Alexander Deconde, *This Affair of Louisiana* (New York: Charles Scribner's Sons, 1976), pp. 113–14.
10. Ibid., pp. 114–15.
11. On Mackenzie, see Arlen Large, "North and South of Lewis and Clark," *We Proceeded On*, vol. 10, no. 4 (Nov. 1984), pp. 8–12; on the sextant, see Arlen Large, "Fort Mandan's Dancing Longitude," *We Proceeded On*, vol. 13, no. 1 (Feb. 1987), pp. 12–14.
12. Jackson, *Jefferson and the Stony Mountains,* p. 94.
13. John Logan Allen, *Passage Through the Garden: Lewis and Clark and the Image of the American Northwest* (Urbana: University of Illinois Press, 1975), p. 178.
14. Jackson, *Jefferson and the Stony Mountains,* p. 95.
15. Jackson, *Letters,* vol. I, pp. 16–17.
16. Allen, *Passage Through the Garden,* p. 73.
17. Jackson, *Jefferson and the Stony Mountains,* p. 30.
18. Silvio Bedini, "The Scientific Instruments of the Lewis and Clark Expedition," *Great Plains Quarterly,* Winter 1984, pp. 54–69.
19. Jackson, *Letters,* vol. I, p. 5.
20. Ibid., p. 9.
21. Jackson, *Jefferson and the Stony Mountains,* vol. I, pp. 126–27.
22. Jackson, *Letters,* vol. II, pp. 18–19.

第七章：为探险作准备

1. Donald Jackson, ed., *Letters of the Lewis and Clark Expedition, with Related Documents:1783–1854* (Urbana: University of Illinois Press, 1978), vol. I, p. 21.
2. Ibid., p. 44.
3. Ibid., p. 40.
4. Paul Russell Cutright, "Contributions of Philadelphia to Lewis and Clark History," special issue, *We Proceeded On,* July 1982.
5. Carl Russell, "The Guns of the Lewis and Clark Expedition," *North Dakota History,* vol. 27 (Winter 1960), pp. 25–33.
6. Jackson, *Letters,* vol. I, p. 42.
7. Ibid., p. 43.
8. Ibid., pp. 39–40.
9. ML to William Irvin, April 15, 1803, Lewis Papers.
10. Donald Jackson, *Thomas Jefferson and the Stony Mountains: Exploring the West from Monticello* (Urbana: University of Illinois Press, 1981), pp. 136–37.
11. Jackson, *Letters,* vol. I, p. 40.
12. Cutright, "Contributions of Philadelphia," p. 3.
13. Ibid., p. 51.
14. Jackson, *Letters,* vol. I, p. 48.
15. Ibid., pp. 48–49.

16. Cutright, "Contributions of Philadelphia," pp. 16–17.
17. Jackson, *Letters,* vol. I, p. 55.
18. Ibid., p. 50.
19. Ibid., p. 54.
20. Ibid., vol. II, pp. 680–81.
21. Ibid., p. 52.
22. Elijah Criswell, *Lewis and Clark: Linguistic Pioneers* (Columbia: University of Missouri Press, 1940).
23. Cutright, "Contributions of Philadelphia," pp. 14–15.
24. Ibid., pp. 6, 12–13.
25. Jackson, *Letters,* vol. I, p. 53.
26. John Logan Allen, *Passage Through the Garden: Lewis and Clark and the Image of the American Northwest* (Urbana: University of Illinois Press, 1975), pp. 97, 87.
27. Jackson, *Letters,* vol. I, p. 54.

第八章：从华盛顿到匹兹堡

1. Donald Jackson, ed., *Letters of the Lewis and Clark Expedition, with Related Documents: 1783–1854,* 2nd ed. (Urbana: University of Illinois Press, 1978), vol. I, p. 34.
2. Ibid., p. 35.
3. Ibid., pp. 32–33.
4. Ibid., pp. 61–66.
5. Donald Jackson, *Thomas Jefferson and the Stony Mountains: Exploring the West from Monticello* (Urbana: University of Illinois Press, 1981), p. 139.
6. Jackson, *Letters,* vol. I, pp. 68, 76.
7. Ibid.
8. Ibid., p. 68.
9. Ibid.
10. Jackson, *Jefferson and the Stony Mountains,* p. 138.
11. Jackson, *Letters,* vol. I, pp. 57–60.
12. Ibid., p. 114.
13. Ibid., p. 100.
14. Ibid., pp. 102–3.
15. Ibid., p. 107.
16. Henry Adams, *History of the United States of America During the Administrations of Thomas Jefferson* (New York: Library of America Edition, 1986), pp. 334–35.
17. Quoted in Floyd Shoemaker, "The Louisiana Purchase, 1803," *Missouri Historical Review,* vol. 48 (Oct. 1953), p. 9.
18. Jackson, *Letters,* vol. II, p. 591.
19. Alexander Deconde, *This Affair of Louisiana* (New York: Charles Scribner's Sons, 1976), pp. 178–79.
20. Arlen Large, "Trailing Lewis and Clark: 'The Spirit of Party,' " *We Proceeded On,* vol. 6, no. 1 (Feb. 1990), p. 14.
21. Jackson, *Letters,* vol. I, pp. 108–9.
22. Thomas Maitland Marshall, *A History of the Western Boundaries of the Louisiana Purchase, 1819–1841* (Berkeley: University of California Press, 1914), p. 14.
23. Jackson, *Letters,* vol. I, pp. 106–7.
24. Ibid., p. 110.
25. Ibid., p. 112.
26. Ibid., pp. 110–11.
27. Ibid., p. 113.
28. Ibid., pp. 115–16.
29. Ibid., pp. 121–22.
30. See Richard C. Boss, "Keelboat, Pirogue, and Canoe: Vessels Used by the Lewis

and Clark Corps of Discovery," *Nautical Research Journal,* June 1993.
31. Jackson, *Letters,* vol. I, p. 122.

第九章：顺俄亥俄河而下

1. Roy Chatters, "The Not-So-Enigmatic Lewis and Clark Airgun," *We Proceeded On,* vol. 3, no. 2 (May 1977), pp. 4–7.
2. Gary Moulton, ed., *The Journals of the Lewis & Clark Expedition,* vol. 2 (Lincoln, University of Nebraska Press, 1986), p. 261.
3. Quoted in Paul Russell Cutright, *Lewis and Clark: Pioneering Naturalists* (Urbana: University of Illinois Press, 1986), p. 45.
4. Moulton, ed., *Journals,* vol. 2, p. 35.
5. Paul Russell Cutright, "Meriwether Lewis's 'Coloring of Events,' " *We Proceeded On,* vol. 11, no. 1 (Feb. 1985), pp. 10–16.
6. Moulton, ed., *Journals,* vol. 2, p. 34. Paul Russell Cutright, "The Journal of Captain Meriwether Lewis," *We Proceeded On,* vol. 10, no. 1 (Feb. 1984), pp. 8–10, makes a strong case for the proposition that Lewis had long lapses in which he did not keep a journal, without explaining why.
7. Donald Jackson, ed., *Letters of the Lewis and Clark Expedition, with Related Documents: 1783–1854,* 2nd ed. (Urbana: University of Illinois Press, 1978), vol. I, p. 124.
8. Eldon Chuinard, *Only One Man Died: The Medical Aspects of the Lewis and Clark Expedition* (Glendale, Calif.: Arthur Clark Company, 1980), p. 175.
9. Robert Hunt, "The Blood Meal: Mosquitos and Agues on the Lewis and Clark Expedition," *We Proceeded On,* vol. 18, no. 3 (May and Aug. 1992), p. 5.
10. Dr. Joseph DiPalma, quoted in Chuinard, *Only One Man Died,* p. 156.
11. Hunt, "Blood Meal," pp. 7–8.
12. Ibid., p. 7.
13. Jackson, *Letters,* vol. I, pp. 117–18.
14. Ibid., p. 125.
15. Ibid., pp. 125–30.
16. Chuinard, *Only One Man Died,* p. 105.
17. Jackson, *Letters,* vol. I, p. 131.
18. Ibid., pp. 136–38.
19. Roy Appleman, *Lewis and Clark* (Washington, D.C.: National Park Service, 1975), p. 52.
20. Olin D. Wheeler, *The Trail of Lewis and Clark, 1804–1806* (New York, 1904), vol. I, p. 122.
21. Appleman, *Lewis and Clark,* p. 57.
22. Arlen Large, " 'Additions to the Party': How an Expedition Grew and Grew," *We Proceeded On,* vol. 16, no. 1 (Feb. 1990), pp. 4–7.
23. Arlen Large, "Lewis and Clark: Part Time Astronomers." *We Proceeded On,* vol. 5, no. 1 (Feb. 1979), pp. 8–10.

第十章：逆密西西比河而上至冬季营地

1. Arlen Large, " 'Additions to the Party': How an Expedition Grew and Grew," *We Proceeded On,* vol. 16, no. 1 (Feb. 1990), p. 7.
2. Ibid.
3. Donald Jackson, ed., *Letters of the Lewis and Clark Expedition, with Related Documents: 1783–1854,* 2nd ed. (Urbana: University of Illinois Press, 1978), vol. I, p. 142.
4. Ibid., p. 143.
5. Ibid., pp. 148–57.
6. Roy Appleman, *Lewis and Clark* (Washington, D.C.: National Park Service, 1975), p. 73.

7. Samuel W. Thomas, "William Clark's 1795 and 1797 Journals and Their Significance," *Missouri Historical Society Bulletin*, July 1969, pp. 277–95.
8. Richard E. Oglesby, *Manuel Lisa and the Opening of the Missouri Fur Trade* (Norman: University of Oklahoma Press, 1963), p. 30.
9. Jackson, *Letters*, vol. I, pp. 217–18, has the list.
10. Ibid., p. 144.
11. Ibid., p. 163.
12. Ibid., pp. 165–66.
13. Paul Russell Cutright, *Lewis and Clark: Pioneering Naturalists* (Urbana: University of Illinois Press, 1986), pp. 41–42.
14. Donald Jackson, *Thomas Jefferson and the Stony Mountains: Exploring the West from Monticello* (Urbana: University of Illinois Press, 1981), p. 161.
15. Michael Brodhead, "The Military Naturalist: A Lewis and Clark Heritage," *We Proceeded On*, vol. 9, no. 4 (Nov. 1983), p. 6.
16. Jackson, *Letters*, vol. I, p. 173.
17. Appleman, *Lewis and Clark*, pp. 67–68.
18. Jackson, *Letters*, vol. I, pp. 167–68.
19. Appleman, *Lewis and Clark*, p. 73.
20. Patrick Gass, *A Journal of the Voyages and Travels of a Corps of Discovery Under the Command of Capt. Lewis and Capt. Clark*, ed. David McKeehan (Minneapolis: Ross and Haines, 1958). p. 12.
21. Jackson, *Letters*, vol. I, pp. 176–77.

第十一章：准备出发

1. Donald Jackson, ed., *Letters of the Lewis and Clark Expedition, with Related Documents: 1783–1854*, 2nd ed. (Urbana: University of Illinois Press, 1978), vol. I, p. 179.
2. Ibid., p. 173.
3. Ibid., p. 179.
4. Ibid., vol. II, pp. 571–72.
5. Theodore J. Crackel, Mr. *Jefferson's Army: Political and Social Reform of the Military Establishment, 1801–1809* (New York: New York University Press, 1987), pp. 109–10.
6. Jackson, *Letters*, vol. I, pp. 189–90.
7. Ibid., pp. 192–95.
8. Roy Appleman, *Lewis and Clark* (Washington, D.C.: National Park Service, 1975), p. 79.
9. Jackson, *Letters*, vol. I, p. 196.

第十二章：逆密苏里河而上

1. Donald Jackson, *Thomas Jefferson and the Stony Mountains: Exploring the West from Monticello* (Urbana: University of Illinois Press, 1981), p. 163.
2. Ibid., p. 186.
3. Quoted in Robert Hunt, "Gills and Drams of Consolation: Ardent Spirits on the Lewis and Clark Expedition," *We Proceeded On*, vol. 17, no. 3 (Feb. 1991), p. 19.
4. Ibid., pp. 20–22.
5. Jackson, *Jefferson and the Stony Mountains*, p. 182.
6. Paul Russell Cutright, *Lewis and Clark: Pioneering Naturalists* (Urbana: University of Illinois Press, 1986), p. 70.

第十三章：进入印第安人的领地

1. For a discussion, see Paul Russell Cutright, *Lewis and Clark: Pioneering Naturalists*

(Urbana: University of Illinois Press, 1986).
2. James P. Ronda, *Lewis and Clark Among the Indians* (Lincoln: University of Nebraska Press, 1984), p. 3.
3. Ibid., p. 7.
4. Ibid., p. 9.
5. Ibid.
6. Ibid., p. 189.
7. Donald Jackson, ed., *Letters of the Lewis and Clark Expedition, with Related Documents: 1783–1854*, 2nd ed. (Urbana: University of Illinois Press, 1978), vol. I, pp. 203–8.
8. Ronda, *Lewis and Clark Among the Indians*, p. 19.
9. Eldon G. Chuinard, *Only One Man Died: The Medical Aspects of the Lewis and Clark Expedition* (Glendale, Calif.: Arthur Clark Company, 1980), p. 167.
10. Ronda, *Lewis and Clark Among the Indians*, p. 19.

第十四章：与苏族相遇

1. James P. Ronda, *Lewis and Clark Among the Indians* (Lincoln: University of Nebraska Press, 1984), p. 33. Ronda has a brilliant chapter on this event.
2. Ibid., p. 36.
3. Ibid., pp. 39–40.

第十五章：前往曼丹族地区

1. Raymond Darwin Burroughs, *The Natural History of the Lewis and Clark Expedition* (East Lansing: Michigan State University Press, 1961), p. 236.
2. James P. Ronda, *Lewis and Clark Among the Indians* (Lincoln: University of Nebraska Press, 1984), chap. 3, is an excellent description of the Arikara.
3. Ibid., p. 55.
4. Ibid., p. 63.
5. Ibid., chap. 4, is indispensable on the Mandans and Hidatsas.
6. Donald Jackson, ed., *Letters of the Lewis and Clark Expedition, with Related Documents: 1783–1854*, 2nd ed. (Urbana: University of Illinois Press, 1978), vol. I, pp. 213–14.
7. Gary Moulton, ed., *The Journals of the Lewis & Clark Expedition*, vol. 3 (Lincoln: University of Nebraska Press, 1987), p. 241, n. 2, discusses Larocque. Larocque's journal is printed in L. R. Masson, *Les Bourgeois de la Compagnie du Nord-Ouest* (New York: Antiquarian Press, 1960 reprint), pp. 304–11.
8. MacKenzie's journal is reprinted in Masson, *Bourgeois*, pp. 330–39.
9. Quoted in Ronda, *Lewis and Clark Among the Indians*, p. 88.
10. Reuben Gold Thwaites, ed., *Original Journals of the Lewis and Clark Expedition* (New York: Arno Press reprint, 1969), vol. I, p. 227, n. 1; Masson, *Bourgeois*, p. 310.
11. Masson, *Bourgeois*, pp. 336–37.
12. Ibid., p. 330.
13. Thwaites, ed., *Original Journals*, vol. I, p. 227, n. 1.
14. See Lewis's entry of Aug. 24, 1805.
15. Ronda, *Lewis and Clark Among the Indians*, p. 93.
16. Masson, *Bourgeois*, p. 331.

第十六章：在曼丹堡过冬

1. Arlen J. Large, "'. . . It Thundered and Lightened': The Weather Observations of Lewis and Clark," *We Proceeded On*, vol. 12, no. 2 (May 1986), p. 8.
2. James Ronda, "A Most Perfect Harmony: Life at Fort Mandan," *We Proceeded On*, vol. 14, no. 4 (Nov. 1988), p. 8.
3. James P. Ronda, *Lewis and Clark Among the Indians* (Lincoln: University of Nebraska Press, 1984), p. 109.

4. Ibid., pp. 100–103.
5. Ibid., p. 107.
6. Eldon G. Chuinard, *Only One Man Died: The Medical Aspects of the Lewis and Clark Expedition* (Glendale, Calif. : Arthur Clark Company, 1980), p. 267.
7. Ibid., p. 268.
8. Ibid., p. 264.
9. For a discussion of food intake in the conditions facing the expedition, see Jim Smithers, "Food for Mackenzie," *We Proceeded On*, vol. 15, no. 1 (Feb. 1989).
10. Ronda, *Lewis and Clark Among the Indians*, p. 103.
11. Donald Jackson, ed., *Thomas Jefferson and the Stony Mountains: Exploring the West from Monticello* (Urbana: University of Illinois Press, 1981), p. 172.
12. Donald Jackson, *Letters of the Lewis and Clark Expedition, with Related Documents: 1783–1854*, 2nd ed. (Urbana: University of Illinois Press, 1978), vol. I, p. 218.

第十七章：来自曼丹堡的报告

1. Gary Moulton, ed., *The Journals of the Lewis & Clark Expedition*, vol. 3 (Lincoln: University of Nebraska Press, 1987), p. 333.
2. L. R. Masson, *Les Bourgeois de la Compagnie du Nord-Ouest* (New York: Antiquarian Press, 1960 reprint), pp. 336–37.
3. James P. Ronda, *Lewis and Clark Among the Indians* (Lincoln: University of Nebraska Press, 1984), p. 121.
4. The text I use here is Moulton, ed., *Journals*, vol. 3, pp. 336–69.
5. Donald Jackson, ed., *Letters of the Lewis and Clark Expedition, with Related Documents: 1783–1854*, 2nd ed. (Urbana: University of Illinois Press, 1978), vol. I, pp. 222–23.
6. Moulton, ed., *Journals*, vol. 3, pp. 386–450.
7. Jackson, *Letters*, vol. I, p. 220.
8. Eldon G. Chuinard, *Only One Man Died: The Medical Aspects of the Lewis and Clark Expedition* (Glendale, Calif.: Arthur Clark Company, 1980), pp. 271–72. Chuinard notes that the plant was widely known for its anti-snakebite properties among frontiersmen.
9. Jackson, *Letters*, vol. I, pp. 232–33.

第十八章：从曼丹堡到玛丽亚斯河

1. Eldon G. Chuinard, *Only One Man Died: The Medical Aspects of the Lewis and Clark Expedition* (Glendale, Calif.: Arthur Clark Company, 1980), p. 43.
2. Ibid., pp. 158, 279; Gary Moulton, ed., *The Journals of the Lewis & Clark Expedition* (Lincoln: University of Nebraska Press, 1989), n. for April 24, 1805.
3. Chuinard, *Only One Man Died*, p. 24; Lewis's entry of May 10, 1805.
4. Gary Moulton has an excellent chapter on the question of whether Lewis was a risk-taker, using this incident among others to argue that with Lewis reason won out over impulse, restraint over rashness. See "Lewis and Clark: Meeting the Challenges of the Trail," in Carlos Schwantee, ed., *Encounters with a Distant Land: Exploration and the Great Northwest* (Moscow: University of Idaho Press, 1994), p. 105.
5. Entry of May 30, 1805.
6. Donald Jackson, *Thomas Jefferson and the Stony Mountains: Exploring the West from Monticello* (Urbana: University of Illinois Press, 1981), pp. 194–95.
7. According to Moulton (n. 6 for entry of May 31, 1805), it was not a distinct species, as Lewis supposed, but a cross fox, a color phase of the red fox.

第二十章：大运输

1. Eldon G. Chuinard, *Only One Man Died: The Medical Aspects of the Lewis and Clark Expedition* (Glendale, Calif.: Arthur Clark Company, 1980), p. 291.

2. Ibid., p. 290.
3. Ibid., p. 156.
4. Paul Russell Cutright, *Lewis and Clark: Pioneering Naturalists* (Urbana: University of Illinois Press, 1969), p. 332.

第二十一章：寻找肖松尼族

1. Donald Jackson, *Thomas Jefferson and the Stony Mountains: Exploring the West from Monticello* (Urbana: University of Illinois Press, 1981), p. 197.
2. Donald Jackson, *Among the Sleeping Giants*, p. 16.
3. James P. Ronda, *Lewis and Clark Among the Indians* (Lincoln: University of Nebraska Press, 1984), p. 140; Roy Appleman, *Lewis and Clark* (Washington, D.C.: National Park Service, 1975), p. 155.
4. Ronda, *Lewis and Clark Among the Indians*, p. 140.
5. John Logan Allen, "Summer of Decision: Lewis and Clark in Montana, 1805," *We Proceeded On*, vol. 8, no. 4 (Fall 1976), p. 10.

第二十二章：翻越大陆分水岭

1. James P. Ronda, *Lewis and Clark Among the Indians* (Lincoln: University of Nebraska Press, 1984), p. 143.
2. Gary Moulton, ed., *The Journals of the Lewis & Clark Expedition*, vol. 5 (Lincoln: University of Nebraska Press, 1988), p. 116.
3. Biddle edition of the *Journals*.
4. Ronda, *Lewis and Clark Among the Indians*, p. 147.
5. Ibid., p. 154.

第二十四章：穿越比特鲁特地区

1. Harry M. Majors, "Lewis and Clark Enter the Rocky Mountains," *Northwest Discovery*, vol. 7 (April and May 1986), pp. 4–120, as quoted in *The Journals of the Lewis & Clark Expedition*, Gary Moulton, ed. (Lincoln: University of Nebraska Press, 1988), vol. 5, p. 186.
2. Quoted in James P. Ronda, *Lewis and Clark Among the Indians* (Lincoln: University of Nebraska Press, 1984), p. 156.
3. Roy Appleman, *Lewis and Clark* (Washington, D.C.: National Park Service, 1975), p. 169. No matter how hungry, the Shoshones and the Salish never ate horsemeat. The Americans preferred not to but would if necessary.
4. Quoted in Ronda, *Lewis and Clark Among the Indians*, p. 157.
5. Lewis made the comment in a letter of Sept. 29, 1806, reprinted in Donald Jackson, ed., *Letters of the Lewis and Clark Expedition, with Related Documents: 1783–1854*, 2nd ed. (Urbana: University of Illinois Press, 1978), vol. I, p. 339.
6. Ibid.
7. Eldon G. Chuinard, *Only One Man Died: The Medical Aspects of the Lewis and Clark Expedition* (Glendale, Calif.: Arthur Clark Company, 1980), p. 321.
8. Gary Moulton, ed., *The Journals of the Lewis & Clark Expedition*, vol. 5 (Lincoln: University of Nebraska Press, 1989), p. 225; Ronda, *Lewis and Clark Among the Indians*, p. 159.
9. Jackson, *Letters*, vol. I, p. 339.

第二十五章：顺哥伦比亚河而下

1. Verne F. Ray, "Lewis and Clark and the Nez Perce Indians," *The Great Western Series*, no. 10 (Dec. 1971), pp. 1–2.
2. James P. Ronda, *Lewis and Clark Among the Indians* (Lincoln: University of Nebraska

Press, 1984), pp. 171–72.
3. Ibid., p. 178.
4. Gary Moulton, ed., *The Journals of the Lewis & Clark Expedition*, vol. 6 (Lincoln: University of Nebraska Press, 1989), p. 104.

第二十六章：克拉特索普堡

1. James P. Ronda, *Lewis and Clark Among the Indians* (Lincoln: University of Nebraska Press, 1984), pp. 202–3, has an extended discussion of this point. He goes further in condemning the captains for their attitude than I would.
2. Ibid.
3. Roy Appleman, *Lewis and Clark* (Washington, D.C.: National Park Service, 1975), p. 197.
4. Paul Russell Cutright, *Lewis and Clark: Pioneering Naturalists* (Urbana: University of Illinois Press, 1986), pp. 258–60.
5. Ibid., p. 261.
6. Donald Jackson, ed., *Letters of the Lewis and Clark Expedition, with Related Documents: 1783–1854*, 2nd ed. (Urbana: University of Illinois Press, 1978), vol. I, p. 218.
7. Cutright, *Lewis and Clark*, p. 398.
8. John Logan Allen, *Passage Through the Garden: Lewis and Clark and the Image of the American Northwest* (Urbana: University of Illinois Press, 1975), p. 324.
9. Ibid., p. 325.
10. Jackson, *Letters*, vol. I, p. 336.
11. Ronda, *Lewis and Clark Among the Indians*, pp. 210–11.

第二十七章：作为人种学学者的刘易斯：克拉特索普人和奇努克族人

1. Cutright, *Lewis and Clark: Pioneering Naturalists*, pp. 272–73; for a full discussion of Lewis and Clark with the Chinookans, see chapter six, "Cloth Men Soldiers," in Robert H. Ruby and John A. Brown, *The Chinook Indians: Traders of the Lower Columbia River* (Norman: University of Oklahoma Press, 1976).

第二十八章：杰斐逊和西部

1. Donald Jackson, ed., *Letters of the Lewis and Clark Expedition, with Related Documents: 1783–1854*, 2nd ed. (Urbana: University of Illinois Press, 1978), vol. I, pp. 199–200.
2. Ibid., p. 209.
3. Ibid., pp. 201–2.
4. Ibid., p. 215.
5. Ibid., p. 216.
6. Ibid., vol. II, p. 215.
7. Ibid., p. 687.
8. Donald Jackson, *Thomas Jefferson and the Stony Mountains: Exploring the West from Monticello* (Urbana: University of Illinois Press, 1981), p. 153.
9. Ibid.
10. David J. Weber, *The Spanish Frontier in North America* (New Haven: Yale University Press, 1992), p. 294.
11. Jackson, *Letters*, vol. I, pp. 688–89.
12. Ibid., pp. 259, 264–65.
13. Jackson, *Jefferson and the Stony Mountains*, p. 214.
14. Jackson, *Letters*, vol. II, p. 155.
15. Ibid., p. 689.
16. Jackson, *Jefferson and the Stony Mountains*, pp. 216.
17. Ibid., pp. 216–17.
18. Ibid., p. 217.

19. Ibid., p. 214.
20. Jackson, *Letters*, vol. I, p. 245.
21. Ibid., vol. II, p. 691.
22. Edwin Morris Betts and James Adam Bear, eds., *The Family Letters of Thomas Jefferson* (Charlottesville: University Press of Virginia, 1986 reprint of 1960 University of Missouri Press ed.), p. 275.
23. Jackson, *Letters*, vol. I, p. 251.
24. Dumas Malone, *Jefferson the President: Second Term* (Boston: Little, Brown, 1974), p. 189.
25. Ibid., p. 189.
26. Ibid., p. 190.
27. Paul Russell Cutright, *A History of the Lewis and Clark Journals* (Norman: University of Oklahoma Press, 1976), pp. 13–14.
28. Malone, *Jefferson the President: Second Term*, p. 190.
29. Jackson, *Letters*, vol. I, pp. 281–82, 286.
30. Ibid., pp. 290–91.
31. Gary Moulton, ed., *The Journals of the Lewis & Clark Expedition*, vol. 6 (Lincoln: University of Nebraska Press, 1989), p. 86.
32. Arlen Large, "The Empty Anchorage: Why No Ship Came for Lewis and Clark," *We Proceeded On*, vol. 15, no. 1 (Feb. 1989), p. 9.
33. Jackson, *Letters*, vol. II, p. 650.

第二十九章：回到内兹帕斯

1. Gary Moulton, ed., *The Journals of the Lewis & Clark Expedition*, vol. 7 (Lincoln: University of Nebraska Press, 1990), p. 186.
2. James P. Ronda, *Lewis and Clark Among the Indians* (Lincoln: University of Nebraska Press, 1984), p. 225.
3. Moulton, ed., *Journals*, vol. 7, p. 348.
4. Ibid., p. 297.
5. Cutright, *Lewis and Clark: Pioneering Naturalists* (Urbana: University of Illinois Press, 1986), pp. 297–99.

第三十章：洛洛山径

1. James P. Ronda, *Lewis and Clark Among the Indians* (Lincoln: University of Nebraska Press, 1984), p. 236.
2. The letter, written on July 1 but dated July 20, is in Donald Jackson, ed., *Letters of the Lewis and Clark Expedition, with Related Documents: 1783–1854*, 2nd ed. (Urbana: University of Illinois Press, 1978), vol. I, pp. 309–13.

第三十一章：对玛丽亚斯河的探索

1. Paul Russell Cutright, *Lewis and Clark: Pioneering Naturalists* (Urbana: University of Illinois Press, 1986), p. 313.
2. Arlen Large's comments on the manuscript, in author's file.
3. James P. Ronda, *Lewis and Clark Among the Indians* (Lincoln: University of Nebraska Press, 1984), p. 239.
4. Ibid., p. 241.

第三十二章：最后一段行程

1. Eldon G. Chuinard, *Only One Man Died: The Medical Aspects of the Lewis and Clark Expedition* (Glendale, Calif.: Arthur Clark Company, 1980), pp. 392–94.
2. Quoted in Reuben Gold Thwaites, ed., *Original Journals of the Lewis and Clark Expedition* (New York: Arno Press reprint, 1969), vol. VII, p. 347.

第三十三章：向总统汇报

1. Verne Ray, "Lewis and Clark and the Nez Perce Indians," *The Great Western Series*, no. 10 (Dec. 1971), has a brilliant discussion of Lewis's plan.
2. David Lavender, *The Way to the Western Sea: Lewis and Clark Across the Continent* (New York: Harper & Row, 1988), p. 374. Lavender provides an excellent discussion of Lewis's publicity program.
3. Donald Jackson, *Letters of the Lewis and Clark Expedition, with Related Documents: 1783–1854*, 2nd ed. (Urbana: University of Illinois Press, 1978), vol. I, p. 361.
4. Allan Nevins, ed., *The Diary of John Quincy Adams, 1794–1845* (New York: Frederick Ungar, 1970), pp. 25, 26.
5. Henry Adams, *History of the United States of America During the Administrations of Thomas Jefferson* (New York: Library of America Edition, 1986), pp. 751–52.
6. Dumas Malone, *Jefferson the President: Second Term* (Boston: Little, Brown, 1974), p. 200.
7. Lewis's report is printed in its first draft and in its final form in Jackson, *Letters*, vol. I, pp. 317–25.
8. Ibid., p. 391.
9. Ibid., p. 369.
10. Ibid., p. 330.
11. Quoted in Arlen Large, "Expedition Aftermath: The Jawbone Journals," *We Proceeded On*, vol. 17, no. 1 (Feb. 1991), p. 13.
12. Ibid.
13. Quoted in Reuben Gold Thwaites, ed., *Original Journals of the Lewis and Clark Expedition* (New York: Arno Press reprint, 1969), vol. VII, pp. 347–48.
14. Ibid.
15. James Ronda discovered this account of the ball at Christy's in the October 11, 1806, Frankfort *Western World* and reprinted it in "St. Louis Welcomes and Toasts the Lewis and Clark Expedition," *We Proceeded On*, vol. 13, no. 1 (Feb. 1987), pp. 19–20.
16. Jackson, *Letters*, vol. I, pp. 336–42.
17. Quoted in Thwaites, ed., *Original Journals*, vol. VII, p. 347.
18. Jefferson's comments appear in Jackson, *Letters*, vol. II, p. 612.
19. Ibid., vol. I, p. 345.
20. Ibid., vol. II, p. 386; vol. I, p. 346.
21. Ibid., vol. I, pp. 348–49.
22. Ibid., p. 345.
23. Ibid., vol. II, p. 424.
24. Richard Oglesby, *Manuel Lisa and the Opening of the Missouri Fur Trade* (Norman: University of Oklahoma Press, 1963), p. 40.
25. Jackson, *Letters*, vol. I, p. 351.
26. Ibid.
27. See Eldon G. Chuinard, "Thomas Jefferson and the Corps of Discovery: Could He Have Done More?," *American West*, vol. 12, no. 6 (1975), pp. 12–13.
28. Jackson, *Letters*, vol. I, p. 352.
29. Ibid., pp. 239, 356–58; vol. II, p. 694.
30. Ibid., vol. II, pp. 692–94.
31. Malone, *Jefferson the President: Second Term*, p. 202.
32. Quoted in James Ronda, "A Knowledge of Distant Parts: The Shaping of the Lewis and Clark Expedition," *Montana: The Magazine of Western History*, vol. 41, no. 4 (Autumn 1991), p. 8. This is a seminal article.
33. Ibid., p. 9.
34. Donald Jackson, "The Public Image of Lewis and Clark," *Pacific Northwest Quarterly*, Jan. 1966, p. 3.

35. Ronda, "Knowledge of Distant Parts," p. 9.
36. Quoted in ibid.
37. We know this from Jefferson's remark in a 1816 letter, in Jackson, *Letters*, vol. II, p. 612.

第三十四章：华盛顿

1. Donald Jackson, ed., *Letters of the Lewis and Clark Expedition, with Related Documents: 1783–1854*, 2nd ed. (Urbana: University of Illinois Press, 1978), vol. I, p. 361.
2. Ibid.
3. Dumas Malone, *Jefferson the President: Second Term* (Boston: Little, Brown, 1974), p. 203.
4. Richard Dillon, *Meriwether Lewis: A Biography* (New York: Coward-McCann, 1965), p. 276.
5. Malone, *Jefferson the President: Second Term*, p. 204.
6. Jackson, *Letters*, vol. I, p. 375.
7. Ibid., p. 362.
8. Ibid., vol. II, pp. 364–69.
9. Ibid., pp. 377–78; see also Malone, *Jefferson the President: Second Term*, p. 205.
10. Malone, *Jefferson the President: Second Term*, p. 205.
11. Jackson, *Letters*, vol. II, p. 443.
12. Ibid., vol. I, p. 376.
13. Ibid., p. 375.
14. Ibid.
15. Edwin Morris Betts and James Adam Bear, eds., *The Family Letters of Thomas Jefferson* (Charlottesville: University Press of Virginia, 1986 reprint of 1960 University of Missouri Press ed.), pp. 298, 300.
16. Jackson, *Letters*, vol. II, p. 382.
17. Ibid., p. 385.
18. Ibid., p. 386.
19. Ibid., p. 396.
20. Ibid., pp. 399–407.
21. Ibid., p. 387.
22. Ibid., pp. 387–88.
23. Ibid., p. 389.
24. Ibid., pp. 391–92.
25. Ibid., p. 389.

第三十五章：费城

1. Paul Russell Cutright, "Contributions of Philadelphia to Lewis and Clark History," *We Proceeded On*, suppl. no. 6 (July 1982), p. 32.
2. Reuben Gold Thwaites, ed., *Original Journals of the Lewis and Clark Expedition* (New York: Arno Press reprint, 1969), vol. VII, p. 363.
3. Donald Jackson, ed., *Letters of the Lewis and Clark Expedition, with Related Documents: 1783–1854*, 2nd ed. (Urbana: University of Illinois Press, 1978), vol. II, pp. 392–93.
4. Ibid., p. 463.
5. Ibid., pp. 394–97; Thwaites, ed., *Original Journals*, vol. VII, p. 366.
6. Jackson, *Letters*, vol. II, p. 695.
7. Ibid., p. 398.
8. Ibid., p. 463.
9. Cutright, "Contributions of Philadelphia," pp. 23–24.
10. Jackson, *Letters*, vol. II, p. 439.

11. Ibid., p. 411.
12. Ibid., p. 463.
13. Alexander Wilson, *American Ornithology*, 9 vols. (Philadelphia: Bradford & Inskeep, 1808–14), vol. III, pp. 31–32.
14. Jackson, *Letters*, vol. II, p. 463.
15. Ibid., p. 462.
16. Ibid., pp. 408, 417.
17. Ibid., p. 428.
18. Clarence E. Carter, ed., *The Territorial Papers of the United States*, vol. XIV, *The Territory of Louisiana-Missouri 1806–1814* (Washington, D.C.: Government Printing Office, 1949), p. 131.
19. Jackson, *Letters*, vol. II, p. 415.
20. Carter, ed., *Territorial Papers*, vol. XIV, p. 139.
21. Jackson, *Letters*, vol. II, p. 418.
22. Ibid., pp. 393, 463.
23. Ibid., pp. 683–84.
24. Ibid., p. 575.
25. Ibid., p. 720.

第三十六章：弗吉尼亚

1. Donald Jackson, ed., *Letters of the Lewis and Clark Expedition, with Related Documents: 1783–1854*, 2nd ed. (Urbana: University of Illinois Press, 1978), vol. II, p. 721.
2. Ibid., pp. 431, 439.
3. Quoted in John Bakeless, *Lewis and Clark: Partners in Discovery* (New York: William Morrow, 1947), p. 384.
4. Ibid., p. 385.
5. Jackson, *Letters*, vol. II, p. 720.
6. Bakeless, *Lewis and Clark*, pp. 384–85; Jackson, *Letters*, vol. II, p. 721.
7. Jackson, *Letters*, vol. II, pp. 725–32.

第三十七章：圣路易斯

1. Washington Irving, *Astoria* (New York, 1868), pp. 154–55, quoted in Harvey Wish, "The French of Old Missouri (1801–1821): A Study in Assimilation," *Mid-America: An Historical Review*, vol. XII, no. 3 (July 1941), p. 173. See also William Foley, "St. Louis: The First Hundred Years," *Bulletin of the Missouri Historical Society*, July 1978, p. 193.
2. Wish, "The French of Old Missouri," p. 186.
3. Ibid., p. 174.
4. Thomas Maitland Marshall, *The Life and Papers of Frederick Bates*, 2 vols. (St. Louis: Missouri Historical Society, 1926), vol. I, p. 241.
5. Ibid., p. 99.
6. Ibid., pp. 108, 114, 135.
7. Ibid., p. 300.
8. Donald Jackson, ed., *Letters of the Lewis and Clark Expedition, with Related Documents: 1783–1854*, 2nd ed. (Urbana: University of Illinois Press, 1978), vol. I, p. 134.
9. Marshall, *Bates*, vol. I, p. 9.
10. Grace Lewis, "The First Home of Governor Lewis in Louisiana Territory," *Missouri Historical Society Bulletin*, vol. XIV (July 1958), pp. 363–64
11. There is a copy of the indenture, dated May 13, 1809, in the Grace Lewis Miller Papers, National Park Service, Jefferson National Expansion Memorial Archives, St. Louis.
12. Quoted in John Bakeless, *Lewis and Clark: Partners in Discovery* (New York: William

Morrow, 1947), p. 391.
13. Marshall, *Bates*, vol. I, p. 301.
14. James Bentley, ed., "Two Letters from Meriwether Lewis to Major William Preston," *Filson Club History Quarterly*, vol. 44 (April 1970), pp. 170–75.
15. Clarence E. Carter, ed., *The Territorial Papers of the United States*, vol. XIV, *The Territory of Louisiana-Missouri 1806–1814* (Washington, D.C.: Government Printing Office, 1949), p. 189.
16. Carter, ed., *Territorial Papers*, vol. XIV, pp. 196–202.
17. Ibid., p. 204.
18. Jackson, *Letters*, vol. II, pp. 444–45.
19. Ibid.
20. Dumas Malone, *Jefferson the President: Second Term* (Boston: Little, Brown, 1974), p. 209.
21. There is a copy of his application in the Grace Lewis Miller Papers.
22. Missouri *Gazette*, Nov. 16, 1808.
23. ML to Lucy Marks, Dec. 1, 1808, copy in Grace Lewis Miller Papers.
24. Marshall, *Bates*, vol. I, p. 84.
25. Carter, ed. *Territorial Papers*, vol. XIV, pp. 212–16.
26. Ibid., pp. 219–21.
27. Ibid., p. 200.
28. Ibid., p. 222.
29. Richard Dillon, *Meriwether Lewis: A Biography* (New York: Coward-McCann, 1965), p. 298.
30. Carter, ed., *Territorial Papers*, vol. XIV, pp. 34–39.
31. Ibid., pp. 229–30.
32. Dillon, *Lewis*, p. 313.
33. Lewis's account book is in the Missouri State Historical Society; there is a copy in the Grace Lewis Miller Papers.
34. James J. Holmberg, " 'I Wish You to See & Know All': The Recently Discovered Letters of William Clark to Jonathan Clark," *We Proceeded On*, vol. 18, no. 4 (Nov. 1992), pp. 7–9.
35. Jefferson, *Notes on the State of Virginia*, p. 163.
36. Carter, ed., *Territorial Papers*, vol. XIV, pp. 240–41.

第三十八章：圣路易斯

1. See Lewis's 1808 book, in the Missouri Historical Society, for his descriptions of the pills and his practice in taking them.
2. Donald Jackson, ed., *Letters of the Lewis and Clark Expedition, with Related Documents: 1783–1854*, 2nd ed. (Urbana: University of Illinois Press, 1978), vol. II, pp. 446–50.
3. Donald Jackson, "A Footnote to the Lewis and Clark Expedition," *Manuscripts*, vol. 24 (Winter 1972), p. 9.
4. Thomas Maitland Marshall, *The Life and Papers of Frederick Bates* (St. Louis: Missouri Historical Society, 1926), p. 64.
5. Ibid., p. 112.
6. Ibid., pp. 108–9.
7. Ibid., p. 64.
8. Jackson, *Letters*, vol. II, pp. 450–51; there is a copy of the receipt from Pierre Chouteau in the Grace Lewis Miller Papers.
9. Jackson, *Letters*, vol. II, pp. 451–56.
10. Marshall, *Bates*, pp. 68–69.
11. Ibid., p. 73.
12. Ibid., p. 75.

13. Jackson, *Letters*, vol. II, p. 722.
14. Richard Dillon, *Meriwether Lewis: A Biography* (New York: Coward-McCann, 1965), pp. 323–24.
15. Marshall, *Bates*, pp. 108–11.
16. Clarence E. Carter, ed., *The Territorial Papers of the United States*, vol. XIV, *The Territory of Louisiana-Missouri 1806–1814* (Washington, D.C.: Government Printing Office, 1949), pp. 285–86.
17. Jackson, *Letters*, vol. II, p. 458.
18. Ibid., pp. 459–61.
19. Ibid., pp. 723–24.
20. Jackson, "Footnote," pp. 11–12.
21. Jackson, *Letters*, vol. II, pp. 470–73.
22. Marshall, *Bates*, p. 86.
23. Ibid., pp. 99, 111.
24. Ibid., pp. 101, 111.
25. James J. Holmberg, " 'I Wish You to See & Know All': The Recently Discovered Letters of William Clark to Jonathan Clark," *We Proceeded On*, vol. 18, no. 4 (Nov. 1992), p. 10.

第三十九章：最后的旅程

1. See Captain Gilbert Russell's statement of Nov. 26, 1811, in Donald Jackson, ed., *Letters of the Lewis and Clark Expedition, with Related Documents: 1783–1854*, 2nd ed. (Urbana: University of Illinois Press, 1978), vol. II, p. 573.
2. Richard Dillon, *Meriwether Lewis: A Biography* (New York: Coward-McCann, 1965), p. 328.
3. Jackson, *Letters*, vol. II, p. 573.
4. Ibid., p. 748.
5. Ibid., p. 464.
6. Ibid., p. 573.
7. Ibid., p. 748.
8. Ibid., p. 466.
9. Dawson A. Phelps, "The Tragic Death of Meriwether Lewis," *William and Mary Quarterly*, vol. XIII, no. 3 (1956), p. 317.
10. Clarence E. Carter, ed., *The Territorial Papers of the United States*, vol. XIV, *The Territory of Louisiana-Missouri 1806–1814* (Washington, D.C.: Government Printing Office, 1949), pp. 332–33.
11. Gary Moulton, "New Documents of Meriwether Lewis," *We Proceeded On*, vol. 13, no. 4 (Nov. 1987), p. 7.
12. Phelps, "Tragic Death," p. 317.
13. James J. Holmberg, " 'I Wish You to See & Know All': The Recently Discovered Letters of William Clark to Jonathan Clark," *We Proceeded On*, vol. 18, no. 4 (Nov. 1992), p. 11.
14. Jackson, *Letters*, vol. II, p. 748.
15. Carter, ed., *Territorial Papers*, vol. XIV, p. 333.
16. This account is taken from Russell's statement, in Jackson, *Letters*, vol. II, p. 574, and from Alexander Wilson's interview with Mrs. Grinder, May 28, 1811, in Elliott Coues, ed., *The History of the Lewis and Clark Expedition*, 3 vols. (New York: Dover ed., 1987; reprint of 1893 Francis P. Harper 4-vol. ed.), vol. I, pp. xliv–xlvi.

第四十章：余波

1. James J. Holmberg, " 'I Wish You to See & Know All': The Recently Discovered Letters of William Clark to Jonathan Clark," *We Proceeded On*, vol. 18, no. 4 (Nov.

1992), p. 10.

2. Ibid.
3. Clarence E. Carter, ed., *The Territorial Papers of the United States*, vol. XIV, *The Territory of Louisiana-Missouri 1806–1814* (Washington, D.C.: Government Printing Office, 1949), p. 333.
4. Donald Jackson, ed., *Letters of the Lewis and Clark Expedition, with Related Documents: 1783–1854*, 2nd ed. (Urbana: University of Illinois Press, 1978), vol. II, p. 474.
5. Ibid., p. 575.
6. Ibid., pp. 591–92.
7. Vardes Fisher, *Suicide or Murder? The Strange Death of Governor Meriwether Lewis* (Chicago: Swallow Press, 1962).
8. Eldon G. Chuinard, "How Did Meriwether Lewis Die? It Was Murder," *We Proceeded On*, vol. 18, nos. 1 and 2 (Jan. and May 1992).
9. "Rest, Rest, Perturbed Spirit," *We Proceeded On*, vol. 12, no. 1 (March 1986).
10. Reimert Thorolf Ravenholt, "Triumph Then Despair: The Tragic Death of Meriwether Lewis," *Epidemiology*, vol. 5, no. 3 (May 1994), pp. 366–79.
11. Jackson, *Letters*, vol. II, pp. 730–31.
12. Donald Jackson, "A Footnote to the Lewis and Clark Expedition," *Manuscripts*, vol. 24 (Winter 1972), p. 19.
13. Holmberg, " 'I Wish You to See & Know All,' " p. 11.
14. Jackson, *Letters*, vol. II, p. 486.
15. Ibid., p. 469.
16. Paul Russell Cutright, *A History of the Lewis and Clark Journals* (Norman: University of Oklahoma Press, 1976), pp. 55–56.
17. Jackson, *Letters*, vol. II, p. 493.
18. Cutright, *Journals*, p. 63.
19. Dumas Malone, *Jefferson the President: Second Term* (Boston: Little, Brown, 1974), p. 212.
20. Jackson, *Letters*, vol. II, p. 590.

参考文献

Abrams, Rochonne. "The Colonial Childhood of Meriwether Lewis." *Bulletin of the Missouri Historical Society*, vol. xxxiv (July 1978).

Adams, Henry. *History of the United States of America During the Administrations of Thomas Jefferson.* New York: Library of America Edition, 1986.

Allen, John Logan. *Passage Through the Garden: Lewis and Clark and the Image of the American Northwest.* Urbana: University of Illinois Press, 1975.

———. "Summer of Decision: Lewis and Clark in Montana, 1805." *We Proceeded On*, Fall 1976.

Anderson, Sarah Lewis Travers. *Lewises, Meriwethers and Their Kin.* Richmond: Dietz Press, 1938.

Appleman, Roy. *Lewis and Clark.* Washington, D.C.: National Park Service, 1975.

Bakeless, John. *Lewis and Clark: Partners in Discovery.* New York: William Morrow, 1947.

Bedini, Silvio. "The Scientific Instruments of the Lewis and Clark Expedition." *Great Plains Quarterly*, Winter 1984.

Bentley, James, ed. "Two Letters from Meriwether Lewis to Major William Preston." *Filson Club History Quarterly*, April 1970.

Betts, Edwin Morris, and James Adam Bear, eds. *The Family Letters of Thomas Jefferson.* Charlottesville: University Press of Virginia 1986 reprint of 1960 University of Missouri Press ed.

Boss, Richard C. "Keelboat, Pirogue, and Canoe: Vessels Used by the Lewis and Clark Corps of Discovery. " *Nautical Research Journal*, June 1993.

Botkin, Daniel. *Our Natural History: The Lessons of Lewis and Clark.* New York, G. P. Putnam's Sons, 1995.

Brodhead, Micheal. "The Military Naturalist: A Lewis and Clark Heritage." *We Proceeded On*, vol. 9, no. 4 (November 1983).

Brodie, Fawn M. *Thomas Jefferson: An Intimate History.* New York: W. W. Norton, 1974.

Burroughs, Raymond Darwin. *The Natural History of the Lewis and Clark Expedition.* East Lansing: Michigan State University Press, 1961.

Caldwell, Norman. "The Enlisted Soldier at the Frontier Post, 1790–1814." *Mid-America: An Historical Review*, vol. 37, no. 4 (October 1955).

Carter, Clarence E., ed. *The Territorial Papers of the United States*, vol. XIV, *The Territory*

of Louisiana-Missouri 1806–1814. (Washington: Government Printing Office, 1949).
Chatters, Roy. "The Not-So-Enigmatic Lewis and Clark Airgun." *We Proceeded On,* vol. 3, no. 2 (May 1977).
Chuinard, Eldon G. "The Court-Martial of Ensign Meriwether Lewis." *We Proceeded On,* vol. 8, no. 4 (Nov. 1982).
———. "Lewis and Clark, Master Masons." *We Proceeded On,* vol. 15, no. 1 (February 1989).
———. *Only One Man Died: The Medical Aspects of the Lewis and Clark Expedition.* Glendale, Calif.: Arthur Clark Company, 1980.
———. "Thomas Jefferson and the Corps of Discovery: Could He Have Done More?" *American West,* vol. 12, no. 6 (1975).
———. "How Did Meriwether Lewis Die? It Was Murder." *We Proceeded On,* vol. 18, nos. 1 and 2 (January and May 1992).
Coues, Elliot, ed. *The History of the Lewis and Clark Expedition.* New York: Dover ed., 1987; reprint of 1893 Francis P. Harper 4-vol. ed., 1893.
Crackel, Theodore J. *Mr. Jefferson's Army: Political and Social Reform of the Military Establishment, 1801–1809.* New York: New York University Press, 1987.
Criswell, Elijah. *Lewis and Clark: Linguistic Pioneers.* Columbia: University of Missouri Press, 1940.
Cutright, Paul Russell. "Contributions of Philadelphia to Lewis and Clark History." *We Proceeded On,* special issue, July 1982.
———. *Lewis and Clark: Pioneering Naturalists.* Urbana: University of Illinois Press, 1969 (reprinted by University of Nebraska, 1989).
———. "Meriwether Lewis's 'Coloring of Events.' " *We Proceeded On,* vol. 11, no. 1 (February 1985).
———. "The Journal of Captain Meriwether Lewis." *We Proceeded On,* vol. 10, no. 1 (February 1984).
———. *A History of the Lewis and Clark Journals.* Norman: University of Oklahoma Press, 1976.
———. "Rest, Rest, Perturbed Spirit." *We Proceeded On,* vol. 12, no. 1 (March 1986).
Davis, Richard Beale, *Francis Walker Gilmer: Life and Learning in Jefferson's Virginia.* Richmond: Dietz Press, 1939.
Deconde, Alexander. *This Affair of Louisiana.* New York: Charles Scribner's Sons, 1976.
DeVoto, Bernard. *Journals of Lewis and Clark.* Houghton Mifflin, 1953.
Dillon, Richard. *Meriwether Lewis: A Biography.* New York: Coward-McCann, 1965.
Fanselow, Julie. *The Traveler's Guide to the Lewis and Clark Trail.* Helena, Montana: Falcon Press, 1994.
Fisher, Vardis. *Suicide or Murder? The Strange Death of Governor Meriwether Lewis.* Chicago: Swallow Press, 1962.
Foley, William. "St. Louis: The First Hundred Years." *Bulletin of the Missouri Historical Society,* vol. XXXIV, no. 4, pt. 1 (July 1978).
Gass, Patrick. *A Journal of the Voyages and Travels of a Corps of Discovery Under the Command of Capt. Lewis and Capt. Clark.* Minneapolis: Ross and Haines, 1958.
Holmberg, James J. " 'I Wish You to See & Know All': The Recently Discovered Letters of William Clark to Jonathan Clark." *We Proceeded On,* vol. 18, no. 4 (November 1992).
Hunt, Robert. "The Blood Meal: Mosquitos and Agues on the Lewis and Clark Expedition." *We Proceeded On,* vol. 18, no. 3 (May and August 1992).
———. "Gills and Drams of Consolation: Ardent Spirits on the Lewis and Clark Expedition." *We Proceeded On,* vol. 17, no. 3 (February 1991).
Jackson, Donald. ed., *Letters of the Lewis and Clark Expedition, with Related Documents: 1783–1854,* 2nd ed. Urbana: University of Illinois Press, 1978.

———. "Jefferson, Meriwether Lewis, and the Reduction of the United States Army." *Proceedings of the American Philosophical Society*, vol. 124, no. 2 (April 1980).

———. *Thomas Jefferson and the Stony Mountains; Exploring the West from Monticello.* Urbana: University of Illinois Press, 1981.

———. "The Public Image of Lewis and Clark." *Pacific Northwest Quarterly*, January 1966.

———. "A Footnote to the Lewis and Clark Expedition." *Manuscripts*, vol. 24 (Winter 1972).

Jefferson, Thomas. *Notes on the State of Virginia.* Paris, 1794.

Jordan, Winthrop D. *White over Black: American Attitudes Toward the Negro, 1550–1812.* Chapel Hill: University of North Carolina Press, 1968.

Large, Arlen. "North and South of Lewis and Clark." *We Proceeded On*, vol. 12, no. 4 (November 1984).

———. "Fort Mandan's Dancing Longitude." *We Proceeded On*, vol. 13, no. 1 (February 1987).

———. "Trailing Lewis and Clark: 'The Spirit of Party.' " *We Proceeded On*, vol. 6, no. 1 (February 1990).

———. " 'Additions to the Party': How an Expedition Grew and Grew." *We Proceeded On*, vol. 16, no. 1 (February 1990).

———. "Lewis and Clark: Part Time Astronomers." *We Proceeded On*, vol. 5, no. 1 (February 1979).

———. " '. . . It Thundered and Lightened': The Weather Observations of Lewis and Clark." *We Proceeded On*, vol. 12, no. 2 (May 1986).

———. "The Empty Anchorage: Why No Ship Came for Lewis and Clark." *We Proceeded On*, vol. 15, no. 1 (February 1989).

———. "Expedition Aftermath: The Jawbone Journals." *We Proceeded On*, vol. 17, no. 1 (February 1991).

Lavender, David. *The Way to the Western Sea: Lewis and Clark Across the Continent.* New York: Harper & Row, 1988.

Lewis, Grace. "The First Home of Governor Lewis in Louisiana Territory." *Missouri Historical Society Bulletin*, vol. XIV (July 1958).

Malone, Dumas. *Jefferson the Virginian.* Vol. I. Boston: Little, Brown, 1948.

———. *Jefferson the President: First Term, 1801–1805.* Vol. IV. Boston: Little, Brown, 1970.

———. *Jefferson the President: Second Term.* Boston: Little, Brown, 1974.

Marshall, Thomas Maitland. *A History of the Western Boundaries of the Louisiana Purchase, 1819–1841.* Berkeley: University of California Press, 1914.

———. *The Life and Papers of Frederick Bates.* St. Louis: Missouri Historical Society, 1926.

Masson, L. R. *Les Bourgeois de la Compagnie du Nord-Ouest.* New York: Antiquarian Press, 1960 reprint.

Miller, John Chester. *The Wolf by the Ears: Thomas Jefferson and Slavery.* New York: Free Press, 1977.

Moore, John Hammond. *Albemarle: Jefferson's County, 1727–1976.* Charlottesville: University Press of Virginia, 1976.

Moulton, Gary, ed. *The Journals of the Lewis & Clark Expedition.* Lincoln: University of Nebraska Press, 1988.

———. "New Documents of Meriwether Lewis." *We Proceeded On*, vol. 13, no. 4 (November 1987).

Murphy, William. "John Adams: The Politics of the Additional Army, 1798–1800." *New England Quarterly*, vol. 52 (June 1979).

Nevins, Allen, ed. *The Diary of John Quincy Adams, 1794–1845.* New York: Frederick Ungar, 1970.

Oglesby, Richard E. *Manuel Lisa and the Opening of the Missouri Fur Trade.* Norman:

University of Oklahoma Press, 1963.
Phelps, Dawson A. "The Tragic Death of Meriwether Lewis." *William and Mary Quarterly*, vol. XIII, no. 3 (1956).
Ravenholt, Reimert Thorolf. "Triumph Then Despair: The Tragic Death of Meriwether Lewis." *Epidemiology*, vol. 5, no. 3 (May 1994), pp. 366–79.
Ray, Verne F. "Lewis and Clark and the Nez Perce Indians." *The Great Western Series*. No. 10. Washington, D.C.: Westerners.
Ronda, James P. *Lewis and Clark Among the Indians*. Lincoln: University of Nebraska Press, 1984.
———. "A Most Perfect Harmony: Life at Fort Mandan." *We Proceeded On*, vol. 14, no. 4 (November 1988).
———. "St. Louis Welcomes and Toasts the Lewis and Clark Expedition." *We Proceeded On*, vol. 13, no. 1 (February 1987).
———. "A Knowledge of Distant Parts: The Shaping of the Lewis and Clark Expedition." *Montana: The Magazine of Western History*, vol. 41, no. 4 (Autumn 1991).
Ruby, Robert H., and John A. Brown. *The Chinook Indians: Traders of the Lower Columbia River*. Norman: University of Oklahoma Press, 1976.
Russell, Carl. "The Guns of the Lewis and Clark Expedition." *North Dakota History*, vol. 27 (Winter 1960).
Schwantee, Carlos, ed. *Encounters with a Distant Land: Exploration and the Great Northwest*. Moscow: University of Idaho Press, 1994.
Shoemaker, Floyd. "The Louisiana Purchase, 1803." *Missouri Historical Review*, vol. 48 (October 1953).
Skelton, William B. *An American Profession of Arms: The Army Officer Corps, 1784–1861*. Lawrence: University Press of Kansas, 1992.
Slaughter, Thomas P. *The Whiskey Rebellion: Frontier Epilogue to the American Revolution*. New York: Oxford University Press, 1986.
Smithers, Jim. "Food for Mackenzie." *We Proceeded On*, vol. 15, no. 1 (February 1989).
Thomas, Samuel W. "William Clark's 1795 and 1797 Journals and Their Significance." *Missouri Historical Society Bulletin*, July 1969.
Thwaites, Reuben Gold, ed. *Original Journals of the Lewis and Clark Expedition*. New York: Arno Press reprint, 1969.
Van Wormer, Joe. *The World of the Pronghorn*. Philadelphia: Lippincott, 1969.
Weber, David J. *The Spanish Frontier in North America*. New Haven: Yale University Press, 1992.
Wheeler, Olin D. *The Trail of Lewis and Clark, 1804–1806*. New York, 1904. Two volumes.
Wilson, Alexander. *American Ornithology*. Philadelphia: Bradford & Inskeep, 1808–1814.
Wish, Harvey. "The French of the Old Missouri (1801–1821): A Study in Assimilation." *Mid-America: An Historical Review*, vol. XII, no. 3 (July 1941).
Woods, Edgar. *Albemarle County in Virginia*. Bridgewater, Va.: Green Bookman, 1932.

手 稿

Meriwether Lewis Anderson Papers, Missouri State Historical Society.
William Clark Papers, Missouri State Historical Society.
Meriwether Lewis Papers, Missouri State Historical Society.
Grace Lewis Miller Papers, National Park Service, Jefferson National Expansion Memorial Archives, St. Louis.

索　　引

（条目后的数字为原书页码，见本书边码；数字后的字母n表示“脚注”）